中等卫生职业教育"十四五"规划护理专业特色教材

外科护理

主　编　陈朝亮　兰庆新　班华琼
副主编　韦　栋　卢　娜　兰建江　杨莹莹
编　者　（以姓氏笔画为序）
　　　　韦　栋　河池市卫生学校
　　　　文凤云　河池市中医医院
　　　　玉甜姗　河池市卫生学校
　　　　卢　娜　河池市卫生学校
　　　　兰庆新　河池市卫生学校
　　　　兰建江　河池市中医医院
　　　　杨莹莹　河池市卫生学校
　　　　张人财　河池市卫生学校
　　　　陈明阳　河池市人民医院
　　　　陈朝亮　河池市卫生学校
　　　　班华琼　河池市卫生学校
　　　　黄鸿宇　河池市卫生学校
　　　　梁　仁　河池市人民医院
　　　　覃玉朵　河池市卫生学校
　　　　覃苏萍　河池市卫生学校

华中科技大学出版社
http://press.hust.edu.cn
中国·武汉

内 容 简 介

本教材包括绪论、体液代谢失衡病人的护理、休克病人的护理、外科营养支持病人的护理、麻醉病人的护理、手术室管理和工作、围手术期的护理等共十九章。

本教材可供临床医学、中医学、康复医学、护理学等专业使用。

图书在版编目(CIP)数据

外科护理/陈朝亮,兰庆新,班华琼主编. —武汉:华中科技大学出版社,2023.10
ISBN 978-7-5680-9917-2

Ⅰ.①外… Ⅱ.①陈… ②兰… ③班… Ⅲ.①外科学-护理学 Ⅳ.①R473.6

中国国家版本馆 CIP 数据核字(2023)第 189123 号

外科护理
Waike Huli

陈朝亮　兰庆新　班华琼　主编

策划编辑:余　雯
责任编辑:余　雯
封面设计:原色设计
责任校对:朱　霞
责任监印:周治超
出版发行:华中科技大学出版社(中国·武汉)　　电话:(027)81321913
　　　　　武汉市东湖新技术开发区华工科技园　　邮编:430223
录　　排:华中科技大学惠友文印中心
印　　刷:武汉市洪林印务有限公司
开　　本:889mm×1194mm　1/16
印　　张:20
字　　数:618千字
版　　次:2023 年 10 月第 1 版第 1 次印刷
定　　价:65.00 元

前　言

Preface

　　本教材的编写基于加快中等医学职业教育之发展，提高护理专业和助产专业教育教学质量，创新"十四五"规划教材建设，适应数字信息化教学的不断发展。我们在编写过程中注意定位于接受中等职业教育阶段的读者对象，定位于培养学生能力为主的中等职业医学教育，定位于篇幅较少、重点突出、紧紧围绕培养目标和岗位需求及护士执业资格考试的实际需要，定位于趣味可读、图文并茂和以岗位胜任力为出发点的创新教材。以科学观、整体观和创新观为指导，体现"以人为本"及"以学生为本"的理念，立足于解决实际问题，以利于培养学生的创造性思维。

　　"外科护理"为中等职业教育护理和助产专业必修课程之一。本教材在阐述外科疾病护理的基础知识、基本理论的基础上，以培养综合素质人才为出发点，着重突出基本技能。在现代护理观指导下，以整体护理为目标，以案例教学为引导，强调岗位对接，与护士执业资格考试密切融合。本教材内容紧扣护士执业资格考试大纲，对常见病和多发病的叙述较为详细，罕见疾病篇幅相对较少。尽可能做到既突出外科护理专业特点，又避免与其他相关教材内容交叉与重复，外科护理主要讲述手术方面的护理，故一些疾病编写时侧重点有所不同。本教材编写时将学习目标分为知识（识记、理解）、技能和素质（运用）三大方面，以激发学生的学习兴趣，开阔学生视野。一些疾病的护理目标和护理评价用比较浅显易懂的陈述，大部分按照疾病概要、常见护理诊断/问题、护理措施三大方面进行阐述。同时，我们编写本教材时特别注重结合临床护理现状和需求，以人的健康为出发点，贴近新知识、新技术的进展，紧跟新政策的走向，内容向社区护理、家庭护理延伸，注重整体护理、人文关怀培养，注重各种疾病的健康教育。

　　本教材适用于中等职业院校护理和助产专业在校及临床实习学生。为帮助学生学习，适当增加章节前的解剖生理概要篇幅，便于学生理解本章节内容。为保证教材内容的新、精、准，使教材具有代表性和科学性，编者们尽最大努力，对教材进行了反复的斟酌和修改。本教材在编写过程中得到了河池市卫生学校领导和相关教师以及河池市中医医院外科同仁的大力支持，谨在此一并表示诚挚的谢意！由于编者时间和水平有限，内容可能会有所疏漏，恳请同行和各院校师生给予批评和指正，以便在今后的修订过程中日臻完善。

编　者

Contents

第一章　绪　论

学习目标

识记：

能复述外科护理学的概念。

理解：

1. 能阐述外科学、外科护理学的内容及发展简史。

2. 能简述外科护士应具备的素质和角色功能。

运用：

1. 能应用外科护理学的学习方法学习本课程。

2. 能在学习和工作过程中，体现外科护士的职业素质要求。

扫码看课件

第一节　外科护理学的内容及发展简史

一、外科护理学的内容

护理学是一门独立的、综合性的、为人类健康服务的应用性学科，而外科护理学是护理学的重要组成部分，它是研究在外科领域中如何对外科病人实施整体护理的一门重要的临床护理学科。

外科护理学包含医学基础理论、外科学基础理论、护理学基础理论和护理技术、护理心理学、伦理学、社会学和人际沟通等，与外科学紧密相关，在外科学的内容上建立起来并且不断更新变化和发展。外科疾病大致分为创伤、感染、肿瘤、畸形和功能障碍五大类，这些疾病以手术或手法处理为主要的治疗手段。外科范围内这五大类疾病护理的基础理论、基本知识和基本技能，即为外科护理学的内容，而各类疾病病人的围手术期护理则成为外科护理学最主要的研究内容。外科护理学涵盖了外科护士的主要工作内容，即全面评估病人的健康史、身体状况、实验室及其他检查、心理-社会状况、治疗原则和预防措施；找出现存的和潜在的健康问题及医护合作性问题；拟定相应的护理目标和护理计划，并采取适当的护理措施，如病情观察、生活护理、检查配合、心理护理、手术配合和其他护理，指导预防保健、康复锻炼及健康教育等，最大程度地满足病人的心理、生理和治疗需求。也就是树立"以人的健康为中心的全面护理"理念，运用护理程序的方法，对病人进行个体化的整体护理。

二、外科护理学的发展简史

现代外科学创建于 19 世纪 40 年代，外科护理学的发展与外科学的发展是分不开的，它与外科学和护理学一样，是人们长期同疾病做斗争的经验总结，其诞生和发展与社会各个时期科学技术的进步关系密切。在远古时代,人们已经认识并建立了外科学,19世纪40年代以后,解剖学和病理学尤其是实验外科学的建立,为外科学的发展奠定了基础。在早期的实践中,手术疼痛、出血、伤口感染等是妨碍外科学发展的主要因素,直到19世纪中叶,无菌技术、止血、输血、麻醉、止痛技术的问世,解决了外科手术中伤口感染、出血、手术疼痛三大难题,这才使外科学得到了很大的发展。同一时期,南丁格尔在克里米亚战争中成功地应用清洁、消毒、换药、包扎伤口、改善营养和伤员环境等,使战伤死亡率从50%降至2.2%,充分显示了护理在外科治疗中的重要作用,护理工作得到英国政府的认可,南丁格尔以此为契机于1860年在英国圣多马医院创立了世界上第一所护士学校,为护理教育奠定了坚实的基础,使护理成为一门学科,因此现代护理学是在外科护理的基础上发展起来的。

现代医学的进步促进了外科学的发展,而外科学的发展对外科护理学提出了更高的要求。现代护理学的发展经历了以疾病护理为中心,以病人护理为中心和以人的健康护理为中心的三个发展阶段,其理念以及外科学研究和实践的进展都不断地引导着外科护理学进入新的领域,大大丰富了外科护理学的内涵,对从事外科护理专业者不仅要求其掌握外科专业的知识和技术,还要求其熟悉社会伦理学、护理心理学、人际沟通等其他学科的知识。要求外科护士必须在现代医学模式和现代护理观的指导下,坚持"以人的健康为中心的全面护理"的理念,对外科病人进行全面系统的评估,提供身心整体的护理和个性化的健康指导,真正体现"为人类健康服务"的宗旨。

外科学和外科护理学传入我国已有100多年的历史,在新中国成立后才得到快速发展。1958年首例大面积烧伤病人的抢救和1963年世界首例断肢再植在我国获得成功,体现了我国护理工作者对外科护理学所做出的突出贡献。随着社会的不断发展,外科领域有关生命科学新技术的不断引入、计算机的广泛应用、医学分子生物学和基因研究的不断深入,都为我国外科学和外科护理学的发展提供了新的舞台,同时也提出了新的挑战。外科护理工作者应认清形势,看到自身的不足以及国内护理工作与发达国家护理工作之间的差距。

第二节 如何学好外科护理学

一、明确外科护理学的教学目标

根据外科护理学教学大纲的规定,结合护理专业的培养目标,学生通过本课程的学习应能够达到如下教学目标。

第一,要明确基础知识的教学目标,熟悉外科常见病病人护理评估的内容和方法,掌握其护理诊断、护理措施和健康指导,掌握外科常见急危重症病人的救护原则和方法。

第二,在能力方面,应具有对外科病人应用护理程序、实施整体护理的能力,同时具有对常见病病人的病情变化和治疗反应进行观察和初步分析的能力;具有对外科常见急危重症病人进行初步应急处理和配合抢救的能力;具有实施常见外科护理技术操作的能力,初步管理手术室和初步配合常见手术的技术能力。

第三,在思想品德方面,通过观察了解疾病对人体的身心危害,体会病人为恢复、维持和促进其健康的护理需求,进一步认识和珍爱生命,养成自觉关心关爱病人以及全心全意为病人服务的理念,逐步养成爱岗敬业、吃苦耐劳的工作态度和作风,具有与同事合作的团队协作精神,并在外科护理的学习工作中,具有研究新技术、新理论、新方法的创新意识。

二、学会用整体护理观指导外科护理学的学习

通过对外科护理学的学习,应树立"以人的健康为中心的全面护理"理念,理解整体护理的科学内涵,对人的生理、心理和社会的需要进行全面照顾,包含疾病时的护理和健康时的护理,不仅要做好个体的护理,还应做好群体的护理和环境护理,对人生命过程中各个阶段的健康问题给予关怀和照顾。在工作中,运用外科护理学的知识和技能,采用科学的护理程序评估病人的健康状况、提出护理问题、制订并实施护理计划、最终评价护理结果,为病人提供健康有效的服务,初步具有面向个体、家庭和社区开展健康指导的能力。

三、掌握理论与实践相结合的学习方法

只有加强理论与实践的紧密结合,外科护理学的学习才能取得理想的效果,外科护理学的基础理论、基本知识和基本技术,对初学者非常重要,是学习专业课程和临床实践的基础,学习中要联系基础医学理论知识,认真学习好有关课程的教学内容,为其他专业课程的学习和深造打下良好的基础。一方面要掌握好理论知识,另一方面应该多参加实践,多学习、多动手、多观察。只有将理论知识与临床护理实践灵活结合,才能通过病人细小的病情变化看到疾病的本质。外科护士应审时度势,学会具体问题具体分析,根据病人的病情变化及时采取相应的护理措施。虽是同一疾病,由于不同病人身体的差异性,其护理问题也可能不尽相同。这就要求我们多利用实践的机会,理解以护理程序为框架的整体护理模式,收集和分析相关资料,发现外科病人现有的和潜在的护理问题从而采取有效的护理措施并评价其效果。

第三节　外科护士的职业素质要求

外科疾病复杂多变,急危重症病人多,麻醉与手术又有潜在并发症的危险,必须给予紧急或尽快处理。由于外科病人病情变化快,多需在短时间内做出判断,麻醉和手术又有发生并发症和意外的可能,常给病人带来身心的痛苦和精神上的压力,多需护士帮助排忧解难;加上外科工作节奏较快,劳动强度较大,需护士付出较多的精力和体力。基于外科工作的上述特点,对外科护士的职业素质提出了较高的要求。

1. 应具有高度的责任心　外科护士要敬重护理职业,热爱护理岗位,认真执行各项规章制度,严格遵守各种操作规程。把病人的健康和生命安危放在首位,工作态度严肃认真、一丝不苟,对病人细心,对技术精益求精;避免粗枝大叶、漫不经心或敷衍了事,以杜绝或减少差错事故,保障病人身体健康和生命安全。

2. 应具备较强的业务能力　外科护士不仅应具有扎实的护理专业知识,还要把握本专业领域的新技术、开展新业务;不仅应具有敏锐的观察能力、迅速的判断能力,还要具有过硬的技术操作能力和应急处理能力;不仅应具有独立完成工作的能力,还要具有较强的人际沟通能力和团队协作能力等。只有具备这些基本的业务能力,才能在工作岗位上充分发挥作用,更好地为人的健康服务,实现作为护士的人生价值和职业理想。

3. 应具备良好的身体和心理素质　外科护士应具有健康的体魄、开朗的性格、稳定的情绪和温和的态度;要吃苦耐劳,甘愿奉献,适应外科的工作特点;能通情达理、善解人意,适时有效地调节和控制自己的不良情绪,融洽医护、护护及护患关系;能保持旺盛的精力,从容地应对各种压力,沉着冷静地处理工作中遇到的各种问题并具备特殊的职业情感,为病人创造良好的治疗和休养环境,促进病人的身心康复。

4.应具备良好的法律意识 外科护士要认真学习《中华人民共和国护士管理办法》《医疗事故处理条例》《中华人民共和国消毒管理办法》等政策法规,具有一定的法律意识和政策意识,遵纪守法,依法行医,认真维护病人和所在单位的权益,树立良好的职业形象,全心全意为人的健康服务。

【案例思考】

一个炎热的下午,黄护士肩上挂着白大衣、打着哈欠推着治疗车进入某外科病房,喊道:"19床,打针。"见没有应答,黄护士提高嗓门喊:"19床,打针了。"仍然是没有人应答。黄护士双眼瞪着19床的病人说:"我叫你呀,干嘛没应?"此时19床的病人开口了:"对不起,我不叫19床,我名字叫韦小小。"

请思考:

1.该病人为什么会有这样的反应?

2.黄护士的如此行为反映了什么问题?怎样才能做一名合格的外科护士?

(兰庆新)

第二章 体液代谢失衡病人的护理

学习目标

识记：

　　能复述等渗、低渗和高渗性缺水，水中毒，低钾血症和高钾血症，代谢性酸中毒和代谢性碱中毒，呼吸性酸中毒和呼吸性碱中毒的概念及病因。

理解：

　　1.能比较三种性质缺水和水中毒的临床表现和处理原则。

　　2.能比较低钾血症、高钾血症的临床表现和处理原则。

　　3.能比较代谢性酸中毒、代谢性碱中毒的临床表现和处理原则。

运用：

　　1.能运用相关知识，识别外科常见水、电解质和酸碱平衡失调。

　　2.能运用护理程序，为水、电解质和酸碱平衡失调病人制订护理计划。

扫码看课件

第一节 体液的正常代谢

　　机体每时每刻都在进行着新陈代谢，新陈代谢必须要在水、电解质及酸碱平衡的体液中才能正常进行。而各种疾病，药物或手术等治疗方法都可能影响或破坏这种平衡，使水、电解质及酸碱平衡出现紊乱，严重时危及生命。因此，能预见性地评估病人可能出现的体液代谢失衡及其类型可协助医生对病人进行各方面的防治和护理工作，可大大降低临床上体液失衡的发病率及死亡率。

　　体液的平衡取决于机体的液体出入量、电解质的摄入及分布、酸碱的调节，三者之间相互作用，通过一定的机制维持机体正常的体液代谢。

一、水的平衡

　　体液由水、电解质、低分子有机化合物及蛋白质等组成，广泛分布于组织细胞内外。体液的含量随性别、年龄和胖瘦而异。一般成年男性总体液量约占体重的60%，女性约占55%，婴儿约占70%（新生儿可达80%）。其中男性的细胞内液约占体重的40%，女性约占35%，男、女性细胞外液均约占体重的20%。细胞外液中组织间液约占体重的15%，血浆约占体重的5%。以上这些体液成分比例相对恒定，但它们之间不断地进行着交流，保持着动态平衡。人体每日摄入液量有较大变动时，每天的排出液量也随之变动，使液体出入量保持着平衡。一般正常成年人24 h液体出入量为2000~2500 mL（表2-1）。

表 2-1　正常成年人每日液体出入量　　　　　　　　　　　　　　单位:mL

摄入液量		排出液量	
食物含水	700	呼吸、皮肤蒸发	350+500
饮水	1000～1500	小便	1000～1500
代谢氧化生水	300	大便	150
合计	2000～2500	合计	2000～2500

二、电解质及渗透压平衡

细胞外液中的主要阳离子是 Na^+,其主要生理功能是维持细胞外液的渗透压及神经肌肉的兴奋性;主要阴离子是 Cl^-、HCO_3^- 和 Pr^-(Pr 代表蛋白质)。细胞内液中的主要阳离子是 K^+,其主要生理功能是维持细胞的正常代谢、维持细胞内液的渗透压和酸碱平衡、增高神经肌肉应激性、抑制心肌收缩力;主要阴离子是磷酸根和 Pr^-。血液中主要离子含量的正常值见表 2-2。细胞内、外液渗透压基本相等,正常值为290～310 mmol/L。

表 2-2　血液中主要离子含量的正常值　　　　　　　　　　　　单位:mmol/L

阳离子		阴离子	
Na^+	142(135～145)	Cl^-	102(98～106)
K^+	4(3.5～5.5)	HCO_3^-	27(23～31)
Ca^{2+}	2.5(2.2～2.7)	Pr^-	0.3
Mg^{2+}	1(0.7～1.2)		

正常情况下,每日摄入氯化钠4～6 g,氯化钾2～3 g,可以大致维持 Na^+、K^+、Cl^- 的平衡。水、电解质及渗透压的平衡主要通过神经-内分泌系统调节,当细胞外液渗透压增高或血容量严重下降时,下丘脑-垂体-抗利尿激素系统受刺激,病人感觉口渴而主动饮水,抗利尿激素分泌增加使远曲小管的集合管上皮细胞对水分的再吸收增加,尿量减少,水分得以保留而使细胞外液渗透压恢复正常。当血容量减少时,肾素-醛固酮系统受影响,刺激肾素分泌增加,进而刺激肾上腺皮质增加醛固酮的分泌,远曲小管对 Na^+ 的再吸收增加,水的再吸收也随之增加,使血容量恢复正常。

三、酸碱平衡

正常人的体液保持着一定的酸碱度,pH 值维持在 7.35～7.45。人体在代谢过程中不断产生各种酸性与碱性物质,以维持机体 pH 值在正常范围内,机体主要通过下列三个方面进行调节 pH 值。

1. 缓冲系统　血液中的缓冲系统以 HCO_3^-/H_2CO_3 最为重要,也是调节酸碱平衡最迅速的途径,当[HCO_3^-]/[H_2CO_3]的值为 20:1 时,血液的 pH 值保持在 7.40。

2. 呼吸调节　肺是排出体内挥发性酸(碳酸)的主要器官,通过肺的呼吸排出二氧化碳来调节血中的[H_2CO_3],当动脉血二氧化碳分压($PaCO_2$)超过 40 mmHg 时呼吸中枢兴奋,呼吸加深加快,大量二氧化碳排出,从而调节血中[H_2CO_3];当动脉血氧分压($PaCO_2$)降低时,呼吸变慢变浅以减少二氧化碳排出。

3. 肾调节　肾在酸碱平衡调节系统中作用最为重要,一切非挥发性酸和过剩的碳酸氢盐都从肾排出。肾的调节作用主要通过肾小管上皮细胞排泌 H^+ 和 NH_3,重吸收 Na^+ 以保留 HCO_3^-,维持血浆中碳酸氢盐的正常浓度。因此,非挥发性酸和过多的碱都可经肾排泄,具有调节作用强大且持久的特点。

上述三种主要机制相互配合,为维持酸碱平衡发挥着调节与代偿作用。

第二节　水钠代谢失衡病人的护理

当病人在致病因素作用下导致水和钠的摄入或排出出现异常时,体液的动态平衡将会被打破。水和钠的代谢失衡主要有体液容量不足(缺水和缺钠)和体液容量过多(水中毒)两大类。

一、缺水和缺钠

体内水分丧失过多称为缺水。水和钠关系密切,缺水的同时多伴有缺钠。由于造成缺水和缺钠的病因不同,缺水和缺钠的类型亦不同。临床上把缺水多于缺钠称为高渗性缺水,缺钠多于缺水称为低渗性缺水,水与钠成比例缺失称为等渗性缺水(图 2-1)。

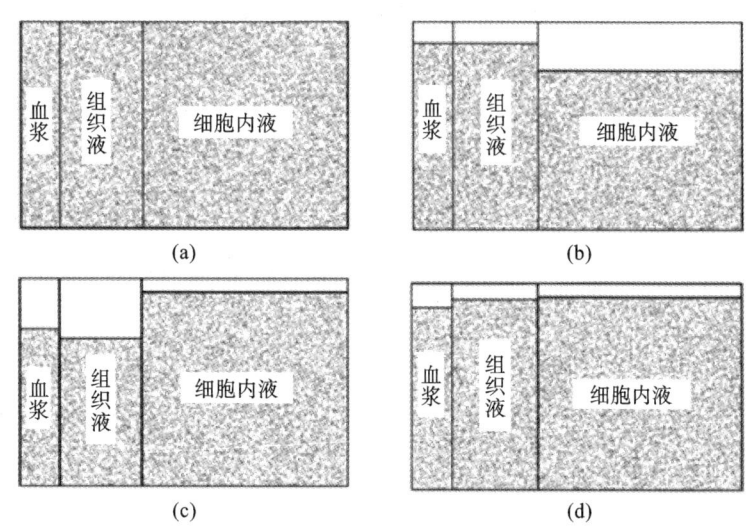

图 2-1　水钠代谢失衡的体液容量变化示意图
(a)正常;(b)高渗性缺水;(c)低渗性缺水;(d)等渗性缺水

(一)高渗性缺水

高渗性缺水亦称原发性缺水。体液丧失以失水多于失钠,细胞外液量减少,血浆渗透压与血钠升高,细胞内水分向细胞外渗出,结果使细胞内、外液都减少,最后,细胞内液的缺水程度超过细胞外液。

1.病因　①水分摄入不足,如长期禁食、吞咽困难、昏迷而未补充液体等;②水分排出增加,如腹泻、尿崩症、肾衰竭、糖尿病酸中毒和出汗过多等;③高渗溶质摄取过多,如鼻饲高浓度要素饮食或静脉注射大量高渗盐水。

2.临床表现　早期以口渴为特点,随后出现唇舌干燥、皮肤弹性减退、眼窝凹陷、精神萎靡,脱水严重时出现神经系统功能障碍,如狂躁、抽搐、神志不清或昏迷。因体液渗透压升高,抗利尿激素分泌增加,造成尿量减少及尿相对密度(尿比重)增高(表 2-3)。

表 2-3　缺水程度的评估

程度	缺水量	症状
轻度	2%～4%	口渴
中度	4%～6%	极度口渴;乏力,尿少和尿比重增高;唇舌干燥,皮肤失去弹性,眼窝凹陷;常有烦躁不安
重度	>6%	除上述症状外,出现躁狂、幻觉、谵妄,甚至昏迷

3. 辅助检查　实验室检查血钠高于 150 mmol/L,有红细胞计数、血红蛋白量、血细胞比容均增高等血液浓缩现象。

4. 治疗原则　应尽早去除病因,使病人不再失液,以利于机体发挥自身调节功能。不能口服的病人,静脉滴注 5% 葡萄糖溶液,以补充已丧失的水分。脱水症状基本纠正,尿量增加,尿比重和血钠降低后,还需补充适量的电解质溶液。

（二）低渗性缺水

低渗性缺水亦称慢性缺水或继发性缺水。体液失衡以失钠多于失水,细胞外液量减少,血浆渗透压与血钠降低,抑制抗利尿激素的分泌,肾小管回吸收减少,尿量不减,有时甚至增加,以提高细胞外液的渗透压,于是更加重了细胞外液的丢失。但细胞内液量并不减少。血容量进一步减少,醛固酮和抗利尿激素开始分泌增多,水回吸收增加,导致少尿。如血容量继续减少,上述代偿功能不能够维持血容量时,将出现休克。

1. 病因　①胃肠道消化液持续性丢失,如反复呕吐、腹泻;②大创面慢性渗液致等渗性缺水,治疗时补充水分过多;③长期使用排钠利尿剂;④水分摄取过多,如输入过多低渗溶液、清水灌肠等。

2. 临床表现　身体状况以周围循环衰竭为特点,病人口渴不明显,而缺钠所致乏力、恶心、呕吐、表情淡漠、腓肠肌痉挛性疼痛较明显;较早出现直立性晕倒、血压下降甚至休克。早期尿量正常或略增多,但尿比重低(表 2-4)。

表 2-4　缺钠程度的评估

程度	血钠	缺钠量	症状
轻度	<135 mmol/L	0.5 g/kg	无力、头晕、手足麻木,尿稍多但尿比重低
中度	<130 mmol/L	0.5～0.75 g/kg	恶心、呕吐、脉搏细速、眼窝凹陷、视物模糊、皮肤弹性差、静脉萎陷、尿少不含钠、直立性晕倒
重度	<120 mmol/L	0.75～1.25 g/kg	除上述症状外,神志不清、表情淡漠、痉挛性抽痛、腱反射减弱或消失,甚至昏迷,常有休克

3. 辅助检查　血钠低于 135 mmol/L,表明有低钠血症;血液浓缩显著,即红细胞计数、血红蛋白量、血细胞比容均明显升高,血尿素氮升高。

4. 治疗原则　积极防治原发疾病。一般从静脉补充等渗盐水即可恢复,中、重度病人可加用 5% 氯化钠溶液 200 mL 左右,尽快纠正血钠过低,进一步恢复细胞外液量。在大量补充钠盐时,要防止 Cl⁻ 输入过多,为此可将电解质溶液总量的 1/3 改为 1.5% 碳酸氢钠溶液。

（三）等渗性缺水

等渗性缺水亦称急性缺水或混合性缺水。在外科临床上最为常见,此时体内水和钠按比例丢失,导致细胞外液量减少,而细胞外渗透压与血钠基本保持正常。持续时间较久后,细胞内液也将逐渐外移,随细胞外液一起丧失,以致引起细胞内缺水。这类液体丧失,如不及时补充大量葡萄糖溶液,又可转化为低渗性缺水。

1.病因　①水、钠丢失过多,常因胃肠道消化液的急性丧失,如呕吐、腹泻等;②感染或软组织损伤引起大量渗液等;③体内液体积聚不当,血浆中的液体转移至组织间隙,如胸水、腹水等。

2.临床表现　等渗性缺水时,水与钠成比例丢失,故身体状况既有缺水症状,又有缺钠症状。病人有乏力、厌食、少尿、唇舌干燥、皮肤弹性差、眼窝凹陷,但口渴不明显;颈静脉塌陷、脉搏细速、肢端湿冷,严重者出现血压不稳或下降等休克的表现。常伴发代谢性酸中毒。如病人丧失的体液主要为胃液,因 Cl^- 的大量丢失,则可伴发代谢性碱中毒。

3.辅助检查　实验室检查可发现红细胞计数、血红蛋白量、血细胞比容明显增高,表示有血液浓缩;血钠和血氯一般无明显降低;尿比重增高。

4.治疗原则　首先是消除引起等渗性缺水的原因,以减少水和钠的丧失,针对细胞外液量的减少,用平衡盐液、等渗盐水尽快补充血容量,然后输入葡萄糖溶液纠正细胞内缺水。在缺水、缺钠时,常伴有缺钾,在纠正缺水后,应及时补充氯化钾。

(四)护理问题

1.体液不足　与水、钠摄入不足或体液丢失过多有关。

2.潜在并发症　失液性休克、脑水肿、肺水肿等。

(五)护理措施

1.预防措施

(1)对自己不能提出饮水要求的病人,如昏迷者、婴幼儿等,应注意病人对水的需求,及时供给水分。

(2)发热、大量出汗及气管切开者每日应增加水分的摄入。

(3)大量输液病人应注意电解质的补充。

2.病因治疗　配合医生积极处理原发病,如肠瘘、高热、腹泻等,这是防治体液失衡的基本措施。

3.液体疗法的护理　对已出现缺水和缺钠的病人,应及时有效地进行补液。实施液体疗法时应特别注意补液的量、补液种类、补液方法、补液监测四个方面的问题。

(1)补液量:包括以下三部分。

①日需量:即生理需要量。一般成年人每日需补给 2000～2500 mL。

②已经丧失量:即累积损失量,是指病人从发病到入院时已经丧失的体液总量。可根据临床表现及实验室检查结果估算病人缺水、缺钠的量。如 70 kg 体重的中度高渗性缺水病人,失水量约为 70 kg×5％＝3.5 kg(3500 mL);60 kg 体重的轻度低渗性缺水病人,失盐量是 0.5 g×60＝30 g,相当于等渗盐水约 3300 mL,在临床实际工作中要充分考虑到病人的自身调节情况,避免一次补液过多,一般在第 1 日只补给已经丧失量的一半,第 2 日酌情补给余下的一半。

③继续损失量:病人在治疗过程中继续丧失的体液量。原则为丢多少补多少。病人入院后应对其呕吐、腹泻、引流、造瘘造成的体液丧失量进行严格观察记录。如肠梗阻病人入院后第 1 日,呕吐 5 次,每次 300 mL 左右,其继续损失量即为 1500 mL。

(2)补液种类:常用液体的用途见表 2-5。

①日需量的液体配制:一般成年人日需氯化钠 4～6 g,葡萄糖 100～150 g,故需补生理盐水 500～1000 mL,5％～10％的葡萄糖溶液约 1500 mL,10％氯化钾溶液 20～30 mL。

表 2-5　常用液体的用途

溶液名称		渗透压	用途
非电解质溶液	5％葡萄糖溶液	等渗	补充水分和热量
	10％葡萄糖溶液	高渗	补充水分和热量

续表

溶液名称		渗透压	用途
电解质溶液	0.9%氯化钠溶液	等渗	补充水分及钠盐
	5%葡萄糖氯化钠溶液	高渗	补充水分、热量及钠盐
	林格溶液	等渗	补充水分及多种电解质
	乳酸钠林格溶液	等渗	平衡盐溶液(或平衡液),用于扩充血容量
	碳酸氢钠等渗盐水	等渗	平衡液,扩充血容量
	5%氯化钠溶液	高渗	用于纠正严重的低渗性脱水
	10%氯化钾溶液	等渗	补充钾盐,防治低钾血症
	10%氯化钙溶液	高渗	补充钙盐,防治低钙血症
	25%硫酸镁溶液	高渗	纠正镁缺乏
碱溶液	5%碳酸氢钠溶液	高渗	纠正代谢性酸中毒
胶体溶液	血浆	等渗	补充血容量,提高胶体渗透压
	右旋糖酐	等渗	扩充血容量,提高胶体渗透压

②已经丧失量的液体配制:根据缺水的类型补充相应的液体。低渗性缺水一般补给等渗盐水,重症病人可酌情补充适量高渗盐水;高渗性缺水先补充5%葡萄糖溶液,缺水情况改善后再补充适量等渗盐水;等渗性缺水一般补给等渗盐水和葡萄糖溶液各一半,有血容量不足者,应在使用平衡盐溶液扩容的基础上补适量的胶体溶液,如血浆、全血和右旋糖酐等。有酸中毒者可补给碱性溶液,有缺钾者补给适量氯化钾溶液,有缺钙、缺镁者分别补给10%葡萄糖酸钙溶液、10%~25%硫酸镁溶液。

③继续损失量的液体配制:根据"同质原则",按丢失液体的成分选择液体,如体温每升高1℃,丧失水分3~5 mL/kg体重,大量出汗湿透衣裤,需补液约1000 mL(含钠约2.5 g),气管切开病人每日丧失体液700~1000 mL,主要补5%葡萄糖溶液。

(3)补液方法:应注意补液的顺序和速度,一般遵循以下几个原则:①先盐后糖:一般应先输入无机盐溶液,再输葡萄糖溶液,因无机盐溶液有利于稳定细胞外液渗透压、恢复细胞外液的容量,但高渗性缺水病人应先输葡萄糖溶液,以迅速降低细胞外液的高渗状态。②先晶后胶:先输晶体溶液,可稀释血液,改善微循环。但大失血导致的低血容量性休克应尽早补充全血、血浆、右旋糖酐等胶体溶液。③先快后慢:明显缺水的病人,开始时输液速度要快,以迅速改善缺水缺钠状态。休克、大面积烧伤病人,可开通多路输液、加压输液或做静脉切开插管输液等。病人情况好转后再减慢输液速度,以免加重心、肺的负担。有心、肺功能障碍者,静脉滴注高渗盐水、高渗糖溶液或液体中加有特殊药物(钾盐、普萘洛尔、利多卡因等)时都应控制速度,缓慢滴注。④交替输入:液体量较多时,各类液体要交替输注,以免引起人为的体液失衡。⑤尿畅补钾:尿量>40 mL/h方可补钾,否则可引起高钾血症。

(4)补液监测。

①保持输液通畅:注意输液管中液体滴注是否顺利,局部有无水肿、渗漏,按要求控制滴速。

②记录液体出入量:准确记录大、小便量,呕吐量和引流量,每次饮食量和输入液量等,及时记录、计算,以便调整输液方案。

③观察治疗反应,进一步调整输液的速度、液体量及种类。主要观察项目如下:a.精神状态是否好转;b.缺水征象的恢复程度;c.生命体征的改善程度;d.注意心肺体征,如在快速输液时发现病人心率增快、呼吸急促、咳血性泡沫样痰,则可能有肺水肿与心力衰竭的危险,应立即减慢或停止输液,报告医生进行处理;e.辅助检查:观察中心静脉压,血、尿常规,电解质等是否恢复正常;f.注意有无寒战、发热等输液反应。

二、水中毒

水中毒又称水过多或稀释性低血钠,是指机体水分的摄入量超过排出量,以致水在体内潴留,引起血浆渗透压下降和循环血量增多。水中毒较少发生。因细胞外液极度稀释而明显低渗,水渗入细胞内而引起全身细胞尤其是脑细胞水肿。

1. 病因 急性者见于急性肾衰竭少尿期,严重创伤所致应激状态时抗利尿激素分泌增多,静脉输液量过多,而肾脏又不能将过多水分排出;慢性者见于严重感染等。

2. 临床表现 中毒表现以脑水肿最为突出,表现为头痛、呕吐、视物模糊、嗜睡,甚至昏迷或惊厥;同时伴肺水肿(如呼吸困难、咳大量泡沫样痰等),体重增加,尿多而尿比重低。

3. 辅助检查 血钠可降至 120 mmol/L 以下。

4. 治疗原则 积极控制原发病,并严格限制水分的摄入,每日控制在 700～1000 mL;重症者可输入高渗氯化钠溶液,使细胞内水分渗出,同时使用呋塞米进行利尿。肾衰竭病人采用透析疗法排出体内多余的水分。

5. 护理措施

(1)严密观察脑水肿的发生与发展。

(2)严格限制摄入液量,每日控制在 1000 mL 以下。

(3)重度水中毒病人用渗透性利尿剂促使水分排出,如 20％甘露醇或 25％山梨醇 200 mL 静脉快速滴注,还可静脉注射呋塞米、依他尼酸等,亦可遵医嘱静脉缓慢滴注 3％～5％氯化钠溶液,纠正细胞外液的低渗状态,降低脑细胞水肿。

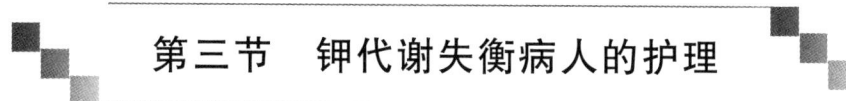

第三节 钾代谢失衡病人的护理

K^+ 是细胞内液中的主要阳离子,机体内钾总量的 98％分布在细胞内。细胞外液含钾量很少(仅2％),血钾浓度为 3.5～5.5 mmol/L,但具有极其重要的生理作用:①维持神经肌肉兴奋性,维持心肌正常功能。②参与维持细胞的正常代谢。③维持细胞内液的渗透压及酸碱平衡。钾的主要来源是食物,正常成年人每日需钾 2～3 g,相当于 10％氯化钾溶液 20～30 mL。临床上钾的代谢失衡有两大类型,即低钾血症与高钾血症。

一、低钾血症

血钾低于 3.5 mmol/L 为低钾血症。体内 85％的钾由肾脏排出,肾对钾的调节能力很低,在禁食和血钾很低的情况下,每日仍有一定量的钾盐从尿中排出,故临床上低钾血症较为常见。

(一)病因

常见的导致血钾降低的因素有以下几种。

1. 钾摄入不足 多见于长期进食不足、禁食的病人。

2. 钾排出过多 多见于严重的呕吐、腹泻及持续胃肠减压,长期应用肾上腺皮质激素及利尿剂的病人。

3. 体内钾转移 大量注射葡萄糖或氨基酸时,葡萄糖合成糖原及氨基酸合成蛋白质加速,钾随之转移入细胞内。

4. 碱中毒 细胞内 H^+ 移出,细胞外 K^+ 移入与之交换,同时肾小管泌 H^+ 减少,使 K^+-Na^+ 交换活跃,尿排 K^+ 增多。

(二)临床表现

1. 肌无力 为缺钾最早的症状,先是四肢软弱无力,后波及躯干及呼吸肌,病人可出现吞咽困难、呛

咳、呼吸困难甚至窒息等;还可有腱反射减弱或消失,严重时出现软瘫。

2.消化道症状 出现厌食、恶心、呕吐、腹胀、肠蠕动减弱或消失。

3.心功能异常 心悸、心动过速、心律不齐、血压下降,严重时出现心室纤颤而停搏。

4.其他 代谢性碱中毒及反常酸性尿。

(三)实验室及其他检查

1.血钾 血钾<3.5 mmol/L。

2.心电图 早期有 T 波低平或倒置,随后出现 ST 段降低,Q-T 间期延长,U 波出现。但并非每个病人都出现心电图改变,故心电图检查仅作为辅助性诊断的手段。

(四)防治要点

主要是控制原发病,及时补钾并加强监测。

(五)护理诊断

1.活动无耐力 与低钾血症致肌无力有关。

2.有受伤的危险 与全身软弱无力、意识恍惚、烦躁有关。

(六)护理措施

1.一般护理

(1)注意协助肌无力病人安置舒适体位,并定时翻身。

(2)病人烦躁不安时,加强陪护,避免意外损伤。

(3)病情允许者,可适当下床活动,改善肌张力。

2.病情观察 定时测定呼吸、脉搏、血压、尿量及血钾浓度,严密监测心电图,尤其注意心室纤颤及心搏骤停的迹象,一旦出现应及时通知医生并配合抢救。

3.治疗配合 补充钾盐常选用 10%氯化钾溶液,病情允许时,尽早恢复饮食,以利于钾盐的口服摄入。口服每次 10 mL,每日 3 次,饭后服用。长时间禁食或长期胃肠道引流者,应及时补钾,以防发生低血钾。但临床外科低钾血症病人常不能口服补钾,需经静脉补钾,静脉补钾时应注意以下四个方面。

(1)尿畅补钾:每小时尿量在 40 mL 以上时,方可补钾。

(2)浓度:钾盐浓度不可超过 0.3%,即 10%葡萄糖溶液 1000 mL 中加入 10%氯化钾溶液最多不可超过 30 mL。

(3)速度:成年人静脉滴注速度每分钟不超过 60 滴,禁止静脉直接推注 10%氯化钾。

(4)补钾量:一般禁食病人无其他额外失钾者,每日补钾为生理需要量(2~3 g);一般性缺钾者,每日补钾 4~5 g;严重缺钾者,每日补钾总量不超过 6 g,但特殊情况如严重腹泻、呕吐及急性肾衰竭多尿期等除外。

4.心理护理 向病人耐心解释全身乏力、软瘫的机制,以减轻病人的心理压力,缓解其焦躁情绪,以便配合治疗和护理的进行。

(七)健康教育

(1)向病人讲解钾对机体的重要性,能进食者应鼓励其及早进食,并多食含钾丰富的食品,如牛奶、香蕉、橘子、瘦肉、番茄汁等。

(2)指导长期使用排钾利尿剂的病人检测血钾,防止钾排出过多引起低钾血症。

二、高钾血症

血钾高于 5.5 mmol/L 为高钾血症。

(一)病因

导致高钾血症的相关因素有以下几种。

1.钾摄入过多 如静脉补钾过量、大量输入库存血等。

2.钾排出减少 急慢性肾衰竭或应用大量保钾利尿剂(如内酯、氨苯蝶啶等)。

3.钾体内转移 如溶血、大面积烧伤、挤压综合征等。

4.其他 如酸中毒等。

(二)临床表现

临床表现无特异性,轻度高钾血症时,可有短暂性的神经肌肉兴奋性增高,临床不易观察到,若继续加重则导致神经肌肉兴奋性降低,可出现神经肌肉功能异常,肢体软弱无力、感觉异常、神志淡漠或恍惚;心功能异常,常有心动过缓、心律不齐,严重时出现舒张期心搏停止;微循环障碍严重,出现皮肤苍白、发冷、发绀、血压下降等。

(三)实验室及其他检查

(1)血钾>5.5 mmol/L。

(2)血钾>7 mmol/L 时几乎都有异常心电图的表现,典型的心电图改变为早期 T 波高而尖,Q-T 间期延长,随后出现 QRS 波增宽,P-R 间期延长,心电图有辅助诊断价值。

(四)防治要点

采取限钾、排钾、转钾等措施降低血钾浓度,补充钙剂可对抗心律失常等。

(五)护理问题

1.心排血量减少 与心肌抑制有关。

2.有受伤的危险 与肌无力有关。

(六)护理措施

1.病情观察 观察病人精神状态、生命体征,监测血钾及心电图。

2.治疗配合

(1)停止摄入钾盐:禁用一切含钾药物,禁食各种含钾食物。

(2)降低血钾浓度:可采取以下措施,补给碱性溶液,使 K$^+$ 转入细胞内,并增加肾小管排钾。可先静脉注射 5%碳酸氢钠溶液 60～100 mL,再继续静脉滴注 100～200 mL;输入葡萄糖溶液及胰岛素,使 K$^+$ 随糖原合成进入细胞内,可用 25%葡萄糖溶液 100～200 mL 加入胰岛素 5～10 U 静脉滴注;应用阳离子交换树脂口服,每次 15 g,每日 4 次,可从消化道带走较多的 K$^+$。若用上述方法均不能降低血钾浓度,可采取腹膜透析或血液透析。

(3)对抗心律失常:可缓慢静脉注射 10%葡萄糖酸钙溶液 20～30 mL,能缓解高钾血症对心肌的毒性作用。

第四节 酸碱平衡失调病人的护理

在病理因素下,体内产生的酸性或碱性物质,超过了机体的缓冲和排酸能力,使血 pH 值不能维持在正常水平内即会导致酸碱平衡失调。当血 pH 值低于 7.35 时为酸中毒,血 pH 值高于 7.45 时为碱中毒。凡因代谢性因素造成血 HCO$_3^-$ 原发性降低或增高者,称为代谢性酸中毒或代谢性碱中毒;PaCO$_2$ 反映呼吸性因素,PaCO$_2$ 原发性增加或减少,可引起呼吸性酸中毒或呼吸性碱中毒。临床上以代谢性酸中毒较为常见。

一、代谢性酸中毒

代谢性酸中毒由体内$[HCO_3^-]$减少引起,是临床上最常见的酸碱平衡失调。

(一)病因

1. 酸性物质产生过多 如高热、饥饿、严重感染和糖尿病等因素导致产酸过多。

2. 排酸障碍 在肾衰竭时致肾排酸功能减退。

3. 碱性物质丢失过多 严重腹泻、肠瘘、胃肠减压等使大量碱性消化液丢失。

(二)临床表现

轻度代谢性酸中毒可无症状,重症病人可出现中枢神经系统的抑制现象,如疲乏、眩晕、嗜睡、感觉迟钝或烦躁不安,甚至神志不清或昏迷。最突出的表现是呼吸深而快,呼出气体有酮味(烂苹果味),病人面色潮红、心率加快、血压偏低;可出现对称性肌张力减弱、腱反射减弱或消失,并可伴有缺水的症状。因代谢性酸中毒可降低心肌收缩力和周围血管对儿茶酚胺的敏感性,故病人易发生心律失常、急性肾功能不全和休克,一旦发生则很难纠正。

(三)实验室及其他检查

血pH值低于7.35,血$[HCO_3^-]$值下降,CO_2CP(二氧化碳结合力)亦下降,$PaCO_2$降低或正常,可伴血钾升高。

(四)防治原则

首先应及时处理原发病,消除诱因,随着原发病的改变和液体的补充,较轻的代谢性酸中毒即可自行纠正。血浆$[HCO_3^-]$<15 mmol/L的重症代谢性酸中毒病人在补液的同时需用碱剂治疗,常用碱剂为5%碳酸氢钠溶液,首次可补给100~250 mL,用后2~4 h复查动脉血气及血清电解质,根据测定结果再决定后续治疗方案。由于代谢性酸中毒时血Ca^{2+}增多,故即使病人有低钙血症,也可不出现手足抽搐,而在酸中毒纠正后,血Ca^{2+}减少,便会出现手足抽搐,应及时静脉注射葡萄糖酸钙。且过快纠正酸中毒可能会导致大量K^+转移到细胞内,引起低钾血症,故应注意观察并及时补钾。

(五)护理问题

1. 心排血量减少 与H^+、K^+浓度增高抑制心肌收缩力有关。

2. 意识障碍 与酸中毒抑制中枢神经系统有关。

3. 潜在并发症 高钾血症等。

(六)护理措施

1. 病情观测

(1)监测血压、脉搏、呼吸、体温的变化。

(2)监测水、电解质、酸碱平衡失调的动态变化,及时做动态的血气分析。

(3)监测心血管系统及中枢神经系统的改变。

2. 治疗配合

(1)用药护理:严重病人需补碱性药物,常用5%碳酸氢钠溶液,具体药量按公式27-病人CO_2CP值(mmol/L)×体重(kg)×0.3进行估算,若用量在200 mL左右,可一次性静脉滴注;若用量比较大,首次给全量的1/2,以后根据病情变化和血气分析结果酌情补给,逐步纠正酸中毒。

(2)积极治疗原发病:纠正高热、缺水、休克、腹泻,改善肾功能等。

(3)补充钙剂:酸中毒纠正后,若出现手足抽搐,遵医嘱给10%葡萄糖酸钙20~30 mL加等量葡萄糖溶液稀释后缓慢静脉注射。

3. 生活护理

(1)安置合适的体位,昏迷时取平卧位,头偏向一侧;休克时分别抬高头部及双下肢,取中凹位,以利于下肢静脉血液的回流、增加回心血量。

（2）保证饮食，提供足够的热量供应，以免脂肪分解生成过多酮体。

二、代谢性碱中毒

（一）病因

1. 体内酸性物质损失过多 严重呕吐、长期胃肠减压等使胃酸大量丧失。

2. 碱性物质摄入过多 长期服用碱性药物或静脉输注碱性液过量。

3. 其他 低钾血症或使用呋塞米、依他尼酸等利尿剂。

（二）临床表现

一般无明显症状。呼吸浅而慢，可伴有低钾血症的表现，病情较重时因血钙降低出现手足抽搐，可有神经精神方面异常，如谵妄、嗜睡甚至昏迷等。

（三）实验室及其他检查

血 pH 值和 $[HCO_3^-]$ 值明显增高，可伴低氯血症和低钾血症。

（四）防治要点

积极治疗原发病，轻度碱中毒者经补液即可纠正，必要时补充盐酸精氨酸，严重碱中毒时可补稀释的盐酸。胃液丧失所致代谢性碱中毒病人，补给等渗盐水或葡萄糖盐水即可缓解，应同时补充氯化钾以改善低钾血症。

（五）护理问题

1. 意识障碍 与碱中毒导致脑代谢障碍有关。

2. 有受伤的危险 与代谢性碱中毒致意识障碍有关。

3. 潜在并发症 低钾血症、低钙血症等。

（六）护理措施

1. 病情观察 密切观察呼吸、脉搏、神经及精神方面的改变，动态监测血气及血 H^+ 含量的改变。

2. 治疗配合

（1）纠正碱中毒：重症病人经中心静脉导管滴注 0.1 mmol/L 稀盐酸，速度为 20～25 mL/h，并监测血气及电解质。

（2）积极控制原发病：治疗幽门梗阻、急性胃扩张等相关疾病。

3. 生活护理 病人出现四肢乏力、嗜睡、谵妄时应加强护理；昏迷者做好口腔护理，定时翻身防压疮；加强护理以避免意外情况发生。

三、呼吸性酸中毒

呼吸性酸中毒病人多有急性肺水肿、胸部外伤、呼吸道梗阻、肺炎和肺不张等病史。可出现呼吸困难、换气不足、全身乏力，有时有发绀、气促、头痛、胸闷等症状。严重病人可出现血压下降、谵妄、昏迷等。实验室检查：血 pH 值下降，$PaCO_2$ 增高。

配合医生积极治疗原发病，改善病人通气功能，必要时做气管插管或气管切开术，使用呼吸机改善换气。

四、呼吸性碱中毒

病人多有引起通气过度的病因，如癔症、精神过度紧张、发热、创伤、中枢神经系统疾病和呼吸机使用不当等。可出现呼吸不规则，手、足、口周麻木和针刺感；肌肉震颤，手足抽搐；有时可有眩晕、心搏加快等。危重病人发生急性呼吸性碱中毒常提示预后不良。实验室检查，血 pH 值增高，$PaCO_2$ 降低。

配合医生积极处理原发病,可用纸袋罩住口鼻,减少 CO_2 的呼出和丧失,以提高血 $PaCO_2$ 值,病人也可吸入含 5% CO_2 的氧气,对手足抽搐者可静脉注射葡萄糖酸钙。此外,呼吸机管理不当致通气过度者,应调整呼吸机参数,精神性通气过度者,可用镇静剂,并指导病人深呼吸、减慢呼吸频率。

【案例思考】

病人,男性,52岁。因绞窄性肠梗阻行坏死肠段切除术,术后第 6 日病人出现恶心、呕吐,明显腹胀,无腹痛,肛门排气、排便停止。体检:脉搏 111 次/分,血压 113/89 mmHg,体温波动于 37.0~37.5℃。全腹膨胀,未见肠型,压痛不明显,未闻及肠鸣音。实验室检查:WBC 6×10^9/L,中性粒细胞 70%,血钠 140 mmol/L,血钾 3.0 mmol/L。EKG 检查示:T 波平坦,ST 段降低。影像学检查:腹部 X 线平片示肠段广泛扩张,未见气液平面。临床诊断:肠麻痹。

请思考:

1.导致该病人肠麻痹的主要原因是什么?

2.通过对该病人的护理,希望达到什么预期目标?

3.针对该病人应采取哪些针对性的护理措施?

（陈朝亮　兰庆新）

第三章 休克病人的护理

学习目标

识记：
1. 能复述休克的概念。
2. 能列举休克的病因及分类。

理解：
能阐明休克的病理生理过程。

扫码看课件

运用：
1. 能评估休克病人的临床表现和生理指标。
2. 能运用相关知识参与配合休克病人的抢救。
3. 能运用护理程序为休克病人制订护理计划。

休克(shock)是机体受到强烈有害因素侵袭后出现的以有效循环血容量锐减、组织灌注不足、细胞广泛缺氧、代谢紊乱及器官功能障碍为共同特点的病理过程，是一种危急的临床综合征。休克被认为是一个序贯性事件，是一个从亚临床阶段的组织灌注不足向多器官功能障碍或衰竭发展的连续过程。休克发病急，进展快，若未能及时发现和治疗，可发展至不可逆阶段而威胁病人的生命。

一、分类

引起休克的原因复杂多样，休克分类方法也很多。一般根据引起休克的原因，将其分为低血容量性休克(含创伤、失血、失液)、感染性休克、心源性休克、神经源性休克和过敏性休克5类。其中低血容量性休克和感染性休克是外科最常见的休克。

1. 低血容量性休克 低血容量性休克是大量出血或体液积聚在组织间隙导致有效循环血量降低所致。

2. 感染性休克 感染性休克由细菌及毒素作用引起。

3. 心源性休克 心源性休克因心功能不全引起。

4. 神经源性休克 神经源性休克因剧烈疼痛、脊髓损伤、麻醉平面过高或创伤等引起。

5. 过敏性休克 过敏性休克由接触、摄入或注射某些可引起过敏反应的物质、食物和药物等引起。

二、病理生理

有效循环血量锐减、组织灌注不足及产生炎性介质是各类休克共同的病理生理基础。

1. 微循环的变化 休克时微循环的变化包括微循环痉挛期、扩张期和衰竭期。

(1)微循环痉挛期：当人体有效循环血量锐减时，血压下降，组织灌注不足和细胞缺氧，刺激主动脉弓和颈动脉窦压力感受器引起血管舒缩中枢加压反射，交感神经-肾上腺轴兴奋，大量儿茶酚胺释放及肾素-血管紧张素分泌增加等，使心搏加快、心排血量增加，选择性地使外周和内脏小血管、微血管平滑肌收缩，以保证重要器官的供血。由于毛细血管前括约肌强烈收缩，动静脉短路和直捷通路开放，增加了回心

血量。随着真毛细血管网内血流减少,压力降低,血管外液进入血管,一定程度上补充了循环血量。故此期又称为休克代偿期。

(2)微循环扩张期:流经毛细血管的血流继续减少,组织因严重缺氧处于无氧代谢状态,大量乳酸类酸性代谢产物堆积,组胺等血管活性物质释放,毛细血管前括约肌松弛,使毛细血管广泛扩张,而后括约肌由于对酸中毒耐受力较大,仍处于收缩状态,致大量血液淤滞于毛细血管,管内静水压升高、通透性增加,血浆外渗至第三间隙;血液浓缩,血黏稠度增加;回心血量进一步减少,血压下降,重要脏器灌注不足,休克进入衰竭期。

(3)微循环衰竭期:由于微循环内血液浓缩,黏稠度增加和酸性环境中血液的高凝状态,使红细胞与血小板易发生凝集,在血管内形成微血栓,甚至发生弥散性血管内凝血(DIC)。随着各种凝血因子消耗,激活纤维蛋白溶解系统,临床出现严重出血倾向。由于组织缺少血液灌注,细胞缺氧更加严重,加之酸性代谢产物和内毒素的作用,使细胞内溶酶体膜破裂,释放多种水解酶,造成组织细胞自溶、死亡,引起广泛的组织损害甚至多器官功能受损。故此期又称为休克失代偿期。

2.代谢改变 主要表现为代谢性酸中毒和能量代谢障碍。

(1)代谢性酸中毒:休克时,组织灌注不足,细胞缺氧,体内葡萄糖以无氧酵解供能,产生的三磷酸腺苷(ATP)较有氧代谢时明显减少,而丙酮酸和乳酸生成增多;同时因肝脏血液灌流量减少,处理乳酸的能力减弱,使乳酸在体内的清除率降低、血液内含量增多,出现代谢性酸中毒。

(2)能量代谢障碍:由于组织灌注不足和细胞缺氧,体内葡萄糖以无氧酵解为主。葡萄糖经无氧酵解所获得的能量比有氧代谢获得的能量少。因此,休克时机体能量极度缺乏。

创伤或感染时,机体处于应激状态,使体内儿茶酚胺和肾上腺皮质激素明显升高,从而引起一系列代谢改变:①抑制蛋白质合成、促进蛋白质分解:以便为机体提供能量和合成急性期蛋白的原料;蛋白质作为底物被消耗,当具有特殊功能的酶类蛋白质被消耗后,则不能完成复杂的生理过程,进而导致多器官功能障碍综合征;②促使糖异生、抑制糖降解,导致血糖升高;③加速脂肪分解代谢,使之成为危重病人机体获取能量的主要来源。

3.炎性介质释放和缺血再灌注损伤 严重创伤、感染、休克可刺激机体释放过量炎性介质形成"瀑布样"连锁放大反应。炎性介质包括白介素、肿瘤坏死因子、集落刺激因子、干扰素和血管扩张剂一氧化氮(NO)等。活性氧代谢产物可引起脂肪过氧化和细胞膜破坏。

代谢性酸中毒和能量不足可影响细胞膜的屏障功能。细胞膜受损后除通透性改变外,还出现细胞膜上钠-钾泵、钙泵功能失常。钠、钙离子进入细胞内不能排出,钾离子则在细胞外无法进入细胞内,导致血钠降低、血钾升高,细胞外液随钠离子进入细胞,造成细胞外液减少及细胞过度肿胀而变性、死亡;大量钙离子进入细胞内后,除激活酶体外,还导致线粒体内钙离子升高,破坏线粒体。溶酶体膜破裂后除能释放多种引起细胞自溶和组织损伤的水解酶外,还可产生心肌抑制因子(MDF)、缓激肽等毒性因子。线粒体膜发生损伤后,引起膜脂降解,产生血栓素、白三烯等毒性产物,使细胞氧化磷酸化发生障碍而影响能量的生成。

4.内脏器官继发损伤 由于持续的缺血、缺氧,细胞可发生变性、坏死,导致内脏器官功能障碍,甚至衰竭。若2个或2个以上重要器官或系统同时或序贯发生功能衰竭,称为多系统器官功能衰竭(MSOF),是休克病人的主要死因。

(1)肺:低灌注和缺氧可损伤肺毛细血管和肺泡上皮细胞。内皮细胞损伤可导致毛细血管通透性增加而引起肺间质水肿;肺泡上皮细胞损伤可使表面活性物质生成减少、肺泡表面张力升高,继发肺泡萎陷而引起肺不张,进而出现氧弥散障碍,通气/血流比例失调,临床表现为进行性呼吸困难和缺氧,称为急性呼吸窘迫综合征(ARDS)。常发生于休克期内或休克稳定后48~72 h。

(2)肾:休克时儿茶酚胺、血管升压素和醛固酮分泌增加,引起肾血管收缩、肾血流量减少和肾滤过率降低,致水、钠潴留,尿量减少。此时,肾内血流重新分布并主要转向髓质,致肾皮质血流锐减,肾小管上皮细胞大量坏死,引起急性肾衰竭(ARF)。表现为少尿或无尿等。

（3）心：由于代偿，心率加快、舒张期缩短或舒张压降低，冠状动脉灌流量减少，心肌因缺血缺氧而受损。一旦心肌微循环内血栓形成，可引起局灶性心肌坏死和心力衰竭。此外，心肌含有丰富的黄嘌呤氧化酶，易遭受缺血-再灌注损伤，酸中毒及高血钾等均可加重心肌功能的损害。

（4）脑：休克晚期，由于持续性的血压下降，脑灌注压和血流量下降可引起脑缺氧并丧失对脑血流的调节作用。缺氧、二氧化碳潴留和酸中毒可引起脑细胞肿胀、血管通透性增强而导致脑水肿和颅内压增高。临床表现为意识障碍，甚至脑疝。

（5）肝：肝灌注障碍使单核吞噬细胞受损，导致肝解毒及代谢功能减弱并加重代谢紊乱及酸中毒。由于肝细胞缺血、缺氧和肝血窦及中央静脉内微血栓形成，肝小叶中心区可发生坏死而引起肝功能障碍。临床可出现黄疸、转氨酶升高等，严重时出现肝性脑病和肝衰竭。

（6）胃肠道：缺血、缺氧可使胃肠道黏膜上皮细胞的屏障功能受损。此外，肠黏膜也富含黄嘌呤氧化酶系统，并产生缺血-再灌注损伤，可引起应激性溃疡、肠源性感染。这是导致休克继续发展和形成多器官功能障碍综合征的重要原因。

三、临床表现

因休克的发病原因不同，临床表现各异，但其共同的病程演变过程可分为休克代偿期和休克失代偿期（表 3-1）。

1. 休克代偿期（轻度） 血容量减少不超过 20%，相当于微循环痉挛期。此期机体处于代偿阶段，表现为精神紧张、兴奋或烦躁不安；口渴；皮肤苍白、手足湿冷；呼吸急促、脉率增快；收缩压正常或略低、舒张压升高、脉压减小；尿量正常或减少等。此期若能得到及时处理，休克可很快好转。

2. 休克失代偿期

（1）中度：血容量减少 20%～40%，相当于微循环扩张期。此期机体失去代偿能力，表现为神情淡漠、反应迟钝；皮肤和黏膜发绀、四肢湿冷；呼吸浅快、脉搏细快；收缩压低于 80 mmHg(10.7 kPa)、脉压小于 20 mmHg(2.66 kPa)；表浅静脉塌陷、毛细血管充盈时间延长；尿量少于 30 mL/h。此期若能正确处理，休克尚有逆转的可能。

表 3-1 休克的临床表现和程度

分期	程度	神志	口渴	皮肤黏膜		脉搏	血压	体表血管	尿量	估计失血量
				色泽	温度					
休克代偿期	轻度	神志清楚，伴有痛苦表情，精神紧张	口渴	开始苍白	正常，发凉	100 次/分以下，尚有力	收缩压正常或稍升高，舒张压增高，脉压缩小	正常	正常	20%以下（800 mL以下）
休克失代偿期	中度	神志尚清楚，表情淡漠	很口渴	苍白	发冷	100～200 次/分	收缩压为低于 80 mmHg，脉压小	表浅静脉塌陷，毛细血管充盈迟缓	尿少	20%～40%（800～1600 mL）
	重度	意识模糊，甚至昏迷	非常口渴，可能无主诉	显著苍白，发绀	厥冷（脸端更明显）	速而细弱，或摸不清	收缩压在 70 mmHg 以下或测不到	表浅静脉塌陷，毛细血管充盈非常迟缓	尿少或无尿	40%以上（1600 mL以上）

(2)重度:血容量减少40%以上,相当于微循环衰竭期。此期已经发展至DIC和重要脏器功能衰竭阶段。表现为不同程度的意识障碍;皮肤、黏膜发绀加重或有花纹,四肢厥冷,脉搏微弱,甚至摸不清;血压进行性下降,甚至测不出;尿量进行性减少,甚至无尿;有出血症状,如皮肤黏膜出血点或瘀斑、呕血、便血等。此期病人常因继发多器官功能衰竭而死亡。

值得注意的是,部分感染性(革兰阳性菌)休克,在早期可表现为神志清醒、面色潮红、手足温暖、血压下降、脉率慢而有力等,称为"暖休克",当休克加重时才出现上述"冷休克"表现。

四、辅助检查

1. 血、尿和大便常规检查 红细胞计数、血红蛋白值降低,提示失血;血细胞比容增高,提示有血浆丢失。白细胞计数和中性粒细胞比例增高,提示有感染存在。尿比重增高,表明血液浓缩或容量不足。消化系统出血时,大便隐血阳性或为黑便。

2. 血生化检查 包括肝肾功能、动脉血乳酸盐、血糖、血清电解质等检查,可了解是否合并多器官功能衰竭、细胞缺氧及酸碱平衡失调的程度等。其中,动脉血乳酸盐浓度正常值为 $1.0 \sim 1.5$ mmol/L,其浓度越高,提示预后越差。

3. 动脉血气分析 有助于判断酸碱平衡状况。休克时因缺氧和乏氧代谢,可出现 pH 值和 $PaCO_2$ 明显升高。$PaCO_2$ 正常值为 $36 \sim 44$ mmHg($4.8 \sim 5.8$ kPa),若 $PaCO_2$ 为 $45 \sim 50$ mmHg($5.9 \sim 6.6$ kPa)而通气良好,提示严重肺功能不全;若 $PaCO_2$ 高于 60 mmHg(8.0 kPa),吸入纯氧后仍无改善,应考虑急性呼吸窘迫综合征。

4. DIC 监测 当怀疑DIC时,应测定血小板数量和质量,凝血因子的消耗程度及反映纤溶活性的多项指标。当下列5项中出现3项异常,且临床上有休克及微血管栓塞症状和出血倾向时,即可诊断为DIC:①血小板低于 80×10^9/L;②凝血酶原时间较正常延长3 s以上;③血浆纤维蛋白原(凝血因子Ⅰ)低于 1.5 g/L;④血浆鱼精蛋白副凝(3P)试验阳性;⑤血液涂片中破碎红细胞超过2%。

5. 影像学检查 有创伤者,应视受伤部位做相应部位的影像学检查,以排除骨骼、内脏或颅脑损伤。

6. B超检查 有助于发现部分病人的感染灶和引起感染的原因。

7. 血流动力学监测 包括中心静脉压、肺毛细血管楔压、心排血量和心排血指数测定等。

(1)中心静脉压(CVP):代表右心房或胸腔段腔静脉内的压力,其变化可反映血容量和右心功能。正常值为 $0.49 \sim 0.98$ kPa($5 \sim 10$ cmH$_2$O),若低于 0.49 kPa表示血容量不足;高于 1.47 kPa表示有心功能不全;高于 1.96 kPa则提示充血性心力衰竭。临床常与血压变化结合,进行综合分析,指导补液治疗。

(2)肺毛细血管楔压(PCWP):应用Swan-Ganz漂浮导管通过右心进入肺小动脉末端而测得的压力,其可反映肺静脉、左心房和右心室压力,正常值为 $0.8 \sim 2.0$ kPa($6 \sim 15$ mmHg)。若低于 0.8 kPa表示血容量不足;超过 2.0 kPa提示肺循环阻力增高;高于 4.0 kPa提示发生了肺水肿。

(3)心排血量(CO)和心排血指数(CI):CO是心率和每搏排血量的乘积,可经Swan-Ganz漂浮导管、应用热稀释法测出,正常成年人CO正常值为 $4 \sim 6$ L/min。单位体表面积上的CO称为心脏指数,正常值为 $2.5 \sim 3.5$ L/(min·m²)。休克时,CO多见降低,但某些感染性休克者,可见增高。

8. 其他 如腹腔穿刺、胸腔穿刺、阴道后穹隆穿刺等,有助于对病因的判断。

五、治疗原则

尽早去除病因,迅速恢复有效循环血量,改善微循环障碍,增强心肌功能,恢复正常代谢是纠正休克的关键。

(1)紧急处理措施:尽快控制大出血;抗休克服(裤)可起到自体输血的作用;保持呼吸道通畅;病人保持安静;避免过多搬动;固定骨折部位;一般应采取头和躯干部抬高20°~30°,下肢抬高15°~20°的体位;保暖但不加温;间歇给氧(6~8 L/min);适当给予镇痛药。

(2)补充血容量:纠正组织低灌注和缺氧的关键,迅速建立1~2条静脉通路,不仅要补充已丧失的血容量,还要考虑到扩大的毛细血管床;必要时测定 CVP,根据其变化调节补液量。输入晶体溶液和胶体溶液。

(3)积极处理原发病:积极进行抗休克的同时,及早进行手术;有时则需在抗休克的同时施行手术,才能有效治疗休克。

(4)纠正酸中毒:休克中都存在不同程度的酸中毒,在扩容治疗时输入平衡盐溶液,使一定量的碱性物质进入体内,因此,休克早期轻度酸中毒者无须再应用碱性药物;休克严重时,经检验确有酸中毒者,可考虑输注碱性药物,以减轻酸中毒和减少酸中毒对机体的损害。常用的碱性药物为 4% 或 5% 碳酸氢钠溶液。

(5)应用血管活性药物,改善微循环:适当应用血管扩张药,能解除小动脉和小静脉的痉挛,增加组织灌注量和回心血量,但使用前必须充分补足血容量。

(6)改善微循环:通过扩充血容量和应用血管扩张药,微循环障碍一般可以得到改善;出现 DIC 的征象时,应立即用肝素治疗;必要时,还可应用抗纤维蛋白溶解药物,阻止纤溶酶的形成;抗血小板黏附和聚集应用阿司匹林、双嘧达莫和低分子右旋糖酐。

(7)应用糖皮质激素和其他药物:一般用于感染性休克和严重休克;主张应用大剂量,加入 5% 葡萄糖溶液内,静脉滴注。

六、护理问题

1. 体液不足　与急性大量失血、失液有关。

2. 组织灌流量改变　与循环血量不足、微循环障碍等有关。

3. 气体交换受损　与肺萎陷、通气/血流比例失调、DIC 等有关。

4. 体温过高或体温过低　与感染、毒素吸收或体表灌注减少等有关。

5. 有感染的危险　与机体免疫力降低、留置导尿管和静脉导管等有关。

6. 有受伤和皮肤完整性受损的危险　与微循环障碍、烦躁不安、意识不清、疲乏无力等有关。

7. 潜在并发症　多器官系统功能障碍综合征。

七、护理措施

(一)紧急救护

1. 安置休克卧位　安置病人于平卧位或头和躯干抬高 20°～30°,下肢抬高 15°～20°卧位。

2. 控制出血　立即采取压迫止血、加压包扎、上止血带、上止血钳等措施,控制活动性出血。

3. 保持呼吸道通畅　立即清理口鼻分泌物、呕吐物、血迹或异物等,必要时置口咽通气管,以保持呼吸道通畅。

4. 改善缺氧状态　行鼻导管给氧,氧浓度为 40%～50%、流量为 6～8 L/min,以提高动脉血氧浓度。严重呼吸困难者,应协助医生行气管插管或气管切开,并尽早使用呼吸机辅助呼吸。

5. 使用抗休克裤　抗休克裤(MAST)专为紧急抢救各种原因所致的低血容量性休克病人而设计,它通过对腹部和下肢施加可测量和可控制的压力,使体内有限的血液实现最优分配,进而迅速改善心、脑重要脏器的血供(图 3-1)。现场穿抗休克裤,只需 1～2 min,可使自身输血达 750～1500 mL,同时可以控制腹部和下肢出血,迅速纠正休克。当休克纠正后,由腹部开始缓慢放气,每 15 min 测量血压 1 次,若血压下降超过 5 mmHg,应停止放气,并重新注气。

6. 维持正常体温　多数病人体温偏低,应采取保暖措施,但禁忌体表加温(如使用热水袋保暖),以防血管扩张加重休克。感染性休克者可有高热,应采取降温措施。

7. 镇静止痛　保持病人安静,尽量减少不必要的搬动,骨折处行临时固定。必要时,遵医嘱给予镇静、止痛药物。

(二)补充血容量

补充血容量是抗休克的关键措施。

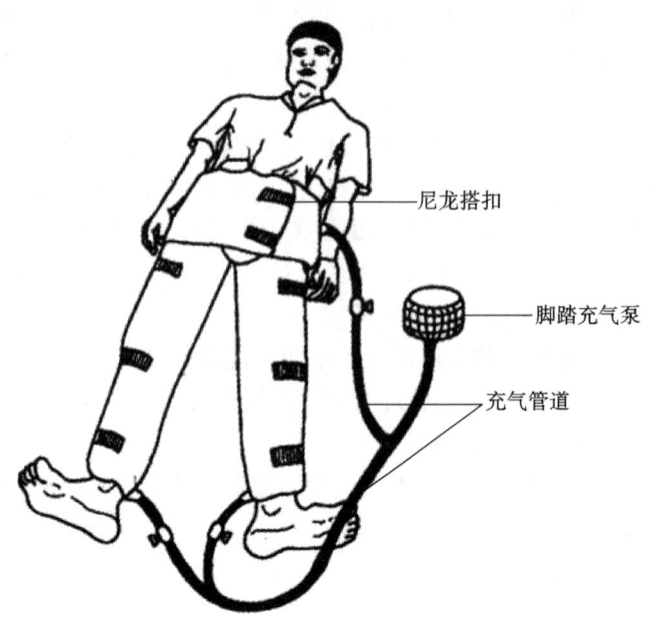

尼龙搭扣

脚踏充气泵

充气管道

图 3-1　抗休克裤

1.建立静脉通路　迅速建立两条以上静脉通路,一条用于快速补液,另一条用于静脉给药。对因周围血管萎陷或肥胖使静脉穿刺困难时,应立即行中心静脉穿刺插管,并同时监测 CVP。

2.合理补液　一般先补给晶体溶液,如平衡盐溶液、生理盐水、复方氯化钠溶液等,以增加回心血量和心排血量;以后根据情况补充胶体溶液,如血浆增量剂、血浆、人体清蛋白等,以减少晶体溶液渗出至血管外第三间隙;必要时,输注全血;也可应用 $3\% \sim 7.5\%$ 氯化钠进行休克复苏。应根据病人的心肺功能、失血或失液量及血压、CVP 监测结果等调整补液速度(表 3-2);准确记录输入液体的种类、数量、时间及速度等,并详细记录 24 h 液体出入量,为后续治疗提供依据。

表 3-2　血压和中心静脉压的关系及临床意义

血压	CVP	血容量与心功能	处理原则
低	低	血容量严重不足	快速充分扩容
低	高	心功能不全或血容量相对过多	应用强心药物、利尿药,纠正酸中毒、舒张血管
低	正常	心功能不全或血容量相对不足	补液或试验后用药
正常	低	血容量相对不足	适当补液
正常	高	容量血管过度收缩	舒张血管

3.补液试验　取等渗盐水 250 mL,5~10 min 经静脉注入,如血压升高而 CVP 不变,表示血容量不足;如血压不变而 CVP 升高 3~5 cmH$_2$O,则提示心功能不全。

(三)配合治疗

原发病对严重骨折、严重气胸、内脏大出血、消化道穿孔、绞窄性肠梗阻、梗阻性化脓性胆管炎等病人,需在补充血容量的同时做好手术前的各项准备工作,以便及时实施手术治疗。

(四)纠正酸中毒

在休克早期,因过度换气可出现短暂的呼吸性碱中毒,使血红蛋白氧离曲线左移,氧不易从血红蛋白释出,导致组织缺氧加重,酸性代谢产物积聚,使病人很快进入代谢性酸中毒。酸性环境有利于氧与血红蛋白解离,从而增加组织氧供,有利于休克复苏。处理酸中毒的根本措施是快速补充血容量,改善组织灌注,适时和适量地给予碱性药物。轻度酸中毒病人,随扩容治疗时输入平衡盐溶液所带入的一定量的碱性物质和组织灌流的改善,无须应用碱性溶液即可得到缓解。但对酸中毒明显、经扩容治疗不能纠正者,仍需遵医嘱应用碱性溶液。常用碱性溶液为5％碳酸氢钠,一般先给125～250 mL静脉滴注,动态观察[HCO$_3^-$]变化,必要时重复使用。

(五)遵医嘱用药

遵医嘱给予以下药物,并注意观察药物的疗效及不良反应。

1.血管活性药物 ①血管收缩药:可使小动脉普遍处于收缩状态,虽可暂时升高血压,但可加重组织缺氧,应慎重选用;常用的有多巴胺、去甲肾上腺素和间羟胺等。②血管扩张药:可解除小动脉痉挛,关闭动-静脉短路,改善微循环,但可使血管容量扩大、血容量相对不足而致血压下降,故只能在血容量已基本补足而病人发绀、四肢厥冷、毛细血管充盈不良等循环障碍未见好转时才考虑使用;常用的有酚妥拉明、酚苄明、阿托品、山莨菪碱等。使用血管活性药物时,应注意以下问题。

(1)从低浓度、慢滴速开始用药,逐渐达到理想的治疗水平,当生命体征和病情平稳后逐渐减慢速度,直至停药。

(2)血管收缩药应慎防药液外渗,以免引起皮下组织坏死。若出现脉搏细速、四肢厥冷、出冷汗、尿量减少,应停止用药,以防因血管收缩而加重器官功能损害。

(3)血管扩张药只有在血容量补足的情况下方可使用,以防血管扩张导致血压进一步下降而加重休克。

(4)用药期间应严密观察血压、脉搏、尿量、末梢循环等变化,视具体情况调整静脉滴注药物的浓度及速度。

2.强心药 对于心功能不全的病人,应遵医嘱给予强心药物如静脉注射毛花苷C。用药期间应注意观察有无心律失常、黄视或绿视、胃肠道反应等中毒症状。

3.DIC用药 对存在DIC的病人,遵医嘱给予肝素、抗纤维蛋白溶解药(如氨甲苯酸)、抗血小板黏附和聚集药物(如低分子右旋糖酐)等。用药期间,应观察微循环衰竭的症状和体征有无好转、有无继发性出血等。

4.糖皮质激素 对感染性休克及其他严重休克病人,应遵医嘱给予糖皮质激素。一般主张大剂量糖皮质激素如氢化可的松静脉滴注,但限于1～2次,以防引起严重不良反应。用药期间,应观察有无感染症状、消化道出血等不良反应表现。

5.抗菌药 对感染性休克病人,先遵医嘱联合使用广谱抗菌药物,再根据药物敏感试验结果,遵医嘱调整为敏感的窄谱抗生素。对低血容量性休克病人,遵医嘱预防性使用抗菌药。

6.其他 遵医嘱给予维拉帕米、硝苯地平、纳洛酮、超氧化物歧化酶(SOD)、前列环素(PGI$_2$)、三磷酸腺苷-氯化镁(ATP-MgCl$_2$)等。

(六)观察病情

应置病人于危重症监护室,安排专人护理。动态观察其意识、生命体征、皮肤、黏膜、周围静脉及毛细血管充盈情况、尿量、尿比重等;观察实验室检查及血流动力学监测结果的变化。

1.意识状态 反映脑组织灌流情况。若由烦躁不安转为平静或由意识模糊、反应迟钝转为清醒、对刺激反应正常,表明循环血量已基本补足,脑组织灌流改善,抗休克治疗有效。否则,应加快补液速度,或查找原因。

2.生命体征 若血压上升且稳定、脉搏有力、休克指数小于1.0、呼吸平稳、体温维持在正常范围,表示休克好转。休克指数大于1.0表示休克未纠正,大于2.0表明有严重休克。呼吸急促、变浅、不规则表示休克恶化;当呼吸超过30次/分或低于8次/分时,表示病情危重;若出现进行性呼吸困难、发绀、动脉血氧分压低于60 mmHg,吸氧后无改善,则提示已出现ARDS。若体温突升至40 ℃以上或骤降至36 ℃以下,提示病情危重。

3.皮肤、黏膜的色泽和温度 能反映体表灌流情况。若皮肤和口唇颜色由苍白或发绀转为红润,手足温度由湿冷或冰凉转为温暖,表示血容量补足,末梢循环恢复,休克有好转。但暖休克时,皮肤表现为干燥潮红、手足温暖,观察时应注意这一点。若皮肤青紫,并出现瘀点、瘀斑,提示已发生DIC。

4.周围静脉瘪陷和毛细血管充盈时间 周围静脉由瘪陷转为充盈,毛细血管充盈时间恢复正常,表示血容量恢复,休克有好转。否则,表示血容量不足,应加快补液速度或查找原因。

5.尿量和尿比重 尿量和尿比重是反映肾血流灌注情况的重要指标,也是判断血容量是否充足最简单而有效的指标。尿量少于 25 mL/h,尿比重增高,表明血容量不足;血压正常,尿量仍少且尿比重降低,应考虑急性肾衰竭;尿量超过 30 mL/h、尿比重正常,表示休克已纠正。

6.实验室检查 遵医嘱定时采集血液标本,送实验室检查。观察血、尿和大便常规检查,血清电解质测定,动脉血气分析及 DIC 监测结果有无好转或恶化。

7.特殊监测 观察 CVP、PCWP、CO、CI 等监测结果有无好转或恶化。

(七)其他护理

包括做好呼吸道护理、皮肤护理、导尿管护理、营养支持护理、采取安全防范措施等。

1.呼吸道护理 定时为病人活动双侧上肢,以促进肺的扩张;定时翻身、叩背,鼓励深呼吸和有效咳嗽,痰液黏稠者行雾化吸入,必要时行机械吸痰,以促进呼吸道分泌物的排出。昏迷病人,头应偏向一侧,以免舌后坠或误吸呕吐物,引起窒息。

2.皮肤护理 保持床单清洁、平整、干燥。病情允许时,每 2 h 为病人翻身 1 次,按摩受压部位皮肤,以预防压疮。

3.导尿管护理 妥善固定导尿管,防止管道折曲或受压,定时挤捏,以保证通畅,必要时用生理盐水冲洗;观察引流尿液的性质和量,一旦发现异常,及时通知医生;严格无菌操作,每日 2 次清洁、消毒会阴部和尿道口,防止逆行感染;休克纠正,尿量恢复正常后,遵医嘱拔除导尿管。

4.营养支持护理 对不能进食或进食不足者,应遵医嘱给予肠内或肠外营养,并做好相关护理。

5.安全防范措施 对烦躁不安或意识不清者,应采取安全防范措施。如加床旁护栏,以防坠床;输液肢体宜用夹板固定,以防输液针头脱出;必要时使用约束带将四肢固定于床旁。

(八)心理护理

安慰病人及其家属,做好必要的解释工作,使其能安心地接受治疗和护理。抢救过程中做到严肃认真、细心沉稳、忙而不乱、快而有序,通过各种护理行为使病人及其家属产生信任感和安全感,减轻焦虑和恐惧心理,树立战胜疾病的信心。

八、健康教育

重点是教育人们识别可能导致休克的原因,当自己或他人遭遇下列情况时,应及时到医院救治,以防发生休克或延误休克的抢救时机:①严重损伤,如大面积烧伤、长骨骨折或严重挤压伤、胸腹部损伤、骨盆损伤;②大出血,如大量呕血或便血、大血管破裂出血或体表开放性损伤大量出血;③严重感染,如胆道感染、弥漫性腹膜炎、绞窄性肠梗阻等;④严重腹泻、呕吐、大面积烧伤、脱水等。

【案例思考】

政某某,男,23 岁,因右侧胸部刀伤致胸痛、呼吸困难 1 h 来诊。既往史无特殊。体格检查:体温35 ℃,呼吸 28 次/分,心率 130 次/分,血压 72/52 mmHg,表情淡漠,反应迟钝,面色苍白,四肢冰冷;右侧胸部有一长约 5 cm 的伤口,右胸呼吸音减弱;腹平坦,无压痛及反跳痛。

请思考:

1.该病人是否存在休克?

2.该病人若存在休克,应是什么类型的休克?

3.对该病人应完善哪些辅助检查?

4.该病人现存的护理诊断是什么?

5.对该病人应采取哪些护理措施?

(陈朝亮)

第四章 外科营养支持病人的护理

扫码看课件

学习目标

识记：

1. 能描述胃肠内营养和胃肠外营养的概念、营养不良的分类。

2. 能列出胃肠内营养和胃肠外营养的适应证和禁忌证。

理解：

1. 能阐明营养状况的评定指标。

2. 能概括胃肠内营养和胃肠外营养的营养制剂、给予途径和方式。

运用：

能运用相关知识，实施胃肠内营养和胃肠外营养支持病人的护理。

第一节 概　述

机体正常的代谢和良好的营养状态是维持人类生命活动的重要保证，任何营养不良或代谢紊乱都可影响组织及器官的功能，甚至导致器官功能障碍。营养不足或营养过度都会导致营养不良。营养不足指缺乏某种必需营养素；营养过度指体内必需营养素过量。外科病人常因为疾病或手术引起进食不足，导致代谢改变，影响了一个或多个器官的功能，并使神经-内分泌系统功能紊乱，从而影响病人的营养状况。临床上约有一半病人存在不同程度的营养不良。随着胃肠内营养(EN)和全胃肠外营养(TPN)途径的实现，营养支持(NS)被广泛应用于外科临床。所谓营养支持，是指在饮食摄入不足或不能进食时，通过胃肠内或胃肠外途径补充或完全提供人体所需营养的一种技术。营养不良会削弱病人对手术和感染的耐受力，增加手术的危险性，影响疾病康复进程。因此，外科病人的营养支持越来越受到重视，尤其是危重病人，进行必要的营养支持已经成为一项必不可少的治疗措施。通过外科营养支持可以改善病人营养状态，提高手术耐受力和效果，减少病人术后并发症的发生，提高外科危重病人的救治成功率。外科营养支持，实际上是在手术、创伤、感染后，机体处于高分解代谢状态下对细胞代谢的支持，在很大程度上避免了细胞代谢障碍，有利于机体的康复。

一、饥饿或禁食时人体的代谢变化

由于外科疾病本身常常造成病人进食困难、食欲下降或因治疗需要不能进食，使病人机体处于饥饿状态，人体必须由自身组织提供能量。这时候体内胰岛素分泌减少，胰高血糖素、糖皮质激素分泌增多，导致糖原分解，脂肪分解和糖异生作用增加。病人通过减少活动，降低基础代谢率，从而减少能量消耗。葡萄糖虽然是各脏器最早利用并提供能量的物质，但由于储备量小，仅能维持 12～24 h，若超过 24 h，体

内储存的葡萄糖将全部消耗。而体内一些器官和组织仍需由葡萄糖供给能量,如中枢神经细胞、周围神经组织、红细胞及视网膜等,这时候机体只能靠分解蛋白质和脂肪,通过糖异生作用来提供能量。此时,每日需消耗约 75 g 蛋白质来供能,在饥饿初期,蛋白质消耗比较严重,以后逐渐减少,肌肉组织分解速度相对下降,约 2 周后降至最低水平。而此时脂肪水解供能比例较高,由于脑组织逐渐适应改由脂肪组织氧化生成的酮体来供能,消耗大量的脂肪组织。因此,长期饥饿状态下机体出现体重明显下降,肌肉萎缩,免疫功能降低,严重者可导致病人死亡。

二、严重创伤、手术后或感染时的代谢变化

在严重创伤、手术后或感染等应激情况下,机体交感神经系统兴奋性增强,胰岛素分泌减少,而儿茶酚胺、胰高血糖素、抗利尿激素分泌增多。机体处于高代谢状态,特点是代谢增高、蛋白质丢失增加、糖代谢紊乱、脂肪分解利用增加,应激时蛋白质分解加速并持续时间长,蛋白质合成速度明显低于蛋白质分解速度,因此骨骼肌的分解较单纯饥饿状态下更加严重,机体出现明显的负氮平衡。应激时糖原分解和糖异生明显增加,形成高血糖,但其利用减少。在应激状态下脂肪组织分解增强,成为机体的主要供能方式。应激时抗利尿激素及醛固酮分泌增加,或严重的创伤和感染导致机体出现水、电解质和酸碱平衡紊乱。

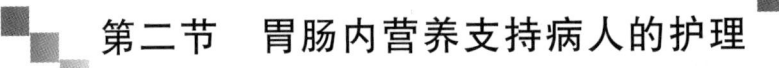

第二节 胃肠内营养支持病人的护理

胃肠内营养的可行性主要取决于小肠是否具有吸收各种营养素的功能,当病人因原发疾病或由于治疗的需要不能经口摄食以及摄食量不能满足机体需求时,若胃肠道功能允许,应首先考虑胃肠内营养。

一、护理评估

（一）健康史

（1）病人胃肠功能正常,营养物质摄入不足或完全不能摄入。

（2）病人有胃肠功能不良的情况,如消化道瘘、短肠综合征等。

（3）病人胃肠功能基本正常但伴有其他脏器功能不良,如糖尿病或肝、肾衰竭等。

（二）身体状况

营养不良分为消瘦型营养不良（图 4-1）、低蛋白型营养不良（图 4-2）与混合型营养不良,可出现以下表现。

1.消瘦 病人体重较正常人标准体重轻 15% 以上。

2.贫血 皮肤黏膜苍白、血红蛋白下降,胃肠道功能紊乱、乏力。

3.水肿 由低蛋白血症引起,初期仅有眼睑等下垂部位水肿,中期全身软组织明显水肿,严重时胸腔、腹腔出现积液。

（三）实验室及其他检查

1.血浆蛋白测定 血浆蛋白在肝脏内合成,是反映营养状况的重要指标。较常用的有清蛋白、转铁蛋白、前清蛋白、纤维连接蛋白。血浆蛋白浓度降低是营养不良最明显的生化特征,但由于半衰期长（20日）,难以评价短期营养支持的效果。前清蛋白、纤维连接蛋白半衰期各为 2 日和 20 h,是营养不良早期诊断和评价营养支持效果的敏感指标。

图 4-1　消瘦型营养不良

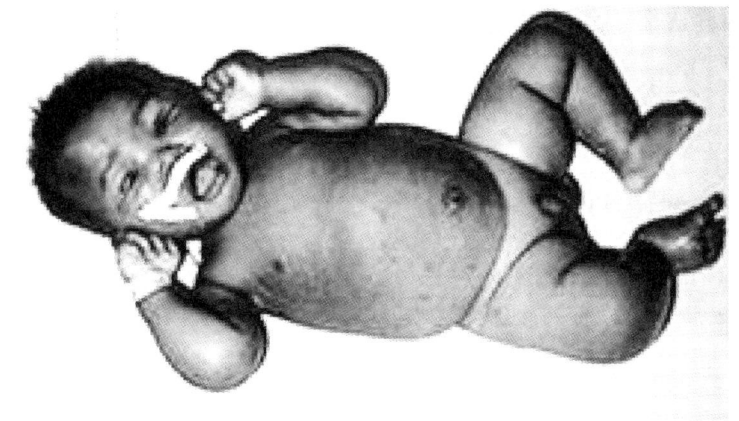

图 4-2　低蛋白型营养不良

2.氮平衡测定　氮平衡是人体每日摄入氮量与排出氮量之差,能动态反映体内蛋白质的平衡情况。当病人营养不良时,24 h排出氮量大于摄入氮量,故呈持续负氮平衡状态。

3.免疫功能测定　机体免疫系统包括细胞免疫和体液免疫两大部分,营养不良时多以细胞免疫系统受损为主。病人营养不良时,周围血淋巴细胞计数<1.5×10^9/L。

(四)营养治疗

胃肠内营养(EN)是指用口服或经导管将营养基质送至胃肠内,经过胃肠的消化和吸收起到补充营养的作用。胃肠内营养的优点是安全易行、符合机体对营养物质消化吸收的解剖生理、很好地利用了胃肠的免疫防御功能。病人所需及合理配置全部营养素完全由胃肠道途径供给,称全胃肠内营养(TEN)。

1.营养适应证　凡需要营养疗法,且胃肠具有消化、吸收功能的病人,均可采用胃肠内营养。

2.胃肠内营养剂分类

(1)大分子聚合物:这类胃肠内营养剂需要消化道的消化和吸收功能。①自制匀浆膳:将牛奶、豆浆、肉、鱼、蔬菜和水果等食物研碎加水制成,有良好口感,但营养成分不能保证,热量和营养价值难以精确计算。②大分子聚合物:依据病人不同需要配制成不同含量、浓度的营养剂,要含有蛋白质、糖、脂肪、维生素、矿物质和水。

(2)要素饮食:对胃肠功能要求不高,可不经消化道直接吸收,只要有肠道吸收功能即可应用。此类营养素含氨基酸、单糖、脂肪酸、微量元素、电解质和维生素,营养成分明确,为分子水平,不产生残渣。

(3)特殊配方制剂:根据特殊病人的需要,对常用的配方加减某些成分,而做适当调整。

3.胃肠内营养的供给

(1)供给途径:主要有经口服和管饲两种途径。能口服的病人,经口食入,每日 6～8 次,每次 200～300 mL。管饲是常用的输入途径,它包括:①鼻胃管:用于胃肠功能良好,且短期胃肠内营养的病人,鼻胃管是最常用的胃肠内营养管饲途径,1790 年由英国的 Hunter 创用,具有无创、简便、经济等优点,缺点是鼻咽部刺激、溃疡形成、出血、易脱出和吸入性肺炎等,鼻胃置管应选用口径较细且柔软的硅胶管、聚乙烯管和聚氨酯管,长度 80～100 cm 即可。目前国内外已有多种喂养管问世,可选择应用。②胃造瘘口:胃造瘘口的目的主要有两个,即是胃减压和胃肠内营养,主要适应于口腔咽喉部疾病所致进食困难、食管及贲门部病变不能治愈、神经系统疾病不能进食者及其他情况需长期胃肠内营养的病人。③幽门后置管:主要是指十二指肠及空肠内置管,适用于肠道功能基本正常而胃功能受损、胃瘫或误吸风险较高的病人。

(2)输注方式:①分次给予,将配好的营养液用注射器缓慢注入,每次给予 200 mL 左右,分次推注,每次 10 ～20 min 完成,每次间隔 2～3 h,每日 6～8 次。②连续输注:在 12～24 h 持续滴注全天量的营养液,适用于病情较重、胃肠功能较差或胃肠内置管的病人。

4.胃肠内营养的并发症

(1)吸入性肺炎:比较严重的并发症,年老体弱、昏迷或存在胃潴留的病人,当通过鼻胃管营养时,因呃逆可导致误吸发生吸入性肺炎,主要表现为急剧呛咳、发绀、呼吸困难、肺部出现啰音。

(2)胃肠道反应:多见腹胀、腹痛、腹泻,可因营养液渗透压过高、输入速度过快或浓度过高导致肠腔负荷过重而引起。

二、护理问题

1.营养失调:低于机体需要量 与营养物摄入不足或体内营养过度消耗等因素有关。

2.潜在并发症 腹痛、腹泻等胃肠道反应,电解质紊乱、反流误吸等。

三、护理措施

1.要素饮食 应每日在无菌环境下配制(最好是现配现用),或配制后放置在 4 ℃以下的冰箱内暂存,并于 24 h 内用完。配制所用各种容器应在清洁、消毒后使用。喂养管应定时冲洗、保持清洁无菌状态,并妥善固定,防止出现扭曲、折叠和受压等。

2.观察记录 记录 24 h 液体出入量,观察病人的生命体征及尿量变化,定期监测血糖、血尿素氮及电解质等指标的变化。

3.预防误吸 采用鼻胃管营养时,应防止胃管移位并注意调整病人体位。喂食时可将床头抬高 30°,减慢输注速度,每次输注前应回抽,确定导管在胃内,方可输入。输营养液过程中,每 4 h 抽吸 1 次检查胃内残余量,若大于 150 mL,应考虑是否发生胃潴留。若发生胃潴留,应立即停止鼻胃管输注;对于昏迷病人,在注食 1 h 内尽量不翻动病人,动作宜轻、稳,以免食物反流引起误吸;输注营养液过程中应密切观察病人反应,一旦出现呛咳、呃逆或咳出营养液样物,即可确定为误吸。若发生误吸,应采取紧急措施:①立即停止注食;②通知医生;③吸痰、清理呼吸道;④观察、记录病人呼吸状况,吸氧;⑤及时使用抗生素防治感染。

4.防止腹胀、腹泻 配制营养液时,严格无菌操作,避免细菌污染食物;营养液一般由小剂量、低浓度、缓慢输入开始,使病人逐渐适应;输入浓度由 12％逐渐增加至 25％;速度由每小时 40 mL 增加至 120 mL;初用量为每日 800 mL,逐渐递增到全量,营养液的温度应适宜,控制在 39 ℃左右,温度过高会引起胃肠黏膜烫伤,过低则引起腹痛、腹泻;在输注的过程中,严密观察腹部情况,当出现恶心呕吐、腹胀、腹泻等胃肠道反应时,应减慢输注速度、降低浓度,严重时可停止输注。一般停止输注后即可缓解。出现腹泻时,应观察大便的量及性状,并留取标本送检,同时做好肛周的护理。

第三节　胃肠外营养支持病人的护理

凡是不能或不宜经口摄食超过 5 日者,都是胃肠外营养(PN)的适应证。从外科角度来看,营养不良者的手术前后,消化道瘘、急性坏死性胰腺炎、短肠综合征、严重感染、大面积烧伤及肝肾衰竭等,都是胃肠外营养的指征。

一、护理评估

(一)健康史

评估病人是否存在以下情况:高代谢状态疾病如大面积烧伤、多发性损伤、严重感染、大手术前后等;

慢性消耗性疾病如消化道瘘、恶性肿瘤、慢性腹泻、慢性失血等。

（二）身体状况

营养不良分为消瘦型营养不良、低蛋白型营养不良与混合型营养不良，主要表现如下。

（1）消瘦病人体重较正常人标准体重轻 15％ 以上。

（2）贫血、皮肤黏膜苍白、胃肠道功能紊乱、疲乏无力、血红蛋白下降。

（3）水肿，由低蛋白血症引起。初期仅有眼睑等部位水肿，中期全身软组织明显水肿，严重时胸、腹腔出现积液。

（4）其他：肱三头肌皮褶厚度、臂肌围下降。

（三）实验室及其他检查

1. 血浆蛋白　血浆蛋白在肝脏内合成，是反映营养状况的重要指标。较常用的有清蛋白、转铁蛋白、前清蛋白，每 1～2 周检测 1 次。

2. 氮平衡　氮平衡是人体每日摄入氮量与排出氮量之差，能动态反映体内蛋白质的平衡情况。病人营养不良时，24 h 排出氮量大于摄入氮量，呈持续负氮平衡状态。

3. 免疫功能测定　机体免疫系统包括细胞免疫和体液免疫两大部分，营养不良时以细胞免疫系统受损为主。病人营养不良时，周围血淋巴细胞计数<$1.5×10^9$/L。

4. 血清电解质、血糖及血气分析　开始时每日测定，3 日后根据病情每周测 2 次。

（四）营养治疗

胃肠外营养是经静脉滴注等胃肠外途径供给营养的支持疗法。如病人禁食，全部营养素完全由胃肠外途径供给，称全胃肠外营养（TPN）。

1. 胃肠外营养适应证　①不能进食或不易经口、胃肠道进食超过 5 日者；②营养不良病人的术前准备；③胃肠道消化、吸收功能障碍；④严重感染、脓毒症、大面积烧伤等高代谢状态下，胃肠内营养不能满足机体需要者；⑤复杂手术，特别是腹部大手术之后；⑥恶性肿瘤放、化疗时期等。

2. 胃肠外营养的营养素及制剂

（1）葡萄糖：胃肠外营养的主要能源物质，人体所有器官、组织都需利用葡萄糖提供能量，成年人每日摄入总量在 300 g 左右。

（2）脂肪乳剂：胃肠外营养的另一主要能源，由大豆油、磷脂和等渗剂组成，有良好的理化稳定性。10％的脂肪乳剂为等渗溶液，可经静脉输入，提供的能量占总能量的 20％～30％。

（3）氨基酸：包括必需氨基酸和非必需氨基酸，可促成年人体蛋白质的合成。复方氨基酸溶液是配制合理的左旋异构体溶液，可分为两类：①平衡型氨基酸溶液：含有 8 种必需氨基酸和 8～12 种非必需氨基酸，比例符合正常人体基本代谢需求，适用于大多数病人。②非平衡型氨基酸溶液：根据不同病人的需要专门设计配制而成。

（4）维生素：维生素制剂很多，可分为水溶性和脂溶性两种，均为复方制剂。

（5）电解质：胃肠外营养时需补充钠、钾、氯、钙、镁及磷等，常用的制剂有生理盐水、10％氯化钾、10％葡萄糖酸钙、25％硫酸镁等。

（6）全营养混合液：将上述各种营养素在体外混合而成。胃肠外营养所供营养素种类多，在体外混合后再输入比较合理。

3. 胃肠外营养的输入方式与途径

（1）输入方式：胃肠外营养输入方式分为全营养混合液和单瓶输入两种。前者的优点为多种营养素同时进入人体内，不需要多次更换，从而简化过程及减少感染机会，常需 12～16 h 输完，也可 24 h 连续输入；后者由于各营养素非同时输入，操作比较烦琐。

（2）输入途径：胃肠外营养输入途径分为中心静脉（图 4-3）和周围静脉（图 4-4）两种。周围静脉输入常用于用量小、支持治疗不超过 2 周者，且操作相对简单、安全。中心静脉输入常用于需长期（2 周以上）

胃肠外营养支持者。

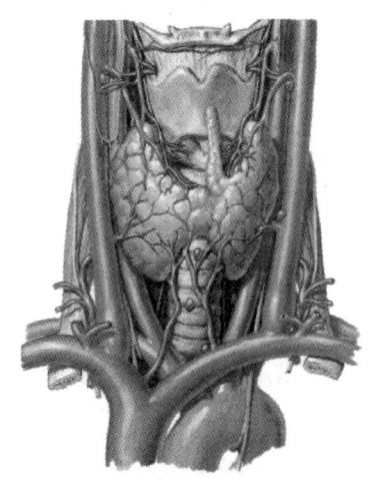

图4-3　中心静脉　　　　　　　　　　　　图4-4　周围静脉

4. 胃肠外营养的并发症

(1)损伤性并发症:与中心静脉导管置管操作不当有关,包括穿刺致气胸、血胸、空气栓塞或胸导管损伤等,空气栓塞是最严重的并发症。

(2)代谢性并发症:与治疗方案不当,动态监测不足或纠正不及时有关。包括电解质紊乱、非酮症性高渗性高血糖昏迷、低血糖、高脂血症、肝胆系统损害等。

(3)感染性并发症:主要由导管护理时无菌操作不严格所致,常会引起导管脓毒症,甚至并发感染性休克。

二、护理问题

1. 营养失调:低于机体需要量　与营养物摄入不足或体内营养过度消耗等因素有关。

2. 潜在并发症　损伤性并发症,如气胸、血胸、空气栓塞;代谢性并发症,如非酮症性高渗性高血糖昏迷、低血糖、高脂血症;感染性并发症,如导管脓毒症等。

三、护理措施

1. 严格无菌操作　在无菌条件下配制营养液,现用现配,如不用可放置于4℃以下的环境内备用,并于24 h内用完。输注器具应保持清洁无菌。

2. 控制输注速度　遵医嘱调整滴速,可根据病人具体年龄及耐受情况调节其快慢,避免输注过快引起并发症。一般首日滴速60 mL/h,次日可增加到80 mL/h,开始用较低浓度的营养液,以后逐渐增加浓度,以便机体适应。

3. 导管护理

(1)严禁经导管输入其他药物、血液等,也不可用其测中心静脉压,以免引起污染或堵塞。为保持导管通畅,每日用0.01%肝素盐水20 mL冲洗,输注结束时用肝素稀释液封管。不可在营养液内加入其他任何药物。

(2)每隔12~24 h更换输液管道、三通接头、中心静脉输液袋及引流袋,注意更换前先用2%络合碘消毒其接头。

(3)穿刺插管部位每日应定期消毒、更换敷料,注意观察和记录局部皮肤有无红肿、渗液等感染现象。

(4)保持导管通畅,避免导管扭曲、挤压,防止液体中断和接管脱落等,并警惕空气栓塞的发生。

4. 并发症的护理　静脉穿刺置管后,有发生气胸、血胸、空气栓塞的危险,应重点监测病人的呼吸、循环及中枢神经系统表现。当病人出现面色苍白、出冷汗、呼吸急促、胸痛及动脉血气分析值异常时,应考虑出现空气栓塞,可让病人取头低脚高位,左侧卧位,立即通知医生及时处理,并在嘱病人屏气的同时协助医生从中心静脉管道中抽气;一切护理应严格无菌操作,注意病人有无脓毒症的发生;对于代谢性并发症,重点是严格执行医嘱,控制滴入速度和浓度;避免突然减慢滴速或停止滴入。

四、健康教育

(1)长期摄入不足或因慢性消耗性疾病致营养不良的病人应及时到医院检查和治疗,以防严重营养不良和免疫防御能力下降。

(2)病人出院时,若营养不良尚未完全纠正,应继续增加饮食摄入,并定期到医院复诊。

【案例思考】

1.病人,男性,67 岁,体弱,因膀胱癌计划行根治性手术,由于营养需要,目前给予鼻胃管行肠道内营养,在输注营养液的过程中,病人出现阵咳,咳出营养液样物,呼吸急促。

请思考:

(1)该病人出现上述症状的原因是什么?

(2)此时应采取哪些护理措施?

2.病人,女性,74 岁,左半结肠切除术后第 4 日,禁食,胃肠减压,治疗除使用抗生素外仅每日补液1500 mL。体检:T 38.5 ℃,P 100 次/分,R 25 次/分,BP 90/60 mmHg,腹平软,无压痛、反跳痛和肌紧张。实验室检查:血清白蛋白 25 g/L,血红蛋白术后第 1 日 100 g/L,术后第 3 日 96 g/L,术后第 4 日93 g/L,大便隐血试验(＋＋＋)。

请思考:

(1)应该为该病人实施何种营养支持? 为什么?

(2)该种营养支持方式输注营养液的途径有哪些? 如何选择?

(3)简述该种营养支持方式的主要并发症及预防措施。

(4)请列出该病人在未来 2 日内可能存在的 3 个护理诊断。

(兰庆新　黄鸿宇)

第五章　麻醉病人的护理

识记：

1. 能复述麻醉、全身麻醉、局部麻醉、椎管内麻醉、基础麻醉和复合麻醉的概念。

2. 能复述常用麻醉前药物的种类及使用目的。

3. 能列举麻醉的主要并发症。

4. 能复述全身麻醉清醒后气管插管拔管指征。

理解：

1. 能比较不同麻醉方式的特点。

2. 能阐明导致麻醉主要并发症的原因。

运用：

1. 能运用相关知识，为麻醉前病人提供健康指导。

2. 能识别麻醉病人出现的并发症，并协助医生处理。

3. 能运用相关知识，实施麻醉期间及麻醉恢复期监护。

扫码看课件

第一节　概　　述

麻醉是应用药物或其他方法(针刺)消除病人手术过程中的疼痛，保障病人安全，为手术创造良好条件的技术。

一、麻醉方法

目前，根据麻醉作用的范围不同将麻醉分为全身麻醉、局部麻醉和椎管内麻醉。全身麻醉包括吸入麻醉和静脉麻醉；局部麻醉包括表面麻醉、局部浸润麻醉、区域阻滞麻醉及神经阻滞麻醉。椎管内麻醉包括蛛网膜下腔阻滞麻醉(腰麻)和硬脊膜外隙阻滞麻醉(硬膜外麻醉)。

(一)全身麻醉

麻醉药经呼吸道吸入或经静脉、肌内注射，对中枢神经产生暂时性抑制，使病人呈现意识和痛觉均消失，反射活动减弱，肌肉松弛等状态，这种麻醉方法称全身麻醉。

1. 吸入麻醉　吸入麻醉是将具有挥发性的麻醉药经呼吸道吸入产生全身麻醉的方法，常用药物有氟烷(异氟醚)、恩氟烷(安氟醚)、氧化亚氮(笑气)等。

2. 静脉麻醉　静脉麻醉是指经静脉注入麻醉药，作用于中枢神经系统，而产生全身麻醉的方法。常用的静脉麻醉药物有以下几种。

(1)硫喷妥钠:一种超短效的巴比妥类药物。药物作用特点是发生快,消失也快,病人醒后无任何不适,效果佳,需要小量反复注射。不良反应有:①可引起反射性喉痉挛,麻醉前用足量的阿托品,对预防喉痉挛有一定作用;②抑制呼吸中枢,如注药稍快即可引起呼吸暂停,有呼吸道阻塞或呼吸困难者禁用。

(2)氯胺酮:一种临床上广泛应用的快速作用麻醉药。其作用特点是:①用药后具有较强的镇痛作用,但是意识抑制较浅,甚至仍保持"清醒"状态,出现了意识与感觉的分离现象,故又称为分离麻醉。②兴奋交感神经,使心率增快,血压升高,因此高血压、心脏病、颅内高压和青光眼等病人应忌用。③无肌肉松弛作用。④麻醉中唾液分泌增多,术前须用阿托品。⑤苏醒期短,醒后可有复视、幻觉现象,合用安定类药物可减少此不良反应。

(3)其他静脉麻醉药:如异丙酚、羟丁酸钠。此两种药物有镇静、催眠作用,但镇痛作用弱,一般不单独使用,常用于全身麻醉诱导或与其他药物联合应用。其对循环、呼吸有不同程度影响。

3. 基础麻醉 肌内注射硫喷妥钠或静脉注射羟丁酸钠等使病人进入睡眠状态,但是止痛不全,维持时间短,故常须配合局部麻醉。常用于小儿外科手术,故又称小儿基础麻醉,因使用剂量小,基础麻醉实际上相当于很浅的全身麻醉,因此仍应按全身麻醉常规护理。

4. 复合全身麻醉 复合全身麻醉是指两种或两种以上的全身麻醉药或方法复合应用以达到最佳麻醉效果。其中全静脉复合麻醉是完全采用静脉注射全身麻醉药及全身麻醉辅助药物而达到手术要求的全身麻醉方法。而静-吸复合麻醉是指在静脉麻醉的基础上,在麻醉变浅时,间断吸入挥发性麻醉药以较好地满足手术要求的麻醉方法。复合全身麻醉优点是麻醉稳定,避免由于全静脉麻醉的给药不及时导致麻醉突然变浅,病人躁动,影响手术正常进行,同时可减少吸入麻醉药的用量,减少术后并发症,有利于麻醉后快速苏醒。

目前,通常将全身麻醉根据深度分为浅麻醉期、手术麻醉期和深麻醉期(表5-1)。

表 5-1 全身麻醉分期

麻醉分期	呼吸	循环	眼征	其他
浅麻醉期	不规则;呛咳;气道阻力增加;喉痉挛	血压增高;心率加快	睫毛反射(-);眼球运动(+);眼睑反射(+);流泪	吞咽反射(+);出汗;分泌物增多;刺激时体动
手术麻醉期	规律;气道阻力下降	血压稍低但稳定,手术刺激无改变	眼睑反射(-);眼球固定中央	刺激时无运动,黏膜分泌物消失
深麻醉期	膈肌呼吸;呼吸加快	血压下降	对光反射(-);瞳孔散大	

5. 全身麻醉清醒气管插管拔管指征 在明确判断病人具有保护和保持气道畅通的能力后,即可拔除气管插管。拔管指征如下。

(1)完全清醒,呼之能应。

(2)咽喉反射、吞咽反射、咳嗽反射完全恢复。

(3)潮气量和每分通气量正常。

(4)拔管后无引起呼吸道梗阻的因素。

6. 病人离室指征

(1)返回病房指征:①神经系统:意识清醒,合作,无嗜睡;对刺激反应灵敏,咳嗽和吞咽反射灵敏。②肢体活动:自主或有目的性,肌力恢复。③呼吸系统:自主呼吸,频率、节律、通气量正常。④血气分析结果正常。⑤无呼吸道梗阻(如舌后坠、分泌物等)。⑥肺部听诊无异常。⑦根据指令可以深呼吸、咳嗽。

⑧循环系统：心电图示无心肌缺血及心律失常。⑨心率、脉搏、血压正常/稳定。⑩其他：无手术并发症（如血肿、颅内高压、出血等）；无明显的恶心、呕吐；术后疼痛控制良好；体温正常。

（2）转入 ICU 指征：①呼吸系统：不能维持自主呼吸或较长时间不能脱机。②循环系统：循环功能不稳定。③其他：病情仍不稳定甚至恶化；出现严重并发症。

7.病人的转运　将病人送离恢复室前，告知病房或 ICU，以便接收方做好接班准备；由恢复室工作人员负责护送病人，保证转运途中病人的安全，及时处理各种意外情况；到达病房或 ICU，协助接班医护人员将病人安全地搬运到病床上，并向接班医护人员详细交代病情，并移交全部病历；测量生命体征及血氧饱和度（SpO$_2$），与接班医护人员及病人家属共同确认病人已安全、清醒、生命体征平稳后方可离开，如出现情况应及时处理。

（二）局部麻醉

局部麻醉指局部使用麻醉药，暂时阻断某些周围神经的冲动传导，使受这些神经支配的相应区域产生麻醉作用。根据局部麻醉药阻滞的部位不同，局部麻醉分为表面麻醉、局部浸润麻醉、区域阻滞麻醉和神经阻滞麻醉。

1.表面麻醉　将穿透力强的局部麻醉药施用于黏膜表面，其透过黏膜吸收而阻滞黏膜下的神经末梢，使黏膜产生麻醉现象称为表面麻醉（图 5-1）。眼、鼻、咽喉、气管、尿道等处的浅表手术或内镜检查多用此种麻醉。

2.局部浸润麻醉　沿手术切口线分层注射局部麻醉药，阻滞组织中的神经末梢，称局部浸润麻醉（图 5-2），是应用最广的局麻方法。基本操作要点是一针无痛技术的应用：先在手术切口线一端进针，针尖的斜面向下刺入皮内，注药后形成第一个皮丘，然后在前一个皮丘的边缘再进针病人就不会感觉到疼痛了，如此连续进针和注药，在切口线上形成皮丘带；随后逐层浸润，即由浅入深地一层一层进针注药，每次注药前都要回抽针芯，无血回流方可注药，以免误注入血管内。如无禁忌，局部麻醉药中加少量肾上腺素，可以降低其吸收速度和延长麻醉时间并减少出血。

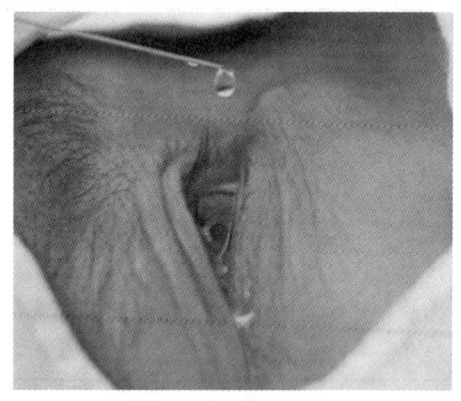

图 5-1　眼部表面麻醉

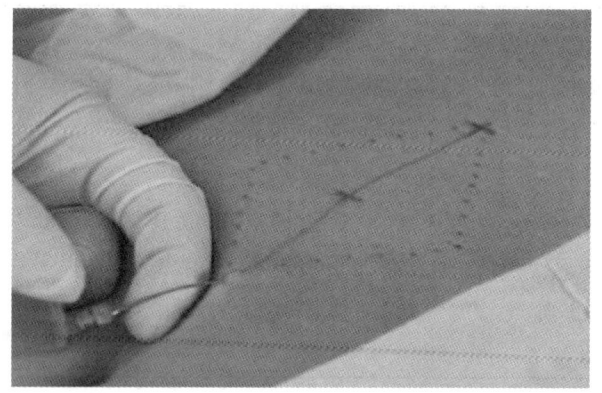

图 5-2　局部浸润麻醉

3.区域阻滞麻醉　围绕手术区，在其四周及基底部注射局部麻醉药，阻滞手术区内的神经末梢，称区域阻滞麻醉。主要用于乳房良性肿瘤切除术和腹股沟疝修补术等。注药方法同局部浸润麻醉。

4.神经阻滞麻醉　亦称传导麻醉，是在神经干、丛、节的周围注射局部麻醉药，阻滞其冲动传导，使受其支配的区域产生麻醉作用，用较少量的麻药产生较广泛的麻醉区。常用的神经阻滞麻醉有颈丛神经阻滞（用于颈部手术）、臂丛神经阻滞（用于上肢手术）、肋间神经阻滞（可用于胸壁及腹壁手术）、指（趾）根神经阻滞（用于指（趾）末节手术）。

常用局部麻醉药：①酯类：普鲁卡因、丁卡因。②酰胺类：利多卡因、丁哌卡因。局部麻醉药作用比较详见表 5-2。

表 5-2 常用局部麻醉药比较

局部麻醉药	酯类		酰胺类		
	普鲁卡因	丁卡因	利多卡因	丁哌卡因	罗哌卡因
作用强度	弱	强	中	强	强
毒性	低	中	中	强	低于丁哌卡因
麻醉部位	局部麻醉	表面麻醉、神经阻滞麻醉	各种局部麻醉	硬膜外、腰麻	硬膜外
常用浓度	0.5%～1%	0.1%～0.3%	1%～2%	0.25%～0.75%	0.25%～1%
作用时间	45 min	2～3 h	1～2 h	5～7 h	1～2 h
表面麻醉作用	无	—	—	无	无
一次最大剂量/mg	1000	75	400	200	200

(三)椎管内麻醉

椎管内麻醉是将麻醉药选择性注入椎管内的某一腔隙,使部分脊神经的传导功能发生逆性阻滞的麻醉方法,也称椎管内阻滞麻醉,分为蛛网膜下腔阻滞麻醉和硬脊膜外隙阻滞麻醉。这类麻醉特点是病人神志清醒,镇痛效果准确,肌肉松弛良好。存在的不足是有可能导致病人一系列生理紊乱,不能完全消除内脏牵拉反应。

1. 蛛网膜下腔阻滞麻醉(腰麻) 蛛网膜下腔阻滞麻醉简称腰麻(图 5-3),是将局部麻醉药注入蛛网膜下腔,阻滞部分脊神经传导的麻醉方法。麻醉后极短的时间内,病人感觉出现平面性消失,其顺序为脚趾、足部、大腿,最后为腹部平面以下全麻醉。而感觉恢复的顺序刚好相反。

麻醉方法一般选择第 3、4 腰椎(L3、L4)或第 4、5 腰椎(L4、L5)间隙进行蛛网膜下腔穿刺(图 5-4),见脑脊液流出后注入药物,用调节病人体位的方法来调节麻醉平面,以满足手术的要求。影响麻醉平面的因素以药物剂量最为重要,此外与药物的相对密度和体积也有密切关系。常用药物有普鲁卡因白色结晶 150 mg 或丁卡因白色结晶 10 mg,使用时用 5% 葡萄糖溶液或脑脊液溶化,其相对密度较脑脊液高,称为重相对密度液;用蒸馏水溶化时,相对密度低于脑脊液,称为轻相对密度液,临床多用重相对密度液,现成的重相对密度液制剂有用丁卡因、麻黄素、葡萄糖按 1∶1∶1 比例配成的丁麻糖,用来控制麻醉平面的高度。

图 5-3 腰麻体位

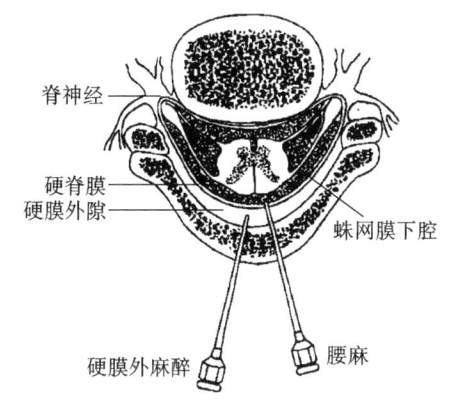

图 5-4 椎管内麻醉针头插入位置

2. 硬脊膜外隙阻滞麻醉(硬膜外麻醉) 硬脊膜外隙阻滞麻醉简称硬膜外麻醉,是将局部麻醉药注入硬膜外隙,作用于脊神经根,使一部分脊神经的传导受到阻滞的麻醉方法。硬膜外麻醉分为:①单次硬膜外麻醉法,即一次注入较大药量,阻滞时间短,可控性小,适用于短时间内就能完成的手术。②连续硬膜外麻醉法,即用特制的尖端呈勺状的硬膜外穿刺针,在预定的椎间隙穿刺,证实针头在硬膜外隙后,插入导管,退出穿刺针,留置导管在硬膜外隙,外用胶布固定(图5-5)。麻醉药先给试验量,观察5～10 min,确认导管在硬膜外隙且硬脊膜未被穿破,未误入蛛网膜下腔后追加手术剂量,以后按手术需要第2次或多次给药维持麻醉效果,目前临床主要用此种方法。硬膜外麻醉常用药物有1.5％～2.0％利多卡因、0.25％～0.33％丁卡因和0.5％～0.75％丁哌卡因。

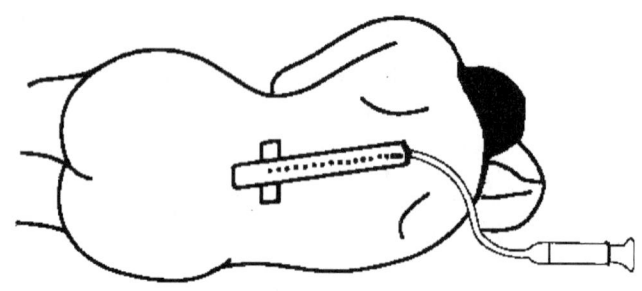

图5-5　硬膜外阻滞导管胶布外固定

二、麻醉方法的选择

护士要了解不同种类手术选择不同麻醉方法的原则,以便做好麻醉前配合,并对病人进行有关的健康指导。根据病人病情、身体情况、手术部位与范围选择麻醉方法的一般原则是浅表小手术用局部浸润麻醉或区域阻滞麻醉;上肢较大手术选用臂丛神经阻滞麻醉;颈部手术多用颈丛神经阻滞麻醉或局部麻醉加强化;胸壁、腹部、下肢大手术宜用硬膜外麻醉;脐以下手术也可用腰麻;会阴、肛门手术可选用骶麻或鞍麻;颅内手术用全身麻醉;胸内手术多用全身麻醉的气管内吸入麻醉或复合麻醉;心脏直视手术采用人工低温和体外循环复合麻醉;小儿手术常用全身麻醉或基础麻醉加局部麻醉。

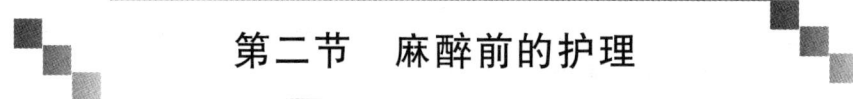

第二节　麻醉前的护理

为了提高麻醉的安全性,提高病人对麻醉和手术的耐受能力,减少麻醉期间和麻醉后的并发症,护士必须做好麻醉前的护理及准备工作。

一、护理评估

1.健康史　详细询问病人麻醉史、手术史、药物过敏史及其他用药史;近期是否使用强心剂、抗高血压药、降血糖药、催眠药、镇痛药和激素类药物以及用药剂量;是否有吸烟和饮酒嗜好等。

2.重点评估生命体征　详细了解心、肺、肝、肾和脑等重要脏器功能状况;了解有无水、电解质和酸碱平衡失调情况;牙齿有无缺损、松动,有无义齿;麻醉穿刺部位有无皮肤感染;脊柱有无畸形,活动度是否良好,椎间隙是否正常。

3.实验室及其他检查　包括血、尿、大便常规检查,出、凝血时间测定,血气分析、电解质测定,肝、肾功能检查等;心电图检查和胸部X线检查;特殊情况选择针对性的检查项目,如甲亢病人术前检查基础代谢率和T3、T4等。

4.心理-社会状况　了解病人精神状态、情绪状态、人格类型等,注意病人对麻醉和手术的情绪反应及其焦虑和恐惧的程度。

根据以上评估项目对病人耐受麻醉的能力做出正确的估计(表5-3)。

表 5-3　ASA 分级标准和与手术风险的关系

分级	标准	死亡率/(%)
Ⅰ	体格健康,发育良好,器官功能正常	0.06～0.08
Ⅱ	除外科疾病外,有轻度合并症,功能代偿	0.27～0.4
Ⅲ	并发症较重,体力活动受限,尚能应付日常活动	1.82～4.3
Ⅳ	并发症严重,丧失日常活动能力,面临生命威胁	7.80～23.0
Ⅴ	无论手术与否,生命难以维持 24 h 的濒死病人	9.4～50.7

二、护理问题

1.焦虑　与恐惧及担心麻醉和手术成功率有关。

2.有呼吸循环功能异常的危险　与心、肺疾病或麻醉药物不良反应有关。

3.知识缺乏　缺乏有关麻醉、手术及配合麻醉的知识。

三、护理措施

1.增强病人对麻醉和手术的耐受力　麻醉前利用各种方法改善病人的全身状况,如纠正营养不良、贫血,水、电解质和酸碱平衡失调,积极治疗潜在疾病。合并心脏病者应改善心功能;高血压病人应将血压控制在 180/100 mmHg 以下;合并呼吸系统疾病者术前应检查肺功能;吸烟病人至少术前 2 周禁烟,并做好呼吸功能训练。痰液黏稠不易咳出时应做雾化吸入,应用抗生素控制肺部感染,合并糖尿病病人择期手术时应将空腹血糖控制在 8.3 mmol/L 以下,尿糖低于(＋＋),尿酮阴性。急诊手术伴酮症酸中毒时应静脉滴注胰岛素,纠正酸中毒后手术。

总之,要使重要器官功能处于较好的生理状态,为麻醉创造条件。急诊手术应抓紧时间重点准备,使身体状况尽量符合麻醉要求。

2.心理护理　一般病人对麻醉缺少了解,有顾虑,有时甚至产生紧张、畏惧的情绪反应。护士应正确评估病人的心理状态,并针对其实际心理状态进行解释、说服和安慰,态度应和蔼可亲,以取得病人的信任,简单介绍麻醉实施方案及配合方法,并将麻醉、手术中需要注意的问题和可能遇到的不适向病人做适当交代,以取得合作并消除病人对麻醉的恐惧心理。

3.饮食护理　成年人择期手术麻醉前常规禁食 12 h,禁饮 4 h,以免术中、术后因呕吐物误吸导致窒息。即使是局部麻醉,除门诊小手术外,也应禁食,因为如果术中局部麻醉效果不佳会改为全身麻醉。对于急症病人,如果手术时间允许,麻醉前应做好适当准备,如催吐以排空胃。胃饱满而必须在全身麻醉下实行手术者,可以选择清醒时气管插管,这样能主动控制呼吸道,避免误吸窒息。

4.麻醉物品准备　麻醉前应常规准备好麻醉器械、药品,以保证麻醉顺利进行。器械准备包括吸引器、麻醉机、喉镜、面罩、气管导管、供氧设备、监测仪器等;药品包括麻醉药及各种急救药等。所有的麻醉器械和急救设备必须处于完好备用状态,即使是小手术或简单的麻醉操作,也应慎重对待。

5.麻醉前药品准备　麻醉前用药的目的是镇静以稳定病人情绪,缓和焦虑和恐惧心理;抑制唾液和气道分泌物产生,保持呼吸道通畅;减少麻醉药的不良反应,消除一些不利的神经反射;提高痛阈,缓解术前疼痛和增强麻醉镇痛效果;使麻醉过程平稳,病人合作。麻醉前常用药物有以下几种(表 5-4)。

(1)安定镇静药:成年人常用地西泮(安定)5～10 mg 或氟哌利多 5 mg,麻醉前 30 min 肌内注射。有镇静、催眠、抗焦虑、抗惊厥及中枢性肌肉松弛作用,还有一定的防治局部麻醉药毒性反应的作用。

(2)催眠药:主要是巴比妥类药,一般成年人用苯巴比妥钠(鲁米那钠)或司可巴比妥(速可眠)0.1～0.2 g 于麻醉前 30 min 肌内注射。有镇静、催眠和抗惊厥作用,并能防治局部麻醉药毒性反应,为各种麻醉前常用药物。亦可术前晚口服苯巴比妥 30～60 mg 或司可巴比妥 0.1～0.2 g。

(3)镇痛药:成年人常用吗啡 5～10 mg 皮下注射或哌替啶 25～100 mg 肌内注射。能与全身麻醉药起协同作用,增强麻醉效果,从而减少麻醉药用量;剧痛病人麻醉前应用可使其安静合作;椎管内麻醉前使用能减轻腹部手术中的内脏牵拉反应;于局部麻醉前使用,可强化麻醉效果。吗啡有抑制呼吸中枢的不良反应,故小儿、老年人应慎用,孕妇、新生儿及呼吸功能障碍者禁用。

(4)抗胆碱药:常用阿托品 0.5 mg 于麻醉前 30 min 肌内注射。主要作用是抑制呼吸道黏液和口腔唾液分泌,解除平滑肌痉挛,有利于保持呼吸道通畅;抑制迷走神经反射,避免术中心动过缓或心搏骤停。阿托品是全身麻醉和椎管内麻醉前不可缺少的药物,由于阿托品能抑制汗腺分泌,提高基础代谢率并影响心血管系统的活动,故甲状腺功能亢进、高热、心动过速等病人不宜使用,这类病人必须使用时,可用东莨菪碱 0.3 mg 肌内注射来代替。

表 5-4　麻醉前常用药物

药物类型	药名	作用	用法和用量(成年人)
安定镇静药	地西泮(diazepam)	安定镇静、催眠	肌内注射 5～10 mg
	咪达唑仑(midazolam)	抗焦虑、抗惊厥	肌内注射 0.04～0.08 mg/kg
催眠药	苯巴比妥(phenobarbital)	镇静、催眠、抗惊厥	肌内注射 0.1～0.2 mg
镇痛药	吗啡(morphine)	镇痛、镇静	肌内注射 0.1 mg/kg
	哌替啶(pethidine)		肌内注射 1 mg/kg
抗胆碱药	阿托品(atropine)	抑制腺体分泌、解除平滑肌痉挛和迷走神经兴奋	肌内注射 0.01～0.02 mg/kg
	东莨菪碱(scopolamine)		肌内注射 0.2～0.6 mg

第三节　麻醉后的护理与监测

一、护理评估

(一)了解术中情况

病人麻醉结束后,责任护士要了解病人手术及麻醉类型,是否按照原定计划进行麻醉;如果改变了麻醉方式,了解其原因;了解手术期间有无麻醉意外发生等。

(二)身体状况

1. 全身麻醉术后并发症　全身麻醉停止后,药物对机体仍有影响,全身麻醉后至苏醒前时间段容易发生呼吸、循环和中枢神经系统的并发症。应及时发现和处理,以免造成严重后果,危及病人生命,在此期间要仔细观察病人,认真收集有关临床资料,准确估计并发症发生的可能性,争取早发现、早处理。全身麻醉术后主要并发症有如下几个方面。

(1)呼吸道梗阻:常由以下因素导致。呕吐与误吸:胃扩张、肠梗阻、上消化道出血,尤其是麻醉前未禁食禁水病人容易发生呕吐与误吸;某些全身麻醉药物对胃肠或呕吐中枢的刺激也会引起呕吐。呕吐物吸入气管,可造成窒息致死,即使吸入物不多,也可引起吸入性肺炎。②舌后坠:麻醉后病人下颌肌肉松弛,舌后坠,使上呼吸道发生不完全性梗阻并产生鼾声。③呼吸道分泌物增多:术前未用抗胆碱药、麻醉药物的刺激、术前呼吸道感染等,均可使分泌物增多并积存于咽喉部、气管或支气管内,病人出现呼吸困难、发绀、喉及胸部有干湿啰音。④喉痉挛:麻醉变浅、刺激性麻醉药物或有异物触及喉头均可诱发喉痉挛。喉痉挛时病人呼吸困难、发绀、喉部发出高调鸡鸣音。

(2)呼吸抑制:麻醉过浅过深都会使呼吸节律及深度变化,可能导致肺通气量不足,尤其麻醉过深可导致呼吸衰弱甚至发生呼吸停止。

(3)肺不张和肺炎:麻醉过程中麻醉药物和气管插管的刺激使呼吸道分泌物增多,痰液阻塞支气管是引起肺不张的主要原因,麻醉前如有呼吸道感染、吸烟史等更容易引起肺炎。

(4)血压下降:主要原因是麻醉过深、麻醉前血容量不足、术中失血失液、内脏牵拉反应或直接刺激迷走神经引起的反射性低血压及心率减慢。

(5)心律失常:手术刺激、低血容量、缺氧及二氧化碳蓄积,可引起心动过速;内脏牵拉反应、体温过低等可致心动过缓。麻醉过深过浅、高钾血症、高碳酸血症或原有心脏疾病病人,在术中或术后更易发生心律失常,甚至心搏骤停。

(6)高热与惊厥:常见于小儿,婴幼儿的体温调节中枢发育尚未健全,全身麻醉药不良反应引起中枢性体温调节紊乱,故易出现高热,甚至发生惊厥。也可能与脑组织细胞代谢紊乱、病人体质差等原因有关。如不及时抢救,可致呼吸和循环功能衰竭而死亡。

(7)苏醒延迟或不醒:全身麻醉后苏醒时间长短与麻醉药种类、麻醉深浅程度、有无呼吸循环系统并发症等因素密切相关。如见病人眼球活动,睫毛反射恢复,瞳孔稍大,呼吸加快,甚至有呻吟、躁动,是即将苏醒的表现;若病人术后长时间昏迷不醒、瞳孔散大,是麻醉过深或继发性脑损伤所致。全身麻醉苏醒前,病人常烦躁不安,出现幻觉,易发生意外损伤,护理时要特别注意。

2. 椎管内麻醉的并发症 椎管内麻醉对循环、呼吸、消化、泌尿系统的生理功能都会产生不同程度的影响,对个别病人还可能造成神经系统的损伤或感染。

(1)对循环功能的抑制:椎管内麻醉使麻醉区域交感神经阻滞,周围血管扩张,回心血量减少,病人表现有血压下降。血压降低的幅度与麻醉范围、病人身体状况密切相关。交感神经被阻滞,迷走神经兴奋增强,加上内脏牵拉反应等,都可致心率减慢或心动过缓。

(2)对呼吸功能的抑制:腰麻平面过高,或高位硬膜外麻醉时(达 T2 以上),局部麻醉药浓度过高或用量过大,均可抑制呼吸肌运动功能,病人会出现胸闷气短、咳嗽及说话无力、发绀等。如果腰麻范围失控,或硬膜外麻醉穿刺时不慎刺破硬脊膜而未被发现,并将硬膜外麻醉所用的麻醉药全部或大部分注入蛛网膜下腔,即可导致全脊髓麻醉,表现为注射后几分钟内病人出现进行性呼吸困难,继而呼吸停止、血压下降、意识消失,甚至心搏骤停。

(3)对消化系统功能的影响:椎管内麻醉时迷走神经兴奋性增强,术中牵拉腹腔脏器,使迷走神经反射活跃,以及某些麻醉药或辅助用药(如哌替啶)的不良反应等,均易诱发恶心呕吐。低血压或呼吸抑制,因使呕吐中枢受缺血缺氧刺激,也可能发生恶心呕吐。

(4)对泌尿系统功能的影响:尿潴留为腰麻后较常见的并发症,原因是骶神经阻滞后使排尿反射抑制,下腹部或会阴、肛门手术后伤口疼痛致尿道括约肌痉挛,有部分病人不习惯卧床排尿。可针刺三阴交、足三里、中极、关元等穴位,或用下腹部热敷、诱导等方法,效果仍不明显时考虑导尿。

(5)疼痛不适:腰麻后头痛,可能是由于多次穿刺或穿刺针太粗使穿刺孔过大,脑脊液从穿刺孔漏至硬膜外隙,致颅内压下降,或颅内血管扩张而引起血管性头痛所致。蛛网膜下腔出血、某些麻醉药品或消毒时的碘伏随针带入脑脊液等,也可刺激脑膜而引起头痛。椎管内麻醉后因穿刺损伤了有关韧带等软组织,在一定时间内常有腰背痛。

(6)肢体感觉或运动障碍:穿刺操作的经验不足或操作粗暴,导致脊神经根损伤,使相应的支配区域感觉障碍,肌力减弱;马尾神经损伤可使会阴区及下肢远端感觉和运动障碍,导致尿潴留或排尿排便失禁;穿刺致血管损伤,形成硬脊膜外血肿,可压迫脊髓而引起截瘫;腰麻后合并粘连性蛛网膜炎时也可引起肢体感觉障碍或瘫痪。

(7)椎管内感染:无菌操作不严、穿刺器械消毒不良或被污染,导致术后穿刺点感染或有全身化脓性感染的病人,都有可能发生硬脊膜外脓肿或化脓性脑脊膜炎。病人出现穿刺部位剧烈疼痛、寒战、高热、血白细胞计数增多,并可有头痛、呕吐、颈项强直等脑膜刺激症状。大的脓肿尚可压迫脊髓而致截瘫。

3.局部麻醉的并发症

(1)局部麻醉药毒性反应:局部麻醉药短时间大量吸收入血后的血中局部麻醉药浓度超过机体耐受剂量而发生毒性反应,重者可危及病人生命。

①临床表现:按个体反应不同可分为兴奋型和抑制型两种。

a.兴奋型:较多见,主要见于普鲁卡因中毒。病人中枢神经和交感神经兴奋,表现为精神紧张、呼吸急促、出冷汗、心率增快。严重者有狂躁、肌肉震颤、血压升高、谵妄、惊厥、发绀、心律失常甚至意识丧失。如惊厥不止,可发生窒息而心搏停止。

b.抑制型:较少见,但后果严重,主要见于丁卡因中毒。表现为嗜睡、呼吸浅慢、脉搏徐缓、血压下降。严重者昏迷、心律失常、发绀甚至休克和呼吸心搏停止。

②常见原因:a.药液浓度过高。b.用量过大。c.药液误注入血管。d.局部组织血运丰富,吸收过快。e.病人体质差,对局部麻醉药耐受力低或有严重肝功能受损,局部麻醉药代谢功能障碍,血药浓度升高。f.药物间相互影响使毒性增高,如普鲁卡因和琥珀胆碱都由血内同一种酶分解,两者同时使用,普鲁卡因分解减少而容易中毒。

(2)局部麻醉药的过敏反应:两类局部麻醉药中,以酯类(普鲁卡因、丁卡因)发生过敏反应者多见,酰胺类(利多卡因、丁哌卡因)极罕见。在使用很少量局部麻醉药后,易发生过敏反应的病人可出现荨麻疹、喉头水肿、支气管痉挛、低血压以及血管神经性水肿等,严重者可发生过敏性休克而死亡。

(三)实验室及其他检查

检查病人血常规、血氧饱和度、血气、电解质、心电图等了解呼吸、循环功能状况,有无低氧血症,有无水、电解质和酸碱平衡失调存在。

二、护理问题

1.低效性呼吸形态   与舌后坠、黏痰堵塞、误吸所致呼吸道阻塞或麻醉过浅过深等因素有关。

2.心排血量减少   与术中失血失液、全身麻醉药不良作用或原有心血管疾病等因素有关。

3.有受伤的危险   与全身麻醉苏醒期躁动不安或椎管内麻醉并发症(肢体感觉或运动障碍)有关。

4.潜在并发症   呕吐、窒息、感染、心律失常等。

三、护理措施

(一)全身麻醉后病人的护理

严密观察病情变化,全身麻醉苏醒前,病人应有专人护理,在接收病人时,立即测血压、脉搏、呼吸,然后根据不同情况,每15~30 min测血压、脉搏、呼吸1次,直至病人完全清醒,循环和呼吸稳定的全身麻醉手术后苏醒前须留在麻醉恢复室或重症监测治疗室,按危重病人进行呼吸循环功能监护。维持呼吸功能主要是预防和及时解除呼吸道梗阻,防治呼吸抑制。其具体措施如下。

1.防止误吸   麻醉前至少应禁饮食4 h。若病人饱食后而又必须立即在全身麻醉下施行手术,应于麻醉前放置粗大胃管抽吸和清洗以排空胃内容物,或采用清醒气管插管。在全身麻醉苏醒前,若病人出现呕吐先兆(频繁吞咽),应立即将其头偏向一侧、摇低床头,使呕吐物容易排出并用干纱布或吸引器清除口鼻腔内食物残渣。必要时立即行气管插管,反复吸引清除吸入气管内的异物,直至呼吸音正常。

2.防止舌后坠   当出现鼾声时,用手托起下颌,使下颌切牙咬合于上颌切牙之前,鼾声即消失,呼吸道梗阻随之解除,必要时插入口咽或鼻咽通气导管。

3.呼吸道分泌物过多的处理   用吸引器吸去咽喉及口腔内分泌物。遵医嘱注射阿托品以减少口腔和呼吸道腺体分泌。

4. 喉痉挛的处理　立即设法去除诱因,加压给氧,如不能缓解,可用一针头经环甲膜刺入气管输氧。如痉挛仍不能解除,需静脉注射肌肉松弛剂后行气管插管,以麻醉机控制呼吸。

5. 呼吸抑制的处理　立即加压给氧,必要时气管插管人工呼吸。

6. 维持循环功能　对全身麻醉病人应进行血压、脉搏、心率、心律及心电图、中心静脉压等循环功能和血流动力学监测,发现异常(如血压下降、心律失常等),应及时告诉医生,并遵医嘱做相应处理,如调整输血输液速度,使用升压药或抗心律失常药物等。

7. 维持体温正常　多数全身麻醉大手术后病人体温过低,应注意保暖。如无休克,宜给予 50 ℃以下的热水袋,用布包好,以防烫伤。少数病人,尤其小儿,全身麻醉后可有高热甚至惊厥,应给予吸氧,物理降温,抽搐不止时给硫喷妥钠肌内注射。防止意外损伤,全身麻醉苏醒前,应安排专人守护。对小儿及躁动不安者需加床挡,必要时予以适当约束,防止其不自觉地拔除静脉输液管和各种引流导管,防止撕抓伤口敷料或坠床造成意外损伤等。

8. 麻醉恢复室的护理　麻醉恢复室靠近手术室,环境应安静、整齐、清洁,室温维持在 20～22 ℃。室内监护和抢救设备完整,如吸氧设备、心肺监护仪、呼吸机(图 5-6)、气管插管设备、气管切开包、除颤仪、起搏器、各种抢救药品和外科换药设备等。护士应将所有设备准备齐全,确保其使用性能良好。麻醉恢复室病人达到以下标准方可转回病房:①神志清醒,有定向力,能正确回答问题。②呼吸平稳,能深呼吸和咳嗽,动脉血氧饱和度＞95%。③血压及脉搏平稳 30 min 以上,心电图无严重心律失常现象。

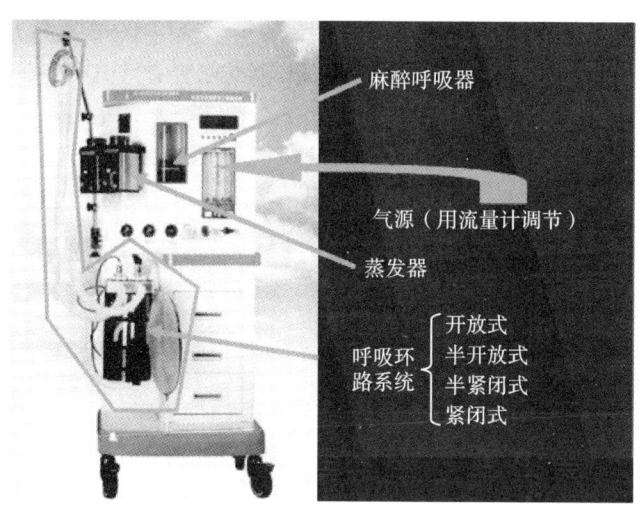

图 5-6　呼吸机结构示意图

(二)局部麻醉病人护理措施

1. 局部麻醉药毒性反应的护理

(1)急救处理:立即停止用药,确保呼吸道通畅并吸氧。①一般兴奋型病人,可用地西泮 0.1 mg/kg体重肌内或静脉注射,稍休息即可好转;抽搐和惊厥者静脉注射硫喷妥钠 1～2 mg/kg 体重,气管内插管,人工呼吸。②抑制型病人以面罩给氧,机械人工呼吸,静脉输液加适当血管收缩剂(如麻黄碱、间羟胺)以维持循环功能;如发生呼吸心搏停止,立即进行心肺复苏。

(2)局部麻醉药毒性反应的预防:①麻醉前应用巴比妥类、地西泮、抗组胺类药物,可预防或减轻毒性反应;②限量用药,一次用量普鲁卡因不超过 1 g,利多卡因不超过 0.4 g,丁卡因不超过 0.1 g;③注药前均须回抽,以防注入血管;④在每 100 mL 局部麻醉药中加入 0.1%肾上腺素 0.3 mL,可减慢局部麻醉药的吸收,减少毒性反应的发生,并能延长麻醉时间,但指(趾)和阴茎神经阻滞、高血压、心脏病和老年病人忌用肾上腺素。

2. 局部麻醉药过敏反应的护理　预防过敏反应的关键是麻醉前询问药物过敏史和进行药物过敏试验。一旦发生过敏反应,立即进行抗过敏处理,对严重病人,应立即静脉注射肾上腺素 0.2～0.5 mg,然

后给予糖皮质激素和抗组胺药物。

（三）椎管内麻醉后病人的护理

1. 观察病情　椎管内麻醉手术后，将病人安置于平卧位，连接和妥善固定各种引流导管，了解术中情况。立即测血压、脉搏、呼吸并记录，随后每 15～30 min 测量 1 次，做好记录，病情稳定后，适当延长监测间隔时间。注意观察病人的尿量、各种引流量、体温及肢体的感觉和运动情况；有无恶心呕吐、尿潴留、头痛及穿刺处疼痛等。若发现异常，及时与主管医生沟通，进行相应处理。

2. 维持循环功能　手术后保持平卧位 6 h 左右，并继续输液以保持循环系统的稳定；若病人于手术前或手术中已出现过心律失常，则麻醉后宜继续应用心电图持续监测，防止病情恶化；为保障输液安全，必要时需测定中心静脉压，若血压下降、脉搏增快、中心静脉压低，要大量快速输液扩充血容量；若血压下降、心搏缓慢，则应在加速输液的同时静脉注射麻黄碱 15～30 mg 或阿托品 0.3～0.5 mg；尿量是监测循环的最简便方法，麻醉后应保持尿量在每小时 30 mL 以上。

3. 维持呼吸功能　有呼吸减弱或呼吸困难病人，继续吸氧或气管插管、人工呼吸等。对曾发生全脊髓麻醉者，继续实施人工呼吸等抢救措施，密切检测各项呼吸指标。

4. 防治腰麻后头痛　腰麻后头痛多在手术后 1～2 日开始，第 3 日最为剧烈，时间持续 10～14 日。14 日后往往不治自愈。头痛部位不定，但以枕部多见，顶部和额部次之。其特点是坐起时头痛加剧，平卧后减轻，也有不受体位变化的影响而持续头痛者。预防措施有麻醉时选用细针穿刺，避免穿刺时出血；穿刺前皮肤上所涂碘伏用 70% 乙醇脱碘；使用质量可靠的局部麻醉药；术后常规去枕平卧 6～8 h 等。出现头痛症状时嘱病人平卧休息，使用镇痛药或针刺太阳、印堂或合谷等穴位。严重头痛者，可向硬膜外隙注入 0.9% 氯化钠溶液或中分子右旋糖酐。

5. 对症处理　有尿潴留者，应先行针刺三阴交、足三里、中极、关元等穴位，或用下腹部热敷、诱导等方法；不习惯卧床排尿者，可酌情改变体位或下床排尿；仍不能自行排尿时，行无菌导尿术。硬膜外血肿压迫脊髓导致截瘫的病人，如有下肢感觉、运动障碍，应及时报告，争取早期手术清除血肿，手术尽量在血肿形成后 8 h 内进行，如超过 24 h 则较难恢复。

四、健康教育

向病人说明麻醉前准备的必要性及手术中使用的监护仪、约束带的意义，再次给予术前心理安抚，为病人减少感染和并发症等做好宣传工作。向病人介绍麻醉方面的有关知识。在手术过程中，对病人出现的不适给予安慰和指导，指导病人采取一些缓解疼痛的方法，如放松法、分散法、幻想法。手术中播放一些容易使人放松的轻音乐等。当手术中出现胃肠道刺激症状，指导病人深呼吸，头偏向一侧，将反流胃内容物吐净以防窒息，或用拇指和示指按压人中穴。手术结束后，指导病人去枕平卧 6～12 h。椎管内麻醉术后出现头痛、头晕时，应向病人解释硬膜外穿刺造成裂隙，脑脊液会有少量外漏的可能，颅内压下降，颅内组织状态会发生改变，牵动了颅神经和大血管伴神经而产生头痛，平卧可减少脑脊液的外渗，维持颅内压。手术对病人具有不同程度的刺激，心理应激的矛盾冲突，容易导致焦虑、恐惧、束手无策等不愉快情绪，可由各种原因引起，并逐渐加重，但如能针对引起的原因进行疏导，改变病人的感受认识、情绪及态度，就可得以减轻或消除。

【案例思考】

1. 女性，43 岁，腰麻下行"子宫肌瘤切除术"后 3 日出现头痛，自述抬头或坐起时头痛加重，平卧后减轻或消失。病人意识清醒，T 37.8 ℃，P 88 次/分，R 20 次/分，BP 130/85 mmHg。查体：瞳孔等大、等圆。脑电图检查未发现异常。

请思考：

（1）引起该病人头痛最可能的原因是什么？

（2）病人头痛发生与否与哪些因素有关？

（3）应采取什么措施预防头痛的发生？

2.病人,男性,因下肢静脉曲张行大隐静脉剥脱术,在硬膜外麻醉注药后约 1 min 血压下降,意识模糊。

请思考:

(1)该病人可能发生了什么并发症?有何危险?

(2)该病人需要哪些处理?

(兰庆新　文凤云)

第六章　手术室管理和工作

学习目标

识记：

1. 能描述手术室的设置和布局要求。

2. 能复述手术室环境清洁与消毒方法及手术室管理制度。

3. 能复述手术室护士的职责要求。

4. 能列举常用手术体位及适用范围。

理解：

能比较不同级别洁净手术室的净化标准和适用范围。

运用：

1. 能执行外科手消毒、穿脱无菌手术衣及戴手套、脱手套。

2. 能运用所学知识为手术室不同类别物品选择合适的消毒灭菌方法。

3. 能运用手术中的无菌操作原则。

扫码看课件

　　手术室是为病人实施手术治疗的重要场所，是医院内重要技术及仪器设备部门。手术室建筑位置、结构和布局应合理，仪器设备应先进、齐全，同时更应建立严格的无菌管理制度，以保证外科手术的高效率和高质量。手术室护理工作是医院护理工作的重要组成部分，重点是保证病人安全、严格无菌操作和恰当术中配合，以确保麻醉和手术的顺利完成。

第一节　手术室布局和人员职责

一、布局与环境

（一）手术室的设置和布局

　　1. 设置　手术室应选择在大气含尘浓度较低、自然环境较好的地方，并尽可能远离污染源以保持空气清洁。低层建筑一般选择在中上层或顶层，高层建筑则尽可能避免设在首层或顶层。手术室应与需要手术治疗的科室、化验室、血库、病理科、放射科、消毒供应中心、监护室等相邻，最好有直接通道和通信联系设备。

　　2. 布局　手术室设计强调平面布局和人流、物流的合理、顺畅，以充分发挥手术室的功能，尽可能降低交叉感染风险，全过程控制污染因素。设有病人出入口、工作人员出入口、无菌物品出入口及污物出口。内分洁净走廊和清洁走廊，洁净走廊供医护人员、病人和无菌物品供应使用；清洁走廊供术后手术器械、敷料等污物的运送。手术间、洗手间和无菌物品间等设置于洁净走廊周围。手术室按照洁净程度分为3个区。

(1)洁净区:洁净要求严格,设在内侧。包括洁净走廊、洗手间、手术间、无菌物品间、药品室、麻醉准备室等。非手术人员或非在岗人员禁止入内,此区内的一切人员及活动都必须严格遵守无菌原则。

(2)准洁净区:设在中间。包括器械室、敷料室、洗涤室、消毒室、清洁走廊、复毒室、石膏室等。该区是非洁净区进入洁净区的过渡区域,进入者不得大声谈笑或喊叫,凡已手臂消毒或已穿无菌手术衣者,不可进入此区。

(3)非洁净区:设在外侧。包括办公室、会议室、实验室、标本室、污物室、资料室、电视教学室、值班室、更衣室、更鞋室、医护人员休息室、手术病人家属等候室等。交接病人处应保持安静,病人在此换乘手术室平车进入手术间。

3.建筑要求　手术间按照不同用途设计大小,一般大手术间面积40～50 m²,中小手术间面积20～40 m²。用作心血管直视手术、器官移植手术等的手术间因辅助仪器多,需50～60 m²。手术室内净高2.8～3.0 m,走廊宽2.2～2.5 m。门窗结构应考虑密闭性能,一般为封闭式无窗手术间,以防止尘埃或飞虫进入。门净宽不小于1.4 m,便于平车进出,最好采用感应自动开启门。天花板、墙面、地面选用坚硬、光滑无孔隙、耐湿、防火、不着色、易清洁、不易受化学消毒剂侵蚀的材料。墙面最好用整体或装配式壁板,Ⅱ级以下洁净用房可采用大块瓷砖或涂料;地面有微小倾斜度,可采用水磨石材料,一般不设地漏。墙面、地面、天花板交界处呈弧形,不易蓄积尘埃。手术间应有隔音、空气过滤净化装置,以防手术间相互干扰并保持空气清洁。

(二)工作间的设施

1.手术间的装备与设施　手术间的数量与手术科室床位比一般为1∶(20～25)。手术间内只允许放置必需的器具和物品,各种物品应有固定的放置地点。手术间的基本配备包括多功能手术床、大小器械桌、升降台、麻醉机、无影灯、器械药品柜、观片灯、输液轨、脚踏凳、各种扶托及固定病人的物品。现代手术室有中心供氧、中心负压吸引和中心压缩空气等设施,配备监护仪、X线摄影、显微外科设备及多功能控制面板(包括空调、无影灯、手术台电源、照明、观片灯、呼叫系统、计时器、温湿度显示器及调节开关等),还有观摩设施供教学、参观之用。手术间应保持室温在22～25 ℃,相对湿度在40%～60%。

2.其他工作间的设置和要求　麻醉准备间供病人进入手术间前进行麻醉诱导用;麻醉复苏室应备有必要的仪器设备和急救药品。物品准备用房包括器械清洗间、器械准备间、敷料间、灭菌间等,应符合洁污流程,以防止物品污染。手术室应有单独的快速灭菌装置,以便进行紧急物品灭菌;同时设有无菌物品储藏室以存放无菌敷料、器械等;还配有一定空间存放必要的药品、器材和仪器。洗手间设备包括感应式或脚踏式水龙头、无菌刷子、外科消毒洗手液、无菌擦手巾及计时器等。

(三)洁净手术室

洁净手术室采用空气净化技术,使手术室内细菌浓度控制在一定范围、空气洁净度达到一定级别,是现代化医院的重要标志。

1.空气净化技术　空气净化技术是指选用不同的气流方式和换气次数,过滤进入手术室的空气以控制尘埃含量,使空气达到一定级别的净化。空气在进入手术室之前经过初、中、高效3级过滤器。初效过滤器对空气中直径≤5 μm微粒的滤除率在50%以上;中效过滤器对空气中直径1～10 μm微粒的滤除率在50%～90%;高效过滤器对空气中直径≥0.5 μm微粒的滤除率在95%以上。由于细菌多附着在直径1 μm左右的尘埃上,高效过滤器过滤细菌的有效率可达99.95%以上。净化空气的气流方式有3种:①乱流式气流:气流不平行、方向不单一、流速不均匀,且有交叉回旋的气流。此方式除尘率较低,适用于万级以下的手术室,如污染手术间或急诊手术间。②垂直层流:将高效过滤器装在手术室顶棚内,垂直向下送风,两侧墙下部回风。③水平层流:在一个送风面上布满过滤器,空气经高效过滤,水平流经室内。采用后两者层流方式的洁净手术室又称为单向流洁净室,其气流分布均匀,不产生涡流,除尘率高,适用于百级至万级的手术室。

2.洁净手术室的净化标准 空气洁净程度以含尘浓度衡量。含尘浓度越低洁净度越高,反之则越低(表6-1)。

表6-1 洁净手术室的等级标准

等级	静态空气洁净度级别		细菌浓度	
	相应级别	直径≥0.5 μm微粒数/(粒/立方米)	浮游菌/(菌落/立方米)	沉降菌/(菌落/30分·φ皿)
Ⅰ	100	≤35×100	≤5	≤1
Ⅱ	1000	≤35×1000	≤75	≤2
Ⅲ	10000	≤35×10000	≤150	≤3
Ⅳ	100000	≤35×100000	≤400	≤10

3.洁净手术室适用范围

(1)Ⅰ级(特别洁净手术间):适用于瓣膜置换手术、关节置换手术、器官移植手术、心脏外科手术、神经外科手术、全身烧伤手术、感染率大手术等无菌手术。

(2)Ⅱ级(标准洁净手术间):适用于眼外科、整形外科、非全身烧伤、骨科、普外科中Ⅰ类切口的无菌手术。

(3)Ⅲ级(一般洁净手术间):适用于胸外科、泌尿外科、妇产科、耳鼻喉科、普外科的非Ⅰ类切口的手术。

(4)Ⅳ级(准洁净手术间):适用于肛肠外科、污染类手术。

(四)手术室的环境管理

1.清洁和消毒 每台手术结束后应及时对手术间进行清洁及消毒。采用湿式打扫,用消毒液擦拭溅到地面、墙面的血液或药液,用清水擦拭手术间内的设备、物品。特殊感染手术后用500 mg/L有效氯消毒液擦拭地面及房间物品。肝炎病毒、艾滋病病毒、梅毒阳性等病人手术时,使用一次性物品,术后手术间用1000 mg/L有效氯消毒液对房间用物及地面进行消毒后,再清洁。每日手术前1 h开启净化空调系统,术中持续净化运行,至当日手术结束后净化空调系统继续运行,直至恢复该手术间的洁净级别。禁止物品遮挡手术间回风口,以免影响空气回流。每日做好回风口的清洁处理,每周清洗1次过滤网,每周至少1次彻底大扫除。每月做1次空气洁净度和生物微粒监测。

2.手术室管理制度 除手术室人员和当日手术者外,与手术无关人员不得擅自进入;患有急性感染性疾病,尤其是上呼吸道感染者不得进入手术室。工作人员进入洁净区必须更换手术室的清洁鞋帽、衣裤、口罩,中途离开需穿外出服、换外出鞋。手术开始后,应尽量减少开门次数、减少走动和不必要的活动,不可在无菌区内穿行,或大声叫喊、咳嗽。手术间内人数应根据手术间大小决定。无菌手术与有菌手术严格分开,若在同一手术间内接台,应先安排做无菌手术,后做污染或感染手术。

二、手术人员职责

每台手术的人员配备包括手术医师、麻醉医师、护士及其他工勤人员等。手术人员必须有明确的分工和职责,同时也要相互协作和配合。

1.手术医师

(1)手术者:负责并主持整个手术操作的全过程。除按术前计划执行手术方案和操作步骤外,还应根据术中发现做出决定。

(2)助手:包括第一、第二助手,必要时还有第三助手。其主要职责是完成手术野皮肤的消毒和铺巾,协助手术者进行止血、结扎、拭血、暴露手术野、拉钩、剪线等操作,维持手术区整洁。

2. 麻醉医师　负责手术病人的麻醉、给药、监测及处理;协助巡回护士做好输液和输血工作;观察、记录病人手术全过程的病情变化,出现异常及时通知手术者,组织抢救处理;术毕,协同手术室人员将病人送回病房或复苏室。

3. 器械护士　又称洗手护士。其工作范围局限于无菌区内,主要职责是负责手术全过程所需器械、物品和敷料的传递,配合手术医师完成手术。其他工作还包括术前访视和术前准备等。

(1)术前访视:术前 1 日访视病人,了解病情和病人需求,根据手术种类和范围准备手术器械和敷料。

(2)术前准备:术前 15~20 min 洗手、穿无菌手术衣、戴无菌手套;备好无菌器械台,检查并摆放好各种器械、敷料;协助手术医师进行手术区皮肤消毒和铺无菌手术单,连接并固定电刀、吸引器等。

(3)清点、核对物品:分别于术前和术中关闭体腔及缝合切口前,与巡回护士共同准确清点各种器械、敷料、缝针等数目,核对后登记。术中增减的用物须反复核对清楚并及时记录。

(4)正确传递用物:手术过程中,按手术步骤向手术医师传递器械、敷料、缝针等手术用物,做到主动、迅速、准确无误。传递任何器械时都要以柄轻击手术医师伸出的手掌。传递时,手术刀的刀锋朝上,弯钳与弯剪类将弯曲部向上,弯针应以持针器夹在中、后 1/3 交界处。缝线用无菌巾保护好。传递针线时,应事先将线头拉出 6~9 cm,防止线脱出。

(5)保持器械和用物整洁:保持手术野、器械托盘、器械桌、器械及用物等干燥、整洁、无菌。器械分类摆放整齐,用后及时取回擦净,做到"快递、快收",暂时不用的器械可放于器械台一角。若器械接触过阴道、肠道等污染部位,应分开放置,以防污染扩散。

(6)配合抢救:密切关注手术进展,若出现大出血、心搏骤停等紧急情况,立即备好抢救用品,积极配合手术医师抢救。

(7)标本管理:妥善保管术中切下的组织或标本,按要求及时送检。

(8)包扎和整理:术后协助手术医师消毒处理切口,包扎切口并固定好各引流物。

(9)整理用物:按要求分类处理手术器械及各种用物、敷料等。

4. 巡回护士　又称辅助护士,其工作范围是在无菌区外,主要任务是在台下负责手术全过程中器械、布类、物品和敷料的准备和供给,主动配合手术和麻醉,根据手术需要,协助完成输液、输血及手术台上特殊物品、药品的供给。对病人实施整体护理。

(1)术前物品准备:术前认真检查手术间内各种药物、物品是否齐全,电源、吸引装置和供氧系统等固定设备是否安全有效。调试好术中需用的电钻等特殊仪器。调节好手术间内光线和温度,创造最佳手术环境及条件。

(2)核对病人:核对床号、姓名、性别、年龄、住院号、诊断、手术名称、手术部位、术前用药。检查病人全身皮肤完整性、肢体活动情况及手术区皮肤的准备情况。了解病情,检查术前皮试结果并询问有无过敏史。建立静脉通路并输液;核对病人血型、交叉试验结果,做好输血准备。注意保暖和保护病人隐私。

(3)安置体位:协助麻醉医师安置病人体位并注意看护,必要时用约束带,以防坠床。麻醉后,按照手术要求摆放体位,充分暴露手术区,固定牢固,确保病人安全舒适。若使用高频电刀,则需将负极板与病人肌肉丰富处全面接触,以防灼伤。病人意识清醒者,予以解释,取得其配合。

(4)清点、核对物品:分别于术前和术中关闭体腔及缝合切口前,与器械护士共同清点、核对用物。严格执行核对制度,避免异物存留于体内。

(5)术中配合:随时观察手术进展情况,随时调整灯光,及时供应、补充手术台上所需物品。密切观察病人病情变化,保证输液、输血通路通畅,保证病人术中安全,主动配合抢救工作。认真填写手术护理记录单,严格执行术中用药制度,监督手术人员的无菌操作并及时纠正。

(6)术后整理:术后协助手术医师清洁病人皮肤、包扎切口、妥善固定引流管,注意保暖。整理病人物品,护送病人回病房,将病人术中情况及物品与病区护士交班。整理手术间,补充手术间内的各种备用药品及物品,进行日常清扫及空气消毒。

第二节 手术室物品消毒灭菌

手术过程中使用的所有器械和物品都必须严格灭菌处理,以防切口感染。灭菌的方法很多,最常用的是高压蒸汽灭菌法,多用于耐高温、耐湿的物品。其他方法有环氧乙烷灭菌法、过氧化氢低温等离子灭菌法、低温甲醛蒸气灭菌法、干热灭菌法等。

一、布单类

布单类包括手术衣和各种手术单,应选用质地柔软且厚实的棉布,颜色以深绿色或深蓝色为宜。

1. 手术衣 分大、中、小号,用于遮盖手术人员未经消毒的衣着和手臂。穿上后应能遮至膝下;手术衣前襟至腰部处应为双层,以防手术时被血水浸透;袖口制成松紧口,便于手套腕部盖于袖口上。折叠时衣面向里,领子在最外侧,避免取用时污染无菌面。

2. 手术单 有大单、中单、手术巾、各部位手术单及各种包布等,均有各自的规格尺寸和一定的折叠方法。各种布单也可根据不同的手术需要,包成各种手术包,以提高工作效率。

布单类均采用高压蒸汽灭菌,保存时间在夏季为 7 日、冬季为 10～14 日,过期应重新灭菌。经环氧乙烷低温灭菌的密封包装纸及塑料袋,灭菌后的有效期可达半年到 1 年。用过的布单类若污染严重,尤其是 HBeAg 阳性病人使用过的布单类,需先放入专用污物池,用 500 mg/L 有效氯溶液浸泡 30 min 后,再洗涤、灭菌。一次性无纺布的手术衣帽和布单类可直接使用,免去了清洗、折叠、包装及再消毒所需的人力、物力和时间,但不能完全替代棉质布单。

二、敷料类

敷料类包括吸水性强的脱脂纱布和脱脂棉花。前者包括不同大小、尺寸的纱布垫、纱布块、纱布球及纱布条;后者包括棉垫、带线棉片、棉球及棉签。用于术中止血、拭血及压迫、包扎等。

各种敷料制作后包成小包,经高压蒸汽灭菌。特殊敷料,如消毒止血用的碘仿纱条,因碘仿遇高温易升华而失效,故严禁高压灭菌,必须在无菌条件下制作,保存在消毒、密闭容器内或由厂家使用射线灭菌,一次性包装。使用过的敷料按医疗垃圾处理。感染性手术用过的敷料用大塑料袋集中包好,袋外注明"特异性感染",及时送室外指定处焚烧。

三、器械类

手术器械是外科手术操作的必备物品,包括基本器械和特殊器械。

1. 基本器械 可分为 5 类,即切割及解剖器械、夹持及钳制器械、牵拉器械、探查和扩张器、取拿异物钳。多用不锈钢制成,术后用多酶溶液浸泡刷洗,去除器械上的血渍、油垢,用流水冲净再消毒、干燥。对有关节、齿槽和缝隙的器械,应尽量张开或拆卸后进行彻底洗刷。有条件的医院可采取超声清洗、压力清洗。洗净的器械干燥后,用水溶性润滑剂保护,分类打包后用高压蒸汽灭菌。对朊病毒、气性坏疽及突发原因不明的特殊感染手术器械,在医院感染控制部门指导下进行处理后,再按普通器械处理。朊病毒污染的器械先浸泡于 1 mol/L 氢氯化钠溶液内作用 60 min,再按普通器械处理流程处理,高压蒸汽灭菌应选用 134～138 ℃ 18 min 或 132 ℃ 30 min 或 121 ℃ 60 min。气性坏疽污染的器械,先用 3% 过氧化氢或

0.2%过氧乙酸或 2000～5000 mg/L 有效氯消毒液浸泡 30～60 min,再按普通器械处理流程处理。

2.特殊器械 包括内镜类、吻合器类、其他精密仪器(如高频电刀、电钻、激光刀等)。可根据制作材料选用不同的灭菌方法,较好的方法是环氧乙烷灭菌。

四、缝线和缝针

手术室用的缝线和缝针多在出厂时已分别包装并灭菌,可在术中直接使用。

1.缝线 用于术中缝合各类组织和脏器,促进手术切口愈合;也用于结扎血管,起止血作用。缝线的粗细以号码标明,常用 1～10 号线,号码越大线越粗。细线则以 0 标明,0 数越多线越细。缝线分为不可吸收和可吸收两类。前者指不能被组织酶消化的缝线,如丝线、金属线、尼龙线等,黑色丝线是手术中最常用的缝线;后者包括天然和合成两种,天然缝线有肠线和胶原线,肠线常用于胃肠、胆管、膀胱等黏膜和肌层的吻合;合成缝线有聚乳酸羟基乙酸线(XLG)、聚二氧杂环己酮线(PDS)等,合成缝线比肠线更易吸收、组织反应更轻,但价格较高。

2.缝针 常用的有三角针和圆针两类。前者用于缝合皮肤或韧带等坚韧组织;后者对组织的损伤较小,用于缝合血管、神经、脏器、肌肉等软组织。两类针都有直、弯两种,大小、粗细各异,可根据缝合的组织选择适当的种类。

五、引流物

外科引流是指将人体组织间隙或体腔中积聚的脓、血或其他液体通过引流物导流至体外的技术。引流物有乳胶片引流条、纱布引流条、烟卷式引流条、引流管等。可根据手术部位、创腔深浅、引流液的量和性质等选择合适的引流物。目前使用最多的是各型号的橡胶、硅胶和塑料类引流管,如普通引流管、双腔(或三腔)引流套管、T 形引流管、蕈状引流管等。可按橡胶类物品灭菌或高压蒸汽灭菌。

第三节 病人的准备

一、一般准备

病人应在手术前提前送入手术室。护士按手术安排表仔细核对病人,确认手术部位,点收所带药品及物品,认真做好三查七对和麻醉、手术前准备工作。同时,加强心理护理,减轻病人焦虑或恐惧。

二、手术体位准备

巡回护士根据病人手术部位,调整手术床或利用体位垫、体位架、固定带等物品安置合适的手术体位。其要求是:①最大程度保证病人的舒适与安全;②充分暴露手术野,避免不必要的裸露;③不影响呼吸、循环功能,不影响麻醉医师观察和监测;④妥善固定,避免血管及神经受压、肌肉扭伤、压疮等并发症。常用的手术体位有以下几种(图 6-1)。

1.仰卧位 最常见。包括:①水平仰卧位:适用于胸部、腹部、下肢等手术。病人仰卧于手术台上,头部垫软枕;双上肢自然放于身体两侧,中单固定双臂;膝下放一软枕,膝部用宽约束带固定;足跟用软垫保护。②垂头仰卧位:适用于颈部手术。双肩下垫一肩垫,抬高肩部 20°,头后仰;颈下垫一圆枕以防颈部悬空;头两侧用沙袋固定;将手术床上部抬高 10°～20°,以利于头颈部静脉血回流,余同"水平仰卧位"。③上肢外展仰卧位:适用于上肢、乳房手术。患侧上肢外展置于托手器械台上,外展不超过 90°,余同"水平仰卧位"。

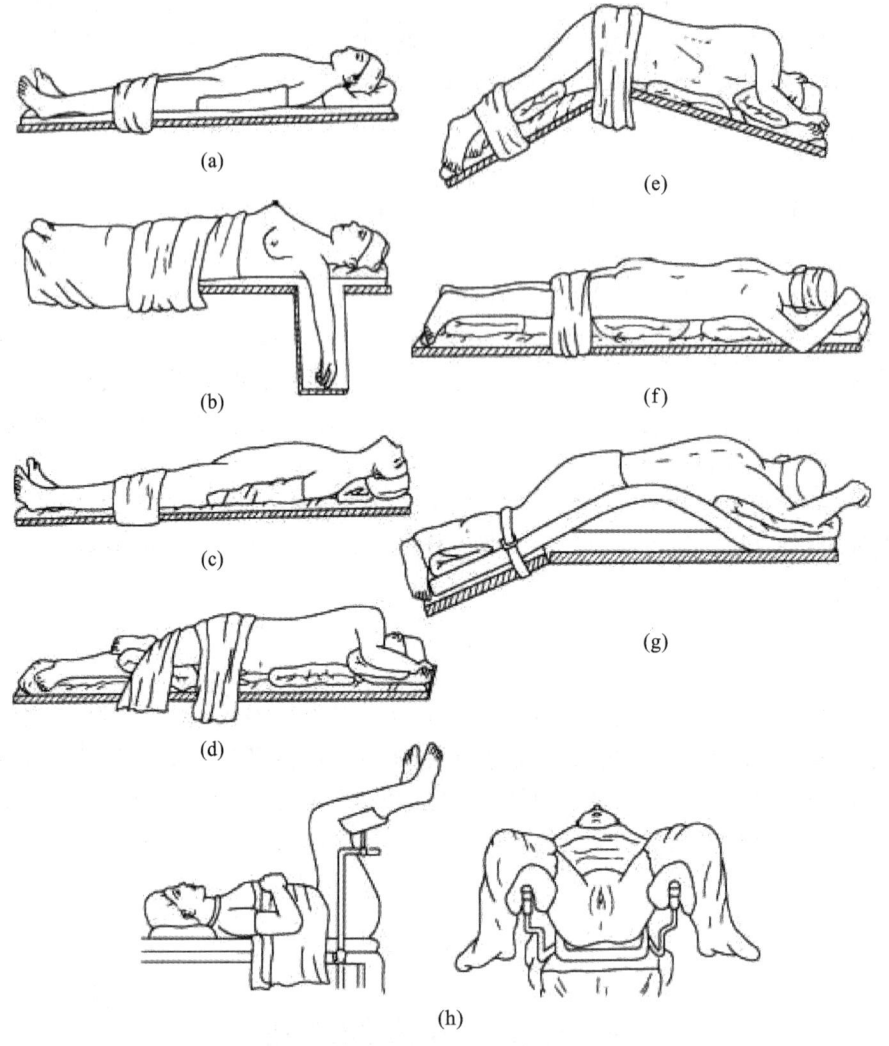

图 6-1 常见的手术体位

(a)水平仰卧位;(b)乳房手术平卧位;(c)颈仰卧位;(d)胸部手术侧卧位;
(e)肾手术侧卧位;(f)俯卧位;(g)腰椎手术俯卧位;(h)膀胱截石位

2.侧卧位

(1)一般侧卧位:适用于肺、食管、侧胸壁、侧腰部(肾及输尿管中上段)等手术。病人健侧卧90°;双臂向前伸展于托手架上,束臂带固定双上肢;腋下垫腋垫,胸背部两侧各垫一个长沙袋,置于中单下固定;下腿屈曲90°,上腿伸直,两腿间垫以软枕;约束带固定髋部。肾及输尿管中上段手术时,患侧肾区应对准手术台腰桥,使腰部平直舒展,大腿上1/3用约束带固定,铺无菌巾后,升高腰桥。

(2)脑科侧卧位:适用于颞部、颅后窝、枕大孔区等手术。病人侧卧90°;头下垫头圈或置于头架上,下耳郭置于圈中防止受压,上耳孔塞棉花球以防进水;腋下垫腋垫;束臂带固定双上肢于支架上;于背部、髋部、胸部、腹部各上一挡板以固定身体;下腿屈曲、上腿伸直,以放松腹部;两腿间垫软枕;约束带固定髋部。

3.俯卧位 适用于颅后窝、颈椎后路、脊柱后入路、背部、骶尾部等手术。病人俯卧于手术台,头转向一侧或支撑于头架上(颅后窝、颈椎后路手术);双肘稍屈曲,置于头旁;胸部、髋部各垫一软枕,使腹肌放松;膝部用约束带固定;足背下垫小枕,防止足背过伸。

4.膀胱截石位 适用于阴道、肛门、尿道、会阴部等手术。病人仰卧,臀部齐手术床缘,臀下垫一中方枕;两腿屈髋、双膝置于腿架上,两腿间角度为60°~90°,双腿高度以病人腘窝的自然屈曲下垂为准;腘窝部垫一软枕,并用约束带固定;膝关节摆正,不压迫腓骨小头,以免损伤腓骨神经。

5. 半坐卧位　适用于鼻咽部手术。将手术床头端摇高 75°,床尾降低 45°,使病人屈膝半坐在手术床上;整个手术床后仰 15°,双臂用中单固定于体侧。

三、手术区域皮肤消毒

病人体位摆好后,需对手术区域皮肤进行消毒,以杀灭手术切口及其周围皮肤上的病原微生物。消毒前先检查手术区域皮肤的清洁程度、有无破损及感染。

1. 消毒剂　目前国内普遍使用碘伏(0.2%安尔碘)作为皮肤消毒剂。碘伏属中效消毒剂,可直接用于皮肤、黏膜和切口消毒。

2. 消毒方法　用碘伏涂擦病人手术区域 2 遍即可。对婴幼儿皮肤消毒、面部皮肤、口鼻腔黏膜、会阴部手术消毒一般采用 0.5%安尔碘。植皮时,供皮区用 75%乙醇消毒 3 遍。

3. 消毒范围　包括手术切口周围 15~20 cm 的区域,如有延长切口的可能,应扩大消毒范围。

4. 消毒原则　①以手术切口为中心向四周涂擦;②感染伤口或肛门、会阴部皮肤消毒,应从外周向感染伤口或肛门、会阴处涂擦;③已接触污染部位的药液纱球不能回擦。

第四节　手术人员的准备

一、一般准备

手术人员应保持身体清洁,进入手术室时,先换穿手术衣裤和手术室专用鞋,自身衣服不得外露。戴好口罩、手术帽,头发、口鼻不外露。剪短指甲,并去除甲缘下的积垢。手臂皮肤有破损或化脓性感染时,不能参加手术。

二、外科手消毒

定植手臂皮肤的细菌包括暂居菌和常驻菌两类。暂居菌分布于皮肤表面,易被清除;常驻菌深居毛囊、汗腺及皮脂腺等处,不易清除,且可在手术过程中逐渐移至皮肤表面。故清洗、消毒后需穿无菌手术衣、戴无菌手套,防止细菌污染手术切口。

外科手消毒是指手术人员通过机械刷洗和化学消毒方法去除并杀灭双手和前臂的暂居菌和部分常驻菌,达到消毒皮肤的目的。传统的外科洗手方法有肥皂水刷手法、碘伏刷手法、灭菌王刷手法。随着各种手部消毒剂的产生和推广,新的手臂消毒方法随之产生。

1. 肥皂水刷手法　①清洁:按普通洗手方法将双手和手臂用肥皂和清水洗净。②刷洗:用消毒毛刷蘸取消毒肥皂液刷洗双手及手臂,范围从指尖至肘上 10 cm。顺序是从指尖至手腕、从手腕至肘部、从肘部至肘上部依次刷洗,左、右手臂交替进行。刷手时要注意甲缘、甲沟、指蹼等处的刷洗。刷完 1 遍后,指尖朝上肘朝下,用清水冲洗,然后更换消毒毛刷依照前面的方法再刷洗 2 遍。刷洗共持续 10 min。③擦干:每侧手臂用 1 条无菌毛巾从指尖至上臂将水擦干,擦过肘部以上的毛巾不可再擦手部。④浸泡:将双手及前臂浸泡在 75%乙醇内 3~5 min,浸泡范围至肘上 6 cm。若有乙醇过敏者,可用 0.1%苯扎溴铵浸泡。⑤待干:浸泡消毒后,保持拱手姿势待干。此后双手不得下垂,不能接触未经消毒的物品。

2. 碘伏刷手法　①按传统肥皂水刷手法刷洗双手、前臂至肘上 10 cm,约 3 min,清水冲净,用无菌毛巾擦干;②用浸透 0.5%碘伏的纱布,从一侧指尖向上涂擦至肘上 6 cm 处,同法涂擦另一侧手臂,注意涂满,用时 3 min。换纱布再擦 1 遍;③保持拱手姿势,自然干燥。目前应用的消毒液品种还有很多,如碘尔

康、活力碘等,方法基本相同。

3.灭菌王刷手法 ①用肥皂或洗手液清洗双手及手臂,清水冲净;②用无菌刷蘸取灭菌王3～5 mL,自指尖开始向上刷至肘上 10 cm,用时 3 min,流水冲净,用无菌毛巾擦干;③用浸泡灭菌王的纱布球再涂擦 1 遍,至肘上 6 cm,自然待干。

当无菌性手术完毕,手套未破,需进行另一台手术时,可不重新刷手,仅需用 75% 乙醇浸泡 5 min,或用 0.5% 碘伏擦手和前臂 3 min。干燥后再穿无菌手术衣、戴无菌手套。若前一台为污染手术,接连施行下一台手术前应重新洗手。

三、穿无菌手术衣

1.开式手术衣穿法 ①取手术衣,在较宽敞的地方双手持衣领打开手术衣。双手提住衣领两角,衣袖向前将衣展开,衣内面朝向自己;②向上轻抛手术衣,顺势将双手插入袖中,两臂平行前伸,不可高举过肩;③巡回护士在穿衣者背后抓住衣领内面,协助拉袖口,并系住衣领后带;④穿衣者双手交叉,身体略向前倾,用手指夹住腰带递向后方,由巡回护士接住并系好;⑤穿好无菌手术衣后,双手应保持在腰以上、胸前及视线范围内(图 6-2)。

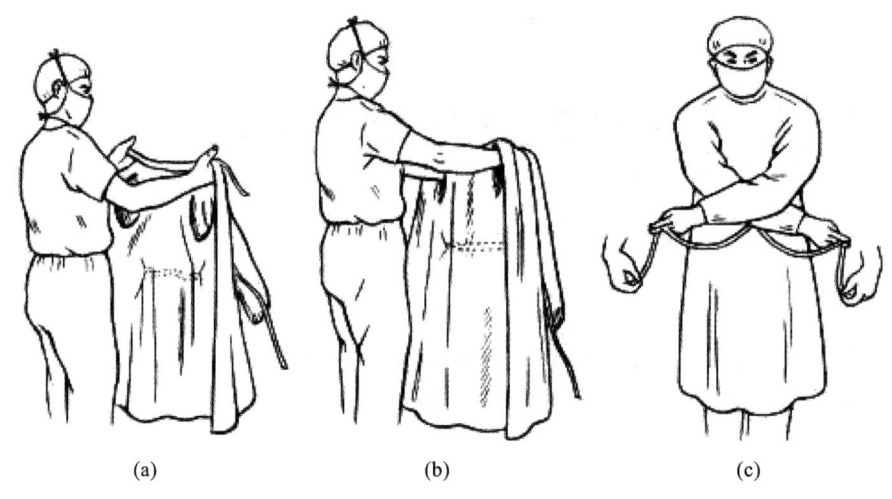

图 6-2　传统对开式手术衣穿法

(a)手提衣领两端抖开全衣;(b)两手伸入衣袖中;(c)提起腰带,由他人系带

2.全遮盖式手术衣穿法 ①取手术衣,在较宽敞的地方双手持衣领打开手术衣。双手提住衣领两角,衣袖向前位将衣展开,衣内面朝向自己;②向上轻抛手术衣,顺势将双手插入袖中,两臂平行前伸;③巡回护士在穿衣者背后抓住衣领内面,协助拉袖口,并系件衣服后带;④穿衣者戴好无菌手套;⑤解开腰间活结,将腰带递给已戴好手套的手术人员或由巡回护士用无菌持物钳夹持腰带绕穿衣者 1 周后交穿衣者自行系于腰间(图 6-3)。

四、戴无菌手套

无菌手套有干、湿两种。戴干无菌手套的程序为先穿手术衣,后戴无菌手套,方法分闭合式和开放式两种。戴湿无菌手套的程序为先戴手套,后穿手术衣。目前临床多采用前者。

1.闭合式 ①双手伸入袖管后,不要伸出袖口,在袖筒内将无菌手套包装打开平放于无菌台面上;②左手隔着衣袖将左手手套的大拇指与袖筒内的左手大拇指对正,右手隔着衣袖将手套边反翻向左手背,左手五指张开伸进手套。同法戴右手手套(图 6-4)。

2.开放式 ①从手套袋内取出滑石粉袋,轻轻擦于手背、手掌及指间,使之光滑(一次性手套已涂滑石粉,可省略此步骤);②掀开手套袋,捏住手套口向外翻折部分(即手套内面),取出手套,分清左、右侧;③左手捏住并显露右侧手套口,将右手插入手套内,戴好手套,注意未戴手套的手不可接触手套外面(无

图 6-3　全遮盖式手术衣穿法

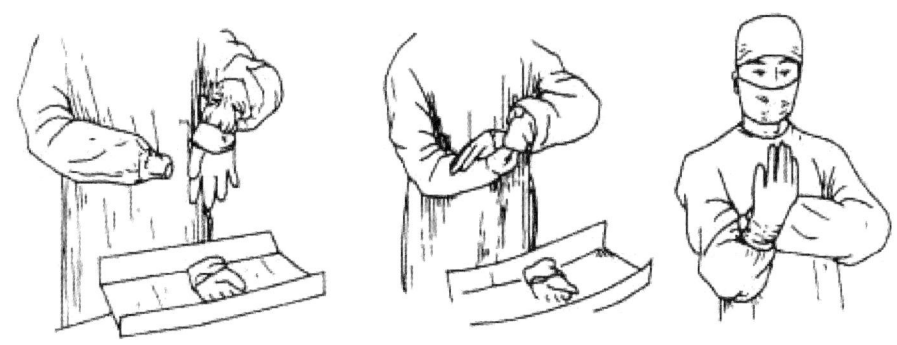

图 6-4　闭合式戴无菌手套法

菌面);④用已戴好手套的右手指插入左手手套口翻折部的内面(即手套的外面),帮助左手插入手套并戴好;⑤分别将左、右手套的翻折部翻回,并盖住手术衣的袖口,注意已戴手套的手只能接触手套的外面(无菌面);⑥用无菌生理盐水冲洗手套上的滑石粉(图 6-5)。

3. 协助他人戴手套　被戴者的手自然下垂,由巡回护士用双手撑开一手套,拇指对准被戴者,协助其将手伸入手套并包裹于袖口上。

五、脱手术衣及手套

1. 脱手术衣　①他人帮助脱手术衣法:手术人员双手抱肘,由巡回护士将手术衣肩部向肘部翻转,再向手的方向拉扯脱下手术衣,手套的腕部亦随之翻转于手上。②自行脱手术衣法:左手抓住手术衣右肩并拉下,使衣袖翻向外,同法拉下手术衣左肩,脱下手术衣,使衣里外翻,保护手臂及双手不被手术衣外面污染。

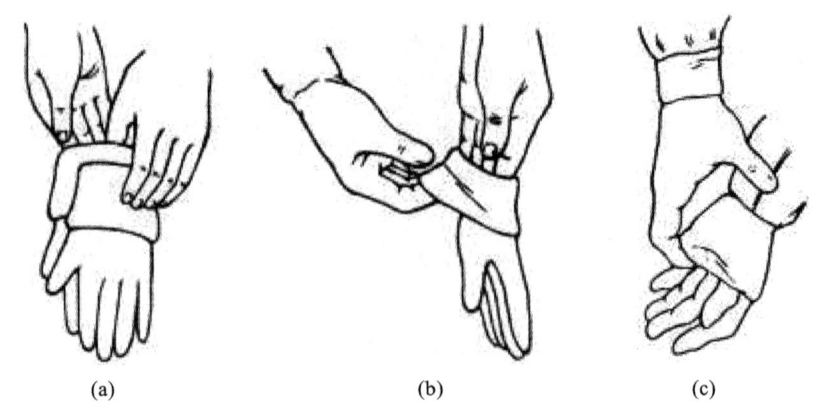

图 6-5 开放式戴无菌手套法

(a)先将右手插入手套内;(b)已戴好手套的右手指插入左手套的翻折部,帮助左手插入手套内;

(c)将手套翻折部翻回盖住手术衣袖口

2.脱手套 用戴手套的手抓取另一手的手套外面,翻转脱下;用已脱手套的拇指伸入另一手套的里面,翻转脱下。注意保护清洁的手不被手套外面污染。

第五节 手术室无菌操作技术

手术中的无菌操作是预防切口感染、保证病人安全的关键,是保证手术成功的重要因素。所有参加手术的人员都要充分认识其重要性,严格遵守无菌操作原则,并贯穿手术的全过程。

一、手术中的无菌操作原则

1.明确无菌范围 手术人员刷手后,手臂不可接触未经消毒的物品。穿好手术衣后,手术衣的无菌范围为肩以下、腰以上、双手、双臂、腋中线以前的区域。手术人员手臂应保持在腰水平以上,肘部内收,靠近身体,既不能高举过肩,也不能下垂过腰或交叉于腋下。不可接触手术床边缘及无菌桌桌缘以下的布单。凡下坠超过手术床边缘以下的器械、敷料及缝线等一概不可再取回使用。无菌桌仅桌缘平面以上属无菌区,参加手术人员不得扶持无菌桌的边缘。

2.保持物品无菌 无菌区内所有物品均应严格灭菌。手套、手术衣及手术用物(如无菌巾、布单)如疑有污染、破损、潮湿,应立即更换。1份无菌物品只能用于1个病人,打开后即使未用,也不能留给其他病人使用,需重新包装、灭菌后才能使用。

3.保护皮肤切口 在切开皮肤前,先粘贴无菌塑料薄膜,再经薄膜切开皮肤,以保护切口。切开皮肤及皮下脂肪层后,切口边缘应以无菌大纱布垫或手术巾遮盖,并用缝线及巾钳固定,仅显露手术野。凡与皮肤接触的刀片和器械不应再用,若需延长切口或缝合前,需用75%乙醇再消毒皮肤1次。手术因故暂停时,切口应用无菌巾覆盖。

4.正确传递物品和调换位置 手术时不可从手术人员背后或头顶方向传递器械及手术用品,应由器械护士从器械升降台侧正面方向传递。手术人员应面向无菌区,在规定区域内活动。同侧手术人员如需交换位置,一人应先退后一步,背对背转身到达另一位置,以防接触对方背部不洁区。

5.减少空气污染 手术进行时不应开窗通风或用风扇,室内空调机风口也不能吹向手术台,尽量减少人员走动,以免扬起尘埃,污染手术室内空气。手术过程中保持安静,不高声说话、嬉笑,尽量避免咳嗽、打喷嚏,不得已时须将头转离无菌区。请他人擦汗时,头应转向一侧。口罩若潮湿,应更换。每个手术间参观人数不超过 2 人,参观手术人员不可过于靠近手术人员或站得太高,也不可在室内频繁走动。

6. 沾染手术的隔离技术　进行胃肠道、呼吸道或宫颈等沾染手术时,切开空腔脏器前,先用纱布垫保护周围组织,并随时吸除外流的内容物,被污染的器械和其他物品应放在污染器械盘内,避免与其他器械接触,污染的缝针及持针器应在等渗盐水中刷洗。完成全部沾染步骤后,用灭菌用水冲洗或戴无菌手套,尽量减少污染机会。

二、无菌器械桌的准备

无菌器械桌用于术中放置手术器械,由巡回护士和器械护士共同准备。

1. 巡回护士　将手术包、敷料包放于桌上,用手打开第一层包布(双层),注意只能接触包布的外面,由里向外展开,手臂不可跨越无菌区。用无菌持物钳打开第二层包布,先对侧后近侧。

2. 器械护士　穿好无菌手术衣和戴好无菌手套后,用手打开第三层包布。铺在台面上的无菌巾共 6 层,无菌单应下垂至少 30 cm。将器械按使用先后分类,并有序地摆于器械桌上(图 6-6)。放置在无菌桌内的物品不能伸至桌缘外。若无菌单被水或血浸湿,则失去无菌隔离作用,应加盖干的无菌巾或更换。若为备用无菌桌(连台手术),应用双层无菌巾盖好,有效期 4 h。

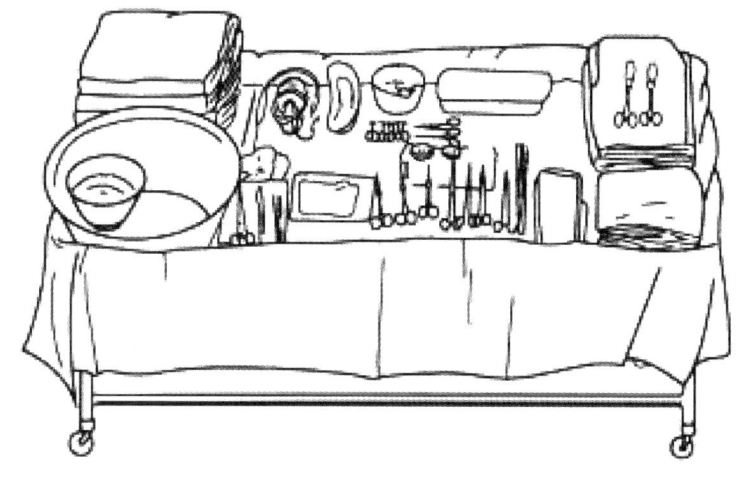

图 6-6　无菌桌无菌物品的摆放

三、手术区铺单法

手术区皮肤消毒后,铺无菌单。目的是建立无菌安全区,显露手术切口所必需的最小皮肤区域,其余部位予以遮盖,以避免和减少术中污染。铺单原则是除手术区外,手术区周围要有 4～6 层无菌布单覆盖,外周最少 2 层。以腹部手术为例,一般铺以下 3 种巾/单(图 6-7)。

1. 铺无菌巾　又称切口巾,即用 4 块无菌巾遮盖切口周围。①器械护士把无菌巾折边 1/3,第 1、2、3 块无菌巾的折边朝向第一助手,第四块无菌巾的折边朝向器械护士自己,按顺序传递给第一助手。②第一助手接过折边的无菌巾,分别铺于切口下方、上方及对侧,最后铺自身侧。每块巾的内侧缘距切口线 3 cm 以内。已铺好的无菌巾不可随意移动,如需移动只能向切口外移。③手术巾的 4 个交角处分别用布巾钳夹住。铺巾完成后,第一助手应再次消毒手臂并穿无菌手术衣,戴无菌手套后再铺其他层的无菌单。

2. 铺手术中单　将 2 块无菌中单分别铺于切口的上、下方。铺巾者需注意避免自己的手触及未消毒物品。

3. 铺手术洞单　将有孔洞的剖腹大单正对切口,短端向头部、长端向下肢,先向上方再向下方,分别展开。展开时手卷在剖腹单里面,以免污染。要求短端盖住麻醉架,长端盖住器械托盘,两侧和足端应垂下超过手术台边缘30 cm。已铺好的无菌单只能由手术区向外移动,不可向内移动。

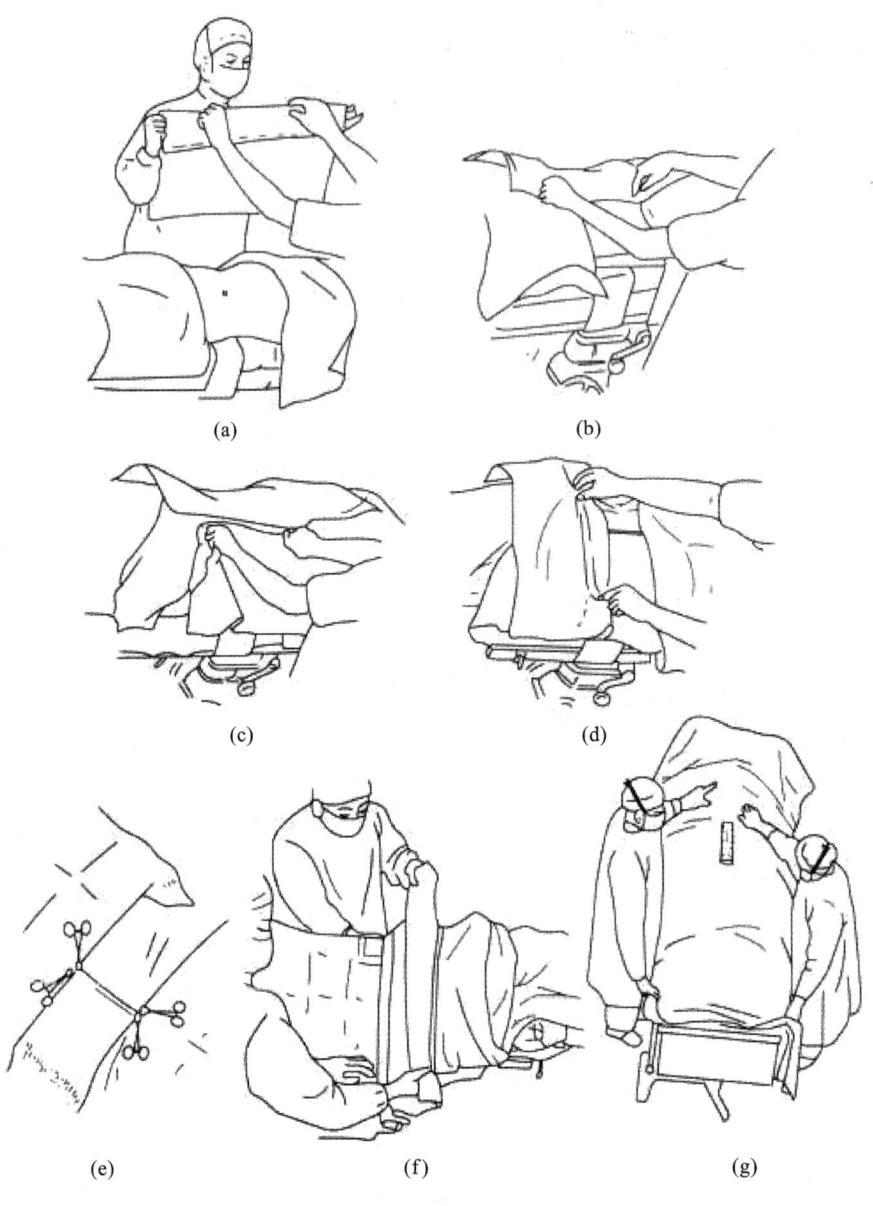

(a)　　　　　(b)

(c)　　　　　(d)

(e)　　　　(f)　　　　(g)

图 6-7　腹部手术铺单法

【案例思考】

1.玉某,女,50 岁,因胆总管结石入院。今日上午 9 点手术室接到手术通知单,定于明日上午 9 点在硬脊膜外麻醉下行胆总管切开取石术加 T 型引流管引流术。

请思考:

(1)护士长安排你明日作为该病人手术中的巡回护士,你的职责是什么?

(2)护士长安排你明日作为该病人手术中的手术护士,你的职责是什么?

2.张先生,46 岁,因胃溃疡穿孔拟行急诊手术。该病人 HBsAg 及 HBeAg 均阳性。

请思考:

(1)该病人应选择何种类型的手术间?

(2)该病人使用过的手术间应如何处理?

3.郝女士,40 岁,因乳房肿块拟行择期手术,小马将担任其器械护士。

请思考:

(1)小马的主要职责有哪些?

(2)小马的工作有哪些注意事项?

(兰庆新　兰建江)

第七章　围手术期的护理

学习目标

识记：

1. 能复述围手术期的概念、列举手术的分类。

2. 能列出手术后常见并发症及其观察要点。

理解：

1. 能阐明手术前适应性锻炼的具体内容。

2. 能说明手术前合并有糖尿病、高血压等病人血糖、血压的控制范围及用药注意事项。

3. 能概括手术后病情观察的要点。

运用：

1. 能运用相关知识，指导病人进行手术前胃肠道准备。

2. 能应用护理程序，制订具体的手术前、手术后护理计划。

3. 能运用所学知识，对常见并发症采取正确的预防和护理措施。

扫码看课件

手术是治疗外科疾病的重要手段，然而手术的创伤和麻醉也会加重病人的生理负担，导致并发症和后遗症等不良的后果，此外，接受手术治疗的病人及其家属也可能产生不同程度的心理压力。因此，重视围手术期护理，协助病人建立对手术治疗的良好心理适应状态，提高病人对手术的耐受力，对保证病人安全、提高治疗的效果有重要的现实意义。

围手术期指病人入院后在手术前、手术中、手术后相连续的这一段时间。围手术期护理就是指在此阶段配合医疗方案和措施，实施整体护理，解决病人有关的健康问题及对健康问题的反应，从而促进病人的身心健康。手术期间的护理参见本书第五章及第六章，本章主要讲述手术前、后病人的护理。

第一节　手术前病人的护理

病人在住院后，从决定手术治疗时起，至进入手术室止，这一期间的护理称手术前期护理。完善的术前准备是手术成功的关键。病人的全身情况各异，病情有轻重缓急之分，手术也有大小不同差别，根据疾病种类、时限性及性质，手术的类型大致分为以下三类。

1. 择期手术　手术日期的迟早不影响治疗效果，可做好充分的手术前护理准备，选择最佳手术时期，如胃、十二指肠溃疡行胃大部切除术等。

2. 限期手术　手术时间可以选择，但不宜延迟过久，应当在较短的时间内尽可能地做好充分的手术前准备，尽早手术治疗，如恶性肿瘤根治性手术等。

3. 急诊手术　病情危急,需在最短时间内完善必要的准备,争分夺秒地进行紧急手术,抢救病人的生命,如肝破裂、脾破裂等。

一、护理评估

(一)健康史

了解病人的年龄、性别、受教育程度、职业背景、宗教信仰和生活习惯等;询问病人家族史、遗传病史、手术史和女性病人生育史等;询问病人既往健康状况,有无高血压、糖尿病及心脏疾病等,尤其注意与现患疾病相关病史和药物应用情况及过敏史,全面评估病人耐受手术的能力。

(二)身体状况

1. 营养状况评估　病人的营养状况与其手术的耐受性直接相关。①营养不良:病人常伴有低蛋白血症、贫血,术后切口愈合时间常常延迟,容易发生切口裂开、切口感染等并发症。②营养过剩:常合并有高血压、糖尿病或心血管方面疾病;另外,脂肪过多给手术操作和术后愈合带来一定困难,易增加切口感染的机会。

2. 感染的评估　①了解病人有无增加手术危险性的因素,即病人是否有呼吸系统、消化系统、泌尿系统等感染性疾病。②观察病人手术区域皮肤有无损伤和感染现象,若有感染,一般须先控制或治愈后再行手术。

3. 体液平衡状况评估　①体液平衡失调常见的原因有发热、呕吐、严重腹泻、出血、禁食水、液体补充不足等。②手术前了解脱水性质、程度、类型,电解质和酸碱平衡失调的程度并加以纠正。

4. 重要器官功能状况评估　要注意心肺功能、肝肾功能、造血功能、内分泌功能、免疫功能和胃肠道功能状态。需要做一些辅助检查,包括:①各项实验室检查:了解血、尿、大便三大常规,电解质、生化检查和凝血功能状况;同时做交叉配血试验,为手术中、手术后输血做好准备。②影像学检查:了解 X 线、CT、MRI、B 超等检查结果,评估病变部位、大小、范围、性质、程度。③心电图检查:了解心功能情况,必要时做 24 h 心电监护。④内镜检查和其他特殊检查:可以协助判断病情、预后及完善手术前检查。

5. 手术的耐受性评估　①耐受良好:全身情况较好,外科疾病对全身影响较小,重要脏器无器质性病变或其功能处于代偿阶段,稍做准备便可接受任何手术。②耐受不良:全身情况欠佳,外科疾病已对机体造成明显影响,或重要脏器有器质性病变、功能濒临或已失代偿,需经积极全面的特殊准备后方可进行手术。

(三)心理-社会状况

外科疾病,尤其急症,往往起病急骤,病人缺乏心理准备。病人对手术、麻醉及治疗过程的担忧以及不了解相关的知识,担心疾病预后及机体受损情况,担心疾病严重甚至危及生命,担心住院给家庭带来不便以及对住院费用的担忧,医护人员的形象影响,这些问题都会使病人出现紧张、焦虑、恐惧、抑郁等心理反应。这些心理反应随手术期限的临近而日益加重。评估外科病人的常见心理反应,有利于及时提供有效的心理护理。

除了对病人进行上述评估以外,还要进一步评估其家庭经济状况,家庭成员及亲友对其住院的反应、态度,以利于发挥社会支持系统的作用。

二、护理问题

1. 焦虑　与对医院环境陌生,担忧麻醉和手术效果及预后,担心手术对家庭经济状况、个人工作学习与生活产生影响及个人社会角色变化等因素有关。

2. 知识缺乏　缺乏有关疾病治疗、护理和健康保健知识。

3. 营养失调:低于机体需要量　与病后摄入不足或机体代谢增强、消耗过多有关。

4. 体液不足　与疾病所致液体摄入不足或丢失过多等有关。

5. 有感染的危险　与病人抵抗力或耐受力低下、呼吸道不通畅等因素有关。

三、护理措施

(一)心理护理

通过耐心的护理指导,病人掌握有益于心理健康的防御机制,保持良好的心态,易于接受手术治疗。

(1)热情主动地接待病人,向病人及其家属介绍病房环境、科主任、护士长、主管医生、责任护士、同室病友及规章制度等。介绍医院和科室的一些辅助设施(如床头呼叫器的使用),帮助病人尽快适应新环境。

(2)加强沟通,鼓励病人说出心理感受,分析其产生原因和程度,向病人提供相关的治疗、护理信息。指导和帮助住院后的病人生活及适当休息、娱乐,分散其注意力,减轻不良心理情绪的影响。

(3)介绍病人结识同类手术康复者,使病人通过后者的现身说法体会成功的经验,密切观察病人的情绪反应。

(4)做好病情介绍,解释手术、麻醉对治疗疾病的重要性、安全性和必要性,增强病人对手术治疗的信心。

(5)对恶性肿瘤及病情严重的病人,应恰当地解释病情,同时需要注意保护性医疗,不该告知的情节,医护人员解释必须一致。

(二)手术前常规准备

1.胃肠道准备

(1)一般性手术:手术前 12 h 禁食、4～6 h 禁饮水,以防止麻醉和手术中呕吐误吸导致窒息或吸入性肺炎。

(2)胃肠道手术:病人手术前 1～2 日进食少渣食物;手术前 1 晚服用番泻叶或 20% 甘露醇等缓泻剂,次日晨再清洁灌肠;手术前常规置胃管,减少手术后胃潴留引起的腹胀。结肠、直肠手术病人,手术前 3 日遵医嘱给予口服甲硝唑或新霉素、链霉素等,减少手术后感染机会,并同时给予维生素 K。幽门梗阻病人手术前 3 日,每晚用温生理盐水洗胃,减轻胃黏膜充血、水肿。

(3)急诊手术:置胃管抽吸胃内容物,减轻手术后腹胀。

2.呼吸道准备　手术前 2 周戒烟,以减少呼吸道分泌物,防止手术后肺部感染;指导病人做深呼吸及有效咳嗽、排痰练习等,痰液黏稠者给予抗生素加糜蛋白酶超声雾化吸入,使痰液稀释,易于排出。

3.手术区皮肤准备　皮肤准备(备皮)是预防切口感染的重要环节。

(1)护士应在手术前 1 日遵医嘱为病人做好手术区皮肤准备,去除手术区皮肤毛发,清除污垢,并为病人安排理发、剃须、修剪指(趾)甲、沐浴及更衣等,从而避免切口感染,促进切口的愈合。急诊手术应立即备皮。

(2)一般手术皮肤准备范围见表 7-1 以及图 7-1 至图 7-9。

表 7-1　不同部位手术区皮肤准备范围

手术部位	备皮范围
颅脑手术	剃去全部头发及项部毛发,保留眉毛
颈部手术	自唇下至乳头水平连线,两侧至斜方肌前缘
胸部手术	上起锁骨上及肩上,下平脐部,前后均超过正中线,包括患侧上臂和腋下
上腹部手术	上起乳头连线,下至耻骨联合,两侧至腋后线
下腹部手术	上平剑突,下至大腿上 1/3 前内侧及外阴部,两侧至腋后线
肾区手术	上起乳头连线,下至耻骨联合,前后均超过正中线
腹股沟和阴囊手术	上起脐部水平,下至大腿上 1/3,两侧至腋后线,包括外阴部并剃除阴毛
会阴和肛门手术	上平髂前上棘连线,下至大腿上 1/3 的前、内、后侧,包括会阴部及臀部
四肢手术	以切口为中心,上下各 20 cm 以上,一般超过远近关节或为整个肢体

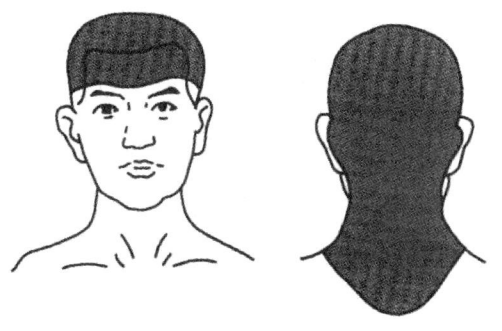

图 7-1　颅脑手术

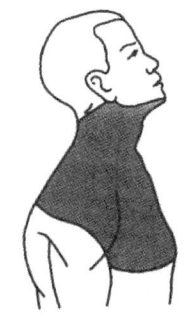

图 7-2　颈部手术

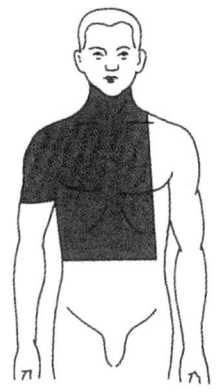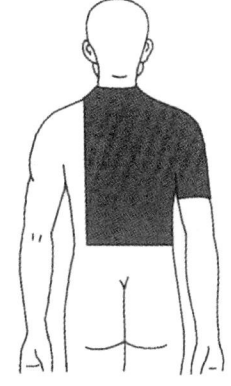

图 7-3　胸部手术

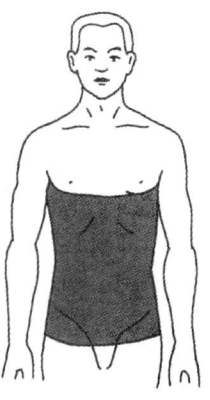

图 7-4　上腹部手术

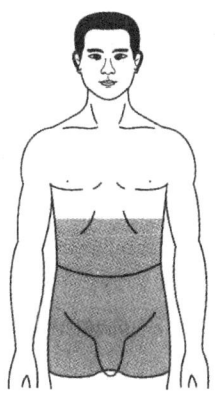

图 7-5　下腹部手术

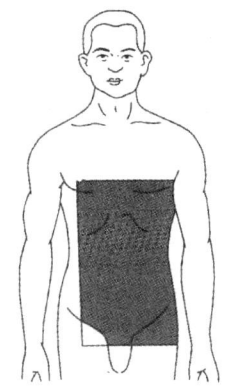

图 7-6　肾区手术

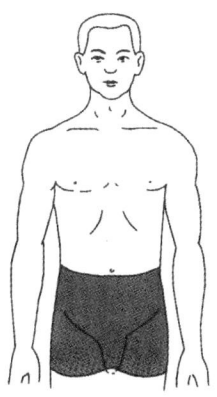

图 7-7　腹股沟和阴囊手术

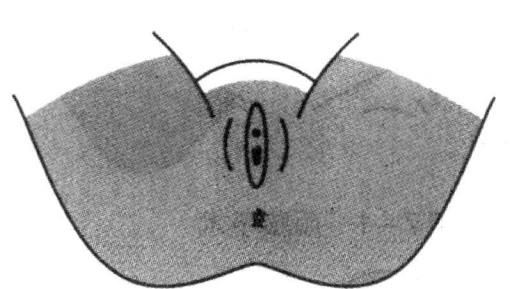

图 7-8　会阴和肛门手术

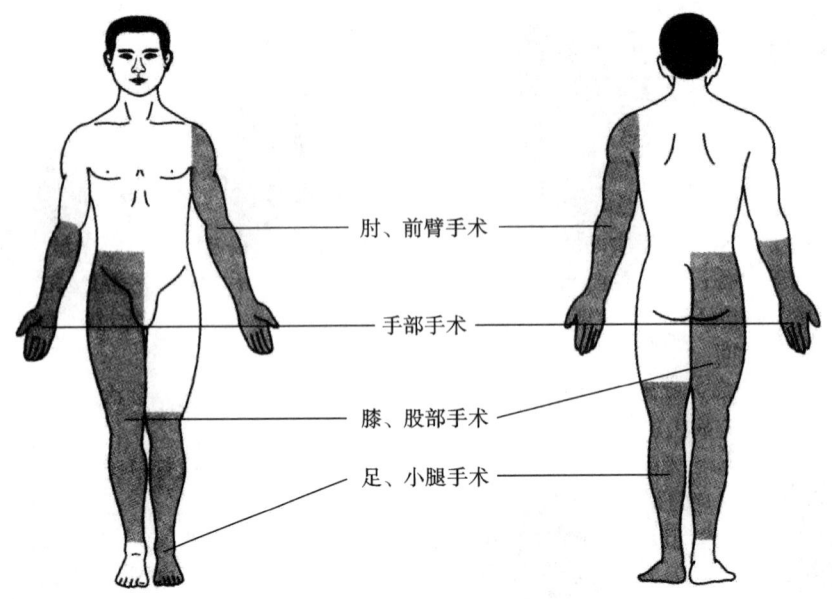

图 7-9 四肢手术

（3）特殊手术部位皮肤准备：①小儿皮肤准备：一般不剃毛，只做清洁处理。②颜面部手术：尽可能保留眉毛，作为手术标志。③颅脑手术：除急诊手术外，手术前 3 日剃去毛发，每日洗头 1 次，手术前 2 h 再备皮 1 次，戴干净帽保护。④骨科无菌手术：手术前 3 日开始准备，每日用肥皂液清洗后用 70％乙醇消毒，再用无菌巾包扎，手术前 1 日剃毛发，70％乙醇消毒后，用无菌巾包扎，术日晨重新消毒，无菌巾包扎。⑤阴囊、阴茎手术：入院后每日用温水局部浸泡、肥皂液洗净，手术前 1 日剃毛。

4. 配血和药物过敏试验 做好药物过敏试验和交叉配血试验。根据手术大小准备好血液或血液制品。

5. 手术日晨护理 ①测量生命体征，如出现发热、感冒、血压升高或女性病人月经来潮等情况，应考虑暂停手术。②逐一检查手术前各项基本准备工作是否完善，如皮肤准备、禁食水等；是否遵医嘱手术前用药、灌肠、置胃肠减压管、排空膀胱或置导尿管等。③协助病人取下义齿、眼镜、发夹、手表、首饰及其他贵重物品，交病人家属或为其妥善保管；把病历、X 线片及手术期间需用的特殊药品、物品随病人送手术室。④病人手臂佩戴的腕带上写清科室、床号、姓名、性别、年龄、住院号、手术名称等，与手术室护士进行病人交接时逐一交接清楚。⑤根据手术部位、大小及特殊手术的要求，准备床单位，备好床旁用物，如胃肠减压装置、输液架、吸氧装置、心电监护仪及抢救用品等，以便接收手术后回病室的病人。

（三）提高手术耐受力的措施

1. 保证足够的休息和睡眠 充足的休息和睡眠对病人的康复起着不容忽视的作用。具体措施有：①消除影响睡眠的不良因素，如焦虑、咳嗽、疼痛等。②为病人提供安静、舒适、空气清新的病室环境，温湿度适宜。③在病情允许情况下，尽可能安排病人白天在户外活动，减少白天睡眠时间。④建议病人通过缓慢深呼吸、听轻音乐等自我调节方法进行放松。⑤必要时可遵医嘱给予镇静剂。

2. 饮食调节 根据病人手术种类、部位、范围不同，正确指导病人的膳食。如不能进食水者，给予静脉补充和管饲饮食。

3. 维持重要器官功能 对患有心、肝、肺、肾等疾病者，要协助医生采取相应的护理措施，尤其对于糖尿病、结核病等消耗性疾病病人更应谨慎处理、高度重视。

4. 纠正代谢失调和低蛋白血症 及时补充水、电解质、碱性药物及蛋白质等，满足机体所需营养；择期手术病人手术前红细胞、白蛋白、血红蛋白定量准备应达到或接近正常水平才能施行手术；严重者必要时给予静脉高效价营养，或手术前给适量的血液以增强机体抵抗力。

（四）急诊手术前准备

急诊手术病情危急，手术前准备工作要简单而迅速，以保证手术抢救及时进行。

（1）密切观察病情变化，如神志、生命体征、瞳孔、肤色及肢端温度等，并做好记录，发现问题及时与医生联系。

（2）通知病人禁食水，给予输液，迅速做好配血、备皮、药物过敏试验、手术前用药等准备；及时检查凝血时间、血尿常规等。急诊手术前禁忌灌肠，不用泻药，危重病人不宜做复杂检查和特殊检查，紧急情况下，可记录药物过敏试验的执行和操作时间，通知手术室观察药物过敏试验结果。

（3）向病人家属简要介绍病情，讲明治疗方案，使其密切配合治疗方案的实施，同时稳定病人的情绪。

（4）急诊手术病人的手术前准备，医护人员应密切配合，执行口头医嘱时，应复述一遍，以后及时补上医嘱，一切准备工作要迅速、准确。

（五）手术前指导和沟通

（1）向病人及其家属讲解手术的名称及目的、手术时间、麻醉方法、手术的重要性和必要性，以及手术中、手术后可能出现的不适和应对方法。

（2）向病人说明手术前戒烟、保持口腔清洁、饮食管理、皮肤准备、备血、服用泻药、清洁灌肠、洗胃和置胃管、导尿管、引流管等多种导管的目的及重要意义。

（3）向病人讲解手术前辅助检查方法、各种标本采集方法及注意事项。常规和特殊检查的准备及注意事项，有无危险性等。

（4）指导病人进行手术前适应性训练：①练习深呼吸：预防手术后肺炎和肺不张的发生。②练习有效咳嗽排痰：让病人取坐位或半坐卧位，上身微向前倾。胸腹部手术者，咳嗽时双手放在切口两侧，向切口方向按压以减轻切口张力，使疼痛减轻，同时避免手术后肺部感染。③翻身：教会病人自行调整卧位和床上翻身方法，以适应手术后体位变化，减少压疮发生。④肢体运动：对于手术后需要较长时间卧床的病人，指导病人进行肌肉的收缩运动和关节活动训练，促进肢体血液循环。⑤排便练习：大多数病人不习惯在床上排大、小便，手术前应指导其练习在床上使用便盆，男性病人学会床上使用尿壶。⑥手术中体位适应性练习：甲状腺手术者手术前给予肩部垫枕，进行颈部前后屈伸运动或后仰姿势练习。

（5）介绍手术前常用药物的作用、服用时间及注意事项。如甲状腺功能亢进者服用抗甲状腺药物和需要手术时加用碘剂，黄疸病人和肝功能障碍者需用维生素 K 等。向病人及其家属介绍手术室的有关环境和情况、基本规则、麻醉中所用的药物和设施。

第二节　手术后病人的护理

手术后护理是指病人从手术结束后回病房至出院这一段时间的护理。本阶段护理工作的重点是采取有效护理措施，纠正疾病本身、麻醉及手术损伤导致的生理紊乱，尽快恢复病人正常生理功能，预防并发症的发生；尽可能减少病人的痛苦和不适。

一、护理评估

（一）手术类型和麻醉方式

交接病人时向手术室护士了解麻醉类型，手术方式，手术中输血、输液及切口引流管情况，手术过程是否顺利等。

（二）身体状况

1. 生命体征　评估病人回到病室时的体温、脉搏、呼吸、血压以及神志和瞳孔。

2. 切口状况　了解切口部位是开放型还是闭合型,有无渗液、渗血及敷料包扎情况等。

3. 引流情况及输液情况　了解所置引流管的种类、数目,引流部位,引流是否通畅和引流液的量和性状;观察输液是否通畅、输液速度是否符合病情要求。

4. 病人舒适状态　了解有无切口疼痛、恶心呕吐、腹胀、呃逆、尿潴留等手术后不适,观察和评估不适的种类和程度。

5. 肢体功能　了解感知觉恢复情况和四肢活动度、皮肤的温度和色泽。

6. 重要脏器功能评估　呼吸道是否通畅,有无导致气体交换障碍等的情况;有无血压下降和心律失常,皮肤颜色、温度及四肢血液循环情况如何;有无高热与体温过低;有无苏醒延迟与不醒;评估尿量和尿液的颜色和性状等;评估有无肠鸣音、肛门排气、恶心呕吐、便秘、腹胀等消化系统功能情况。

7. 并发症评估　有无手术后出血、手术后感染、切口裂开、肺不张、尿路感染、下肢静脉血栓形成等并发症的发生及其相关因素。

（三）实验室及其他检查

了解手术后血常规、生化检查结果,尤其注意血清电解质水平的变化。

（四）心理-社会状况

随着手术后原发疾病和病痛的解除、麻醉及手术的度过,病人在心理上有一定程度的解脱感,随后又会出现新的心理反应。手术顺利,手术后不出现并发症,病人对康复充满信心,情绪高涨,能够积极配合治疗、护理。担心不良的病理检查结果、预后差或危及生命;失去部分肢体或身体外观改变,如截肢、乳房切除或结肠造瘘口等。手术后身体恢复缓慢及发生并发症;担忧住院费用和继续治疗。

二、护理问题

1. 体液不足　与手术创伤、手术后禁食和摄入不足有关。

2. 舒适的改变　与手术后不适如疼痛、腹胀、恶心、呃逆、尿潴留以及手术后卧床、留置各类导管和创伤性反应有关。

3. 营养失调:低于机体需要量　与手术后禁食、创伤后机体代谢率增高和分解代谢旺盛有关。

4. 潜在并发症　出血、切口感染、切口裂开、肺部感染与肺不张、静脉血栓形成等。

5. 其他常见护理问题　体温改变、清理呼吸道无效、知识缺乏、活动无耐力、皮肤完整性受损、自我形象紊乱和焦虑等。

三、护理措施

（一）护送及安置病人

1. 护送病人　根据病情,非全身麻醉的中小手术病人可直接送回病房,全身麻醉或大手术病人,手术后送重症监护室。病房护士与麻醉医师、手术护士做好床边交接,运送病人时要平稳,从平车搬到床位上时,最好由四人完成。要注意保护引流管、输液管,不压迫手术部位。

2. 安置体位　根据手术部位、麻醉方式、病情来确定。通常有下面6种体位安置方式(图7-10至图7-15)。

(1)全身麻醉未清醒病人:去枕平卧,头偏向一侧,以免呕吐物或口腔分泌物吸入呼吸道。

(2)蛛网膜下腔麻醉病人:应去枕平卧6～8 h,以预防手术后头痛。

(3)硬膜外麻醉病人:手术后平卧(不必去枕)4～6 h。

(4)颈部、胸部、腹部手术:麻醉苏醒、血压平稳者,一般取半坐卧位。颈部、胸部手术后,多采用高半坐卧位;腹部手术后,多采用低半坐卧位。半坐卧位有利于血液循环,增加肺通气量,使腹肌松弛,减轻腹壁切口张力;并可使腹腔内渗液、渗血积于盆腔,避免膈下脓肿形成。

(5)颅脑病人手术后:没有休克、昏迷时取头高斜坡卧位。头、躯干抬高 15°~30° 有利于脑部静脉回流,防止脑水肿的发生。

(6)血压不平稳或休克病人:平卧位或头和躯干抬高 15°~20°,下肢抬高 20°~30°,以改变心肺功能并增加回心血量。

(7)其他:脊柱手术者平卧硬板床(可选择俯卧或仰卧);四肢手术者抬高患肢等。

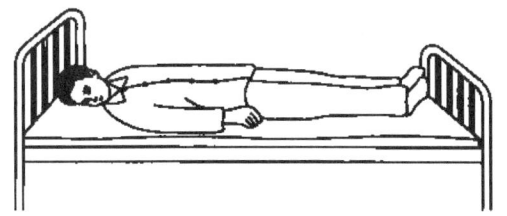

图 7-10　去枕平卧、头偏向一侧

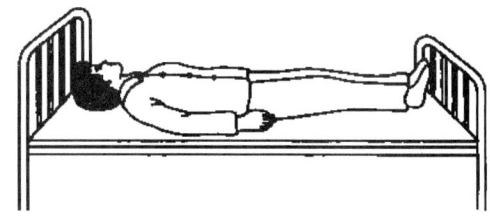

图 7-11　去枕平卧位

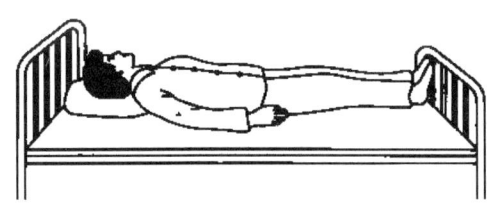

图 7-12　平卧位

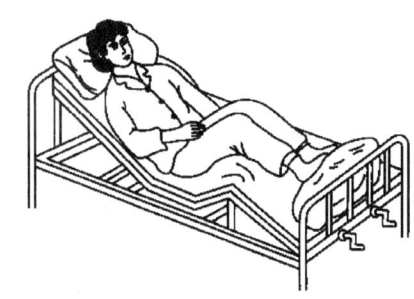

图 7-13　半坐卧位

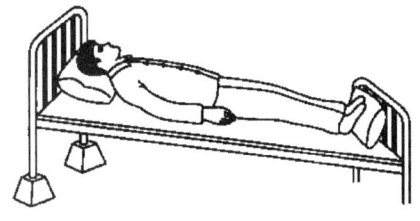

图 7-14　头高斜坡卧位

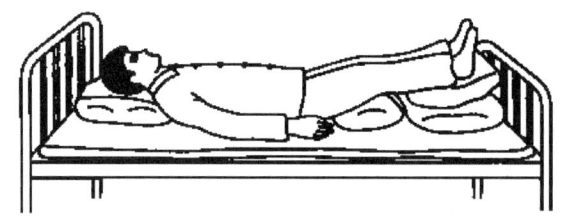

图 7-15　休克病人中凹位

(二)病情观察

1.检测生命体征　生命体征应每 15~30 min 测量一次,观察有无切口、胸腹腔及胃肠道出血和休克的早期表现。若病人出现脉搏快弱,脉压变小,血压下降,呼吸急促,每小时尿量小于 30 mL,应及时报告医生并协同处理。病情稳定后改为 2~4 h 测量一次或遵医嘱执行。局部麻醉或小手术病人可 4 h 测量一次。手术后由于机体对手术创伤的反应,如组织损伤后分解产物、渗血渗液的吸收等,常可引起低热或中度发热,一般不超过 38 ℃,临床上称为外科热或吸收热。2~3 日可恢复正常,无须特殊处理。

2.检测重要脏器功能

(1)保持呼吸道通畅:全身麻醉未清醒病人常留置口咽管,避免舌后坠,同时用于抽吸分泌物;麻醉清醒、喉反射恢复后,去除口咽管,避免刺激诱发恶心呕吐及喉痉挛。促进排痰和肺扩张,痰液黏稠者用超声雾化吸入。呼吸系统功能较差及危重病人,术后持续低流量或中等流量给氧,以提高动脉血氧分压。

(2)循环功能:严密监测生命体征,观察皮肤色泽及肢端温度等。根据病人情况调整输液速度、输液量;注意病人从平卧位改为半坐卧位、直立位时应缓慢,避免发生直立性低血压。

(3)消化道功能:手术后胃肠减压病人,应保持胃肠减压管通畅,使胃肠减压有效进行;手术后 3~4 日肛门仍未排气、排便且腹胀者,查找原因给予及时处理;对生活不能自理及昏迷病人,做好口腔护理。

(4)肾功能:观察尿液的颜色及量,注意观察记录 24 h 液体出入量。

（三）常规护理

1. 补充营养,维持体液平衡

(1)非腹部手术:局部麻醉和小手术病人手术后没有任何反应时饮食不受限制;椎管内麻醉病人,手术后 4~6 h 无恶心呕吐者,先给饮水或少量流质食物,以后酌情给半流质饮食或普通饮食;全身麻醉手术后病人麻醉作用消失后无恶心呕吐者,先给饮水或少量流质饮食,第 2 日开始酌情进半流质饮食或普通饮食。

(2)胃肠道手术:一般禁食 2~3 日,待肛门排气、排便,肠鸣音恢复后开始进流质饮食,4~6 h 后进半流质饮食,6~7 日改为软食或普通饮食。每天记录液体出入量和营养补充量。

(3)输液:在术后禁食或饮食不足期间的病人,需静脉补液,以补充水、电解质、蛋白质及维生素等机体需要的营养物质;对贫血、营养不良的病人可适当输血或血浆等;长期禁食或不能进食者,可给全胃肠外营养或管饲饮食。

2. 切口护理　手术后注意观察切口有无渗血、渗液,有无感染征象,敷料是否清洁、固定。如切口有少量的渗血、渗液应及时更换敷料,可适当加压包扎,渗血、渗液量多时应加强观察,分析原因。

3. 引流管的护理

(1)连接固定引流管:手术结束时,医生已经把各种引流物固定在伤口周围,病人回房后,护士应将管道正确连接在引流收集瓶上,并妥善固定在床旁恰当的位置,防止脱落。

(2)保持引流管通畅:引流管不能扭曲、受压、阻塞,有阻塞时及时查找原因,必要时用等渗盐水缓慢冲洗以保证通畅。如冲洗困难且引流管仍不通畅,可重新置管引流。

(3)观察记录:详细记录引流液的量、性状、颜色,以便指导补液和观察病人手术后有无出现其他并发症,并作为评定病人恢复的一项指标。

(4)严格无菌操作:更换引流管或无菌瓶时应严格无菌操作技术,保持引流管腔内无菌状态,引流管及引流瓶不应超过引流位置,以免管内液体倒流引起感染。

(5)掌握各类引流管的拔管指征:拔管时间根据各种疾病手术后放置引流物的情况来确定,一般情况下,橡皮引流条放置时间为 1~2 日,烟卷引流一般是 2~3 日,管状引流一般不超过 1 周,而置于胆道内的 T 形引流管为 14 日左右。

4. 指导病人早期活动　手术后病人若无禁忌,应尽早进行手术后活动。其目的是增加肺通气量,减少肺部并发症的发生;促进血液循环,防止血栓形成;促进胃肠功能恢复,减轻腹胀、便秘和肠粘连;促进排尿功能恢复,解除尿潴留。根据病人的不同情况可采取下列护理措施。

(1)病情危重、体质衰弱病人:如休克、内出血、心力衰竭、严重感染、开胸手术后、颅脑手术后等病人,不强调早期活动,仅协助病人做双上、下肢运动,促进肢体的血液循环。

(2)限制活动病人:如脊柱手术、肝或肾损伤修补术、疝修补手术、四肢关节手术等术后病人,活动范围受到限制,可协助病人进行局部活动。

(3)活动病人:协助病人取半坐卧位或让病人在床边坐起,再扶病人沿床边走几步,观察病人面色、呼吸状况,若能继续进行再逐渐增加活动量,注意防止摔倒。

（四）手术后不适的护理

1. 疼痛　麻醉作用消失,病人感觉恢复后,切口开始疼痛,最初 24 h 疼痛最明显,24 h 后逐渐减轻。

(1)向病人解释疼痛原因、持续时间,提供安静环境,协助病人更换舒适的体位。

(2)指导病人分散注意力,如听音乐、看书、与人交谈等。

(3)针对引起疼痛的原因,采取有效措施解除疼痛:①膀胱膨胀引起疼痛者,可诱导排尿,必要时导尿。②腹胀引起疼痛者,可用理疗办法促进肠功能的恢复,去除腹胀。③石膏固定过紧引起疼痛者,可松解石膏,恰当固定等。

(4)遵医嘱给予镇静、止痛剂,如地西泮(安定)、盐酸布桂嗪(强痛定)、哌替啶等。

2.恶心呕吐　常见原因是麻醉药物反应。

(1)保持病房空气清新、安静、舒适;有呕吐反应时,让病人深吸气,抑制呕吐反射;遵医嘱行针灸,给予镇静、止吐药物。

(2)注意是否有水、电解质平衡失调,急性胃扩张、肠梗阻等所致,有针对性地采取有效措施。

(3)嘱病人呕吐时头偏向一侧,防止误吸,观察记录呕吐物的量、次数、颜色、性状;及时帮助病人清理呕吐物,加强口腔护理。

3.腹胀　腹部手术后因胃肠功能活动抑制,易发生腹胀。

(1)遵医嘱给病人禁食、置胃肠减压管,有效进行胃肠减压,必要时可进行肛管排气。

(2)鼓励病人进行床上活动或尽早下床活动,促进胃肠功能恢复。

(3)非胃肠道手术者,使用促进胃肠蠕动的药物,直至肛门排气。低钾血症、腹膜炎、肠梗阻等引起的腹胀,遵医嘱给予相应处理。

4.呃逆　手术后呃逆可能是中枢神经或膈肌直接受刺激引起。

(1)手术后早期发生者,可采取压迫眶上缘,抽吸胃内积气、积液,给予镇静或解痉药物等措施。

(2)上腹部手术后病人若出现顽固性呃逆,要警惕膈下积液或感染的可能,进行超声检查可明确病因。

5.尿潴留　全身麻醉可引起排尿反射抑制,切口疼痛可引起膀胱、后尿道括约肌反射性痉挛,不习惯床上排尿可引起排尿反射减弱。

(1)向病人解释尿潴留的发生原因、治疗方法和效果。

(2)采用诱导排尿法,若病情允许,让病人变换体位或取习惯性姿势排尿。

(3)遵医嘱采用针灸或热敷、按摩下腹部促进膀胱功能恢复。

(4)以上措施无效时,行导尿术,注意严格无菌操作。

(五)手术后并发症的预防及护理

1.手术后出血　常发生于手术后1~2日。

(1)预防:①手术时严格止血,关腹前确认手术野无活动性出血点。②手术中渗血较多者,必要时可应用止血药物。③凝血机制异常者,可输注新鲜全血、凝血因子或凝血酶原复合物等。

(2)处理:对少量出血者及时更换切口敷料,加压包扎,输液,使用止血药物等;对出血量大者迅速建立静脉通道,及时通知医生,完善手术前准备,再次手术止血。

2.切口感染　常发生于手术后4日左右,表现为切口疼痛加重,红肿明显、发热、血白细胞计数增高,严重时有脓液形成。

(1)预防:①手术前完善皮肤和肠道准备。②严格执行无菌操作技术,防止医源性交叉感染。③严格止血防止异物残留,避免切口渗血及血肿残留。④改善病人营养状况,增强抗感染能力。⑤保持切口敷料的清洁、干燥、无污染。⑥正确合理应用抗生素。

(2)处理:切口已出现早期感染症状时,应采取有效措施加以控制,如勤换敷料、局部理疗、有效应用抗生素等;已形成脓肿者,及时切开引流,争取二期愈合。必要时可拆除部分缝线或置引流管引流脓液。

3.切口裂开　多见于腹部手术后1周左右,易发生于年老体弱、营养不良、低蛋白血症者。

(1)预防:①手术前加强营养支持。②手术时用减张缝线,手术后延缓拆线时间。③在良好麻醉、腹壁松弛条件下缝合切口,避免强行缝合造成腹膜等组织撕裂。④切口外适当用腹带或胸带包扎。⑤避免用力咳嗽,咳嗽时提供切口适当的支撑并取平卧位,减轻因横膈突然大幅度下降所致的腹压骤升。⑥及时处理引起腹压增加的因素如腹胀、排便困难。⑦预防切口感染等。

(2)处理:切口部分裂开者,用腹带加压包扎;对切口完全裂开者,加强安慰和心理护理,使其保持镇静,立即用无菌生理盐水纱布覆盖切口,并用腹带包扎,通知医生,护送病人入手术室重新缝合处理;若有内脏脱出,切勿现场还纳,以免造成腹腔内感染。

4.肺部感染与肺不张　常发生在胸、腹部大手术后。

(1)预防:①手术前锻炼深呼吸,手术前2周戒烟,以减少气道内分泌物。②手术前积极治疗原有的支气管炎或慢性肺部感染。③全身麻醉手术拔除气管导管前吸净支气管内分泌物;手术后取头侧位平卧,防止呕吐物和口腔分泌物的误吸。④注意口腔卫生。⑤胸、腹带包扎松紧适宜,避免限制呼吸。⑥注意保暖,防止呼吸道感染。

(2)处理:①协助病人翻身、拍背及排痰,以解除支气管阻塞,使肺复张。②鼓励病人自行咳痰,对咳嗽无力或不敢用力咳嗽者,可在胸骨切迹上方用手指按压刺激气管,促使咳嗽;对因切口疼痛而不愿咳嗽者,可用双手按住季肋部或切口两侧,以限制腹部(或胸部)活动幅度,再于深吸气后用力咳痰,并做间断深呼吸;若痰液黏稠,可使用雾化吸入;痰量持续增多,可用吸痰管或支气管镜吸痰,必要时行气管切开。③保证摄入足够的水分。④全身或局部抗生素治疗。

5. 下肢静脉血栓形成 常发生于手术后长期卧床、活动减少的老年人或肥胖者,表现为血管走行处烧灼痛,局部稍红肿,有压痛,触及条索状物。如在深静脉可有肢体肌群酸痛、抽痛、明显压痛,不同程度肢体肿胀及体温升高。

(1)预防:①鼓励病人手术后早期离床活动。②卧床期间进行肢体主动和被动运动。③高危病人,卧床时膝下垫小枕,以免妨碍血液循环。④血液呈高凝状态者,可口服小剂量阿司匹林、复方丹参片或用小剂量肝素。

(2)处理:①患肢抬高、制动。②忌经患肢静脉输液。③严禁局部按摩,以防血栓脱落。④发病 3 日以内者,先用尿激酶 8 万单位/次,溶于低分子右旋糖酐 500 mL 中溶栓治疗。⑤发病 3 日以上者,先用肝素静脉滴注,停用肝素后第 2 日起口服华法林,持续 3～6 个月。抗凝、溶栓治疗期间均需加强凝血时间和凝血酶原时间监测。

(六)心理护理

手术后病人心理反应比较集中和强烈,要关心、爱护病人,具有同情心。鼓励病人对康复有信心,积极主动配合治疗及护理。对病人提出的问题进行恰当的解释。向病人提供安全和舒适的治疗、护理措施,同时做好病人及其家属的思想工作。

四、健康教育

1. 心理保健 某些病人因手术致残(器官被切除或肢体被部分切除),心态发生改变,要指导病人学会自我调节和控制,提高心理适应能力和社会生活能力。同时指导病人家属用正常的心态面对病人躯体上发生的改变,不能认为病人是家庭的负担,应形成和睦的家庭氛围。

2. 康复知识 病人在住院期间,医护人员已经对病人及其家属进行了相关指导,教会了病人一些手术后应注意的基本知识。出院时,还应教会病人自我保护和保健技能,并告诉病人及其家属出院后还可能会有哪些症状出现,出现相应症状后如何处理。

3. 饮食卫生 指导病人出院后按照医生开具的饮食调配方法调节饮食,摄取的食物应能够保障机体营养代谢的需要,建立良好的饮食卫生习惯。

4. 合理用药 指导病人按出院医嘱用药,按时按量服用,讲解服药后可能出现的不良反应,讲解特殊用药的注意事项。

5. 功能锻炼 指导病人注意活动量、范围,身体条件允许时,循序渐进地进行功能锻炼,最大程度恢复生活和工作能力。

6. 切口护理 切口局部拆线后可用无菌纱布覆盖 1～2 日,以保护局部皮肤,对带有开放性伤口出院者,应将其到门诊换药的时间、次数交代清楚。

7. 复查 一般手术病人于手术后 1 个月门诊复查 1 次,以了解康复过程及切口愈合情况。

【案例思考】

邢某丹,男,61 岁。上腹部隐痛 4 个月,伴呕吐、消瘦、乏力 1 个月,以胃癌收入院。以往有糖尿病病史 5 年。体格检查:面容倦怠,形体消瘦,体重 49 kg,皮肤干燥,体温 36.8 ℃,呼吸 14 次/分,脉搏 80 次/分,有力,血压 120/80 mmHg。心肺、腹部检查未发现异常,四肢肌张力下降、腱反射减低。实验室检查:

空腹血糖 9.5 mmol/L,血钾 3.0 mmol/L,血红蛋白 81 g/L,血清蛋白 30 g/L,其他无明显异常。拟在硬膜外麻醉下行剖腹探查术。

请思考：

(1)该病人首优的护理诊断是什么？

(2)手术前应做哪些准备？准备重点是什么？

(3)手术后可能出现哪些不适？为什么？如何处理？

(4)手术后可能发生什么并发症？为什么？如何预防和处理？

（兰庆新　兰建江）

第八章　急性肾衰竭病人的护理

扫码看课件

学习目标

识记：
1. 能复述急性肾衰竭的概念和主要病因。
2. 能简述急性肾衰竭的临床分期和躯体表现。

理解：
急性肾衰竭的护理诊断和相应的护理措施。

运用：
会运用所学的相关知识对急性肾衰竭病人进行健康指导，护理病人时具有高度的同情心和责任感。

急性肾功能衰竭（ARF）也称急性肾衰竭，是指肾小球滤过率突然（数日至数周）或持续下降，引起氮质产物在体内潴留，水、电解质和酸碱平衡失调，所导致各系统并发症的临床综合征。肾功能下降可发生在原来无肾脏病的病人，也可发生在原已稳定的慢性肾脏病病人，突然肾功能急剧恶化。病因多种多样（急性肾衰竭的发病机制如图 8-1 所示），可分为肾前性、肾性和肾后性三类，主要表现为少尿或无尿，尿毒症，水、电解质、酸碱平衡失调。少数病人有时尿量并不减少，称为非少尿型急性肾衰竭，急性肾衰竭多发生于严重损伤、感染、中毒、溶血、休克等疾病过程中，一旦发生，对病人生命威胁很大，应及早预防。

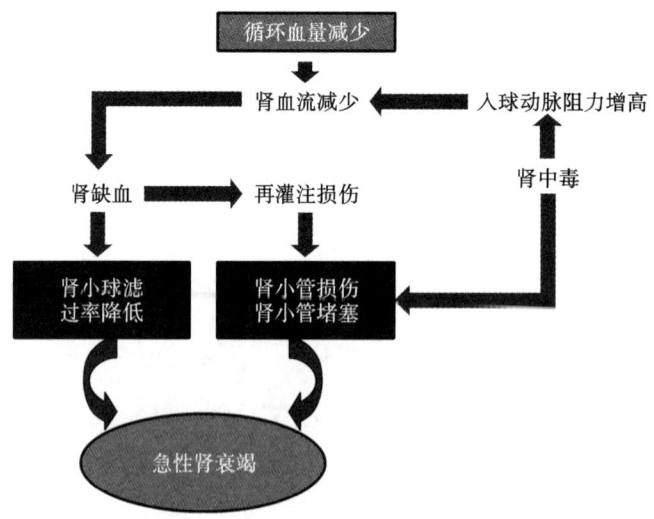

图 8-1　急性肾衰竭的发病机制

一、病因

1. 肾前性因素　临床最常见的一种。肾脏本身无病变，由于大出血、休克、严重水和电解质紊乱等原因引起有效循环血量减少，肾血流降低而出现少尿或无尿。当收缩压低于 60 mmHg 时，肾小球滤过基本停止，早期少尿属功能性变化，如及时处理，肾功能可恢复，否则会发展成为不可逆性损害。

2. 肾性因素　主要由肾缺血和肾中毒造成肾实质损害。常见原因有肾小球和肾小管病变、药物损害及中毒等，导致肾小球和肾小管的急性坏死。大量溶血、严重挤压伤时所产生的血红蛋白、肌红蛋白阻塞肾小管亦可造成肾功能损害。

3. 肾后性因素　肾后性因素是指双侧输尿管或肾脏的尿流突然受阻，而继发急性肾衰竭，如结石阻塞、肿瘤压迫、手术损伤等。由于泌尿道急性梗阻造成无尿，在肾脏未发生严重实质性损害前若能解除梗阻，肾功能可恢复。

二、临床表现

急性肾衰竭按病程发展分为以下三个时期。

1. 少尿或无尿期

（1）少尿或无尿：病人尿量突然减少甚至无尿。凡成年人 24 h 尿量少于 400 mL 称为少尿；如少于 100 mL 则为无尿。

（2）水中毒：由于肾脏泌尿功能障碍，水分在体内潴留，并进入细胞内引起细胞水肿。主要表现为脑水肿和肺水肿，病人出现恶心呕吐、头痛、嗜睡、昏迷、呼吸困难、咳泡沫样痰等症状。

（3）电解质失调：病人常表现为血钾、血磷增高，血钠、血钙降低。高钾血症主要由细胞分解代谢增加、肾脏排泄功能障碍引起；低钠血症因水中毒体液稀释所致；高磷血症是由于肾排出磷障碍引起；磷部分转向肠道排出，与钙结合成磷酸钙而影响了钙的吸收，出现低钙血症。

（4）代谢性酸中毒：由于体内酸性代谢产物不能由肾脏排出，大量酸性物质潴留体内，病人出现代谢性酸中毒症状。

（5）尿毒症：机体内尿素、肌酐等代谢产物不能排出，血尿素氮（BUN）、血肌酐（Cr）增加，称氮质血症。在氮质血症发展的同时，血内酚、胍等毒性物质也增加，出现恶心呕吐、头痛、烦躁、乏力、昏迷和抽搐等症状，称为尿毒症。

此期持续时间为 7～14 日，有时可超过 2 周，时间越长，病情越重。主要死亡原因为高钾血症、水中毒和酸中毒，尤以高钾血症最为危险，若能度过此期而进入多尿期，病情多可趋向好转。

2. 多尿期　尿量逐渐增多，每日超过 400 mL 即表示进入多尿期。此期病人每日尿量可达 3000 mL 以上。原因是肾小球滤过率开始增加而肾小管修复较为缓慢，重吸收功能低，尿量虽多但尿比重仍低，多尿初期是少尿期的延续，高钾血症及氮质血症仍然存在。多尿后期因大量水分和电解质排出，可出现低血钠、低血钾和脱水等症状。此期病人表现为多尿、体重减轻、营养失调、贫血等，持续时间 2 周。此时病人肾功能仍然很差，免疫力十分低下，极易发生感染，约有 20 % 病人在此期死亡，故不可放松警惕。

3. 恢复期　尿量和水、电解质、酸碱平衡基本恢复正常，症状消失。此期常需数月至 1 年。

三、实验室及其他检查

1. 少尿或无尿期　尿比重低而固定，多在 1.010～1.014，并含有蛋白质、红细胞、白细胞及管型等成分；血肌酐、血尿素氮迅速增高；血钾、磷升高，血钠、钙降低；血 pH 值、[HCO$_3^-$]、碱剩余（BE）降低。

2. 多尿期　早期血肌酐、尿素氮、钾仍高于正常，多尿期后期则出现低血钾、低血钠等；并发感染者可有白细胞计数升高等。

四、防治要点

严格限制入水量，纠正电解质失调，治疗酸中毒，减轻氮质血症，预防感染，防止并发症发生。对创伤、感染、中毒、休克等病人要注意预防肾衰竭。

五、护理问题

1. 排尿异常　与少尿、无尿或多尿，肾脏泌尿功能障碍有关。

2.体液过多　与肾脏泌尿功能障碍、水钠潴留有关。

3.有感染的危险　与机体免疫力降低有关。

4.焦虑/悲哀　与病情重、病程长、担心疗效及经济负担有关。

5.潜在并发症　高钾血症、代谢性酸中毒和尿毒症等。

六、护理措施

(一)少尿期护理

1.严格限制入液量　严格限制入液量是防治水中毒的根本措施。少尿期补液原则为"量出为入",每日补液量＝显性失水量＋不显性失水量－内生水量。补液量是否适当,可参考下列标准:①体重每日减轻 0.5 kg。②血钠大于 130 mmol/L。③中心静脉压在正常范围。④无脑水肿、肺水肿及循环衰竭等表现。

2.饮食护理　在少尿初期(3 日内),机体分解代谢亢进,代谢产物在体内迅速增加,需禁食蛋白质,给予高热量、高维生素饮食。禁用含钾高的食物和药物。少尿期 2～4 日,组织分解代谢减慢,可进食少量蛋白质,一般限制在每日 20 g 以下。如不能进食,应自静脉输入必需氨基酸、葡萄糖和维生素,仍需避免含钾丰富的食物。

3.纠正电解质、酸碱平衡失调　①高钾血症可导致病人心律失常,甚至心脏停搏,治疗中禁用含钾药物及输入库存血、水解蛋白等,并采取各种措施降低血钾;在紧急情况下应静脉注射 10% 的葡萄糖酸钙,以对抗钾离子对心肌的抑制作用。②代谢性酸中毒较重时给予碱性药物静脉滴注,既可减轻酸中毒,又可促进钾离子进入细胞内。③低血钙时可用 10% 葡萄糖酸钙静脉缓慢注射,以防发生抽搐。

4.防治感染　急性肾衰竭病人机体免疫力极差,易发生继发感染,护理过程中应注意严格执行消毒隔离制度,严守无菌操作规程,避免感染的发生。使用抗生素时,应考虑其对肾脏的不良反应,首选青霉素、红霉素、氯霉素等,第三代头孢菌素类、氨基糖苷类等必须减量,四环素类、新霉素、磺胺类等禁忌使用。

5.透析疗法护理　透析疗法是利用血液和透析液所含溶质的浓度差,使病人血中的代谢产物和过多水分、电解质、尿素氮及肌酐等通过透析膜进入透析液而排出体外。早期使用可明显降低急性肾衰竭病人的死亡率。透析疗法分为血液透析(人工肾)、腹膜透析和结肠透析三种。血液透析效果最好,腹膜透析是目前国内基层医院采用最多的一种,这里主要介绍腹膜透析的操作过程。

知识链接

血液透析的原理

通过血泵将血液输送到透析器,经透析过的血液再回输入病人体内。透析器内的半透膜将血液与透析液分隔,根据血液与透析液间的物质浓度梯度以及溶质通过膜的扩散原理进行溶液与溶质的交换,以达到去除水分和某些代谢产物的目的。

(1)准备好手术器械及透析硅胶管,下腹部常规消毒铺巾,在脐与耻骨联合连线中点,局麻后用套管针穿刺或经腹壁小切口将透析管插入腹腔直肠前窝内,外露端与 Y 形管相连,分别接透析液瓶和床边引流瓶。

(2)将加热至 37～38 ℃的透析液 1000～2000 mL(小儿 500 mL),在 15 min 内滴入腹腔并保留 30 min,开放 Y 形引流管,利用虹吸原理引出透析液。每日或隔日 1 次。

(3)透析时注意观察病人有无发热、腹痛等现象。

(4)腹膜透析的注意事项:①病人取半坐卧位,以利透析液集中在盆腔,便于虹吸。②严格无菌操作,防止感染,插管处每日消毒并更换敷料。③硅胶管内不得有空气进入,以保持有效的虹吸作用。④勿使引流管高于透析管,否则会引起引流瓶内的液体倒流进入腹腔,造成腹腔感染。⑤记录每次注入和排出的液体量。⑥保持引流管通畅,防止阻塞、扭曲或脱出。

(二)多尿期护理

重点是维持水、电解质和酸碱平衡;防治感染,纠正低蛋白血症。病人虽已进入多尿期,但并未脱离危险,体内的各种紊乱依然存在,仍需严密观察。入液量一般为出液量的 $1/3\sim1/2$,加强营养,促使病人早日康复。

(三)恢复期护理

此期时间较长,约需 1 年左右。病人应注意休息,逐步增加营养。避免劳累、创伤及使用对肾脏有害的药物,女性病人 2 年内不宜怀孕。

(四)心理护理

加强与病人沟通,关心体贴病人,耐心解答病人问题,消除其紧张情绪,增加其康复信心,争取病人能积极配合治疗和护理。

七、健康教育

主要目的是保护肾功能,促进康复。

(1)指导病人积极治疗原发病,增加抵抗力,减少感染的发生,避免使用损伤肾脏的食物、药物。

(2)指导病人观察尿量,如果发现 24 h 尿量少于 400 mL,应到医院就诊。

(3)定期门诊复查肾功能。

(4)指导病人家属掌握护理知识,以便胜任家庭护理工作。

(5)适当参加劳动,避免过度劳累。

【简答题】

简述急性肾衰竭病人少尿期的护理措施。

(陈朝亮　兰建江)

第九章 外科感染病人的护理

扫码看课件

学习目标

识记：

1. 能列举外科感染的类型，陈述其特点和病因。
2. 能陈述外科感染的临床表现和治疗原则。
3. 能陈述全身性外科感染的概念、临床表现及治疗原则。
4. 能陈述破伤风的病因、病理及治疗原则。

理解：

能比较破伤风与气性坏疽的临床特点。

运用：

1. 能识别常见浅表组织化脓性感染及手部感染。
2. 能应用所学知识和技能，为外科感染病人制订护理计划。
3. 能运用破伤风、气性坏疽相关知识，开展健康教育。

第一节 概 述

外科感染是指需要外科治疗的感染性疾病，以及发生在创伤、手术、器械检查后的感染。外科感染的特点：①多与手术和损伤有关；②大多是由多种菌群引起的混合感染；③多数有明显而突出的局部症状，常引起化脓、坏死等；④常需要手术处理。

一、分类

1. 按致病菌和病变性质分类

（1）非特异性感染：又称化脓性感染或一般感染，临床上最常见，占外科感染的大多数。常见的疾病有疖、痈、蜂窝织炎、手部感染、阑尾炎和腹膜炎等。常见致病菌有金黄色葡萄球菌、乙型溶血性链球菌、大肠杆菌、拟杆菌和绿脓杆菌等。这类感染可由一种或几种病菌共同导致，有一般感染的共同特征，即红、肿、热、痛和功能障碍。一般先有急性炎症反应，进一步发展可致局部化脓。

（2）特异性感染：由一些特殊的细菌（结核杆菌、破伤风梭菌、产气荚膜杆菌）、真菌等引起的感染，该感染的特点是不同的病菌分别引起比较独特的病变。常见的疾病有结核病、破伤风、气性坏疽等。

2. 按病变进展过程分类

（1）急性感染：病变以急性炎症为主，进展较快，病程多在 3 周以内。

（2）慢性感染：病程持续超过 2 个月的感染。一部分急性感染迁延日久转为慢性，但在某种条件改变时又可表现为急性发作。

（3）亚急性感染：病程介于急性与慢性（3周至2个月）之间的感染。

二、病因

外科感染是致病微生物侵入人体，在组织内生存繁殖，导致组织细胞损伤、坏死所引起。这些致病微生物既可是人体内正常的菌群，也可是外界的病菌侵入。致病菌的种类、数量、毒力、侵入途径及其产生的毒素是构成感染的重要因素，人体局部和全身抵抗力与感染的发生发展密切相关。人体局部和全身具有一定的防御能力，可阻止致病菌侵入人体及将侵入人体的致病菌杀死。当机体局部（如皮肤黏膜病变或破损，异物与坏死组织存在，管腔阻塞、内容物淤积，局部血流障碍或水肿、积液等）或全身（严重的损伤，大面积烧伤或休克，严重的营养不良、贫血，长期使用免疫抑制剂等）出现异常时，易导致机体感染。条件感染是指在人体局部和（或）全身抵抗力降低的情况下，原定居于人体内的一些本来不致病的菌群可以变成致病菌引起感染。

三、病理生理

致病菌侵入机体组织并繁殖，产生多种酶与毒素，人体即产生防御反应。局部的病理变化主要是组织充血、水肿和坏死；随着炎症介质、细胞因子和病菌毒素等进入血流，可引起体温升高、血白细胞计数增高等全身反应。红、肿、热、痛和功能障碍以及体温增高是其典型临床特征。

四、转归

外科感染的转归受致病菌的数量、毒力、局部及全身抵抗力、是否经过及时正确的治疗及护理等因素的影响。常出现以下三种结果。

1. 炎症局限　当人体抵抗力占优势，或经有效的药物治疗后，吞噬细胞和免疫成分能较快地抑制病原体，清除死菌残体和组织细胞崩解产物，炎症即被局限、吸收或局部化脓。经过有效的治疗，小的脓肿可以被吸收。

2. 炎症扩散　致病菌毒性大、数量多、宿主抵抗力明显不足，感染迅速扩散，导致严重的全身感染，甚至发展成为脓毒症，危及生命。

3. 转为慢性感染　原来的大部分病菌被消灭，但体内仍有致病菌，感染灶被局限，组织炎症持续存在，中性粒细胞浸润减少而成纤维细胞和纤维增加，转为慢性感染。一旦抵抗力下降，致病菌可再次繁殖，炎症又重新变为急性的过程。

第二节　非特异性感染病人的护理

一、浅部软组织常见化脓性感染

（一）疖

疖是单个毛囊及其周围组织的急性化脓性感染，常扩散至皮下周围组织。致病菌多为金黄色葡萄球菌，偶可见表皮葡萄球菌或其他致病菌。好发于毛囊及皮脂腺丰富的部位，如颈项、头面、背部等。疖的发生多与皮肤不清洁、擦伤、局部摩擦等有关。

1. 临床表现　起病初期，局部皮肤出现红、肿、痛的小硬结，数日后逐渐增大。结节中央因组织坏死、软化,肿痛范围扩大,疼痛加剧,触之稍有波动,中心处出现黄白色脓栓,脓栓脱落、排尽脓液后,炎症消退。疖一般无明显全身症状,但若发生在血液丰富的部位,全身抵抗力下降时,可出现畏寒、发热、头痛和全身不适等。发生在面部,特别是鼻、上唇及其周围"危险三角区"的疖,如被挤压或处理不当时,病菌可经内眦静脉、眼静脉进入颅内海绵状静脉窦,引起颅内化脓性海绵状静脉窦炎,病人常伴有寒战、高热、头痛、呕吐、眼周围组织红肿,甚至昏迷,死亡率很高。

2. 治疗与护理 发生疖时应尽早促使炎症消退。局部涂 2%的碘伏,热敷,给予物理疗法(超短波或红外线)、外敷软膏等,局部有脓肿形成时,应及早排脓。全身反应严重的病人,应使用抗生素,注意休息,补充维生素,改善机体抗感染能力。

3. 健康教育 保持皮肤清洁,避免表皮受伤。严禁挤压面部危险三角区的疖,以免引起颅内化脓性海绵状静脉窦炎。

(二)痈

痈是多个相邻的毛囊及其周围组织的急性化脓性感染,或由多个疖融合而成。致病菌主要为金黄色葡萄球菌。多见于成年人(尤其免疫力低下的老年人和糖尿病病人),常发生于皮肤较厚的项部和背部。感染常从毛囊底部开始,沿阻力较小的皮下组织蔓延,再沿深筋膜向外扩展,从而使多个毛囊受累。痈的发生与皮肤不洁、擦伤、人体抵抗力低下有关。

1. 临床表现 起病初期为小片皮肤硬肿,局部皮肤呈一片稍隆起的紫红色浸润区,界限不清,质地坚韧,表面有几个凸出点或脓点。早期疼痛较轻,随着病情发展,皮肤硬肿范围增大,周围出现浸润性水肿,局部疼痛加重,伴引流区淋巴结肿痛,有多个脓栓,呈蜂窝状;而后中央部逐渐坏死、溶解、塌陷,呈火山口状。此时病人多伴有明显全身症状,如寒战、发热、食欲减退、全身不适等,周围血可出现白细胞计数及中性粒细胞比例增高,严重者可致全身化脓性感染。唇痈容易引起颅内化脓性海绵状静脉窦炎,危险性更大。

2. 治疗原则

(1)局部处理:初期只有红肿时,局部可涂以 2%碘伏或药物外敷。若痈范围大、局部出现多个脓点,表面呈紫褐色或已破溃流脓,应及时手术切开引流,清除坏死组织。可采用"＋＋"形切口切开引流,但唇痈一般不采用。术后加强换药,促进肉芽生长。

(2)全身治疗:包括休息、加强营养、清洁皮肤和给予足量和有效的广谱抗生素以控制感染、控制血糖。

3. 护理问题

(1)体温过高:与感染有关。

(2)疼痛:与炎症刺激有关。

(3)潜在并发症:脓毒症。

4. 护理措施 抬高感染的肢体并制动,以免加重疼痛。疼痛严重者,遵医嘱给予止痛剂。其他护理措施参见"疖"的护理。

(三)急性蜂窝织炎

急性蜂窝织炎是指发生于皮下、筋膜下、肌间隙或深部疏松结缔组织的一种急性弥漫性化脓性感染。病菌多为乙型溶血性链球菌,其次为金黄色葡萄球菌、大肠杆菌等,亦可为厌氧菌。常因皮肤或软组织损伤而引起。病理改变是急性化脓性炎症,特点是病变不易局限,扩展快,与正常组织无明显的界限,感染灶近侧的淋巴结亦常被累及。因病菌释放毒性强的溶血素、链激酶、透明质酸酶等,可使病变扩展较快,导致脓毒症。可引起脓毒血症或菌血症。

1. 临床表现 表浅的蜂窝织炎局部皮肤及周围组织红肿、剧痛,向四周迅速扩大、边界不清。病变中央部位常出现缺血性坏死,加上病变部位的组织疏松且病变发展迅速,不易局限。病变较深者局部红肿不明显,但常有局部组织肿胀和深压痛;全身症状明显,如高热、寒战、头痛、乏力、血白细胞计数增高等。

口底、颌下与颈部的急性蜂窝织炎,易致喉头水肿或压迫气管,引起呼吸困难甚至窒息。由厌氧菌所致的急性蜂窝织炎,常发生在肠道或泌尿生殖道排出物所污染的会阴部或下腹部伤口处,特点为皮下组织及深筋膜坏死,脓液恶臭,局部可出现捻发音,全身症状严重。

2. 治疗原则 应给予局部和全身的治疗及护理,局部制动,中西药湿、热敷,理疗;改善全身营养状况;及时应用有效抗生素,注意观察并发症。若形成脓肿,应尽早切开引流并清除坏死组织。对厌氧菌感染者,用 3%过氧化氢溶液冲洗伤口和湿敷。对于口底、颌下的急性蜂窝织炎,应尽早切开减压,以防喉头水肿,压迫气管引起窒息。

3. 护理问题

(1)体温过高:与感染有关。

(2)疼痛:与炎症刺激有关。

(3)潜在并发症:窒息。

4. 护理措施

(1)预防窒息:特殊部位,如口底、颌下、颈部等的蜂窝织炎可能影响病人呼吸,应注意观察病人有无呼吸困难、窒息等症状,及时发现,及时处理;警惕突发喉痉挛,做好气管插管等急救准备。

(2)健康教育:重视皮肤日常清洁卫生,防止损伤;受伤后及早医治。婴儿和老年人抗感染能力较弱,应重视生活护理。

其他护理措施参见"疖"和"痈"的护理。

(四)丹毒

丹毒是指皮肤及其网状淋巴管的急性炎症,多由乙型溶血性链球菌引起。起病急、进展快,好发于下肢和面部。

1. 临床表现 先有畏寒、发热、头痛、全身不适等全身症状,继之局部出现片状红疹,颜色鲜红,中央较淡,边界清楚并略隆起。红肿向周围蔓延时,中央红色消退、脱屑,颜色转为棕黄;有时可发生水疱,局部有烧灼样痛。常伴有周围淋巴结肿大和疼痛。感染加重可导致全身脓毒血症。下肢丹毒反复发作可引起"象皮肿",本病一般不化脓。

2. 治疗与护理 全身应用有效抗生素,局部外敷、理疗,以促进炎症消退。丹毒有接触传染性,应予以接触隔离,做好床边隔离;接触病人后须洗手,防止接触性传染;对于病人的换药用具,用 0.2%过氧乙酸溶液浸泡 30 min,然后再清洗消毒,换下的敷料进行焚烧处理。

(五)急性淋巴管炎和急性淋巴结炎

急性淋巴管炎是指发生在皮内或皮下淋巴管的急性炎症。若急性淋巴管炎扩散至局部淋巴结即为急性淋巴结炎。细菌多来源于口咽部炎症、皮肤破损、皮下化脓性感染灶等;而下肢的淋巴管炎多由足癣引起,致病菌多为乙型溶血性链球菌、金黄色葡萄球菌等。

1. 临床表现 ①浅层急性淋巴管炎:病变皮肤表面出现一条或数条"红线",自病灶向近心端延伸,硬而有压痛。②深层淋巴管炎:病变皮肤表面不出现红线,但患肢肿胀、压痛。常伴有全身不适、发热、头痛、乏力和食欲不振等症状。常发生于四肢,尤以下肢多见。③急性淋巴结炎:初期表现为局部淋巴结肿大、压痛,与周围软组织分界清楚,表面皮肤正常。当感染加重时,可发展成肿块,局部皮肤出现红、肿、热,伴有波动感,肿块破溃时流出脓液。

2. 治疗与护理 适当休息,抬高患肢,局部理疗。遵医嘱全身应用抗生素,一旦形成脓肿要及早切开引流,做好引流术后护理。

(六)脓肿

脓肿是身体各部位发生急性感染后,病灶局部的组织发生坏死、液化,形成局限性脓液积聚,并有一完整的脓腔壁。脓肿常继发于各种化脓性感染,如急性蜂窝织炎、急性淋巴结炎及疖、痈等,但也可由远处原发感染灶经血液循环或淋巴管转移而来。

1.临床表现 患处红、肿、热、痛,位置表浅者,局部显著隆起高突,有波动感;位置较深者患处有疼痛和压痛而红肿不明显,粗针头穿刺可抽出脓液。

2.治疗与护理 脓肿形成后,及时切开引流,加强换药护理。

二、手部感染

手部感染临床比较多见,主要包括甲沟炎、指头炎、腱鞘炎、滑囊炎和掌间隙感染等。致病菌主要是常存于皮肤表面的金黄色葡萄球菌。多是由手部刺伤、擦伤、剪指甲过深或撕倒刺等引起。

(一)甲沟炎和脓性指头炎

甲沟炎是甲沟或其周围组织的化脓感染。常由手指微小刺伤、挫伤,剪指甲过深或逆剥(新皮倒刺)等引起。脓性指头炎是指手指末节掌面皮下组织的化脓性感染,常发生于指尖或指末节皮肤受伤后,亦可由甲沟炎扩展、蔓延所致。二者的致病菌主要为金黄色葡萄球菌。

1.临床表现

(1)甲沟炎:起病初期,指甲一侧皮肤组织红、肿、热、痛,有的可自行消退。有的感染蔓延至甲根部的皮下及对侧甲沟,形成半环形脓肿。如脓肿向下蔓延可形成指甲下脓肿,指甲下可见灰白色积脓,有剧痛和局部压痛。若处理不当,可波及甲根部,发展为慢性甲沟炎。一般无全身症状。

(2)脓性指头炎:起病初期,指尖针刺样疼痛,以后指头肿胀、发红、疼痛剧烈。因局部张力较高,当指动脉受压时,疼痛转为搏动样跳痛,多伴有发热、全身不适、血白细胞计数增高等全身症状。若感染进一步加重,组织缺血坏死,神经末梢因受压和营养障碍而麻痹,指头疼痛反而减轻,皮色由红转白。如不及时治疗,将发生末节指骨缺血坏死和骨髓炎。

2.治疗原则 起病初期局部涂鱼石脂软膏导热、理疗,甲沟淡已有脓液时,沿甲沟旁行切开引流;甲根处脓肿形成甲下脓肿者可行拔甲术,手术中避免损伤甲床。脓性指头炎病人若疼痛剧烈,出现跳痛,局部张力较大,应及时在末节患指侧面作纵行切开减压引流。合理应用抗生素。

3.护理问题

(1)疼痛:与炎症刺激有关。

(2)潜在并发症:指骨坏死。

4.护理措施

(1)缓解疼痛:提供安静、舒适的休息环境。患肢制动并抬高,有利于改善局部血液循环,促进静脉和淋巴回流,减轻炎性充血、水肿,缓解疼痛。创面换药时,操作轻柔、仔细,尽量使病人放松。

(2)控制感染,防止并发症:遵医嘱准确应用抗生素。脓肿切开者,保持引流通畅,应及时更换敷料。

(3)观察体温、脉搏变化,注意疼痛、红肿症状的进展,若脓性指头炎的创面经久不愈,应作 X 线摄片检查,以防骨髓炎的发生。

5.健康教育

(1)手部感染愈合后,指导病人活动患处附近的关节,以尽早恢复手部功能。

(2)日常保证手部清洁,对于手部的任何微小损伤,都应及时正确处理,以防发生感染。手部轻度感染时应及早就诊,以免延误。

(二)急性化脓性腱鞘炎和化脓性滑囊炎

急性化脓性腱鞘炎和化脓性滑囊炎是手指屈肌腱鞘的急性化脓性感染,致病菌多为金黄色葡萄球菌。

(1)临床表现:化脓性腱鞘炎病情进展迅速,24 h 后即可出现全身感染中毒症状,如寒战、高热、乏力等。患指常有红肿、剧痛,呈微屈状以减轻腱鞘的张力。被动伸直时疼痛加剧,因腱鞘坚韧而无波动感。由于拇指与小指腱鞘分别与尺、桡侧滑液囊相通,因此化脓性腱鞘炎可迅速发展为桡、尺侧滑囊炎。

(2)治疗与护理:及时切开引流,并遵医嘱早期、足量、联合全身应用抗生素。

（三）手掌深部间隙感染

手掌深部间隙感染包括掌中间隙与鱼际间隙感染。致病菌多为金黄色葡萄球菌。

（1）临床表现：①掌中间隙感染：掌心凹消失、局部隆起，中指、无名指、小指呈半屈状，伸指时剧痛。病人手背水肿也极为明显，易误认为手背感染。②鱼际间隙感染：大鱼际和拇指指蹼明显肿胀、压痛，拇指外展略屈，食指半屈，活动受限，拇指不能对掌。

（2）治疗与护理：患肢制动、止痛，遵医嘱全身应用抗生素。早期切开引流，做好引流术后护理。

三、全身性感染

全身性感染是指致病菌或其产生的毒素侵入人体血液循环，并在体内生长繁殖，产生毒素，引起严重的全身感染和中毒症状，包括脓毒症和菌血症。脓毒症是指由病原菌感染引起的全身性炎症反应综合征。菌血症是脓毒症中的一种，即血培养检出致病菌并出现明显临床症状者。

（一）病因

全身性感染多由致病菌数量多、毒力强和机体抵抗力低下等引起。多见于严重创伤后的感染或由原发性感染灶治疗不及时或不恰当所致。如大面积烧伤后感染、尿路感染、胆道感染及长期使用激素后的感染等。常见致病菌有如下几种。

1. 革兰阴性杆菌　最常见，所引起的脓毒症较为严重。致病菌包括大肠杆菌、绿脓杆菌、变形杆菌等，常见于肠道、胆道、泌尿道以及大面积烧伤等。导致感染性休克时，休克发生早，持续时间长。

2. 革兰阳性杆菌　如金黄色葡萄球菌、表皮葡萄球菌、链球菌等，常见于痈、蜂窝织炎、化脓性骨关节炎等。导致感染性休克时，休克发生较晚，易经血液播散，形成转移性脓肿。

3. 真菌感染　致病菌多为白假丝酵母菌。多发生于长期使用免疫抑制剂或原有细菌感染经广谱抗生素治疗后，表现类似革兰阴性杆菌脓毒症，易漏诊。

（二）临床表现

1. 症状与体征　①起病急、病情重、发展快，病人常骤起寒战，继而高热，体温高达 40～41℃。②头痛、头晕、恶心呕吐、腹胀、腹泻、食欲不振、神志淡漠或烦躁，甚至出现昏迷。③心率加快，脉搏细速，呼吸困难。④肝、脾大，肝功能受损，出现皮下瘀斑等。

2. 并发症　可出现感染性休克及脏器损害、功能衰竭，严重者可并发多系统器官功能衰竭。

（三）实验室及其他检查

血白细胞计数明显升高，常达$(20\sim30)\times10^9$/L，可出现核左移、中毒颗粒。若出现白细胞计数不升反降，说明病人情况极差，病情危重。菌血症病人发热时，血培养可呈阳性。

（四）防治要点

（1）彻底清除原发病灶，进行全面检查，特别注意潜在的感染途径。

（2）早期、足量、联合应用有效的抗生素。

（3）加强全身支持疗法，纠正体液失衡，补充营养，输注鲜血，补充维生素，给予清淡、易消化的食物，提高机体的免疫力。

（五）护理问题

1. 疼痛　与炎症、水肿、压迫及炎性产物刺激有关。

2. 体温过高　与感染和感染扩散有关。

3. 有受伤的危险　与意识障碍有关。

4. 潜在并发症　感染性休克、肾衰竭、呼吸衰竭等。

（六）护理措施

1. 病情观察　密切监测生命体征，注意体温、脉搏、呼吸和血压的变化，观察有无全身症状，预防脓毒症的发生。

2.手术前护理 对已化脓或需提前切开引流者,应做好病人及其家属的思想工作,解释脓肿切开引流的必要性,使其消除恐惧心理,配合手术治疗,同时做好手术前准备。

3.手术后护理 手术后定时更换敷料,观察敷料有无渗血,注意保持敷料的清洁、干燥。手术后前3日应每日换药一次,特殊情况可随时更换敷料,经数次换药后,若创面清洁,肉芽组织新鲜,脓性分泌物减少,可改为2~3日换药一次。若肉芽组织苍白、血运差或过度生长,可用剪刀剪去或用5%氯化钠溶液湿敷。

4.对症护理

(1)体温过高:降低室内温度,给予物理或药物降温,在病人寒战高热发作时做血液细菌培养,以便确定致病菌,为治疗提供可靠依据。

(2)疼痛:注意局部病灶的感染是否得到控制,局部切开引流是否通畅,必要时适当应用止痛剂。

(3)防止意外损伤:对神志不清的病人,应专人护理,必要时使用约束带,对昏迷病人应加床挡以免坠床。

(4)补液:补充足够的液体及电解质,纠正体液不足,鼓励病人摄入高蛋白质、高热量、高维生素、低脂肪的食物,以满足新陈代谢增加的需要,增强机体抵抗力,促进病人的康复。

5.用药护理 确认并执行有效医嘱,进行静脉输液和药物治疗,以维持正常的血压、心排血量及有效地控制感染。

6.心理护理 关心和体贴病人,给予病人及其家属心理安慰和支持。

(七)健康教育

(1)注意个人日常卫生,保持皮肤清洁,穿宽松柔软的棉质内衣裤。

(2)注意加强饮食卫生,避免肠源性感染。

(3)若发现身体局部感染,应及早就诊,以免延误就诊,导致病情扩散,出现全身化脓性感染。

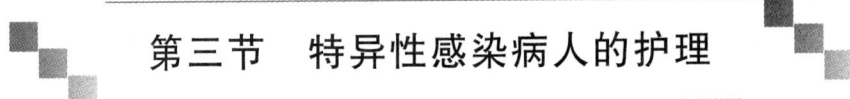

第三节 特异性感染病人的护理

一、破伤风

破伤风是由破伤风芽孢梭菌侵入人体伤口,生长繁殖,产生毒素所引起的一种急性特异性感染。临床表现以全身肌肉强直性收缩和阵发性痉挛为特征。

(一)病因病理

破伤风芽孢梭菌是一种革兰阳性厌氧梭状芽孢杆菌,广泛存在于泥土及人畜大便中。尽管破伤风芽孢梭菌菌体已被消灭,但芽孢的抵抗力很强,煮沸60 min、高压蒸汽30 min或浸入50%碳酸中10~12 h才能将其杀灭。引起破伤风发病的是破伤风梭菌的外毒素,包括破伤风梭菌痉挛毒素和溶血毒素,其中痉挛毒素是致病的主要因素。破伤风的发生与下列因素有关:①破伤风芽孢梭菌直接侵入人体伤口内。②人体抵抗力下降。③具备厌氧环境,如伤口窄而深、缺血、坏死组织多、引流不畅,合并有其他需氧菌感染而造成局部缺氧等。

破伤风多发生于战伤或其他各种创伤,如锈钉、木刺伤等,也可发生于烧伤、冻伤、新生儿脐带残端、产后感染、动物咬伤等。其特点是肌肉强直性收缩和阵发性痉挛,可因轻微的刺激,如声、光、接触等诱发。

(二)临床表现

1.症状体征

(1)潜伏期:平均 6～10 日,最短为 24 h,长者可达数月或数年,或在摘除体内长期存留异物(如弹片)时发生。新生儿破伤风一般在断脐后 7 日左右发生。潜伏期越短,症状越严重,死亡率越高。

(2)前驱期:症状不典型,一般持续 12～24 h,以乏力、头痛、头晕、咀嚼肌紧张、张口困难及烦躁不安为特点。

(3)发作期:典型表现为在肌肉持续性收缩的基础上阵发性痉挛,从咀嚼肌开始,依次出现面部肌、颈项肌、背腹肌、四肢肌群、膈肌和肋间肌收缩。病人表现为张口困难、牙关紧闭、苦笑面容、颈项强直和角弓反张,膈肌及呼吸肌痉挛时可出现呼吸困难或窒息,持续发作数秒或数分钟不等。发作时病人常表现为大汗淋漓,口唇发绀,呼吸急促,口吐白沫,流涎,头后仰,手足抽搐,表情痛苦等,病人始终神志清醒,一般无高热。任何轻微刺激,如声、光、疼痛等均可诱发本病。病程一般为 3～4 周,从第 2 周开始症状可逐渐减轻。

2.并发症　发作时可出现骨折、尿潴留、窒息、肺部感染、酸中毒、循环衰竭等并发症。

(三)实验室及其他检查

血尿常规检查、心电图检查,伤口如有分泌物可行涂片检查或细菌培养。

(四)防治要点

破伤风是一种极为严重的疾病,死亡率高,要采取综合治疗措施。

1.消除毒素来源　伤后应在控制痉挛的情况下,对伤口彻底清创,清除坏死组织和异物,敞开伤口,充分引流,并用 3% 过氧化氢或 1∶5000 高锰酸钾溶液等冲洗、湿敷。

2.中和游离的毒素　破伤风抗毒素(TAT)和人体破伤风免疫球蛋白两种药物不能中和已与神经组织结合的毒素,故应尽早使用,中和血液中的游离毒素。

3.控制和解除痉挛　控制和解除痉挛是治疗过程中的重要环节,如处理好,可防止窒息和肺部感染的发生,减少死亡。所以在治疗中应积极应用镇静、解痉药,控制和解除痉挛。

4.防治并发症　应注意维持呼吸道通畅,预防窒息,严重时尽早切开气管,有效应用抗生素,给予支持疗法等。

(五)护理问题

1.吞咽障碍　与咀嚼肌痉挛有关。

2.有窒息的危险　与膈肌、呼吸肌持续痉挛和痰液堵塞气道有关,是病人死亡的主要原因。

3.有感染的危险　与呼吸道不畅、支气管分泌物堆积、不能经常翻身有关。

4.焦虑/恐惧　与反复抽搐发作、病情危重、预后莫测有关。

5.有受伤的危险　与阵发性肌痉挛有关。

(六)护理措施

1.病情观察　密切观察生命体征,常规吸氧,使氧饱和度在 95% 左右。观察病人痉挛、抽搐的发作次数、持续时间及有无伴随症状,并做好记录,发现异常应立即报告医生,及时采取有效措施。

2.一般护理

(1)将病人安置在单人隔离病房,保持室内安静,尽量减少一切刺激。医护人员说话要低声、走路要轻巧,室内光线要暗淡,门窗要安装较深色的帘布,避免强光刺激。

(2)治疗及护理操作应尽量集中,可安排在使用镇静剂 30 min 后。操作过程中动作要敏捷,尽量不要搬动病人,减少抽搐发作。

(3)应严格执行接触隔离制度,为防止传染,按接触隔离要求护理病人,换药所用器械及敷料均须专用,使用后器械要用2%戊二醛溶液浸泡1 h以上,洗净后高压蒸汽灭菌,所用敷料应焚烧,操作时护士应穿隔离衣,对于室内用品和排泄物均应进行消毒处理,严防院内交叉感染。

3.对症护理

(1)呼吸道管理:对抽搐频繁、持续时间长、药物不易控制的病人,应尽早行气管切开术,以便改善通气;及时清理呼吸道分泌物,必要时进行人工辅助呼吸。

(2)抽搐护理:抽搐时应用合适的牙垫,以防舌咬伤;剧烈抽搐时勿强行按压肢体,关节部位放置软垫,以防止肌腱断裂、骨折及关节脱位。

(3)控制痉挛:遵医嘱使用镇静、解痉药物。病情较轻者,可使用一般镇静剂,如地西泮5 mg口服或10 mg静脉注射、苯巴比妥钠0.1～0.2 g肌内注射、10%水合氯醛15 mL口服或20～40 mL直肠灌注;病情较重者,可用氯丙嗪、异丙嗪、哌替啶加入5%葡萄糖内静脉滴注;用药过程中应严密观察病人生命体征的变化,对抽搐频繁者,在气管切开及控制呼吸的条件下可使用硫喷妥钠和肌松剂。

4.用药护理

(1)维持体液和营养平衡:遵医嘱给予补液,纠正水、电解质、酸碱平衡失调。因病人痉挛抽搐,能量消耗较大,应给予病人高热量、高蛋白质、高维生素的饮食。病人应少量多餐,避免引起呛咳、误咽。对于病情严重,不能进食者,可在控制痉挛后给予胃肠道内、外营养,以满足机体需要。

(2)应用抗生素:青霉素80万～160万单位肌内注射,可杀灭破伤风梭菌,减少毒素生成。

(3)中和游离毒素:使用破伤风抗毒素可中和血液中的游离毒素,首次剂量为2万单位,加入5%葡萄糖溶液500 mL内,经静脉缓慢滴入。以后每日1万～2万单位静脉滴入,共用3～6日。若用人体破伤风免疫球蛋白,一般只需注射1次,剂量为3000～6000单位。

5.心理护理　关心体贴病人,给病人及其家属以心理安慰和支持,并告知家属探视时间。

(七)健康教育

(1)加强宣传教育,加强自我保护意识,避免皮肤损伤。

(2)加强接生管理,严格无菌操作,可防止新生儿及产妇破伤风的发生。

(3)破伤风治疗比较困难,但可以预防,最有效的措施是注射破伤风类毒素,小儿应按照免疫接种要求定期注射白百破疫苗,以获得主动免疫。

(4)凡有破损的伤口,均应清创处理,注射破伤风抗毒素(TAT)1500单位,在伤后12 h内使用,成年人与小儿剂量相同。注射前常规做药敏试验,阳性者用脱敏法进行注射。

二、气性坏疽

气性坏疽是由气性坏疽芽孢杆菌侵入伤口后引起的一种严重的急性特异性感染。

(一)病因

气性坏疽杆菌是革兰染色阳性的厌氧菌,广泛存在于泥土和人畜的大便中,当进入缺氧的伤口内及机体抵抗力低下时,大量生长繁殖产生多种外毒素和酶而致病,引起溶血、组织水肿及心、肝、肾等器官损害。病人一般起病急骤,以肌坏死或肌炎为特征。此类感染病情发展迅速,预后差。

(二)临床表现

1.症状体征　潜伏期一般为1～4日,短至6 h,长达6日。伤口局部呈"胀裂样"疼痛,患处肿胀明显且进行性加重。伤口内流出带恶臭味、血性液体,轻压伤口周围可有捻发音。病人还可有高热、脉速、呼吸急促、烦躁不安、贫血等症状。

2.并发症　随着病情的发展,可发生溶血性贫血、黄疸、血红蛋白尿、酸中毒等,全身情况可在12～24 h迅速恶化。

(三)实验室及其他检查

由于溶血毒素的作用红细胞计数可迅速下降,血红蛋白降至30～40 g/L,出现贫血,X线检查发现伤口肌群间有积气阴影。伤口渗液涂片检查可见大量革兰阳性杆菌。

（四）防治要点

1. 紧急手术　一经确诊,应立即手术,切除坏死组织,并用过氧化氢或高锰酸钾溶液冲洗湿敷。

2. 应用抗生素　大剂量使用青霉素,每日 1000 万～2000 万单位静脉滴注,甲硝唑 0.5 g 静脉滴注,每 8 h 一次。

3. 高压氧治疗　可抑制细菌的生长,控制感染扩散。

（五）护理问题

1. 恐惧　与病情严重、可能截肢有关。

2. 有交叉感染的危险　与隔离措施不严有关。

3. 营养失调:低于机体需要量　与营养摄入不足、机体代谢增强有关。

（六）护理措施

1. 病情观察　对高热、烦躁、昏迷的病人,应密切观察生命体征的变化,警惕感染性休克的发生。

2. 一般护理

（1）隔离:严格执行接触隔离制度,病人用过的物品、器械,应进行高压蒸汽灭菌,伤口敷料应焚烧,排泄物经过严格消毒后倒掉。

（2）全身支持治疗:给予病人高热量、高蛋白质食物;纠正水、电解质和酸碱失调;不能进食者可管饲或肠外营养,以提高机体抵抗力。

3. 对症护理

（1）疼痛:及时应用止痛剂,必要时给予麻醉止痛剂。亦可应用非药物治疗,如谈话、娱乐活动及精神放松等,以缓解疼痛;对扩大清创和截肢者,应协助病人变换体位,以减轻因外部压力和肢体疲劳引起的疼痛。

（2）高热:病人体温超过 38.5℃时须给予物理降温,必要时应用退热药物。

4. 伤口护理　经紧急清创后的伤口,应每日更换敷料,更换敷料时,伤口处应用过氧化氢溶液冲洗,并加用氧化剂湿敷料填塞,为确保氧化剂不易蒸发,外面可用一层凡士林纱布覆盖。

5. 高压氧疗法护理　一般使用 2218 mmHg（295 kPa）压力,在 3 日内进行 7 次治疗,每次施行 2～4 h,间隔 6～8 h。护士应观察每次氧疗后伤处的变化并记录。

6. 用药护理　遵医嘱及时、准确地使用合适、有效的抗生素,并观察用药后的反应。

7. 心理护理　对病人应给予关心,对其进行生活护理。对需要截肢者,应向其说明手术的必要性和重要性,使其理解和接受手术,配合治疗。同时应给予耐心解释,解除病人忧虑和恐惧,指导病人进行适应性训练,使其逐渐适应自身形体变化和日常活动。

（七）健康教育

（1）教育病人加强劳动保护,避免受伤。

（2）受伤时应及时彻底清创和早期使用大量抗生素。

（3）指导病人对患肢进行自我按摩及功能锻炼,以便尽快恢复患肢的功能。

【案例思考】

胡某,男,41 岁,因张口困难、四肢抽搐 1 日就诊。病人于 8 日前在工地劳动时足底不慎被铁钉戳破,受伤后伤口未做特殊处理。现伤口有少量脓液流出,2 日前感全身乏力、头晕头痛、咀嚼无力,背部、胸部肌肉较僵硬。体格检查:体温 38.6 ℃,脉搏 95 次/分,呼吸 24 次/分,血压 124/80 mmHg。意识清醒,"苦笑"面容,颈项强直,心肺未发现异常,腹肌紧张,全腹无压痛和反跳痛,肠鸣音正常。左足底有一伤口,直径约 0.5 cm,局部红肿,挤压时有脓液流出。实验室检查:血白细胞 $14×10^9$/L,中性粒细胞 82%。

请思考:

1. 该病人可能的医疗诊断是什么？
2. 伤后采取哪些措施可能使该病人免于患病？
3. 写出该病人现存的和潜在的护理诊断。
4. 按临床护理思维模式拟定护理措施。

（班华琼）

第十章 损伤病人的护理

学习目标

识记:

1. 能简述创伤的分类、病理生理、修复过程、临床表现及处理原则。

2. 能列出烧伤现场的抢救措施和处理原则。

理解:

1. 能解释创伤、烧伤的病理生理。

2. 能举例说明影响创伤愈合的因素。

扫码看课件

运用:

1. 能评估烧伤病人的烧伤面积、烧伤深度和严重程度。

2. 能运用所学的知识制订烧伤病人的护理计划,正确进行补液治疗及创面护理。

3. 能运用所学知识,为创伤及烧伤病人进行健康指导。

4. 能正确施行创伤伤口的清创处理和伤口换药。

　　损伤是指各种致伤因素作用于人体所造成的组织结构完整性破坏或功能障碍及其所引起的局部和全身反应。引起损伤的原因主要有:①机械性因素:如锐利器械切割、钝器打击、重物挤压、枪弹射击等;②物理性因素:如高温、寒冷、电流、激光、放射线等;③化学性因素:如强酸、强碱、毒气等;④生物性因素:如毒蛇、犬、猫、昆虫等咬抓蜇伤。本章主要介绍创伤、烧伤和冷伤、生物性犬蛇咬伤病人的护理。

第一节 创 伤

　　创伤是指机械性致伤因素作用于人体所造成的组织结构完整性的破坏或功能障碍,是临床上最常见的一种损伤。

一、分类

　　创伤分类方法较多,可按致伤因素、受伤部位、伤情轻重来进行分类。软组织的创伤根据皮肤完整性可分为闭合性损伤和开放性损伤两类。

　　1.闭合性损伤 伤后皮肤黏膜仍保持其完整性称为闭合性损伤,多由钝性暴力所致。

　　(1)挫伤:钝性暴力所致皮下组织、肌肉和小血管损伤,重者甚至伤及内脏。表现为伤部肿胀、疼痛和皮下淤血。

　　(2)扭伤:外力使关节异常扭转引起关节囊、韧带、肌腱损伤,出现关节疼痛、肿胀和活动障碍。

（3）挤压伤：人体肌肉丰富部位，遭受重物较长时间、较大范围的挤压造成受压部位肌肉广泛缺血坏死，严重者可发生以肌红蛋白尿和高血钾为特征的急性肾衰竭及休克，临床称为挤压综合征。

（4）爆震伤：由爆炸产生的冲击波造成的损伤，体表多无明显伤痕，可引起内脏损伤，以含气的肺组织、肠管及鼓膜多见。

2.开放性损伤　开放性损伤是指损伤部位皮肤或黏膜有破损，可见伤口和出血，易发生感染。

（1）擦伤：皮肤被粗糙物摩擦，造成的浅层组织损伤。创面有擦痕、小出血点和浆液渗出。

（2）刺伤：尖锐物体刺入人体所造成的损伤。创口小而深，有时可伤及深部器官。

（3）切割伤：由锐利器械所造成的损伤。创缘整齐，周围组织损伤较少，易造成血管、神经、肌腱等深部组织损伤。

（4）裂伤：钝物打击引起软组织、皮肤裂开。创缘不整齐，周围组织破坏较重，易发生坏死和感染。

（5）撕脱伤：暴力的卷拉或撕扯，造成皮肤、皮下组织、肌肉、肌腱等组织的剥脱，损伤严重，出血多且易感染。

（6）火器伤：由枪、炮等武器的发射物所致的损伤。伤情复杂，易伤及深部器官和组织，破坏多，污染重，常有异物存留。

二、病理生理

机体在致伤因素作用下迅速产生各种局部和全身性防御反应，以维持机体内环境的稳定性。

（一）局部反应

主要表现为局部创伤性炎症反应，其病理过程与一般炎症基本相同。创伤后组织释放各种炎性介质，引起毛细血管壁通透性增高、血浆成分外渗；白细胞等趋化因子迅速集聚于伤处吞噬和清除病原微生物或异物，并出现疼痛、发热等炎症表现，一般3～5日逐渐消退。

（二）全身反应

全身反应即全身性应激反应，是致伤因素作用于机体后引起的一系列神经内分泌活动增强并引发各种功能和代谢改变的过程，是一种非特异性应激反应。神经-内分泌系统反应在疼痛、精神紧张、有效血容量不足等因素综合作用下，下丘脑-垂体-肾上腺皮质轴和交感神经-肾上腺髓质轴分泌大量儿茶酚胺、肾上腺皮质激素、抗利尿激素、生长激素和胰高血糖素；同时，肾素-血管紧张素-醛固酮系统也被激活。上述的三个系统相互协调，共同调节全身各器官功能和代谢，动员机体代偿能力，以对抗致伤因素的损害作用，保证重要脏器的血流灌注。

创伤后机体释放大量的炎性介质如肿瘤坏死因子、白细胞介素等作用于下丘脑体温调节中枢引起发热。

代谢方面，创伤后由于神经内分泌系统的作用，机体分解代谢增强，主要表现为基础代谢率增高，能量消耗增加，糖、蛋白质、脂肪分解加速，糖异生增加，水、电解质代谢发生紊乱。

免疫反应方面，严重创伤后，中性粒细胞、单核-巨噬细胞的吞噬和杀菌能力减弱，淋巴细胞数量减少、功能下降，免疫球蛋白含量降低等因素综合作用导致机体免疫防御能力下降，对感染的易感性增加，最终导致病人发生感染。

（三）组织修复和创伤愈合

组织修复的基本方式是由伤后增生的细胞和细胞间质充填、连接或代替缺损组织。理想的修复是完全由原来性质的组织细胞修复缺损组织，恢复其原有的结构和功能，称为完全修复。由于人体各种组织细胞固有的再生增殖能力不同，大多数组织伤后由其他性质细胞（多为成纤维细胞）增生替代完成。

创伤的修复过程一般分为3个既相互区分又相互联系的阶段。

1.伤口填充与炎症反应　伤后立即发生，持续3～5日。先由血凝块和纤维蛋白充填创腔，然后在炎性细胞和酶类物质的作用下清除受损和坏死组织。

2.细胞增殖与肉芽形成 浅表的损伤一般通过上皮细胞的增殖、迁移覆盖创面而修复,但大多数软组织损伤需要通过肉芽组织的形式来完成。创伤性炎症出现不久,局部新生的成纤维细胞、内皮细胞和毛细血管等共同构成肉芽组织,新生上皮也开始由创缘向中心生长,直至伤口修复。

3.组织塑形 随着成纤维细胞合成胶原纤维的增多,伤口强度迅速增大并趋于稳定,肉芽组织变成坚韧的瘢痕组织。过多的瘢痕组织通过各种酶和运动应力的作用,不断调整修复,以适应生理功能的需要。

三、创伤愈合的类型

创伤愈合分为一期愈合和二期愈合。

1.一期愈合 又称原发愈合。组织修复以原来细胞为主,仅含少量纤维组织,局部无感染、血肿及坏死组织,伤口边缘整齐、严密、呈线状,组织结构和功能修复良好。多见于创伤程度轻、范围小、无感染的伤口或创面。

2.二期愈合 又称瘢痕愈合。以纤维组织修复为主,修复较慢,瘢痕明显,愈合后对局部结构和功能有不同程度的影响。多见于损伤程度重、范围大、坏死组织多及伴有感染的伤口。

四、影响伤口愈合的因素

影响伤口愈合的因素包括局部因素和全身性因素两个方面。

1.局部因素 伤口感染是最常见的影响因素。其他如创伤范围大、坏死组织多、异物存留、局部血液循环障碍、伤口引流不畅、伤口位于关节处、局部制动不足、包扎或缝合过紧等也不利于伤口愈合。

2.全身性因素 主要影响的因素有营养不良(尤其是蛋白质、维生素 C、铁、锌等元素缺乏)、某些药物(如糖皮质激素、细胞毒性药物)的大量使用以及放射线照射等,导致免疫力低下的疾病,如糖尿病、肝硬化、艾滋病、结核、肿瘤等慢性疾病及出现全身严重并发症(如多器官功能不全)等,也常延迟伤口愈合或导致伤口不愈合。其他如年龄、心理压力等对创伤修复都有影响。

五、临床表现

各种创伤因致伤的原因、部位、程度的不同,临床表现也有差异,却都存在如下的共同表现。

(一)局部表现

1.疼痛 疼痛的程度与创伤程度、部位、性质和范围,炎症反应强弱及个人耐受力等有关。疼痛对伤情判断有意义,因此在诊断明确前应慎用麻醉性止痛药,以免漏诊或误诊。疼痛于活动时加剧,制动后减轻,常在受伤 2～3 日逐渐缓解。

2.肿胀和瘀斑 因局部出血及炎症渗出所致,常伴有皮肤发绀、瘀斑、血肿。严重肿胀可致局部或远端肢体血供障碍。

3.功能障碍 局部组织结构破坏、疼痛肿胀或神经系统损伤等因素所致,局部的疼痛也使活动受限。某些急性器官功能障碍迅速导致死亡,如窒息、开放性或张力性气胸引起的呼吸衰竭。

4.伤口和出血 见于开放性损伤,多有伤口和出血,伤口内有出血、血块或异物。

(二)全身表现

轻伤病人无明显的全身症状,较重者可出现。

1.体温改变 伤口内出血、组织细胞分解产物吸收以及部分炎症介质的作用导致发热,体温一般不超过 38.5℃,并发感染时可出现高热。脑损伤致中枢性高热体温可达 40℃左右。

2.生命体征的改变 伤后儿茶酚胺释放增加,使心率和脉搏加快,当发生大出血和休克时,则血压降低、脉搏细数、呼吸加快。

3.其他 可有口渴、尿少、食欲不振、乏力、体重减轻等,妇女可有月经失调。

（三）并发症

重度创伤病人继发感染或伴有休克时,可诱发多系统器官功能障碍,如急性呼吸窘迫综合征、急性肾衰竭、应激性溃疡等。

六、辅助检查

1.实验室检查 血常规和血细胞比容可判断失血或感染的情况;尿常规有助于判断有无泌尿系统损伤;电解质和血气分析有助于了解有无水、电解质、酸碱平衡紊乱;对疑有肾损伤者,可进行肾功能检查;血、尿淀粉酶检查有助于判断是否有胰腺损伤等。

2.影像学检查 X线摄片可了解有无骨折、脱位,胸腹腔有无积液、积气,伤处异物情况等。超声、CT和MRI检查有助于实质性脏器损伤及脊髓、颅脑等损伤的诊断。

3.诊断性穿刺和置管检查 一般胸腔穿刺可明确血胸或气胸;腹腔穿刺或灌洗可明确有无内脏破裂、出血;心包穿刺可证实心包积液或积血。留置导尿管或灌洗可诊断尿道或膀胱的损伤,留置中心静脉导管可监测中心静脉压,辅助判断血容量和心功能。

4.其他 对严重创伤病人,采用多功能监护仪和其他实验室检查方法,监测心、肺、脑、肾等重要器官的功能,以利于观察病情变化,及时采取治疗措施。

七、处理原则

（一）现场急救

急救的原则:必须遵循抢救生命第一、恢复功能第二、顾全解剖完整性第三的基本原则。首先抢救心搏骤停、窒息、大出血、休克、开放性和张力性气胸等危急状况,以挽救病人的生命。

针对各种类型的创伤,现场正确的救护是挽救病人生命的重要保证。急救措施包括循环和呼吸功能的支持,伤口的止血、包扎和固定等。牢记优先解决危及生命的紧急问题,并将病人迅速安全地运送到医院做进一步的处理。

（二）进一步救治

病人经现场急救被送到医院后,应立即对病情进行再次评估、判断和分类,采取针对性的措施进行救治。

1.全身处理

（1）维持呼吸和循环功能:保持气道通畅,给氧,必要时行气管插管或气管切开,进行机械通气。并输液、输血以尽快恢复有效循环血量。

（2）镇静、止痛:正确包扎、固定及适当制动有助于减轻疼痛。因剧烈疼痛,可诱发或加重休克,可在不影响病情观察的情况下合理使用镇静、止痛药物。

（3）防治感染:开放性创伤者在伤后12 h内注射破伤风抗毒素（TAT）,并合理使用抗菌药物。

（4）支持治疗:包括维持水、电解质和酸碱平衡,保护重要脏器功能,并给予营养支持治疗。

（5）心理支持:创伤后病人可出现焦虑或恐惧等,甚至可发生创伤后压力综合征,因此需注意对创伤后病人的心理支持。

2.局部处理

（1）闭合性损伤:单纯软组织损伤者,予以局部制动,抬高患肢,局部冷敷,24 h后改用热敷或红外线治疗等。局部如有血肿形成,可加压包扎。闭合性骨折和脱位者,需进行复位、固定;合并重要脏器、组织损伤者,应手术探查和修复处理。

（2）开放性损伤:大多数开放性损伤需要手术处理,以修复断裂的组织。根据伤口情况选择方法。

①清洁伤口:可以直接缝合。

②污染伤口:有细菌污染但尚未构成感染的伤口。开放性损伤早期为污染伤口,采用清创术,对伤口

进行清洗、扩创、缝合等处理,以将污染伤口变为清洁伤口,为组织愈合创造良好条件。清创时间越早越好,伤后 6～8 h 是最佳时间,此时清创一般可达到一期缝合。若伤口污染较重或超过 8～12 h 才处理,清创后伤口应放置引流条并行延期缝合。

③感染伤口:开放性伤口污染严重或较长时间未得到处理,已发生感染,此时要先行引流,再行更换敷料(又称换药)。换药是处理感染伤口的基本措施,其目的是清除伤口的分泌物、坏死组织和脓液,保持引流通畅,控制感染,改善肉芽组织状态,减少瘢痕的形成。

八、护理问题

1. 体液不足 与伤后失血、失液有关。

2. 疼痛 与创伤、局部炎症反应或伤口感染有关。

3. 组织完整性受损 与组织器官受损伤、结构破坏有关。

4. 潜在并发症 休克、感染、挤压综合征等。

九、护理措施

1. 急救护理

(1)抢救生命:在现场经简单的评估,找出危及生命的紧迫问题,立即就地救护。必须优先抢救的急症主要包括心搏和(或)呼吸骤停、窒息、大出血、张力性气胸和休克等。其措施主要包括:①保持呼吸道通畅:立即解开病人衣领,清理口鼻腔,疏通气道,给氧等。②心肺复苏:一经确诊为心搏、呼吸骤停,立即采取胸外心脏按压及口对口人工呼吸。③止血及封闭伤口:采用手指压迫、加压包扎、扎止血带等迅速控制伤口大出血;对于胸部开放性伤口要立即封闭。④恢复循环血量:有条件时,现场开放静脉通路,快速补液。⑤监测生命体征:现场救护中,应时刻注意生命体征和意识的变化。

(2)包扎:目的是保护伤口、减少污染、压迫止血、固定骨折、减轻疼痛。用无菌敷料或清洁布料包扎,如有腹腔内脏脱出,应先用干净器皿保护后再包扎,勿轻易还纳,以防污染。

(3)固定:肢体骨折或脱位时可使用夹板、就地取材或利用自身肢体、躯干进行固定,以减轻疼痛、防止再损伤,方便搬运。较重的软组织损伤也应局部固定制动。

(4)转运:病人经现场妥善处理如骨折的固定后应迅速、安全而平稳地转送至有条件的就近医院进行进一步的救治。

2. 维持有效循环血量 ①密切监测意识、呼吸、血压、脉搏、中心静脉压和尿量等,并认真做好记录;②有效止血后,迅速建立 2～3 条静脉输液通道,给予输液、输血或应用血管活性药物等,以尽快恢复有效循环血量并维持循环的稳定。

3. 缓解疼痛 肢体受伤时可用绷带、夹板、石膏、支架等维持有效固定和制动姿势,避免因活动而加重疼痛。疼痛严重者遵医嘱使用镇静、止痛药物。

4. 妥善护理伤口

(1)开放性损伤伤口清创术后护理:伤肢抬高制动,注意观察伤口有无出血、感染征象,引流是否通畅,肢端循环情况;定时更换伤口敷料。遵医嘱应用破伤风抗毒素及抗菌药物。

(2)闭合性损伤病人的护理:软组织损伤时,抬高或平放受伤肢体;24 h 内予以局部冷敷和加压包扎,以减少局部组织的出血和肿胀。伤后 24 h 起改用热敷、理疗、药物外敷等,以促进血肿和炎症的吸收。注意观察皮下出血及血肿的变化情况。伤情稳定后指导病人进行功能锻炼。

5. 并发症的观察与护理 观察受伤部位的出血、疼痛、伤口修复等情况,肢体损伤严重者,应定时测量肢体周径,注意末梢循环、肤色和温度。尤其是闭合性内脏损伤时,需要严密观察有无休克及创伤后各种并发症的发生。

(1)感染:开放性损伤病人,如果污染较重,没有及时处理,很容易发生感染,应及早行清创术,使用抗菌药物和破伤风抗毒素。若伤口已发生感染,及时引流、换药。

(2)挤压综合征:凡四肢或躯干肌肉丰富的部位受到重物长时间挤压致肌肉组织缺血性坏死,继而引起肌红蛋白血症、肌红蛋白尿、高血钾和急性肾衰竭为特点的全身性改变,称为挤压综合征。当局部压力解除后,出现肢体肿胀、压痛、肢体主动活动及被动牵拉活动引起疼痛、皮温下降、感觉异常、弹性减弱,在 24 h 内出现茶色尿或血尿等改变时,提示可能并发了挤压综合征,应及时报告医生并配合处理。并发了挤压综合征的病人,早期禁止抬高患肢、按摩及热敷;协助医生切开减压,清除坏死组织;遵医嘱应用碳酸氢钠及利尿剂,防止肌红蛋白阻塞肾小管,对行腹膜透析或血液透析治疗的肾衰竭病人做好相应的护理。

十、健康教育

普及安全知识,加强安全防护意识,避免受伤。一旦受伤,无论是开放性或闭合性损伤,都要及时到医院就诊,接受正确的处理,以免延误抢救。伤后恢复期加强功能锻炼,促进机体功能恢复,防止肌肉萎缩和关节僵硬等并发症的发生。

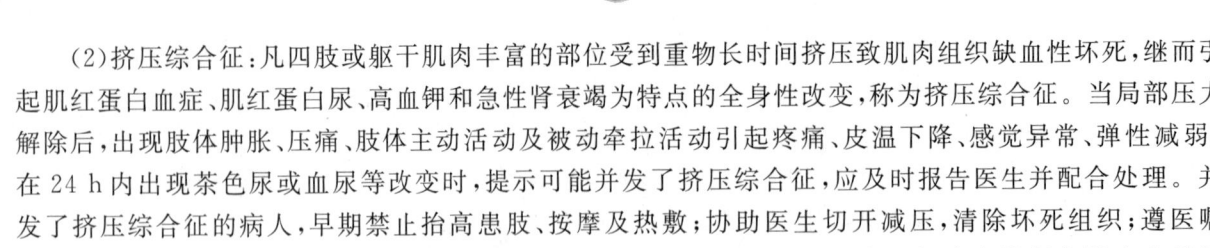

第二节 烧 伤

烧伤是指由热力、电流、化学物质、激光、放射线等造成的组织损伤。热力造成的烧伤是指由火焰、热液、蒸汽、热固体等引起的组织损伤。通常所称的烧伤一般指热力造成的烧伤。本节主要介绍热力造成的烧伤。

一、病理生理与临床分期

根据烧伤的病理生理特点,烧伤病程大致分为以下 4 期,各期之间往往相互影响。

1.急性渗出期 组织烧伤后的立即反应是体液渗出,伤后 2～3 h 最为急剧,8 h 达高峰,随后逐渐减缓,至 48 h 渐趋稳定并开始回吸收。此期由于体液的大量渗出和血管活性物质的释放,容易发生低血容量性休克,故临床上又称为休克期。

2.感染期 从烧伤渗出液回吸收开始,感染的危险即已存在并持续至创面完全愈合。烧伤早期因为皮肤生理屏障被破坏,致病菌在创面中的坏死组织和渗出液中大量繁殖;严重烧伤后的应激反应及休克使全身免疫功能低下,对病原体的易感性增加,通常在休克的同时即可并发局部和全身性感染。深度烧伤形成的凝固性坏死及焦痂,在伤后 2～3 周可进入广泛组织溶解阶段,此期细菌极易通过创面侵入机体引起感染,此阶段为烧伤并发全身性感染的又一高峰期。

3.修复期 烧伤后组织修复在炎症反应的同时即已开始。创面的修复与烧伤的深度、面积及感染的程度密切相关。浅度烧伤多能自行修复,无瘢痕形成;深Ⅱ度烧伤靠残存的上皮岛融合修复,如无感染,3～4 周逐渐修复,留有瘢痕;Ⅲ度烧伤形成瘢痕或挛缩,可导致肢体畸形和功能障碍,需要皮肤移植修复。

4.康复期 深度创面愈合后,可形成瘢痕,严重者影响外观和功能,需要锻炼、理疗和整形以期恢复;某些器官功能损害及心理异常也需要一个恢复过程;深Ⅱ度和Ⅲ度烧伤创面愈合后,常有瘙痒或疼痛、反复出现水疱,甚至破溃,并发感染形成残余创面,这种现象的终止往往需要较长时间;严重大面积深度烧伤愈合后,由于大部分汗腺被破坏,机体调节体温能力下降,在夏季,这类病人多感全身不适,常需 2～3 年的调整和适应过程。

二、伤情判断与临床表现

根据烧伤的面积、深度和部位而定,观察创面变化和全身情况。

(一)烧伤面积和深度估计

1.烧伤面积 以相对于体表面积的百分比(%)表示。估计方法有多种,我国目前多采用中国九分法和手掌法,两法往往结合使用。

(1)中国九分法:适用于大面积烧伤计算,将成年人全身体表面积划分为11个9%,另加1%,其中头颈部为9%(1个9%)、双上肢为18%(2个9%)、躯干(包括会阴)为27%(3个9%)、双下肢(包括臀部)为46%(5个9%+1%)(图10-1、表10-1)。由于12岁以下小儿头较大、下肢相对短小,应按下法计算:头颈部面积=[9+(12-年龄)]%,双下肢面积=[46-(12-年龄)]%,12岁以上小儿视同成年人。

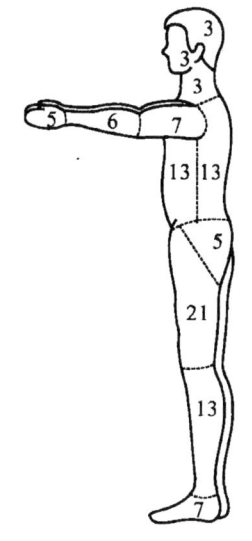

图 10-1 中国九分法示意图

表 10-1 中国九分法

部位		体表面积/(%)	成人及12岁以上小儿计算方法	12岁以下小儿计算方法
头颈	头部	3	9×1	9+(12-年龄)
	面部	3		
	颈部	3		
双上肢	双手	5	9×2	9×2
	双前臂	6		
	双上臂	7		
躯干	躯干前	13	9×3	9×3
	躯干后	13		
	会阴	1		
双下肢	双臀	5	9×5+1	46-(12-年龄)
	双大腿	21		
	双小腿	13		
	双足	7		

注:由于女性的生理特性,成年女性的双臀和双足各占6%。

知识链接

烧伤面积估算记忆口诀

三三三,五六七,两个十三会阴一;足七臀五小十三,再加大腿二十一。

（2）手掌法：病人五指并拢的单掌面积为其体表面积的1％（特别提示：用病人自己的手掌测量其烧伤面积），此法适用于小面积烧伤和不规则烧伤面积的估算，也可作为中国九分法评估烧伤面积的辅助。

2.烧伤深度 目前普遍采用三度四分法，即Ⅰ度、浅Ⅱ度、深Ⅱ度、Ⅲ度。其中，Ⅰ度及浅Ⅱ度烧伤属浅度烧伤；深Ⅱ度和Ⅲ度烧伤属深度烧伤。烧伤深度的判断和局部临床特点见表10-2，组织损害层次见图10-2。

表10-2　烧伤深度的判断和局部临床特点

深度分类	临床表现	局部感觉
Ⅰ度	红斑，轻度红、肿、干燥，无水疱	灼痛感
浅Ⅱ度	剧痛，水疱较大，去疱皮后创面潮湿、鲜红、水肿明显	剧痛、感觉过敏
深Ⅱ度	小水疱，基底苍白、水肿，干燥后可见网状栓塞血管	痛觉迟钝
Ⅲ度	无水疱，蜡白、焦黄或炭化，干后可见树枝状栓塞血管	痛觉消失

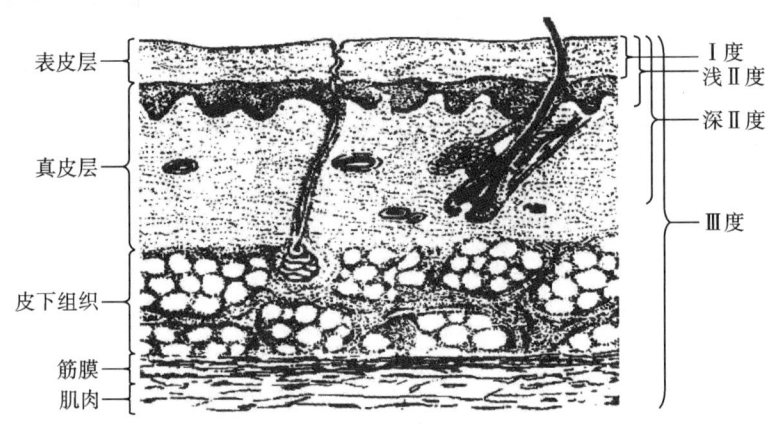

图10-2　烧伤深度示意图

知识链接

助记忆口诀

一度红，二度疱，三度皮肤全坏掉。

（二）烧伤严重程度判断

按烧伤的总面积和烧伤的深度将烧伤程度分为四类（一般情况下，烧伤总面积的计算不包括Ⅰ度烧伤），即轻、中、重和特重度烧伤（表10-3）。

表10-3　烧伤严重程度判断

烧伤	轻度	中度	重度	特重度
Ⅱ度	≤10％	11％～30％	—	—
Ⅱ、Ⅲ度总面积	—	—	31％～50％	＞50％
Ⅲ度面积	—	≤10％	11％～20％	＞20％

1.轻度烧伤　Ⅱ度烧伤总面积在10％及以下。

2.中度烧伤　Ⅱ度烧伤面积在11％～30％，或Ⅲ度烧伤面积不超过10％。

3.重度烧伤　烧伤总面积在31％～50％，或Ⅲ度烧伤面积11％～20％；或烧伤总面积、Ⅲ度烧伤面积虽未达到上述范围，但合并有休克、吸入性损伤或有较重的复合伤者。

4.特重烧伤　烧伤总面积在50％以上，或Ⅲ度烧伤面积在20％以上，或存在较重的吸入性损伤、复合伤等。

（三）全身表现

小面积和轻度烧伤病人可无全身症状，大面积、重度烧伤病人伤后48 h内易发生低血容量性休克，主要表现为口渴、脉搏细速、血压下降、皮肤湿冷、尿量减少、烦躁不安等。感染发生后可出现体温骤升或骤降，呼吸急促、心率加快、创面骤变，白细胞计数骤升或骤降；其他如尿素氮、肌酐清除率、血糖、血气分析都可能发生变化。

（四）吸入性损伤表现

吸入性损伤又称呼吸道烧伤，是指吸入火焰、蒸气或化学性烟尘、气体等所引起的呼吸系统损伤。其致伤因素为热力或燃烧时烟雾中的化学物质，如一氧化碳、氰化物等，这些化学物质能引起局部腐蚀和全身中毒。多见于头面部烧伤病人，面、颈、口鼻周围常有深度烧伤创面，鼻毛烧毁，口鼻有黑色分泌物；有呼吸道刺激症状，咳炭末样痰，呼吸困难，声音嘶哑，肺部可闻及哮鸣音；多死于窒息。

三、治疗原则

小面积浅表烧伤的治疗原则是及早清创，保护创面，防治感染，促进愈合。

大面积深度烧伤的全身性反应重，其治疗原则：①早期及时输液，维持呼吸道通畅，积极纠正低血容量休克。②应早期切除深度烧伤组织，移植自体、异体皮肤覆盖。③及时纠正休克，控制感染，同时维护重要器官功能，防治多系统器官功能障碍。④重视形态、功能的恢复。

四、护理问题

1.有窒息的危险　与吸入性呼吸道烧伤有关。

2.体液不足　与创面大量渗出有关。

3.皮肤完整性受损　与烧伤导致皮肤组织破坏有关。

4.疼痛　与组织破坏、烧伤后炎症反应有关。

5.有感染的危险　与皮肤屏障功能丧失、创面污染、机体免疫力低下有关。

6.焦虑和恐惧　与病情严重、担心预后有关。

五、护理措施

（一）现场救护

现场救护原则在于使病人尽快消除致伤原因，脱离现场和进行必要的急救；对于轻症进行妥善的创面处理，对于重症做好转运前的准备并及时转送。

1.迅速脱离热源　如为火焰烧伤，应尽快灭火，脱去燃烧衣物，就地翻滚或跳入水池，熄灭火焰，以阻止高温继续向深部组织渗透。呼救者可就近用棉被或毛毯覆盖，隔绝灭火。切忌用手扑打火焰、奔跑呼叫，以免增加损伤。热液浸渍的衣裤，可冷水冲淋后剪开取下，以免强力剥脱而撕脱水疱皮。小面积烧伤时立即用清水连续冲洗或浸泡，既可止痛，又可带走余热。酸、碱烧伤时，即刻脱去或剪开沾有酸、碱的衣服，以大量清水冲洗为首选，且冲洗时间宜适当延长。如系生石灰烧伤，可先去除石灰粉粒，再用清水长时间地冲洗，以避免石灰遇水产热加重损伤。磷烧伤时立即将烧伤部位浸入水中或用大量清水冲洗，同时在水中拭去磷颗粒；不可将创面暴露在空气中，避免剩余磷继续燃烧，创面忌用油质敷料，以免磷在油中溶解而被吸收中毒。电击伤时迅速使病人脱离电源,呼吸心搏停止者,立即行口对口人工呼吸和胸外心脏按压等复苏措施。

2. 抢救生命 抢救生命是急救的首要原则,要配合医生首先处理窒息、心搏骤停、大出血、开放性气胸等危急情况。对头、颈部烧伤或疑有呼吸道烧伤时,应备齐氧气和气管切开包等抢救物品,并保持口、鼻腔通畅。必要时协助医生做气管切开手术。持续监测生命体征。

3. 预防休克 稳定病人情绪、镇静和止痛。合并呼吸道烧伤或颅脑损伤者忌用吗啡。伤后应尽早实施补液方案,尽量避免饮白开水。若病情平稳,口渴者可口服淡盐水。中度以上烧伤需转运者,须建立静脉通道,必要时遵医嘱快速静脉输入平衡盐溶液 1000~1500 mL 及右旋糖酐 500 mL,途中需持续输液。

4. 保护创面和保温 对于暴露的体表和创面,应立即用无菌敷料或干净床单覆盖包裹,协助病人调整体位,避免创面受压。

5. 尽快转送 大面积烧伤早期应避免长途转运,休克期最好就近抗休克或加做气管切开,待病情平稳后再转运。途中应持续静脉输液,保持呼吸道通畅。转运前和转运中避免使用冬眠药物和呼吸抑制剂。抬病人上下楼时,头朝下方;用汽车转运时,病人应横卧或取头在后、足在前的卧位,以防脑缺血。详细记录处理内容,以利于后续医生的诊治。

(二)静脉输液的护理

烧伤后 2 日内,因创面大量渗出而致体液不足。液体疗法是防治烧伤休克的主要措施。首先应建立通畅的静脉输液通道。

1. 早期补液方案 我国常用的烧伤补液量计算公式:伤后第一个 24 h 补液量按病人每千克体重每 1%烧伤面积(Ⅱ~Ⅲ度)补液 1.5 mL(小儿 1.8 mL,婴儿 2 mL)计算,即第一个 24 h 补液量=体重(kg)×烧伤面积(%)×1.5 mL,另加每日生理需水量 2000 mL(小儿 80 mL/kg,婴儿 100 mL/kg),即为补液总量。晶体和胶体溶液的比例一般为 2:1,特重度烧伤为 1:1,即每 1%烧伤面积每千克体重补充电解质溶液和胶体溶液各 0.75 mL。伤后第二个 24 h 补液量为第一个 24 h 计算量的一半,日需量不变。第三个 24 h 补液量根据病情变化决定。

举例:一烧伤面积 60%、体重 50 kg 的病人,第一个 24 h 补液总量:60×50×1.5+2000=6500 mL,其中胶体溶液:60×50×0.5=1500 mL,晶体溶液:60×50×1=3000 mL,水分为 2000 mL。第二个 24 h,胶体溶液减半为 750 mL,晶体溶液减半为 1500 mL,水分仍为 2000 mL。

2. 液体的种类与安排 晶体溶液首选平衡盐溶液,其次选用等渗盐水等。胶体溶液首选血浆,以补充渗出丢失的血浆蛋白,也可用血浆代用品和全血,Ⅰ度烧伤应多输新鲜血。生理日需量常用 5%~10%葡萄糖液补充。因为烧伤后第 1 个 8 h 内渗液最快,应在首个 8 h 内输入上述总量的 1/2,其余在之后的 16 h 内输完。补液原则一般是先晶后胶、先盐后糖、先快后慢,胶、晶液体交替输入,尤其注意不能集中在一段时间内输入大量不含电解质的液体,以免加重低钠血症。

3. 观察指标

(1)尿量:如肾功能正常,尿量是判断血容量是否充足的简便而可靠的指标,所以大面积烧伤病人补液时应常规留置导尿进行观察。成年人每小时尿量大于 30 mL,有血红蛋白尿时要维持在 50 mL 以上。对于小儿、老年人、心血管疾病病人,输液要适当限量。

(2)其他指标:成年人安静时脉搏在 100 次/分(小儿 140 次/分)以下,心音强而有力,肢端温暖,收缩压在 90 mmHg 以上,中心静脉压 0.49~0.98 kPa(5~10 cmH_2O),说明血容量已基本补足。

(三)创面护理

创面处理原则是保护创面,减轻损害和疼痛,防止感染和促进愈合。

1. 创面的早期处理 病人休克基本控制后,在良好的麻醉和无菌条件下应尽早进行简单性清创。清创顺序一般按头部、四肢、胸腹部、背部和会阴部顺序进行。剃净创面附近的毛发,剪短指(趾)甲,擦净创周皮肤。用灭菌水冲洗创面,轻拭去表面黏附物,使创面清洁。创面的完整水疱予以保留,只需抽去水疱液。已脱落的水疱皮予以去除。根据情况取暴露疗法或包扎疗法。对于Ⅲ度焦痂,保持干燥,外涂碘伏,可早期切痂并立即植皮,也可待其自然溶痂脱落再植皮。清创术后注射破伤风抗毒素,必要时及时使用抗生素。

2. 包扎疗法的护理 适用于四肢Ⅰ度、Ⅱ度烧伤。采用敷料对烧伤创面包扎封闭固定的方法,目的是减轻创面疼痛,预防创面感染,同时一定的压力可部分减少创面渗出,减轻创面水肿。方法:在清创后的创面先放一层油质纱布,外面覆盖数层纱布、棉垫,其厚度以不被渗液浸透为度,再予以适当压力包扎。创面包扎后,每日检查有无松脱、臭味或疼痛,注意肢端末梢循环情况,敷料浸湿后及时更换,以防感染;肢体包扎后应注意抬高患肢,保持关节各部位的功能位。一般可在伤后5日更换敷料。如创面渗出多、有恶臭,且伴有高热、创面跳痛,需及时换药检查创面。

3. 暴露疗法的护理 适用于Ⅲ度烧伤、特殊部位(头面部、颈部或会阴部)及特殊感染(如铜绿假单胞菌、真菌感染)的创面、大面积创面。

实施暴露疗法的病房应具备以下条件:室内清洁,有必要的消毒和隔离条件;室温控制在28～32℃,湿度50%～60%;便于抢救治疗。创面暴露以便于观察,随时用灭菌敷料吸净创面渗液;保护创面,适当约束肢体,防止无意抓伤,用翻身床或定时翻身,防止创面因受压而加深。注意创面不宜用甲紫或中药粉末,以免妨碍创面观察,也不宜轻易用抗生素类,以免引起细菌耐药。

翻身床是烧伤病房治疗大面积烧伤的设备,使用前向病人说明使用翻身床的意义、方法和安全性,消除病人的恐惧和疑虑。认真检查各部件,确保操作安全。一般度过休克期后开始翻身俯卧,首次俯卧者,应注意防止窒息,一旦发现呼吸困难,立即翻身仰卧。俯卧时间逐渐由30 min延长至4～6 h。翻身时两人共同配合,旋紧螺丝,上好安全带,严防病人滑出;骨突出处垫好棉垫,防止压疮形成。昏迷、休克、心肺功能不全及应用冬眠药物者忌用翻身床。

4. 去痂、植皮护理 深度烧伤创面愈合慢或难以愈合,且瘢痕增生可造成畸形并引起功能障碍。因此,Ⅲ度烧伤创面应早期采取切痂、削痂并植皮,做好植皮手术前后的护理。

5. 感染创面的处理 及时清除脓液及坏死组织,采用湿敷、半暴露(薄层药液纱布覆盖)、浸浴疗法清洁创面。根据感染特征或细菌培养和药敏试验结果选择外用药物。已成痂的保持干燥,待感染基本控制,肉芽组织生长良好,及时植皮以促使创面愈合。

6. 特殊部位烧伤护理

(1)吸入性损伤:①床旁备急救物品,如气管切开包、吸痰器、气管镜等。②保持呼吸道通畅,对气管切开者,做好气管造瘘口护理。③及时吸氧。④密切观察,并积极预防肺部感染。

(2)头颈部烧伤:多采用暴露疗法,安置病人取半坐卧位,观察有无呼吸道烧伤,必要时给予相应处理。做好五官护理,如及时用棉签拭去眼、鼻、耳分泌物,保持清洁干燥;双眼使用抗生素滴眼液或眼药膏,避免角膜干燥而发生溃疡;耳郭创面应防止受压。口腔创面用湿纱布覆盖,加强口腔护理,防止口腔黏膜溃疡及感染。

(3)会阴部烧伤:保持局部干燥,使大腿外展、创面暴露;避免大小便污染,便后使用生理盐水清洗肛门、会阴部,注意保持创面周围的清洁。

(四)防治感染的护理

1. 一般护理 做好降温、保持呼吸道通畅及其他基础护理。加强皮肤护理,保护骨隆突处,暴露的创面尽可能避免受压,使用烧伤专用翻身床或气垫床,同时确保操作安全。做好疼痛病人的对症处理。

2. 密切观察病情变化 密切观察生命体征、意识变化、胃肠道症状,注意是否存在脓毒症的表现。同时观察创面局部变化,如果创面水肿、渗出液增多、肉芽颜色转暗,创缘出现水肿等炎症表现,或上皮停止生长,原来干燥的焦痂变得潮湿、腐烂,创面有出血点等,都是感染的现象。应及时报告医生,并协助医生正确处理创面。

3. 合理应用抗生素 做好创面细菌培养和抗生素敏感试验,合理选用抗生素,须同时防治不良反应及二重感染的发生。

4. 加强营养,维护器官功能 烧伤后病人丢失蛋白质较多,消耗增加,应加强营养,补充高蛋白质、高热量以及多种维生素,提高免疫力。依据病人具体病情给予口服、鼻饲或肠外营养,促使肠黏膜屏障的修复及身体功能的康复。大面积烧伤者,可遵医嘱适时输入适量血浆或全血或人体血清蛋白,以增强抵抗力,防治休克。

5. 做好消毒隔离工作 病房用具应专用,工作人员出入病房要更换隔离衣、口罩、鞋、帽,接触病人前、后要洗手,做好病房的终末消毒工作。采取保护性隔离措施,防止交叉感染。

6. 严格遵守无菌原则 严格遵守无菌原则,加强各种治疗性导管的护理。

(五)心理护理

导致病人心理失衡的原因包括伤后强迫性体位,使其独立性减少,有挫折感;顾虑容貌和形体丑陋,担心永久性残疾;担忧可能发生或已存在的生活改变;惧怕死亡。

护理过程中以真诚的态度加强与病人的沟通与交流,理解并接受病人非理智的发泄行为。帮助病人面对烧伤的事实,鼓励其树立信心,配合治疗。鼓励病人参与力所能及的自理活动,增强其自信心与独立能力,促进其尽早回归社会。

六、健康教育

宣传防火、灭火和自救等安全教育知识;烧伤肢体维持并固定于功能位,如颈部烧伤应取后伸位,四肢烧伤取伸直位,手部固定在半握拳的姿势且指间垫油纱以防粘连。鼓励病人尽早下床活动,与病人及其家属共同制订康复计划,指导病人坚持常规的肢体和关节功能锻炼。肢体烧伤采用包扎疗法者,予以适当加压包扎,必要时遵医嘱涂布瘢痕软化剂。瘢痕创面避免机械性刺激,勿搔抓,防止紫外线和红外线过多照射,以免加重瘢痕增殖。创面愈合过程中,可能出现皮肤干燥、痒痛等现象,告知病人避免使用刺激性肥皂清洗,水温不宜过高;指导康复训练,最大程度恢复机体的生理功能;指导生活自理能力训练,鼓励多参加力所能及的社会活动,重新适应生活和环境,树立重返工作岗位的信心。

第三节 冻 伤

冻伤又称冷伤,是机体遭受低温侵袭引起的局部或全身性损伤。可分为两类:一类是非冻结性冻伤,是由10℃以下至冰点以上的低温,多兼有潮湿条件所造成,如冻疮、战壕足、水浸足(手)等;另一类是冻结性冻伤,是由冰点以下的低温所致,分局部冻伤(冷伤)和全身性冻伤(冻僵)。

一、病理生理

1. 非冻结性冻伤 非冻结性冻伤中最常见的是冻疮,在我国常发生在冬季与早春,长江流域比北方多见。好发部位是肢体末端和暴露部位,如耳郭、面部、手背、足趾等处,主要是因冷刺激引起血管长时间收缩或痉挛,导致血管功能障碍,继而发生血管持续扩张、血流淤滞、体液渗出,重者形成水疱,皮肤坏死。

2. 冻结性冻伤 当局部接触冰点以下低温时,发生强烈的血管收缩反应。严重者可在细胞内外液形成冰晶。组织内冰晶不仅可使细胞外液渗透压增高,致细胞脱水、蛋白质变性、酶活性降低以致坏死,还可机械性破坏组织细胞结构,冻融后发生坏死及炎症反应。全身受低温侵袭时,外周血管发生强烈收缩和寒战反应,体温由表及里降低,使心血管、脑和其他器官均受害。如不及时抢救,可有致命的危险。

二、临床表现

1. 非冻结性冻伤 冻伤冻疮初起时,主要表现为紫红色斑、变凉、肿胀,可出现结节。局部有灼热、痒感或胀痛,在暖环境中更明显。随病情进展,可出现水疱、糜烂或溃疡,如无继发感染,可自愈,但易复发。

2. 冻结性冻伤

(1)局部冻伤:先有局部皮肤苍白发凉、针刺样痛,继而出现麻木、知觉丧失,肿胀一般不明显。复温解冻后,局部变化开始明显,按其损伤的程度不同分为 4 度(表 10-4)。

表 10-4 冻伤深度分类和特点

分度	临床表现	愈合过程
Ⅰ度(红斑)	红肿、痒、刺痛或麻木	数日后表皮脱落,不留瘢痕
Ⅱ度(水疱)	红肿明显、有水疱,疼痛较剧,知觉迟钝	若无感染,局部成痂,2～3 周脱痂,愈合后少有瘢痕
Ⅲ度(坏死)	创面由苍白变为黑褐色,创周肿胀,血性水疱,知觉消失	若无感染,坏死组织干燥成痂,脱痂后形成肉芽创面,愈合慢,留有瘢痕
Ⅳ度(深度坏死)	类似Ⅲ度,以坏死为主	形成干性或湿性坏疽,愈合后留有功能障碍或致残

①Ⅰ度冻伤:又称红斑性冻伤,伤及表皮层。局部红肿、充血,自觉热、痒和刺痛。症状于数日后消失,愈合后表皮脱落,不留瘢痕。

②Ⅱ度冻伤:又称水疱性冻伤,伤及真皮层。局部明显充血、水肿,伴有水疱形成,疱液呈血清样。若无继发感染,2～3 周痂皮脱落,可有轻度瘢痕形成。

③Ⅲ度冻伤:又称坏死性冻伤,伤及皮肤全层或皮下组织。创面黑褐色,感觉消失,创面周围红、肿、痛并有水疱形成。若无感染,坏死组织 4～6 周脱落,形成肉芽创面,愈合很慢,且留有瘢痕。

④Ⅳ度冻伤:又称深部坏死性冻伤,损伤深达肌肉、骨骼,甚至肢体坏死,表面呈暗灰色、无水疱;坏死组织与健康组织分界较明显,常呈干性坏死,若并发感染则为湿性坏疽。治愈后多留有功能障碍或伤残。

(2)全身性冻伤:首先表现为冷应激反应,如心搏、呼吸加快,血压升高,外周血管收缩,寒战等,随着核心温度下降,逐渐出现寒战停止、意识模糊或丧失、脉搏及呼吸减缓、心律失常,最终可因多器官功能衰竭死亡。

三、治疗原则

1. 现场急救 尽快脱离寒冷环境,进行全身和局部复温,以减少组织冻结的时间。将冻僵部位置于 40～42 ℃的温水中复温,时间一般为 20～30 min。如无复温条件,可将伤肢放在救护者怀中复温,切忌用火烤或拍打。对心搏、呼吸骤停者施行胸外心脏按压和口对口人工呼吸等急救措施。

2. 局部冻伤的治疗 局部创面处理根据冻伤程度而异,Ⅰ度、Ⅱ度冻伤以保护与预防感染为主;Ⅲ度、Ⅳ度冻伤的早期,坏死界限一般不清楚,实际范围和深度往往比早期的估计小、浅,所以多数主张不宜过早手术切除(发生湿性坏疽者例外)。深度冻伤的坏死组织分离后,如肉芽组织健康,及早植皮。经久不愈的溃疡,多因血管栓塞或功能障碍,可行交感神经阻滞术。

3. 全身治疗 冻伤较重者,可置于 30℃左右的暖室中,温液胃管内灌洗或灌肠有助复温,静脉输注的液体应加温至 37℃;纠正脱水,给予高蛋白质、高热量、高维生素(尤其是维生素 C)饮食,必要时少量输血;应用抗生素预防感染,严重冻伤者应使用破伤风抗毒素血清和气性坏疽抗毒血清;采取抗凝、扩血管、改善微循环等治疗。

四、护理问题

1. 体温过低　与低温侵袭有关。

2. 组织完整性受损　与低温所致组织坏死有关。

3. 疼痛　与组织冻伤有关。

4. 潜在并发症　休克、多器官功能衰竭。

五、护理措施

1. 复温护理　尽快使病人脱离寒冷环境,去除潮湿的衣、鞋、袜,尽早进行全身和局部复温。轻度冻伤者置于一般室温下,加盖被服保暖;全身性冻僵复温至肛温 32 ℃时即可停止。能进食者可给予热饮料,如热牛奶、热豆浆或热菜汤等,但不可饮酒,以免增加散热。

2. 妥善处理创面　复温后的创面开始起水疱或血疱,不能剪破疱皮,在伤后 48 h,将疱皮低位剪破并复位;对于已分离的污染疱皮应剪除,用无菌纱布将创面的渗出液、分泌物等吸净。创面清洁后行半暴露疗法,或外加敷料包扎,并抬高患肢。

3. 减轻疼痛　在复温过程中及复温后,冻伤肢体会出现剧烈的疼痛,可口服或肌内注射镇痛剂等。

4. 心理护理　对病人态度和蔼,耐心倾听重度冻伤病人对预后的担忧等不良感受,给予真诚的安慰和劝导,取得病人的信任;耐心解释病情,以消除顾虑;利用社会支持系统的力量,鼓励病人树立战胜疾病的信心。

5. 防治并发症　冻伤病人常见并发症有休克、多器官功能衰竭等,在护理中应特别注意,保持气道通畅、吸氧;维持水电解质和酸碱平衡;改善局部血液循环,遵医嘱予低分子右旋糖酐等,避免血细胞凝聚和血栓形成;给予维生素 C 和清蛋白等,减少水肿,促进损伤细胞修复;必要时予抗菌药物、破伤风抗毒素防治感染,并注意观察药物的不良反应。

六、健康教育

宣传防治冻伤的知识,寒冷环境中要注意防寒、防湿、防静,避免发生冻伤。平时锻炼身体以加强抗寒能力,补充营养,提高机体抵抗力。一旦发生冻伤,首先要脱离危险环境,积极采取复温措施,避免病情进一步加重。

第四节　咬　　伤

自然界中动物,如狗、毒蛇、毒蜘蛛、蝎、蜂、蜈蚣等,常利用其爪、牙等对人类进行袭击,造成咬伤、蜇(刺)伤,严重者可致残或致命。常见的是犬(狗)咬伤和毒蛇咬伤。本节主要介绍犬(狗)咬伤和毒蛇咬伤。

一、犬(狗)咬伤

随着人类生活水平的不断提高,家养宠物数量也在不断增加,犬(狗)咬伤的发生率也相应地增加。被病犬(狗)咬伤后,其唾液中可能携带致病病毒,引发狂犬病。狂犬病又称恐水症,是由狂犬病病毒引起的一种人畜共患的中枢神经系统急性传染病,恐水是本病的特殊症状,但不一定每例都有,亦不一定早期出现,典型表现为在饮水、见水、听到流水声或谈及饮水时,出现严重的咽喉肌痉挛,故病人渴极畏饮,饮而不能下咽,常伴有声嘶和脱水。怕风亦是本病常见的症状,微风、吹风、穿堂风等可引起咽肌痉挛,其他如音响、光亮、触动等,也可引起同样的症状。

（一）病因病理

狂犬病病毒主要存在于病畜的脑组织及脊髓中,其涎腺和涎液中也含有大量病毒,并随涎液向体外排出。故被病犬（狗）咬伤后,病毒可经唾液-伤口途径进入人体导致感染。狂犬病病毒对神经组织具有强大的亲和力,在伤口入侵处及其周围的组织细胞内可停留1～2周,并生长繁殖,若未被迅速灭活,病毒会沿周围传入神经上行到达中枢神经系统,引发狂犬病。

（二）临床表现

感染病毒后是否发病与潜伏期的长短、咬伤的部位、入侵病毒的数量、毒力及机体抵抗力有关。潜伏期短者10日,多数1～2个月。咬伤越深、越接近头面部,其潜伏期越短,发病率也越高。

发病初期伤口周围麻木、疼痛,逐渐扩散到整个肢体;继之出现发热烦躁、乏力、恐水、怕风、咽喉痉挛;最后导致肌瘫痪、昏迷、循环衰竭以至死亡。

体检可见有利齿造成的深而窄的伤口,出血,伤口周围充血水肿。

（三）处理原则

目前尚无有效治疗方法,因此,正确处理伤口、注射狂犬病疫苗,预防狂犬病的发生,是减低死亡率的关键。一旦发生,给予对症治疗,减轻病人痛苦。

1.局部处理　被犬（狗）咬伤后迅速彻底清洗伤口极为重要。伤口较浅者,用2％碘伏和75％乙醇消毒后包扎即可;伤口较深时需立即彻底清创,用大量生理盐水、0.1％苯扎溴铵或3％过氧化氢溶液反复冲洗伤口,伤口不予缝合或包扎,以利引流。

2.全身治疗

（1）免疫治疗:于伤后当日、3、7、14、28日各注射1次狂犬病疫苗。严重咬伤如头、面、颈、上肢等,经彻底清创后,在伤口底部及其四周注射狂犬病免疫球蛋白,同时按上述方法全程免疫接种狂犬病疫苗,也可联合使用干扰素,以增强保护效果。

（2）防治感染:常规使用破伤风抗毒素,必要时使用抗菌药防治伤口感染。

（四）护理问题

1.有窒息的危险　与咽喉肌痉挛发作有关。

2.体液不足　与水分摄入不足及丢失有关。

3.有感染的危险　与伤口污染严重有关。

（五）护理措施

1.预防和控制痉挛,保持呼吸道通畅

（1）保持病室安静;避免风、光、声的刺激;避免水的刺激,适当遮蔽输液装置。强调专人护理,各种检查、治疗及护理尽量集中进行,或在应用镇静药后进行。一旦发生痉挛,立即遵医嘱使用镇静药物等。

（2）及时清除口腔及呼吸道分泌物,保持呼吸道通畅,做好气管插管或气管切开的准备。

2.补液和营养支持　发作期病人因多汗、流涎和不能饮水,常呈缺水状态,需静脉输液,补充能量,维持水、电解质及酸碱平衡。可采用鼻饲饮食,但应在痉挛发作间歇或应用镇静剂后缓慢注入。

3.预防感染　遵医嘱应用抗菌药物并观察用药效果。加强伤口护理,早期使患肢下垂,保持伤口清洁和引流通畅。严格执行接触性隔离制度,接触病人时穿隔离衣、戴口罩和手套。

（六）健康教育

（1）宣传狂犬病的预防措施,加强对犬（狗）的管理。

（2）教育小儿不要接近、抚摸或挑逗猫、犬（狗）等动物,以防发生意外。若小儿被犬（狗）抓伤但伤痕不明显,或被犬（狗）舔有破损的皮肤,或与病犬（狗）有密切接触,应尽早注射狂犬病疫苗。

（3）宣传被犬（狗）或其他动物咬伤后，尽早彻底进行伤口处理及注射狂犬病疫苗的重要性和方法。

二、毒蛇咬伤

毒蛇咬伤是我国南方农村和山区的常见生物性损伤，多发生于夏、秋两季，我国大约有毒蛇 50 种，以眼镜蛇、五步蛇、金环蛇、银环蛇、蝰蛇、蝮蛇等比较多见。毒蛇的头多呈三角形，颈部较细，尾部粗短，色斑鲜艳，有一对毒牙与毒腺排毒导管相通。毒蛇咬伤，留下一对较深的齿痕，蛇毒注入体内，引起严重的全身中毒症状，甚至危及生命；而无毒蛇咬伤时只在局部皮肤留下两排对称的细小齿痕，轻度刺痛，无生命危险。

（一）病因与病理

蛇毒含有多种毒性蛋白质、多肽以及酶类。按蛇毒的性质及其对机体的作用可分为 3 类：神经毒素、血液毒素及混合毒素。神经毒素对中枢神经和神经肌肉节点有选择性毒性作用，引起肌肉麻痹和呼吸麻痹，以金环蛇、银环蛇、海蛇等为代表；血液毒素对血细胞、血管内皮细胞及组织有破坏作用，可引起出血、溶血、休克或心力衰竭等，以竹叶青、五步蛇等为代表；混合毒素兼有神经、血液毒素特点，以眼镜蛇、蝮蛇、眼镜王蛇为代表。

（二）临床表现

1. 局部表现 局部伤处疼痛，肢体肿胀，并向肢体近端蔓延，皮肤出现血疱、瘀斑，甚至局部组织坏死，淋巴结肿大。

2. 全身表现 全身虚弱、口周感觉异常、肌肉震颤，或发热恶寒、烦躁不安、头晕目眩、言语不清、恶心呕吐、吞咽困难、肢体软瘫、腱反射消失、呼吸抑制，最后导致循环呼吸衰竭。部分病人伤后可因广泛的毛细血管渗漏引起肺水肿、低血压、心律失常；皮肤黏膜及伤口出血，血尿、尿少，出现肾功能不全以及多器官功能衰竭。

（三）处理原则

1. 局部处理 伤口上方绑扎，阻断毒素吸收；伤口局部抽吸、冲洗、清创，促进毒素排出；伤口周围用胰蛋白酶局部封闭，破坏蛇毒。

2. 全身治疗

（1）解蛇毒中成药：常用的有南通蛇药、上海蛇药、广州蛇药等，可口服亦可局部敷贴。一些新鲜草药，如半边莲、七叶一枝花、白花蛇舌草等也有解蛇毒作用。

（2）抗蛇毒血清：抗蛇毒血清有单价和多价两种，应尽早使用。对已明确毒蛇种类的咬伤首选针对性强的单价血清，如不能确定毒蛇的种类，则可选用多价抗蛇毒血清。用前需做过敏试验，阳性者采用脱敏注射法。

（3）其他治疗：使用破伤风抗毒素和抗菌药物防治感染；静脉快速大量输液或用呋塞米、甘露醇等利尿剂，加快蛇毒排出，减轻中毒症状；积极抗休克、改善出血倾向，治疗心、肺、肾等功能障碍。

（四）护理问题

1. 恐惧 与毒蛇咬伤、生命受到威胁及担心预后有关。

2. 皮肤完整性受损 与毒蛇咬伤、组织结构破坏有关。

3. 潜在并发症 感染、多脏器功能障碍。

（五）护理措施

阻止蛇毒吸收主要是采取伤肢绑扎、冰敷等方法。

1. 急救护理

（1）伤肢绑扎：被蛇咬伤后忌奔跑，应使伤肢制动、放置低位，立即用布带等绑扎伤肢的近心端，松紧以能阻断淋巴、静脉回流为度。

(2)伤口排毒:现场用大量清水冲洗伤口及其周围皮肤,挤出毒液;入院后用 0.05% 高锰酸钾或 3% 过氧化氢反复冲洗伤口,清除残留的毒液及污物。伤口较深者,可切开或以三棱针扎刺伤口周围皮肤(若伤口流血不止,则不宜切开),再以拔火罐、吸乳器等抽吸,促使毒液流出,并将肢体放在低位,以利于伤口渗液引流。

(3)局部冷敷:可减轻疼痛,减慢毒素吸收,降低毒素中酶的活性。将伤肢浸入 4~7℃ 冷水中,3 h 后改用冰袋冷敷,持续 24~36 h。

(4)破坏毒素:根据伤口局部反应大小,用胰蛋白酶 2000~5000 U 加入 0.05% 普鲁卡因或注射用水 20 mL 做局部环形封闭,能够降解蛇毒。

2.伤口护理 保持创面清洁和伤口引流通畅。注意观察伤口渗血、渗液情况,有无坏死或脓性分泌物等。经彻底清创后,伤口可用 1:5000 高锰酸钾或高渗盐水溶液湿敷,利于消肿。

3.抗毒排毒 快速建立静脉通道,遵医嘱尽早使用抗蛇毒血清、利尿剂,快速大量输液等以中和毒素、促进毒素排出。若病人出现血红蛋白尿,遵医嘱予 5% 碳酸氢钠静脉输入,以碱化尿液。补液时注意观察心肺功能,以防大量输液导致肺水肿。使用抗蛇毒血清时,密切观察病人有无畏寒发热、胸闷气促、皮疹等过敏症状。

4.营养支持 给予高热量、高蛋白质、高维生素、易消化饮食,鼓励病人多饮水,忌饮酒、浓茶、咖啡等刺激性饮料,以免促进血液循环而加快毒素的吸收。对于不能进食者可予肠内外营养支持并做好相应的护理。

5.观察病情 密切监测病人生命体征、意识、面色、尿量及伤肢温度的变化等。

6.心理护理 安慰病人,告知毒蛇咬伤的治疗方法及治疗效果,帮助病人树立战胜疾病的信心,以减轻恐惧,保持情绪稳定,积极配合治疗和护理。

(六)健康教育

大力宣传毒蛇伤的有关知识,强化自我防范意识,在野外作业时,做好自我防护,如戴帽子、穿长衣长裤、穿雨靴、戴橡胶手套等;并随身带蛇药,以备急用。不轻易尝试抓蛇、玩蛇。露营时选择空旷干燥地面,晚上在营帐周围点燃火焰。

告知人们一旦被蛇咬伤,切忌慌乱奔跑,应立即口服蛇药。就地在伤口近侧 5~10 cm 处用鞋带、细绳等缚扎肢体,保持肢体处于下垂位置并减少活动,以减少毒素的吸收。随后,采用伤口排毒措施,若口腔黏膜无破损可用嘴吸伤口(此方法存在风险,慎用),并用手自近心端向伤处反复推挤,也可将伤处浸入凉水中,用大量清水冲洗伤口,冲洗后用锐器在咬痕处挑开扩大伤口,以使毒素经伤口排出。经过上述处理后,尽快转到正规医院进行清创等后续治疗。

【案例思考】

1.白先生,35 岁,体重 60 kg,今日上午 8 时不慎被沸水烫伤,1 h 后被送往医院。主诉创面疼痛,感觉口渴、胸闷、紧张、害怕。体检:病人烦躁不安,呻吟,表情痛苦,脉搏 110 次/分,血压 106/94 mmHg,面部、胸、腹部、两前臂、双手、两小腿、双足部广泛烫伤,背部散在伤处约有 3 手掌大小,均有水疱。

请思考:

(1)作为现场目击者应采取哪些救护措施?

(2)该病人烫伤面积、深度及严重程度如何?

(3)目前该病人存在哪些护理诊断?

(4)伤后第 1 个 24 h 补液总量是多少? 如何安排补液种类和速度?

2.某女,46 岁,体重 63 kg,被火焰烧伤 3 h,未经处理,急诊入院。查体:脉搏 106 次/分、血压 75/55 mmHg(10/7.3 kPa),烦躁不安、口唇黏膜干燥、呼吸急促、声音嘶哑、咳出泡沫样痰。双上肢及面部和颈部烧伤,胸部有 5 个手掌面积烧伤,部分区域有大小不等的水疱,疱皮脱落处可见创面潮湿、红白相间、痛觉不重,部分区域呈蜡白色,触之较硬、无痛。

请思考:

(1)该病人伤后第一个24 h应补多少液体？选择什么液体？

(2)如何判断补液的效果？

(3)该病人存在哪些现存的和潜在的护理诊断？

(4)按照临床护理思维模式,写出针对该病人的护理措施。

(兰庆新　文凤云)

第十一章　移植病人的护理

扫码看课件

学习目标

识记：

1.能复述器官移植、排斥反应的概念。

2.能描述常用免疫抑制剂及其不良反应和免疫治疗原则。

理解：

能阐述皮肤游离移植病人的护理措施。

运用：

1.能结合实际病例进行器官移植前受者的准备工作及供者的选择。

2.能结合实际对断肢再植病人进行有效的急救和护理。

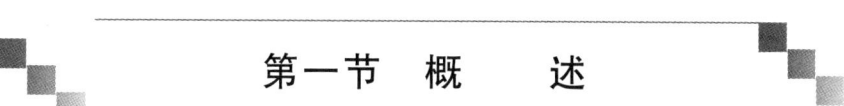

第一节　概　述

移植术就是将某一个体细胞、组织、器官即移植物，用手术或其他方法移到自体或另一个体的体表或体内某一部位，使之能继续发挥原有功能。供给移植物的个体称作供体，接受移植物的个体称作受体，如供受体为同一个体，称作自体移植术；移植物供体与受体不属于同一个体的称作异体移植术。其中器官移植是20世纪医学发展中最重要的里程碑，经过半个世纪的临床实践，现在已经成为各种器官衰竭的有效治疗手段。

一、移植术的分类

根据供体和受体遗传基因的差异程度，异体移植术分为三类：①同质移植术，即供体与受体非同一个体，但二者遗传基因型完全相同，受体接受来自同系（同基因）供体移植物后不发生排斥反应。如临床应用中的同卵孪生者之间的移植。②同种移植术，即供、受体属同一种属但遗传基因不相同的个体间的移植，如人与人、猫与猫之间的移植。同种异体移植为临床最常见的移植类型。③异种移植术：此移植尚未正式应用于临床。即不同种属如猪与人之间的移植，术后如不采取合适的抑制免疫反应的措施，受体对异种移植物将发生强烈的异体排斥反应。

二、移植的步骤与排斥反应

1.移植的步骤　器官移植术包括四个步骤：①术前供、受体的选择，即必须遵循不同移植物的免疫学和非免疫学的原则。②器官的切取和保存：从移植物在受体内到移植术的完成，要始终保持移植物有活力。③器官移植技术与术式:使移植物在受体内能够获得充分的血液供应及其他存活必需的条件,重建相关的结构,发挥其生理功能。④尽可能使移植物在受体内长期存活,并维持移植物的生理功能。因此,要长期使用免疫抑制剂预防和控制受体排斥移植物。

2.排斥反应 根据排斥反应免疫病理机制的不同,临床排斥反应主要分为超急性排斥反应、急性排斥反应和慢性排斥反应。

(1)超急性排斥反应:通常是由于受者体内存在针对供体特异性抗原的预存抗体,如受者由于妊娠、输血或曾接受过器官移植而致敏或 ABO 血型不符,可使移植物迅速破坏。发生在移植术后 24 h 之内。往往术中就可以看见恢复供血后的移植物颜色由正常转变为暗红色,出现肿胀。随后血流减少,移植物失去弹性,丧失功能。超急性排斥反应无法治疗,只能切除移植物,进行再次移植。但只要供者与受者血型相同,并通过淋巴细胞毒交叉配合试验,就可有效地预防。

(2)急性排斥反应:临床器官移植排斥反应中最常见的一种类型,细胞免疫反应起主要作用。若不应用免疫抑制剂,同种异体移植物均会发生急性排斥反应。临床上一般无特征性表现,可发生在移植术5 日以后的任意时间,绝大多数发生在术后 6 个月之内。急性排斥反应一旦确诊,应尽早治疗。应用大剂量皮质激素冲击治疗或调整原用的免疫抑制药物及方案,90%~95%的急性排斥反应可发生逆转。

(3)慢性排斥反应:表现为进行移植术数月或数年之后,逐渐出现同种移植物功能减退直至衰竭。其确切机制尚不清楚,应用现有的免疫抑制剂治疗很难奏效,往往需要再移植。

三、供者与受者的选择

(一)供者选择

同种异体器官移植时,对于供者的选择应从免疫学和非免疫学两个方面加以考虑。

1.免疫学方面的选择 红细胞的 ABO 抗原系统和细胞的 HLA 抗原系统。这两类抗原都是组织相容性抗原,在器官移植后的排斥中起决定作用。因此,为防止超急性排斥反应,移植前必须检查。

(1)红细胞 ABO 抗原系统:采用 ABO 血型相容试验,ABO 血型必须相同。

(2)白细胞 HLA 抗原系统:主要测定方法有两种。①淋巴细胞毒交叉配合试验:受体的血清与供体淋巴细胞之间的配合试验,是临床移植前必须检查的项目。如肾移植淋巴细胞毒交叉配合试验,淋巴细胞毒交叉配合试验<10%或阴性才能实施肾移植。若结果为阳性,器官移植术后可能会发生超急性排斥反应。②抗血清检测白细胞抗原(HLA 配型):人的白细胞抗原是机体中最为复杂的抗原系统,其中与移植密切相关的一种抗原系统,称为人的白细胞抗原 A 系统,简称 HLA 抗原系统。

2.非免疫学选择 供体年龄应在 55 岁以下,无心血管、肾和肝等疾病,无全身性感染与局部化脓性感染疾病。

(二)受者选择

除严格按照手术指征外,受者年龄一般在 60 岁以下,除需移植器官有病变外,其他各器官功能应正常,血压平稳,精神状态良好,无活动性溃疡、肿瘤及结核病史,也无精神和神经系统病史。

四、常用的免疫抑制剂

免疫抑制剂的出现给临床器官移植带来了新的希望。免疫抑制剂的联合用药使免疫抑制效果显著改善,不良反应明显减少,加上近年来各种强有力的新型免疫抑制剂的出现,使移植术后的存活率有了根本性的提高。

1.皮质类固醇激素 皮质类固醇激素始终是预防和治疗同种异体移植排斥反应的一线药物。主要用于免疫抑制治疗的诱导与维持阶段,大剂量激素冲击疗法可在发生急性排斥反应时挽救移植物。长期应用则有明显的不良反应,与其他免疫抑制剂联合应用时,激素用量可减少,不良反应也随之减少。

2. 增殖抑制药物

（1）硫唑嘌呤：免疫抑制治疗的一个经典药物，主要作用为抑制 DNA 的合成。主要不良反应有骨髓抑制、肝毒性及胃肠道反应等。

（2）霉酚酸酯：霉酚酸的乙烷酯，可相对特异地抑制 T、B 淋巴细胞的增殖。

3. 钙神经素抑制剂

（1）环孢素 A：免疫抑制维持治疗的基本药物之一，极大地提高了移植成功率。其主要的不良反应包括肾毒性、肝毒性、高血压、牙龈增生和多毛症等。

（2）普乐可复：大环内酯类药物。除用于基础治疗外，亦可取代环孢素 A 试用于抗排斥反应的挽救治疗。

4. 抗淋巴细胞制剂　　主要是一些免疫球蛋白制剂，包括多克隆抗体及单克隆抗体。

五、器官保存

在常温下，器官缺血时间很短就趋向死亡，缺血时间超过 30 min（肾脏超过 60 min），器官即可发生不可逆的损害，失去活力，因此要延长移植器官活力，必须迅速改变热缺血（在常温下无血液供应）为冷缺血（在低温下无血液供应）。现在供移植用的脏器保存，主要有单纯低温保存法、持续低温机械灌流法和冷冻保存法。目前临床上大多采用的方法是单纯低温保存法，将切取的脏器用一种特制的冷保存液浸没，并以冰块等维持 1～4℃的保存温度，直至移植。

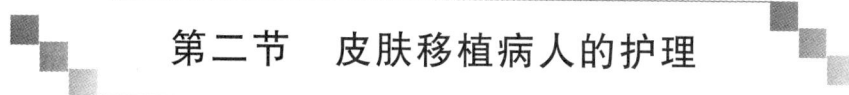

第二节　皮肤移植病人的护理

皮肤移植又称为植皮术，是临床上应用最多的组织移植，即把皮肤由其原生位置移植到另外的部位，使创面愈合，或因整形需要再造体表器官的方法。移植的方法很多，一般可分为皮肤的游离移植、皮瓣移植、吻合血管的皮瓣移植。

一、护理评估

皮肤游离移植是皮肤组织自供皮区断离后，移植到受皮区，凭借受皮区的血供重建血液循环而成活。根据所取皮片厚度不同，分为两种：①刃厚皮片：包含表皮及少量真皮乳头层，成活率高，适用于新鲜无菌创面或肉芽组织创面，或用于大面积烧伤病人的治疗过程中。但因皮瓣过薄，愈合后不耐磨，易变形，且有色素沉着，不宜植入面部、手掌、足底等处。②中厚皮片：含表皮层和部分真皮层，是应用最广泛的一种游离植皮，存活率高，愈后功能也好，不收缩，色素变化不大。适用于手术的新鲜创面和关节、手背等功能部位。③全厚皮片：包括全层皮肤组织在内，但不可含有皮下组织，须在新鲜创面上移植，愈合后功能好，是游离植皮术效果最佳的一种。由于供皮区切除皮片后必须缝合，故取皮面积有限，应用受到限制，适用于手掌、足底和面颈部的创面修复。

二、护理问题

1. 焦虑　　与担心损伤后毁容及植皮术效果有关。

2. 疼痛　　与植皮术的损伤有关。

3. 心排血量减少　　与供皮区、植皮区创面出血和渗出有关。

4. 有感染的危险　　与供皮区、植皮区创面有关。

三、护理措施

1. 手术前准备 向病人做好术前解释工作,使其积极配合。供皮区要按手术前常规进行备皮,小儿可不必剃毛。受皮区如为肉芽创面,手术前数日应勤换药,常用抗生素溶液湿敷,减少分泌液,防治感染。对大面积烧伤焦痂切除者要准备足够血液。

2. 植皮方法

(1)取皮:供皮区以 70％乙醇消毒,不可用碘伏,否则皮片不易存活。麻醉状态下,以植皮刀切取不同厚度皮片。取下的皮片浸泡在冷的等渗盐水中保存,禁忌置于热盐水中,因在热水中皮片需氧量高,易坏死。供皮区创面立即覆盖一层凡士林纱布,外加多层干纱布用绷带加压包扎,若切取全层皮片,则必须将皮片的皮下脂肪修净,并缝合供皮区伤口。

(2)植皮:在新鲜创面上常用中厚大张游离皮片覆盖,四周边缘以丝线缝合固定,皮片上加敷料行加压包扎,使皮片紧贴创面,18～24 h 即有毛细血管侵入皮片,3～4 日血液循环形成,说明皮片已存活。

3. 手术后护理

(1)保持植皮区清洁:新愈合的皮肤比较娇嫩,可用肥皂清洁,再用清水冲洗,每日早、晚各 1 次,洗后应保持皮肤干燥。

(2)肢体制动:植皮的肢体要制动,以免皮片移动影响存活。抬高患肢,受皮区在下肢者须卧床休息,不可随意下床活动,须经医生许可后才能采取渐进式下床活动。

(3)其他护理:一般是按摩植皮区边缘,以防止植皮区边缘的瘢痕增生和植皮区皮片挛缩,创口疼痛时给予止痛。如皮片已坏死,应及时剪去坏死部分。

四、健康教育

(1)手术当日向病人及其家属讲解植皮区及供皮区的护理知识及配合要点。如四肢皮片移植后卧床时尽量抬高患肢,以促进静脉回流,防止水肿,减少创面渗液、渗血等;半暴露植皮区,不宜用手抓按;对于臀部植皮区注意会阴部清洁,便后用生理盐水棉球清洗肛周,术后采用俯卧位,防止皮片受压。

(2)头部及躯干供皮区 2 日后用红外线烤灯照射,促使其干燥、结痂。

(3)讲究卫生、定期复查。

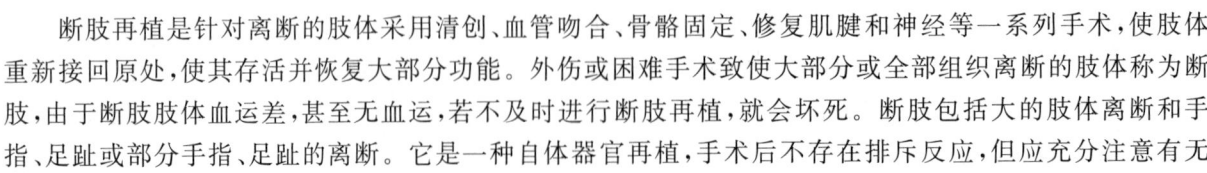

第三节 断肢再植病人的护理

断肢再植是针对离断的肢体采用清创、血管吻合、骨骼固定、修复肌腱和神经等一系列手术,使肢体重新接回原处,使其存活并恢复大部分功能。外伤或困难手术致使大部分或全部组织离断的肢体称为断肢,由于断肢肢体血运差,甚至无血运,若不及时进行断肢再植,就会坏死。断肢包括大的肢体离断和手指、足趾或部分手指、足趾的离断。它是一种自体器官再植,手术后不存在排斥反应,但应充分注意有无发生血管痉挛、血栓及感染等问题。故其术后护理工作十分重要,与手术成败有密切的关系。

一、断肢的急救和手术前准备

1. 止血与包扎 迅速用无菌敷料加压包扎残端,对不能控制的大血管出血,需用止血带,但应定时放松止血带。医护人员应保持镇静,并注意病人血压、脉搏、呼吸和神志等全身情况,了解有无其他合并伤,迅速做好抗休克准备,对昏迷病人要保持呼吸道通畅。

2. 断肢保存　断肢保存是现场急救的关键步骤,离体组织在室温下缺血 6 h 即可坏死。其基本原则是干燥冷藏,即将断肢用无菌敷料包扎好,放入清洁塑料袋内,再放入有盖的容器中,并将该容器放入冰袋中。断肢不可直接与冰块接触,以防冻伤,亦不可用任何液体浸泡。转运不完全断肢时注意肢体的妥善固定,避免加重损伤,应立即将病人转运至有条件的医院,迅速将断肢送至手术室,并用肝素盐水灌注,冲洗后保存于 4℃冰箱中,以待手术时使用。

3. 迅速转运　迅速将病人和断肢(指)送往医院,力争在 6 h 内进行再植手术。转送途中注意监测病人的生命体征,了解有无其他并发症,积极防治休克,昏迷病人尤其注意保持呼吸道通畅。

4. 做好手术前准备　病人平卧或处于休克卧位,患肢抬高,高于心脏水平 20 cm;积极抗休克的同时,完成术前常规检查,做好病人及其家属的思想工作,并做好皮肤准备,给予输液、备血、麻醉前用药、吸氧和留置导尿管。

知识链接

不宜进行再植手术的指征

(1)患全身性慢性疾病,不允许长时间手术或有出血倾向者。

(2)断肢(指)多发性骨折及严重软组织挫伤,血管床严重破坏,血管、神经、肌腱高位撕脱者。

(3)断肢(指)经刺激性液体及其他消毒液长时间浸泡者。

(4)高温季节,离断时间过长,断肢(指)未经冷藏保存者。

(5)病人精神不正常、本人无再植要求且不能合作者。

二、断肢手术后护理

(一)护理评估

了解手术过程,观察再植肢(指)体皮肤颜色、温度、毛细血管充盈时间和动脉搏动情况,有无血管危象和感染征象等。定时评估患肢(指)感觉和运动功能恢复的程度以及肢(指)体功能锻炼情况。

(二)护理问题

1. 不舒适:疼痛　与肢体损伤及手术有关。

2. 组织灌注改变　与血管痉挛或血管吻合处血栓形成有关。

3. 有感染的危险　与开放性损伤和长时间手术有关。

4. 潜在并发症　急性肾衰竭等。

(三)护理措施

1. 病情监测和记录　手术后密切监测病人体温、脉搏、呼吸及血压,记录 24 h 液体出入量,注意血容量有无不足,密切关注切口有无渗血。建立两条静脉通路,输血、输液,持续低流量吸氧,保持伤口外敷料干燥,及时记录渗血敷料数量,准确评估病人全身情况。

2. 消毒隔离和预防感染　手术后病人住单间病房,室内空气和器具用物均需消毒,室温维持在 20 ～ 25 ℃,湿度为 50% ～60%,避免寒冷刺激,预防交叉感染并有专人护理,限制探视人员,病房内严禁吸烟。注意采用抗生素预防感染。

3. 疼痛护理　疼痛多发生于手术后,可诱发血管痉挛、影响血供。手术后常给予预防性止痛药物,而不是待疼痛难以忍受时再给药。

4. 心理护理　护士应热情接待病人,耐心细致地做好各项护理工作。对于不同的病人应以不同的方式进行心理疏导。

5. 再植肢体的护理

(1)抬高肢体:再植肢体抬高至心脏平面,保证静脉回流。

(2)消除血管痉挛因素:手术后1周内再植肢体可用照明灯照射(灯距一般为30~45 cm),使肢体血管扩张,严禁吸烟,静脉滴注低分子右旋糖酐。

(3)局部循环的观察:手术后正常情况下再植肢体较健侧红润,温度比健侧略高1~2 ℃,轻度肿胀。若病人手术后患肢肿胀明显,皮纹消失,出现水疱,但皮温、毛细血管反流反应均正常,提示有潜在血循环危象可能。

(四)健康教育

(1)注意安全,加强劳动保护。

(2)告知病人术后恢复的注意事项,如出院后坚持戒烟,不到有吸烟人群的场所,寒冷季节注意保暖。

(3)讲解手术后功能锻炼的意义和方法,协助病人制订功能锻炼计划,坚持再植肢(指)体的分期功能锻炼。

(4)遵医嘱定期复查,发现异常情况,及时就诊。

(5)向病人解释早期活动的重要性。断肢再植的病人,初期以再植肢体理疗和被动锻炼为主;中期以主动锻炼为主,适当给予被动锻炼及理疗;后期坚持主动锻炼,逐渐加强力量训练。具体方法是术后2周拆线后开始被动活动各指关节;术后第3周肌腱愈合,但不牢固,神经修复后暂无感觉,可行关节保护性的被动锻炼。此后逐渐增加活动次数和活动时间,整个过程应循序渐进。

【案例思考】

1.男性,45岁。原发性肾小球肾炎致慢性肾功能衰竭而行肾移植手术,手术过程顺利并安全返回病房。病人清醒,禁食,口唇稍干,尿量100 mL/h。有颈内静脉留置导管。体检:体温波动于36.2~36.8 ℃,脉搏86次/分,血压100/63 mmHg,中心静脉压0.29 kPa(3 cmH$_2$O)。

请思考:

(1)该病人存在的最主要的护理诊断是什么?

(2)通过护理达到何种预期护理目标?

(3)应采取哪些针对性护理措施?

2.计先生,35岁,工作中右手中指和示指被机器压断。伤后5 h,病人被同事送达医院,并将离断手指用纸巾包裹送到医院。急诊给予断指再植手术,术后8 h,护士发现该病人断指肿胀明显,颜色变暗紫色,指腹张力增高,皮温高于健侧。

请思考:

(1)该病人离断手指应如何保存?

(2)目前该病人出现什么问题?应如何处理?

(兰庆新 兰建江)

第十二章　颅脑疾病病人的护理

第一节　颅内压增高与脑疝病人的护理

 学 习 目 标

扫码看课件

识记:

1.能复述颅内压增高与脑疝的概念、病因。

2.能陈述颅内压增高与脑疝的辅助检查和治疗原则。

3.能简述颅内压增高与脑疝病人的健康教育内容。

理解:

能说明颅内压增高与脑疝的临床表现。

运用:

能运用护理程序,为颅内压增高、脑疝病人制订护理计划。

　　颅内压增高是神经外科常见的临床综合征。颅脑损伤、颅内肿瘤、血管疾病、脑积水、炎症等病理损害,可使颅腔内容物体积增加,导致颅内压持续超过正常上限,从而引起的相应的综合征,称为颅内压增高,表现为头痛、呕吐和视神经乳头水肿三主征。当颅内压增高到一定程度时,尤其是占位性病变使颅内各分腔之间的压力不平衡,使一部分脑组织通过生理性孔隙,从高压区向低压区移位,产生相应的临床症状和体征,称为脑疝。常见的脑疝有小脑幕切迹疝和枕骨大孔疝。颅内压增高引发的脑疝危象,可使病人因呼吸循环衰竭而死亡,因此,对颅内压增高及时诊断和正确处理十分重要。

一、解剖概要

　　颅骨分为脑颅和面颅两部分。脑颅围成颅腔,容纳脑,颅腔被小脑幕分成幕上腔和幕下腔,幕上腔又被大脑镰分隔成左右两个腔,分别容纳左右大脑半球。幕下腔容纳小脑、脑桥和延髓。中脑在小脑幕切迹裂孔中通过。

　　成年人的颅腔是一个骨性的半封闭体腔,借枕骨大孔与椎管相通,其容积是固定不变的。颅内压是指颅腔的内容物对颅壁所产生的压力,颅腔内容物包括脑组织、脑脊液和血液,三者与颅腔容积相适应,使颅腔内保持一定的压力,正常值为 $70\sim200\ mmH_2O(0.7\sim2.0\ kPa)$,小儿为 $50\sim100\ mmH_2O(0.5\sim1.0\ kPa)$ 。

二、病因

　　1.颅内容物体积增加　脑水肿是最常见的原因,如脑的创伤、炎症、中毒、脑缺血缺氧所致的脑水肿;

脑脊液分泌或吸收失衡所致脑积水;二氧化碳蓄积和高碳酸血症时脑血管扩张导致脑血流量持续增加。

2.颅内的占位性病变 如颅内血肿、肿瘤、脓肿等导致颅内压增高。

3.颅腔容量缩小 如凹陷性骨折、狭颅症、颅底凹陷症等使颅腔空间缩小。

三、临床表现

(一)颅内压增高

1.颅内压增高"三主征" 头痛、呕吐和视神经乳头水肿是颅内压增高的典型表现。

(1)头痛:颅内压增高最常见的症状,常在晨起或夜间出现,头痛部位常在前额、两侧颞部,头痛性质以胀痛和撕裂痛为多见。可随颅内压增高而进行性加重。咳嗽、低头、用力时加重。

(2)呕吐:常在头痛剧烈时出现,呈喷射性,与进食无直接关系。呕吐后头痛可有所缓解。有时可导致水、电解质平衡失调和体重减轻。

(3)视神经乳头水肿:颅内压增高的重要客观体征,常为双侧性。表现为视神经乳头充血,边缘模糊不清,中央凹陷消失,视盘隆起,静脉怒张。早期多不影响视力,存在时间较久者则视盘颜色苍白,视野向心缩小,视力减退,严重者失明。

2.生命体征改变 病人可伴有典型的生命体征变化,表现为早期代偿性出现血压升高,脉压增大,脉搏慢而有力,呼吸深而慢("二慢一高"),称为库欣(Cushing)反应。病情严重者出现血压下降、脉搏快而弱、呼吸浅促或潮式呼吸,最终因呼吸、循环衰竭而死亡。

3.意识障碍 急性颅内压增高时,常有进行性意识障碍,疾病初期可出现嗜睡,反应迟钝。严重病例可出现昏睡、昏迷、伴有瞳孔散大、对光反应消失、发生脑疝,去大脑强直。慢性颅内压增高病人,表现为神志淡漠、反应迟钝和呆滞,症状时轻时重。

4.其他症状与体征 颅内压增高还可以引起外展神经麻痹或复视、头晕、猝倒等。婴幼儿颅内压增高可见囟门饱满、颅缝增宽、头颅增大、头皮静脉扩张等。

(二)脑疝

1.小脑幕切迹疝 小脑幕切迹疝是小脑幕上方的颞叶海马回、钩回通过小脑幕切迹向幕下移位,故又称颞叶钩回疝。典型的临床表现:①颅内压增高症状:剧烈头痛,进行性加重,伴躁动不安,频繁呕吐。②进行性意识障碍:由于脑干内网状上行激动系统受累,病人随脑疝进展可出现嗜睡、浅昏迷至深昏迷。③瞳孔改变:患侧瞳孔最初有短暂的缩小,以后逐渐散大,直接或间接对光反射消失。④运动障碍:病变对侧肢体瘫痪、肌张力增加、腱反射亢进、病理征阳性。⑤生命体征紊乱:表现为心率减慢或不规则,血压忽高忽低,呼吸不规则、大汗淋漓或汗闭,面色潮红或苍白。体温可高达41℃以上或体温不升。严重者双侧眼球固定及瞳孔散大、对光反射消失,四肢全瘫,去大脑强直,生命体征严重紊乱,最后呼吸、心搏停止而死亡。

2.枕骨大孔疝 枕骨大孔疝是由小脑幕下的小脑扁桃体经枕骨大孔向椎管内移位,故又称小脑扁桃体疝。常因幕下占位性病变,或做腰椎穿刺放出脑脊液过快过多引起。临床上缺乏特征性表现,容易被误诊。病人常有剧烈头痛,以枕后部疼痛为甚,反复呕吐,颈项强直或处于强迫体位,生命体征改变出现较早,意识障碍出现较晚。因脑干缺氧,瞳孔可忽大忽小。当延髓呼吸中枢受压时,病人早期可突发呼吸骤停而死亡。

四、辅助检查

1.腰椎穿刺 可以直接测量颅内压力,同时取脑脊液送实验室检查。但对颅内压增高的病人有一定危险,可诱发脑疝,故应慎重进行。

2.影像学检查 电子计算机X线断层扫描(CT)、磁共振成像(MRI)、数字减影血管造影(DSA)等检查,有助于诊断病因和确定病变的部位。

五、治疗原则

1. 非手术治疗   适用于颅内压增高原因不明,或虽已查明原因但仍需非手术治疗者,或作为手术前准备。主要方法:①限制液体摄入量:颅内压增高明显者,每日液体摄入量应限制在 1500～2000 mL。②降低颅内压:使用高渗性脱水剂(如 20％甘露醇),使脑组织间的水分通过渗透作用进入血液循环再由肾脏排出,达到减轻脑水肿和降低颅内压的目的;若同时使用利尿性脱水剂如呋塞米,降低颅内压效果更好。应用肾上腺皮质激素可稳定血脑脊液屏障,预防和缓解脑水肿,降低颅内压。冬眠低温疗法:降低脑的新陈代谢率,减少脑组织的耗氧量,防止脑水肿的发生与发展。③辅助过度换气。④预防或控制感染。⑤镇痛等对症处理:遵医嘱应用镇痛剂,但禁用吗啡、哌替啶等,以免抑制呼吸。

2. 手术治疗   病因治疗是最根本的治疗方法,如手术切除颅内肿瘤、清除颅内血肿、处理大片凹陷性骨折、控制颅内感染等。对有脑积水的病人,先穿刺侧脑室做外引流术,暂时控制颅内压增高,待病因诊断明确后再手术治疗。若难以确诊或虽确诊但无法切除者,选用脑脊液分流术、侧脑室体外引流术或病变侧颞肌下减压术等姑息性手术来降低颅内压。

六、护理问题

1. 疼痛   与颅内压增高有关。

2. 有体液不足的危险   与剧烈呕吐及应用脱水剂有关。

3. 潜在并发症   脑疝。

七、护理措施

(一)一般护理

1. 体位   抬高床头 15°～30°,使病人处于斜坡位,有利于颅内静脉回流,减轻脑水肿。昏迷病人取侧卧位,便于呼吸道分泌物排出。

2. 给氧   持续或间断吸氧,降低 $PaCO_2$,使脑血管收缩,减少脑血流量,降低颅内压。

3. 饮食与补液   不能进食者,成年人每日静脉输液量在 1500～2000 mL,其中等渗盐水不超过 500 mL,保持每日尿量不少于 600 mL,并且应控制输液速度,防止短时间内输入大量液体,加重脑水肿。神志清醒者给予普通饮食,但要限制钠盐摄入量。

4. 维持正常体温和防治感染   高热可使机体代谢率增高,加重脑缺氧,故应及时给予有效的降温措施。遵医嘱应用抗生素预防和控制感染。

5. 加强生活护理   适当保护病人,避免意外损伤。昏迷、躁动不安者切忌强制约束,以免病人挣扎导致颅内压增高。

(二)病情观察

观察病人意识、生命体征、瞳孔和肢体活动的变化。意识反映了大脑皮质和脑干的功能状态,是分析病情进展的重要指标。急性颅内压增高早期病人的生命体征常有"二慢一高"现象。瞳孔的观察对判断病变部位具有重要的意义,颅内压增高病人出现患侧瞳孔先小后大,对光反应迟钝或消失,提示发生小脑幕切迹疝;小脑幕切迹疝压迫患侧大脑脚,出现对侧肢体瘫痪,肌张力增高,腱反射亢进,病理反射阳性。

(三)防止颅内压骤然增高

1. 卧床休息   保持病室安静,清醒病人不要用力坐起或提重物。稳定病人情绪,避免情绪激烈波动,以免血压骤升而加重颅内压增高。

2. 保持呼吸道通畅   当呼吸道梗阻时,病人用力呼吸,致胸腔内压力增高,加重颅内压增高。昏迷病人或排痰困难者,应配合医生及早行气管切开术。

3. 避免胸、腹腔内压力增高   当病人咳嗽和用力排便时,胸、腹腔内压力增高,有诱发脑疝的危险。

因此,要预防和及时治疗感冒。已发生便秘者切勿用力屏气排便,可用缓泻剂或低压小量灌肠通便,避免高压大量灌肠。

(四)脑疝的急救与护理

脑疝发生后应保持呼吸道通畅,并输氧,立即使用20%甘露醇200~400 mL加地塞米松10 mg静脉快速滴入,呋塞米40 mg静脉推注,以暂时降低颅内压。同时紧急做好手术前检查和手术前准备,密切观察生命体征、瞳孔的变化。对呼吸功能障碍者,立即气管插管进行辅助呼吸。

(五)用药的护理

1. 应用脱水剂　最常用20%甘露醇250 mL,在30 min内快速静脉滴注,每日2~4次。滴注后10~20 min颅内压开始下降,维持4~6 h,可重复使用。若同时使用利尿剂,降低颅内压效果更好。使用脱水剂可使钠、钾等排出过多,引起电解质紊乱,脱水治疗期间应记录24 h液体出入量,遵医嘱合理输液。使用高渗性液体后,血容量突然增加,加重循环系统负担,有导致心力衰竭或肺水肿的危险,尤其是小儿、老年人及心功能不全者,应注意观察和及时处理。停止使用脱水剂时,应逐渐减量或延长给药间隔,以防止出现颅内压反跳现象。

2. 应用肾上腺皮质激素　主要通过改善血脑屏障通透性,预防和治疗脑水肿,并能减少脑脊液生成,使颅内压下降。常用地塞米松5~10 mg,每日1~2次静脉注射。治疗期间注意观察有无因应用激素诱发应激性溃疡和感染等不良反应。

(六)脑室外引流的护理

脑室外引流主要用于脑室出血、颅内压增高、急性脑积水的急救,暂时缓解颅内压增高;还可以通过脑室外引流装置监测颅内压变化、采取脑脊液标本进行检验,必要时向脑室内注药治疗。护理的要点如下。

1. 妥善固定　将引流管及引流瓶(袋)妥善固定在床头,使引流管开口高于侧脑室平面10~15 cm,以维持正常的颅内压。需要搬动病人时,应将引流管暂时夹闭,防止脑脊液反流颅内引起感染。

2. 控制引流速度和量　正常脑脊液每日分泌400~500 mL,若引流过快、过多,可使颅内压骤然降低,导致脑移位。故每日引流量以不超过500 mL为宜。颅内感染病人脑脊液分泌增多,引流量可适当增加,但同时应注意补液,以免水、电解质平衡失调。

3. 保持引流通畅　避免引流管受压和折叠,适当限制病人头部活动范围,活动及翻身时避免牵拉引流管。注意观察引流管是否通畅:若引流管内不断有脑脊液流出、管内的液面随病人呼吸、脉搏等上下波动,表明引流管通畅;若引流管无脑脊液流出,可能的原因:①颅内压低于150 mmH₂O,证实的方法是将引流瓶(袋)高度降低后有脑脊液流出。②引流管在脑室内盘曲成角:可行X线检查,将过长的引流管缓慢向外抽直至有脑脊液流出,再重新固定。③管口吸附于脑室壁:可将引流管轻轻旋转,使管口离开脑室壁。④引流管被小凝血块或挫碎的脑组织阻塞:可挤压引流管,将血块等阻塞物挤出,或在严格无菌操作下用注射器抽吸,切不可用盐水冲洗,以免管内阻塞物被冲入脑室系统,造成脑脊液循环受阻。经上述处理后若仍无脑脊液流出,必要时更换引流管。

4. 注意观察并记录引流量和性质　正常脑脊液无色透明,无沉淀。手术后1~2日脑脊液可略呈血性,以后转为橙黄色。若引流出大量血性脑脊液,且颜色逐渐加深,常提示脑室内出血,需紧急手术止血;若脑脊液混浊呈毛玻璃状或有絮状物,提示有颅内感染。

5. 严格的无菌操作　保持整个装置无菌状态,预防逆行感染。每日更换引流袋时先夹住引流管,防止进入空气或脑脊液逆流入颅内。必要时做脑脊液常规检查或细菌培养。

6. 拔管指征　脑室引流管一般放置3~4日,脑室引流管放置时间不宜超过7日,以免时间过长发生颅内感染。拔管前应行头颅CT检查,并试行抬高引流瓶(袋)或夹闭引流管24 h,以了解脑脊液循环是否通畅。夹管期间应注意病人神志、瞳孔及生命体征变化,无颅内压增高症状时可以拔管,若颅内压再次增高,并出现头痛、呕吐等症状,立即放低引流瓶(袋)或开放夹闭的引流管,并告知医生。拔管时先夹闭引流管,以免管内液体逆流入颅内引起感染。拔管后要注意观察有无脑脊液漏出,若有脑脊液漏出,告知医生处理,以免引起颅内感染。

(七)冬眠低温疗法的护理

冬眠低温疗法的目的是降低脑耗氧量和脑代谢率,减少脑血流量,增加脑对缺血缺氧的耐受力,减轻脑水肿。先遵医嘱静脉滴注冬眠药物,通过调节滴速来控制冬眠深度,待病人进入冬眠状态,方可开始物理降温。物理降温方法:头部戴冰帽或在颈动脉、腋动脉、肱动脉、股动脉等主干动脉表浅部放置冰袋。还可采用降低室温、减少被盖、体表覆盖冰毯或冰水浴巾等方法,使病人体温稳定在治疗要求的范围内,避免大起大落。降温速度以每小时下降 1℃ 为宜,体温降至肛温 31～34℃ 较为理想,体温过低易诱发心律失常。在冬眠降温期间不宜翻身或移动体位,以防发生直立性低血压。严密观察生命体征变化,若脉搏超过 100 次/分,收缩压低于 100 mmHg,呼吸慢而不规则,应及时通知医生停药。加强肺部护理,以防肺部并发症。加强皮肤护理,防止压疮和冻伤发生。冬眠低温疗法时间一般为 3～5 日,停止治疗时先停物理降温,再逐渐停用冬眠药物,任其自然复温。

八、健康教育

(1)病人原因不明的头痛症状进行性加重,经一般治疗无效;或头部外伤后有剧烈头痛并伴有呕吐者,应及时到医院做检查以明确诊断。

(2)颅内压增高的病人要避免剧烈咳嗽、便秘、提重物等,防止颅内压骤然增高而诱发脑疝。

(3)对有神经系统后遗症的病人,要针对不同的心理状态进行心理护理,调动他们的心理和躯体的潜在代偿能力,鼓励其积极参与各项治疗和功能训练,如肌力训练、步态平衡训练、排尿功能训练等,最大程度地恢复其生活能力。

第二节　颅脑损伤病人的护理

学 习 目 标

识记:

1.能列出头皮损伤、颅骨骨折、脑损伤的分类、护理问题、处理原则。

2.能叙述脑损伤病人的病因、辅助检查、健康教育。

理解:

1.能比较各种头皮损伤、颅骨骨折的临床特点和护理措施。

2.能解释脑损伤的临床表现。

应用:

能运用护理程序,为脑损伤病人制订护理计划。

颅脑损伤是外科常见的急症,在平时和战时均常见,其发生率在全身各部位损伤中排第二位,仅次于四肢损伤,但病死率和致残率均居首位。平时常因交通和工矿作业事故、坠落、跌倒、锐器或钝器击打头部所致,战时多见于火器伤。颅脑损伤可分为头皮损伤、颅骨骨折和脑损伤,三者可单独或合并存在。

一、解剖概要

1.头皮　头皮分为5层,自外向里依次是皮肤、皮下组织、帽状腱膜、帽状腱膜下层、骨膜。其中皮肤、皮下组织和帽状腱膜三层结合紧密,临床上又称为"头皮"(图12-1)。

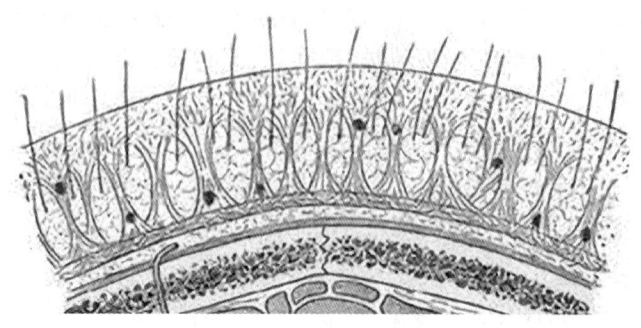

图 12-1　头皮解剖结构

2.颅骨　颅骨分为颅盖和颅底两个部分,均由左右对称的骨质增厚部分构成。

(1)颅盖:骨质坚实,由内、外骨板和板障构成,外骨板厚,内骨板较薄,内、外骨板表面均有骨膜覆盖,内骨膜也是硬脑膜外层。

(2)颅底:骨面凹凸不平,由前向后形成前高后低的3个阶梯状的颅窝,分别是颅前窝、颅中窝和颅后窝。颅骨厚薄不匀,有两侧对称、大小不等的孔隙,脑的神经和血管由此出入颅腔,颅底骨折时易损伤这些血管和神经。颅底部的硬脑膜与颅骨贴附紧密。颅底骨折时,硬脑膜常被撕裂,形成脑脊液漏,可导致颅内感染。

二、头皮损伤

头皮损伤包括头皮血肿、头皮裂伤和头皮撕脱伤三种。钝器常造成头皮挫伤、不规则的血肿或裂伤;锐器常造成整齐的裂伤;切线方向的暴力或发辫卷入机器则可引起大片头皮撕脱伤。

(一)头皮血肿

头皮血肿多为钝器打击所致。按血肿出现于头皮的不同层次分为皮下血肿、帽状腱膜下血肿和骨膜下血肿。皮下血肿多见于产伤或撞击伤;帽状腱膜下血肿是由于头部受到斜向暴力,头皮产生剧烈滑动,撕裂该层间的血管所致;骨膜下血肿常由于颅骨骨折或产伤所致。

1.临床表现

(1)皮下血肿:比较局限,血肿体积小、张力高,压痛明显,无波动,周边较中心区硬,易误认为颅骨凹陷性骨折。

(2)帽状腱膜下血肿:位于帽状腱膜下疏松组织层内,因该处组织疏松,血肿易扩展,严重者血肿可充满整个帽状腱膜下层,蔓延至全头部,触诊有波动感。小儿及体弱者,可致贫血甚至休克。

(3)骨膜下血肿:多由相应颅骨骨折引起,血肿多局限于某一颅骨范围内,以骨缝为界,张力较高,可有波动感。

2.辅助检查　通过头颅X线摄片可了解有无合并颅骨骨折。

3.处理原则　较小的头皮血肿无须特殊处理,可加压包扎,早期冷敷,24 h后热敷,一般1~2周可自行吸收;血肿较大时可在无菌操作下,分次穿刺抽出积血后加压包扎。对于已有感染的血肿,切开引流。

4.护理问题

(1)疼痛:与头皮血肿有关。

(2)潜在并发症:失血性休克。

5. 护理措施

（1）减轻疼痛：早期冷敷以减少出血和疼痛，24～48 h 改用热敷，以促进血肿吸收。

（2）预防并发症：血肿加压包扎，嘱病人勿用力揉搓，以免增加出血。注意观察病人意识状况、生命体征和瞳孔等变化，警惕是否合并颅骨骨折及脑损伤。

（3）健康教育：注意休息，避免过度劳累。限制烟酒及辛辣刺激性食物。遵医嘱继续应用抗生素、止血药、止痛药物。如原有症状加重、头痛剧烈、频繁呕吐，及时就诊。

（二）头皮裂伤

头皮裂伤多为锐器或钝器打击所致。头皮血管丰富，因断裂血管受头皮纤维隔的牵拉，断端不能收缩，故出血较多，不易自行停止，严重时发生失血性休克。现场急救可加压包扎止血，在伤后 24 h 内清创缝合。常规应用抗生素和破伤风抗毒素（TAT）。注意观察有无合并颅骨和脑损伤。

（三）头皮撕脱伤

头皮撕脱伤是最严重的头皮损伤，多因妇女发辫被卷入转动的机器所致，使头皮自帽状腱膜下或连同骨膜一并撕脱，有时合并颈椎损伤。可分为不完全撕脱和完全撕脱两种。常因剧烈疼痛和大量出血而发生休克。

头皮撕脱的现场急救：应用无菌敷料覆盖创面后，加压包扎止血，同时应用抗生素和止痛药物。对于完全撕脱的头皮不做任何处理，用无菌敷料包裹，隔水放置于有冰块的容器内，随病人一起迅速送至医院。不完全撕脱者争取在伤后 6～8 h 清创后缝回原处；如头皮已完全撕脱，清创后行头皮血管吻合，再缝合撕脱的头皮，亦可进行植皮。

三、颅骨骨折

颅骨骨折是指颅骨受暴力作用所致颅骨结构的改变。其临床意义不在于骨折本身，而在于骨折所引起的脑膜、脑、血管和神经损伤，可合并脑脊液漏、颅内血肿及颅内感染等。

（一）分类

颅骨骨折按骨折部位可分为颅盖骨折和颅底骨折；按骨折形态可分为线性骨折和凹陷性骨折；按骨折是否与外界相通分为开放性骨折和闭合性骨折。

（二）临床表现

1. 颅盖骨折　线性骨折发生率最高，常合并有头皮损伤，骨折本身依靠触诊很难发现。局部压痛、肿胀，病人常伴有局部骨膜下血肿。凹陷性骨折好发于额、顶部，多为全层凹陷，局部可扪及下陷区，部分病人仅有内板凹陷，若骨折片损伤脑功能区，可出现偏瘫、失语、癫痫等神经系统定位体征。凹陷范围较大的骨折者，软组织出血不多时，触诊多可确定，但小的凹陷骨折需经 X 线摄片才能发现。

2. 颅底骨折　多为颅盖骨折延伸到颅底，或由强烈的间接暴力作用于颅底所致，常为线性骨折。颅底部的硬脑膜与颅骨贴附紧密，故颅底骨折时常伴有硬脑膜破裂而成为开放性骨折，引起脑脊液外漏或颅内积气，主要临床表现为皮下或黏膜下瘀斑、脑脊液外漏和脑神经损伤（表 12-1）。

表 12-1　颅底骨折的临床表现

骨折部位	瘀斑部位	脑脊液漏	可能损伤的脑神经
颅前窝	"熊猫眼征""兔眼征"	鼻漏	Ⅰ、Ⅱ
颅中窝	耳后乳突区	鼻、耳漏	Ⅶ、Ⅷ
颅后窝	耳后及枕下部、咽后壁	无	Ⅸ～Ⅻ

（三）辅助检查

1. X 线检查　颅盖骨折主要靠颅骨 X 线摄片确诊。对于凹陷性骨折，可显示骨折片陷入颅内的深

度;颅底骨折 X 线检查价值不大。

2.CT 检查 有助于了解骨折情况和有无合并脑损伤。

(四)治疗原则

颅盖线性骨折或凹陷性骨折下陷较轻,一般不需处理;骨折凹陷范围超过 3 cm、深度超过 1 cm,兼有脑受压症状者,开放性粉碎性凹陷骨折者,则需手术整复或摘除陷入的骨片。颅底骨折本身无须特殊处理,重点是预防颅内感染,出现脑脊液漏时即属开放性损伤,应使用 TAT 及抗生素预防感染。脑脊液漏一般在 2 周内愈合。脑脊液漏 4 周不自行愈合者,可考虑行硬脑膜修补术。若骨折片压迫视神经,应尽早手术减压。

(五)护理问题

1.有感染的危险 与脑脊液外漏有关。

2.潜在并发症 颅内出血、颅内压增高、颅内低压综合征。

(六)护理措施

1.预防颅内感染

(1)体位:嘱病人采取半坐卧位,头偏向患侧,维持特定体位至停止漏液后 3~5 日,借重力作用使脑组织移至颅底硬脑膜裂缝处,促使局部粘连而封闭漏口。

(2)保持局部清洁:每日 2 次清洁、消毒外耳道、鼻腔或口腔,注意棉球不可过湿,以免液体逆流入颅内。劝告病人勿挖鼻、抠耳。

(3)避免颅内压骤升:嘱病人勿用力屏气排便、咳嗽、擤鼻涕或打喷嚏等,以免颅内压骤然升降导致气颅或脑脊液逆流。

(4)预防颅内逆行感染:脑脊液漏者,禁忌堵塞、冲洗鼻腔、耳道和经鼻腔、耳道滴药,禁忌做腰椎穿刺。脑脊液鼻漏者,严禁从鼻腔吸痰或放置鼻胃管。注意有无颅内感染迹象,如头痛、发热等。

(5)遵医嘱应用抗菌药及 TAT 或破伤风类毒素。

2.并发症的观察和处理

(1)脑脊液外漏:鉴别脑脊液与血液、脑脊液与鼻腔分泌物,可将血性液滴于白色滤纸上,若血迹外周有月晕样淡红色浸渍圈,则为脑脊液漏;或行红细胞计数并与周围血的红细胞比较,以明确诊断;也可根据脑脊液中含糖而鼻腔分泌物中不含糖的原理,用尿糖试纸测定或葡萄糖定量检测以鉴别是否存在脑脊液漏。有时颅底骨折虽伤及颞骨岩部,且骨膜及脑膜均已破裂但鼓膜尚完整时,脑脊液可经耳咽管流至咽部进而被病人咽下,故应观察并询问病人是否经常有腥味液体流至咽部。

(2)估计脑脊液外漏量:在前鼻庭或外耳道口松松地放置干棉球,随湿随换,记录 24 h 浸湿的棉球数,以估计脑脊液外漏量。

(3)颅内继发性损伤:颅骨骨折病人可合并脑组织、血管损伤,导致颅内出血、继发性脑水肿、颅内压增高、癫痫等。脑脊液外漏可推迟颅内压增高症状的出现,一旦出现颅内压增高的症状,救治更为困难。因此,应严密观察病人的意识、生命体征、瞳孔及肢体活动等情况,以及时发现颅内压增高及脑疝的早期迹象。

(4)颅内低压综合征:若脑脊液外漏多,可使颅内压过低而导致颅内血管扩张,出现剧烈头痛、眩晕、呕吐、厌食、反应迟钝、脉搏细弱、血压偏低。头痛在立位时加重,卧位时缓解。若病人出现颅内压过低表现,可遵医嘱补充大量液体以缓解症状。

(七)健康教育

颅底骨折病人要避免用力咳嗽、打喷嚏和擤鼻涕,勿挖耳、抠鼻或屏气排便,以免鼻窦或乳突气房内的空气被压入颅内,引起气颅或颅内感染。告诉门诊病人及其家属若出现剧烈头痛、频繁呕吐、发热、意识模糊,应及时到医院就诊。颅底骨折病人要避免颅内压骤然升降的因素。

四、脑损伤

脑损伤是指脑膜、脑组织、脑血管及脑神经在受到外力作用后所发生的损伤。分为原发性脑损伤和继发性脑损伤两大类。原发性脑损伤为暴力作用于头部后立即发生的损伤,主要有脑震荡和脑挫裂伤。继发性脑损伤为头部受伤一段时间后出现的脑受损病变,主要有脑水肿和颅内血肿。另外,按伤后脑组织与外界是否相通,又分为闭合性脑损伤和开放性脑损伤两类。

(一)脑震荡

脑震荡是指头部受到撞击后,立即发生一过性神经功能障碍,无肉眼可见的神经病理改变,但在显微镜下可见神经组织结构紊乱。

1.临床表现　病人在伤后立即出现短暂的意识丧失,一般持续时间不超过 30 min,同时伴有面色苍白、出冷汗、血压下降、脉搏变缓、呼吸浅慢、肌张力降低、各生理反射迟钝或消失等自主神经和脑干功能紊乱的表现。意识恢复后对受伤时甚至受伤前一段时间内的情况不能回忆,而对往事记忆清楚,称为逆行性健忘。清醒后常有头痛、头晕、恶心、呕吐、失眠、耳鸣、情绪不稳定、记忆力减退等症状,一般可持续数日或数周。神经系统检查无明显阳性体征。

2.治疗原则　脑震荡无须特殊治疗。卧床休息 1~2 周,给予镇静剂、镇痛剂等对症处理,病人多在 2 周内恢复正常。

3.护理问题

(1)焦虑:与缺乏脑震荡相关知识、担心疾病预后有关。

(2)急性疼痛:与脑震荡有关。

4.护理措施

(1)缓解病人焦虑情绪:讲解疾病相关知识,缓解其紧张情绪。对少数症状迁延者,加强心理护理,帮助其正确认识疾病。

(2)镇痛、镇静:疼痛明显者遵医嘱适当给予镇静、镇痛药物。

(3)病情观察:少数病人可能合并有颅内血肿,故应密切观察其意识状态、生命体征及神经系统体征。

(4)健康教育:嘱病人保证充足睡眠,避免过度用脑和劳累。适当进行体能锻炼(练气功、打太极拳等),解除思想上对所谓“后遗症”的紧张和忧虑,保持心情愉快。

(5)加强营养:多食健脑食品(如动物脑、栗子、核桃等)。

(二)脑挫裂伤

脑挫伤指暴力作用头部后,脑组织遭受破坏较轻,软脑膜尚完整者;脑裂伤指软脑膜、血管及脑组织同时破裂,伴有外伤性蛛网膜下腔出血。两者常同时存在,故合称为脑挫裂伤。

1.临床表现

(1)意识障碍:脑挫裂伤最突出的症状。伤后立即出现昏迷,其程度和持续时间与脑损伤程度、范围直接相关。昏迷时间超过 30 min,可长达数小时、数日至数月不等,严重者长期持续昏迷。

(2)局灶症状与体征:依损伤的部位和程度不同而异。脑皮质功能区受损时,伤后立即出现相应的神经功能障碍症状或体征,如语言中枢损伤出现失语,运动区受损出现锥体束征、肢体抽搐、偏瘫等。但发生在额、颞叶前端“哑区”的损伤,可无神经系统受损的症状和体征。

(3)头痛、呕吐:与颅内压增高、自主神经功能紊乱或外伤性蛛网膜下腔出血有关。合并蛛网膜下腔出血时可有脑膜刺激征阳性,脑脊液检查提示脑脊液中有红细胞。

(4)颅内压增高与脑疝:因继发脑水肿和颅内出血引起。可使早期的意识障碍或偏瘫程度加重,或意识障碍好转后又加重。

原发性脑干损伤是脑挫裂伤中最严重的特殊类型,常与弥散性脑损伤并存。病人常因脑干网状结构受损、上行激活系统功能障碍而持久昏迷。伤后早期出现严重的生命体征紊乱,表现为呼吸节律紊乱,心率及血压波动明显,双侧瞳孔大小多变,对光反应异常,眼球位置歪斜或同向凝视,可出现四肢肌张力增高,伴单侧或双侧锥体束征,严重者去大脑强直。

2.辅助检查

(1)CT 或 MRI 检查:可显示脑挫裂伤的部位、范围,脑水肿的程度及有无脑室受压及中线结构移位。

(2)腰椎穿刺检查:腰椎穿刺检查提示脑脊液中含大量红细胞,同时可测量颅内压或引流血性脑脊液,以减轻症状。但颅内压明显增高者禁忌腰椎穿刺。

3.治疗原则 脑挫裂伤以非手术治疗为主,一般采用保持呼吸道通畅、防治脑水肿、加强支持疗法和对症处理等方法。经非手术治疗无效或颅内压增高明显,甚至出现脑疝迹象时,应及时手术去除颅内压增高的病因,以解除脑受压。手术方法包括开颅作脑减压术或局部病灶清除术等。

(三)颅内血肿

颅内血肿是颅脑损伤中最常见的继发性脑损伤,由于血肿直接压迫脑组织,引起局部脑功能障碍及颅内压增高,如不及时处理,常可危及病人的生命。

1.分类 颅内血肿按血肿所在部位分为硬脑膜外血肿、硬脑膜下血肿、脑内血肿。按症状出现的时间分为急性血肿(伤后 3 日内出现症状)、亚急性血肿(伤后 3 日至 3 周出现症状)、慢性血肿(伤后 3 周以上才出现症状)。

2.临床表现 当颅内血肿形成后压迫脑组织,出现颅内压增高和脑疝的表现。但不同部位的血肿有其各自的特点。

(1)硬脑膜外血肿:常因额侧颅骨骨折致脑膜中动脉破裂所引起,大多属于急性型。进行性意识障碍是硬脑膜外血肿的主要症状,有三种类型:①典型的意识障碍:伤后昏迷有"中间清醒期",即伤后原发性脑损伤的意识障碍清醒后,在一段时间后颅内血肿形成,因颅内压增高导致病人再度出现昏迷。②持续性昏迷:原发性脑损伤严重,伤后昏迷持续并进行性加重,血肿的症状被原发性脑损伤所掩盖。③迟发性昏迷:原发性脑损伤轻,伤后无原发性昏迷,至血肿形成后出现继发性昏迷。病人在昏迷前或中间清醒期常有头痛、呕吐等颅内压增高症状,幕上血肿大多有典型的小脑幕切迹疝表现。

(2)硬脑膜下血肿。

①急性硬脑膜下血肿:主要由脑实质血管破裂所致。因多数与脑挫裂伤和脑水肿同时存在,故表现为伤后持续昏迷或昏迷进行性加重,少有"中间清醒期",较早出现颅内压增高和脑疝症状。多在 1～3 日进行性加重。

②慢性硬脑膜下血肿:较少见,好发于老年人,病程较长。临床表现差异很大,多有轻微头部外伤史,主要表现为慢性颅内压增高症状,也可有间歇性神经定位体征,有时可有智力下降、记忆力减退、精神失常等智力和精神症状。

(3)脑内血肿:多因脑挫裂伤导致脑实质内血管破裂引起,常与硬脑膜下血肿同时存在,脑内血肿的临床表现依血肿的部位和量而定,以颞叶最多,顶叶次之。可有局灶性症状、颅内压增高症状等,意识障碍轻重取决于原发性脑损伤程度和血肿形成的速度。

3.辅助检查

(1)CT:目前最常用的检查方法,能清楚显示脑挫裂伤、颅内血肿的部位、范围和程度。

(2)MRI:能显示轻度脑挫裂伤病灶。

4.治疗原则 颅内血肿一经确诊,原则上行手术治疗,清除血肿,并彻底止血。

5.护理问题

(1)清理呼吸道无效:与脑损伤后意识障碍有关。

(2)营养失调:低于机体需要量,与脑损伤后高代谢状态、呕吐、高热、不能进食等有关。

(3)有废用综合征的危险:与脑损伤后意识和肢体功能障碍及长期卧床有关。

(4)潜在并发症:颅内压增高、脑疝、蛛网膜下腔出血、癫痫发作、消化道出血。

6.护理措施

(1)现场急救:首先争分夺秒地抢救危及病人生命的伤情,如心搏骤停、窒息、开放性气胸、大出血等,有明显大出血者应补充血容量,无外出血表现而有休克征象者,应查明有无头部以外部位损伤,如合并内脏破裂等。颅脑损伤救护时应做到保持呼吸道通畅,注意保暖,禁用吗啡止痛。开放性损伤有脑组织从伤口膨出时,在外露的脑组织周围用消毒纱布卷保护,再用纱布架空包扎,避免脑组织受压,并及早使用抗生素和TAT。记录受伤经过、检查发现的阳性体征及急救措施和使用药物。

(2)一般护理。

①体位:意识清醒者采取斜坡卧位,以利于颅内静脉回流。昏迷病人或吞咽功能障碍者宜取侧卧位或侧俯卧位,以免呕吐物、分泌物误吸。

②营养支持:昏迷病人须禁食,早期应采用胃肠外营养。每日静脉输液量在1500~2000 mL,其中含钠电解质500 mL,输液速度不可过快。伤后3日仍不能进食者,可经鼻胃管补充营养,应控制盐和水的摄入量。病人意识好转出现吞咽反射时,可经口试喂食物。

③降低体温:高热使机体代谢水平增高,加重脑组织缺氧,应及时降温处理。

④躁动的护理:引起躁动的原因很多,如头痛、呼吸道不通畅、尿潴留、便秘、被服被大小便浸湿、肢体受压等,必须查明原因并及时排除,切勿草率给予镇静剂,以免影响观察病情。对躁动的病人不可强加约束,避免因过分挣扎使颅内压进一步增高。

(3)保持呼吸道通畅:意识障碍者易发生误咽误吸,或因下颌松弛导致舌根后坠等原因引起呼吸道梗阻。须及时清除咽部的呕吐物,并注意吸痰,舌根后坠者放置口咽通气管,必要时行气管插管或气管切开。保持有效地吸氧,呼吸换气量明显下降者,应采用机械辅助呼吸。

(4)严密观察病情。

①意识状态:能反映大脑皮质功能和脑干功能状态,意识障碍的程度可用于辨别脑损伤的轻重。意识障碍出现的迟早和有无继续加重可作为区别原发性和继发性脑损伤的重要依据。观察时应采用相同程度的语言和痛刺激,对病人的反应作动态的分析,判断意识状态的变化。评估意识障碍的程度目前采用的是格拉斯哥昏迷评分量表(GCS),分别对病人的睁眼、言语、运动三方面的反应进行评分,再累计得分,用量化方法来表示意识障碍的程度。但对眼肌麻痹、眼睑肿胀病人则无法评价其睁眼反应;对气管插管和气管切开病人无法评价其语言反应;对四肢瘫痪病人无法评价其运动反应。最高为15分,总分低于8分表示昏迷状态,分数越低表明意识障碍越严重(表12-2)。

表 12-2　格拉斯哥昏迷评分量表(GCS)

睁眼反应	计分	言语反应	计分	运动反应	计分
自动睁眼	4	回答正确	5	遵嘱活动	6
呼唤睁眼	3	回答错误	4	刺痛定位	5
刺痛睁眼	2	胡言乱语	3	躲避刺痛	4
不能睁眼	1	只能发声	2	刺痛肢屈	3
		不能发声	1	刺痛肢伸	2
				不能活动	1

②生命体征:观察生命体征时为了避免病人躁动影响准确性,应先测呼吸,再测脉搏,最后测血压。伤后生命体征出现血压上升、脉搏缓慢有力、呼吸深慢(两慢一高),同时有进行性意识障碍,是颅内压增高所致的代偿性生命体征改变;下丘脑或脑干损伤常出现中枢性高热;伤后数日出现高热常提示有继发感染。

③瞳孔:瞳孔变化可因动眼神经、视神经及脑干部位的损伤引起。注意对比两侧瞳孔的形状、大小和对光反射。伤后立即出现一侧瞳孔散大,是原发性动眼神经损伤所致。伤后瞳孔正常,以后一侧瞳孔先缩小继之进行性散大,并且对光反射减弱或消失,是小脑幕切迹疝的眼征。如双侧瞳孔大小多变,对光反射消失,伴眼球运动障碍(如眼球分离、同向凝视),常是脑干损伤的表现;双侧瞳孔散大、对光反射消失,

眼球固定伴深昏迷或去大脑强直,多为临终前的表现。

④锥体束征:原发性脑损伤引起的偏瘫等局灶症状,在受伤当时已出现,且不再继续加重;伤后一段时间出现或继续加重的肢体偏瘫,同时伴有意识障碍和瞳孔变化,多是小脑幕切迹疝压迫中脑的大脑脚,损害其中的锥体束纤维所致。

⑤其他:剧烈头痛、频繁呕吐是颅内压增高的主要表现,尤其是躁动时无脉搏增快,应警惕脑疝的形成。

(5)减轻脑水肿,降低颅内压:遵医嘱按时使用脱水剂、利尿剂、肾上腺皮质激素等药物是减轻脑水肿、降低颅内压力的重要环节。观察用药后的病情变化,是医生调整应用脱水剂间隔时间的依据,避免使颅内压骤然升高。

(6)并发症的观察与护理。

①昏迷病人生理反应减弱或消失,全身抵抗力下降,容易发生多种并发症。a. 压疮:保持皮肤清洁干燥,定时翻身,尤应注意骶尾部、足跟、耳郭等骨隆突部位,不可忽视敷料覆盖部位。b. 呼吸道感染:加强呼吸道护理,定期翻身叩背,保持呼吸道通畅,防止呕吐物误吸引起窒息和呼吸道感染。c. 废用综合征:脑损伤病人因意识或肢体功能障碍,可发生关节挛缩和肌肉萎缩。保持病人肢体于功能位,防止足下垂。每日进行四肢关节被动活动及肌按摩 2~3 次,防止肢体挛缩和畸形。d. 泌尿系感染:昏迷病人常有排尿功能紊乱,短暂尿潴留后继以尿失禁。长期留置导尿管是引起泌尿系感染的主要原因。必须导尿时,严格执行无菌操作;留置导尿管过程中,加强会阴部护理,夹闭导尿管并定时放尿以训练膀胱储尿功能;导尿管留置时间不宜超过 3 日;需长期导尿者,宜行耻骨上膀胱造瘘术,以减少泌尿系感染。e. 暴露性角膜炎:眼睑闭合不全者,角膜涂眼药膏保护;无需随时观察瞳孔时,可用纱布遮盖上眼睑,甚至行眼睑缝合术。

②蛛网膜下腔出血:因脑裂伤所致,病人可有头痛、发热、颈项强直表现。可遵医嘱给予解热镇痛药物对症处理。病情稳定,排除颅内血肿及颅内压增高、脑疝后,为解除头痛,可以协助医生行腰椎穿刺,放出血性脑脊液。

③消化道出血:多由下丘脑或脑干损伤引起的应激性溃疡所致,大量使用皮质激素也可诱发。除遵医嘱补充血容量、停用激素外,还应使用止血药和抑制胃酸分泌的药物,如奥美拉唑、雷尼替丁等。及时清理呕吐物,避免消化道出血,发生误吸。

④外伤性癫痫:任何部位的脑损伤均可能导致癫痫,尤其是大脑皮层运动区受损。早期癫痫发作的原因是颅内血肿、脑挫裂伤、蛛网膜下腔出血等;晚期癫痫发作主要是脑的瘢痕、脑萎缩、感染、异物等引起。可采用苯妥英钠预防发作。癫痫发作时使用地西泮 10~30 mg 静脉缓慢注射,直至控制抽搐为止。

(7)手术前后的护理:除继续做好上述护理外,应做好紧急手术前常规准备,手术前 2 h 内剃净头发,洗净头皮,涂擦 75%乙醇并用无菌巾包扎。手术后搬动病人前后应观察呼吸、脉搏和血压的变化。小脑幕上开颅手术后,取健侧或仰卧位,避免切口受压;小脑幕下开颅手术后,应取侧卧或侧俯卧位。手术中常放置创腔引流管,护理时严格注意无菌操作。严密观察并及时发现手术后颅内出血、感染、癫痫以及应激性溃疡等并发症。

7. 健康教育

(1)心理指导:对恢复过程中出现头痛、耳鸣、记忆力减退的病人,给予适当解释和宽慰,使其树立信心,帮助病人尽早恢复生活自理。

(2)康复训练:存在失语、肢体功能障碍或生活不能自理的病人,在伤后 1~2 年有部分恢复的可能。当病情稳定后即开始康复锻炼。要耐心指导病人进行功能锻炼,制订经过努力容易达到目标的康复计划,有利于病人树立起坚持锻炼和重新生活的信心,进行语言、运动、记忆力等方面的训练,以提高生活自理能力及社会适应能力。指导病人家属生活护理方法及注意事项。

(3)控制外伤性癫痫:有外伤性癫痫的病人,应按时服药以控制症状发作,在医生指导下逐渐减量直至停药。不进行登高、游泳等有危险的活动,以防发生意外。

(陈朝亮　　陈明阳)

第十三章 甲状腺功能亢进症病人的护理

学习目标

识记:

1.能列出甲状腺功能亢进症的分类。

2.能描述甲状腺功能亢进症的临床表现。

理解:

能说明甲状腺功能亢进症的处理原则。

运用:

1.运用护理程序,为甲状腺功能亢进症病人制订护理计划。

2.能为甲状腺功能亢进症病人提供健康教育。

扫码看课件

甲状腺功能亢进症简称甲亢,是指由多种病因导致甲状腺功能增强,甲状腺激素(TH)分泌过多所致的临床综合征。

一、解剖生理概要

甲状腺位于甲状软骨下方、气管两侧,分左、右两叶,中间以峡部相连,峡部有时向上伸出一锥体叶,可与舌骨相连。甲状腺借外层被膜固定于气管和环状软骨,还借左、右叶上极内侧的悬韧带悬吊于环状软骨上,故做吞咽动作时,甲状腺随之上下移动。在甲状腺两叶的背面附有 4 个甲状旁腺。成年人甲状腺重约 30 g,正常情况下,颈部检查时既不能被清楚地看到也不易被摸到(图 13-1)。

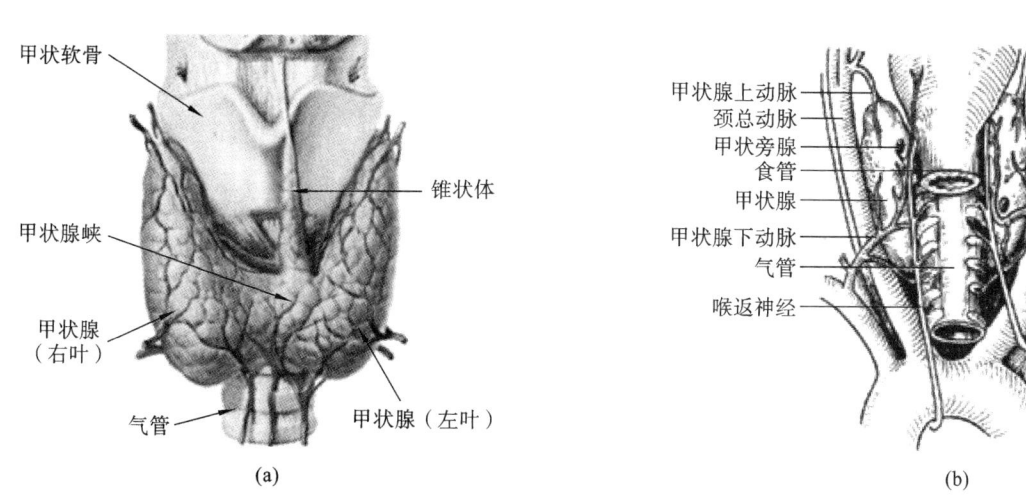

图 13-1 甲状腺解剖

甲状腺有合成、储存和分泌甲状腺素的功能。甲状腺素分三碘甲状腺原氨酸(T_3)和四碘甲状腺原氨酸（T_4）2 种，甲状腺素主要参与人体的物质代谢和能量代谢。甲状旁腺分泌甲状旁腺素（PTH），PTH 的生理功能是调节体内钙的代谢并维持钙和磷的平衡。

二、分类

按引起甲亢的原因，可分为以下 3 类。

1. 原发性甲亢　最常见，以 20～40 岁女性多见。病人在甲状腺肿大同时出现功能亢进症状，腺体多呈弥漫性肿大，两侧对称，常伴有眼球突出，故又称"突眼性甲状腺肿"。可伴胫前黏液性水肿。

2. 继发性甲亢　较少见，见于 40 岁以上年龄的女性。如继发于结节性甲状腺肿的甲亢，病人先有结节性甲状腺肿多年，以后逐渐出现功能亢进症状。腺体呈结节状肿大，两侧不对称，无眼球突出，容易发生心肌损害。

3. 高功能腺瘤　少见，甲状腺内有单个的自主性高功能结节，结节周围的甲状腺组织呈萎缩改变。病人无眼球突出。放射性碘扫描显示结节的聚碘量增加，呈现"热结节"。

三、病因与病理

目前认为原发性甲亢是一种自身免疫性疾病，其淋巴细胞产生的两类 G 类免疫球蛋白，能抑制垂体前叶分泌 TSH，并与甲状腺滤泡壁细胞膜上的 TSH 受体结合，导致甲状腺分泌大量甲状腺素。继发性甲亢和高功能腺瘤的发病原因也未完全明确，病人血中长效甲状腺刺激激素等的浓度不高，可能与结节本身自主性分泌紊乱有关。

甲亢病人甲状腺病理学改变主要表现为甲状腺腺体内血管增多、扩张，淋巴细胞浸润；滤泡壁细胞多呈高柱状增生，并形成乳头状突起伸入滤泡腔内，腔内胶质减少。

四、临床表现

轻重不一，典型表现有甲状腺激素分泌过多综合征、甲状腺肿及眼征 3 大主要症状。

1. 甲状腺激素分泌过多综合征　由于甲状腺激素分泌增多和交感神经兴奋，病人可出现高代谢综合征和各系统功能受累，表现为性情急躁、易激惹、失眠、双手颤动、疲乏无力、怕热多汗、皮肤潮湿、食欲亢进却体重减轻、肠蠕动亢进和腹泻、月经失调、阳痿、疲乏无力、肌肉萎缩、心悸、脉快有力（脉率常在 100 次/分钟以上，休息与睡眠时仍快）、脉压增大。合并甲状腺功能亢进性心脏病时，出现心律失常、心脏增大和心力衰竭。少数病人伴有胫前黏液性水肿。其中脉率增快及脉压增大常作为判断病情程度和治疗效果的重要指标。

2. 甲状腺肿大　呈弥漫性、对称性，质地中等，无压痛，多无局部压迫症状。甲状腺扪诊可触及震颤，听诊时闻及血管杂音。

3. 眼征　可分为单纯性突眼（与甲亢时交感神经兴奋性增高有关）和浸润性突眼（与眶后组织的自身免疫炎症有关）。典型者双侧眼球突出、眼裂增宽。严重者，上下眼睑难以闭合，甚至不能盖住角膜；瞬目减少；眼向下看时上眼睑不随眼球下闭；上视时无额纹出现；两眼内聚能力差；甚至伴眼睑肿胀、结膜充血水肿等。

五、辅助检查

1. 基础代谢率测定（BMR）　用基础代谢率测定器测定，较可靠。临床上常根据脉压和脉率计算，较简便，测定须在清晨、空腹和静卧状态下进行。计算公式：MBR（%）=（脉率+脉压）-111。正常值为 ±10%，+20%～+30% 为轻度甲亢，+30%～+60% 为中度甲亢，+60% 以上为重度甲亢。

2. 甲状腺摄^{131}I 率测定　正常甲状腺 24 h 内摄取的 ^{131}I 量为总入量的 30%～40%，若 2 h 内甲状腺摄^{131}I 量超过 25%，或 24 h 内超过 50%，且吸收^{131}I 高峰提前出现，都表示有甲亢，但不能反映甲亢的严重程度。

3. 血清 T_3、T_4 含量测定　甲亢时 T_3 上升较早而快,约高于正常值的 4 倍;T_4 上升则较迟缓,仅高于正常的 2.5 倍,故测定 T_3 对甲亢的诊断具有较高的敏感性。诊断困难时,可做促甲状腺激素释放激素(TRH)兴奋试验。若静脉注射 TRH 后,促甲状腺激素(TSH)水平不增高(阴性),则更有诊断意义。

六、处理原则

目前普遍采用的 3 种疗法为抗甲状腺药物治疗、放射性碘治疗和手术治疗。

甲状腺大部切除术是目前对中度以上甲亢最常用而有效的方法,能使 90%~95% 的病人获得痊愈,手术死亡率低于 1%。主要缺点是有一定的并发症和 4%~5% 的病人术后复发,也有少数病人术后发生甲状腺功能减退。

手术适应证:①继发性甲亢或高功能腺瘤。②中度以上的原发性甲亢。③抗甲状腺药物或 ^{131}I 治疗后复发者或坚持长期用药困难者。④腺体较大,伴有压迫症状,或胸骨后甲状腺肿等类型的甲亢。⑤妊娠 5 个月内的甲亢病人凡具有上述指征者仍应考虑手术治疗。

手术禁忌证:①青少年病人;②症状较轻者;③老年病人或有严重器质性疾病不能耐受手术治疗者。

七、护理问题

1. 营养失调:低于机体需要量　与甲亢所致代谢需求显著增高有关。

2. 清理呼吸道无效　与咽喉部及气管受刺激、分泌物增多及切口疼痛有关。

3. 活动无耐力　与蛋白质分解增加、甲亢性心脏病、肌无力等有关。

4. 组织完整性受损　与浸润性突眼有关。

5. 焦虑　与神经系统功能改变、甲亢所致全身不适等因素有关。

6. 自我形象紊乱　与突眼和甲状腺肿大引起的身体外观改变有关。

7. 潜在并发症　呼吸困难和窒息、喉返神经损伤、喉上神经损伤、手足抽搐、甲状腺危象等。

八、护理措施

（一）手术前护理

充分而完善的手术前准备和护理是保证手术顺利进行和预防手术后并发症的关键。

1. 休息与心理护理　甲状腺肿大者,特别是年轻女性需接受手术者,怕影响外观,有碍自尊和社交活动;同时对手术有恐惧感,护士应多与病人交谈,消除其顾虑和恐惧心理,避免各种不良刺激,以免情绪激动。说明手术的安全性及必要性,以及手术前后应配合的事项,鼓励病人家属给予心理支持,树立战胜疾病的信心。精神过度紧张或失眠者,适当应用镇静剂或安眠药物。保持病房安静,指导病人减少活动,适当卧床,以免体力消耗。

2. 配合手术前检查　除常规检查外,还包括:①颈部摄片,了解气管有无受压或移位。②心电图检查。③喉镜检查,确定声带功能。④测定基础代谢率。

3. 药物准备　为了提高甲亢病人对手术的耐受力,预防手术后并发症,通常先用硫氧嘧啶等抗甲状腺药物治疗。待甲亢症状基本控制后,停用抗甲状腺药物,改用复方碘剂。常用复方碘化钾溶液口服,每日 3 次,每次 3 滴,以后逐日每次增加 1 滴(即第 1 日每次 3 滴,第 2 日每次 4 滴,依次类推)至每日 3 次,每次 16 滴为止,维持至手术日。服用碘剂一般不要超过 3 周。当病人情绪稳定,睡眠好转,体重增加,BMR 低于 +20%,脉率稳定在 90 次/分以下,腺体缩小变硬时表明准备就绪,应及时手术。

碘剂能抑制蛋白水解酶,减少甲状腺球蛋白的分解,从而抑制甲状腺素的释放,还能减少甲状腺血流量,使腺体充血减少,从而变小变硬,有利于手术进行。碘剂抑制甲状腺素释放的作用是暂时的,如服用过久或突然停药,原储存于甲状腺滤泡内的甲状腺球蛋白大量分解,甲亢症状可重新出现,甚至比原来更为严重。因此,凡不准备手术的病人,一律不要服用碘剂。

对常规应用碘剂或合用抗甲状腺药物效果不佳,即未达到手术前要求指标的病人,可改用盐酸普萘

洛尔(心得安),或普萘洛尔与碘剂合用。每 6 h 服 20～60 mg,一般在 4～7 日即可达到手术前准备的要求。由于普萘洛尔在体内的半衰期不到 8 h,所以手术前 1～2 h 再口服 1 次。手术前不用阿托品,以免引起心动过速。

(二)手术后护理

1. 一般护理

(1)卧位:血压平稳后取半坐卧位,利于伤口引流。应减少颈部张力,避免剧烈咳嗽、说话过多等,消除出血诱因。

(2)伤口引流的护理:为引流伤口渗血、渗液,常放置乳胶片引流或胶管引流。应始终保持引流通畅,及时更换浸湿的敷料,严密观察敷料渗出情况及引流量,手术后伤口引流量一般不超过 100 mL。引流物于术后 24～48 h 拔除。

(3)增进舒适:指导病人在咳嗽时可用手固定颈部以减少震动,以减轻其对疼痛的敏感度;避免颈部弯曲、过伸或快速的头部运动,起床时用手支持头部,以防气管压迫或引起伤口牵拉痛。

(4)严密观察病情,及时发现手术后并发症:定时测体温,每 15～30 min 测脉搏、呼吸、血压 1 次,直至平稳。如病人高热、脉速、烦躁不安,应警惕甲状腺危象的发生。注意检查颈部伤口敷料有无渗血,有无颈部肿胀,如引流出血多而快,应立即通知医生,积极做好手术前准备。

(5)饮食:手术后 6 h 如无恶心、呕吐,可进温或凉流质饮食,少量慢咽,以减轻因吞咽引起的疼痛;若病人主诉因疼痛吞咽困难时,可在进食前 30 min 给予止痛剂。手术后第 2 日开始进半流质饮食。

(6)保持呼吸道通畅:注意避免引流管阻塞导致颈部积血、形成血肿压迫气管而引起呼吸不畅。指导和协助病人进行深呼吸和有效咳嗽、咳痰,以免痰液阻塞气管。因切口疼痛而不敢或不愿意咳嗽排痰者,遵医嘱适当给予镇痛药。床边常规准备气管切开包、吸痰设备以及急救药品。若出现咳嗽、喉部喘鸣、痰多不易排出,行超声雾化吸入;一旦发现呼吸困难,立即判明原因,采取果断措施(必要时行气管切开),确保呼吸道通畅。

(7)药物应用:继续服用复方碘溶液,每日 3 次,以每次 16 滴开始,逐日每次减少 1 滴,至每次 3 滴时止。若手术前用普萘洛尔做准备者,手术后继续服用 4～7 日。

2. 手术后并发症的护理

(1)呼吸困难和窒息:最危急的并发症,多发生于手术后 48 h 内。临床表现为进行性呼吸困难、烦躁、发绀,甚至窒息;可有颈部肿胀,切口渗血等。常见的原因:①切口内出血压迫气管,主要是手术时止血不完善、血管结扎线滑脱或凝血功能障碍所致。②喉头水肿,可因手术创伤或气管插管所致。③气管塌陷,气管壁长期受肿大甲状腺压迫而发生软化;在切除甲状腺大部分腺体后,软化气管壁失去支撑所致。④双侧喉返神经损伤。对于血肿压迫所致呼吸困难和窒息,须立即进行床边抢救,剪开缝线,敞开伤口,迅速去除血肿,结扎出血的血管。若呼吸仍无改善,则行气管切开、给氧;待病情好转,再送手术室做进一步检查、止血和其他处理。喉头水肿者立即应用大剂量激素,如地塞米松 30 mg 静脉滴入。呼吸困难无好转时,行环甲膜穿刺或气管切开。

(2)喉返神经损伤:发生率约为 0.5%。大多数是手术处理甲状腺下极时损伤,如被切断、缝扎、钳夹或牵拉过度所致,少数是由于血肿压迫或瘢痕组织的牵拉引起。前者在手术中立即出现症状,后者在手术后数日才出现症状。损伤的后果与损伤的性质(永久性或暂时性)和范围(单侧或双侧)密切相关。钳夹、牵拉或血肿压迫所致损伤多为暂时性,经理疗等及时处理后,在 3～6 个月可逐渐恢复。一侧喉返神经损伤,大都引起声音嘶哑,虽可经健侧声带向患侧过度内收而代偿,但不能恢复其原有音色。双侧喉返神经损伤依损伤平面的不同,可因双侧声带麻痹致失声,严重者发生呼吸困难,甚至窒息,需立即做气管切开。

(3)喉上神经损伤:多在处理甲状腺上极时损伤喉上神经内支(感觉)或外支(运动)所致。外支受损可使环甲肌瘫痪,引起声带松弛和声调降低。内支受损会使喉部黏膜感觉丧失,在进食特别是饮水时,病人因喉部反射性咳嗽的丧失而易发生误咽或呛咳。一般经理疗后可自行恢复。

(4)手足抽搐：手术时甲状旁腺被误切除、挫伤或其血液供应受累，致甲状旁腺功能低下、血钙浓度下降、神经肌肉应激性显著提高引起。常在术后1～2日出现，多数病人症状轻且短暂，仅有面部、唇或手足部的针刺、麻木或强直感；严重者可出现面肌和手足伴有疼痛的持续性痉挛。每日发作多次，每次持续10～20 min或更长，甚至可发生喉、膈肌痉挛，引起窒息死亡。预防的关键在于切除甲状腺时注意保留腺体背面的甲状旁腺。一旦发生，应适当限制肉类、乳品和蛋类等食品摄入，因其含磷较高，影响钙的吸收。症状轻者口服葡萄糖酸钙或乳酸钙2～4 g，每日3次；症状较重或长期不能恢复者，可加服维生素D₃，每日5万～10万U，以促进钙在肠道内的吸收。最有效的治疗是口服双氢速甾醇（双氢速变固醇）油剂，能明显提高血钙含量。抽搐发作时，应立即静脉缓慢注射10%葡萄糖酸钙10～20 mL，解除痉挛。

(5)甲状腺功能低下：须长期补充甲状腺素，以满足病人的机体需要。常用的甲状腺制剂有甲状腺素片、左旋甲状腺素等。要使病人了解不正确用药可导致严重心血管并发症。告诉病人：①每日按时服药。②出现心慌、多汗、急躁或畏寒、乏力、食欲减退、精神萎靡不振、嗜睡等甲状腺素过多或过少表现时，不要随意自行停药或变更剂量，应及时报告医生或护士，以便调整剂量。③随年龄变化药物剂量有可能需要变更，所以最好每年到医院复查1次。

(6)甲状腺危象：甲亢手术后的严重并发症之一，与手术前准备不足、甲亢症状未能很好控制及手术应激有关。表现为手术后12～36 h出现高热（>39℃）、脉快而弱（>120次/分）、大汗、烦躁不安、谵妄，甚至昏迷，常伴有呕吐、水泻。若不及时处理，可迅速发展至虚脱、休克、昏迷甚至死亡。预防的关键在于做好充分的手术前准备，使病人基础代谢率降至正常范围，达到手术前准备的要求后再手术。手术后应继续服用碘剂。一旦出现症状，应及时给予吸氧、物理降温，并立即报告医生。遵医嘱给镇静剂：苯巴比妥钠100 mg，或冬眠合剂Ⅱ号半量肌内注射，每6～8 h 1次；口服复方碘化钾溶液3～5 mL，紧急时将10%碘化钠5～10 mL加入10%葡萄糖500 mL中静脉滴注，以降低循环血液中甲状腺素水平；氢化可的松每日200～400 mg，分次静脉滴注，以拮抗应激反应；利血平1～2 mg，肌内注射，或普萘洛尔5 mg，加入葡萄糖溶液100 mL中静脉滴注，以降低周围组织对甲状腺素的反应；静脉输入大量葡萄糖液；心力衰竭，加用洋地黄制剂。

九、健康教育

(1)教育病人保持身心愉快，避免过度劳累和精神刺激。

(2)提供有关甲亢的疾病知识，教会病人自我监护和自我护理的方法，如上衣领宜宽松，避免压迫肿大的甲状腺。严禁用手挤压甲状腺，以免甲状腺激素分泌过多而加重病情。

(3)坚持长期服药，并按时按量服用，不随意减量和停药。

(4)每隔1～2个月做甲状腺功能测定，每日清晨起床前自测脉搏，定期测量体重，脉搏减慢、体重增加是治疗有效的标志。若出现高热、恶心、呕吐、腹泻、突眼加重等，应警惕甲状腺危象的可能，及时就诊。

(5)对妊娠期甲亢病人，指导其避免对自己及胎儿造成影响的因素，禁用[131]I治疗，慎用普萘洛尔，产后如需继续服药，则不宜哺乳。

（兰庆新　卢　娜）

第十四章　胸部疾病病人的护理

第一节　胸部损伤病人的护理

 学习目标

识记：

1. 能复述反常呼吸运动、连枷胸、纵隔扑动、闭合性气胸、开放性气胸、张力性气胸等概念。

2. 能复述各种胸部损伤病人的护理措施。

3. 能简述胸腔闭式引流的护理措施。

扫码看课件

理解：

1. 能概括肋骨骨折的处理原则。

2. 能区别闭合性气胸、开放性气胸和张力性气胸的临床表现及处理原则。

运用：

能判断气胸的性质,给予正确的处理,并制订相应的护理计划。

胸部损伤是一种常见损伤,因胸部所占体积大,容易受机械性致伤因素如车祸、高处坠落、塌方、刺伤等引起损伤(图 14-1)。包括胸壁挫伤、裂伤、肋骨骨折、气胸、血胸、肺挫伤。有时合并腹部损伤。大约占全身创伤的 1/4,仅次于四肢伤和颅脑伤,居第三位,但在创伤致死原因中却居第一位,占外伤死亡病例的 20% 左右,危害程度大。一般根据是否穿破全层胸壁包括胸膜,造成胸膜腔与外界沟通,而分为闭合性损伤和开放性损伤两大类。

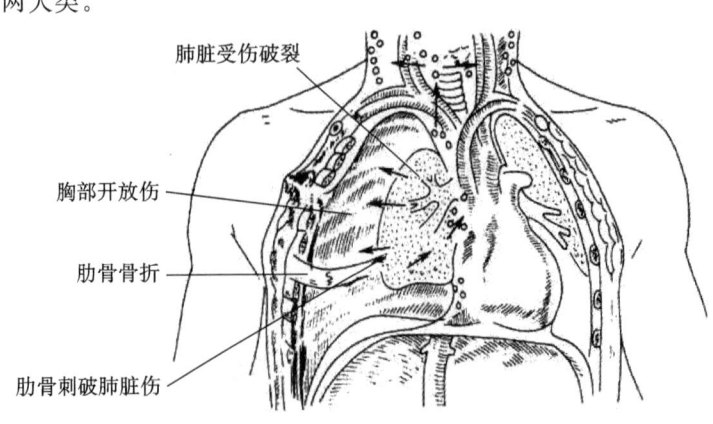

图 14-1　各种常见的胸部损伤

一、解剖生理

胸部由胸壁、胸膜及胸膜腔、胸腔及胸腔内器官3部分组成。

1.胸壁　由胸椎、胸骨和肋骨组成的骨性胸廓及附着在其外面的肌群、软组织和皮肤构成。骨性胸廓具有支撑、保护胸腔内器官和参与呼吸的作用。

2.胸膜及胸膜腔　胸膜是附着在胸壁内面和覆盖在肺表面的浆膜。包裹肺并深入肺叶间隙的是脏胸膜,而遮盖胸壁、横膈和纵隔的是壁胸膜,二者在肺门与脏胸膜处连接,形成左右两个互不相通的胸膜腔。胸膜腔为潜在的密封腔隙,其内有少量的浆液起润滑作用。腔内的压力维持在$-10\sim-8$ cmH$_2$O,吸气时负压增大,呼气时减小。腔内负压的稳定对维持正常呼吸非常重要,并能防止肺萎陷。

3.胸腔及胸腔内器官　胸腔分为左肺间隙、右肺间隙和纵隔3部分。左、右肺间隙分别由左、右肺和壁、脏层两层胸膜组成。纵隔位于胸腔中央,上为胸腔入口、下为膈肌,两侧是左、右肺间隙,前有胸骨、后有胸椎,其间有心脏和心包、大血管、食管和气管。两侧胸膜腔负压的均衡是维持纵隔位置恒定居中的根本保证。若一侧胸水或积气,会挤压伤侧肺,严重时可导致纵隔移位压向健侧肺,甚至影响腔静脉回流。

二、肋骨骨折

在胸部损伤中除胸壁软组织挫伤外,肋骨骨折最为常见。以第4～7肋骨骨折最易发生。

(一)病因病理

单根或多根肋骨单处骨折,其上、下有完整的肋骨支持胸廓,对呼吸功能的影响不大。相邻多根、多处骨折因前后端失去支撑,使局部胸廓软化,可出现反常呼吸运动,即吸气时,胸腔内负压增高,软化区胸壁向内凹陷;呼气时,胸腔内负压减低,软化区胸壁向外凸出,又称连枷胸(图14-2)。如果软化区较广泛,在呼吸时两侧胸膜腔内压力不平衡,可使纵隔随呼吸运动而左右摆动,称纵隔扑动。影响静脉血液回流,导致缺氧和二氧化碳潴留,严重者可发生呼吸和循环衰竭。

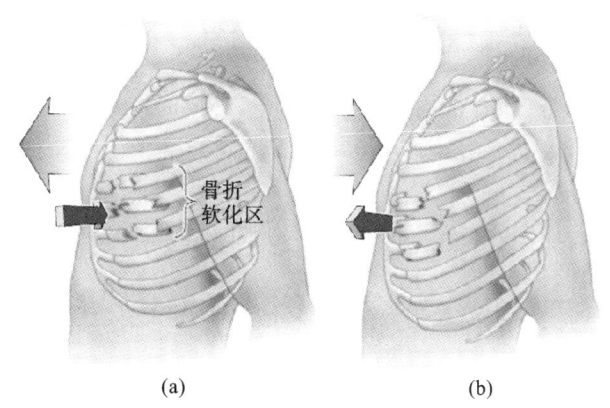

骨折软化区

(a)　　　　　　　　　(b)

图 14-2　胸壁软化区的反常呼吸运动
(a)吸气;(b)呼气

(二)临床表现

最突出的症状是骨折局部疼痛,深呼吸、咳嗽或转动体位时疼痛加剧。因疼痛致呼吸变浅、咳嗽无力,呼吸道分泌物增加,易致肺不张和肺部感染。合并气胸、血胸或反常呼吸时,有气促、呼吸困难、缺氧和休克发生。受伤处胸壁肿胀、压痛,挤压胸部时疼痛加重,可触及骨摩擦音。连枷胸病人出现胸壁反常呼吸运动,常伴有明显的呼吸困难。骨折刺破肺时出现血、气胸表现。

(三)辅助检查

胸部X线检查可显示骨折和断端错位,但肋软骨骨折时并不显示骨折线征象。并发血、气胸时出现胸膜腔积气、积液征象。

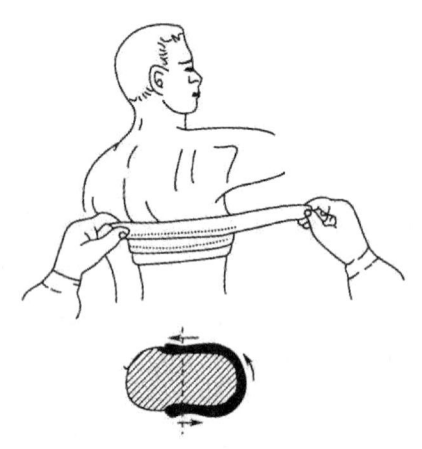

图 14-3　肋骨骨折宽胶布固定

（四）治疗原则

1.闭合性单处肋骨骨折　重点是镇痛、固定胸廓和防治并发症。鼓励、协助病人咳嗽排痰,减少呼吸系统并发症发生。范围小者可用叠瓦状宽胶布固定(图 14-3)。

2.闭合性多根多处肋骨骨折　有胸壁软化和反常呼吸,合并血胸、气胸等,严重影响呼吸和循环,应紧急处理。病情危重者,要保持呼吸道通畅,对咳嗽无力、不能有效排痰或呼吸衰竭者,需要行气管插管或气管切开,以利于吸痰、给氧和施行呼吸机辅助呼吸。软化区应用加压包扎(小范围)、牵引(范围大)和内固定法(骨折错位较大)固定软化的胸壁。

3.开放性肋骨骨折　清创胸壁伤口,固定骨折断端,如胸膜腔已穿破,行闭式胸腔引流。手术后应用抗生素。

（五）护理问题

1.气体交换受损　与肋骨骨折导致的疼痛、胸廓运动受限、反常呼吸运动有关。

2.疼痛　与胸部组织损伤有关。

3.潜在并发症　肺部和胸腔感染。

（六）护理措施

1.维持有效气体交换

(1)现场急救:采取紧急措施对危及生命的病人给予急救。对于出现反常呼吸的病人,可用厚棉垫加压包扎以减轻或消除胸壁的反常呼吸运动。

(2)保持呼吸道通畅:清理呼吸道分泌物,鼓励病人咳出分泌物和血性痰,对气管插管或切开,应用呼吸机辅助呼吸者,加强呼吸道护理,包括吸痰和湿化。

(3)病情观察:密切观察病人生命体征、神志、胸腹部活动以及气促、发绀、呼吸困难等情况,若有异常,及时报告医生并协助处理。

2.减轻疼痛　遵医嘱行胸带、肋骨带或宽胶布条固定,必要时应用镇痛剂、镇静剂或用 1‰普鲁卡因作肋间神经封闭;病人咳痰时,协助或指导其用双手按压患侧胸壁。

3.预防感染

(1)密切观察体温变化,若体温超过 38.5℃,应通知医生及时处理。

(2)鼓励并协助病人有效咳痰。

(3)对开放性损伤者,及时更换创面敷料,保持敷料洁净干燥和引流管通畅。

(4)遵医嘱合理使用抗菌药。

（七）健康教育

1.合理饮食　食用清淡且富含营养的食物,多食水果、蔬菜,保持大便通畅;忌食辛辣、生冷、油腻食物,以防助湿生痰;多饮水。

2.休息与活动　保证充足睡眠,骨折已临床愈合者可逐渐练习床边站立、床边活动、室内步行等,并系好肋骨固定带。骨折完全愈合后,可逐渐加大活动量。

3.用药指导　遵医嘱按时服用药物,服药时徐徐咽下,防止剧烈呛咳呕吐,影响伤处愈合。

4.指导病人练习腹式呼吸　病人仰卧,腹部安置 3～5 kg 沙袋,吸气时保持胸部不动,腹部上升鼓起,呼气时尽量将腹壁下降呈舟状;呼吸动作缓慢、均匀,每分钟 8～12 次或更少。

5.告知病人　肋骨骨折愈合后,损伤恢复期间胸部仍有轻微疼痛,活动不适时疼痛可能会加重,但不影响患侧肩关节锻炼及活动。

6.复查　肋骨骨折病人 3 个月后复查 X 线片,以了解骨折愈合情况,不适随诊。

三、血气胸

(一)气胸

胸膜腔内积气称为气胸。气胸的形成多由于肺组织、气管、支气管、食管破裂,空气逸入胸膜腔,或因胸壁伤口穿破壁层胸膜,外界空气进入胸膜腔所致。气胸可分为自发性、外伤性和医源性。根据脏层胸膜破坏的情况,和气胸发生后对胸膜腔内压力的影响,一般将气胸分为闭合性气胸、开放性气胸和张力性气胸三类。

1.病因和病理

(1)闭合性气胸:空气经胸部伤口或肺组织、气管、支气管破裂口进入胸膜腔,形成气胸,随之伤口闭合,空气不再继续进入胸膜腔。胸部损伤中较为常见,多为肋骨骨折的并发症。胸内压仍低于大气压。肺萎陷的程度与胸内压改变相一致。

(2)开放性气胸:多为锐器或火器弹片伤及胸壁,使胸膜腔与外界相通,空气可随呼吸自由进出胸膜腔。胸内压等于大气压,伤侧肺完全萎陷,纵隔向健侧移位,出现纵隔扑动,影响静脉血液回流,最终引起呼吸和循环障碍。

(3)张力性气胸:常见于肺或支气管破裂后,裂口与胸膜腔相通,且呈活瓣状。每当吸气时,空气通过活瓣进入胸膜腔;呼气时,活瓣闭合,空气不能排出。胸膜腔压力不断升高,并超过大气压而呈高张状态。患侧肺严重萎陷,纵隔显著向健侧移位,健侧肺受压,产生呼吸、循环功能的严重障碍。高压气体经支气管、气管周围疏松结缔组织或壁层胸膜裂伤处,进入纵隔及面、颈、胸部皮下形成气肿。

2.临床表现

(1)闭合性气胸:胸闷、胸痛、气促和呼吸困难程度随胸膜腔积气量和肺萎陷程度而不同。胸膜腔少量积气,肺萎陷30%以下者为小量气胸,多无明显症状。肺萎陷在30%～50%者为中量气胸;肺萎陷在50%以上者为大量气胸。大量积气常有明显的呼吸困难,气管向健侧移位,伤侧胸部叩诊呈鼓音,呼吸音减弱或消失。

(2)开放性气胸:病人有明显的气促、呼吸困难、发绀,甚至休克。胸壁伤口处能听到空气出入胸膜腔的吹风声。气管、心脏明显向健侧移位。伤侧胸部叩诊呈鼓音,听诊呼吸音减弱或消失(图 14-4)。

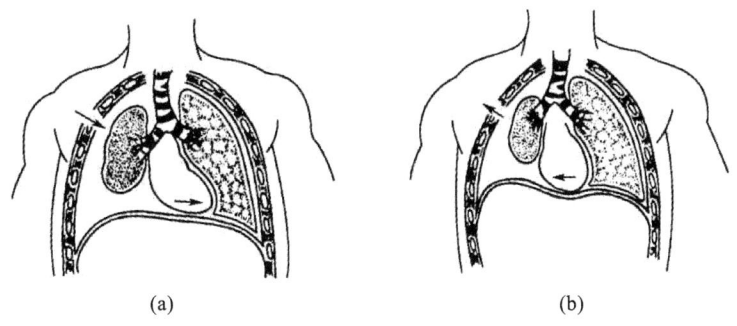

(a) (b)

图 14-4　开放性气胸的纵隔扑动

(a)吸气;(b)呼气

(3)张力性气胸:病人表现为严重或极度呼吸困难、发绀、大汗淋漓、意识障碍等。查体可见伤侧胸部饱满,呼吸运动减弱,气管向健侧移位,常触及皮下气肿,叩诊呈高度鼓音,呼吸音消失。

3.辅助检查

(1)X线检查:诊断气胸的重要方法,可以显示肺萎陷程度,肺内病变情况以及有无胸膜粘连、纵隔移位等。典型X线表现为肺向肺门萎陷呈圆球形阴影,气体带聚集于胸腔外侧或肺尖,局部透亮度增加,无肺纹理。

①闭合性气胸:显示不同程度的肺萎陷和胸膜腔积气,有时可伴少量胸水,但其显示的胸腔积气征象,往往比实际气胸量程度轻。

②开放性气胸:显示患侧胸腔大量积气、肺萎陷,气管和心脏等纵隔内器官向健侧移位。

③张力性气胸:显示胸腔严重积气、肺完全萎陷,气管和心脏等纵隔内器官向健侧移位。

(2)诊断性穿刺:胸腔穿刺既能明确有无气胸的存在,又能抽出气体,降低胸腔内压,缓解症状。张力性气胸者胸腔穿刺有高压气体向外冲出,外推针筒芯。

4.治疗原则 以抢救生命为首要原则。处理包括封闭胸壁开放性伤口,通过胸腔穿刺抽吸或胸腔闭式引流排除胸腔内的积气、积液,防治感染。积极治疗原发病及并发症。

5.护理问题

(1)气体交换受损:与胸膜腔内压力升高、肺萎陷以及通气/血流比例失调有关。

(2)心排血量减少:与纵隔偏移影响静脉血液回流入心脏有关。

(3)低效性呼吸形态:与肺萎陷、气道阻塞有关。

(4)疼痛:与胸膜腔内压力升高导致胸膜受牵拉、撕裂有关。

(5)有感染的危险:与胸壁的完整性受损有关。

(6)潜在并发症:复发性气胸、血气胸、慢性气胸。

6.护理措施

(1)一般护理:提供舒适安静的休养环境,保持室内空气新鲜,阳光充足。如果胸腔内气体量少,一般无明显呼吸困难,可不用吸氧,应限制活动,以卧床休息为主。如有明显的呼吸困难,应给予半坐卧位,并给予吸氧,必要时排气治疗。饮食方面应给予蔬菜和水果及含粗纤维的食物,以保持大便通畅,减少大便用力以免引起胸膜腔内压力升高,延误胸膜裂口愈合。对于剧烈咳嗽者应给予镇咳剂。

(2)排气治疗:根据症状、体征及X线所见,判断气胸类型,是否需要进行排气治疗。

①闭合性气胸:气量少于该侧胸腔容积20%时,气体可在2~3周自行吸收,可不抽气,但宜定期行胸部X线检查,直到气胸消失。气量较多时,可行胸腔闭式引流排气。

②开放性气胸:紧急处理的原则是将开放性气胸转变为闭合性气胸。可使用无菌敷料,如凡士林纱布加棉垫盖住伤口,以绷带加压包扎固定;在紧急时也可利用手边任何物品,如手帕、围巾等将胸壁伤口紧密盖住,直到拿来凡士林纱布为止,然后行胸腔穿刺抽气减压。当凡士林纱布密闭伤口后,应严密观察病人有无张力性气胸的现象,如果出现严重呼吸困难,应立即将敷料打开。送至医院后应给予输血、补液纠正休克,给氧,清创,缝合伤口,并做胸腔闭式引流。

③张力性气胸:由于病情严重危急,必需紧急进行减压处理。急救的关键是尽快排出胸膜腔积气,以减低胸膜腔内压力。可用粗针头在伤侧第二肋间锁骨中线处刺入胸膜腔,暂时排气减压。在转送时可于针尾部缚一橡胶指套,顶端剪开1 cm的小口,呼气时,气体经剪开的小口排出;吸气时指套塌陷,阻止气体进入,以保证转运途中安全。为了有效地持续排气,一般安装胸腔闭式引流管。

(3)病情观察:对于气胸病人应密切观察病情变化,如体温升高,寒战,胸痛加剧,血白细胞升高,则可能并发胸膜炎或脓气胸,应及时通知医生,取痰液标本及胸腔引流液进行细菌培养,遵医嘱给予有效抗生素抗感染治疗。对于原发病则应根据年龄、病情采取相应的治疗和护理。同时应注意血压、脉搏及呼吸的变化,如出现血压下降、呼吸困难、脉搏细弱等休克症状,应立即通知医生进行抢救。

7.健康教育

教给病人及其家属发生气胸时的症状,如何避免诱发因素、预防气胸的发生,同时根据病人的理解能力,让其能够说出发生气胸时的急救方法。

(二)血胸

血液积聚在胸膜腔内,称为血胸,是胸部损伤严重并发症之一,可与气胸同时存在。胸部损伤中,

70%有不同程度的血胸,胸内大出血是损伤早期死亡的一个重要原因。

1. 病因

(1)肺组织裂伤出血:由于循环压力低,出血量少且缓慢,多可自行停止。

(2)胸壁血管损伤:导致血胸最常见的原因,多来自肋间血管和胸廓内血管,由于是体循环,压力高,出血量大且不易自然停止,往往需要剖胸手术止血。

(3)心脏和大血管受损破裂:包括主动脉及其分支,上、下腔静脉和肺动、静脉出血,出血量多而猛,如不及时救治,往往于短期内因出血导致失血性休克而死亡。

2. 临床表现　血胸的临床表现随出血量、出血速度、胸内器官损伤情况及病人体质而有所不同。少量出血(成年人积血量 500 mL 以下)可无明显症状及体征。中量出血(积血量 500~1000 mL)和大量出血(积血量 1000 mL 以上),尤其急性出血时,病人呈现面色苍白、脉搏快弱、呼吸急促、血压下降等低血容量休克症状,以及胸膜腔大量积血压迫肺和纵隔,导致呼吸困难和缺氧等,肺裂伤引起的血胸病人常有咯血。气管向健侧移位,患侧肋间隙饱满,呼吸运动减弱,胸部叩诊呈浊音,心界向健侧偏移,呼吸音减弱或消失。胸膜腔积血可引起低热,如血胸并发感染时,则出现寒战、高热、疲乏、白细胞计数增多等征象。

有下列征象提示胸膜腔内进行性出血:①脉搏逐渐增快、血压下降,经输血补液等抗休克措施后,血压不回升或升高后又迅速下降。②胸膜腔穿刺时因血液凝固而抽不出血液,但连续胸部 X 线检查示胸膜腔阴影继续增大。③血红蛋白、红细胞计数和血细胞比容等重复测定提升持续降低。④进行胸腔闭式引流,每小时引流量超过 200 mL,连续 3 h。

3. 辅助检查

(1)实验室检查:血常规检查显示血红蛋白和血细胞比容下降。继发感染者,血白细胞计数和中性粒细胞比例增高,积血涂片和细菌培养可发现致病菌。

(2)X 线检查:少量血胸患侧可见肋膈角消失,下胸部不清楚。中量以上血胸,患侧胸膜腔有大片积液阴影和纵隔移位征象,如合并气胸,则显示气液平面。

(3)胸膜腔穿刺:胸膜腔穿刺抽液不仅可以确立诊断,并且可以通过计数白细胞和细菌培养来明确有无继发感染。穿刺部位多在腋后线 8、9 肋间,以抽尽积血为原则。血胸感染化脓时,抽出液为脓性,每次胸膜腔穿刺抽出液均应做涂片、细菌培养及药敏试验,以获得更可靠的诊断。

4. 治疗原则

(1)非进行性少量出血:小量积血不必穿刺抽吸,可自行吸收。

(2)中、大量出血:早期行胸膜腔穿刺抽除积血,必要时行胸腔闭式引流,以促进肺膨胀,改善呼吸。

(3)进行性血胸:及时补充血容量,防治低血容量性休克;立即开胸探查、止血。

(4)凝固性血胸:为预防感染和血块机化,于出血停止后数日内需经手术清除积血和血凝块;对于已机化血块,待病情稳定后早期行血块和胸膜表面纤维组织剥除术;已感染血胸按脓胸处理,及时做胸腔引流,排尽积血、积脓;若无明显效果或肺复张不良,尽早手术清除感染性积血,剥离脓性纤维膜。

5. 护理问题

(1)低效性呼吸形态:与肺受压萎陷、气道阻塞有关。

(2)心排血量减少:与胸膜腔内积血、出血量多致有效循环血量减少有关。

(3)气体交换受损:与肺萎陷、循环血量减少致通气/血流比例失调有关。

(4)体液不足:与血液丢失有关。

6. 护理措施

(1)提供舒适安静的环境,保持室内空气新鲜,安慰病人,解除病人的紧张情绪,帮助病人树立信心。

(2)如出血量少,严密观察病人生命体征变化。对于出血量多的病人,应密切观察呼吸频率、幅度、缺氧症状,血压,脉搏,胸腔引流量及色泽,并做好记录,必要时予以吸氧,氧流量 2~4 L/min,如出血已自行停止,病情稳定,可行胸膜腔穿刺术,尽可能抽净积血,或做胸腔闭式引流,促使肺扩张,改善呼吸功能。遵医嘱给予抗生素、输血补液,预防并发脓胸及纠正低血容量。如有进行性出血,应做好剖胸止血术的准备工作,持续做中心静脉压监测,及时补足血容量,纠正休克。

(3)对于已感染的血胸,遵医嘱早期给予抗生素抗感染治疗,及时行胸腔闭式引流术。同时补充营养、维生素,注意水、电解质及酸碱平衡等全身支持治疗。

(4)少量凝固性血胸,通过胸部理疗多可吸收,不需手术,但中等以上凝固性血胸,除可继发感染外,尚可发展为机化性血胸,影响肺功能,应及早剖胸清除积血和血块。血块机化形成机化性血胸后,可于伤后4～6周行胸膜纤维板剥除术,过早则纤维层尚未形成,过晚则纤维层与肺组织之间可能产生紧密粘连,剥除时出血多。

7. 健康教育

(1)胸部损伤病人需要做胸膜腔穿刺、闭式胸腔引流,操作前向病人或其家属说明治疗的目的、意义,以取得配合。

(2)向病人说明深呼吸、有效咳嗽的意义,鼓励病人深呼吸、有效咳嗽,以促进肺复张。

(3)胸部损伤后出现肺容积显著减少或严重肺纤维化的病人,活动后可能出现气短症状,嘱咐病人戒烟并减少或避免刺激物的吸入。

(4)心肺损伤严重者,定期来院复诊。

四、胸腔闭式引流及护理

(一)目的及原理

排出胸腔内液体、气体,恢复和保持胸膜腔负压,维持纵隔的正常位置,促使患侧肺迅速膨胀,防止感染。胸腔闭式引流是利用负压原理,依靠水封瓶中的液体使胸膜腔与外界隔离。当胸膜腔内因积液或积气形成高压时,胸膜腔内的液体或气体可排至引流瓶内;当胸膜腔内恢复负压时,水封瓶内的液体被吸至引流管下端形成负压水柱,阻止空气进入胸膜腔,从而达到胸膜腔引流和减压目的。

(二)适应证

(1)损伤性气胸、血胸、急性脓胸,需要持续引流,排出积气、积血、积脓者。

(2)胸腔穿刺术治疗下肺无法复张者。

(3)胸部手术切开胸膜腔者。

(三)引流的方法

胸腔闭式引流是胸腔内插入引流管,管的下端置于引流瓶水中,维持引流单一方向,避免逆流,以重建胸膜腔负压。引流气体时,一般选在锁骨中线第2肋间插管;引流液体时,选在腋中线和腋后线之间的第6～8肋间(图14-5)。

1. 胸管种类 ①用于排气:宜选择质地较软,既能引流又可减少局部刺激和疼痛、管径为1 cm的塑胶管。②用于排液:引流管宜选择质地较硬、不易打折和堵塞且利于通畅引流、管径为1.5～2 cm的橡皮管。

2. 胸腔引流的装置及其种类 传统的胸腔闭式引流装置有单瓶、双瓶和三瓶3种(图14-6)。目前临床广泛应用的是各种一次性使用的胸腔引流装置。

图14-5 胸腔闭式引流

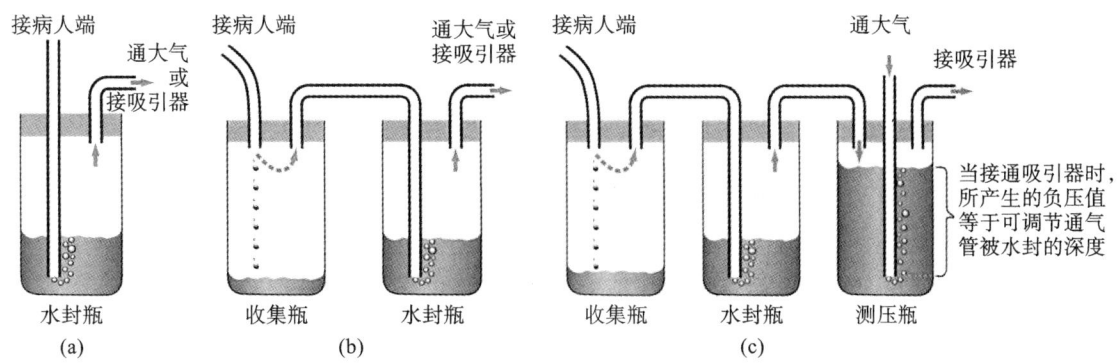

图 14-6　单瓶、双瓶、三瓶水封闭式胸腔引流装置

(a)单瓶；(b)双瓶；(c)三瓶

（1）单瓶水封闭式引流：为一容量 2000～3000 mL 的广口无菌集液瓶，内装约 500 mL 无菌生理盐水，橡胶瓶塞上有两个孔，分别插入长、短玻璃管。短管为空气通路，下口远离液面，使瓶内空气与外界大气相通，长管一端插至水平面下 3～4 cm，另一端与病人的胸腔引流管连接。接通后即可见长管内水柱升高至液平面以上 8～10 cm，并随着病人呼吸上下波动；若无波动，则提示引流管道不通畅。

（2）双瓶水封闭式引流：一个空瓶收集引流液，而另一个是水封瓶。空引流瓶介于病人和水封瓶之间，引流瓶的橡皮塞上插入两根短管，一根管子与病人胸腔引流管连接，另一根管子用一短橡皮管连接到水封瓶的长管上。在引流液体时，水封下的密闭系统不会受到引流量的影响。

（3）三瓶水封闭式引流：在双瓶式基础上增加了一个施加抽吸力的控制瓶。通常，抽吸力取决于通气管没入液面的深度。若通气管没入 15～20 cm，则对该病人所施加的负压抽吸力为 15～20 cmH$_2$O。若抽吸力超过没入液面的通气管的高度所产生的压力时，就会将外界空气吸入此引流系统中。因此，压力控制瓶中必须始终有水泡产生方表示其具有功能。

（四）护理措施

1. 胸腔闭式引流装置的固定　引流管的长度约 100 cm，它可垂直降到引流瓶，但不能垂下绕圈，以避免阻碍引流。可用橡皮筋或胶带条环绕引流管，以别针穿过橡皮筋或胶带条，再固定于床上。或将引流管两边的床单拉紧形成一凹槽，再用别针固定。引流瓶放置应低于胸腔引流出口 60 cm 以上，并妥善安置，以免意外翻倒。搬运病人前，先用止血钳夹住引流管，将引流瓶放在病床上以利搬运。在松开止血钳前需先把引流瓶放到低于胸腔的位置。

2. 维持引流通畅　引流管通畅时有气体或液体排出，或引流瓶长管中的水柱随呼吸上下波动。应注意检查引流管是否受压、折曲、阻塞、漏气等。引流液黏稠、有块状物时，应定时挤压引流管。

3. 体位与活动　最常采用的体位是半坐卧位。如果病人躺向插管侧，可在引流管两旁垫以沙袋或折叠的毛巾，以免压迫引流管。鼓励病人经常深呼吸与咳嗽，以促进肺膨胀，促使胸膜腔气体与液体的排出。病情稳定后，病人可在床上或下床活动。若引流瓶意外打破，应立即将胸侧引流管折曲夹闭。若引流管脱落，应迅速用无菌敷料堵塞、包扎胸壁引流管处伤口。搬动病人时用两把止血钳交叉夹紧胸腔引流管。

4. 胸腔引流的观察与记录　观察引流液量、性状。创伤后如出血已停止，引流液多呈暗红色。若引流液呈鲜红色，伴有血块，考虑胸腔内有进行性出血，应当即通知医生，并准备剖胸手术。

（五）拔管指征、方法及注意事项

1. 拔管指征　24 h 引流液少于 50 mL，脓液小于 10 mL，无气体逸出，病人无呼吸困难，听诊呼吸音恢复正常，X 线检查示肺膨胀良好，可去除引流管。

2. 拔管方法　病人坐在床边缘或躺向健侧，嘱病人深吸气后屏气拔管，并迅速用凡士林纱布覆盖，再盖上纱布，用胶布固定。

3. 注意事项   拔管后观察病人有无呼吸困难,引流管口处有无渗液、漏气,管口周围有无皮下气肿等。

第二节   脓胸病人的护理

识记：

1. 能复述脓胸的概念。

2. 能复述脓胸的病因及分类。

理解：

能阐述急、慢性脓胸病人的临床表现及处理原则。

运用：

能运用所学知识,为脓胸病人制订护理计划,并指导手术后病人进行康复训练。

脓胸是指胸膜腔内的化脓性感染。按病理发展过程,脓胸可分为急性脓胸和慢性脓胸;按致病菌则可分为化脓性、结核性和特异病原性脓胸;按感染波及的范围又分为局限性脓胸和全脓胸。

一、病因病理

1. 病因   最主要的原发病灶是肺部,少数是胸内和纵隔内其他脏器或身体其他部位感染病灶。致病菌以金黄色葡萄球菌、肺炎双球菌、链球菌多见,大肠杆菌、厌氧菌、铜绿假单胞菌、结核杆菌、真菌也可引起脓胸。若为厌氧菌感染,则称腐败性脓胸。致病菌进入胸膜腔的途径:①直接由化脓病灶侵入或破入胸膜腔,或因外伤、手术污染胸膜腔。②经淋巴途径,如膈下脓肿、肝脓肿、纵隔脓肿、化脓性心包炎等,通过淋巴管侵犯胸膜腔。③血源性播散:在全身菌血症或脓毒症时,致病菌可经血液循环进入胸膜腔。一般急性脓胸的病程不超过3个月,即进入慢性脓胸期。

2. 病理   感染侵犯胸膜后,在急性期,大量炎性胸水渗出。胸膜腔脓液迅速增加,肺受压,纵隔移向健侧。早期脓液稀薄,含有白细胞和纤维蛋白,呈浆液性;随着病程进展,脓细胞及纤维蛋白增多,渗出液逐渐由浆液性转为脓性。病变局限者称局限性脓胸。病变广泛,脓液布满全胸膜腔时称全脓胸。脓液被分割为多个脓腔时称多房性脓胸(图14-7)。若伴有气管、食管瘘,则脓腔内可有气体,出现液平面,称为脓气胸。脓胸可穿破胸壁,成为自溃性脓胸或外穿性脓胸。在慢性期,因急性脓胸治疗不彻底,纤维蛋白沉积于壁层、脏层胸膜上形成韧厚致密的纤维板,影响呼吸功能,由于纤维组织收缩,胸部下陷,纵隔被牵向患侧,使呼吸功能障碍更加严重。

二、临床表现

1. 急性脓胸   全身症状为高热、脉速、乏力、食欲减退等感染中毒表现,严重时出现呼吸困难和感染性休克。局部症状为患侧胸痛,伴咳嗽、咳痰、呼吸急促。体检见患侧肋间隙饱满,呼吸运动减弱,语颤减弱,气管偏向健侧,叩诊呈浊音,听诊呼吸音减弱或消失。

2. 慢性脓胸   常有长期低热、食欲减退、消瘦、贫血、低蛋白血症等慢性全身中毒症状。有时可伴有气促、咳嗽、咳脓痰等症状。体检可见胸廓内陷,呼吸运动减弱,肋间隙变窄,支气管及纵隔偏向患侧,听

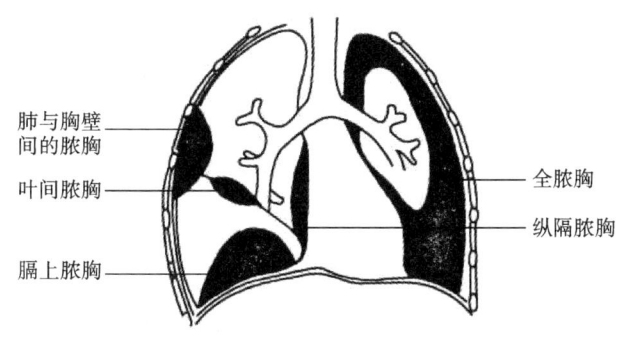

肺与胸壁
间的脓胸

叶间脓胸

膈上脓胸

全脓胸

纵隔脓胸

图 14-7　脓胸分类示意图

诊呼吸音减弱或消失。可有杵状指(趾),严重者有脊椎侧凸。

三、辅助检查

1. 实验室检查　血液白细胞计数和中性粒细胞比例增高。

2. 胸部 X 线检查　可见积液表现。

3. B 超检查　可确定脓腔部位和大小。

4. 胸膜腔穿刺　抽出脓液,即可明确诊断。将脓液送镜检,做细菌培养和药敏试验,可为细菌定性和选用有效抗生素提供依据。

四、处理原则

急性脓胸处理原则是控制感染、去除病因、积极排尽胸膜腔积脓、尽快促使肺膨胀及支持治疗。慢性脓胸处理原则是改善病人全身情况,消除中毒症状和纠正营养不良,积极治疗病因,必要时行手术治疗脓腔,尽量使受压的肺复张,恢复肺功能。

五、护理问题

1. 气体交换障碍　与脓液压迫肺组织、胸壁运动受到限制有关。

2. 急性疼痛　与炎症刺激有关。

3. 体温过高　与感染有关。

4. 营养失调:低于机体需要量　与营养素摄入不足、代谢增加、消耗增加有关。

六、护理措施

(一)术前护理

1. 加强营养　多进食高蛋白质、高热量和富含维生素的食物。根据病人的口味与需要制订食谱,合理调配饮食,保证营养的供给。对有贫血和低蛋白血症者,可少量多次输入新鲜血或血浆。

2. 注意皮肤护理　①协助病人定时翻身和肢体活动,给病人擦洗身体,按摩背部及骶尾部皮肤,以改善局部血液循环,增加机体抵抗力。②及时更换汗湿的衣被,保持床单平整干净,减少摩擦,避免汗液、尿液对皮肤的不良刺激,预防压疮发生。

3. 心理护理　常与病人交谈,关心体贴病人,帮其解决生活上的困难,坦诚回答病人有关疼痛、不适及治疗方面的问题,鼓励其树立战胜疾病的信心,使之能积极配合治疗,早日康复。

4. 改善呼吸功能

(1)体位:取半坐卧位,以利呼吸和引流。有支气管胸膜瘘者取患侧卧位,以免脓液流向健侧或发生窒息。

(2)吸氧:根据病人呼吸情况,酌情给氧 2～4 L/min。

(3)保持呼吸道通畅:痰液较多者,协助病人排痰或体位引流,并遵医嘱合理应用抗生素控制感染。

(4)协助医生进行治疗:如胸腔穿刺抽脓,胸腔内注射抗生素等。穿刺过程中及穿刺后应注意观察病人有无不良反应。行胸膜腔闭式引流者按胸腔闭式引流术护理。

(二)术后护理

1.严密监测病情 严密监测病人心率、血压、呼吸及意识变化。注意观察病人的呼吸频率、幅度,有无呼吸困难、发绀等征象,发现异常,及时通知医生。

2.维持有效呼吸

(1)控制反常呼吸:慢性脓胸行胸廓成形术后的病人,应让其取术侧向下卧位,用厚棉垫、胸带加压包扎,并根据肋骨切除范围,在胸廓下垫一硬枕或用1~3 kg沙袋压迫,以控制反常呼吸。包扎松紧适宜,经常检查,随时调整。

(2)呼吸功能训练:鼓励病人有效咳嗽、排痰、吹气球、使用深呼吸功能训练器,促使肺充分膨胀,增加通气容量。

3.保持引流管通畅

(1)急性脓胸:如病人能及时彻底排除脓液,使肺逐渐膨胀,脓腔闭合,一般可治愈。按胸膜腔闭式引流术后护理。

(2)慢性脓胸:①引流管不能过细,引流位置适当,勿插入太深,以免影响脓液排出。②若脓腔明显缩小,脓液不多,纵隔已固定,可将闭式引流改为开放式引流。③开放式引流者,保持局部清洁,及时更换敷料,妥善固定引流管,防止其滑脱。④引流口周围皮肤涂氧化锌软膏,防止发生皮炎。⑤行胸膜纤维板剥脱术病人术后易发生大量渗血,严密观察生命体征及引流液的性状和量。若病人血压下降、脉搏增快、尿量减少、烦躁不安且呈贫血貌或胸腔闭式引流术后2~3 h引流量大于100 mL/h且呈鲜红色,立即报告医生,遵医嘱快速输新鲜血,给予止血药,必要时做好再次开胸止血的准备。

4.减轻疼痛 指导病人作腹式深呼吸,减少胸廓运动以减轻疼痛;必要时予以镇静、镇痛处理。

5.降温 高热者给予冰敷、乙醇擦浴等物理降温措施,鼓励病人多饮水,必要时使用药物降温。

6.康复训练 胸廓成形术后病人,因手术所需切断某些肌群,特别是肋间肌,易引起脊柱侧弯及术侧肩关节的运动障碍,故病人需采取直立姿势,坚持练习头部前后左右回转运动,练习上半身的前屈运动及左右弯曲运动。自手术后第1日起即开始上肢运动,如上肢屈伸、抬高上举、旋转等,使之尽可能恢复到手术前的活动水平。

七、健康教育

1.疾病预防 注意保暖,避免受凉,防止肺部感染。及时发现感染症状并积极治疗。

2.疾病康复 嘱病人加强营养。保证充足睡眠,避免劳累。指导病人进行呼吸功能锻炼及有氧运动,如深呼吸、吹气球、打太极拳、散步等,以增加肺活量,改善肺功能,增强机体抵抗力。遵医嘱按时服药。定期复查肺功能,不适随诊。

第三节 急性乳腺炎病人的护理

学习目标

识记:
能复述急性乳腺炎的病因、临床表现、辅助检查、处理原则。

理解：

能概括常见急性乳腺炎的护理措施。

运用：

能运用护理程序为急性乳腺炎病人制订护理计划。

急性乳腺炎是乳腺的急性化脓性感染,往往于产后 3～4 周发生,多见于产后哺乳的妇女,尤以初产妇多见。

一、病因病理

1. 乳汁淤积 乳汁淤积是最常见的原因。乳汁是理想的培养基,乳汁游积将有利于入侵细菌的生长。见于乳头发育不良(过小或凹陷)妨碍正常哺乳,或乳汁过多、婴儿吸乳过少、乳管不通畅等导致不能完全排空乳汁,引起淤积。

2. 细菌入侵 感染主要途径:乳头破损或皲裂使细菌沿淋巴管入侵。婴儿患口腔炎或口含乳头睡眠,细菌也可直接入侵乳管,上行至腺小叶而致感染。多为金黄色葡萄球菌感染所致,少数为链球菌感染。

急性乳腺炎局部可出现炎性肿块,一般在数日后可形成单房或多房性脓肿。表浅脓肿可向外破溃或破入乳管自乳头流出;深部脓肿可缓慢向外破溃,也可向深部穿至乳房与胸肌间的疏松组织中,形成乳房后脓肿(图 14-8)。

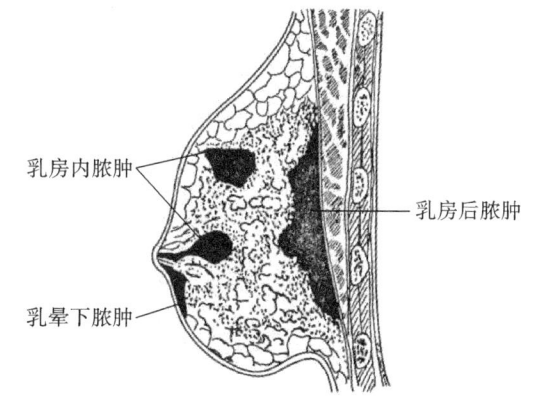

图 14-8　乳腺脓肿的位置

二、临床表现

1. 局部 患侧乳房胀痛,局部红、肿、发热、压痛,常有患侧淋巴结肿大和压痛。浅表脓肿形成后局部可有波动感。

2. 全身 随炎症发展,病人继之出现高热、寒战,脉率加快。感染严重者,可并发脓毒症。

三、辅助检查

1. 实验室检查 血白细胞计数及中性粒细胞比例均升高。

2. 诊断性穿刺 在乳房肿块搏动最明显的部分或压痛最明显的区域进行穿刺,抽到脓液表明脓肿已形成。应对脓液做细菌培养和药敏试验。

四、治疗原则

急性乳腺炎的治疗原则是消除感染、排空乳汁。脓肿未形成前以抗生素治疗为主,脓肿形成后应及时切开引流。

1. 一般处理 除患乳停止哺乳,并排空乳汁外,局部热敷或理疗以利于早期炎症消散;水肿明显者可用 25% 硫酸镁溶液湿热敷。感染严重或并发乳瘘者常需停止哺乳,可口服溴隐亭、己烯雌酚或肌内注射苯甲酸雌二醇,至乳汁停止分泌为止。

2. 抗生素的应用 应用原则为早期、足量。选用青霉素治疗或用耐青霉素酶的苯唑西林,或根据细菌培养结果调整抗生素。

3. 中药治疗 服用蒲公英、野菊花等清热解毒类中药及用金黄散或鱼石脂软膏局部外敷。

4. 脓肿处理 脓肿形成后,主要治疗措施是及时做脓肿切开引流。为避免损伤乳管而形成乳瘘,切

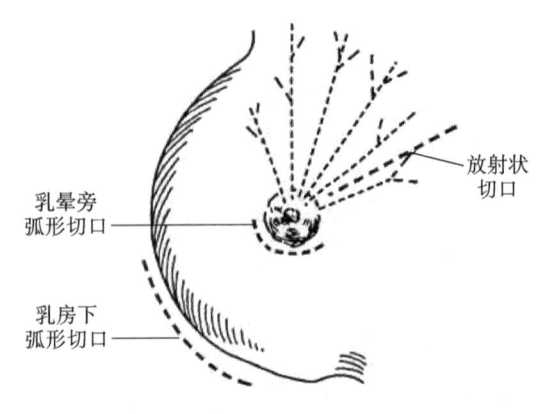

放射状切口

乳晕旁弧形切口

乳房下弧形切口

图 14-9 乳房脓肿的切口及引流

口应呈放射状至乳晕处,对于乳晕部脓肿可沿乳晕边缘作弧形切口;分离脓肿的多房间隔以利引流。深部脓肿波动感不明显,可在超声波引导下定位穿刺,明确诊断后再在乳房下缘作弓形切口(图 14-9)。为保证引流通畅,引流条应放在脓腔最低部位,必要时另加切口做对口引流。

五、护理问题

1. 焦虑 与担心乳腺炎症影响婴儿喂养有关。

2. 发热 与炎症有关。

3. 疼痛 与乳腺炎症引起胀痛有关。

六、护理措施

1. 一般护理

(1)饮食:给予高蛋白质、高热量、高维生素、低脂肪食物,保证足够摄入液量。

(2)休息:保证充足的休息,并适当运动。

(3)个人卫生:养成良好的哺乳期卫生习惯,保持乳房清洁、勤更衣、定期沐浴。

2. 疾病护理

(1)病情观察:定时测量体温、脉搏、呼吸,了解血白细胞计数及分类变化,必要时做细菌培养及药敏试验。

(2)防止乳汁淤积:患乳暂停哺乳,定时用吸乳器吸空乳汁,或用手、梳子背沿乳管方向加压按摩。

(3)促进局部血液循环:局部热敷或用宽松的胸罩托起两侧乳房,以减轻疼痛、促进血液循环。

(4)对症处理:高热者,予以物理降温,必要时应用解热镇痛药物。

(5)引流护理:脓肿切开后,保持引流通畅,注意观察引流脓液量、颜色及气味的变化,及时更换敷料。

七、健康教育

1. 避免乳汁淤积 告知病人这是预防的关键,每次哺乳之后应将剩余的乳汁吸空。

2. 保持清洁 每次哺乳前、后均需清洁乳头,以保持局部干燥和洁净。

3. 纠正乳头内陷 于妊娠期每日挤捏、提拉乳头。

4. 防治乳头、乳晕破损 可用自身乳汁涂抹,因其有抑菌、滋润、促表皮修复功能。一旦出现破损,应暂停哺乳,用吸乳器吸出乳汁哺育婴儿;局部用温水清洗后涂以抗生素软膏,待愈合后再行哺乳。

5. 养成良好的哺乳习惯 每次哺乳时让婴儿吸净乳汁,如有淤积,及时用吸乳器或手法按摩排空乳汁;避免婴儿养成含乳头睡眠的坏习惯;注意婴儿口腔卫生,及时治疗婴儿口腔炎症。

(兰庆新　韦　栋)

第十五章 腹部疾病病人的护理

第一节 腹部损伤病人的护理

学习目标

识记：
1. 能指出腹部损伤的致伤因素。
2. 能描述腹部损伤的分类。

理解：
1. 能比较腹部实质性脏器和空腔脏器损伤临床表现的异同。
2. 能概括并说明腹部损伤的早期诊断、急救和治疗原则。
3. 能解释腹腔穿刺的结果。

运用：
1. 能运用护理程序对腹部损伤病人实施整体护理。
2. 能针对腹部损伤病人的具体情况进行健康教育。

扫码看课件

　　腹部损伤是指机械性因素作用于腹部所造成的腹壁和腹内脏器组织结构完整性的破坏或功能障碍。无论在平时还是战时都较为常见,其发病率在平时占各种损伤的 0.4%～1.8%,战时可高达 50% 左右。多数腹部损伤因伴有内脏损伤而危及生命。死亡率高达 10% 左右。致死的多见原因是创伤性休克、内出血、严重的腹膜炎或全身感染等。

一、病因与分类

　　腹部损伤根据腹壁有无伤口分为开放性损伤和闭合性损伤两大类。开放性损伤常由利器或火器所致,腹壁伤口有腹膜破损者为穿透伤,无腹膜破损者为非穿透伤。闭合性损伤多由挤压、冲击、碰撞和爆震等钝性暴力引起。无论是开放性还是闭合性腹部损伤,都可能仅有腹壁损伤或同时兼有腹腔内脏器损伤,因此评估腹部损伤的关键是确定有无腹腔内脏器的损伤。常见受损的内脏在闭合性腹部损伤中依次是脾、肾、小肠、肝、肠系膜等。单纯腹壁伤一般病情较轻,也无特殊处理。合并腹腔内脏器损伤时有腹腔内出血、休克和急性腹膜炎的表现,病情严重者需紧急手术治疗。

二、临床表现

1. 单纯腹壁损伤　在暴力打击部位的腹壁有局限性肿胀、疼痛和压痛,有时可见皮下瘀斑,上述症状不随时间的推移而加重或扩大。开放性腹壁伤有伤口流血。单纯腹壁损伤通常不会出现恶心、呕吐、腹膜炎和休克的表现。

2.腹腔内脏器损伤

(1)实质性脏器破裂和血管损伤:肝、脾、肾等实质性脏器和大血管破裂时,主要表现为腹腔内出血,病人精神紧张、面色苍白、出冷汗、脉搏快而细弱、血压下降和尿少等失血性休克表现。腹痛呈持续性,一般不严重。出血多者有腹胀和移动性浊音。腹部压痛、反跳痛和腹肌紧张不剧烈,但肝、肾、胰腺破裂时,因有胆汁、尿液或胰液漏入腹腔,可出现明显的腹膜刺激征。

(2)空腔脏器破裂:胃肠道、胆囊、膀胱等空腔脏器破裂后,腹膜受化学性胃肠液、胆汁、尿液的强烈刺激发生化学性腹膜炎,随后发生细菌性腹膜炎,临床上以腹膜炎的表现为主。主要表现为持续性剧烈腹痛和全身中毒症状。重要的体征是明显的腹膜刺激征,腹腔内游离气体致肝浊音界缩小或消失,随之出现肠麻痹而有腹胀,严重者可发生感染性休克。

某些闭合性腹部损伤病人早期症状不明显,如肝、脾包膜下破裂者暂时不发生大出血,间隔一定时间后,当病人腹内压增高时致紧张的肝、脾包膜破裂,突然出现失血性休克。又如肠道小穿孔被外翻的黏膜所堵塞,而不发生弥漫性腹膜炎,随着时间推移,消化液外溢增多,才逐渐出现弥漫性腹膜炎症状。此类病人经过严密观察,才能明确诊断。

三、辅助检查

1.实验室检查 实质性脏器破裂出血可有红细胞、血红蛋白、血细胞比容下降,白细胞计数则略见升高;空腔脏器破裂时,白细胞计数可明显上升。胰腺损伤时多有血/尿淀粉酶值升高。血尿是泌尿器官损伤的重要标志。

2.影像学检查 B超对内脏的外形、大小,腹水和肝脾包膜下出血的检查有一定帮助。立位腹部平片可观察到隔下游离气体,及某些脏器的大小、形态和位置的改变,但休克病人不宜进行此项检查。有条件的还可以进行CT检查、选择性动脉造影、腹腔镜检查等。

3.诊断性腹腔穿刺及灌洗

(1)诊断性腹腔穿刺:对判断腹腔内脏器有无损伤和哪一类脏器损伤有很大帮助,凡怀疑有腹腔内脏损伤者,一般检查方法尚难明确诊断的情况下,均可进行此项检查。但严重腹内胀气、妊娠后期、既往手术或炎症造成腹腔内广泛粘连、躁动不能合作者不能穿刺。腹腔穿刺的方法:病人向穿刺侧侧卧5 min,然后在局部麻醉下进行穿刺。穿刺点常选于脐和髂前上棘连线的中、外1/3交界处或经脐水平线与腋前线相交处。但应避开手术瘢痕,肿大的肝、脾,充盈的膀胱及腹直肌。有骨盆骨折者,应在脐平面以上穿刺,以免误入腹膜后血肿而误诊为腹腔内出血。缓慢进针,刺穿腹膜后有落空感,即可进行抽吸,或把有多个侧孔的细塑料管经针管送入腹腔深处进行抽吸。

观察穿刺抽得液体的性状,肉眼观察不能确定抽出液的性质时,可做液体的涂片检查或对样本做实验室检验。①若为不凝血,提示为实质性脏器或大血管破裂所致的内出血。②若抽得血液迅速凝固,多为误入血管或血肿所致。③胰腺或胃十二指肠损伤时,穿刺液中淀粉酶含量增高。在B超引导下行腹腔穿刺,使穿刺阳性率得到提高。穿刺结果阴性时,可能是穿刺针被大网膜堵塞或腹内液体并未流至穿刺区,不能完全排除内脏损伤的可能,应继续严密观察,必要时重复穿刺或改行腹腔灌洗。

(2)诊断性腹腔灌洗:若诊断性腹腔穿刺阴性而又高度怀疑腹腔内脏有严重损伤者,可采取诊断性腹腔灌洗进一步检查。方法是经腹腔穿刺置入的细塑料管,向腹腔内缓慢注入500~1000 mL无菌生理盐水,然后借虹吸作用使腹腔内灌洗液流回输液瓶。取瓶中液体进行肉眼或显微镜下检查,必要时涂片、培养或检测淀粉酶含量。符合以下任何一项者,提示腹腔内脏有损伤:①肉眼见灌洗液为血性,含胆汁、胃肠内容物或证明是尿液。②显微镜下,红细胞计数超过 $100 \times 10^9 /L$ 或白细胞计数超过 $0.5 \times 10^9 /L$。③淀粉酶超过 100 单位(Somogyi 法)。④灌洗液涂片发现细菌。

四、治疗原则

单纯腹壁损伤的治疗与一般软组织损伤相同。对疑有内脏损伤者,应严密观察病情变化,以免延误抢救时机。对确认肝脾破裂致腹腔内进行性大出血者,在抗休克的同时紧急剖腹止血。空腔脏器穿破者,休克发生较晚,一般应在纠正休克的前提下进行手术。高度怀疑有内脏损伤者,应做好紧急手术前准备,进行剖腹探查术,待查明损伤部位或器官后再做针对性处理。

五、护理问题

1.有体液不足的危险　与腹腔内出血、渗出及呕吐有关。

2.疼痛　与腹膜炎症刺激或手术创伤有关。

3.焦虑/恐惧　与意外创伤所致的疼痛、出血,及担心疾病的预后有关。

4.潜在并发症　腹腔脓肿、失血性休克。

六、护理措施

（一）急救

应先抢救威胁生命的伤情,如呼吸、心搏骤停,窒息,开放性气胸,明显的外出血等应迅速予以处理。维持呼吸道通畅,应积极预防休克如保暖、保持病人安静、止痛（未明确诊断前,禁用吗啡等止痛剂）和补充液体,以尽快恢复血容量。

病人应禁食、胃肠减压,及早应用抗生素、破伤风抗毒素。当发现腹部有伤口时,应立即予以包扎,对有内脏脱出者,一般不可回纳腹腔以免污染,可用消毒或清洁碗盖住脱出的内脏,防止受压,外面再加以包扎。如果脱出的肠管有绞窄的可能,则可将内脏送回腹腔。经急救处理后,在严密的观察下,尽快护送到医院。

（二）对疑有腹腔内脏损伤病人的护理

病人应绝对卧床,不随意搬动,尽量取半坐卧位,如需做离床检查,应有专人护送;做好常规腹部手术前准备,并做到"四禁",即禁食禁饮、禁忌灌肠、禁用泻药、禁用吗啡等止痛药物;尽早输液和使用抗生素。严密观察病人生命体征、腹痛范围、程度及腹膜刺激症状,动态观察红细胞计数、血细胞比容和血红蛋白值。

在观察期间出现以下情况时,应及时进行手术探查:①腹痛和腹膜刺激征有进行性加重或范围扩大者。②肠鸣音逐渐减弱、消失或出现腹胀明显者。③全身情况有恶化趋势,出现口渴、烦躁、脉率增快或体温及白细胞计数上升者。④红细胞计数进行性下降者。⑤血压由稳定转为不稳定甚至下降者。⑥胃肠道出血者。⑦经积极抗休克治疗情况不见好转反而继续恶化者。

（三）手术治疗病人的护理

1.手术前护理　为抢救病人生命,应争取时间尽快地进行必要的手术前准备,主要措施:严密的病情观察,通知病人禁食禁饮,建立静脉输液通道,遵医嘱输液输血,及早使用有效的抗生素,胃肠减压,协助做好各项检查,备皮备血,药敏试验,心理护理,手术前用药,必要时导尿等。

2.手术后护理

（1）体位:先按麻醉要求安置体位,待全麻清醒或硬膜外麻醉平卧 6 h 后,血压平稳者改为半坐卧位,以利于腹腔引流,减轻腹痛,改善呼吸循环功能。

（2）禁食、胃肠减压:手术后禁食 2～3 日,并做好胃肠减压的护理。待肠蠕动恢复、肛门排气后停胃肠减压,若无腹胀不适,可拔除胃管,从进少量流质饮食开始,根据病情逐渐恢复半流质饮食。

（3）静脉输液与用药:禁食期间静脉补液,维持水、电解质和酸碱平衡。必要时给予完全胃肠外营养,以满足机体高代谢和修复的需要,并提高机体抵抗力。手术后继续使用有效的抗生素,控制腹腔内感染。

（4）观察病情变化:严密监测病人生命体征的变化,危重病人加强呼吸、循环和肾功能的监测和维护。注意腹部体征的变化,及早发现腹腔脓肿等并发症。

（5）手术切口护理：保持切口敷料干燥、不脱落，如有渗血、渗液，及时更换，观察切口愈合情况，及早发现切口感染的征象。

（6）鼓励早期活动：手术后病人多翻身，及早下床活动，促进肠蠕动恢复，预防肠粘连。

（7）腹腔引流护理：腹腔引流是在腹腔内放置乳胶引流管或烟卷引流条，将腹腔内的渗血、渗液或消化液引流到体外的一种外引流方法，达到排出腹腔内的渗血渗液、坏死组织和脓液，防止感染扩散，促进炎症早日消退的目的。

手术后应正确连接引流装置，如有多根引流管，应贴上标签，并妥善固定。保持引流通畅，每日更换引流袋，严格遵守无菌操作，引流管不能高于腹腔引流出口，以免引起逆行感染。观察并记录引流液的性质和量，如发现引流液突然减少，病人有腹胀伴发热，应及时检查管腔有无堵塞或引流管滑脱。

七、健康教育

（1）宣传劳动保护、安全生产、遵守交通规则等知识，避免意外损伤。

（2）普及各种急救知识，在发生意外损伤时，能进行简单的自救或急救。

（3）无论腹部损伤的轻重，都应经专业医务人员检查，以免贻误诊治。

（4）出院后要适当休息，加强锻炼，增加营养，促进康复。若有腹痛、腹胀、肛门停止排气排便、伤口红肿热痛等症状，应及时就诊。

第二节　急性化脓性腹膜炎病人的护理

识记：

1.能描述腹膜炎的概念及分类。

2.能描述腹腔脓肿的概念。

理解：

1.能举例说明继发性腹膜炎的常见原因。

2.能概括急性化脓性腹膜炎的临床表现和处理原则。

3.能比较膈下脓肿和盆腔脓肿的临床特点。

运用：

1.能运用护理程序对急性化脓性腹膜炎病人实施围手术期护理。

2.能运用所学相关知识，预防腹膜炎手术后并发症的发生。

一、解剖生理概要

腹膜是一层很薄的浆膜，分为相互连续的壁腹膜和脏腹膜两部分。壁腹膜贴附于腹壁、横膈脏面和盆壁内面；脏腹膜覆盖于内脏表面，成为其浆膜层。脏腹膜将内脏器官悬垂或固定于膈肌、腹后壁或盆腔壁，形成网膜、肠系膜及几个韧带。其中，覆盖于横结肠的腹膜下垂形成大网膜，有丰富的血液供应和大量的脂肪组织，活动度较大。腹膜腔是壁腹膜和脏腹膜之间的潜在腔隙，男性是封闭的；女性的腹膜腔则经输卵管、子宫、阴道与体外相通。腹膜腔是人体最大的体腔，正常情况下，腹膜腔内含少量液体；病变时,腹膜腔可容纳数升液体或气体。腹膜腔分为大、小两部分,即腹腔和网膜囊,经由网膜孔相通。

腹膜的动脉来自肋间动脉和腹主动脉分支,静脉汇入门静脉和下腔静脉,当门静脉或下腔静脉循环受阻时,腹腔内可积聚大量液体。壁腹膜主要受体神经(肋间神经和腰神经的分支)的支配,对各种刺激敏感,痛觉定位准确。因此,腹前壁腹膜受炎症刺激后可引起局部疼痛、压痛及反射性腹肌紧张,是诊断腹膜炎的主要临床依据。膈肌中心部分的腹膜受刺激后,通过膈神经反射引起肩部放射性疼痛或呃逆。脏腹膜受自主神经支配,来自交感神经和迷走神经末梢,对牵拉、胃肠腔内压力增加及炎症、压迫等刺激较为敏感,表现为钝痛,定位较差,感觉多局限于脐周腹中部;严重刺激常可引起心率减慢、血压下降和肠麻痹等。

腹膜的生理作用:①润滑:腹膜能向腹腔内渗出少量液体,起到润滑和减少脏器间摩擦的作用。②吸收:腹膜具有很强的吸收能力,能吸收腹腔内的积液、血液、空气和毒素等,但严重的腹膜炎时,可因腹膜吸收大量的毒性物质而引起感染性休克;在特定情况下可利用其吸收功能作为给药途径。③渗出:在急性炎症时,腹膜分泌出大量液体以稀释毒素和减少刺激。④防御:腹膜渗出液中的淋巴细胞和吞噬细胞能吞噬细菌、异物和破碎组织,具有强大的防御能力。⑤修复:渗出液中的纤维蛋白沉积在病灶周围,发生粘连,以防止感染扩散并修复受损组织,如大网膜能移动到所及的病灶处并包裹、填塞病灶,则可使炎症局限并修复受损组织,但亦可因此形成腹腔内广泛的纤维性粘连,引起粘连性肠梗阻。

二、急性化脓性腹膜炎

(一)腹膜炎概念与分类

腹膜炎是发生于腹腔壁腹膜与脏腹膜的炎症,可由细菌感染、化学(如胃液、胆汁、血液)或物理损伤等引起。按发病机制可分为原发性与继发性两类。按病因可分为细菌性与非细菌性两类。按临床经过可分为急性、亚急性和慢性三类。按累及范围可分为弥漫性与局限性两类。各类型间可以转化。

急性化脓性腹膜炎是指由化脓性细菌包括需氧菌和厌氧菌或两者混合引起的腹膜急性炎症。有原发性和继发性之分,累及整个腹膜腔时称为急性弥漫性腹膜炎。临床所称急性腹膜炎多指继发性的化脓性腹膜炎,是一种常见的外科急腹症。

(二)病因与发病机制

1. 继发性腹膜炎　腹膜炎以继发性腹膜炎常见,其中继发性化脓性腹膜炎最为常见。主要致病菌是胃肠道内的常驻菌群,其中以大肠埃希菌最多见,其次为厌氧拟杆菌、链球菌、变形杆菌等。大多为混合性感染,故毒性较强。引起继发性腹膜炎常见的原因有以下几种。

(1)腹内脏器穿孔或破裂:腹腔内脏器穿孔、损伤引起的腹壁或内脏破裂,是急性继发性化脓性腹膜炎最常见的原因。其中,急性阑尾炎坏疽穿孔最常见,胃、十二指肠溃疡急性穿孔次之。胃肠内容物流入腹腔,先引起化学性刺激,产生化学性腹膜炎,继发感染后导致化脓性腹膜炎。急性胆囊炎,胆囊壁的坏死穿孔常造成极为严重的胆汁性腹膜炎。手术后胃肠道、胆管、胰腺吻合口渗漏及外伤造成的肠管、膀胱破裂等,均可很快形成腹膜炎。

(2)腹内脏器缺血及炎症扩散:也是引起继发性腹膜炎的常见原因。如绞窄性疝、绞窄性肠梗阻以及急性胰腺炎时含有细菌的渗出液在腹腔内扩散引起腹膜炎。

(3)其他:如腹部手术等原因污染腹腔,细菌经腹壁伤口进入腹膜腔,腹前、后壁严重感染等也可引起腹膜炎。

2. 原发性腹膜炎　又称自发性腹膜炎,腹腔内无原发性病灶,较少见。致病菌多为溶血性链球菌、肺炎双球菌或大肠埃希菌。细菌进入腹膜腔的常见途径:①血行播散:致病菌从呼吸道或泌尿系统的感染灶血行播散至腹膜,小儿的原发性腹膜炎大多属此类。②上行性感染:来自女性生殖道的致病菌通过输卵管直接向上扩散至腹膜腔,如淋病性腹膜炎。③直接扩散:如泌尿系统感染时,细菌还可通过腹膜层直接扩散至腹膜腔。④透壁性感染:正常情况下,细菌不能通过肠壁,但在某些情况下,如营养不良、肝硬化并发腹水、肾病或猩红热等机体抵抗力降低时,肠腔内细菌有可能通过肠壁直接进入腹膜腔,引起腹膜炎。原发性腹膜炎感染范围很大,与脓液的性质及细菌种类有关。

（三）病理

腹膜受细菌或胃肠道内容物刺激后,立即发生充血、水肿等反应,失去原有的光泽;继之产生大量浆液性渗出液以稀释腹腔内的毒素;并出现大量吞噬细胞、中性粒细胞,加上坏死组织、细菌与凝固的纤维蛋白,使渗出液变混浊而成为脓液。以大肠埃希菌为主的脓液多呈黄绿色,常与其他致病菌混合感染而变得稠厚并有粪臭味。

腹膜炎的转归取决于两方面,一方面是病人全身和腹膜局部的防御能力,另一方面是污染细菌的性质、数量和时间。不同转归的腹膜炎其病理改变差异很大。

1. 炎症趋于恶化 ①细菌及其产物(内毒素)刺激机体的细胞防御机制,激活多种炎性介质,可导致全身性炎症反应。②腹膜严重充血水肿并渗出大量液体,引起水、电解质平衡失调、血浆蛋白减少和贫血。③腹内脏器浸泡在脓液中,肠管麻痹,肠腔内大量积液,使血容量明显减少。④细菌入侵、毒素吸收,致感染性休克。⑤肠管扩张,使膈肌上移而影响心肺功能,加重休克,甚至导致死亡。

2. 炎症局限和消散 年轻体壮、抗病能力强者,可使病菌毒力减弱。病变损害轻的能与邻近的肠管、其他脏器及大网膜粘连,将病灶包围,使病变局限于腹腔内的一个部位形成局限性腹膜炎。渗出物逐渐吸收、炎症消散或局限部位化脓,形成局限性脓肿。

3. 肠梗阻形成 腹膜炎治愈后,腹腔内多有不同程度的粘连,大多数粘连无不良后果,但是部分肠管粘连可造成扭曲或形成锐角,发生粘连性肠梗阻。

（四）临床表现

1. 症状 腹膜炎的症状可以是突然发生,也可能是逐渐出现的。如空腔脏器破裂或穿孔引起的腹膜炎,发病较突然,由阑尾炎、胆囊炎等引起的腹膜炎多先有原发病症状,之后才逐渐出现腹膜炎的表现。

(1)腹痛:最主要的症状,疼痛程度与发病原因、炎症轻重、年龄和身体素质等有关。一般呈持续性、剧烈腹痛,常难以忍受。深呼吸、咳嗽、转动身时疼痛加剧。腹痛范围多自原发病变部位开始,随炎症扩散而延及全腹。

(2)恶心、呕吐:初始为腹膜受到刺激引起的反射性恶心、呕吐,呕吐物为胃内容物;发生麻痹性肠梗阻时可出现持续性呕吐,呕吐物可含有黄绿色胆汁,甚至呈棕褐色粪样内容物。

(3)体温、脉搏的变化:与炎症轻重有关。体温由正常逐渐升高,脉搏逐渐加快;已有阑尾炎等炎性病变者,发生腹膜炎之前体温已升高,继发腹膜炎后更趋增高,但年老体弱的病人体温可不升高。多数病人的脉搏会随体温升高而加快,但如果脉搏快、体温反而下降,是病情恶化的征象之一。

(4)感染、中毒症状:病人可出现寒战、高热、脉速、呼吸浅快、大汗及口干。病情进一步发展,可出现重度缺水、代谢性酸中毒及感染性休克等表现,如眼窝凹陷、皮肤干燥、舌干苔厚、面色苍白、口唇发绀、肢端发凉、呼吸急促、脉细微弱、体温骤升或下降、血压下降、神志恍惚或不清等。

2. 体征

(1)一般表现:病人多呈急性病容,喜仰卧位,双下肢屈曲,不愿意改变体位。腹部拒按,体征随腹膜炎的轻重、病情变化和原发病病因而不同。

(2)腹部:①视诊:腹胀明显,腹式呼吸运动减弱或消失。腹胀加重是病情恶化的重要标志。②触诊:腹部压痛、反跳痛和腹肌紧张是腹膜炎的标志性体征,称为腹膜刺激征。以原发病灶处最为明显。腹肌紧张的程度因病人全身情况和病因不同而有差异。胃肠、胆囊穿孔时腹肌可呈"木板样"强直。小儿、老年人或极度衰弱的病人腹肌紧张不明显,易被忽视。③叩诊:胃肠胀气时呈鼓音,胃十二指肠穿孔时逸出的气体积聚于膈下,使肝浊音界缩小或消失;腹水较多时移动性浊音阳性。④听诊:肠鸣音减弱;肠麻痹时,听诊时肠鸣音可完全消失。

(3)直肠指检:直肠前窝饱满及触痛,表明盆腔已有感染或形成盆腔脓肿。

（五）辅助检查

1. 实验室检查 白细胞计数及中性粒细胞比例增高。病情危重或机体反应能力低下者,白细胞计数可不升高,仅中性粒细胞比例增高,甚至有中毒颗粒出现。

2.影像学检查 ①腹部 X 线检查:腹部立、卧位平片可见小肠普遍胀气并有多个小液平面的肠麻痹征象。胃肠穿孔时,立位 X 线平片多数可见膈下游离气体。②B 超检查:显示腹腔内有不等量的积液,但不能鉴别液体的性质。③CT 检查:对腹腔内实质性脏器病变(如急性胰腺炎)的诊断帮助较大,对评估腹腔内渗液量也有一定帮助,CT 检查可提供腹部 X 线检查无法提供的定位及病理信息。

3.诊断性腹腔穿刺抽液术或腹腔灌洗术 根据叩诊或 B 超检查进行穿刺点定位。依据抽出液的性状、气味、混浊度,涂片镜检、细菌培养以及淀粉酶测定结果等判断病因。如:①结核性腹膜炎抽出液为草绿色透明腹水。②胃十二指肠急性穿孔时抽出液呈黄色、浑浊、含胆汁、无臭味。③饱食后穿孔时抽出液可含食物残渣。④急性重症胰腺炎时抽出液为血性,胰淀粉酶含量高。⑤急性阑尾炎穿孔时抽出液为稀薄脓性,略有臭味。⑥绞窄性肠梗阻时抽出液为血性,臭味重。

(六)处理原则

积极处理原发病灶,消除引起腹膜炎的病因,控制炎症,清理或引流腹腔渗液,促使渗出液局限。形成脓肿者予脓腔引流。化脓性腹膜炎的治疗包括非手术治疗和手术治疗。

1.非手术治疗

(1)适应证:①对病情较轻或病程已超过 24 h,且腹部体征已减轻或有减轻趋势者。②伴有严重心、肺等脏器疾病不能耐受手术者。③原发性腹膜炎者可行非手术治疗。④伴有休克、较严重的营养不良或水、电解质紊乱等情况需术前予以纠正者,非手术治疗可作为手术前的准备。

(2)主要措施:①一般取半坐卧位,休克病人取平卧位或中凹卧位。②禁食和胃肠减压。③静脉输液,纠正水、电解质平衡紊乱。④补充热、氮量,提供营养支持。⑤合理应用抗生素。⑥镇静、止痛和吸氧等对症处理。

2.手术治疗 绝大多数继发性腹膜炎病人需手术治疗。

(1)适应证:①经非手术治疗 6 h 后(一般不超过 12 h),腹膜炎症状和体征不缓解反而加重者。②腹腔内原发病严重,如胃肠道、胆囊坏死穿孔、绞窄性肠梗阻、腹腔脏器损伤或胃肠道手术后短期内吻合口漏所致的腹膜炎。③腹腔内炎症较重,有大量积液,出现严重的肠麻痹或中毒症状,尤其是有休克表现者。④腹膜炎病因不明且无局限趋势者。

(2)手术目的:①腹腔探查:明确病因,处理原发病灶。②彻底清洁腹腔:可用甲硝唑及生理盐水冲洗腹腔至清洁。③充分引流:将引流管放在病灶附近及最低位,以利腹腔内的残留液和继续产生的渗液充分引流,严重感染时,放置两根以上引流管,术后可做腹腔灌洗。

(3)手术方式:①胃十二指肠溃疡穿孔时间不超过 12 h,可做胃大部切除术。②若穿孔时间较长,腹腔污染严重或病人全身状况不好,只能行穿孔修补术。③坏疽的阑尾及胆囊应切除;但若胆囊炎症重,解剖层次不清,全身情况不能耐受手术,只宜行胆囊造口术和腹腔引流。④坏死的肠管应切除;切除后如不能吻合,应行坏死肠段外置或结肠造口术。

(4)手术后处理:继续禁食、胃肠减压、补液、应用抗生素和给予营养支持治疗,保证引流通畅;密切观察病情,防治并发症。

(七)护理问题

1.急性疼痛 与壁腹膜受炎症刺激有关。

2.体温过高 与腹膜炎毒素吸收有关。

3.体液不足 与腹膜腔内大量渗出、高热或体液丢失过多有关。

4.焦虑 与病情严重、躯体不适、担心术后康复及预后等有关。

5.潜在并发症 腹腔脓肿、切口感染。

(八)护理措施

1.非手术治疗护理/手术前护理

(1)减轻腹胀、腹痛。

①体位:取半坐卧位,促使腹腔内渗出液流向盆腔,有利于局限炎症和引流,以减轻中毒症状;同时可

促使腹内脏器下移,减轻因明显腹胀挤压膈肌而对呼吸和循环的影响,且半坐卧位时腹肌松弛,有助于减轻腹肌紧张引起的腹胀等不适。休克病人取平卧位,或头、躯干和下肢各抬高约20°。尽量减少搬动,以减轻疼痛。

②禁食、胃肠减压:胃肠道穿孔病人必须禁食,并留置胃管持续胃肠减压。目的:抽出胃肠道内容物和气体;减少消化道内容物继续流入腹腔;减少胃肠内积气、积液;改善胃肠壁的血运;有利于炎症的局限和吸收;促进胃肠道恢复蠕动。

③对症处理、减轻不适:遵医嘱给予镇静处理,缓解病人的痛苦与恐惧心理。已经确诊、治疗方案已定者,可用哌替啶类止痛剂;对于诊断不明确或需要进行观察的病人,暂不用止痛剂,以免掩盖病情。遵医嘱予以吸氧治疗。

(2)控制感染,加强营养支持。

①遵医嘱合理应用抗生素:继发性腹膜炎大多为混合感染,在选择抗生素时,应考虑致病菌的种类。目前认为,第三代头孢菌素足以杀死大肠埃希菌且无耐药性,并且认为单一广谱抗生素治疗大肠埃希菌的效果可能更好。严格地说,根据细菌培养出的菌种及药敏试验结果选用抗生素是比较合理的。

②降温:给予高热病人物理或药物降温。

③营养支持:急性腹膜炎病人的代谢率约为正常人的140%,分解代谢增强。若热量和营养素补充不足,体内大量蛋白质首先被消耗,使病人的防御能力和愈合能力下降,故在补充热量的同时应补充清蛋白、氨基酸等,静脉输入脂肪乳可获较高热量。对长期不能进食的病人,应尽早实施肠外营养支持,提高机体防御和修复能力。

(3)维持体液平衡和生命体征平稳。

①静脉输液:应迅速建立静脉输液通道,遵医嘱补充液体和电解质等,以纠正水、电解质及酸碱失衡。补液时根据病人丢失的液体量和生理需要量,计算总补液量(晶体、胶体),安排好各类液体输注的顺序,并根据病人临床表现和补液的监测指标及时调整输液的成分和速度。

②维持有效循环血量:病情严重者,必要时输血浆、清蛋白或全血,以补充因腹腔内渗出大量血浆引起的低蛋白血症和贫血。急性腹膜炎中毒症状明显并有休克时,给予抗休克治疗。如果输液、输血仍未能改善病人状况,可遵医嘱使用激素,对减轻中毒症状、缓解病情有一定帮助。也可根据病人脉搏、血压、中心静脉压等情况给予血管收缩剂或扩张剂,其中以多巴胺较为安全有效。

(4)做好病情监测和记录:密切观察病情,注意腹部症状和体征的动态变化。定时测量体温、脉搏、呼吸和血压,监测尿量,记录液体出入量,必要时监测中心静脉压、血细胞比容、血清电解质、心电监护、血气分析等,以调整输液的量、速度和种类,维持尿量30～50 mL/h。监测危重病人的循环、呼吸、肾功能,并进行及时有效的处理。

(5)心理护理:做好病人及其家属的沟通和解释工作,稳定病人情绪,减轻焦虑。介绍有关腹膜炎的疾病知识,制订合理的健康教育计划,提高其认识水平并配合治疗和护理。帮助其面对和接受疾病带来的变化,尽快适应病人角色,增加战胜疾病的信心和勇气。

2. 手术后护理

(1)体位:病人手术毕回病室后,给予平卧位。全麻未清醒者头偏向一侧,注意呕吐情况,保持呼吸道通畅。全麻清醒或硬膜外麻醉病人平卧6 h,血压、脉搏平稳后改为半坐卧位,并鼓励病人早期活动。

(2)禁食、胃肠减压:术后继续胃肠减压、禁食,肠蠕动恢复后,拔除胃管,逐步恢复经口饮食。禁食期间做好口腔护理,每日2次。

(3)观察病情变化:①手术后密切监测生命体征变化。②观察并记录液体出入量,注意观察病人尿量变化。③注意危重病人循环、呼吸、肾功能的监测和维护。④经常巡视病人,倾听主诉,注意腹部体征变化,观察有无膈下或盆腔脓肿的表现;观察其肠蠕动恢复情况;及时发现异常,通知医生,配合处理。⑤观察引流情况及伤口愈合情况等。

(4)维持生命体征稳定和体液平衡:遵医嘱,合理补充水、电解质,必要时输全血、血浆,维持水、电解质、酸碱平衡及有效循环血量。

（5）营养支持治疗：根据病人的营养状况，及时给予肠内、肠外营养支持，以防体内蛋白质被大量消耗而降低机体抵抗力和愈合能力。手术时已做空肠造口者，空肠蠕动恢复后可给予肠内营养。

（6）腹腔脓肿、切口感染等并发症的预防和护理。

①合理使用抗生素：根据脓液细菌培养和药敏试验结果，选用有效抗生素。待病人全身情况改善，临床感染症状消失后，可停用抗生素。

②保证有效引流：引流管需贴标签标明名称、引流部位等；正确连接并妥善固定各引流装置，防止脱出、折曲或受压；观察引流通畅情况，挤捏引流管以防血块或脓痂堵塞，预防腹腔内残余感染；对行低负压引流者需根据引流液抽吸的情况及时调整负压，维持有效引流；及时观察腹腔引流情况，准确记录引流液的量、颜色和性状；一般当引流量小于 10 mL/d，且引流液非脓性、病人无发热、无腹胀、白细胞计数恢复正常时，可考虑拔除腹腔引流管。

③切口护理：观察切口敷料是否干燥，有渗血或渗液时及时更换敷料；观察切口愈合情况，及早发现切口感染征象。

（九）健康教育

1. 疾病知识指导　提供疾病护理、治疗知识，向病人说明非手术期间禁食、胃肠减压、半坐卧位的重要性。

2. 饮食指导　解释腹部手术后肠功能恢复的规律，讲解手术后饮食从流质开始逐步过渡到半流质—软食—普食的知识，鼓励其循序渐进、少量多餐，进食富含蛋白质、热量和维生素的食物，促进机体恢复和切口愈合。

3. 活动指导　解释手术后早期活动的重要性，鼓励病人卧床期间进行床上翻身活动，视病情和病人体力可坐于床边和早期下床走动，促进肠功能恢复，防止手术后肠粘连，促进术后康复。

4. 随访指导　术后定期门诊随访。若出现腹胀、腹痛、恶心、呕吐或原有消化系统症状加重，应立即就诊。

三、腹腔脓肿

脓液在腹腔内积聚，由肠襻、内脏、肠壁、网膜或肠系膜等粘连包围，与游离腹腔隔开，形成腹腔脓肿。一般继发于急性腹膜炎或腹腔内手术，原发性感染少见。腹腔脓肿可为一个或数个，以膈下脓肿、盆腔脓肿多见。

（一）膈下脓肿

脓液积聚在一侧或两侧膈肌下、横结肠及其系膜的间隙内者，通称为膈下脓肿。膈下脓肿可发生在1个或2个以上的间隙。

1. 病理　病人平卧时膈下部位最低，急性腹膜炎时腹腔内的脓液易积聚此处。约30%的急性腹膜炎病人经手术或药物治疗后腹腔内的脓液不能被完全吸收而发生局限性脓肿。此外，细菌亦可由门静脉和淋巴系统到达膈下。脓肿的位置与原发病有关，十二指肠溃疡穿孔、胆囊及胆管化脓性疾病、阑尾炎穿孔，其脓液常积聚在右膈下；胃穿孔、脾切除术后感染，脓肿常发生在左膈下。

小的膈下脓肿经非手术治疗可被吸收。较大的脓肿，可因长期感染使身体消耗而致衰竭，病死率较高。膈下脓肿可引起反应性胸水，亦可穿入胸腔引起脓胸。个别的可穿透结肠形成内瘘而"自体"引流。也有因脓肿腐蚀消化道管壁而引起消化道反复出血、肠瘘或胃瘘者。如病人的身体抵抗力低下，有可能发生脓毒血症。

2. 临床表现

（1）症状。

①全身症状：发热，初为弛张热，脓肿形成以后呈持续高热，也可为中等程度的持续发热。脉率增快，舌苔厚腻。逐渐出现乏力、衰弱、盗汗、厌食、消瘦等全身表现。

②局部症状：肋缘下或剑突下可有持续性钝痛，深呼吸时加重。可有颈部牵涉痛。脓肿刺激膈肌可

引起呃逆。膈下感染可引起反应性胸水,或经淋巴途径蔓延到胸腔引起胸膜炎,也可穿入胸腔引起脓胸,病人出现咳嗽、胸痛、气促等表现。近年来,由于大量应用抗生素,局部症状多不典型。

(2)体征:可有季肋区叩痛,严重时出现局部皮肤凹陷性水肿,皮温升高;右膈下脓肿可使肝浊音界扩大;患侧胸部下方呼吸音减弱或消失。

3.辅助检查

(1)实验室检查:血常规检查常示白细胞计数升高、中性粒细胞比例增高。

(2)影像学检查:胸部 X 线检查可见患侧膈肌升高,随呼吸活动受限或消失,肋膈角模糊、积液,膈下可见占位阴影。部分脓肿腔内含有气体,可有液气平面。B 超或 CT 检查对膈下脓肿确诊的帮助较大。

4.处理原则 小的膈下脓肿经非手术治疗可被吸收。近年来,多采用超声指引经皮穿刺插管引流术,可同时抽尽脓液、冲洗脓腔并注入有效的抗生素进行治疗。适用于与体壁贴近的、局限的单房脓肿。该引流术创伤小,可在局部麻醉下施行,一般不污染游离腹腔,引流效果较好。经此法治疗,约有 80% 的膈下脓肿可以治愈。必要时根据脓肿位置行手术切开引流术。同时要加强支持治疗,包括补液、输血、营养支持和抗生素的应用。

(二)盆腔脓肿

盆腔处于腹腔的最低位,腹腔内炎性渗出物或脓液易积聚于此而形成盆腔脓肿。因盆腔腹膜面积小,吸收毒素能力较低,故盆腔脓肿时全身中毒症状亦较轻。

1.临床表现 急性腹膜炎治疗过程中、阑尾穿孔或结直肠手术后,出现体温下降后又升高,常有典型的直肠或膀胱刺激症状,如里急后重、大便频而量少、黏液便或伴有尿频、排尿困难等。

腹部检查多无阳性体征。直肠指检可发现肛管括约肌松弛,直肠前壁饱满、有触痛,有时可触及波动感。已婚女性病人还可经阴道检查,或经后穹隆穿刺抽脓,有助于诊断。

2.辅助检查 下腹部 B 超或直肠 B 超检查可明确脓肿的位置及大小。必要时可行 CT 检查,进一步明确诊断。

3.处理原则 盆腔脓肿较小或尚未形成时,采用非手术治疗。应用抗生素,辅以热水坐浴、温热盐水灌肠及物理透热等疗法。部分病例经过上述治疗,脓液可自行完全吸收。脓肿较大者须手术切开引流,可经肛门在直肠前壁波动处穿刺,抽出脓液后,切开脓腔,排出脓液,然后放软橡皮管引流 3~4 日。已婚女性病人可经阴道后穹隆穿刺后切开引流。

 第三节 腹外疝病人的护理

 学 习 目 标

识记:

1.能描述疝、腹股沟斜疝、腹股沟直疝的概念。

2.能列出常见疝的种类。

理解:

1.能说明腹外疝发生的主要原因。

2.能比较 4 种常见类型疝的临床特点。

3.能比较腹股沟斜疝和腹股沟直疝的临床特点。

运用：
1.能运用护理程序进行腹外疝手术病人的手术前后护理。
2.能运用所学相关知识,预防腹外疝手术后并发症的发生。

体内某个器官或组织离开其正常解剖部位,通过先天或后天形成的薄弱点、缺损处或孔隙进入另一部位,即称为疝。疝最多发生于腹部,以腹外疝多见。腹外疝是腹内器官或组织推挤壁腹膜并经腹壁的薄弱点或孔隙向体表突出而形成的包块(疝块)。常见的有腹股沟疝、股疝、脐疝、切口疝等。腹股沟疝根据其发生部位可以分为腹股沟斜疝和腹股沟直疝。其中,腹股沟斜疝的发病率较高,占全部腹外疝的75%～90%,是最常见的外科疾病。

一、病因病理及分类

(一)病因
腹壁强度降低和腹内压增高是腹外疝发病的两个主要原因。

1.腹壁强度降低　发生腹外疝的局部腹壁均为强度减弱的区域。造成腹壁强度减弱的原因:①先天性结构缺陷和发育异常,如精索或子宫圆韧带穿过腹股沟管、股动静脉穿过股管、脐血管穿过脐环以及腹白线发育不全等。②后天性腹壁肌功能丧失和缺损,包括手术切口愈合不良、外伤、感染、腹壁神经损伤、年老、久病或肥胖所致肌肉萎缩等。

2.腹内压增高　腹内压增高既可引起腹壁解剖结构的病理性变化,利于疝的形成,又可直接使或促进腹腔内脏器官经腹壁薄弱区或缺损处突出形成疝。引起腹内压增高的常见因素有慢性咳嗽、便秘、排尿困难(如前列腺增生症)、腹水、妊娠、举重、婴儿经常啼哭等。

(二)病理解剖
典型的腹外疝由疝环、疝囊、疝内容物和疝外被盖组成。疝环是疝突向体表的门户,又称疝门,是腹壁薄弱区或缺损所在。临床上各类疝通常以疝门部位作为命名依据,疝囊是壁腹膜憩室样突出部,由囊颈、囊体组成,疝内容物是进入疝囊的腹内脏器或组织,以小肠最为多见,大网膜次之。疝外被盖指疝囊以外的各层组织,通常由筋膜、皮下组织和皮肤等组成(图 15-1)。

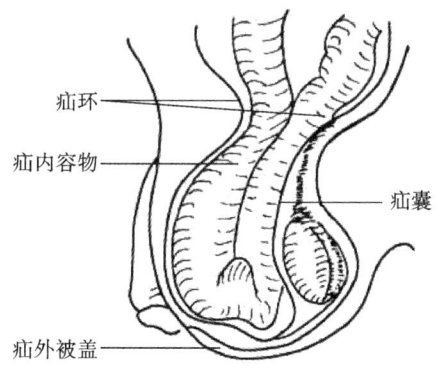

图 15-1　腹外疝的组成

(三)分类
根据疝的可复程度和血供情况等,腹外疝可分以下 4 种类型。

1.易复性疝　凡疝内容物很容易回纳入腹腔的,称为易复性疝。

2.难复性疝　疝内容物不能或不能完全回纳入腹腔内,称难复性疝。

3.嵌顿性疝　疝环较小而腹内压突然增高时,疝内容物可强行扩张疝囊颈而进入疝囊,随后因疝囊颈的弹性收缩,将内容物卡住,使其不能回纳,称为嵌顿性疝。

4.绞窄性疝 嵌顿若未能及时解除,肠管及其系膜受压程度不断加重,可使动脉血流减少,最后导致全阻断,即为绞窄性疝。嵌顿性疝和绞窄性疝实际只是一个病理过程的两个阶段,临床很难截然区分。

二、临床表现

(一)腹股沟斜疝

1.易复性斜疝 除腹股沟区有肿块和偶有胀痛外,并无其他症状。常在站立、行走、用力或咳嗽时出现肿块,肿块多呈带蒂柄的梨形,可降至阴囊或大阴唇。如病人平卧休息用手将肿块推送向腹腔回纳而消失。回纳后,以手指通过阴囊皮肤伸入浅环,可感觉浅环扩大、腹壁软弱,嘱病人咳嗽,指尖有冲击感。用手指紧压腹股沟管深环,让病人站立并咳嗽,疝块并不出现;移去手指,则可见痛块由外上向内下突出。疝内容物若为肠祥,肿块触之柔软、光滑,叩之呈鼓音,回纳疝块时有阻力,一旦回纳,疝块即消失,并常在肠祥回纳入腹腔时发出"咕噜"声。若疝内容物为大网膜,则肿块坚韧,叩诊呈浊音,回纳缓慢。

2.难复性斜疝 除胀痛稍重外,主要特点是疝块不能完全回纳。滑动性斜疝多见于右侧腹股沟区,除了疝块不能完全回纳外,尚有消化不良和便秘等症状。

3.嵌顿性斜疝 多发生于斜疝,主要是强体力劳动或用力排便等腹内压骤增原因引起。表现为疝块突然增大,伴有明显疼痛,平卧或用手推送不能使之回纳。肿块紧张发硬,且有明显触痛,内容物若为大网膜,局部疼痛常较轻微。如为肠祥,可伴有腹部绞痛、恶心、呕吐、腹胀、肛门排便排气停止等机械性肠梗阻的临床表现。疝一旦嵌顿,自行回纳的机会较少,多数病人的症状逐步加重,若不及时处理,终将发展成绞窄性疝。

4.绞窄性斜疝 临床症状多较严重,但在肠祥坏死穿孔时,可因疝内压力骤降而使疼痛暂时有所缓解,故疼痛减轻但肿块仍存在者,不可当作是病情好转。因疝内容物发生感染,侵及周围组织,会引起疝块局部软组织的急性炎症和腹膜炎,严重者可发生脓毒症。

(二)腹股沟直疝

腹股沟直疝常见于年老体弱者。表现为病人站立时,在腹股沟内侧端、耻骨结节外上方出现一半球形肿块,不伴有疼痛或其他症状;因疝囊颈宽大,平卧后肿块多能自行消失,故极少发生嵌顿;直疝不进入阴囊。

斜疝与直疝的区别见表 15-1。

表 15-1 斜疝与直疝的区别

鉴别要点	斜疝	直疝
发病年龄	多见于小儿及青壮年	多见于老年
突出途径	经腹股沟管突出,可进阴囊	由直疝三角突出,不进阴囊
疝块外形	椭圆或梨形,上部呈蒂柄状	半球形,基底较宽
回纳疝块后压住深环	疝块不再突出	疝块仍可突出
精索与疝囊的关系	精索在疝囊后方	精索在疝囊前外方
疝囊颈与腹壁下动脉的关系	疝囊颈在腹壁下动脉外侧	疝囊颈在腹壁下动脉内侧
嵌顿概率	较高	较低

三、辅助检查

1.透光试验 腹股沟斜疝透光试验阴性,此检查方法可与鞘膜积液鉴别。

2.实验室检查　疝内容物继发感染时,血常规检查示白细胞计数和中性粒细胞计数比例升高;大便检查显示隐血试验阳性或见白细胞。

3.X 线检查　疝嵌顿或绞窄时,X 线检查可见肠梗阻征象。

四、治疗原则

（一）非手术治疗

1.棉线束带法或绷带压深环法　因为婴幼儿腹肌可随生长逐渐强壮,疝有自行消失的可能,因此,1岁以下婴幼儿可暂不手术。可采用棉线束带或绷带压住腹股沟管深环,防止疝块突出。

2.医用疝带的使用　适用于年老体弱或伴有其他严重疾病而禁忌手术者。此方法白天可在回纳疝块后,将医用疝带一端的软压垫对着疝环顶住,阻止疝块突出（图 15-2）。但长期使用疝带可使疝囊颈受到反复摩擦而增厚,易致疝囊与疝内容物粘连,增加疝嵌顿的发病率。

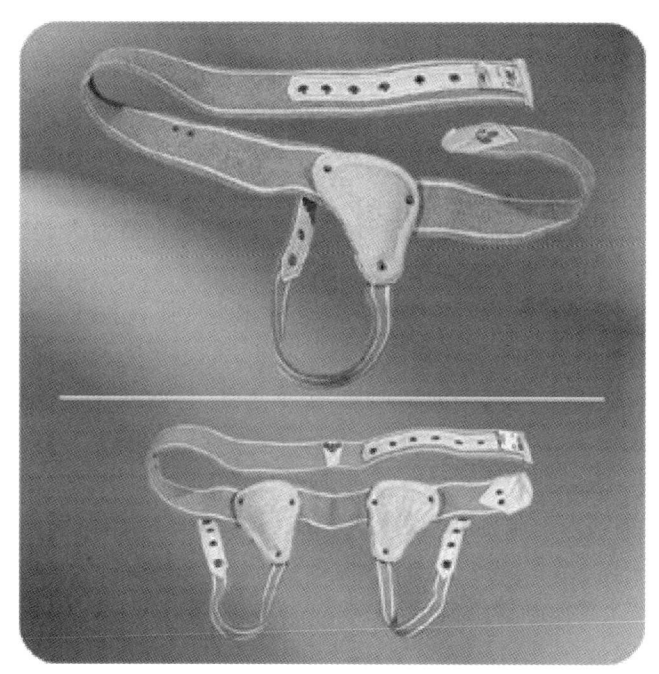

图 15-2　医用疝带

3.嵌顿性疝的处理　嵌顿性疝在下列情况下可先试行手法复位:①嵌顿时间在 3～4 h,局部压痛不明显,也无腹部压痛或腹肌紧张等腹膜刺激征者。②年老体弱或伴有其他较严重疾病而估计肠祥尚未绞窄坏死者。复位方法:病人取头低足高卧位,注射吗啡或哌替啶以止痛、镇静并松弛腹肌,后用手持续缓慢地将疝块推向腹腔,同时用左手轻轻按摩浅环和深环以协助疝内容物回纳。

手法复位后,必须严密观察腹部体征,一旦出现腹膜炎或肠梗阻的表现,应尽早手术探查。除上述情况外,嵌顿性疝原则上需要紧急手术治疗,以防疝内容物坏死,并解除伴发的肠梗阻。绞窄性疝的内容物已坏死,更需手术治疗。

（二）手术治疗

腹股沟疝一般均应及早施行手术治疗。手术方法可归纳为单纯疝囊高位结扎术和疝修补术。

1.单纯疝囊高位结扎术　仅适用于婴幼儿及绞窄性斜疝因肠坏死而局部有严重感染、暂不宜行疝修补者。

2.疝修补术

（1）无张力疝修补术:利用人工合成网片材料,在无张力的情况下进行疝修补术。该方法最大的优点是材料易于获得、创伤小、手术后下床早、恢复快,但有潜在的排异和感染的危险。

(2)经腹腔镜疝修补术:基本原理是从腹腔内部用合成纤维网片加强腹壁缺损处或用钉(缝线)使内环缩小,有创伤小、痛苦少、恢复快、美观等优点,并可同时发现和处理并发疝、双侧疝。

五、护理问题

1.知识缺乏 缺乏预防腹内压升高的相关知识。

2.疼痛 与疝块突出、嵌顿或绞窄及术后切口张力大有关。

3.体液不足 与嵌顿性疝或绞窄性疝引起的机械性肠梗阻有关。

4.潜在并发症 手术后阴囊水肿、切口感染。

六、护理措施

(一)提供病人预防腹内压增高的相关知识

1.手术前护理

(1)消除致腹内压升高的因素:除紧急手术者外,凡手术前有咳嗽、便秘、排尿困难、腹水、妊娠等腹压升高因素者,均应积极治疗原发病,给予对症处理,控制症状。否则易致手术后疝复发。

(2)活动与休息:疝块较大者减少活动,多卧床休息;离床活动时使用疝带压住疝环口,避免腹腔内容物脱出而造成疝嵌顿。

(3)病情观察:观察病人的腹部情况,若出现明显腹痛,伴疝块突然增大、紧张发硬且触痛明显、不能回纳腹腔,应高度警惕嵌顿疝发生的可能。

(4)灌肠与排尿:手术前晚灌肠,清除肠内积粪,防止手术后腹胀及排便困难。送病人进手术室前,嘱其排空小便或留置导尿管,以防手术中误伤膀胱。

(5)急诊手术:病人的手术前护理除一般护理外,应予禁食、胃肠减压、静脉输液、抗感染,纠正水、电解质及酸碱平衡失调,并备皮、配血。

2.手术后护理

(1)病情观察:密切监测病人生命体征的变化。观察切口渗血情况,及时更换浸湿的敷料,并记录出血量。

(2)体位:取平卧位,膝下垫一软枕,使髋关节微屈,以松弛腹股沟切口的张力和减少腹腔内压力,减轻切口疼痛和利于切口愈合。

(3)饮食:病人一般手术后6~12 h若无恶心、呕吐可进水及流食,次日可进半流食,以后渐进软食或普食。行肠切除吻合术者,手术后应禁食,待肠道功能恢复后方可进食。

(4)活动:采用无张力疝修补术的病人可以早期离床活动。年老体弱、复发性疝、绞窄性疝、巨大疝病人可适当延迟下床活动时间。

(5)防止腹内压升高:剧烈咳嗽和用力大小便等均可引起腹内压升高,不利于愈合。

(二)减轻或有效缓解疼痛

1.手术前 观察腹部情况,病人若出现明显腹痛,伴疝块突然增大,紧张发硬且触痛明显,不能回纳腹腔,应高度警惕嵌顿性疝发生的可能,需立即通知医生,及时处理。

2.手术后 平卧3日,髋关节微屈,以松弛腹股沟切口的张力,减轻切口疼痛,必要时遵医嘱应用止痛药。

(三)维持体液平衡

若发生嵌顿或绞窄,应予禁食、胃肠减压、输液,纠正水、电解质及酸碱平衡失调,同时备血,并做好紧急手术准备。行肠切除吻合术者术后禁食期间,应继续给予补液和支持治疗。

(四)并发症的预防和护理

1.预防阴囊水肿 由于阴囊比较松弛、位置较低,渗血、渗液易积聚于阴囊。为避免阴囊内积血、积液和促进淋巴回流,手术后可用丁字带将阴囊托起,并密切观察阴囊肿胀情况。

2.预防切口感染　切口感染是疝复发的主要原因之一。

(1)术前皮肤准备:手术前应做好阴囊及会阴部的皮肤准备,避免损伤皮肤。

(2)应用抗菌药物:绞窄性疝行肠切除、肠吻合术后,易发生切口感染,手术后须及时、合理应用抗菌药物。

(3)切口护理:手术后须严格无菌操作,保持敷料清洁、干燥,避免大小便污染,若发现敷料污染或脱落,应及时更换。

(4)注意观察:体温和脉搏的变化及切口有无红、肿、疼痛,一旦发现切口感染,应尽早处理。

(五)其他

1.心理护理　稳定病人的情绪,向病人讲解手术目的、方法、注意事项,以减轻病人对手术的恐惧心理。

2.排空小便　送病人进手术室前,嘱其排空小便,以防术中误伤膀胱。

七、健康教育

1.活动　出院后逐渐增加活动量,3个月内应避免重体力劳动或提举重物。

2.避免腹内压升高的因素　需注意保暖,防止受凉而引起咳嗽;指导病人在咳嗽时用手掌按压切口部位,以免缝线撕脱。保持排便通畅,给予便秘者通便药物,嘱病人避免用力排便。

3.复诊和随诊　定期门诊复查。若疝复发,应及早诊治。

八、其他腹外疝

(一)股疝

腹腔内器官或组织通过股环、经股管向卵圆窝突出形成的疝,称为股疝。股疝的发病率占腹外疝的3%~5%,多见于40岁以上女性。

1.病因　女性骨盆较宽大,联合肌腱和腔隙韧带较薄弱,使股管上口宽大松弛而易发病。妊娠是腹内压增高的主要原因。

2.病理生理　在腹内压增高的情况下,朝向股管上口的腹膜,被下坠的腹内脏器推向下方,经股环向股管突出而形成股疝。疝内容物常为大网膜或小肠。疝块进一步发展,即由股管下口顶出筛状板而至皮下层。由于股管几乎是垂直的,疝块在卵圆窝处向前转折时形成一锐角,而且股环本身较小,周围多为坚韧的韧带,因此股疝极易嵌顿。在腹外疝中,股疝嵌顿者最多,高达60%。一旦嵌顿,可迅速发展为绞窄性疝。

3.临床表现　平时无症状,多偶然发现。疝块往往不大,表现为腹股沟韧带下方卵圆窝处有一半球形突起。易复性股疝的症状较轻,多不为病人所注意,尤其是肥胖者。一部分病人可在久站或咳嗽时感到患处胀痛,并有可复性肿块。因疝囊外有很多脂肪堆积,故平卧回纳内容物后,疝块有时不能完全消失。股疝如发生嵌顿,除引起局部明显疼痛外,常伴有较明显的急性机械性肠梗阻,严重者甚至可以掩盖股疝的局部症状。

4.处理原则　因股疝极易嵌顿、绞窄,确诊后,应及时手术治疗,目的是关闭股环、封闭股管。对于嵌顿性或绞窄性股疝,则应紧急手术。最常用的手术是McVay修补法。也可采用无张力疝修补法或经腹腔镜疝修补术。

(二)切口疝

切口疝是发生于腹壁手术切口处的疝,指腹腔内器官或组织自腹壁手术切口突出形成的疝。临床上比较常见,其发生率为腹外疝的第3位。腹部手术后切口一期愈合者,切口疝的发病率通常在1%以下;若切口发生感染,发病率可达10%;若切口裂开再缝合,发病率可高达30%。

1. 病因

(1)解剖因素:腹部切口疝多见于腹部纵向切口。除腹直肌外,腹壁的肌层及筋膜、鞘膜等组织的纤维大都是横向走行的,纵向切口必然切断上述纤维;缝合时,缝线容易在纤维间滑脱;已缝合的组织又经常受到肌肉的横向牵引力而易发生切口裂开。此外,因肋间神经被切断,导致腹直肌强度降低。

(2)手术因素:手术操作不当是导致切口疝的重要原因。其中切口感染所致腹壁组织破坏,由此引起的腹部切口疝占50%左右。其他如留置引流物过久、切口过长以至切断肋间神经过多、腹壁切口缝合不严密、缝合时张力过大而致组织撕裂等情况均可导致切口疝的发生。

(3)切口愈合不良:切口愈合不良也是引起切口疝的一个重要因素。切口内血肿形成、高龄、肥胖、合并糖尿病、营养不良或使用糖皮质激素等,均可导致切口愈合不良。

(4)腹内压过高:手术后腹胀明显或肺部并发症导致剧烈咳嗽而致腹内压骤增,也可致切口内层开裂。

2. 临床表现

(1)症状:多数病人无特殊不适。较大的切口疝有腹部牵拉感,腹部隐痛伴食欲减退、恶心、便秘等表现。多数切口疝无完整疝囊,疝内容物易与腹膜外腹壁组织粘连而成为难复性疝,有时还伴有不完全性肠梗阻表现。

(2)体征:主要体征是腹壁切口瘢痕处逐渐膨隆,出现肿块。肿块通常在站立或用力时更为明显,平卧休息时则缩小或消失。肿块小者直径数厘米,大者可达 10~20 cm,甚至更大。疝内容物有时可达皮下,若为肠管,可见肠型和肠蠕动波。疝内容物回纳后,多数能扪及腹肌裂开所形成的疝环边缘。若是腹壁肋间神经损伤后腹肌薄弱所致切口疝,虽有局部膨隆,但无边缘清楚的肿块,也无明显疝环可扪及。切口疝疝环一般比较宽大,很少发生嵌顿。

3. 处理原则　　处理原则是手术修补。

(1)较小的切口疝:手术基本原则是切除疝表面的原手术切口瘢痕,显露疝环并沿其边缘解剖出腹壁各层组织,回纳疝内容物后,在无张力的条件下拉拢疝环边缘,逐层细致缝合健康的腹壁组织,必要时重叠缝合。

(2)较大的切口疝:因腹壁组织萎缩范围过大,在无张力前提下拉拢健康组织有一定困难,可用人工高分子修补材料或自体筋膜组织进行修补,以避免手术后复发。

(三)脐疝

腹腔内器官或组织通过脐环突出形成的疝称脐疝。临床上脐疝有小儿脐疝和成人脐疝之分,以前者多见。

1. 小儿脐疝　为先天性,因脐环闭锁不全或脐部组织不够坚固,经常啼哭和便秘等致腹内压增高时发生。多属易复性。临床表现为啼哭时出现脐部肿块,安静平卧时肿块消失。疝囊颈一般不大,但极少发生嵌顿和绞窄。临床发现未闭锁的脐环迟至 2 岁时多能自行闭锁,因此,除了脐疝嵌顿或穿破等紧急情况外,小儿 2 岁之前可采取非手术治疗。可在回纳疝块后,用一大于脐环、外包纱布的硬币或小木片抵住脐环,然后用胶布或绷带固定,勿使之移动。此法治疗 6 个月以内的婴儿,疗效较好。满 2 岁后,如脐环直径仍大于 1.5 cm,则可手术治疗。原则上,5 岁以上小儿的脐疝均应采取手术治疗。

2. 成人脐疝　为后天性,多见于中年经产女性,也见于肝硬化腹水、肥胖等病人。脐环处有脐血管穿过,是腹壁的薄弱点;此外,妊娠或腹水等致腹内压长期增高,引起腹壁结构发生病理性结构变化,从而降低了腹壁强度,同时,腹内压也促使腹腔内器官或组织通过脐环形成疝。由于疝环狭小,成人脐疝发生嵌顿或绞窄者较多。孕妇或肝硬化腹水者,如伴发脐疝,有时会发生自发性或外伤性穿破。成人脐疝应采取手术治疗。脐疝手术修补的原则是切除疝囊,缝合疝环;必要时重叠缝合疝环两旁的组织。

第四节 消化性溃疡病人的护理

学习目标

识记：

1. 能复述胃十二指肠的解剖生理特点。

2. 能复述胃十二指肠溃疡的病因。

理解：

1. 能说明胃十二指肠溃疡的临床特点。

2. 能比较胃十二指肠溃疡并发症的临床表现。

3. 能解释胃十二指肠疾病的处理原则。

运用：

1. 能为胃十二指肠溃疡并发症病人提供护理。

2. 能为胃十二指肠疾病手术病人实施并发症的预防、观察和护理。

消化性溃疡主要指发生在胃和十二指肠的慢性溃疡，即胃溃疡和十二指肠溃疡。由于溃疡的形成与胃酸及胃蛋白酶的消化作用有关，故称为消化性溃疡。临床上十二指肠溃疡较胃溃疡为多见。十二指肠溃疡可见于任何年龄，但以青壮年居多，胃溃疡的发病年龄较迟，平均晚 10 年。外科治疗主要用于急性穿孔、出血、幽门梗阻、药物治疗无效的溃疡病人以及恶变等情况。

一、解剖生理概要

1. 胃的位置与形态 胃为一弧形囊状器官，位于食管和十二指肠之间，上端与食管相连的入口部位称贲门，是胃唯一的相对固定点。胃的下端与十二指肠相连的出口部位为幽门。胃分上、下两缘：下缘偏左，呈弧形突出为胃大弯；上缘偏右，凹陷为胃小弯。腹段食管与胃大弯的交角称贲门切迹，其黏膜面形成贲门皱襞，有防止胃内容物向食管逆流的作用。将胃大弯和胃小弯各分 3 等份，再连接各对应点而将胃分为 3 个区域，上 1/3 为贲门胃底部 U(upper)区；中 1/3 为胃体部 M(middle)区；下 1/3 为幽门部 L(lower)区(图 15-3)。胃与周围器官由韧带相连，凭借韧带固定于上腹部。

2. 胃壁结构 胃壁从内向外分为黏膜层、黏膜下层、肌层和浆膜层。黏膜下层有丰富的血管、淋巴管及神经丛。肌层由 3 层走向不同的平滑肌纤维构成，在贲门处和幽门处增厚形成括约肌。胃的黏膜层含大量胃腺，分布在胃底和胃体。①胃腺：由功能不同的细胞组成：主细胞分泌胃蛋白酶原和凝乳酶原；壁细胞分泌盐酸和抗贫血因子；黏液细胞分泌碱性因子，有保护黏膜、对抗胃酸腐蚀的作用；②贲门腺：分布在贲门部，主要分泌黏液；③幽门腺：分布在胃窦和幽门区，除含有主细胞和分泌黏蛋白原的细胞外，还含有分泌胃泌素的 G 细胞、分泌生长抑素的 D 细胞及内分泌细胞等。

3. 十二指肠 十二指肠位于幽门和十二指肠悬韧带(Treitz 韧带)之间，长约 25 cm，呈"C"形环抱胰腺头部。十二指肠分为 4 部分：①球部：长 4～5 cm，大部分由腹膜覆盖，活动度大，是十二指肠溃疡的好发部位；②降部：与球部呈锐角下行，固定于后腹壁，主要位于腹膜后，内侧紧贴胰头，其后内侧中下 1/3 交界处为十二指肠乳头，是胆总管和胰管的开口；③水平部：长约 10 cm，自降部向左走行，完全固定于后

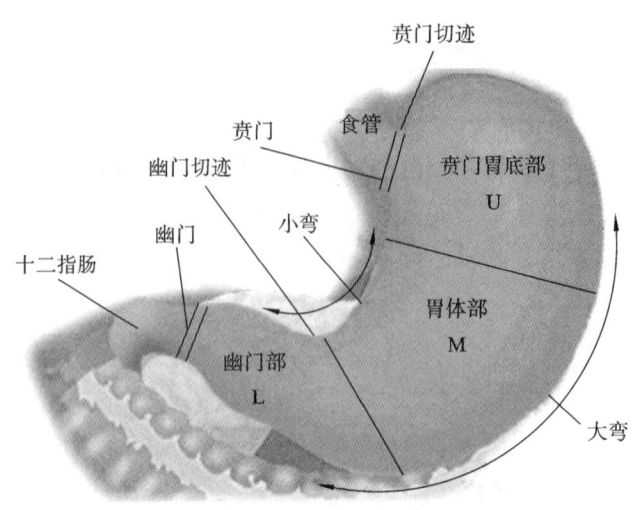

图 15-3　胃的解剖

腹壁,肠系膜上动、静脉在水平部的末端前方下行;④升部:先向上行,然后急转向下、向前,与空肠相接,形成十二指肠空肠曲,由 Treitz 韧带固定于后腹壁,此韧带是十二指肠与空肠分界的解剖标志(图 15-4)。

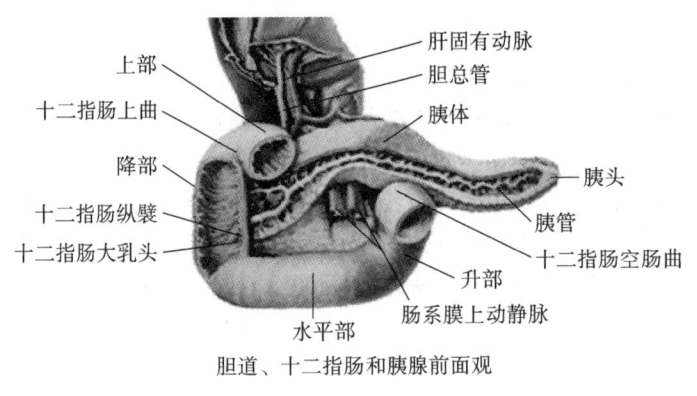

胆道、十二指肠和胰腺前面观

图 15-4　十二指肠的解剖

二、病因

消化性溃疡的病因较为复杂,研究表明,与幽门螺杆菌感染、胃酸分泌过多、胃黏膜保护作用减弱等因素有关。溃疡发生的基本原理是胃、十二指肠局部黏膜损害因素和黏膜保护因素之间失去平衡所致。

1. 幽门螺杆菌(HP)感染　幽门螺杆菌感染为消化性溃疡的重要发病原因。幽门螺杆菌感染破坏了胃十二指肠的黏膜屏障,幽门螺杆菌分泌的空泡毒素蛋白和细胞毒素相关基因蛋白可造成胃十二指肠黏膜上皮细胞受损和炎症反应,损害了黏膜的防御修复机制。幽门螺杆菌感染还可引起高胃泌素血症,胃酸分泌增加,这两方面协同作用促使胃十二指肠黏膜损害,形成溃疡。

2. 胃酸和胃蛋白酶分泌异常　在损害因素中,胃蛋白酶的蛋白水解作用和胃酸都对胃十二指肠黏膜有侵袭作用,胃酸的作用占主导地位。

3. 胃黏膜屏障破坏　非甾体抗炎药如阿司匹林、布洛芬、吲哚美辛等,除具有直接损伤胃黏膜的作用外,还能抑制前列腺素和依前列醇的合成,从而损伤黏膜的保护作用。另外,肾上腺皮质激素也可与溃疡的形成和再活动有关。

4. 粗糙和刺激性食物或饮料　粗糙和刺激性食物或饮料可引起黏膜的物理性和化学性损伤。不定时的饮食习惯会破坏胃酸分泌规律。刺激性饮料、烈性酒除直接损伤黏膜外,还能促进胃酸过度分泌。这些因素均可能和消化性溃疡的发生和复发有关。

5.持久和过度精神紧张、情绪激动等精神因素　精神因素可引起大脑皮质功能紊乱,使迷走神经兴奋和肾上腺皮质激素分泌增加,导致胃酸和胃蛋白酶分泌增多,促使溃疡形成。

6.吸烟　研究证明吸烟可增加胃十二指肠溃疡的发病率,同时可以影响溃疡的愈合。

7.遗传　研究发现,胃十二指肠溃疡的发病与遗传因素有关,O型血患者比其他血型的患者患消化性溃疡的发病率高1.4倍。家族中有患消化性溃疡倾向者,其亲属患病概率比没有家族倾向者高3倍。

三、临床表现

消化性溃疡以慢性病程、周期性发作、节律性上腹痛为特点,一般春秋季节易发作,容易复发,其发作常与不良精神刺激、情绪波动、饮食失调等情况有关。

(一)症状

1.腹痛　上腹痛是消化性溃疡的主要症状。其疼痛性质、部位、疼痛时间、持续时间等依溃疡部位的不同而有其特殊性。胃溃疡的疼痛部位在剑突下正中,疼痛常在进餐后0.5～1 h出现,持续1～2 h,之后逐渐缓解,下次进餐后疼痛复发,其典型节律为进食-疼痛-缓解。十二指肠溃疡病人疼痛为饥饿痛或空腹痛,其疼痛节律为疼痛-进食-缓解。临床上少数消化性溃疡病人可无症状,称为"无症状性溃疡",这类病人首发症状多为呕血和黑便。

胃肠道症状还可表现为反酸、嗳气、恶心、呕吐等消化不良的症状,以胃溃疡较十二指肠溃疡为多见。

2.全身症状　可表现为失眠、多汗等自主神经功能失调的症状,也可有消瘦、贫血等症状。

(二)体征

缓解期多无明显体征,发作时可有上腹部局限性压痛点。

(三)并发症

1.出血　出血是消化性溃疡最常见的并发症,十二指肠溃疡比胃溃疡易发生。

(1)症状:主要症状是呕血与黑便。多数病人只有黑便而无呕血,迅猛的出血则表现为大量呕血与排紫黑色血便。呕血前病人常有恶心,便血前多突然有便意。呕血或便血前后常有心悸、眩晕、无力甚至昏厥。

短期内失血量超过400 mL时,病人可出现面色苍白、口渴、脉搏快速有力、血压正常或略偏高的循环系统代偿征象。当失血量超过800 mL时,可出现休克症状,病人烦躁不安、出冷汗、脉搏细速、呼吸急促、血压下降、四肢湿冷等。

(2)体征:腹部稍胀,上腹部可有轻度压痛,肠鸣音亢进。

2.穿孔　常发生于十二指肠溃疡,主要表现为腹部剧痛和具有急性腹膜炎的体征。当病人腹部疼痛变为持续性,进食或用抑酸药后长时间疼痛不能缓解,并向背部或两侧上腹部放射时,常提示可能出现穿孔。

(1)症状:穿孔多突然发生于夜间空腹或饱食后。主要表现为突发性上腹部刀割样剧痛,并迅速波及全腹,但以上腹部为重。病人疼痛难忍,并有面色苍白、出冷汗、脉搏细速、血压下降、四肢厥冷等表现。常伴恶心、呕吐。有时伴有肩部或肩胛部牵涉痛。若消化液沿右结肠旁沟流入右下腹,可引起右下腹疼痛。当腹腔内渗出大量消化液时,腹痛略有减轻;继发细菌感染后腹痛可再次加重。

(2)体征:病人呈急性面容,表情痛苦,蜷曲位、不愿移动,腹部呈舟状,腹式呼吸减弱或消失,全腹有明显的压痛和反跳痛,以上腹部较为明显,腹肌紧张呈"木板样"强直,肝浊音界缩小或消失,可有移动性浊音,肠鸣音减弱或消失。

3.幽门梗阻　少数病例可出现,主要发生于十二指肠溃疡或幽门管溃疡。主要表现为餐后上腹部饱胀,频繁呕吐宿食,严重时可引起水和电解质紊乱,并有营养不良和体重下降症状。

(1)症状:病人表现为进食后上腹饱胀不适并出现阵发性胃痉挛性疼痛,伴嗳气、恶心、呕吐。最为突出的症状是呕吐反复发作,特点是呕吐量大,一次达1000～2000 mL;呕吐物含大量宿食,带腐败酸臭味,不含胆汁;呕吐后病人自觉胃部舒适,故病人常自行诱发呕吐以缓解症状。长期呕吐导致营养不良,病人可有脸色苍白、消瘦、皮肤干燥、弹性消失等表现。

(2)体征:上腹部可见胃型和胃蠕动波,用手轻拍上腹部可闻及振水音。

4.癌变 少数胃溃疡可发生癌变,尤其是 45 岁以上的病人,发生率 1% 以下,十二指肠溃疡发生癌变则少见。

四、辅助检查

1.胃镜检查 取黏膜活检可直接观察溃疡病变部位、大小、性质,并可进行幽门螺杆菌检测,对消化性溃疡有确诊价值。

2.X 线钡餐检查 消化性溃疡的 X 线直接征象为龛影,是诊断消化性溃疡的重要依据。

3.幽门螺杆菌检测 幽门螺杆菌检测是消化性溃疡的常规检查项目,检测结果常可决定治疗方法。

4.胃液分析 胃溃疡病人胃酸分泌正常或稍低于正常,十二指肠溃疡病人则常有胃酸分泌过高。

5.大便潜血试验 活动性十二指肠溃疡或胃溃疡常有少量渗血,大便潜血试验阳性,一般经治疗 1～2 周转阴,若胃溃疡病人大便潜血试验持续阳性,应考虑有癌变可能。

五、治疗原则

治疗目的在于消除病因,缓解疼痛,促进溃疡愈合,减少复发,避免并发症的发生。无严重并发症的胃十二指肠溃疡一般均采取内科治疗,外科手术治疗主要针对胃十二指肠溃疡的严重并发症。

(一)非手术治疗

1.一般治疗 包括养成规律的饮食作息习惯、劳逸结合、避免精神高度紧张等。

2.药物治疗 使用根除幽门螺杆菌感染、抑制胃酸分泌及保护胃黏膜等的药物。

(二)手术治疗

1.手术治疗适应证 适用于内科治疗无效的顽固性溃疡;胃十二指肠溃疡急性穿孔;胃十二指肠溃疡大出血;胃十二指肠溃疡瘢痕性幽门梗阻;胃溃疡恶变者。

2.手术方式 胃大部切除术是治疗胃十二指肠溃疡的首选术式(图 15-5)。

(1)毕Ⅰ式胃大部切除术:胃大部切除后,将残胃与十二指肠吻合。优点是重建后的胃肠道接近正常解剖生理状态,多适用于治疗胃溃疡。

(2)毕Ⅱ式胃大部切除术:适用于各种胃十二指肠溃疡,特别是十二指肠溃疡。切除远端胃大部后,缝闭十二指肠残端,残胃与上段空肠吻合。优点是即使胃切除较多,胃空肠吻合也不致张力过大,术后溃疡

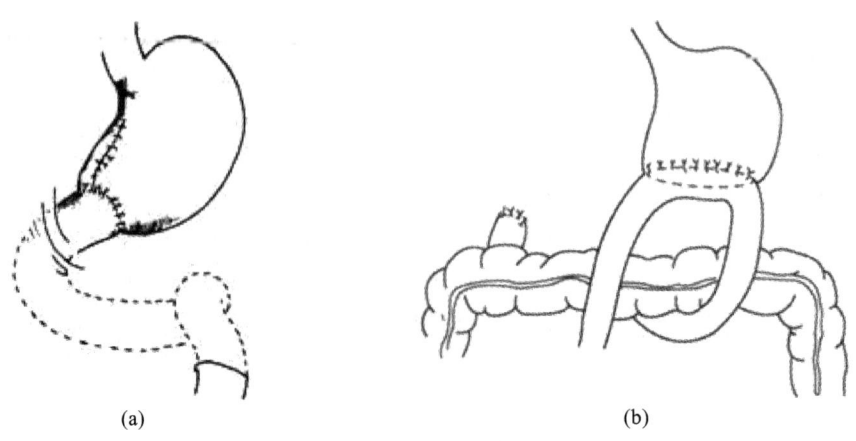

(a)   (b)

图 15-5 胃大部切除术

(a)毕Ⅰ式胃大部切除术;(b)毕Ⅱ式胃大部切除术

复发率低。缺点是胃空肠吻合改变了正常的解剖生理关系,术后发生胃肠道功能紊乱的可能性较毕Ⅰ式胃大部切除术多。

六、护理问题

1. 疼痛 与消化道黏膜溃疡有关。

2. 营养不良:低于机体需要量 与腹痛导致摄入量减少、消化吸收障碍有关。

3. 特定知识缺乏 缺乏溃疡防治的知识。

4. 焦虑 与疼痛、症状反复出现、病程迁延不愈有关。

5. 潜在并发症 上消化道出血、胃穿孔。

七、护理措施

1. 手术前护理 做好心理护理,增加病人的营养支持,除按手术前常规护理外,还需做好下列特殊护理。

(1)急性穿孔伴有休克者,应平卧、禁食、禁饮、胃肠减压,可减少胃肠内容物继续流入腹腔。输液,应用抗生素,做好急诊手术前准备。严密观察病人生命体征、腹痛、腹膜刺激征、肠鸣音变化等。

(2)合并出血者,观察和记录呕血、便血、循环血量不足的表现。取平卧位,暂时禁食,输液、输血,按时应用止血药物。若经止血、输血而出血仍在继续者,应急诊手术。

(3)合并幽门梗阻者,若非完全性梗阻可进无渣半流质食物,输液、输血,纠正营养不良及低氯、低钾性碱中毒。手术前3日,每晚用300～500 mL温等渗盐水洗胃,以减轻胃壁水肿和炎症,有利于手术后吻合口愈合。

2. 手术后护理

(1)病情观察:手术后每30 min测量1次血压、脉搏、呼吸,直至血压平稳,如病情较重或有休克者,仍需每1～2 h测量1次,病情平稳后可延长测量间隔时间。同时观察病人神志、体温、尿量、切口渗血、渗液和引流液情况等。

(2)体位:手术后一般先取平卧位。待病人血压平稳后给予低半坐卧位,以保持腹肌松弛,减轻腹部切口张力,减轻疼痛,也有利于呼吸和循环。

(3)引流管护理:胃十二指肠溃疡手术后病人常留置胃管、腹腔引流管、导尿管等。护理时需注意:①妥善固定并准确标记各引流管,避免脱出,一旦脱出后不可自行插回。②保持引流通畅,防止受压、扭曲、折叠等,可经常挤捏各引流管以防堵塞;若堵塞,可在医生指导下用注射器抽取生理盐水试冲洗引流管。③观察并记录引流液的性质、色、量等。留置胃管可起到胃肠减压的作用,以减轻胃肠道张力,促进吻合口愈合。护理时还应注意:部分病人胃管需接负压吸引装置,维持适当的负压,避免负压过大损伤胃黏膜;术后24 h内可由胃管引流出少量血液或咖啡样液体,若有较多鲜血,应及时联系医生并配合处理;手术后胃肠减压量减少,肠蠕动恢复,肛门排气后,可拔除胃管。

(4)禁食、输液护理:禁食期间应静脉补充液体。记录24 h液体出入量,及时了解病人各项检查结果,为合理输液提供依据,避免水、电解质平衡失调;必要时给予血浆、全血或营养支持,改善病人营养状况或贫血,以利于吻合口及切口愈合。禁食者注意口腔护理,保持口腔洁净、湿润。

(5)鼓励早期活动:除年老体弱或病情较重者,鼓励并协助病人手术后第1日坐起轻微活动,第2日协助病人于床边活动,第3日可在病室内活动。病人活动量根据个体差异而定,早期活动可促进肠蠕动恢复,预防手术后肠粘连和下肢深静脉血栓形成等并发症的发生。

(6)饮食护理:拔胃管后当日可饮少量水或米汤;如无不适,第2日进半量流质饮食,每次50～80 mL;第3日进全量流质饮食,每次100～150 mL;进食后无不适,第4日可进半流质饮食。食物宜温、软、易消化,少量多餐。开始时每日5～6餐,逐渐减少进餐次数并增加每次进餐量,逐步恢复至正常饮食。

(7)并发症的观察和护理。

①手术后胃出血:胃大部分切除后,可有少许暗红色或咖啡色胃液自胃管抽出,一般24 h内不超过300 mL,且逐渐减少、变淡至自行停止。若手术后短期内从胃管不断引流出新鲜血液,24 h后仍未停止,甚至出现呕血和黑便,则系手术后出血。发生在手术后24 h内的出血,多属手术中止血不彻底;手术后4~6日发生的出血,常为吻合口黏膜坏死脱落所致;手术后10~20日发生的出血,与吻合口缝线处感染或黏膜下脓肿腐蚀血管有关。手术后严密观察病人的生命体征,包括血压、脉搏、心率、呼吸、神志和体温的变化。加强对胃肠减压引流液量和色的观察,若手术后短期内从胃管引流出大量鲜红色血液,持续不止,需及时报告医生处理。遵医嘱应用止血药物和输新鲜血等,或用冰生理盐水洗胃。若经非手术治疗不能有效止血或出血量大于500 mL/h时,积极完善手术前准备,手术止血。

②十二指肠残端破裂:毕Ⅱ式胃大部切除术后近期的严重并发症。原因多为十二指肠残端处理不当;或者因空肠输入袢梗阻致十二指肠内张力过高所致。一般多发生在手术后3~6日。表现为突发性上腹部剧痛、发热和腹膜刺激征;白细胞计数增加;腹腔穿刺可抽得胆汁样液体。如发生十二指肠残端破裂,需立刻进行手术治疗;手术后持续负压吸引,积极纠正水、电解质紊乱和酸碱平衡失调,经静脉或空肠造瘘管提供营养支持,全身应用广谱抗生素,引流管周围皮肤用氧化锌软膏保护。

③胃肠吻合口破裂或瘘:胃大部切除术后的早期严重并发症之一,多数因吻合处张力过大、低蛋白血症、组织水肿等致组织愈合不良而发生。多发生在手术后5~7日。表现为高热、脉速等全身中毒症状,腹膜炎以及腹腔引流管引流出含肠内容物的混浊液体。如发生较晚,多形成局部脓肿或向外穿破而发生腹外瘘。

临床处理包括:a.出现弥漫性腹膜炎的吻合口破裂的病人须立即手术,做好急诊手术准备。b.形成局部脓肿或外瘘或无弥漫性腹膜炎的病人,进行局部引流,注意及时清洁瘘口周围皮肤并保持干燥,局部涂以氧化锌软膏、皮肤保护粉或皮肤保护膜加以保护,以免皮肤破损继发感染。c.同时禁食、胃肠减压。d.合理应用抗生素和给予肠外营养支持,纠正水、电解质紊乱和维持酸碱平衡。经上述处理后多数病人吻合口瘘可在4~6周自愈;若经久不愈,须再次手术。

④吻合口梗阻:常由吻合口过小或水肿引起。表现为进食后出现上腹饱胀感和溢出性呕吐;呕吐物为食物,不含胆汁。X线检查可见造影剂完全停留在胃内,处理措施包括禁食、胃肠减压,肠外营养支持,纠正低蛋白血症,维持水、电解质和酸碱平衡,应用胃动力促进剂,也可用3%温盐水洗胃。一般均能经非手术治疗治愈,若经非手术治疗不能解除梗阻者,需手术解除梗阻。

⑤早期倾倒综合征:多发生在餐后10~30 min,因胃容积减少及失去对胃排空的控制,大量高渗食物快速进入十二指肠或空肠,大量细胞外液转移至肠腔,循环血量骤然减少所致。同时,肠道遭受刺激后释放多种消化道激素,引起一系列血管舒缩功能的紊乱和胃肠道症状。病人以循环系统症状和胃肠道症状为主要表现。循环系统症状有全身无力、头昏、晕厥、面色潮红或苍白、大汗淋漓、心悸、心动过速等。胃肠症状包括上腹饱胀不适、恶心、呕吐、肠鸣频繁,可有绞痛,继而腹泻;症状持续60~90 min自行缓解。主要护理措施包括:指导病人通过饮食加以调整,即少食多餐,避免过甜、过咸、过浓的流质饮食;宜进低碳水化合物、高蛋白质饮食;用餐时限制饮水喝汤;进餐后平卧20 min。多数病人经调整饮食后,症状可减轻或消失,手术后半年到1年内能逐渐自愈。极少数症状严重而持久的病人需手术治疗。

⑥低血糖综合征:又称为晚期倾倒综合征,因高渗食物迅速进入小肠、快速吸收后血糖升高,使胰岛素大量释放,继而发生反应性低血糖。表现为餐后2~4 h,病人出现心慌、无力、眩晕、出冷汗、面色苍白、手颤、嗜睡,可导致虚脱。出现症状时稍进食,尤其是摄入糖类即可缓解。饮食中减少糖类含量,增加蛋白质比例,少量多餐可防止其发生。

八、健康教育

(1)告知病人导致消化性溃疡发病和病情加重的相关因素。

(2)指出保持情绪稳定,避免精神过度紧张,避免或消除工作、家庭等方面的精神刺激等,有利于疾病的康复。

（3）指导病人提高对环境的适应能力，避免与他人发生纠纷，创造宽松、和睦的家庭和社会环境，以及和谐的人际关系。

（4）帮助病人纠正不良的生活、饮食习惯，如合理安排生活和工作，保证充足的睡眠和休息，避免过度劳累；定时进食，进食时保持心情舒畅，少食多餐，细嚼慢咽，防过饥过饱，忌暴饮暴食，禁食辛辣、过酸的食物和油炸食品，不吃过冷或过热的食物，禁喝咖啡、红茶、酒类等饮料；戒烟、禁酒。建立合理的饮食结构，进食富含营养、高热量、易消化、非刺激性食品，如豆浆、蛋汤、牛奶等。因豆浆、牛奶含钙和蛋白质较高，可刺激胃酸分泌，不宜多吃；红烧肉、猪蹄等在胃内停留时间长，可使胃过度扩张，应少吃。

（5）教会病人正确使用药物的方法，介绍常用药物的不良反应及不良反应的预防，嘱病人遵医嘱坚持治疗和忌用或慎用对胃黏膜有损害的药物，如阿司匹林、吲哚美辛、糖皮质激素等。

（6）告知病人消化性溃疡常见并发症出血、穿孔、幽门梗阻、癌变等的迹象，叮嘱病人病程中一旦出现以上并发症应及时就诊。

第五节　肠梗阻病人的护理

学习目标

识记：

1.能复述小肠的解剖和生理特点。

2.能复述肠梗阻的病因和分类。

理解：

1.能说明肠梗阻的病理生理变化。

2.能解释肠梗阻的临床表现及处理原则。

3.能比较单纯性肠梗阻和绞窄性肠梗阻的临床特点。

运用：

能对肠梗阻病人进行病情观察并提供护理，预防和处理并发症。

肠内容物由于各种原因导致正常运行或通过障碍，称为肠梗阻，是常见的外科急腹症之一。肠梗阻不但可引起肠管本身形态和功能的改变，还可导致全身性生理功能紊乱，临床表现复杂多变。

一、解剖生理概要

小肠上始于幽门，下接盲肠，正常成年人小肠全长 3～5 m，包括十二指肠、空肠及回肠。十二指肠呈"C"形，全长 25～30 cm，位置深且固定；空、回肠间没有明确界限，一般将小肠上 2/5 段称为空肠，下 3/5 段称为回肠，二者通过扇形的小肠系膜固定于腹后壁，活动性大。小肠肠壁的组织结构由内而外分黏膜、黏膜下层、肌层及浆膜 4 层。小肠是消化和吸收食物的主要部位。正常成年人每日经小肠重吸收的液体量可达 8000 mL，因此小肠若出现肠梗阻、肠瘘等疾病，可在短时间内丧失大量的液体，引起严重的营养不良和水、电解质和酸碱平衡失调。

二、病因及分类

1. 按梗阻发生的基本病因分类

（1）机械性肠梗阻：最常见。由于肠腔堵塞（如蛔虫团、粪石堵塞）、肠壁病变（如肿瘤）、肠管受压（如肠粘连、疝嵌顿）等原因引起肠腔狭窄，使肠内容物通过发生障碍（图15-6）。

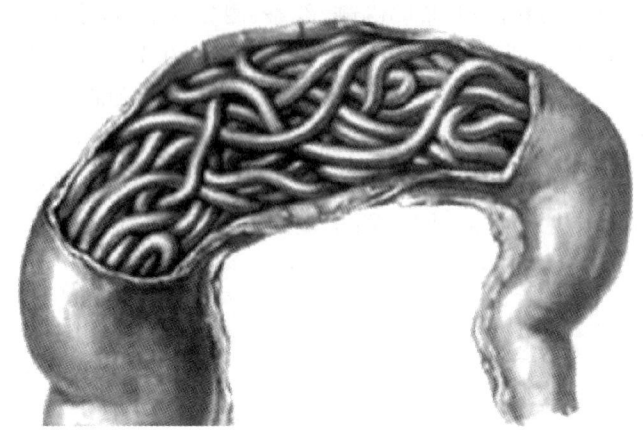

图 15-6　蛔虫性肠梗阻

（2）动力性肠梗阻：由神经反射或毒素刺激引起肠壁肌功能紊乱导致肠内容物不能正常运行。可分为麻痹性肠梗阻和痉挛性肠梗阻。

（3）血运性肠梗阻：较少见，由于肠系膜血管受压、栓塞或血栓形成，肠管血运障碍，继而发生肠麻痹。

2. 按肠壁有无血运障碍分类　①单纯性肠梗阻。②绞窄性肠梗阻：不仅有肠内容物通过受阻，同时发生肠管血运障碍。

3. 按梗阻程度分类　①完全性肠梗阻。②不完全性肠梗阻。

4. 按病情缓急分类　①急性肠梗阻。②慢性肠梗阻。

5. 按梗阻部位分类　①高位肠梗阻。②低位肠梗阻。

三、病理生理

肠梗阻的病理生理可分为局部变化及全身性变化。

1. 局部变化　发生机械性肠梗阻，梗阻以上肠管肠蠕动增加，肠腔内因液体和气体的储积而膨胀。肠梗阻梗阻部位越低，梗阻时间越长，肠膨胀越明显。梗阻以下肠管则瘪陷、空虚或仅存少量大便。膨胀肠管和瘪陷肠管交界处即为梗阻处。术中寻找梗阻部位至为重要。肠腔内压力不断增高，肠壁静脉回流受阻，肠壁充血、水肿，毛细血管通透性增加，肠壁上有出血点，并有血性渗出液渗入肠腔和腹腔。腹腔内出现带有粪臭的渗出液，可引起腹膜炎。最后，肠管可因缺血坏死而溃破穿孔。

2. 全身性变化

（1）水、电解质和酸碱平衡失调：肠梗阻时，胃肠道分泌的消化液不能被重吸收而积存在肠腔，同时肠壁继续渗出液体，导致体液在第三间隙丢失。高位肠梗阻时由于频繁呕吐更易出现脱水；加之丢失酸性胃液及大量氯离子，产生代谢性碱中毒。低位肠梗阻时丢失大量碱性消化液，同时因组织灌注不良导致酸性代谢产物增加、尿量减少等，均极易引起严重的代谢性酸中毒；大量的钾离子丢失还可引起肠壁肌张力减退，加重肠膨胀，并可引起肌无力及心律失常。

（2）感染和中毒：以低位肠梗阻表现显著。梗阻以上的肠腔内细菌数量显著增加，细菌繁殖产生大量毒素。由于肠壁血运障碍，通透性增加，细菌和毒素可以透过肠壁引起腹腔内感染，并经腹膜吸收引起全身性感染。

（3）休克及多器官功能障碍：体液大量丧失、血液浓缩、电解质紊乱、酸碱平衡失调以及细菌大量繁殖、毒素的释放等均可引起严重休克。当肠坏死、穿孔,发生腹膜炎时,全身中毒尤为严重。最后可引起严重的低血容量性休克和中毒性休克。肠腔大量积气、积液引起腹内压升高,膈肌上抬,影响肺的通气及换气功能;同时腹内压增高阻碍了下腔静脉回流,从而导致呼吸、循环功能障碍。最后可因多器官功能障碍乃至衰竭而死亡。

四、临床表现

(一)症状

1.腹痛　单纯性机械性肠梗阻由于梗阻部位以上肠管剧烈蠕动,即出现腹痛,之后肠管疲劳而呈暂时弛缓状态,腹痛也随之缓解,故病人表现为阵发性腹部绞痛。疼痛发作时,病人自觉有气体在腹内窜动,并受阻于某一部位。随着病情进一步发展,可演变为绞窄性肠梗阻,表现为腹痛间歇期缩短,呈持续性剧烈腹痛。麻痹性肠梗阻病人腹痛的特点为全腹持续性胀痛或不适;肠扭转所致闭袢性肠梗阻多表现为突发腹部持续性绞痛并阵发性加剧;而肠蛔虫堵塞多为不完全性,以阵发性脐周腹痛为主。

2.呕吐　高位肠梗阻时呕吐出现早且频繁,呕吐物主要为胃十二指肠内容物;低位肠梗阻时呕吐出现较晚,呕吐物为大便样;麻痹性肠梗阻时呕吐呈溢出性;若呕吐物呈棕褐色或血性,表明肠管有血运障碍。

3.腹胀　其程度与梗阻部位、类型有关。高位肠梗阻腹胀不明显;低位肠梗阻腹胀明显;麻痹性肠梗阻为均匀性全腹胀;腹胀不对称为绞窄性肠梗阻的特征。

4.排便排气停止　见于急性完全性肠梗阻,但发病早期,尤其是高位肠梗阻,其梗阻以下的肠腔内尚残留的气体或大便,可以自行或灌肠后排出;不完全性肠梗阻可有多次少量的排气、排便;绞窄性肠梗阻,可排出血性黏液样大便。

(二)体征

单纯性肠梗阻可见肠型和蠕动波,麻痹性肠梗阻时全腹膨隆,肠扭转时腹胀不对称。单纯性肠梗阻腹部轻压痛,无腹膜刺激征,绞窄性肠梗阻腹部有固定性压痛和腹膜刺激征,有时可触及有压痛的肠袢包块。绞窄性肠梗阻时腹腔内有渗液,可有移动性浊音。机械性肠梗阻时,可闻及肠鸣音亢进,有气过水声或金属音;麻痹性肠梗阻时则肠鸣音减弱或消失。单纯性肠梗阻早期多无全身症状,晚期引起脱水和代谢性酸中毒症状。严重脱水和感染中毒则可引起严重休克和多器官功能障碍综合征(MODS)。

五、辅助检查

1.实验室检查　因肠梗阻病人出现脱水、血液浓缩时可出现血红蛋白及血细胞比容升高,尿比重增高。绞窄性肠梗阻时白细胞和中性粒细胞可明显增高,呕吐物和大便检查可有大量红细胞或隐血试验阳性。肠梗阻晚期可出现血气分析和血清电解质的变化。

2.X线检查　一般梗阻发生 4 h 后,立位或侧卧位腹部平片可见多个阶梯状排列的气液平面(图 15-7)。绞窄性肠梗阻可见孤立、突出胀大的肠袢,且不受体位、时间的影响或有假肿瘤阴影。

六、治疗原则

治疗原则是解除肠道梗阻和矫正全身生理功能紊乱。具体治疗方法应根据肠梗阻的病因、性质、类型、部位、程度、有无并发症以及病人的全身情况而决定。可采取非手术治疗或手术治疗。非手术治疗方法包括禁食禁饮、胃肠减压、解痉止痛、矫正体液失调、防治感染和中毒。常用手术治疗方法包括粘连松解术、肠切开取出异物、肠套叠或肠扭转复位术、肠切除肠吻合术、短路手术、肠造口术等。

七、护理问题

1.体液不足　与频繁呕吐、肠腔内大量积液与胃肠减压有关。

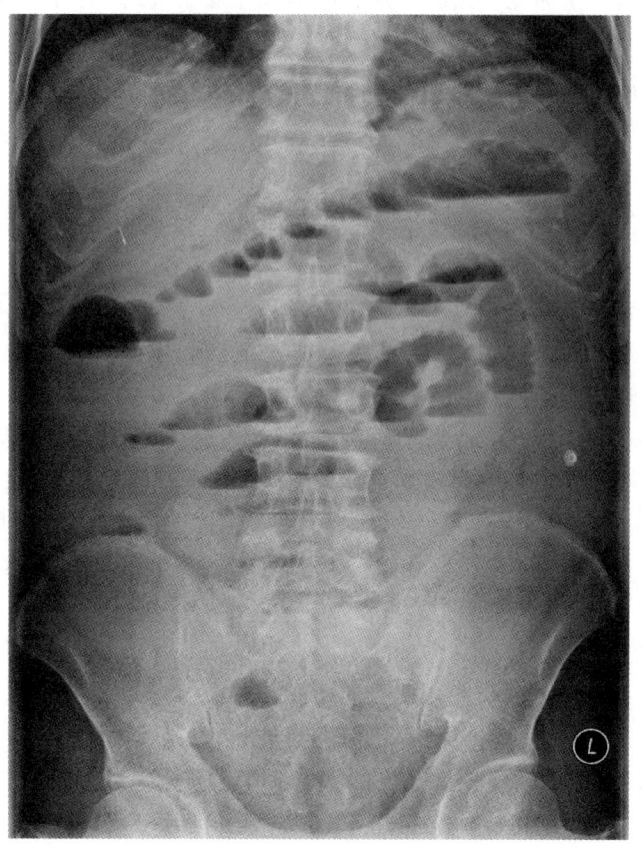

图 15-7　肠梗阻的 X 线表现

2.疼痛　与肠蠕动增强或肠壁缺血有关。

3.体温升高　与肠腔内细菌繁殖有关。

4.潜在并发症　吸入性肺炎、腹腔感染、肠瘘、肠粘连等。

八、护理措施

1.维持体液平衡

（1）合理输液并记录液体出入量：根据病人脱水情况及有关的血生化指标安排合理的输液计划；输液期间严密观察病情变化、准确记录液体出入量。

（2）营养支持：肠梗阻病人应禁食，给予胃肠外营养。若经治疗肠梗阻解除，肠蠕动恢复正常，则可经口进流质饮食，以后逐渐过渡为半流质饮食及普食。

2.有效缓解疼痛

（1）安置体位：取低半坐卧位，减轻腹肌紧张，有利于病人的呼吸。

（2）禁食、胃肠减压：清除肠腔内积气、积液，有效缓解腹胀、腹痛。胃肠减压还可以降低腹内压，改善因膈肌抬高而导致的呼吸与循环障碍。胃肠减压期间应注意保持负压吸引通畅，密切观察并记录引流液的性状及量，若抽出血性液体，应高度怀疑绞窄性肠梗阻。

（3）腹部按摩：若病人为不完全性、痉挛性或单纯蛔虫所致的肠梗阻，可适当顺时针轻柔按摩腹部，并遵医嘱配合应用针刺疗法，缓解疼痛。

（4）应用解痉剂：腹痛病人在明确诊断后可遵医嘱适当给予解痉剂治疗，可应用阿托品、654-2 等抗胆碱类药物，以解除胃肠道平滑肌的痉挛，抑制胃肠道腺体的分泌，使病人腹痛得以缓解。

3.维持体温正常　遵医嘱正确、合理地应用抗菌药物控制感染并观察病人在用药过程中的反应。

4.并发症的预防和护理

(1)吸入性肺炎。

①预防:病人呕吐时,应协助其坐起或将头偏向一侧,呕吐后及时清洁口腔卫生,并记录呕吐物的量、颜色及性状。

②病情监测:观察病人是否发生呛咳,有无咳嗽、咳痰、胸痛及寒战、发热等全身感染症状。

③护理:若发生吸入性肺炎,除遵医嘱及时予以抗菌药物外,还应协助病人翻身、叩背,予以雾化吸入,指导病人有效呼吸、咳嗽咳痰等。

(2)腹腔感染及肠瘘。

①避免感染:注意保持腹腔引流通畅,严格无菌技术,避免逆行性感染的发生。

②营养:根据病人情况合理补充营养,恢复经口饮食后应遵循循序渐进的原则,以免影响吻合口愈合。

③观察:观察病人手术后腹痛、腹胀症状是否改善,肛门恢复排气、排便的时间等。若腹腔引流管周围流出液体带粪臭味,同时病人出现局部或弥漫性腹膜炎的表现,应警惕腹腔内感染及肠瘘的可能,应及时通知医生。

(3)肠粘连。

①手术后早期活动:协助病人翻身并活动肢体;鼓励病人尽早下床活动,以促进肠蠕动恢复,预防粘连。

②密切观察病情:病人是否再次出现腹痛、腹胀、呕吐等肠梗阻症状。一旦出现,应及时报告医生并协助处理,同时做好再次手术的准备。

九、健康教育

(1)手术后早期下床活动,防止发生肠粘连。

(2)养成良好饮食习惯,多吃富含营养易消化的食物,注意饮食卫生,忌暴饮暴食,忌食生硬及刺激性食物,避免腹部受凉和餐后剧烈活动。

(3)出院后有腹痛、腹胀、呕吐等不适时应及时复诊。

十、几种常见肠梗阻

(一)粘连性肠梗阻

粘连性肠梗阻是肠袢间粘连或腹腔内粘连带所致的肠梗阻,为临床最常见的肠梗阻类型,占各种类型肠梗阻的 40%～60%。

1.病因病理　粘连形成有先天性和后天性因素,前者由发育异常或胎粪性腹膜炎引起,较少见;后者常因腹部手术、炎症、损伤、出血、异物等所致,多因肠功能紊乱、饮食不当、剧烈活动、体位突然改变等因素诱发肠梗阻,临床上以手术后粘连最为多见(图 15-8)。

病理类型与发病背景有关。局限性粘连多为粘连带压迫肠管;肠袢套入由索带构成的环孔而形成内疝;或以固定粘连处(常在手术切口下方、原有病灶或异物存留的部位)为支点发生肠扭转等,往往属于完全性闭袢性肠梗阻,甚至是绞窄性肠梗阻。广泛粘连多由胎粪性腹膜炎、腹腔结核、腹腔内出血造成,肠袢粘连固定形成团块,妨碍肠蠕动,引起肠腔受压变窄,或肠管受牵扯折扭成角,多为单纯性不完全性肠梗阻。肠粘连的程度与病人体质也有一定关系,肠粘连造成的肠梗阻多见于小肠,结肠少见。

2.临床表现　多有腹部手术、腹腔感染、损伤、出血等病史,常有胃肠功能紊乱、暴饮暴食、体位突然改变等诱发因素。肠粘连形成后可长期无症状,一般为慢性不完全性肠梗阻表现,急性发作同机械性肠梗阻。

3.治疗　一般采用非手术治疗,手术后早期发生(手术后 5～7 日)者更应如此。非手术治疗无效甚至病情加重,出现绞窄性肠梗阻或可疑者须及早手术,反复频繁发作也需考虑手术治疗。手术方式如下:①粘连松解术:适用于粘连带和局限性小片粘连。②肠切除吻合术:适用于处理已坏死或粘连成团无法分离的肠袢。③小肠折叠排列术:适用于广泛粘连、屡次梗阻者。④梗阻近远端肠吻合的短路手术:在粘

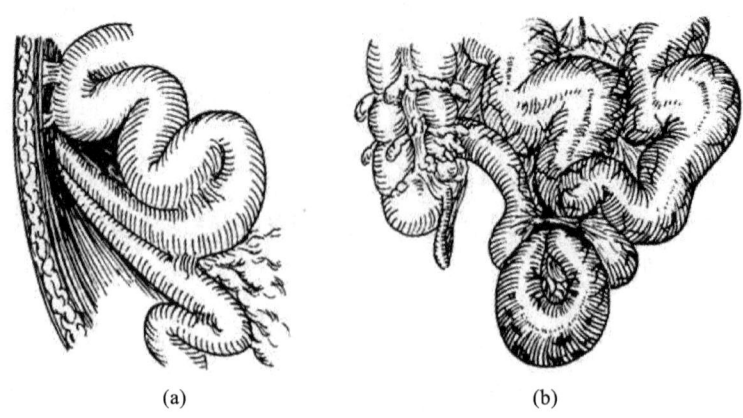

(a)　　　　　　　　　　　　　(b)

图 15-8　粘连性肠梗阻

(a)粘连牵扯肠管成角;(b)粘连带压迫肠管

连严重、肠切除困难时选用。

4.预防　正确处理腹部损伤,及时治疗腹腔内出血以及腹腔和腹壁切口的感染,对防止粘连形成有重要意义。控制围手术期医源性粘连促发因素是预防关键。应做到:①手术前冲净手套上的滑石粉。②手术中彻底止血。③操作轻巧,防止腹膜撕裂和缺损以及大块组织结扎。④避免肠管暴露时间过久或长时间与敷料接触,以致浆膜受损。⑤合理放置腹腔引流物。⑥鼓励病人手术后早期离床活动,促进肠蠕动及早恢复等。

(二)肠扭转

肠扭转是一段肠祥沿其系膜长轴旋转而形成的闭祥性肠梗阻。

1.病因病理

(1)解剖因素:肠祥及其系膜过长,相应系膜根部过窄或因粘连收缩而靠拢。

(2)物理因素:肠内容物骤增,如饱餐、便秘或肠管肿瘤等。

(3)诱发因素:肠管动力异常(应用重泻剂)以及体位突然改变等。

扭转部位最常发生于小肠(部分或全部),其次为乙状结肠,偶见于盲肠、横结肠。旋转方向以顺时针为多,轻者在 360°以下,重者可达 720°以上。肠扭转形成闭祥性肠梗阻,系膜血管也同时受压,属于绞窄性肠梗阻。

2.临床表现　主要是急性机械性肠梗阻的表现,因部位不同各有其特点。

(1)小肠扭转:多发生于青壮年,常在饱餐后剧烈活动时发生,偶见儿童因先天性肠旋转不良导致全小肠扭转(图 15-9)。表现为突发剧烈腹部绞痛,位于脐周,常呈持续性腹痛伴阵发性加重,并可牵涉腰背部。呕吐频繁,腹部因局部隆起而多不对称,并可触及胀大压痛的肠祥,扭转肠祥较多时腹胀可不明显,肠鸣音可不亢进,较早期即可发生休克。

(2)乙状结肠扭转:多见于老年男性,常有便秘习惯和多次腹痛发作经排气排便后缓解的既往史。表现为腹部持续胀痛、恶心而呕吐较少,左侧腹部膨胀显著,可触及明显胀大的肠祥(图 15-10)。

3.辅助检查　腹部 X 线检查。

(1)小肠扭转:腹部 X 线检查可显示绞窄性肠梗阻征象,还可见到空、回肠换位或排列成多种形态的小跨度蜷曲肠祥等特有征象。

(2)乙状结肠扭转:可见巨大的双腔充气肠祥呈马蹄状,圆顶向上,立位有时还可见到两个宽大的气液平面。低压灌肠灌入量不足 500 mL,或钡灌肠显示钡剂在扭转部位受阻,尖端呈"鸟嘴"状,有助于确定诊断。

4.治疗原则

(1)非手术治疗:适用于乙状结肠扭转早期,或年老体弱、病程超过 2 日,尚无血运障碍者,可试行非

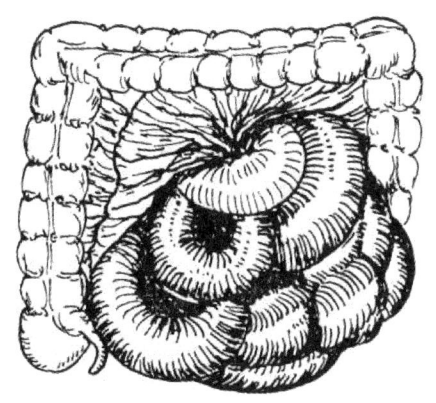

图 15-9 全小肠扭转(已坏死)

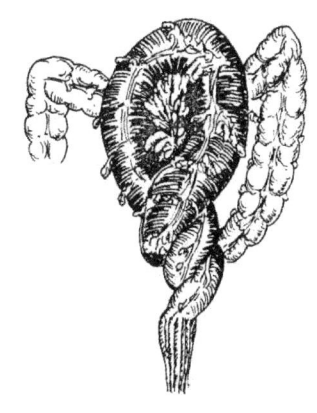

图 15-10 乙状结肠扭转

手术治疗:在结肠镜的直视下,将肛管插入扭转部位以上减压,并保留 2～3 日,需严密观察病情,疑有肠绞窄者须及时手术。

(2)手术治疗:①扭转复位:按扭转相反方向回转复位并处理病因。②肠切除吻合或肠外置术:适用于已发生肠坏死者。乙状结肠坏死先行肠外置术较为安全。

(三)肠套叠

一段肠管套入其相连的肠腔内所引起的肠梗阻,称为肠套叠。

1.病因病理 肠套叠小儿多见,80％发生于 2 岁以内小儿,少数见于成人。肠套叠发生病因如下:①肠管的解剖因素(如盲肠活动度过大)。②病理因素(如肠息肉、肿瘤等)。③肠蠕动异常(如食物性质改变,或器质性疾病所致)。

以近侧肠管套入远侧肠腔多见(图 15-11),按发生部位分为回盲型(回肠套入结肠)、小肠型(小肠套入小肠)、结肠型(结肠套入结肠)等。套叠的结构可分为三层:外层为鞘部,中层是回返层,内层为进入层。套入的肠管不仅因肠腔变窄发生梗阻,而且系膜血管也受压。

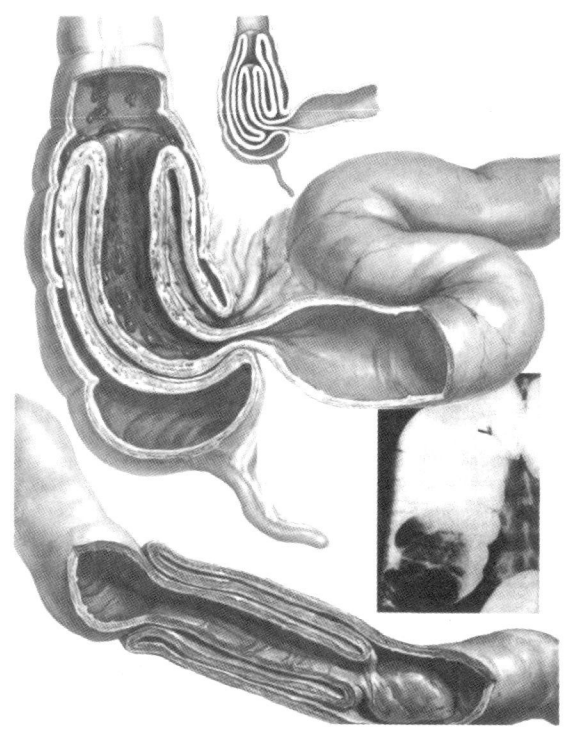

图 15-11 回盲部肠套叠

2. 临床表现

(1)小儿肠套叠:急性起病,多在断乳前后、突然改变食物性状或腹泻以后发生。典型的三大表现是腹痛、血便和腹部肿块。

①腹痛:患儿突然发生剧烈的阵发性肠绞痛。由于小儿不会诉说腹痛,故表现为突然发作的阵发性哭闹、屈膝缩腹、面色苍白、拒食、出汗,持续数分钟或更长时间后腹痛缓解,安静或入睡,间歇 10~20 min 又反复发作。

②呕吐:呕吐物为胃内容物,初为乳汁、乳块和食物残渣,后可含胆汁,晚期可吐大便样液体。

③血便:为重要症状。在发病后 6~12 h 排出果酱样黏液血便,或做直肠指检时发现血便。

④腹部肿块:多数患儿在右上腹可触及腊肠样肿块,晚期发生肠坏死或腹膜炎时,可出现腹胀、腹肌紧张和压痛等,不易扪及肿块。

⑤全身情况:早期一般情况尚好,随病程延长,病情加重,并发肠坏死或腹膜炎时,全身情况恶化,常有严重脱水、高热、昏迷及休克等中毒症状。

(2)成人肠套叠:少见,属于慢性复发性肠套叠,与游动盲肠、肠息肉、憩室或肿瘤等有关,病变处为套叠点。表现为阵发性腹痛,程度较轻,便血较少见。多为不完全性肠梗阻,可自行复位,发作后检查常为阴性。

3. X 线检查 空气或钡灌肠可见空气或钡剂在套叠部位受阻,其尖端为"杯口"状,甚至呈"弹簧状"阴影,有助于明确诊断。并可同时进行复位治疗。

4. 治疗

(1)小儿肠套叠治疗方法。

①灌肠复位法:肠套叠早期(一般在 24 h 内)可选用空气(或氧气)、钡剂灌肠复位,经 X 线检查确定诊断后逐渐加压注气或灌注钡剂,直至套叠复位。

②手术治疗:适应证为灌肠不能复位,发病已超过 48 h,或疑有肠坏死;灌肠复位后出现腹膜炎,全身情况恶化。

手术方法:手术复位;肠切除吻合术;适用于手术复位失败,肠管损伤严重或已有坏死者;肠切除肠外置术,适用于全身情况不良者,肠切除后将断端肠管外置,再择期行二期吻合。

(2)成人肠套叠治疗方法:一般主张手术处理相应病变。

5. 护理问题

(1)疼痛:与肠系膜受牵拉和肠管强烈收缩有关。

(2)潜在并发症:肠穿孔,腹膜炎,败血症,水、电解质紊乱。

(3)知识缺乏:患儿家长缺乏有关疾病治疗及护理知识。

6. 护理措施

(1)密切观察病情:监测患儿生命体征、精神及意识状态,评估腹痛的部位、持续时间及伴随症状,观察记录呕吐的次数、量及性质,进行胃肠减压的患儿需记录胃液的量及性质,观察有无水、电解质紊乱的征象。

(2)减轻疼痛:患儿腹痛发作时,可让家长抱起患儿以减轻疼痛和恐惧,患儿可吸吮安抚奶嘴。多数患儿通过空气灌肠复位后症状缓解,常表现为:①患儿很快入睡,不再哭闹和呕吐。②腹部肿块消失。③肛门排气及排出黄色大便,或先有少许血便,继而变为黄色。④口服活性炭 0.15~1 g,6~8 h 大便内可见炭末排出。如患儿仍烦躁不安,阵发性哭闹,腹部肿块仍存在,应怀疑是否套叠还未复位或又重新发生套叠,应立即通知医生做进一步处理。

(3)治疗配合:做好手术准备,手术前及需要灌肠复位的患儿均需禁食。开放静脉通路,遵医嘱给予正确的补液。对于手术后患儿,注意维持胃肠减压,保持胃管通畅,患儿排气、排便后可拔出胃肠引流管,逐渐恢复经口进食。

7. 健康教育

(1)鼓励患儿家长探视患儿,在复位后或手术后抱起患儿。

(2)因起病突然,应详细向患儿家长解释各项操作的方法和目的,解除其心理负担,取得其对治疗和护理的支持与配合;鼓励患儿家长参与护理,如配合为患儿禁食等。

第六节 急性阑尾炎病人的护理

 学习目标

识记:

1. 能复述急性阑尾炎的病因。

2. 能描述急性阑尾炎的病理类型和临床表现。

3. 能陈述慢性阑尾炎的临床表现和处理原则。

理解:

1. 能概括并说明急性阑尾炎的处理原则。

2. 能比较和说明特殊急性阑尾炎的临床表现和处理原则。

运用:

能运用护理程序对急性阑尾炎病人实施整体护理。

急性阑尾炎是阑尾的急性化脓性感染,由多种革兰阴性需氧菌和厌氧菌所致,为外科最多见的急腹症。

一、解剖生理概要

阑尾是位于盲肠下端后内侧的一条蚓状盲管,根部附着于盲肠的后内侧壁,远端游离于右下腹腔,长5～10 cm,直径 0.5～0.7 cm,阑尾系膜呈三角形。其体表投影相当于麦氏(McBumey)点,即右髂前上棘至脐连线中外 1/3 交界处,但阑尾尖端可因移动而指向各个方位,以盲肠内侧位、下位、外侧位及后位较多见(图 15-12)。不同的阑尾末端指向的病人,其临床表现轻重不一,手术切除的难易程度不同。

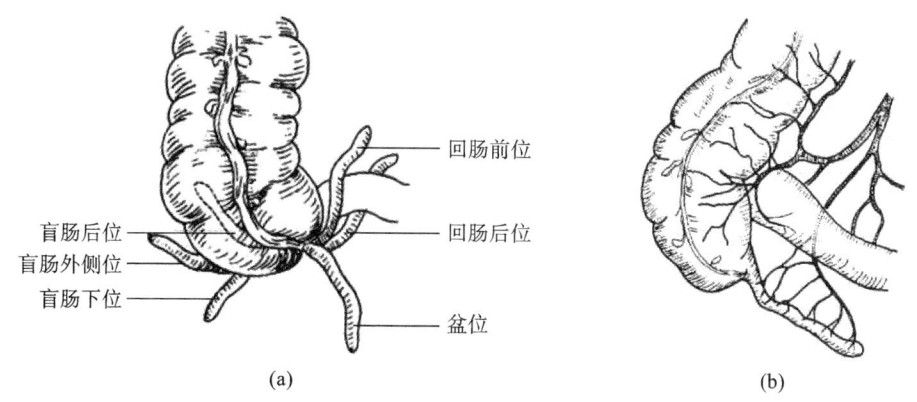

|回肠前位
盲肠后位|回肠后位
盲肠外侧位
盲肠下位|盆位

(a)   (b)

图 15-12 阑尾的解剖位置及阑尾的动脉

阑尾系膜内的血管主要为阑尾动、静脉。阑尾动脉是肠系膜上动脉所属回结肠动脉的分支,属无侧

支的终末动脉,当血运障碍时,易致阑尾坏死。阑尾静脉与动脉伴行,血液最终回流入门静脉。当阑尾炎症时,细菌栓子脱落可引起门静脉炎和细菌性肝脓肿。阑尾的神经感觉,由交感神经纤维经腹腔丛和内脏小神经传入,故阑尾炎症初始时,常表现为该脊神经所分布的脐周及上腹部痛,属内脏性疼痛。

二、病因

主要与下列因素有关。

1. 阑尾管腔阻塞　急性阑尾炎最常见的病因。导致阑尾管腔阻塞的原因:①淋巴滤泡明显增生,约占60%,多见于年轻人。②粪石阻塞,约占35%。③异物、炎性狭窄、食物残渣、蛔虫、肿瘤等,较少见。④阑尾管腔细,开口狭小,系膜短,使阑尾卷曲。

2. 细菌入侵　阑尾管腔阻塞后,细菌繁殖,分泌内毒素和外毒素,损伤黏膜上皮并使黏膜形成溃疡,细菌穿过溃烂的黏膜进入阑尾肌层。阑尾壁间质压力升高,妨碍动脉血流,造成阑尾缺血,最终造成梗死和坏疽。

3. 其他　阑尾先天畸形,如阑尾过长、过度扭曲、管腔细小、血运不佳等都是急性阑尾炎的病因。胃肠道功能障碍引起内脏神经反射,导致肠管肌肉和血管痉挛,黏膜受损,细菌入侵而致急性阑尾炎。胃肠道疾病影响,如急性肠炎、炎性肠病、血吸虫病等,直接延至阑尾,或引起阑尾壁肌肉痉挛,发生血供障碍而致急性阑尾炎。

三、病理生理

1. 病理类型　根据急性阑尾炎的临床过程和病理解剖学变化,可分为4种类型。

(1)急性单纯性阑尾炎:属轻型阑尾炎或病变早期,病变多局限于黏膜和黏膜下层。阑尾外观轻度肿胀,浆膜充血并失去正常光泽,表面有少量纤维素性渗出物。

(2)急性化脓性阑尾炎:又称为急性蜂窝织炎性阑尾炎。常由急性单纯性阑尾炎发展而来。阑尾肿胀明显,浆膜高度充血,表面覆有脓性渗出物。

(3)坏疽性及穿孔性阑尾炎:一种重型阑尾炎。阑尾病变进一步加剧,阑尾管壁坏死或部分坏死,呈暗紫色或黑色。由于管腔梗阻或积脓,压力升高,加重管壁血运障碍,严重者发生穿孔,穿孔多发生在阑尾根部和近端的系膜缘对侧。若穿孔后局部未能被大网膜包裹,感染扩散,可引起急性弥漫性腹膜炎。多见于小儿和老年人。

(4)阑尾周围脓肿:急性阑尾炎化脓、坏疽或穿孔时,大网膜和邻近的肠管将阑尾包裹并形成粘连,即形成炎性肿块或阑尾周围脓肿。

2. 转归　急性阑尾炎的转归主要取决于病人全身和局部的防御能力和急性阑尾炎的病理类型。急性阑尾炎的转归:①炎症消退:部分急性单纯性阑尾炎经及时药物治疗后,炎症消退,大部分将转为慢性阑尾炎。由于遗留阑尾管腔狭窄、管壁增厚、阑尾粘连扭曲,炎症易复发。②炎症局限:部分化脓、坏疽或穿孔性阑尾炎被大网膜和邻近肠管包裹粘连后,炎症局限,形成阑尾周围脓肿。常需大量抗生素或中药治疗,炎症可逐渐被吸收,但缓慢。③炎症扩散:阑尾炎症较重,发展快,未能及时被切除,又未能被大网膜包裹,炎症扩散,发展为弥漫性腹膜炎、化脓性门静脉炎或感染性休克等。

四、临床表现

(一)症状

1. 腹痛　典型表现为转移性右下腹痛,疼痛发作始于上腹部,逐渐移向脐周,疼痛位置不固定,之后疼痛转移并局限于右下腹,呈持续性。转移性右下腹痛的过程长短取决于病变发展的程度和阑尾位置,2 h到1日不等,甚至更长时间。70%~80%的病人具有此典型的腹痛特点,部分病人也可在发病初即表现为右下腹痛。

(1)不同位置的阑尾炎腹痛特点:盲肠后位阑尾炎表现为右侧腰部疼痛;盆位阑尾炎疼痛在耻骨上

区;肝下区阑尾炎可引起右上腹痛;极少数左下腹部阑尾炎表现为左下腹痛。

（2）不同类型的阑尾炎腹痛特点:急性单纯性阑尾炎仅有轻度隐痛;急性化脓性阑尾炎表现为阵发性胀痛和剧痛;坏疽性阑尾炎呈持续性剧烈腹痛;穿孔性阑尾炎因阑尾腔压力骤减,腹痛可暂时减轻,但出现腹膜炎后,腹痛持续加剧。

2. 胃肠道症状　早期可有轻度厌食、恶心或呕吐。有些病人可发生腹泻,如盆位阑尾炎时,炎症刺激直肠和膀胱,引起排便次数增多、里急后重等症状。弥漫性腹膜炎可致麻痹性肠梗阻而表现为腹胀,排气排便减少。

3. 全身表现　早期有乏力。炎症重时出现中毒症状,可表现心率增快,体温升高可达 38℃ 左右。阑尾穿孔形成腹膜炎者,出现寒战、体温明显升高（39℃ 或 40℃）。若发生门静脉炎则可出现寒战、高热和轻度黄疸。

（二）体征

1. 右下腹压痛　在腹痛转移至右下腹之前就已存在,是急性阑尾炎最常见的重要体征。压痛点始终固定在一个位置,通常位于麦氏点（图 15-13）,亦可随阑尾的解剖位置的改变而改变。其他常见的压痛部位有 Lanz 点（左右髂前上棘连线的右、中 1/3 交点上）、Morris 点（右髂前上棘与脐连线和腹直肌外缘交汇点）。压痛程度与病变程度相关。当阑尾炎症波及周围组织时,压痛范围亦相应扩大,但仍以阑尾所在部位的压痛最明显。

2. 腹膜刺激征　包括腹肌紧张、压痛、反跳痛和肠鸣音减弱或消失等。腹膜刺激征为壁腹膜受到炎症刺激的一种防御性反应,常提示阑尾炎症加重,有渗出、化脓、坏疽或穿孔等病理改变。但小儿、老年人、孕妇,肥胖、虚弱者或盲肠后位阑尾炎时,腹膜刺激征不明显。

3. 右下腹包块　查体时如在右下腹扪及压痛性包块,边界不清,固定,可考虑阑尾炎性肿块或阑尾周围脓肿形成。

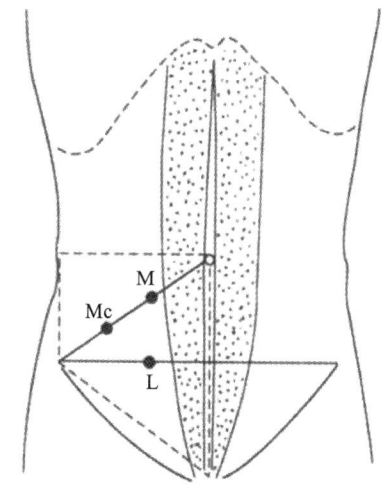

图 15-13　阑尾炎的压痛点

4. 特殊体征

（1）结肠充气试验（Rovsing sign）:病人取仰卧位,检查者一手压迫左下腹降结肠区,另一手按压近端结肠,结肠内气体可传至盲肠和阑尾,引起右下腹疼痛者为阳性。

（2）腰大肌试验:病人取左侧卧位,右大腿向后过伸,引起右下腹疼痛者为阳性,常提示阑尾位于腰大肌前方,为盲肠后位或腹膜后位。

（3）闭孔内肌试验:病人取仰卧位,右髋和右膝均屈曲 90°,然后被动向内旋转,引起右下腹疼痛者为阳性,提示阑尾靠近闭孔内肌。

（4）直肠指诊:盆腔位阑尾炎常在直肠右前方有触痛。若阑尾穿孔,炎症波及盆腔时,直肠前壁有广泛触痛。若发生盆腔脓肿,可触及痛性肿块。

五、辅助检查

1. 实验室检查　多数急性阑尾炎病人血白细胞计数和中性粒细胞比例增高。白细胞计数可升高到 $(10\sim20)\times10^9/L$,发生核左移。部分急性单纯性阑尾炎或老年病人白细胞可无明显升高。

2. 影像学检查　①腹部 X 线平片:可见盲肠和回肠末端扩张和气液平面,偶见钙化的粪石和异物。②B 超检查:有时可发现肿大的阑尾或脓肿,可靠性低于 CT。③CT 检查:可获得与 B 超检查相似的结果,对阑尾周围脓肿更有帮助。这些检查对于急性阑尾炎的诊断并不是必需的,诊断不明确时可选择使用。

六、治疗原则

绝大多数急性阑尾炎确诊后,应及早施行阑尾切除术。非手术治疗仅适用于早期单纯性阑尾炎或有手术禁忌证者;阑尾周围脓肿先使用抗生素控制症状,一般 3 个月后再行手术切除阑尾。

七、护理问题

1.疼痛 与阑尾炎症刺激腹膜有关。

2.潜在并发症 内出血、切口感染、腹腔脓肿、肠瘘等。

八、护理措施

（一）非手术治疗（手术前）护理

1.体位 协助病人安置舒适的体位,如半坐卧位,可放松腹肌,减轻腹部张力,缓解腹痛。

2.病情观察 定时测量生命体征;加强巡视,观察病人的腹部症状和体征,尤其注意腹痛的变化;在非手术治疗期间,出现右下腹痛加剧、发热;血白细胞计数和中性粒细胞比例上升,应做好急诊手术的准备。

3.镇痛 已明确诊断或已决定手术的病人疼痛剧烈时可遵医嘱给予解痉或止痛药,以缓解疼痛。

4.避免肠内压力增高 非手术治疗期间,予以禁食,甚至胃肠减压,同时给予肠外营养;禁服泻药及灌肠,以免肠蠕动加快,增加肠内压力,导致阑尾穿孔或炎症扩散。

5.控制感染 遵医嘱及时应用有效的抗生素;脓肿形成者可配合医生行脓肿穿刺抽液,根据脓液的药敏试验结果选用有效的抗生素。

6.并发症的观察护理

（1）腹腔脓肿:阑尾炎未经有效治疗的结果。以阑尾周围脓肿最为常见,也可在腹腔其他部位形成脓肿,如盆腔、膈下或肠间隙等。临床表现可有压痛性肿块,麻痹性肠梗阻所致的腹胀,亦可出现直肠、膀胱刺激症状及全身感染中毒症状等。B 超和 CT 检查可协助定位。可采用 B 超引导下穿刺抽脓、冲洗或置管引流。必要时做好急诊手术的准备。

（2）门静脉炎:急性阑尾炎时细菌栓子脱落进入阑尾静脉中,可沿肠系膜上静脉至门静脉,导致门静脉炎。属少见。临床表现为寒战、高热、轻度黄疸、肝大、剑突下压痛等。若进一步加重可致全身性感染,亦可发展为细菌性肝脓肿。一旦发现,除应用大剂量抗生素治疗外,应做好急诊手术的准备。

7.急诊手术前准备 拟急诊手术者应紧急做好备皮、配血、输液等术前准备。

（二）手术后护理

1.体位 全身麻醉术后清醒或硬膜外麻醉平卧 6 h 后,血压、脉搏平稳者,改为半坐卧位,以降低腹壁张力,减轻切口疼痛,有利于呼吸和引流,并可预防膈下脓肿形成。

2.密切监测病情变化 定时监测生命体征并准确记录;加强巡视,注意倾听病人的主诉,观察病人腹部体征的变化,发现异常及时通知医生。

3.腹腔引流管的护理 阑尾切除术后较少留置引流管,只有在局部有脓肿、或阑尾残端包埋不满意及处理困难时留置引流管,目的在于引流脓液,或若有肠瘘形成,肠内容物可从引流管流出。一般在 1 周左右拔出。对留置引流管的,要妥善固定,防止扭曲、受压,保持通畅;经常从近端至远端挤压引流管,防止因血块或脓液而堵塞;观察并记录引流液的颜色、性状及量。

4.饮食 肠蠕动恢复前暂禁食,在此期间可予以静脉补液。肛门排气后,逐步恢复进食。

5.抗生素的应用 手术后应用有效抗生素,控制感染,防止并发症发生。

6.活动 鼓励病人手术后早期在床上翻身、活动肢体,待麻醉反应消失后即下床活动,以促进肠蠕动恢复,减少肠粘连的发生。

7.并发症的预防和护理

(1)内出血:多因阑尾系膜结扎线松脱所致,常发生在手术后 24 h 内,故手术当日应严密观察脉搏、血压。病人如有面色苍白、脉速、血压下降等内出血的表现,或是腹腔引流管有血液流出,应立即将病人平卧,静脉快速输液、输血,报告医生并做好手术止血的准备。

(2)切口感染:手术后最常见的并发症。表现为手术后 3～5 日体温升高,切口疼痛且局部有红肿、压痛或波动感。应给予抗生素、理疗等治疗,如已化脓应拆线引流。

(3)腹腔脓肿:炎症渗液积聚于膈下、肠间、盆腔而形成。表现为手术后 5～7 日体温升高,或下降后又上升,并有腹痛、腹胀、腹部包块或排便排尿改变等,应及时和医生取得联系进行处理。

(4)肠瘘:多因阑尾残端结扎线松脱,或手术中误伤盲肠所致。表现为发热、腹痛、少量粪性肠内容物从腹壁伤口流出。经全身支持疗法、有效抗生素应用、局部引流后,大多数病人可愈合。

九、健康教育

(1)指导手术后病人摄入营养丰富易消化的食物,注意饮食卫生,避免腹部受凉,防止发生胃肠功能紊乱。

(2)鼓励病人早期床上或下床活动,促进肠蠕动恢复,防止发生肠粘连。

(3)阑尾周围脓肿病人出院 3 个月后可行阑尾切除术。

第七节　直肠肛管疾病病人的护理

学习目标

识记:
1.能简单陈述直肠和肛管的解剖和生理特点。
2.能复述常见直肠和肛管疾病的概念。

理解:
能转述痔、肛裂、肛瘘、直肠肛管周围脓肿的病因、分类、临床表现和治疗原则。

运用:
能运用护理程序对痔、肛裂、肛瘘等直肠肛管良性疾病的病人实施整体护理。

一、解剖生理概要

1.直肠　位于盆腔的后下部,上续乙状结肠,下与肛管相连,全长为 15 cm 左右。直肠以腹膜反折为界,分为上、下两段。上段直肠的前面和两侧有腹膜覆盖,下段直肠位于腹膜外。直肠肌层分为外层纵肌和内层环肌。环肌层在直肠下端增厚成为肛管内括约肌,属不随意肌,可协助排便,但无括约肛门的功能。纵肌层在直肠下端与肛提肌及内、外括约肌相连。直肠下端由于与口径较小的肛管相接,在括约肌收缩状态下,其黏膜出现 8～10 个隆起的纵形皱襞,称为肛柱。相邻两个肛柱基底之间有半月形皱襞相连,称为肛瓣。每一肛瓣与其相邻的两肛柱共同围成的开口向上的小隐窝,称为肛窦,深 3～5 mm。在肛管与肛柱连接的部位,有三角形乳头状隆起,称为肛乳头。在直肠与肛管交界处由肛瓣边缘与肛柱下端共同形成一条锯齿状的环行线,称为齿状线。

2. 肛管 肛管上起于齿状线,下终于肛缘,长 3~3.5 cm。肛管有肛管内、外括约肌环绕。肛管外括约肌属随意肌,若手术过程中不慎完全切断,可致大便失禁。

3. 直肠肛管周围间隙 在直肠与肛管周围有数个充满脂肪结缔组织的间隙(图 15-14),包括:①骨盆直肠间隙,位于肛提肌以上、盆腔腹膜以下,直肠左、右两侧各一。②直肠后间隙,又称骶前间隙,位于肛提肌以上,直肠与骶骨之间,与两侧骨盆直肠间隙相通。③坐骨肛管间隙(亦称坐骨直肠间隙),位于肛提肌以下、坐骨肛管横膈之上的肛管两侧,彼此经肛管后相通。④肛门周围间隙,位于坐骨肛管横膈及肛周皮肤之间,两侧也于肛管后相通。这些间隙极易发生感染,形成脓肿。

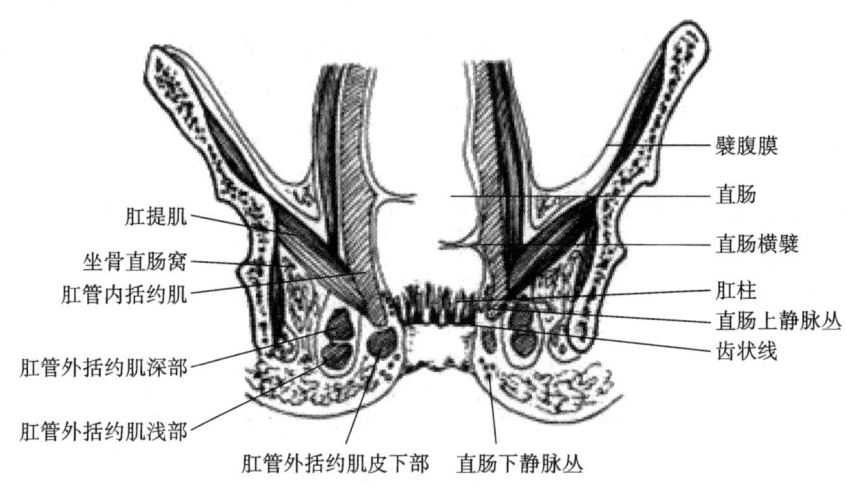

肛提肌
坐骨直肠窝
肛管内括约肌
肛管外括约肌深部
肛管外括约肌浅部
肛管外括约肌皮下部　直肠下静脉丛

襞腹膜
直肠
直肠横襞
肛柱
直肠上静脉丛
齿状线

图 15-14　直肠肛管纵剖面图

二、痔

痔是指直肠下段黏膜和肛管皮下的静脉丛淤血、扩张和屈曲所形成的静脉团。

(一)病因及分类

1. 病因

(1)慢性感染:病人常有肛门瘙痒、疼痛、有分泌物等肛窦、肛腺慢性感染的病史,肛窦、肛腺慢性感染易导致直肠下部黏膜下静脉丛周围炎,静脉失去弹性而扩张。

(2)长期饮酒、好食辛辣等刺激性食物史、食物中的纤维素含量过低、营养不良等因素,导致直肠下部黏膜下静脉丛扩张充血。

(3)腹内压增高:长期使腹内压增高的病史或职业因素,如久站或久坐或便秘、前列腺增生、腹水、妊娠、盆腔肿瘤等,导致直肠静脉丛扩张充血。

(4)直肠局部解剖因素:如直肠上静脉丛属门静脉系统,无静脉瓣膜,且又位于门静脉系统的最低处,静脉回流困难;直肠上、下静脉丛壁薄、位置表浅,且缺乏周围组织支持,易于形成静脉扩张。

2. 分类 痔可分为内痔、外痔和混合痔 3 类(图 15-15)。

(1)内痔:位于齿状线以上,表面覆盖直肠黏膜。好发于直肠下端的左侧、右前或右后方(截石位 3、7、11 点)。

(2)外痔:位于齿状线下方,表面覆盖肛管皮肤。

(3)混合痔:因直肠上、下静脉丛互相吻合,由齿状线上、下静脉丛同时曲张而形成。

(二)临床表现

1. 内痔 主要表现为排便时无痛性出血和痔块脱出,分为 4 期。

Ⅰ期:排便时无痛性出血,痔块不脱出肛门外。

Ⅱ期:便血加重,严重时呈喷射状,排便时痔块脱出,但便后能自行回纳。

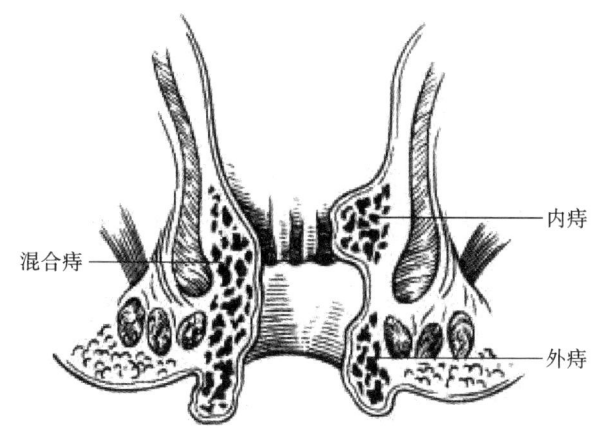

图 15-15 痔的分类

Ⅲ期:便血量常减少,痔块脱出不能自行回纳,需用手托回。

Ⅳ期:痔块长期脱出于肛门外或回纳后又即脱出。当脱出的痔块被痉挛的括约肌嵌顿时,疼痛明显。直肠指检常不能触及,肛门镜检查可见暗红色、质软的半球形肿物。

2. 外痔 主要表现为肛门不适、潮湿,有时伴局部瘙痒。若形成血栓性外痔,则有肛门剧痛,排便、咳嗽时加剧,数日后可减轻;在肛门表面可见红色或暗红色硬结。

3. 混合痔 临床上兼有内、外痔的临床表现,严重时可呈环状脱出肛门,呈梅花状,又称环状痔;若发生嵌顿,可引起充血、水肿甚至坏死。

（三）辅助检查

肛门镜检查,可见肛管齿状线附近突出的痔。

（四）治疗原则

（1）一般治疗:适用于痔初期,只需调节饮食,保持大便通畅,便后温水坐浴,加强体育锻炼,不需特殊治疗。血栓性外痔经局部热敷、外敷消炎止痛药物后,若疼痛缓解则不需手术。嵌顿性痔初期,应尽早手法还纳痔核。

（2）Ⅰ～Ⅱ期内痔可选用注射疗法、胶圈套扎术（图 15-16）。

（3）Ⅱ、Ⅲ期内痔及混合痔,可行痔核切除术。可对疼痛剧烈的血栓性外痔,可行血栓性外痔剥离术。

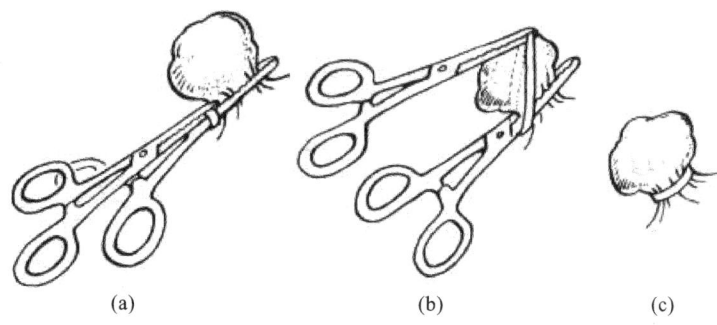

(a)   (b)   (c)

图 15-16 内痔胶圈套扎术

（五）护理问题

1. 疼痛 与血栓形成、痔块嵌顿等有关。

2. 便秘 与不良饮食、排便习惯等有关。

3. 潜在并发症 尿潴留、贫血、肛门狭窄等。

(六)护理措施

1.有效缓解疼痛

(1)局部热敷或温水坐浴:可有效改善局部微循环,减轻疼痛症状。排便后及时清洗,保持局部清洁舒适,必要时用 1∶5000 高锰酸钾溶液温水坐浴。

(2)遵医嘱用药:血栓性外痔者局部应用抗菌药物软膏。

(3)及时回纳痔:嵌顿性痔应尽早行手法复位,注意动作轻柔,避免损伤。

2.保持大便通畅

(1)手术前。

①调节饮食结构:嘱病人多饮水,多吃新鲜水果蔬菜和粗粮,少饮酒,少吃辛辣刺激食物,少吃高热量零食。

②定时排便:保持心情愉快及规律的生活起居,养成定时排便习惯。

③活动:适当增加运动量,以促进肠蠕动;避免久站、久坐、久蹲。

(2)手术后:手术后 1~2 日应以无渣或少渣流食、半流食为主,如藕粉、莲子羹、稀粥、面条等,以减少肠蠕动、大便形成和排便,促进切口愈合。手术后应保持大便通畅,防止用力排便,崩裂伤口。若有便秘,可口服液体石蜡或其他缓泻剂,但忌灌肠。

3.并发症的预防和护理

(1)尿潴留:手术后 24 h 内,每 4~6 h 嘱病人排尿一次。避免因手术、麻醉、疼痛等因素造成手术后尿潴留。若手术后 8 h 仍未排尿且感下腹胀满、隆起时,可行诱导排尿或导尿等。

(2)切口出血:手术后 24 h 内,病人可在床上适当活动四肢、翻身等,但不宜过早下床,以免伤口疼痛及出血。24 h 后可适当下床活动,逐渐延长活动时间,并指导病人进行轻体力活动。伤口愈合后可以恢复正常工作、学习和劳动,但要避免久站或久坐。

(3)手术后切口感染。

①完善手术前肠道准备:避免清洁灌肠,防止反复插肛管造成肛门皮肤黏膜的破裂。可于手术前一日口服 20% 甘露醇 250 mL,饮水 1500 mL 以清洁肠道。

②手术前及时纠正贫血,提高机体抵抗力。

③加强手术后会阴部护理:保持肛门周围皮肤清洁,每次排便后用 1∶5000 高锰酸钾温水溶液坐浴。

(4)肛门狭窄:多为手术后瘢痕挛缩所致。手术后应观察病人有无排便困难及大便变细,以排除肛门狭窄。若发生狭窄,应及早行扩肛治疗。

(七)健康教育

(1)直肠肛管疾病常与排便不畅有关,应保持排便通畅。养成每日定时排便的习惯;在排便时避免读书看报,避免延长蹲坐的时间,否则易造成肛管持续下坠,加剧局部静脉的扩张淤血;鼓励病人多饮水,多吃蔬菜、水果等含粗纤维的食物,避免摄入辛辣、刺激性食物;不宜饮烈性酒;大便干结时宜口服缓泻剂。

(2)鼓励年老体弱的病人进行适当的活动,长久站立或坐位工作的人要坚持做保健体操及肛门括约肌锻炼活动。

(3)局部清洁,常做肛门坐浴。

(4)直肠肛管疾病应及时治疗,并耐心坚持治疗至治愈为止。

三、肛裂

肛裂是指齿状线以下肛管皮肤层裂伤后形成的经久不愈的缺血性溃疡,多见于青、中年人。

(一)病因

病因尚不清楚,可能与多种因素有关,但直接原因大多是长期便秘、大便干结致排便时损伤肛管及其皮肤层。

（二）病理

肛裂好发部位为肛管后正中线,此处肛管外括约肌浅部在肛管后方形成的肛尾韧带较坚硬、伸缩性差,此区域血供亦差;且排便时,肛管后壁承受压力最大。肛裂常为单发的纵行、梭形溃疡或感染裂口。裂口上端的肛瓣和肛乳头水肿,形成肥大乳头;下端皮肤因炎症水肿及静脉、淋巴回流受阻,形成外观似外痔的袋状皮垂向下突出于肛门外,由于体检时多先见到此皮垂后再见到肛裂,故称"前哨痔"(图15-17)。前哨痔、肛裂与乳头肥大常同时存在,合称肛裂"三联征"。

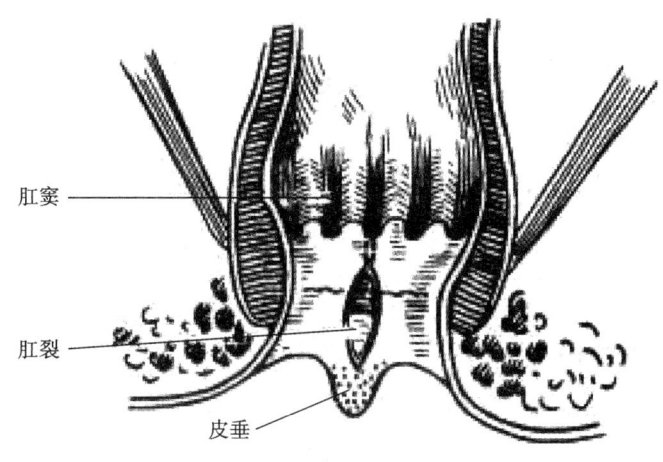

图 15-17 肛裂

（三）临床表现

1. 症状 肛裂病人多有长期便秘史,典型的临床表现为疼痛、便秘、出血。

（1）疼痛:主要症状,一般较剧烈,有典型的周期性。由于排便时干硬大便刺激裂口内神经末梢,肛门出现烧灼样或刀割样疼痛;排便后数分钟可缓解;随后因肛门括约肌反射性痉挛,再次发生疼痛,时间较长,常持续半小时至数小时,直到括约肌疲劳、松弛后,疼痛缓解,以上称为肛裂疼痛周期。

（2）便秘:肛裂形成后病人往往因惧怕疼痛而不愿排便,故而加重便秘,大便更加干结,便秘又加重肛裂,形成恶性循环。

（3）出血:由于排便时大便擦伤溃疡面或撑开肛管撕拉裂口,故创面常有少量出血。鲜血可见于大便表面、便纸上或排便过程中滴出,大量出血少见。

2. 体征 典型体征是肛裂"三联征",若在肛门检查时发现此体征,即可明确诊断。肛裂病人行肛门检查时,常会引起剧烈疼痛,有时需在局部麻醉下进行。

（四）辅助检查

已确诊者,一般不宜行直肠指诊或肛门镜检查,避免增加病人痛苦。可以取活组织做病理检查,以明确诊断。

（五）治疗原则

软化大便,保持排便通畅;解除肛门括约肌痉挛,缓解疼痛,中断恶性循环,促进局部创面愈合。

1. 手术治疗 服用通便药物、局部坐浴及扩肛疗法。扩肛疗法时病人取侧卧位,局部麻醉后,用示指和中指循序渐进、持续地扩张肛管,使括约肌松弛、疼痛消失、创面扩大,以促进溃疡愈合。

2. 手术治疗 适用于经久不愈、非手术治疗无效且症状较重的陈旧性肛裂。手术方法有肛裂切除术和肛管内括约肌切断术,现在前者已较少使用。

（六）护理问题

1. 急性疼痛 与大便刺激及肛管括约肌痉挛、手术创伤有关。

2. 便秘 与病人惧怕疼痛不愿排便有关。

3.潜在并发症 出血、排便失禁等。

（七）护理措施

1.心理支持 向病人详细讲解肛裂的相关知识,鼓励病人克服因惧怕疼痛而不敢排便的情绪,配合治疗。

2.保持大便通畅 长期便秘是引起肛裂的主要病因。指导病人养成每日定时排便的习惯,进行适当的户外锻炼,必要时可服缓泻剂或液体石蜡等,也可选用蜂蜜、番泻叶等泡茶饮用,以润滑、松软大便利于排便。

3.调理饮食 增加膳食中新鲜蔬菜、水果及粗纤维食物的摄入,少食或忌食辛辣和刺激性食物,多饮水,以促进胃肠蠕动,防止便秘。

4.手术后常见并发症的预防和护理

（1）切口出血:多发生于手术后1～7日,常见原因多为手术后便秘、猛烈咳嗽等导致创面裂开、出血。预防措施包括保持排便通畅,防止便秘;预防感冒;避免腹内压增高的因素如剧烈咳嗽、用力排便等。密切观察创面的变化,一旦出现切口大量渗血,紧急压迫止血,并报告医生处理。

（2）排便失禁:多由于术中不慎切断肛管直肠环所致。询问病人排便前有无便意,每日的排便次数、量及性状。若仅为肛门括约肌松弛,可于手术后3日开始指导病人进行提肛运动;若发现病人会阴部皮肤常有黏液及大便沾染,或无法随意控制排便时,立即报告医生,及时处理。

四、直肠肛管周围脓肿

直肠肛管周围脓肿是直肠下段或肛管周围软组织内或其周围间隙发生的急性化脓性感染及脓肿形成。

（一）病因

绝大部分直肠肛管周围脓肿由肛窦炎、肛腺感染引起,也可继发于肛周的软组织感染、损伤、内痔、肛裂、药物注射等,是最常见的脓肿;向外则形成坐骨肛门窝脓肿(图15-18)。

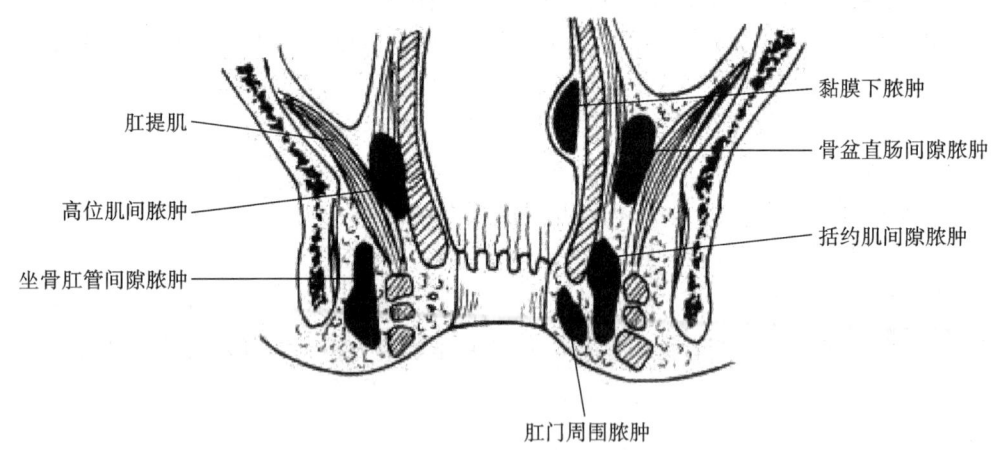

图 15-18 直肠肛管周围脓肿的位置

（二）临床表现

1.肛门周围脓肿 最常见。主要表现为持续性跳痛,局部红肿、触痛,脓肿形成后有波动感。全身感染症状不明显。

2.坐骨肛管间隙脓肿 较常见,脓肿位于肛提肌以下的坐骨、肛管之间的软组织间隙内,初期表现为局部疼痛,炎症较重时局部红肿热痛明显,炎症波及直肠和膀胱时病人出现直肠刺激症状和膀胱刺激症状。

3.骨盆直肠间隙脓肿 引起的全身症状较重而局部体征不明显。常表现为直肠刺激症状和膀胱刺激症状,有明显排便痛和排尿困难。直肠指检可扪及局限性隆起和触痛,或有波动感,局部穿刺可抽到脓液。

（三）辅助检查

1.直肠指检 对直肠肛管周围脓肿有重要意义。病变位置表浅时可触及压痛性肿块,甚至有波动感;深部脓肿则可有患侧深压痛,有时可扪及局部隆起。

2.实验室检查 有全身感染症状的病人的血常规可见白细胞计数和中性粒细胞比例增高,严重者可出现核左移及中毒颗粒。

3.B超检查 有助于深部脓肿的判断。

4.诊断性穿刺 局部穿刺抽到脓液则可确诊。

（四）治疗原则

早期使用抗菌药物、局部理疗或温水坐浴,促使炎症消退。为缓解病人排便痛,可口服缓泻剂或液体石蜡以促进排便。如已形成脓肿,应及时切开排脓。

（五）护理问题

1.疼痛 与肛周脓肿及手术有关。

2.便秘 与疼痛惧怕排便有关。

3.体温升高 与全身感染有关。

（六）护理措施

1.有效缓解疼痛

(1)体位:指导病人采取舒适体位,避免局部受压加重疼痛。

(2)热水坐浴:指导病人用 1∶5000 高锰酸钾溶液 3000 mL 坐浴,温度为 40～45℃,每日 2～3 次,每次 20～30 min。

2.保持排便通畅

(1)饮食:嘱病人多饮水,摄入可促进排便的食物,如新鲜蔬菜等,鼓励病人排便。对于惧怕疼痛者,应提供相关知识。

(2)予以缓泻剂:遵医嘱给予麻仁丸或液体石蜡等口服。

3.控制感染

(1)应用抗菌药物:遵医嘱,全身应用对革兰阳性菌敏感的抗菌药物控制感染;条件成熟时应穿刺抽取脓液,并根据药敏试验结果选择和调整抗菌药物。

(2)脓肿切开引流护理:对脓肿切开引流者,应密切观察引流液的颜色、量、性状并记录。定时冲洗脓腔,保持引流通畅。当脓液变稀、引流量小于 50 mL/d 时,可考虑拔管。

(3)对症处理:高热病人给予物理降温。

（七）健康教育

(1)局部清洁,常做肛门坐浴。

(2)直肠肛管疾病应及时治疗,并耐心坚持治疗至治愈为止。

(3)嘱病人养成良好的饮食习惯。

五、肛瘘

肛瘘是指直肠下部或肛管与肛周皮肤间形成的慢性感染性管道。直肠肛管周围脓肿破溃或切开后易形成肛瘘。脓肿形成属于直肠肛管周围炎症的急性阶段,而肛瘘则属于慢性期。

（一）病因及分类

1.病因 常为直肠肛管周围脓肿的后果,可因脓肿自行溃破或切开引流而形成,少数由结核分枝杆菌感染或损伤引起。典型的肛瘘由内口、瘘管、外口 3 部分组成,其内口多位于齿状线附近,外口位于肛周皮肤。

2.分类

(1)根据瘘口与瘘管的数目进行分类。

①单纯性肛瘘:只存在单一瘘管。

②复杂性肛瘘:存在多个瘘口和瘘管,甚至有分支。

(2)根据瘘管所在的位置进行分类。

①低位肛瘘:瘘管位于外括约肌深部以下,包括低位单纯性肛瘘和低位复杂性肛瘘。

②高位肛瘘:瘘管位于外括约肌深部以上,包括高位单纯性肛瘘和高位复杂性肛瘘。

(二)临床表现

1.疼痛 多为隐痛不适。急性感染时,有较剧烈的疼痛。

2.瘘口排脓 瘘口经常有脓液排出,在脓液排出后,外口可以暂时闭合;当脓液积聚到一定量时,再次冲破外口排脓,如此反复发作。

3.发热 肛瘘引流不畅时,脓液积聚,毒素吸收可引起发热、头痛、乏力等表现。

4.肛周瘙痒 瘘口排出的脓液刺激肛周皮肤,使肛门部潮湿、瘙痒,久之可形成湿疹。

(三)辅助检查

1.直肠指检 瘘管位置表浅时可触及硬结样内口及条索状瘘管,在内口处有轻压痛。

2.内镜检查 肛门镜检查时可发现内口。

3.特殊检查 若无法判断内口位置,可将白色纱布条填入肛管及直肠下端,并从外口注入美蓝溶液,根据染色部位确定内口。

4.实验室检查 当发生直肠肛管周围脓肿时,病人血常规检查可出现白细胞计数及中性粒细胞比例增高。

5.影像学检查 做碘油瘘管造影检查可明确瘘管分布。

(四)治疗原则

手术切除原则是切开瘘管,敞开创面,促进愈合。

1.瘘管切开术或瘘管切除术 适用于低位肛瘘。

2.挂线疗法 适用于高位单纯性肛瘘的治疗或高位复杂性肛瘘的辅助治疗(图 15-19)。

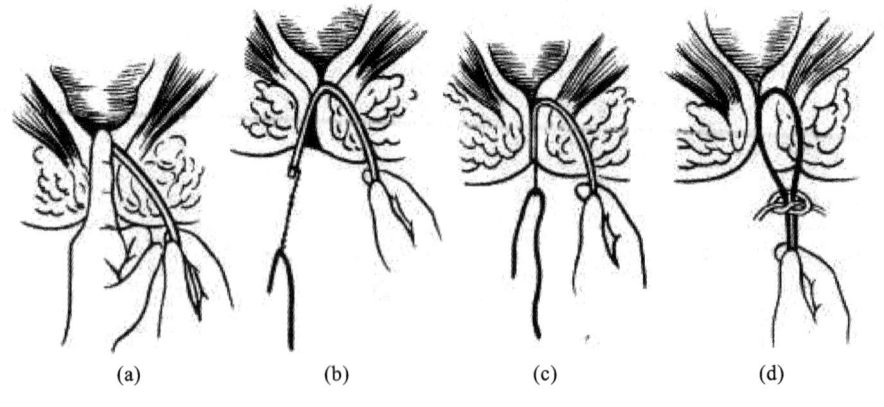

| (a) | (b) | (c) | (d) |

图 15-19 肛瘘挂线疗法

(五)护理问题

1.便秘 与疼痛、惧怕排便有关。

2.皮肤完整性受损 与肛周皮肤瘙痒有关。

3.潜在并发症　伤口感染、肛门狭窄、肛门失禁等。

（六）护理措施

1.保持排便通畅

（1）饮食：注意清淡，忌辛辣食物，多摄入新鲜果蔬，多饮水。

（2）养成良好排便习惯：手术后病人因惧怕疼痛，常拒绝排便，应向其解释手术后排便的意义，在有意排便时应及时排便。可口服缓泻剂，必要时应用止痛剂以缓解疼痛。

2.加强肛周皮肤护理

（1）保持肛周皮肤清洁、干燥：嘱病人局部皮肤瘙痒时不可用指甲抓，避免皮肤损伤和感染。

（2）温水坐浴：手术后第二日开始，每日早晚及排便后用 1∶5000 高锰酸钾溶液坐浴，浴后擦干局部，涂以抗生素软膏。

（3）挂线后护理：嘱病人每 5～7 日至门诊收紧药线，直到药线脱落。脱线后局部可涂生肌散或抗生素软膏，以促进伤口愈合。

3.手术后并发症的预防和护理　定期行直肠指诊，以及时观察伤口愈合情况。为防止肛门狭窄，手术后 5～10 日可用示指扩肛，每日一次，肛门括约肌松弛者，手术后 3 日起指导病人进行提肛运动。

（七）健康教育

（1）局部清洁，常做肛门坐浴。

（2）直肠肛管疾病应及时治疗，并耐心坚持治疗至治愈为止。

（3）嘱病人养成良好的饮食习惯。

第八节　门静脉高压症病人的护理

学习目标

识记：

1.能复述门静脉高压症的定义、分类及病因。

2.能描述门静脉高压症的临床表现和外科治疗原则。

3.能列出门静脉高压症常见护理问题、护理目标。

4.能复述门静脉系统和腔静脉系统之间 4 组交通支、腹水形成原因。

理解：

1.能说明门静脉高压症病人护理评估的内容。

2.能阐明食管胃底静脉曲张破裂出血病人的处理原则。

运用：

1.能运用护理程序对食管胃底静脉曲张破裂出血病人提供护理及健康教育。

2.能运用护理知识对门静脉高压症病人常见并发症进行预防和护理。

门静脉高压症指当门静脉系统血流受阻、发生淤滞，引起门静脉及其分支压力增高，继而导致脾大伴脾功能亢进、食管胃底静脉曲张破裂大出血、腹水等一系列临床表现的疾病。

一、解剖概要

门静脉主干由肠系膜上、下静脉和脾静脉汇合而成,其中约 20% 的血液来自脾。门静脉在肝门处分为左、右两支,分别入左、右半肝并逐渐分支,然后汇入肝静脉,最后汇入下腔静脉。

门静脉系统和腔静脉系统之间存在 4 组交通支:①胃底、食管下段交通支。②直肠下端、肛管交通支。③前腹壁交通支。④腹膜后交通支。这些交通支在正常情况下都很细,血流量很少,当患门静脉高压症时这些交通支往往开放。

二、病因与分类

根据门静脉血流受阻因素所在的部位,门静脉高压症可以分为肝前型、肝内型和肝后型 3 类。

1. 肝前型 因门静脉主干及其主要属支血栓形成等致门静脉分叉之前血流受阻而引起。此类病人肝功能多正常或轻度异常,预后较肝内型好。常见病因:①肝外门静脉血栓:如由脐炎、急性阑尾炎、胰腺炎等导致的感染引起,创伤或肿瘤也可引起。②上腹部肿瘤对门静脉或脾静脉的浸润、压迫。③在小儿,多为门静脉主干先天性畸形,如闭锁、狭窄或海绵样变性。

2. 肝内型 在我国最常见,占 95% 以上。根据血流受阻的部位可分为窦前型、窦型和窦后型。窦前型以南方多见的血吸虫病肝硬化为代表。窦型和窦后型在门静脉高压症中最常见,在我国常由肝炎后肝硬化所引起,在西方国家常由酒精性肝硬化引起。某些非肝硬化性肝病如小儿先天性肝纤维化、脂肪肝、急慢性肝炎、暴发性肝炎及重症肝炎等导致肝窦被压迫可引起门静脉高压症。

3. 肝后型 各种原因导致主要肝静脉流出道(包括肝静脉、下腔静脉甚至右心)被阻塞而引起,如巴德-吉亚利综合征、缩窄性心包炎、严重右心衰竭等。

三、病理

门静脉高压症形成之后,可发生下列病理变化。

1. 脾大、脾功能亢进 门静脉压力增高后,由于血液淤滞,可出现充血性脾大。长期充血引起脾内纤维组织和脾组织再生,继而发生脾功能亢进。

2. 静脉交通支扩张 为了将淤滞的门静脉血疏通,门静脉系统和腔静脉系统间存在的交通支大量开放,逐渐扩张、扭曲形成静脉曲张。①食管下段、胃底黏膜下静脉曲张:最重要的交通支,它离门静脉主干和腔静脉均近,压力差最大,因而发生静脉曲张最早且最显著。②其他交通支曲张:如直肠上、下静脉丛扩张,可以引起继发性痔;脐旁静脉与腹上、下深静脉交通支扩张,可以引起前腹壁静脉曲张甚至海蛇头征(腹上、下深静脉交通支扩张,以脐为中心呈放射状分布,形似海蛇头)。

3. 腹水 与下列因素有关:①肝功能减退引起低蛋白血症,使血浆胶体渗透压下降促使血浆外渗,是主要原因。②门静脉压力增高,门静脉系统毛细血管滤过压增高,组织液回吸收减少并漏入腹腔而形成腹水。③肝窦和窦后阻塞时,肝内淋巴液产生增多,但输出不畅,因而促使大量肝内淋巴自肝包膜表面漏入腹腔。④肝功能损害时,醛固酮和抗利尿激素在肝内灭活减少,血内水平升高,促进肾小管对钠和水的再吸收,引起钠和水的潴留。

四、临床表现

门静脉高压症在我国是常见病,症状因病因不同而有所差异,但主要是脾大和脾功能亢进、呕血和(或)黑便、腹水。

1. 脾大、脾功能亢进 所有病人均有不同程度的脾大,严重的脾下极可达盆腔,巨脾在血吸虫病性肝硬化病人中多见。早期肿大的脾质软;晚期质地变中等硬度,少数因脾周围粘连而活动度减少。脾大均伴发不同程度的脾功能亢进,引起外周血细胞减少。表现为黏膜及皮下出血,少数容易发生感染,感染后较难控制。

2.呕血和(或)黑便 大约半数病人发生,食管胃底曲张静脉破裂出血所致,是门静脉高压症常见的危及生命的并发症。出血部位多在食管下段和胃上端。发生急性出血时,病人呕吐鲜红色血液,排出柏油样黑便。25%~30%的病人在第1次大出血时可因失血引起严重休克或肝功能衰竭而死亡。部分病人出血虽止,但常易复发。首次出血后1~2年50%~70%的病人会再次出血,再次出血的病死率达30%~50%。

3.腹水 约1/3病人出现腹水,表现为腹胀、气急、食欲减退。大出血常引起或加剧腹水形成。有些顽固性腹水很难消退。少部分病人出现腹水感染、脐疝。

4.其他 多数病人有疲乏、厌食、虚弱无力,部分病人有恶心呕吐、腹泻、营养不良、嗜睡等肝性脑病症状以及面色灰暗、黄疸、下肢水肿、胸腹壁静脉曲张,颈胸有蜘蛛痣、肝掌和男性乳腺增生等体征。

五、辅助检查

1.实验室检查 ①血常规:脾功能亢进时,外周血细胞减少,白细胞计数<3×10^9/L,血小板计数<$(70~80)\times10^9$/L,血红蛋白和血细胞比容下降。②肝功能检查:有不同程度的损害和酶谱变化,血清胆红素增高,低蛋白血症,白/球蛋白倒置,凝血酶原时间延长。

2.影像学检查

(1)食管吞钡X线检查:食管钡剂充盈时,曲张静脉使食管轮廓呈虫蚀状改变;排空时,曲张静脉呈蚯蚓样或串珠状负影,阳性率为70%~80%。

(2)胃镜:能确定曲张静脉的程度,以及是否有胃黏膜病变或溃疡等。

(3)B超和多普勒超声检查:B超可了解肝硬化的程度、脾是否肿大、有无腹水等情况。多普勒超声可测定门静脉血流量,并能判断血流方向是向肝还是逆肝,对确定手术方案有重要参考价值。

(4)CT、MRI检查:CT可测定肝体积以推测分流术后肝性脑病的发生率;MRI不仅可以重建门静脉、准确测定门静脉血流方向及血流量,还可将门静脉高压病人的脑生化成分做出曲线并进行分析,为制订手术方案提供依据。

(5)门静脉造影及压力测定:为创伤性检查,较少采用。可以准确了解门静脉及其分支情况,特别是胃冠状静脉的形态学改变,并可直接测定门静脉压力。

六、处理原则

外科治疗主要是预防和控制急性食管、胃底曲张静脉破裂引起的上消化道出血;其次是解除或改善脾大伴脾功能亢进和治疗顽固性腹水。根据病人具体情况,采用非手术治疗、手术治疗。

(一)食管胃底曲张静脉破裂出血的治疗

1.非手术治疗 适应证:有黄疸、大量腹水、肝功能严重受损的病人发生大出血者;上消化道大出血病因尚不明确,诊断未明确者;作为手术前的准备工作。主要措施如下。

(1)补充血容量:立即输血、输液。若收缩压低于80 mmHg,应快速输血;肝硬化者宜用新鲜全血,因其含氨量低,且保存有凝血因子,有利止血和预防肝性脑病;避免过量扩容,以防门静脉压力反跳性增高而引起再出血。

(2)药物止血:首选血管收缩药或与硝酸酯类血管扩张药合用。①血管升压素:可使内脏小动脉收缩、减少门静脉回血量,降低门静脉压力,使曲张静脉破裂处形成血栓而达到止血作用。对高血压和冠心病病人不适用,必要时加用硝酸甘油以减轻副作用。②生长抑素:能选择性减少内脏血流量,尤其是门静脉系统的血流量,从而降低门静脉压力,有效控制出血。

(3)内镜治疗:采用双极电凝、微波、激光、注射硬化剂和套扎等方法止血。硬化剂注射疗法和套扎术对胃底曲张静脉破裂出血均无效。

①硬化剂注射疗法(EVS):经内镜将硬化剂(鱼肝油酸钠)直接注射到曲张静脉腔内,使曲张静脉闭塞,其黏膜下组织硬化,以治疗食管静脉曲张出血和预防再出血。

②经内镜食管曲张静脉套扎术(EVL):比硬化剂注射疗法操作相对简单和安全,此法治疗后近期再出血率较高。

(4)三腔二囊管压迫止血:利用充气气囊分别机械性压迫胃贲门及食管下段破裂的曲张静脉而起止血作用,是治疗食管胃底曲张静脉破裂出血简单而有效的方法,通常用于对血管升压素或内镜治疗无效的病人。该管有三腔,一腔为圆形气囊,可充气 $150\sim200$ mL,压迫胃底;一腔为长椭圆形气囊,可充气 $100\sim150$ mL,压迫食管下段;一腔为胃腔,经此腔可吸引、冲洗或注入药物。牵引重量约为 0.25 kg。

此方法止血成功率在 $44\%\sim90\%$,再出血率约为 50%,仅作为一种暂时性措施。

(5)经颈静脉肝内门体分流术(TIPS):采用介入法经颈静脉途径在肝内肝静脉与门静脉主要分支间置入支架建立通道而实现门体分流,其内支撑管直径为 $8\sim12$ mm。目前主要用于等待行肝移植术的病人,其次是内科治疗无效、肝功能差或手术治疗失败的曲张静脉破裂出血病人。TIPS 可使门静脉压力降低至原来的一半,止血效果较好。但技术难度较大,而且内支撑管可进行性狭窄,堵塞率高达 $40\%\sim50\%$;肝性脑病发生率高达 $20\%\sim40\%$。

2. 手术治疗 适应证:无黄疸和明显腹水病人发生大出血;经非手术治疗 $24\sim48$ h 无效者。食管胃底曲张静脉一旦破裂出血,反复出血概率很高,且每次出血必将损害肝脏。积极手术止血不仅可以防止再出血,也是预防肝性脑病的有效措施。

(1)分流术:手术方式很多,全口径门体分流术,因术后肝性脑病发生率高,已被弃用。现在常用的分流术如下:①近端脾肾静脉分流术。②"限制性"侧门腔静脉分流术。③肠系膜上、下腔静脉间桥式 H 形分流术。④远端脾肾静脉分流术(Warren 手术)。

(2)断流术:阻断门奇静脉间反常血流,同时切除脾,以达到止血的目的。断流手术的方式有很多,最有效的是脾切除加贲门周围血管离断术,急诊手术常采用该术式。

(二)严重脾大,合并明显脾功能亢进的治疗

最常见于晚期血吸虫病人,也见于脾静脉栓塞引起的左侧门静脉高压症。对于这类病人单纯行脾切除术效果良好。

(三)肝硬化引起的顽固性腹水的治疗

最有效的方法是肝移植,其他包括 TIPS 和腹腔-上腔静脉转流术。

对于终末期肝硬化门静脉高压症的病人特别是并发食管胃底曲张静脉出血者,肝移植是唯一有效的根治性治疗手段,既替换了病肝,又使门静脉系统血流动力学恢复正常。

七、护理问题

1. 恐惧 与突然大量呕血、便血、肝性脑病及病情危重等有关。

2. 体液不足 与食管胃底曲张静脉破裂出血有关。

3. 体液过多 腹水,与肝功能损害致低蛋白血症、门静脉压增高、血浆胶体渗透压降低及醛固酮分泌增加等有关。

4. 营养失调:低于机体需要量 与肝功能损害、营养素摄入不足和消化吸收障碍等有关。

5. 潜在并发症 出血、肝性脑病、感染、门静脉血栓形成、肝肾综合征。

八、护理措施

(一)非手术治疗护理/手术前护理

1. 心理护理 门静脉高压症病人,长期患有肝病,合并上消化道出血时,来势凶猛、出血量大,病人常紧张、恐惧,对治疗悲观失望,甚至丧失信心。护士应沉着冷静地接待,将病人迅速安置在重症监护室或外科抢救室,配合抢救的同时,保持安静,避免床边讨论,稳定病人情绪,帮助病人树立战胜疾病的信心。

2. 控制出血,维持体液平衡 ①恢复血容量,纠正体液失衡:迅速建立静脉通路,按出血量调节输液

种类和速度,尽快备血、输血。注意补钾、控制钠的摄入,纠正水、电解质平衡失调并预防过度扩容。②止血药物的应用与护理:冰盐水或冰盐水加去甲肾上腺素胃内灌洗至回抽液清澈;低温灌洗液可使胃黏膜血管收缩,减少出血,降低胃分泌及运动而达到止血作用。按时应用止血药,注意药物不良反应;及时清理呕吐物、排泄物,特别是意识不清者呕血时注意防止误吸。

3.病情观察　定时测量血压、脉搏、呼吸,监测中心静脉压和尿量。准确观察和记录出血的特点,如呕血前常有上腹部不适及恶心感。注意呕血和黑便的颜色、性状、量。

4.三腔二囊管压迫止血的护理　参见《内科护理》相关章节。

5.预防食管胃底曲张静脉出血　①择期手术前可输全血,补充 B 族维生素、维生素 C、维生素 K 及凝血因子,以防手术中和手术后出血。②手术前一般不放置胃管,必须放置时,应选择细、软胃管,插入时涂大量润滑油,动作轻巧。③注意饮食,避免腹内压增高因素。

6.控制或减少腹水形成　①注意休息,手术前尽量取平卧位,以增加肝、肾血流灌注。②注意补充营养,纠正低蛋白血症。③限制液体和钠的摄入,每日钠摄入量限制在 $500\sim800$ mg(氯化钠 $1.2\sim2.0$ g),少食咸肉、酱菜、罐头等含钠高的食物。④遵医嘱合理使用利尿剂,同时记录 24 h 液体出入量,观察有无低钾血症、低钠血症。⑤测量腹围和体重:每日测腹围 1 次,每周测体重 1 次。

7.保护肝功能,预防肝性脑病　①休息与活动:肝功能较差者以卧床休息为主,安排少量活动。②改善营养状况:给予高热量、适量蛋白质、丰富维生素饮食,可输全血及白蛋白纠正贫血和低蛋白血症。③常规给氧,保护肝功能。④药物的应用:遵医嘱给予多烯磷脂酰胆碱、谷胱甘肽等保肝药物,避免使用红霉素、巴比妥类、盐酸氯丙嗪等会损肝的药物。⑤纠正水、电解质和酸碱平衡失调:积极预防和控制上消化道出血;及时处理严重的呕吐和腹泻;避免快速利尿和大量放腹水。⑥防止感染。⑦保持肠道通畅:及时清除肠道内积血;防止便秘,口服硫酸镁溶液导泻或酸性液(禁忌肥皂水等碱性液)灌肠;分流手术前2日口服肠道杀菌剂,手术前晚清洁灌肠。

8.手术前准备　积极做好急诊手术的各项常规准备。

(二)手术后护理

1.休息与活动　①断流术和脾切除术后,麻醉作用消失、生命体征平稳后取半坐卧位。②分流术者,为使血管吻合口保持通畅,取平卧位或低坡半坐卧位($<15°$),1 周后可逐步下床活动。

2.严密观察病情　观察并记录生命体征、神志、面色、尿量、引流液的量和颜色等。分流术取自体静脉者,观察局部有无静脉回流障碍;取颈内静脉者观察有无头痛、呕吐等颅内压增高表现。

3.营养支持　手术后早期禁食,禁食期间给予肠外营养支持。手术后 $24\sim48$ h 肠蠕动恢复后可进食流质食物,以后逐步改为半流质及软食。

4.并发症的观察及护理

(1)出血:定时观察血压、脉搏、呼吸及有无伤口或消化道出血情况。膈下置引流管者应注意记录引流液的性状和量,如在 $1\sim2$ h 吸出 200 mL 以上血性液体应告知医生,及时妥善处理。

(2)肝性脑病:分流术后病人须定时测定肝功能并监测血氨浓度,观察病人有无轻微的性格异常、定向力减退、嗜睡与躁动交替,黄疸是否加深,有无发热、厌食、肝臭等肝功能衰竭表现。肝性脑病的护理参见《内科护理》相关章节。

(3)感染:感染的常见部位为腹腔、呼吸系统和泌尿系统,手术后应加强观察。护理措施:①遵医嘱及时使用有效的抗生素。②引流管的护理:膈下置引流管者应保持负压引流系统的无菌、通畅;观察和记录引流液的性状和量;引流液逐日减少、色清淡、每日少于 10 mL 时可拔管。③加强基础护理:有黄疸者加强皮肤护理,卧床期间防止压疮发生;注意会阴护理;禁食期间注意口腔护理;鼓励深呼吸、咳嗽、咳痰,予以超声雾化吸入,防止肺部并发症。

(4)静脉血栓:断流术或分流术后均可形成门静脉系统血栓,以前者为多,特别是脾切除术后发生率更高,应定时行 B 超等检查以明确有无血栓形成。分流术后如无严重凝血功能障碍建议抗凝治疗,注意监测凝血功能变化。手术后应注意监测血常规和凝血功能,如手术后血小板上升达 600×10^{9}/L,应观察有无血栓形成迹象,必要时遵医嘱给予阿司匹林、双嘧达莫等抗凝治疗。

九、健康教育

1.饮食指导 少量多餐,养成规律进食习惯;进食高热量、丰富维生素饮食,维持足够的能量摄入;进食无渣软食,避免粗糙、干硬及刺激性食物,以免诱发大出血。①肝功能损害较轻者,可酌情摄取优质高蛋白质饮食(50~70 g/d);②肝功能严重受损及分流术后病人应限制蛋白质摄入;③有腹水病人限制水和钠摄入。

2.生活指导 ①避免劳累和过度活动,保证充分休息;一旦出现头晕、心慌、出汗等症状,应卧床休息,逐步增加活动量。②避免引起腹内压增高的因素,如咳嗽、打喷嚏、用力排便、提举重物等,以免诱发曲张静脉破裂出血。③保持乐观、稳定的心理状态,避免精神紧张、抑郁等不良情绪。④用软毛牙刷刷牙,避免牙龈出血,防止外伤。⑤指导病人制订戒烟、酒计划。

3.定期复诊 指导病人及其家属掌握出血先兆、基本观察方法和主要急救措施,熟悉紧急就诊的途径和方法。

第九节 肝脓肿病人的护理

 学习目标

识记:

1.能复述细菌性肝脓肿的概念。

2.能复述细菌性肝脓肿的病因、临床表现和处理原则。

3.能阐述阿米巴性肝脓肿的临床表现和处理原则。

理解:

能比较细菌性肝脓肿与阿米巴性肝脓肿的异同点,并提出护理问题和相应护理措施。

运用:

能运用护理知识,对细菌性肝脓肿进行预防和护理。

肝脓肿是肝受感染后形成的脓肿,属于继发感染性疾病。根据病原菌不同可分为细菌性肝脓肿和阿米巴性肝脓肿,临床上前者较后者多见。

一、细菌性肝脓肿

细菌性肝脓肿是指化脓性细菌引起的肝内化脓性感染。常见致病菌为大肠杆菌和金黄色葡萄球菌,其次为链球菌、类杆菌属等。

(一)病因

由于肝有双重血液供应,又通过胆道与肠道相通,因而肝受细菌感染的机会多。病原菌入侵肝的常见病因和途径包括以下几种。

1.胆道系统 最主要的入侵途径和最常见的病因。胆囊炎、胆道蛔虫症或胆管结石等并发急性化脓性胆管炎时,细菌沿胆管上行、感染肝而形成肝脓肿;胆道疾病所致的肝脓肿常为多发性,以左外叶最为多见。

2.化脓性阑尾炎、细菌性痢疾、痔核感染及化脓性盆腔炎等 可经门静脉系统入肝引起肝脓肿。

3.膈下脓肿或肾周脓肿 细菌可经淋巴系统入侵肝。

4.肝开放性损伤 细菌直接从伤口入侵。

(二)临床表现

1.症状

(1)寒战和高热：最常见的早期症状，体温可高达 39～40℃，一般为稽留热或弛张热，伴多汗，脉率增快。

(2)肝区疼痛：由于肝大、肝包膜急性膨胀和炎性渗出物的局部刺激，多数病人出现肝区持续性胀痛或钝痛，有时可伴有右肩牵涉痛或胸痛。

(3)消化道及全身症状：由于细菌毒素吸收及全身消耗，病人有乏力、食欲减退、恶心、呕吐等症状；少数病人可有腹泻、腹胀及难以止住的呃逆等症状。病人常在短期内呈现严重病容。

2.体征 常见的体征为肝区压痛和肝大，右下胸部和肝区有叩击痛。严重者可出现黄疸。病程较长者，常有贫血。

(三)辅助检查

1.实验室检查

(1)血白细胞计数增高，中性粒细胞可高达 90％以上，有核左移现象和中毒颗粒；部分病人红细胞比容下降。

(2)肝功能检查可见轻度异常。

2.影像学检查

(1)X 线检查：肝阴影增大，右膈肌抬高和活动受限。

(2)B 超检查：能分辨肝内直径 2 cm 的液性病灶，并能明确其部位和大小。

(3)放射性核素扫描、CT、MRI 和肝动脉造影对诊断肝脓肿有帮助。

3.诊断性肝穿刺 必要时可在肝区压痛最剧烈处或在超声探测引导下施行诊断性穿刺，抽出脓液即可证实。

(四)处理原则

早诊断，早治疗，处理原发病，避免并发症。

1.非手术治疗 适用于急性期尚未局限的肝脓肿和多发性小脓肿。

(1)支持治疗：积极提供支持治疗，包括肠内、外营养支持；纠正水、电解质、酸碱平衡失调；必要时反复多次输血，纠正低蛋白血症；改善肝功能和增强机体抵抗力。

(2)应用抗菌药物：大剂量、联合应用抗菌药物。

(3)经皮肝穿刺脓肿置管引流术：单个较大的脓肿可在 B 超引导下穿刺抽脓，抽出脓液后可向脓腔注入抗菌药物，或在穿刺针内插入 PTCD 导管或细硅胶管作持续引流。

(4)中医中药治疗：多与抗菌药物和手术治疗配合应用，以清热解毒为主。

2.手术治疗

(1)脓肿切开引流术：适用于较大的脓肿。

(2)肝叶切除术：适用于慢性厚壁肝脓肿切开引流术后长期不愈或肝内胆管结石合并左外叶多发性肝脓肿且该肝叶功能丧失者。

(五)护理问题

1.体温过高 与肝脓肿及其产生的毒素吸收有关。

2.潜在并发症 腹膜炎、膈下脓肿、胸腔内感染、休克。

3.营养失调：低于机体需要量 与进食减少、感染引起分解代谢增加有关。

（六）护理措施

1.有效控制感染，注意高热护理

（1）引流管护理：旨在彻底引流脓液，促进脓腔闭合。

①固定：妥善固定引流管，防止滑脱。

②体位：置病人于半坐卧位，以利引流和呼吸。

③严格遵守无菌原则：每日用生理盐水多次或持续冲洗脓腔，观察和记录脓腔引流液的颜色、性质和量。

④防止感染：每日更换引流瓶。

⑤拔管：当脓腔引流液少于 10 mL 时，可拔出引流管，改为凡士林纱条引流，适时换药，直至脓腔闭合。

（2）高热护理。

①病室内温度和湿度：保持病室空气新鲜，定时通风，维持室温于 18～22℃，湿度为 50%～70%。

②保持舒适：病人衣着适量，床褥勿盖过多，及时更换汗湿的衣裤和床单，以保持清洁和舒适。

③观察：加强对体温的动态观察。

④摄水量：除须控制入水量者，保证高热病人每日至少摄入 2000 mL 液体，以防缺水。

⑤物理降温：头枕冰袋、乙醇擦浴、灌肠（生理盐水）等。

⑥药物降温：必要时用解热镇痛药，如安乃近、柴胡等。

⑦观察不良反应：遵医嘱正确合理应用抗菌药物，并注意观察药物不良反应。对长期应用抗菌药物者应警惕假膜性肠炎及继发双重感染。

2.病情观察 加强对生命体征和腹部体征的观察，注意脓肿是否破溃引起腹膜炎、膈下脓肿、胸腔内感染等严重并发症。

3.营养支持 肝脓肿是消耗性疾病，应鼓励病人多摄入高蛋白质、高热量、富含维生素和膳食纤维的食物，保证足够的液体摄入量；必要时经静脉输注血制品或提供肠内、外营养支持。

4.其他 根据病人的情况给予适宜的止痛措施。

（七）健康教育

指导病人遵循治疗护理计划要求，要有战胜疾病的信心；能讲解肝脓肿的预防、治疗知识；出院后按期复诊，或有明显不适应及时就诊。

二、阿米巴性肝脓肿

阿米巴性肝脓肿是肠道阿米巴病最常见的并发症，发生率为 1.8%～20%。其中 70%～95% 为男性，年龄多在 30～50 岁。约半数在肠阿米巴急性期并发。

（一）病因与病理

阿米巴原虫从结肠溃疡处肠壁小静脉经门静脉、淋巴管或直接侵入肝内。进入肝脏的阿米巴滋养体可能被消灭，也可能阻塞门静脉小分支末梢引起缺血性肝细胞坏死，同时产生溶组织酶，溶解肝组织而形成肝脓肿，其内为液化的肝组织和血液。典型的阿米巴性肝脓肿是单发性的，容积较大，有时达 1000～2000 mL；80% 见于肝右叶，以右叶顶部最多，仅 1% 同时分布在左右两叶。

（二）临床表现

起病可较急也可较缓，病程一般较长，病情较细菌性肝脓肿轻。成年男子如有持续或间歇性高热、食欲不佳、体质虚弱、肝大伴触痛等症状，应怀疑发生阿米巴性肝脓肿。如上述症状发生在阿米巴痢疾急性期或既往有阿米巴痢疾史者，可初步诊断为阿米巴性肝脓肿。但是，有时容易误诊，应注意鉴别诊断（表 15-2）。

表 15-2　细菌性肝脓肿与阿米巴性肝脓肿的鉴别

项目	细菌性肝脓肿	阿米巴性肝脓肿
病史	继发于胆道感染或其他化脓性疾病	继发于阿米巴痢疾
症状	病情急骤严重,全身脓毒血症,症状明显,伴寒战、高热	起病较缓慢,病程较长,可有高热或不规则发热、盗汗
体征	肝大不显著,多无局限性隆起	肝大显著,可有局限性隆起
血液检查	白细胞计数及中性粒细胞明显增加	白细胞计数可增加,血清学阿米巴抗体检测阳性
血培养	血液细菌培养阳性	若无继发细菌感染,血液细菌培养阴性
大便检查	无特殊表现	部分病人可找到阿米巴滋养体
脓液	多为黄白色脓液、恶臭,涂片和培养可发现细菌	大多为棕褐色脓液、无臭味,镜检有时可找到阿米巴滋养体;若无混合感染,涂片和培养无细菌
诊断性治疗	抗阿米巴治疗无效	抗阿米巴治疗有效
脓肿	较小,常为多发性	较大,多为单发,多见于肝右叶

(三)处理原则

1. 非手术治疗　主要采用甲硝唑、氯喹、依米丁、环丙沙星等抗阿米巴药物治疗,必要时反复 B 超定位穿刺抽脓及全身营养支持疗法,较小的脓肿一般可经非手术治疗治愈。合并细菌感染者尽早使用抗生素。对病情重、脓腔较大或非手术治疗脓腔未见缩小者,可行经皮肝穿刺置管闭式引流,应严格保持无菌,以免继发细菌感染。

2. 手术治疗　阿米巴性肝脓肿切开引流会引起继发细菌感染而增加病死率。但如果出现下列情况,应在严格无菌原则下手术切开排脓并采用持续负压闭式引流:①经抗阿米巴治疗及穿刺吸脓,脓肿未见缩小、高热不退者。②脓肿伴继发细菌感染,经综合治疗不能控制者。③脓肿已穿破入胸腹腔或邻近器官。④直径在 10 cm 以上巨大脓肿或较浅表脓肿。⑤脓肿位于左肝外叶,有穿入心包危险者。

(四)护理问题

1. 体温过高　与阿米巴性肝脓肿有关。

2. 营养失调:低于机体需要量　与分解代谢增加、进食减少、肠道功能紊乱等有关。

3. 潜在并发症　继发细菌感染、腹膜炎、膈下脓肿、胸腔内感染、心包填塞。

(五)护理措施

(1)遵医嘱使用抗阿米巴药物,注意观察病人药物不良反应;在临床治愈后如脓腔仍存在,嘱病人继续服用 1 个疗程甲硝唑。

(2)加强营养支持,鼓励病人多摄入富含营养的食物,多饮水。做好发热病人的护理。

(3)密切观察病情变化,及时发现继发细菌感染征象。

(4)做好脓腔引流的护理,严格无菌操作,防止继发细菌感染。

(5)健康教育参见细菌性肝脓肿。

第十节　胆道疾病病人的护理

识记：

1.能概述胆道系统的解剖生理特点。

2.能简述胆道疾病特殊检查的护理要点。

3.能复述胆囊结石、胆管结石、胆囊炎、急性梗阻性化脓性胆管炎等的概念。

理解：

1.能概括胆石症及胆道感染的病因、发病机制与病理生理。

2.能概括胆石症、胆道感染及胆道蛔虫病的临床表现。

3.能阐明胆石症及胆道感染病的处理原则。

运用：

能运用护理程序，为胆石症及胆道感染病人制订护理计划。

一、解剖生理概要

胆道系统起于肝内毛细胆管，开口于十二指肠乳头，分为肝内胆管和肝外胆道两个部分。肝内胆管起自毛细胆管，汇集成小叶间胆管，肝段、肝叶胆管和肝内左、右肝管。肝外胆道包括肝外胆管（肝外左肝管、肝外右肝管、肝总管、胆总管）和胆囊。胆道系统的主要生理功能是输送、储存和调节肝分泌的胆汁进入十二指肠（图 15-20）。

二、胆道疾病的特殊检查和护理

(一)超声检查

胆道疾病常用的超声检查方法有 B 超和超声内镜(EUS)检查。

1.B 超检查　B 超是诊断胆道疾病的首选方法，该方法无创、简便、可重复、经济且准确率高。

(1)检查前准备：检查前 3 日禁食牛奶、豆制品、糖类等易发酵产气的食物。检查前 1 日晚餐宜清淡饮食，以保证胆囊和胆管内胆汁充盈。检查当日空腹，禁食、禁水，以减少腹腔肠管气体干扰。肠道气体过多或便秘者可事先口服缓泻剂或灌肠。

(2)检查中护理：病人多取仰卧位，以减少腹腔脏器重叠效应。左侧卧位有利于显示胆囊颈及肝外胆管病变，坐位或站位可用于胆囊位置较高者。

2.超声内镜(EUS)　EUS 是一种直视性的腔内超声技术，可同时进行电子内镜和超声检查。用 EUS 对胆总管下段和壶腹部行近距离超声检查，不受胃肠道气体影响，准确率高，并可进行活检。

(1)检查前准备：检查前 4～6 h 禁食，检查开始前松开衣领和裤带，如有活动性义齿应先取下。

(2)检查中护理：取左侧屈膝卧位，嘱病人深吸气并咬紧牙垫，保持头放低稍后仰位，以增大咽喉部的间隙，利于插镜和分泌物流出。出现恶心、呕吐或呛咳时，保持呼吸道通畅，防止发生误吸或窒息。观察病人的呼吸和面色情况，必要时监测 SPO_2、心率及心律的变化。

(3)检查后护理：检查后禁食 2 h,待喉部麻醉药或镇静药作用消失后方可进食。行细针穿刺活检者

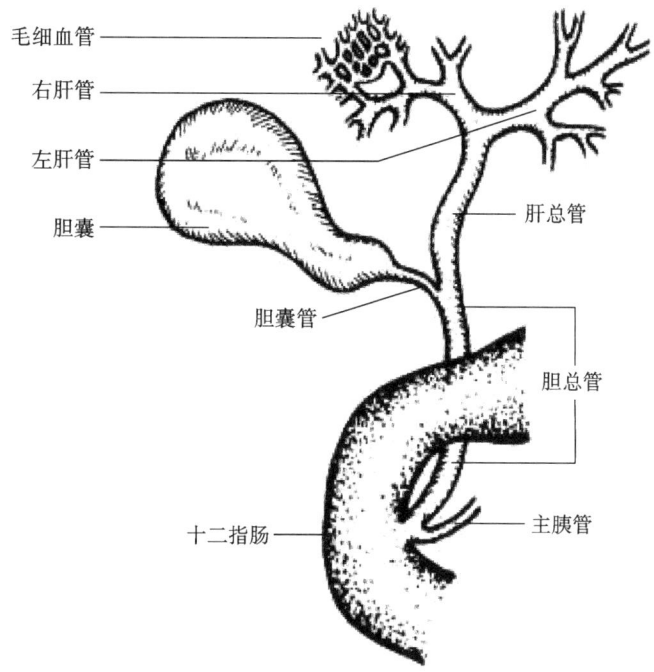

毛细血管

右肝管

左肝管

胆囊

胆囊管

十二指肠

肝总管

胆总管

主胰管

图 15-20　胆道系统

需禁食 4~6 h。密切观察生命体征、腹部体征和有无出血等情况。

（二）放射学检查

CT、MRI 虽具有成像无重叠、分辨率高等特点,但在胆道疾病的诊断方面不具有特异性。正电子发射计算机断层显像(PECT)可用于诊断胆道系统肿瘤,但由于价格昂贵,多用于肿瘤病人的全身检查或手术后复查。目前诊断胆道疾病常用的放射学检查还有经内镜逆行胰胆管造影(ERCP)、经皮肝穿刺胆管造影(PTC)、磁共振胰胆管造影(MRCP)。

1. ERCP　ERCP 是在纤维十二指肠镜直视下,通过十二指肠乳头将导管插入胆管和(或)胰管内进行造影,更适用于低位胆管梗阻的诊断。ERCP 有诱发急性胰腺炎和胆管炎的可能,诊断性 ERCP 现已部分被 MRCP 所替代。

（1）检查前准备:评估心肺功能、凝血酶原时间及血小板计数,指导病人练习左侧卧位和吞咽动作。检查前 6~8 h 禁食,检查开始前 15~20 min 肌内注射地西泮 5~10 mg、山莨菪碱 10 mg 及哌替啶 50 mg,口服咽部局麻药。

（2）检查中护理:插内镜时指导病人进行深呼吸并放松,若造影过程中出现呼吸抑制、血压下降、呛咳、呕吐、躁动等特殊情况,及时终止操作并做相应处理。

（3）检查后护理:观察病人体温及腹部体征,胰管未显影者检查后禁食 2 h,胰管显影者手术后暂禁食,待血淀粉酶水平正常后可进食低脂半流质饮食。EST 术后观察病人腹部体征及有无呕血、黑便等消化道出血的症状。鼻胆管引流者,观察引流液的颜色、量和性状。遵医嘱预防性使用抗生素。

2. PTC　PTC 是在 X 线电视或 B 超监视下,用细针经皮肤穿刺将导管送入肝胆管内,注入造影剂使肝内、外胆管迅速显影的检查方法。PTC 为有创检查,可发生胆瘘、出血、胆道感染等并发症,近年来已不常使用。经皮肝穿刺胆管引流 (PTBD)是在 PTC 基础上向扩张的肝内胆管置入导管以减压并引流,可用于手术前减轻黄疸,对不能手术的梗阻性黄疸病人也可作为永久性的治疗措施。

（1）检查前准备:评估凝血酶原时间及血小板计数,有出血倾向者予以维生素 K 心内注射,待出血倾向纠正后再行检查。有感染者遵医嘱应用抗生素。检查前 1 日晚口服缓泻剂或灌肠,检查前 4~6 h 禁食,检查开始前进行碘过敏试验并排空膀胱。根据穿刺位置采取相应的体位,经肋间穿刺时取仰卧位,经腹膜外穿刺时取俯卧位。指导病人保持平稳呼吸,避免屏气或深呼吸。严密观察病人神志、面色、心率、血压、血氧饱和度及腹部体征,出现异常立即停止操作并进行抢救。

(2)检查后护理:①检查后禁食 2 h,平卧 4~6 h,卧床休息 24 h,避免增加腹压。②严密观察生命体征、腹部体征,及早发现和处理出血、胆汁性腹膜炎等并发症。③PTBD 引流管管道较细,置管早期因胆汁黏稠、出血和血块形成等极易造成管道堵塞,应仔细观察并维持管道通畅。④遵医嘱应用抗生素及止血药。

3. MRCP　MRCP 可显示整个胆道系统的影像,在诊断先天性胆管囊状扩张症及梗阻性黄疸方面有重要价值,具有无创、胆道成像完整等优点,可替代 PTC 和 ERCP。

(1)检查前准备:嘱病人取下义齿、发夹、戒指、耳环、钥匙、手表、硬币等一切金属物品,以免造成金属伪影而影响成像质量,手机、磁卡亦不能带入检查室。指导病人完成吸气—呼气—闭气的呼吸方法,减少扫描中因腹部呼吸运动造成的伪影。告知病人检查中梯度场启动可有噪声,以取得配合。对小儿及不能配合检查的病人,检查前适当应用镇静药。

(2)检查中护理:指导病人取平卧位,保持身体处于制动状态,采用正确的呼吸方法配合检查者完成扫描。

4. 胆管造影　胆道手术中可经胆囊管插管、胆总管穿刺或置管行胆管造影。行胆总管 T 管引流或其他胆管置管引流者,拔管前常规经 T 管或置管行胆管造影。

(1)检查前准备:T 管造影检查一般于手术后 2 周进行,检查前嘱病人排便,必要时给予灌肠。

(2)检查中护理:协助病人取仰卧位,左侧抬高约 15°。消毒 T 管的体外部分并排出管内空气,将装有造影剂的注射器连接 T 管,使造影剂借助注射器的自身重力自行流入胆管,注入后立即摄片。

(3)检查后护理:造影完毕后将 T 管连接引流袋,开放 T 管引流 24 h 以上,排出造影剂。必要时遵医嘱使用抗生素。

(三)胆道镜检查

胆道镜检查可协助诊断和治疗胆道结石,了解胆道有无狭窄、畸形、肿瘤和蛔虫等,亦可在胆道镜直视下行取石术或取活组织行病理检查。

1. 手术中胆道镜　采用纤维胆道镜或硬质胆道镜经胆总管切开处进行检查。操作过程中随时协助吸尽溢出的胆汁和腹腔内渗出物,防止并发症。

2. 手术后胆道镜　经 T 管窦道或皮下空肠插入纤维胆道镜进行检查和治疗,还可经胆道镜采用特制器械行内镜括约肌切开术(EST)。检查后观察病人有无发热、恶心、呕吐、腹泻和胆道出血等。观察有无腹膜炎体征,以便及时发现和处理。

三、胆石症

胆石症是常见病,随着年龄增长发病率增高,女性比男性高 1 倍左右。胆囊结石发病率较胆管结石高。结石按化学成分可分为:①胆固醇结石:以胆固醇为主要成分,外观呈白黄、灰黄或黄色,质硬,单发或多发,形状和大小不一,呈多面体、圆形或椭圆形,表面多光滑,剖面有呈放射状排列的条纹,X 线检查多不显影。②胆色素结石:以胆色素为主要成分,形状及大小不一,呈粒状、长条状或铸管形,一般为多发。③混合性结石:由胆红素、胆固醇、钙盐等多种成分混合而成。根据所含成分比例的不同,呈现不同的形状、颜色和剖面结构。按结石所在部位分类可分为胆囊结石、肝外胆管结石和肝内胆管结石(图 15-21)。

(一)胆囊结石

1. 病因　胆囊结石是综合性因素作用的结果。主要与脂类代谢异常、胆囊的细菌感染和收缩排空功能减退有关。这些因素引起胆汁的成分和理化性质发生变化,使胆汁中的胆固醇呈过饱和状态,沉淀析出、结晶而形成结石。

2. 临床表现　约 30% 的胆囊结石病人可终身无临床症状。而仅于体检或手术时发现的结石称为静

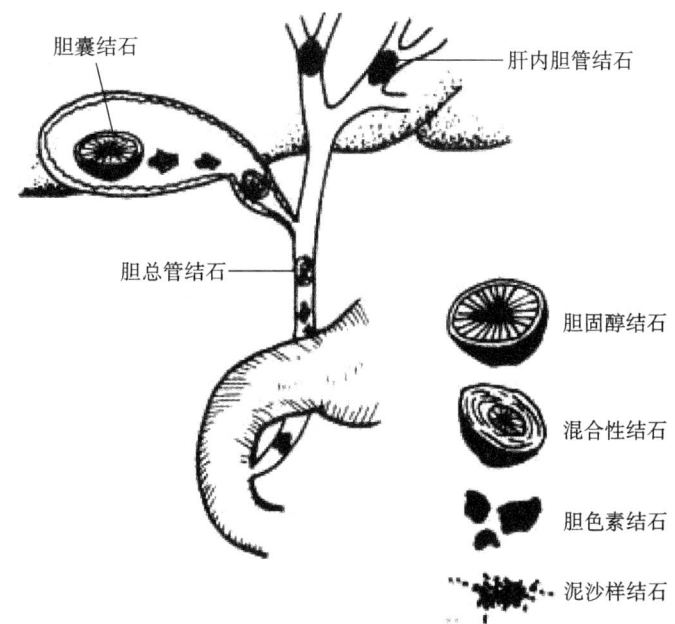

图 15-21　胆结石类型

止性结石。

(1)症状:腹痛是主要的临床表现,起病常在饱餐、进食油腻食物后,或在夜间发作。主要表现为右上腹阵发性绞痛,疼痛常放射至右肩或右背部,伴恶心呕吐、畏食等,病情重者还会有畏寒和发热;部分病人可有轻度黄疸。

(2)体征:右上腹有压痛、反跳痛和肌紧张,墨菲征阳性(深压胆囊区,嘱病人深吸气,可有触痛反应),可在右上腹触及肿大而有触痛的胆囊;如大网膜粘连包裹形成胆囊周围炎性团块时,则右上腹肿块边界不清,活动度受限;如胆囊壁发生坏死、穿孔,则出现弥漫性腹膜炎的体征。

3.辅助检查

(1)实验室检查:合并胆囊炎时可有血白细胞计数及中性粒细胞比例增高。

(2)B超检查:合并胆囊炎时可提示胆囊增大,囊壁增厚,大部分病人可见到胆囊结石影像。

4.治疗原则

(1)手术治疗。

①手术切除病变的胆囊:手术时机最好是在急性发作后缓解期。

②腹腔镜胆囊切除术:在腹腔镜下,利用特殊器械,通过腹壁小口在腹腔内施行胆囊切除术。其优点是不用剖腹、创伤小、痛苦轻、恢复快且较安全。

(2)非手术治疗:对合并严重心血管疾病不能耐受手术的老年病人,可采取溶石或排石疗法。

(二)胆管结石

1.病因　胆管结石根据病因不同,分为原发性胆管结石和继发性胆管结石。在胆管内形成的结石,称为原发性胆管结石,其形成与肝内感染、胆汁淤积、胆道蛔虫有密切关系,以胆色素结石或混合性结石为主。胆管结石来自胆囊者,称为继发性胆管结石,以胆固醇结石多见。

2.临床表现　病人常伴有非特异性消化道症状,如上腹部不适、呃逆、嗳气等。当结石阻塞胆管并继发感染时可致典型的胆管炎症状,如急性腹痛、寒战高热和黄疸,称为 Charcot 三联征。

(1)腹痛:位于剑突下或右上腹部,呈阵发性、刀割样绞痛,或持续性疼痛伴阵发性加剧。疼痛向右后肩背部放射,伴有恶心、呕吐。主要由结石嵌顿于胆总管下端或壶腹部,刺激胆管平滑肌,引起 Oddi 括约肌痉挛所致。

(2)寒战高热:多于剧烈腹痛后出现寒战、高热。体温可高达 39~40℃,呈弛张热。为梗阻胆管继发

感染后,脓性胆汁和细菌逆流,并随肝静脉扩散所致。

(3)黄疸:结石堵塞胆管后,胆红素逆流入血,病人出现黄疸。由于黄疸的程度与梗阻的程度、是否继发感染及阻塞的结石是否松动有关,故临床上,黄疸多呈间歇性和波动性变化。

(4)单纯性肝内胆管结石:可无症状或有肝区和患侧胸背部持续性胀痛,合并感染时除有 Charcot 三联征外,还易并发胆源性肝脓肿、胆管支气管瘘;感染反复发作的病人可导致胆汁性肝硬化、门静脉高压症等,甚至并发肝胆管癌。

3. 辅助检查

(1)实验室检查:合并感染时,白细胞计数及中性粒细胞比例明显升高;肝细胞损害时,血清转氨酶和碱性磷酸酶增高。血清胆红素、尿胆红素升高,尿胆原降低或消失,大便中尿胆原减少。

(2)影像学检查:B 超检查可显示胆管内有结石影,近段扩张。

(3)其他检查:必要时可行 PTC、ERCP 检查,了解结石的部位、数量、大小和胆管梗阻的部位等。

4. 治疗原则

(1)急诊手术:适应于积极消炎利胆治疗 1~2 日病情仍恶化,黄疸加深,胆囊肿大,明显压痛,出现腹膜刺激征或出现 Reynolds 五联征者,应即行胆总管切开取石及引流术。

(2)择期手术:适用于慢性病人。胆管结石的治疗原则是清除结石及解决因反复胆道感染以及因此引起的胆道狭窄及肝脏病变,治疗方案的确定应根据有经验的肝胆外科医生对病情判断后制订,若无胆管系统狭窄、结石小,在控制急性发作后可行中西医结合排石,原则上以手术及介入治疗为主要选择。

(3)纤维胆道镜微创手术。

5. 护理问题

(1)焦虑或恐惧:与下列因素有关:①病情的反复或加重。②担忧手术效果及预后。③生活方式和环境的改变。

(2)舒适的改变:腹痛、瘙痒等,与胆道结石、蛔虫、感染等有关。

(3)体温过高:与胆道感染、手术后合并感染有关。

(4)营养失调:低于机体需要量,与食欲减退、高热呕吐、感染有关。

(5)有"T"形引流管引流异常的危险:与"T"形引流管的脱出、扭曲、阻塞、逆行感染等因素有关。

(6)潜在并发症:肝功能障碍、体液平衡失调、肝脓肿、急性胰腺炎、胆管狭窄、残留结石、休克、出血、胆漏等。

(7)知识缺乏:缺乏保健及康复知识。

6. 护理措施

(1)手术前护理。

①心理护理:胆道疾病的检查方法复杂,治疗后也易复发,要鼓励病人说出自己的想法,消除焦虑、恐惧及紧张心理,树立增强恢复健康的信心;向病人讲解医院的环境和病房的管理,及时与病人家属沟通,使病人能愉快地接受治疗;对危重病人及不合作者,要专人护理,关心体贴。

②病情观察:密切观察病人病情变化,若出现寒战、高热、腹痛加重、腹痛范围扩大等应考虑病情加重,要及时报告医生,积极进行处理。

a.生命体征及神志变化:胆道感染时,体温升高,呼吸、脉搏增快。此时应每 4 h 测量并记录体温、脉搏、呼吸、血压。如果血压下降,神志改变,说明病情危重,可能有休克发生。

b.腹部症状、体征变化:观察腹痛的部位、性质、有无诱因及持续的时间,注意黄疸及腹膜刺激征的变化,观察有无胰腺炎、腹膜炎、急性重症胆管炎的发生。

c.及时了解实验室检查结果。

d.准确记录 24 h 液体出入量。

③缓解疼痛。

a.针对病人疼痛的部位、性质、程度、诱因、缓解和加重的因素,有针对性地采取措施以缓解疼痛。先用非药物缓解疼痛的方法止痛,必要时遵医嘱应用镇痛药物,并评估其效果。

b.指导病人卧床休息,采取舒适卧位。

④改善和维持营养状态。

a.入院后即准备手术者,禁食、休息,并积极补充液体和电解质,以维持水、电解质、酸碱平衡。非手术治疗者根据病情再决定饮食种类。

b.营养不良会影响手术后伤口愈合,应给予高蛋白质、高糖、高维生素、低脂的普通饮食或半流质饮食。不能经口饮食或进食不足者,可经胃肠外途径补充足够的热量、氨基酸、维生素、电解质,以维持病人良好的营养状态。

⑤对症护理。

a.黄疸病人皮肤瘙痒时可外用炉甘石洗剂止痒,温水擦浴。

b.高热时物理降温。

c.胆绞痛发作时,遵医嘱给予解痉、镇静和止痛,常用哌替啶 50 mg、阿托品 0.5 mg 肌内注射,但勿使用吗啡,以免胆道下端括约肌痉挛,使胆道梗阻加重。

d.有腹膜炎者,执行腹膜炎有关非手术疗法护理。

e.重症胆管炎者应加强休克的护理。

⑥并发症的预防。

a.拟行胆肠吻合术者,手术前 3 日口服卡那霉素、甲硝唑等,手术前 1 日晚行清洁灌肠。观察药物疗效及不良反应。

b.肌内注射维生素 K,10 mg,每日 2 次。纠正凝血功能障碍,应观察其疗效及有无不良反应。

(2)手术后护理。

①病情观察。

a.生命体征:尤其是心率和心律的变化。手术后病人意识恢复慢时,注意有无因肝功损害、低血糖、脑缺氧、休克等所致的意识障碍。

b.观察、记录有无出血和胆汁渗出:包括量、速度、有无休克征象。胆道手术后易发生出血,出血量小时,表现为大便隐血或柏油样便;量大时,可导致出血性休克。若有发热和严重腹痛,可能为胆汁渗漏引起的胆汁性腹膜炎,需立即报告医生处理。

c.黄疸程度、消退情况:观察和记录大便的颜色,检测胆红素的含量,了解胆汁是否流入十二指肠。

②"T"形引流管的护理:胆总管探查或切开取石术后,在胆总管切开处放置"T"形引流管,一端通向肝管,一端通向十二指肠,由腹壁戳口穿出体外,接引流瓶(袋)。主要目的:引流胆汁,胆总管切开后,可引起胆道水肿,胆汁排出受阻,胆总管内压力增高,胆汁外漏可引起胆汁性腹膜炎、膈下脓肿等并发症;引流残余结石,将胆囊管及胆囊内残余结石,尤其是泥沙样结石排出体外;支撑胆道,避免手术后胆总管切口瘢痕狭窄、管腔变小、粘连狭窄等。

a.妥善固定,保持通畅:在改变体位或活动时注意"T"形引流管的水平高度不要超过腹部切口高度,以免引流液反流。如观察胆汁引流量突然减少,应注意是否有胆红素沉淀阻塞或蛔虫堵塞,是否管道扭曲、压迫。如有阻塞,可用手由近向远挤压"T"形引流管或用少量无菌生理盐水缓慢冲洗,切勿用力推注。

b.观察记录胆汁的量及性状:胆汁引流一般每日 300～700 mL。量过少可能因"T"形引流管阻塞或肝功能衰竭所致;量多可能是因为胆总管下端不够通畅。正常胆汁呈深绿色或棕黄色,较清晰无沉淀物。颜色过淡,过于稀薄(表示肝功能不佳)、混浊(感染)或有泥沙样沉淀(结石)均不正常。

c.保持清洁:每日更换一次外接的连接管和引流瓶(袋)。

d.拔管:一般手术后 12～14 日,无特殊情况,可以拔除"T"形引流管。拔管指征:黄疸消退,无腹痛、发热,大便颜色正常;胆汁引流量逐渐减少,颜色呈透明金黄色,无脓液、结石,无沉渣及絮状物,就可以考虑拔管。拔管前先在饭前、饭后各夹管 1 h,拔管前 1～2 日全日夹管,如无腹胀、腹痛、发热及黄疸等症状,说明胆总管通畅,可予以拔管。拔管前还要在 X 线下经"T"形引流管行胆道造影,造影后必须立即接好引流管,继续引流2～3日,以引流造影剂,减少造影后反应和继发感染,如情况正常,造影后2～3日即可拔管。拔管后:局部伤口用凡士林纱布堵塞,1～2日会自行封闭。拔管后一周内警惕有无胆汁外漏甚至发生腹膜炎等情况,观察病人体温、有无黄疸和腹痛再发作,以便及时处理。

7. 健康教育

(1)胆道手术后病人应注意养成正确的饮食习惯,摄入低脂易消化食物,宜少量多餐多饮水。平时宜低脂肪饮食。向病人及其家属介绍有关胆道疾病的书籍,并能初步掌握基本的卫生科普知识,对健康有正确的认识。

(2)告诫病人结石复发率高,出现腹痛、发热、黄疸时应及早来院治疗。

(3)进行"T"形引流管留置者的家庭护理指导。应避免举重物或过度活动,防止"T"形引流管脱出。尽量穿宽松柔软的衣服,避免盆浴。淋浴时可用塑料薄膜覆盖置管处。敷料一旦湿透应更换。保持置管皮肤及伤口清洁干燥。指导病人及其家属每天同一时间倒引流液,观察记录引流液的量及性状。若有异常或"T"形引流管脱出或突然无液体流出时,应及时就医。

(4)对于肝内胆管结石、手术后残留结石或反复手术治疗的病人,教育病人家属配合治疗护理工作,给病人最好的心理支持,鼓励病人树立信心,相信只要注意饮食、劳逸结合、情绪稳定,是可以恢复正常生活和工作的。

四、胆道感染

胆道感染是指胆囊壁和(或)胆管壁受到细菌的侵袭而发生炎症反应,胆汁中有细菌生长。胆道感染与胆石症常互为因果关系,胆石症可引起胆道梗阻,胆道梗阻可造成胆汁淤滞、细菌繁殖而致胆道感染;胆道反复感染又是胆石形成的致病因素和促发因素。

(一)胆囊炎

胆囊炎是指发生在胆囊的细菌性和(或)化学性炎症。根据发病的缓急和病程的长短分为急性胆囊炎和慢性胆囊炎。

1. 病因

(1)急性胆囊炎。

①胆囊管梗阻:由于结石阻塞或嵌顿所致。

②细菌感染:细菌多来源于胃肠道。

(2)慢性胆囊炎:大多数继发于急性胆囊炎,是急性胆囊炎反复发作的结果。

2. 临床表现

(1)急性胆囊炎。

①症状。

a.腹痛:多数病人有上腹部疼痛史,表现为右上腹阵发性绞痛,常在饱餐、进食油腻食物后或夜间发作,疼痛可放射至右肩及右肩下部。

b.消化道症状:病人腹痛发作时常伴有恶心、呕吐、厌食等消化道症状。

c.发热或中毒症状:根据胆囊炎症反应程度的不同,病人可出现不同程度的体温升高和脉搏加速。

②体征。

a.腹部压痛:右上腹可有不同程度和不同范围的压痛、反跳痛和肌紧张,墨菲征阳性。

b.黄疸:10%～25%的病人可出现轻度黄疸,多见于胆囊炎症反复发作合并梅民埃综合征的病人。

(2)慢性胆囊炎:症状常不典型,主要表现为上腹部饱胀不适、厌食油腻和嗳气等消化不良的症状以及右上腹和肩背部隐痛。多数病人曾有典型的胆绞痛病史。

3. 辅助检查

(1)急性胆囊炎。

①实验室检查:血常规检查可见白细胞计数及中性粒细胞比例升高,部分病人可有血清胆红素、转氨

酶、AKP及淀粉酶升高。

②影像学检查:B超检查可显示胆囊增大,胆囊壁增厚,大部分病人可见胆囊内有结石光团。

(2)慢性胆囊炎:B超检查显示胆囊壁增厚,胆囊腔缩小或萎缩,排空功能减退或消失,常伴胆囊结石。

4.处理原则　主要为手术治疗。手术时机和手术方式取决于病人的病情。

(1)非手术治疗:包括禁食和(或)胃肠减压,纠正水、电解质和酸碱平衡失调,解痉止痛,控制感染及全身支持,服用消炎利胆及解痉药物,在非手术治疗期间若病情加重或出现胆囊坏疽、穿孔等并发症时应及时手术治疗。

(2)手术治疗:胆囊切除术。

5.护理问题

(1)疼痛:与结石突然嵌顿、胆汁排空受阻致胆囊强烈收缩或继发胆囊感染有关。

(2)有体液不足的危险:与不能进食和手术前后需要禁食有关。

(3)潜在并发症:胆囊穿孔。

6.护理措施

(1)减轻或控制疼痛:根据疼痛的程度和性质,采取非药物或药物的方法。

①卧床休息:协助病人采取舒适体位,指导其进行有节律的深呼吸,达到放松和减轻疼痛的目的。

②合理饮食:病情较轻且决定采取非手术治疗的急性胆囊炎病人,指导其清淡饮食,忌油腻食物;病情严重且拟急诊手术的病人予以禁食和胃肠减压,以减轻腹胀和腹痛。

③药物止痛:对诊断明确的剧烈疼痛者,可遵医嘱通过口服、注射等方式给予消炎利胆、解痉或止痛药,以缓解疼痛。

④控制感染:遵医嘱及时合理应用抗菌药物。通过控制胆囊炎症,减轻胆囊肿胀和胆囊压力,以达到减轻疼痛的效果。

(2)维持体液平衡:在病人禁食期间,遵医嘱经静脉补充足够的水、电解质和维生素等,以维持水、电解质及酸碱平衡。

(3)并发症的预防及护理。

①加强观察:严密监测病人生命体征及腹痛程度、性质和腹部体征变化。若腹痛进行性加重,且范围扩大,出现压痛、反跳痛、肌紧张等,同时伴有寒战、高热的症状,提示胆囊穿孔或病情加重。

②减轻胆囊内压力:遵医嘱应用敏感抗菌药物,以有效控制感染,减轻炎性渗出,达到减少胆囊内压力、预防胆囊穿孔的目的。

③及时处理胆囊穿孔:一旦发生胆囊穿孔,应及时报告医生,并配合做好急诊手术的准备。

7.健康教育

(1)合理安排作息时间,劳逸结合,避免过度劳累及精神高度紧张。

(2)低脂饮食,忌油腻食物,宜少量多餐,避免过饱。

(3)非手术治疗期间及行胆囊造瘘口术的病人,应遵医嘱服药,定期到医院检查,以确定是否手术治疗恶化的时机;年老体弱不能耐受手术的慢性胆囊炎病人,应严格限制油腻饮食,遵医嘱服用消炎利胆及解痉药物。若出现腹痛、发热和黄疸等症状时,应及时就诊。

(二)急性梗阻性化脓性胆管炎

急性梗阻性化脓性胆管炎(AOSC)又称急性重症胆管炎,是在胆道梗阻基础上并发的急性化脓性细菌感染,急性胆管炎和急性梗阻性化脓性胆管炎是同一疾病的不同发展阶段。

1.病因　AOSC是急性胆管完全梗阻和化脓性感染所致,它是胆道感染疾病中的严重类型,此病在我国较多见。胆管结石是最常见的梗阻因素。造成化脓性感染的致病细菌有大肠杆菌、变形杆菌、产气杆菌、铜绿假单胞菌等革兰阴性杆菌,厌氧菌亦多见。

2.临床表现　大多数病人有胆道疾病史。一般起病急骤,突发剑突下或上腹部胀痛或绞痛,继而寒战、高热、恶心、呕吐。病情常发展迅猛,有时在尚未出现黄疸前已发生神志淡漠、嗜睡、昏迷等症状。如未给予有效治疗,病情继续发展可出现全身发绀、低血压休克,并发急性呼吸衰竭和急性肾衰竭,严重者可在短期内死亡。对本病的诊断,主要是在 Charcot 三联征(腹痛、寒战高热、黄疸)的基础上,又出现休克和神经精神症状,具备 Reynolds 五联征即可诊断。

(1)症状。

①腹痛:病人常表现为突发的剑突下或右上腹持续性疼痛,可阵发性加重,并向右肩胛下及腰背部放射。

②寒战高热:体温持续升高。

③胃肠道症状:多数病人伴有恶心、呕吐。

(2)体征。

①腹部压痛或腹膜刺激征:疼痛依梗阻部位而异,肝外梗阻者明显,肝内梗阻者较轻。剑突下及右上腹有不同程度和不同范围的压痛和腹膜刺激症状,可有肝大和肝区叩痛,有时可扪及肿大的胆囊。

②黄疸:胆管梗阻后即可出现黄疸,其轻重程度、发生和持续时间取决于胆管梗阻的程度和是否并发感染等因素。

③神志改变:主要表现为神情淡漠、嗜睡、神志不清甚至昏迷。

④休克表现:体温可高达 39～40℃或者更高,脉搏快而弱,达 120 次/分以上,血压降低,呈急性重病容,可出现皮下淤血或全身发绀,以及表现为躁动、谵妄等。

3.辅助检查

(1)实验室检查:白细胞计数升高,可超过 20×10^9/L,中性粒细胞比例明显升高,可出现中毒颗粒;血小板计数降低;凝血酶原时间延长。

(2)影像学检查:B超检查可显示胆管内有结石影,近段扩张。

(3)其他检查:PTC 和 ERCP 检查有助于明确梗阻部位、原因和程度。

4.治疗原则 紧急手术解除胆道梗阻并减压。手术是以切开减压并引流、挽救生命为主要目的,故手术应力求简单有效,但也要尽可能仔细地探查胆管,力争解除梗阻因素。

(1)非手术治疗:既是治疗手段,又是手术前准备。在严密观察下进行,主要措施包括:①禁食、持续胃肠减压及解痉止痛。②抗休克治疗:补液、扩容,恢复有效循环血量。③抗感染治疗:联合应用足量、有效、广谱、并对肝、肾毒性小的抗菌药物。④其他:吸氧、降温、支持治疗等。

(2)手术治疗:主要目的是解除梗阻、胆道减压、挽救病人生命。

5.护理问题

(1)体液不足:与呕吐、禁食、胃肠减压和感染性休克等有关。

(2)体温过高:与胆管梗阻并继发感染有关。

(3)低效性呼吸形态:与感染中毒有关。

(4)营养失调:低于机体需要量,与胆道疾病致长时间发热、肝功能损害及禁食有关。

(5)潜在并发症:胆道出血、胆瘘、多器官功能障碍或衰竭。

6.护理措施

(1)维持体液平衡。

①加强观察:严密监护病人的生命体征和循环功能。如脉搏、血压、CVP 及每小时尿量等;及时准确记录液体出入量,为补液提供可靠依据。

②补液扩容。

③纠正水、电解质及酸碱平衡失调。

(2)降低体温:可采用物理降温、药物降温和控制感染。

(3)维持有效呼吸:加强病情观察;采取合适体位;禁食和胃肠减压;解痉镇痛;氧气吸入。

（4）营养支持：营养不良会影响术后伤口愈合,应给予高蛋白质、高糖、高维生素、低脂的普通饮食或半流质饮食。不能经口饮食或进食不足者,可经胃肠外途径补充足够的热量、氨基酸、维生素、电解质,以维持病人良好的营养状态。

（5）并发症的预防和护理。

①加强观察：包括神志、生命体征、每小时尿量、腹部体征及引流液的量、颜色和性质,同时应注意血常规、电解质、血气分析和心电图等检测结果的变化。

②加强腹壁切口、引流量和"T"形引流管护理。

③加强支持治疗。

④维护器官功能。

（6）心理护理：观察了解病人及其家属对手术的心理反应,有无烦躁不安、焦虑、恐惧的心理。耐心倾听病人及其家属的诉说。根据具体情况给予详细解释,说明手术的重要性,疾病的转归,以消除其顾虑,积极配合手术。

7.健康教育

（1）合理饮食：指导病人选择低脂肪、高蛋白质、高维生素、易消化的食物,避免肥胖;定时进餐可减少胆汁在胆囊中储存的时间并促进胆汁酸循环,预防结石的形成。

（2）自我监测：出现腹痛、发热、黄疸时及时到医院诊治。

（3）"T"形引流管护理：病人带"T"形引流管出院时,应告知病人留置"T"形引流管引流的目的,指导其进行自我护理。

①妥善固定"T"形引流管和放置"T"形引流管,防止扭曲或受压。

②避免举重物或过度活动,以防管道脱出或胆汁逆流。

③应采取淋浴的方式沐浴,并用塑料薄膜覆盖引流伤口处。

④引流伤口每日换药一次,敷料被渗湿时,应及时更换,以防感染,伤口周围皮肤涂氧化锌软膏保护。

⑤每日同一时间更换引流瓶（袋）,并记录引流液的量、颜色及性状。若"T"形引流管脱出、引流液异常或身体不适应及时就诊。

五、胆道蛔虫病

胆道蛔虫病是指肠道蛔虫上行钻入胆道所引起的一系列临床症状,是常见的外科急腹症之一。多见于青少年和小儿。

1.病因　蛔虫是肠道内寄生虫,寄生在人体小肠中下段内,当寄生环境发生变化时,如肠道功能紊乱、饥饿、高热、胃酸降低和驱虫不当时,具有钻孔习性的蛔虫可上达胃十二指肠内,再加上 Oddi 括约肌功能失调,蛔虫即可钻入胆道引起症状。

2.临床表现　本病的特点是剧烈的腹部绞痛与不相称的轻微腹部体征,即症状与体征不符。

（1）症状：突发性剑突下出现阵发性"钻顶样"剧烈绞痛,可向右肩背部放射。发作时病人辗转不安,呻吟不止,大汗淋漓,可伴有恶心、呕吐或呕吐蛔虫。疼痛可突然缓解,间歇期如正常人。合并胆道感染时,出现胆管炎症状,严重者表现为重症型胆管炎。

（2）体征：剑突下或偏右有轻度深压痛。

3.辅助检查

（1）实验室检查：血常规检查可见白细胞计数和嗜酸性粒细胞比例升高。

（2）影像学检查：B超检查是本病的首选检查方法,可见蛔虫体。ERCP亦可用于检查胆总管下端的蛔虫。

（3）胃十二指肠液和大便中可查到蛔虫卵。

4.治疗原则　解痉,镇痛,利胆,驱虫,控制感染,纠正水、电解质平衡失调。绝大多数病人可用非手术疗法治愈,仅在出现严重并发症时才考虑手术治疗。

(1)非手术治疗。

①解疼镇痛:疼痛发作时,可遵医嘱注射阿托品、山莨菪碱(654-2)等胆碱能阻滞剂,必要时可注射哌替啶。

②利胆驱虫:发作时可服用利胆排蛔虫的中药(如乌梅汤)和33%硫酸镁。氧气驱虫对镇痛和驱虫均有效。驱虫最好在症状缓解期进行,选用左旋咪唑等。

③控制感染:采用氨基糖苷类和甲硝唑等抗菌药物。

④ERCP:通过ERCP观察,如蛔虫有部分留在胆道外,可用取石钳将虫体取出。

(2)手术治疗:手术切开胆总管探查、取虫和引流。胆囊炎多为继发性的,一般无须手术切除。应注意手术中和手术后驱虫治疗,防止胆道蛔虫病复发。

5.护理问题

(1)疼痛:与蛔虫刺激导致Oddi括约肌痉挛有关。

(2)知识缺乏:缺乏饮食卫生保健知识。

6.护理措施

(1)减轻或控制疼痛:根据疼痛的程度,采取非药物或药物的方法止痛。

①卧床休息:协助病人卧床休息和采取舒适体位,指导病人进行有节律的深呼吸,达到放松和减轻疼痛的目的。

②解痉止痛:遵医嘱通过口服或注射等方式给予解痉或止痛药,以缓解疼痛。

(2)对症处理:如病人有呕吐,应做好呕吐护理,大量出汗时应及时协助病人更衣。手术者按胆总管探查及"T"形引流管引流术后的护理措施进行护理。

7.健康教育

(1)养成良好的饮食及卫生习惯:不喝生水,蔬菜要洗净煮熟,水果应洗净或削皮后吃,饭前便后要洗手。

(2)正确服用驱虫药:应于清晨空腹或晚上睡前服用,服药后注意观察大便中是否有蛔虫卵排出。

第十一节 急性胰腺炎病人的护理

急性胰腺炎是各种病因导致的胰腺及其周围组织被胰腺分泌的消化酶自身消化所致的化学性炎症,是消化系统常见病。临床以急性腹痛、恶心、呕吐及血淀粉酶增高为特点。根据病理损害程度分为水肿型和出血坏死型。前者多见,一般较轻,数日可自愈,而后者则病情较重,易并发感染、腹膜炎、休克等,病死率高。本病可见于任何年龄,多见于青壮年。

一、解剖概要

胰腺是人体内仅次于肝的第二大腺体,属腹膜后器官,斜向左上方紧贴于第1~2腰椎体前面。成年人胰腺长17~20 cm,宽3~5 cm,厚1.5~2.5 cm,重82~117 g。胰腺可分为头、颈、体、尾4部分,各部无明显界限。胰头膨大,嵌入十二指肠环内。胰体位于胰颈和胰尾之间,后方紧贴腰椎体,上腹部发生钝挫伤时受挤压的概率最大。胰尾是胰左端狭细部分,行向左上方抵达脾门,脾切除时易损伤胰尾形成胰瘘。

主胰管直径为2~3 mm,横贯胰腺全长,收集胰液并通过十二指肠乳头排入十二指肠。在胰头部主胰管上方有副胰管,单独开口于十二指肠,较主胰管细而短(图15-22)。

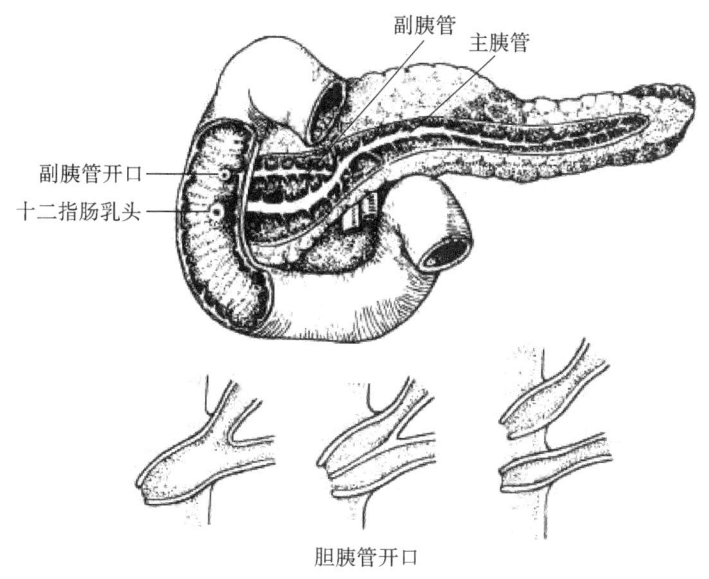

图 15-22 胰管的解剖关系

二、病因病理

引起急性胰腺炎的病因很多,常见的病因有胆道疾病、大量饮酒、暴饮暴食。

1. 胆道疾病 急性胰腺炎约 50% 由胆道结石、炎症或胆道蛔虫引起,其中胆石症最为常见。

2. 胰管梗阻 如胰管结石、肿瘤、狭窄等引起胰管梗阻而造成胰液排泄障碍。

3. 十二指肠乳头邻近部位的病变 可有十二指肠内压力增高及 Oddi 括约肌功能障碍,使十二指肠液反流胰管,引起急性胰腺炎。

4. 酗酒和饮食不节、暴饮暴食 乙醇可使胰腺大量分泌,嗜酒可使胰液内蛋白质含量增高,沉淀形成蛋白栓,致使胰液排出不畅,酗酒和暴饮暴食均可引起十二指肠乳头水肿和 Oddi 括约肌痉挛;胰液排出受阻,使胰管压力增高。

5. 其他 急性传染病、外伤、手术、某些药物、某些内分泌疾病、代谢疾病等均与急性胰腺炎发病有关。

病理变化分为急性水肿性胰腺炎和急性坏死性胰腺炎,两种病理变化不能截然分开,后者是前者的发展。①急性水肿性胰腺炎:肉眼可见胰腺水肿、肿胀,镜下可见腺泡及间质性水肿,炎性细胞浸润,偶有轻度出血或局灶性坏死。此型胰腺炎占急性胰腺炎的绝大多数,约 80%,预后良好。②急性坏死性胰腺炎:腺体外观增大、肥厚,呈暗紫色。坏死灶呈散在或片状分布,全胰腺坏死很少发生。病灶大小不等,呈灰黑色,后期坏疽时为黑色。腹腔伴有血性渗液,内含大量的淀粉酶。镜下可见坏死脂肪和腺泡被严重破坏,血管被消化,大片状出血,腺泡及小叶结构模糊不清,胰腺导管扩张,动脉内血栓形成。

三、临床表现

1. 症状

(1)腹痛:本病的主要表现和首发症状。突然发作,疼痛性质不一,可为钝痛、绞痛、钻痛或刀割样痛,疼痛剧烈而持续,可有阵发性加剧。腹痛常位于中上腹,常向腰背部呈带状放射。弯腰抱膝位可减轻疼痛。水肿型病人腹痛 3~5 日可缓解,出血坏死型病人病情较重,疼痛持续时间较长。当发生腹膜炎时,疼痛可波及全腹。进食后疼痛加重,且不易被解痉剂缓解。胆石症发作、暴饮暴食或饮酒多是诱发因素。极少数高龄体弱病人可轻微腹痛或无腹痛。

(2)恶心、呕吐与腹胀:起病后常出现频繁恶心、呕吐,可吐出胆汁或咖啡渣样液体,呕吐后腹痛并不减轻。同时有腹胀,甚至出现麻痹性肠梗阻。

(3)发热:多数病人出现中度以上发热,一般持续3~5日。如持续不退,呈弛张高热,白细胞升高,应考虑胰腺或腹腔内有继发感染。

(4)低血压或休克:常见于出血坏死型病人,由于胰腺发生大片坏死,病人烦躁不安、皮肤苍白、湿冷,少数病人可在起病数小时突然出现,甚至发生猝死。这与胰蛋白酶激活各种血管活性物质如缓激肽致使血管扩张,并发消化道出血、血容量不足有关。

(5)水、电解质及酸碱平衡失调:呕吐频繁病人可有代谢性碱中毒。出血坏死型病人常有脱水和代谢性酸中毒,并常伴有低钾血症、低镁血症、低钙血症。低钙血症引起手足抽搐,为预后不佳的表现。部分病人伴血糖增高,可发生糖尿病酮症酸中毒、高渗性昏迷。

(6)其他:部分病人发病后1~2日出现一过性黄疸。重症胰腺炎病人可出现呼吸衰竭、胰性脑病等表现。

2. 体征　水肿型病人腹部体征轻微,表现为上腹有轻度压痛,无腹紧张与反跳痛,可有不同程度的腹胀和肠鸣音减少。出血坏死型病人上腹压痛明显,并发急性腹膜炎时全腹显著压痛与肌紧张,有反跳痛。肠鸣音减弱或消失,可出现移动性浊音。

3. 并发症　出血坏死型者可出现胰腺脓肿、急性肾衰竭、急性呼吸窘迫综合征、消化道出血、败血症与弥散性血管内凝血(DIC)等。

四、辅助检查

1. 血常规　白细胞计数增加,中性粒细胞明显增加、核左移。

2. 血、尿淀粉酶测定　主要的诊断手段。急性胰腺炎时,血清和尿淀粉酶常明显升高,血清淀粉酶在发病2 h后开始升高,24 h达高峰,持续4~5日;尿淀粉酶在发病24 h后开始升高,48 h达高峰,持续1~2周,下降较缓慢。血清(胰)淀粉酶超过正常值3倍可确诊为本病。但病情的严重性与淀粉酶升高的程度并不一致,如严重的坏死性胰腺炎,因胰腺腺泡被广泛破坏,胰酶生成减少,血清淀粉酶测得值反而不高。

3. 生化检查　出血坏死型病人可出现低钙血症及血糖升高。急性胰腺炎时可出现高甘油三酯血症。

4. 其他检查　腹部 X 线平片可提示肠麻痹;B超及CT检查可了解胰腺大小,有无胆道疾病等。

五、治疗原则

1. 非手术治疗　急性胰腺炎的基础治疗,目的是减少胰液分泌、防止感染及 MODS 的发生。包括:①禁食、胃肠减压。②补液、防治休克。③镇痛和解疼。④抑制胰液分泌及抗胰酶疗法。⑤营养支持。⑥预防感染。⑦中药治疗。

2. 手术治疗

(1)适应证:①不能排除其他急腹症。②胰腺和胰周组织继发感染。③经非手术治疗,病情继续恶化。④重症胰腺炎经短期(24 h)非手术治疗,多器官功能障碍仍不能得到纠正。⑤伴胆总管下端梗阻或胆道感染。⑥合并肠穿孔、大出血或胰腺假性囊肿。

(2)手术方法:最常用胰腺及胰周坏死组织清除引流术,若为胆源性胰腺炎,则应同时解除胆道梗阻,畅通引流。手术后胃造瘘可引流胃液,减少胰腺分泌;空肠造瘘可待肠道功能恢复时提供肠内营养。

六、护理问题

1. 疼痛　腹痛,与急性胰腺炎所致的胰腺组织水肿有关。

2. 体温过高　与胰腺的炎症过程有关。

3. 有体液不足的危险　与禁食、呕吐、胰腺的急性出血有关。

4. 恐惧　与剧烈腹痛有关。

5. 特定知识缺乏　缺乏预防疾病复发的知识。

6.潜在并发症 休克、急性腹膜炎、急性肾衰竭、急性呼吸窘迫综合征。

七、护理措施

(一)非手术治疗(手术前)护理

1.疼痛护理 禁食、持续胃肠减压以减少胰液对胰腺及周围组织的刺激;遵医嘱使用抑制胰液分泌及抗胰酶药物,疼痛剧烈时,给予解痉、镇痛药物。协助病人弯曲膝盖,靠近胸部以缓解疼痛;按摩背部,增加舒适感。

2.维持水、电解质及酸碱平衡 严密监测生命体征,观察神志、皮肤黏膜温度和色泽,监测电解质、酸碱平衡情况;准确记录 24 h 液体出入量,必要时监测中心静脉压及每小时尿量。发生休克时应迅速建立静脉通路,补液扩容,尽快恢复有效循环血量。重症急性胰腺炎病人易发生低钾血症、低钙血症,根据病情及时补充。

3.维持营养供给 禁食期间给予肠外营养支持。轻型急性胰腺炎一般 1 周后可开始进食无脂低蛋白流质食物,并逐渐过渡至低脂食物。重症急性胰腺炎病人待病情稳定、淀粉酶恢复正常、肠麻痹消失后,可通过空肠造瘘管行肠内营养支持,并逐步过渡至全肠内营养及经口进食。在病人行肠内、外营养支持治疗期间,需注意有无导管性、代谢性或胃肠道并发症的发生。

4.降低体温 发热病人给予物理降温,如冷敷、温水或乙醇擦浴,必要时给予药物降温;遵医嘱使用敏感、能通过血胰屏障的抗生素控制感染。

5.心理护理 由于发病突然、发展迅速、病情凶险,病人常会产生恐惧心理。此外,由于病程长,病情反复及费用等问题,病人易产生悲观消极情绪。因此,应为病人提供安全舒适的环境,了解其感受,予以安慰鼓励并讲解治疗和康复知识,使病人以良好心态接受治疗。

(二)手术后护理

胆源性急性胰腺炎病人的护理参见胆管结石病人的护理。本节主要介绍行胰腺及胰周坏死组织清除引流术后病人的护理。

1.引流管护理 包括胃管、腹腔双套管、胰周引流管、空肠造瘘管、胃造瘘管及尿管等。在引流管上标注管道名称及安置时间,分清引流管安置部位及作用;将引流管远端与相应的引流装置紧密连接并妥善固定,定期更换引流装置。

(1)腹腔双套管灌洗引流护理:目的是冲洗脱落坏死组织、黏稠的脓液或血块。护理措施:①持续腹腔灌洗:常用生理盐水加抗生素,现配现用,冲洗速度为 20 ～30 滴/分。②保持引流通畅:持续低负压吸引,负压不宜过大,以免损伤内脏组织和血管。③观察引流液的颜色、量和性状:引流液开始为含血块、脓液及坏死组织的暗红色混浊液体;2～3 日后颜色逐渐变淡、清亮。若引流液呈血性,伴脉速和血压下降,应考虑大血管受腐蚀破裂引起继发出血,及时通知医生并做急诊手术准备。④维持液体出入量平衡:准确记录冲洗液量及引流液量,保持平衡;发现引流管道堵塞应及时通知医生处理,必要时更换内套管。⑤拔管指征:病人体温维持正常 10 日左右,白细胞计数正常,腹腔引流液少于 5 mL/d,引流液的淀粉酶测定值正常,可考虑拔管。拔管后保持局部敷料的清洁、干燥。

(2)空肠造瘘管护理:手术后可通过空肠造瘘管行肠内营养支持治疗。护理措施:①妥善固定:将管道固定于腹壁,告知病人翻身、活动、更换衣服时避免牵拉,防止管道脱出。②保持管道通畅:营养液滴注前后使用生理盐水或温开水冲洗管道,持续输注时每 4 h 冲洗管道 1 次;出现滴注不畅或管道堵塞时,可用生理盐水或温水行压力冲洗或负压抽吸。③营养液输注注意事项:营养液现配现用,使用时间不超过 24 h;注意输注速度、浓度和温度;观察有无腹胀、腹泻等并发症。

2.并发症的观察及护理

(1)出血:手术后出血原因包括手术创面的活动性出血、感染坏死组织侵犯引起的消化道大出血、消化液腐蚀引起的腹腔大血管出血或应激性溃疡等。护理措施:①密切观察生命体征,特别是血压、脉搏的变化。②观察有无血性液体从胃管、腹腔引流管或手术切口流出，病人有无呕血、黑便或血便。③保持引流通畅，准确记录引流液的颜色、量和性状。④监测凝血功能，及时纠正凝血功能紊乱；⑤遵医嘱使用止血和抑酸药物。⑥应激性溃疡出血应采用冰盐水加去甲肾上腺素胃内灌洗；胰腺及周围无效腔大出血时行急诊手术治疗。

（2）胰瘘：病人出现腹痛、持续腹胀、发热、腹腔引流管或伤口流出无色清亮液体时，警惕发生胰瘘。护理措施：①取半坐卧位，保持引流通畅。②根据胰瘘程度，采取禁食、胃肠减压、静脉泵入生长抑素等措施。③严密观察引流液颜色、量和性状，准确记录。④必要时作腹腔灌洗引流，防止胰液积聚侵蚀内脏、继发感染或腐蚀大血管。⑤保护腹壁瘘口周围皮肤，用凡士林纱布覆盖或氧化锌软膏涂抹。

（3）肠瘘：出现明显腹膜刺激征，引流出大便样液体或输入的肠内营养液时，应考虑肠瘘。护理措施：①持续灌洗，低负压吸引，保持引流通畅。②纠正水、电解质平衡失调，加强营养支持。③指导病人正确使用造瘘口袋，保护瘘口周围皮肤。

八、健康教育

（1）应向病人及其家属讲解本病主要的发病原因、诱发因素及疾病过程。

（2）宣传急性胰腺炎的预防方法，帮助病人养成良好的生活方式，强调饮食卫生，有规律进食，避免暴饮暴食，多食低脂、无刺激的食物和戒烟酒等，以防本病复发。

（3）教育病人积极治疗与急性胰腺炎发生有关的疾病，如胆道疾病、十二指肠疾病等，避免此病的发生。

（4）指导病人遵医嘱坚持用药，并定期门诊复查。

第十二节　上消化道大量出血病人的护理

上消化道出血是指屈氏韧带以上的消化道，包括食管、胃、十二指肠、胰腺、胆道病变引起的出血，以及胃空肠吻合术后的空肠等病变引起的出血。大量出血是指在数小时内失血量超过 1000 mL 或占循环血容量 20%，主要表现为呕血和（或）黑便。常伴有急性周围循环衰竭。本病是临床常见的急症，病死率较高，及早识别出血征象，及时观察病情变化，积极准确治疗，细致耐心护理，是抢救病人生命的重要环节。

一、病因

上消化道疾病、全身性疾病均可引起上消化道大量出血。

1. 上消化道疾病

（1）胃十二指肠疾病：临床常见的病因是消化性溃疡、急性糜烂出血性胃炎（由于常服用非甾体抗炎药物、嗜酒引起的急性胃黏膜损害）、促胃液素瘤，其次是胃癌、慢性胃炎、胃黏膜脱垂、十二指肠炎等。

（2）食管、空肠疾病：可见食管炎（反流性食管炎、食管憩室炎）、食管癌、食管损伤（物理损伤、化学损伤）、空肠克罗恩病、胃肠吻合术后空肠溃疡等。

2. 门静脉高压　各种原因导致门静脉高压引起的食管、胃底静脉曲张破裂。

3. 上消化道邻近器官或组织的疾病

（1）胆道出血：可见胆管或胆囊结石、胆道蛔虫病、胆囊或胆管癌等。也可见手术后胆总管引流管造成的胆道受压坏死，亦可见于肝癌、肝脓肿或肝血管瘤破入胆道。

（2）胰腺疾病累及十二指肠：如急性胰腺炎并发脓肿破溃、胰腺癌等。

4. 全身性疾病

（1）血液病：可见白血病、血小板减少性紫癜、血友病、DIC 及凝血功能障碍疾病等。

（2）血管性疾病：过敏性紫癜、遗传性出血性毛细血管扩张等。

（3）应激性溃疡：可见肾上腺糖皮质激素治疗后、脑血管意外、大手术后、烧伤、败血症、休克、呼吸循环衰竭等，各种严重疾病引起的应激状态，致使胃黏膜糜烂溃疡出血。

（4）其他：尿毒症、流行性出血热、系统性红斑狼疮等结缔组织疾病等。

二、临床表现

1. 呕血与黑便 为上消化道出血特征性表现。出血部位在幽门以下，病人多数只表现为黑便；出血部位在幽门以上，病人呕血、黑便的症状常兼有，但是在出血量小、出血速度慢病人也常仅见黑便。而幽门以下病变出血量大且速度快，血液可反流入胃也可有呕血。呕血多呈咖啡色，黑便呈柏油样，黏稠而发亮。若出血量大，血液在肠内推进较快，大便可呈暗红或鲜红色，呕吐的血则可为鲜红色或有血块，是由于血液未与胃酸充分混合而呕出。

2. 失血性周围循环衰竭 急性大量出血，循环血容量可迅速减少，致使周围循环衰竭，心排血量降低，可出现一系列表现，如头晕、乏力、突然起立发生晕厥、心率加快、出汗、脉细数、血压下降、皮肤湿冷、精神烦躁不安或意识不清等周围循环衰竭表现，也可有少尿或无尿，如有发生应警惕并发急性肾衰竭。

3. 氮质血症 血尿素氮常增高，称其为肠源性氮质血症，一般在大量出血后数小时血尿素氮开始上升，24～48 h 可达高峰，一般不超过 14.3 mmol/L（40 mg/dL），3～4 日降至正常。其原因主要是上消化道大量出血后，大量血液进入肠道，血液中蛋白质的消化产物在肠道被吸收引起。

4. 发热 在上消化道大量出血后，多数病人在 24 h 内出现低热，一般不超过 38.5℃，可持续 3～5 日。

5. 血常规变化 一般出血 3～4 h 后可有贫血。出血 24 h 内网织红细胞可增高，随着出血停止，网织红细胞逐渐降至正常。白细胞计数也可暂时增高，血止后 2～3 日即恢复正常。但肝硬化出血病人如伴脾功能亢进，白细胞计数可不增高。

三、辅助检查

1. 实验室检查 测血红蛋白、白细胞及血小板计数、网织红细胞、肝功能、肾功能、血尿素氮、大便隐血试验等，对诊断疾病会有一定帮助。

2. 内镜检查 上消化道出血病因诊断的首选检查措施。一般在上消化道出血后 24～48 h 进行急诊内镜检查，不但可以明确病因，还可作紧急止血治疗。

3. X 线钡餐造影检查 一般用于有胃镜检查禁忌证或不愿进行胃镜检查者，目前主张 X 线钡餐检查应在出血已经停止及病情基本稳定数天后进行。此检查对经胃镜检查出血原因不明或疑病变在十二指肠降段以下小肠段，有特殊的诊断价值。

4. 选择性动脉造影 适用于内镜检查无阳性发现或不适宜做内镜检查者。

5. 吞线试验 适用于不能耐受 X 线、内镜、动脉造影检查的病人。

四、治疗原则

1. 一般抢救措施 应卧床休息，保持呼吸道通畅，避免呕血时误吸引起窒息，必要时吸氧。出血期间应禁食。

2. 积极补充血容量 上消化道出血伴休克时，治疗措施是立即建立有效的静脉通道、立即配血、迅速补充血容量，可用生理盐水或葡萄糖盐水、林格液、右旋糖酐、羟乙基淀粉，必要时及早输入全血，以恢复有效血容量。肝硬化病人需输新鲜血，因库存血含氨多易诱发肝性脑病。输液速度既要保证能及时补充

有效血容量,又要注意防止肺水肿的发生,必要时可根据中心静脉压调节输液量。

3.止血措施

(1)药物治疗:对于胃十二指肠出血,可遵医嘱应用去甲肾上腺素胃内灌注治疗。

对于食管静脉曲张破裂出血、消化性溃疡、急性胃黏膜损害出血,可应用垂体后叶素止血治疗。但有冠状动脉粥样硬化性心脏病、高血压、孕妇者禁用。

对于急性胃黏膜损害及消化性溃疡引起的出血,可应用 H_2 受体阻断剂如西咪替丁、雷尼替丁、法莫替丁。还可用质子泵抑制剂,减少胃酸分泌,如奥美拉唑。

生长抑素对上消化道出血止血效果较好,可减少内脏血流量 30%～40%,临床上多用于食管胃底静脉曲张出血。

(2)气囊管压迫止血:适用于食管胃底静脉曲张破裂出血。经鼻腔插入三腔两囊管,进入胃内后抽出胃内积血,然后注气,使胃气囊充气,然后向外牵拉,以达到压迫胃底曲张静脉。此时再充气位于食管下段气囊,以压迫食管曲张静脉,一般都能获得较好的止血效果。持续压迫时间最长不超过 24 h,必要时可间断重复充盈气囊,恢复牵引。本治疗方法虽止血效果肯定,但病人痛苦大、并发症多、早期再出血率高。

(3)内镜直视下止血:内镜过程如见有活动性出血或暴露血管的溃疡应进行内镜直视下止血。

(4)手术治疗:内科治疗不能止血者,适于手术治疗。

(5)介入治疗:对于无法进行内镜治疗,又不能耐受手术的严重消化道大出血的病人,可考虑介入治疗。

五、护理问题

1.体液不足 与上消化道出血有关。

2.活动无耐力 与上消化道出血有关。

3.恐惧 与上消化道出血对生命有威胁有关。

4.潜在并发症 休克。

5.有窒息的危险 与呕出血液反流入气管有关;与三(四)腔气囊管过度压迫气管有关。

6.特定知识缺乏 缺乏预防上消化道出血的知识。

六、护理措施

1.休息与体位 大量出血病人应绝对卧床休息,采取舒适体位或平卧位,可将下肢略抬高,以保证脑部供血。呕血时头偏向一侧,避免误吸,保证呼吸道通畅。合理安排日常生活,避免劳累、精神紧张,保持乐观情绪。注意避免引起上消化道出血的病因及诱因。

2.治疗护理 迅速建立有效静脉通道,注意监测输液速度,及时、准确地补充血容量,给予止血类药物,输液开始时宜快,必要时测定中心静脉压来调整输液量和速度,避免引起急性肺水肿。鼓励病人坚持服药治疗溃疡病或肝病,尽量避免服用对胃黏膜有刺激的药物,如阿司匹林、吲哚美辛、激素类药物等。

3.严密观察病情变化 密切观察生命体征的变化,并注意观察皮肤颜色及肢端温度变化。如出现血压下降、心率加快、脉细数、面色苍白、出冷汗、皮肤湿冷等,提示发生微循环血流灌注不足,应及时报告医生。观察呕血与黑便的次数、性状及量。注意观察尿量,准确记录液体出入量。

4.心理护理 对于大量出血的病人应注意陪同和照顾,及时处理不适症状,使其有安全感。及时消除血迹,向病人及其家属解释各项检查、治疗的目的,以减轻恐惧心理。

5.三(四)腔气囊管的护理 对肝硬化引起食管、胃底静脉曲张破裂出血者,可应用气囊压迫止血。

(1)插管前应配合医生做好插管的准备工作,向病人解释操作的全过程、目的、配合方法等,以减轻病人的恐惧心理,取得更好的配合。

（2）仔细检查三（四）腔气囊管，确保管腔通畅，气囊无漏气，然后抽尽囊内气体，备用。

（3）协助医生进行插管，尽量减少病人的不适感。同时插管后在病人床前备有剪刀，以防气囊破裂而造成窒息，紧急抢救使用。

（4）留置三（四）腔气囊管期间，应定时测气囊内压力，以防压力不足达不到止血目的，或压力过高压迫组织引起坏死。当胃囊充气不足或破裂时，食管囊可向上移动，阻塞于喉部而引起窒息，观察有无突然发生的呼吸困难或窒息表现。

（5）定时抽吸食管引流管、胃管，观察出血是否停止，并记录引流液的性状、颜色及量。

（6）放置三（四）腔气囊管24 h后应放气数分钟，再注气加压，以免食管胃底黏膜受压过久而致黏膜糜烂、缺血性坏死。间断应用气囊压迫一般以3～4日为限，继续出血者可适当延长。

（7）保持插管侧鼻腔的清洁湿润，每日向鼻腔内涂抹液状石蜡，以保护鼻黏膜。

（8）出血停止后，放出囊内气体，继续观察24 h，未再出血可考虑拔管。拔管前口服液体石蜡20～30 mL，润滑黏膜和管、囊外壁，抽尽囊内气体，以缓慢、轻巧的动作拔管。

6.饮食护理　对急性大出血病人应禁食。对少量出血，无呕吐、无明显活动出血病人，可选用温凉、清淡无刺激性流食。止血后应给予病人营养丰富、易消化的半流食、软食，开始少量多餐，以后改为正常饮食。同时应嘱病人定时进餐，避免过饥、过饱，避免食用过冷、过热食物，避免刺激性食物。劝病人戒烟、酒。

7.知识普及　根据病人文化水平及对疾病的了解程度，采取适宜的方法，向其介绍有关预防上消化道出血的知识，以减少出血的危险。告知病人要遵医嘱，不要滥用处方以外的药物，同时注意调整生活起居，不要过度劳累，避免长期精神紧张。戒烟戒酒，注意合理饮食。应教给病人及其家属如何早期判断出血征象、应急措施和及时就诊方式。慢性病人也应定期门诊随访。

七、健康教育

1.心理指导　指导病人保持安静，配合治疗，有利于止血，紧张、恐惧的心理能使肾上腺素分泌增加，血压增高，可诱发和加重出血。

2.饮食指导　合理饮食是避免上消化道出血诱因的重要环节。

3.活动、休息　指导病人注意生活起居要有规律，劳逸结合，保持乐观情绪，保证身心休息。应戒烟、戒酒，并在医生指导下用药。避免长期精神紧张和过度劳累。

4.用药指导　指导病人用药方法，讲解药物作用；向病人讲解药物的不良反应。

5.提高自我护理能力的指导　上消化道出血的临床过程及预后因引起出血的病因而异，帮助病人及其家属掌握有关疾病的病因、预防、治疗知识，以减少再度出血的危险，教会病人及其家属早期识别出血征象及应急措施。

第十三节　急腹症病人的护理

外科急腹症是指以急性腹痛为主要表现，需要早期诊断和紧急处理的腹部外科疾病。其临床特点是起病急、病情重、发展迅速、病情多变，因诊断、治疗困难而给病人带来严重危害甚至死亡。而且在治疗护理过程中，也易出现诸多并发症。因此，进行及时的病情观察并采取正确的护理措施是十分重要的。

一、病因及腹痛的分类

(一)病因

部分外科和妇产科疾病常成为急腹症的病因,如腹部损伤、腹腔内急性感染、腹腔内内脏破裂、穿孔、梗阻、扭转、缺血和出血等。但亦有少部分急腹症可由内科疾病导致,如误服腐蚀性的物品或异物等。

1. 感染性疾病 引起急腹症的常见感染性疾病包括以下几种。

(1)外科性疾病:如急性胆囊炎、胆管炎、胰腺炎、阑尾炎、消化道或胆囊穿孔、肝或腹腔脓肿破溃。

(2)妇产科疾病:如急性盆腔炎。

(3)内科疾病:如急性胃肠炎、大叶性肺炎。

2. 出血性疾病

(1)外科疾病:如腹部外伤导致的肝脾破裂、腹腔内动脉瘤破裂、肝癌破裂等。

(2)妇产科疾病:如异位妊娠或巧克力囊肿破裂出血等。

3. 空腔脏器梗阻 常见于外科疾病,如肠梗阻、肠套叠、结石或蛔虫症引起的胆道梗阻、尿路结石等。

4. 缺血性疾病

(1)外科疾病:如肠扭转、肠系膜动脉栓塞、肠系膜静脉血栓形成等。

(2)妇产科疾病:如卵巢囊肿扭转等。

(二)分类

1. 内脏痛 内脏痛是由内脏神经感觉纤维传入引起的疼痛。

(1)内脏感觉纤维分布稀少,纤维较细,兴奋的刺激阈较高,传导速度慢,支配的范围又不明显。

(2)疼痛特点:痛觉迟钝,对刺、割、灼等刺激不敏感,一般只对较强的张力(牵拉、膨胀、痉挛)及缺血、炎症等几类刺激较敏感。

(3)疼痛过程:缓慢、持续,常伴有焦虑、不安、恐怖等情绪或精神反应。

(4)痛感弥散,定位不准确。如空腔脏器绞痛,部位不精确,且难以忍受;实质性脏器内虽无痛觉,但急性肿胀使包膜承受一定张力而致痛,部位固定且弥散,常呈持续性。

2. 躯体性疼痛 在腹部即为腹壁痛。急腹症的腹壁痛主要是壁腹膜受腹腔病变(血液、尿液、消化液、感染等)刺激所致,是由躯体神经痛觉纤维传入的。其特点是对各种疼痛刺激表现出迅速而敏感的反应,能准确反映病变刺激的部位,常引起反射性腹肌紧张。如急性化脓性阑尾炎,当波及壁腹膜时,可出现明确的麦氏点疼痛和右下腹局限性腹膜刺激征表现。

3. 牵涉性疼痛 又称放射痛,指某个内脏病变产生的痛觉信号被定位于远离该内脏的身体其他部位,如急性胆囊炎出现右上腹或剑突下疼痛的同时常伴有右肩背部疼痛;急性胰腺炎的上腹痛同时可伴有左肩至背部疼痛等。

(三)不同病理类型外科急腹症的特点

1. 炎症性病变 根据腹痛部位和性质,并结合病史和其他表现及辅助检查等可明确诊断。

(1)一般起病缓慢,腹痛由轻至重,呈持续性。

(2)体温升高,血白细胞及中性粒细胞增高。

(3)有固定的压痛点,可伴有反跳痛和肌紧张。

2. 穿孔性病变 依据病史,选择腹腔穿刺等有助于诊断。

(1)腹痛突然,呈刀割样持续性剧痛。

(2)迅速出现腹膜刺激征,容易波及全腹,但病变处最为显著。

(3)有气腹表现:如肝浊音界缩小或消失,X线下见膈下有游离气体;有移动性浊音,肠鸣音消失。

3.出血性病变

(1)多在外伤后迅速发生,也见于肝癌破裂出血。

(2)以失血表现为主,常导致失血性休克,可有不同程度的腹膜刺激征。

(3)腹腔积血在 500 mL 以上时可叩出移动性浊音。

(4)腹腔穿刺可抽出不凝固性血液,必要时给予腹腔灌洗(用于外伤出血)等检查将有助于诊断。

4.梗阻性病变

(1)起病较急,以阵发性绞痛为主。

(2)发病初期多无腹膜刺激征。

(3)结合其他伴随症状(如呕吐、大便改变、黄疸、血尿等)和体征,以及有关辅助检查,将有助于对肠绞痛、胆绞痛、肾绞痛的病情进行诊断和估计。

5.绞窄性病变

(1)病情发展迅速,常呈持续性腹痛阵发性加重或持续性剧痛。

(2)容易出现腹膜刺激征或休克。

(3)可有黏液血便或腹部局限性固定性浊音等特征性表现。

(4)根据病史、腹痛部位、化验及其他辅助检查可明确诊断。

二、临床表现

腹痛是急腹症的主要临床症状,常同时伴有恶心、呕吐、腹胀等消化道症状或发热,腹痛的临床表现、特点和程度随病因或诱因、发生时间、始发部位、性质、转归而不同。

(一)腹痛症状

1.外科腹痛特点　一般先有腹痛,后出现发热等伴随症状。

(1)胃十二指肠穿孔:突发性上腹部刀割样疼痛且拒按,腹部呈舟状。

(2)胆道系统结石或感染:急性胆囊炎、胆石症病人为右上腹疼痛,呈持续性,伴右侧肩背部牵涉痛;胆管结石及急性胆管炎病人有典型的 Charcot 三联征,即腹痛、寒战高热和黄疸;急性梗阻性化脓性胆管炎病人除有 Charcot 三联征外,还可有神经精神症状和休克,即 Reynolds 五联征。

(3)急性胰腺炎:为上腹部持续性疼痛,伴左肩或左侧腰背部束带状疼痛;病人在发病早期即伴恶心、呕吐和腹胀。急性出血性坏死性胰腺炎病人可伴有休克症状。

(4)肠梗阻、肠扭转和肠系膜血管栓塞:肠梗阻、肠扭转时多为中上腹部疼痛,呈阵发性绞痛,随病情进展可表现为持续性疼痛、阵发性加剧,伴呕吐、腹胀和肛门停止排便、排气;肠系膜血管栓塞或绞窄性肠梗阻时呈持续性胀痛,呕吐物、肛门排出物和腹腔穿刺液呈血性液体。

(5)急性阑尾炎:转移性右下腹痛伴呕吐和不同程度发热。

(6)内脏破裂出血:突发性上腹部剧痛,腹腔穿刺液为不凝固的血液。

(7)肾或输尿管结石:上腹部和腰部钝痛或绞痛,可沿输尿管行经向下腹部、腹股沟区或会阴部放射,可伴呕吐和血尿。

2.内科腹痛的特点　一般先发热或先呕吐,后发生腹痛,或呕吐腹痛同时发生,腹痛多无固定部位。

(1)急性胃肠炎:表现为上腹部或脐周隐痛、腹胀或绞痛,伴恶心、呕吐、腹泻和发热。

(2)心肌梗死:部分心肌梗死病人表现为上腹部胀痛,伴恶心和呕吐;严重者可出现心力衰竭、心律失常和休克。

(3)腹型过敏性紫癜:除皮肤紫癜外,以腹痛为常见表现,呈脐周、下腹或全腹的阵发性绞痛,伴恶心、呕吐、呕血、腹泻和黏液血便等。

3.妇科急腹症其特点

(1)以下腹部或盆腔内痛为主。

(2)常伴有白带增多、阴道流血,或有停经史、月经不规则,或与月经周期有关。如育龄妇女月经周期前半期可发生卵巢滤泡破裂出血,后半期可发生黄体破裂出血;月经周期延长且本次出血量少时,可能有异位妊娠破裂出血。急性盆腔炎有发热、白带多。卵巢囊肿蒂扭转有腹部肿块史,突发局部剧痛。

(3)妇科检查可明确疾病诊断。

(二)伴随症状

1.呕吐 腹痛初起常因内脏神经末梢受刺激而产生较轻的反射性呕吐;机械性肠梗阻因肠腔积液与痉挛,呕吐可频繁而剧烈;腹膜炎致肠麻痹,其呕吐呈溢出性,也可能因毒素吸收后刺激呕吐中枢所致。幽门梗阻时呕吐物中无胆汁;高位肠梗阻可吐出大量胆汁;粪臭样呕吐物提示低位肠梗阻;血性或咖啡色呕吐物常提示发生肠绞窄。

2.腹胀 腹胀逐渐加重,应考虑低位肠梗阻,或腹膜炎病情恶化而发生麻痹性肠梗阻。

3.排便改变 肛门停止排便排气,是肠梗阻典型症状之一;腹腔脏器炎症疾病伴有排便次数增多或里急后重考虑盆腔脓肿形成;果酱样血便或黏液血便是肠套叠等肠管绞窄的特征。

4.发热 腹痛后发热,表示有继发感染。

5.黄疸 可能是肝胆疾病或继发肝胆病变。

6.血尿或尿频尿急尿痛 应考虑泌尿系损伤、结石或感染等。

(三)体征

1.观察腹部形态及腹式呼吸运动 有无肠型、肠或胃蠕动波,有无局限性隆起或腹股沟肿块等。

2.有无腹部压痛 压痛部位常是病变器官所在处。如有腹膜刺激征,应了解其部位、范围及程度。弥漫性腹膜炎的压痛和肌紧张显著处也常为原发病灶处。

3.腹部包块 若触及腹部包块时,应注意部位、大小、形状、质地、压痛情况、活动度等,并结合其他症状和检查,以区别炎性包块、肿瘤、肠套叠或肠扭转、尿潴留等。

4.肝浊音界 胃肠穿孔或肠胀气时肝浊音界缩小或消失;炎性肿块、扭转的肠祥可呈局限性浊音区;腹膜炎渗液或腹腔内出血可有移动性浊音;膈下感染者在季肋区叩痛明显。

5.肠鸣音 肠鸣音可亢进,或为气过水声,金属高调音是机械性肠梗阻的特征;腹膜炎时肠鸣音沉寂或消失。

6.直肠指检 判断急腹症病因及其病情变化的简易而有效的方法。如急性阑尾炎时直肠右侧触痛;有直肠膀胱陷凹(或直肠子宫陷凹)脓肿时直肠前壁饱满、触痛、有波动感;指套染有血性黏液应考虑肠管绞窄等。

三、辅助检查

1.实验室检查 包括三大常规、生化和血液黏稠度检查。

(1)血常规:腹腔内出血常表现为血红蛋白和血细胞比容降低;腹腔内感染病人的白细胞及中性粒细胞计数多升高,但老年及危重病人可因应激反应差而无相应变化。

(2)尿常规:泌尿系结石病人的尿液中有红细胞;梗阻性黄疸病人的尿胆红素检测为阳性。

(3)大便常规:急性胃肠炎病人的大便镜检可见大量红、白细胞;消化道疾病者的大便隐血试验多呈阳性表现。

(4)血、尿淀粉酶:急性胰腺炎病人可见血、尿淀粉酶值升高。

(5)肝功能:胆道梗阻和急性胰腺炎病人常有肝功能的损害。

2.影像学检查 包括腹部 X 线、B 超、CT 和 MRI 检查。

(1)X 线检查。

①X 线透视和平片:消化道穿孔可见膈下游离气体;机械性肠梗阻时立位腹部平片可见肠管内存在多个气液平面,麻痹性肠梗阻时可见普遍扩张的肠管;胆结石或泌尿系结石时于腹部 X 线片可见阳性结石影。

②碘油或水溶性造影剂造影:有助于明确部分消化道梗阻的部位和程度。

③钡剂灌肠或充气造影:肠扭转时可见典型的鸟嘴征,肠套叠时可见杯口征。

（2）B超检查：有助于了解有无腹腔内实质性脏器损伤、破裂和占位性病变,亦可明确腹腔内有无积液、积血及其部位和大约量。胆囊和泌尿系结石时可见回声。

（3）CT或MRI：对实质性脏器的病变、破裂、腹腔内占位性病变及急性出血性坏死性胰腺炎的诊断均极有价值。

（4）血管造影：对疑有腹腔内脏,如胆道、小肠等出血及肠系膜血管栓塞的诊断有帮助。

3.内镜检查　根据急腹症的特点,采用不同种类的内镜检查。

（1）胃镜：可发现屈氏韧带以上部位的胃十二指肠的疾病。

（2）经内镜逆行胰胆管造影（ERCP）：有助于明确胆、胰疾病。

（3）肠镜：可发现小肠、结肠和直肠病变。

（4）腹腔镜：有助于部分疑难急腹症或疑有妇科急腹症的诊断。

4.诊断性穿刺　根据腹痛的特征,于不同部位进行穿刺。

（1）腹腔穿刺：用于不易明确诊断的急腹症。在任何一侧下腹部,脐与髂前上棘连线的中外1/3交界处做穿刺,若抽出不凝固性血性液体,多提示腹腔内出血;若是混浊液或脓液,多为消化道穿孔或腹腔内感染;若是胆汁性液体,常是胆囊穿孔;若穿刺液的淀粉酶测定结果阳性即考虑为急性胰腺炎。

（2）阴道后穹隆穿刺：女性病人疑有盆腔积液、积血时,可经阴道后穹隆穿刺以协助诊断。异位妊娠破裂时经阴道后穹隆穿刺可抽得不凝固的血液。盆腔炎病人的阴道后穹隆穿刺液则为脓性。

四、治疗原则

外科急腹症发病急、进展快、病情危重,处理应以及时、准确、有效为原则。

（1）对诊断尚未明确的急腹症病人,禁用吗啡、哌替啶等麻醉性止痛剂,必要时可用阿托品解痉。禁忌给病人灌肠和用热水袋热敷,禁用腹泻药。

（2）急腹症病人需禁食一段时间,常需要胃肠减压以减轻腹胀,并及时补液,纠正水、电解质平衡失调及应用抗生素。

（3）急腹症病人的症状和体征有时虽表现在局部,但不可忽视病人的特殊情况,如老年人由于机体应激反应能力低下,患急腹症时其症状、体征较轻,体温及白细胞改变不明显,加上伴有心血管、肾、肺部慢性疾病以及糖尿病、便秘等,给病情观察带来一定困难,因此对病人要细致观察,及早发现问题,协助医生尽早明确诊断。

五、护理问题

1.焦虑或恐惧　与突然的发病、剧烈疼痛、紧急手术、担忧预后等因素有关。

2.不舒适　与腹腔炎症、穿孔、出血、梗阻或绞窄等病变有关。

3.体温过高　与腹部器官炎症或继发腹腔感染有关。

4.体液不足　与限制摄入（禁饮食）和丢失过多（发热、呕吐、肠麻痹、胃肠减压等）有关。

5.营养失调:低于机体需要量　与摄入不足（禁饮食）和消耗、丢失过多（出血、呕吐、发热等）有关。

6.潜在的并发症　低血容量性或感染性休克、腹腔脓肿等。

7.有胃肠减压管引流异常的危险　与胃管脱出、堵塞等因素有关。

六、护理措施

1.严密观察病情变化

（1）定时观察生命体征变化,注意有无脱水等体液紊乱或休克表现。

（2）定时观察腹部症状和体征的变化,如腹痛的部位、范围、性质和程度,有无牵涉痛。腹部检查见腹膜刺激征出现或加重,示病情恶化。同时注意观察并分析有关伴随症状（呕吐、腹胀、发热、排尿排便改变、黄疸）以及呼吸、心血管、妇科等其他系统相关表现。

（3）动态观察实验室检查结果:如血、尿、大便常规,血清电解质测定,二氧化碳结合力,肝肾功能等。

同时注意 X 线、B 超、腹部穿刺和直肠指检等特殊检查结果提示的有关情况。

(4)记录 24 h 液体出入量。

(5)观察有无腹腔脓肿形成。

2.体位 一般情况良好或病情允许时,宜取半坐卧位。

3.饮食 根据病情及医嘱做好饮食管理。一般病人入院后都暂禁饮食。对诊断不明确或病情较重者必须严格禁饮食。

4.胃肠减压 根据病情的需要或医嘱来决定是否实行胃肠减压。但急性肠梗阻和胃肠道穿孔或破裂者必须做胃肠减压,并保持有效引流,及时观察与记录引流情况。

5.输液 建立通畅的静脉通道,必要时输血或血浆等。防治休克,纠正水、电解质、酸碱平衡失调,纠正营养失调。

6.抗感染 很多急腹症的病因都与感染有关,或者可引起、加重腹腔感染。根据医嘱使用抗生素,注意给药浓度、时间、途径及配伍禁忌等。

7.疼痛护理 应采取适当措施,如安慰病人,给予舒适的体位,促使腹肌放松,有助于减轻对疼痛的敏感性。在病情观察期间应慎用止痛剂,即对诊断明确的单纯性胆绞痛、肾绞痛等可给予解痉剂和镇痛药,凡一切诊断不明或治疗方案未确定的急腹症病人应禁用吗啡、哌替啶等麻醉性镇痛药,以免掩盖病情。对已决定手术的病人,为减轻其痛苦,可以适当使用镇痛药。

8.心理护理 应安慰、关怀病人。适当地向病人或其家属说明病情变化以及有关治疗方法、护理措施的意义,教育他们正确认识疾病及其变化过程,使他们能很好配合医护工作。

9.其他护理工作 做好物理降温、口腔护理、生活护理等。

10.必要的手术前准备 及时做好皮肤过敏试验、配血、备皮、有关常规实验室检查或器官功能检查等,以备应急手术的需要。急腹症病人一般禁止灌肠,禁止服用泻药,以免造成感染扩散或某种病情的加重。但蛔虫性肠梗阻病人口服液状石蜡或肠套叠早期灌肠复位等治疗性措施除外。

七、健康教育

(1)向病人或其家属恰当介绍急腹症发生的原因、病情转归和目前的治疗与护理计划。

(2)解释有关检查的方法和意义。

(3)说明饮食管理的必要性,保持清洁和易消化的均衡饮食,形成良好的饮食和卫生习惯。

(4)说明疼痛护理的有关原则和必要性,取得病人及其家属的良好配合。

(5)积极控制诱发急腹症的各类诱因,如有溃疡者,应遵医嘱定时服药;胆道疾病和慢性胰腺炎病人需适当控制油腻饮食;反复发生粘连性肠梗阻者应避免暴饮暴食及饱食后剧烈活动;月经不正常者应及时就医。急腹症行手术治疗者,手术后应早期开始活动,以预防粘连性肠梗阻。

(兰庆新　班华琼　卢　娜　梁　仁　覃玉朵　覃苏萍　玉甜姗　张人财)

第十六章 泌尿系统疾病病人的护理

第一节 泌尿系统疾病的主要症状、常用检查及护理

学 习 目 标

识记：
能描述泌尿系统疾病的主要症状。

理解：
能阐明泌尿系统疾病的常用检查方法与注意事项。

运用：
能运用相关知识,实施泌尿系统疾病病人检查的配合与护理。

扫码看课件

一、泌尿系统疾病的主要症状

泌尿系统疾病,因其解剖和生理特点,常表现出一些特有的症状,如排尿改变、尿液异常、尿道分泌物异常、疼痛等。

(一)排尿改变

1.尿频 尿频指排尿次数增多但每次尿量减少。正常人膀胱容量男性约 400 mL,女性约 500 mL。每日排尿次数因年龄、饮水量、气候和个人习惯不同而不同,一般白天排尿 4～6 次,夜间 0～1 次。尿频的病人感到有尿意的次数明显增加,严重时几分钟排尿 1 次,每次尿量仅几毫升。引起尿频的常见原因有泌尿系统或生殖道炎症、膀胱结石、肿瘤、前列腺增生等,精神因素亦可引起尿频。若排尿次数增加而每次尿量并不减少,甚至增多,可能为生理性,如饮水过多、食用利尿食品;也可能为病理性,如糖尿病、尿崩症或肾浓缩功能障碍等。

2.尿急 尿急指有尿意就迫不及待地要排尿、难以自控,尿量很少,常与尿频同时存在。多见于膀胱炎症或膀胱容量显著缩小、顺应性降低者,也可见于无尿路病变的焦虑病人。

3.尿痛 排尿时感到疼痛,可发生在排尿初、排尿中、排尿末或排尿后。疼痛呈烧灼感,与膀胱、尿道或前列腺感染有关。尿频、尿急、尿痛常同时存在,三者合称为膀胱刺激征。

4.排尿困难 尿液不能通畅地排出,表现为排尿踌躇及费力,尿线无力、分叉、变细,不尽感,滴沥等。见于膀胱以下尿路梗阻。

5.尿流中断 排尿突然中断伴疼痛,多见于膀胱结石。

6.尿潴留 尿潴留指膀胱内充满尿液而不能排出,分为急性与慢性 2 类。急性尿潴留见于膀胱出口

以下尿路严重梗阻、腹部或会阴手术不敢用力排尿者,表现为不能排尿,尿液滞留于膀胱内。慢性尿潴留见于膀胱颈部以下尿路不完全性梗阻或神经源性膀胱,表现为排尿困难、膀胱充盈,严重时出现充盈性尿失禁。

7.尿失禁　尿失禁指尿不能控制而自行流出,可分为以下四种类型:①真性尿失禁:又称完全性尿失禁,膀胱失去控尿能力,一直处于空虚状态。常见于因外伤、手术或先天性疾病引起的膀胱颈和尿道括约肌受损。②充盈性尿失禁:又称假性尿失禁,指膀胱功能完全失代偿。膀胱过度充盈,压力增高,当膀胱内压超过尿道阻力时,引起尿液不断溢出。见于前列腺增生等原因所致的慢性尿潴留。③急迫性尿失禁:严重尿频、尿急时膀胱不受控制而排空,见于膀胱严重感染。④压力性尿失禁:当腹内压突然增高,如咳嗽、打喷嚏、大笑、屏气等时,尿液不随意地流出。主要见于女性,特别是多次分娩或产伤者。

8.漏尿　漏尿指尿液不经尿道口而由泌尿道瘘口流出,如输尿管阴道瘘、膀胱或尿道阴道瘘、脐尿道瘘、先天性输尿管异位开口及膀胱外翻等。

9.遗尿　遗尿指除正常自主排尿外,睡眠中无意识地排尿。新生儿及婴幼儿为生理性;3岁以后除功能性外,可因神经源性膀胱、感染、后尿道瓣膜等病理性因素引起。

(二)尿液异常

1.尿量　正常人24 h尿量为1000～2000 mL,少于400 mL为少尿,少于100 mL为无尿。少尿或无尿是由肾排出量减少引起,原因可以是肾前性、肾性或肾后性。应排除输尿管、尿道梗阻及尿潴留。

2.血尿　尿液中含有血液。根据血液含量的多少可分为镜下血尿和肉眼血尿。

(1)镜下血尿:借助于显微镜可见尿中含有红细胞。正常人尿液每高倍镜视野可见0～2个红细胞,若新鲜尿离心后,尿沉渣每高倍镜视野红细胞超过3个即有病理意义。

(2)肉眼血尿:肉眼能见到尿中有血色或血块。1000 mL尿中含1 mL血液即呈肉眼血尿。肉眼血尿可分为3类:①初始血尿:见于排尿初始阶段,提示膀胱颈部或尿道出血。②终末血尿:见于排尿终末阶段,提示后尿道、膀胱颈部或膀胱三角区出血。③全程血尿:见于排尿全过程,提示出血部位在膀胱及以上部位。

血尿是泌尿系统疾病的重要症状之一,常由泌尿系统肿瘤、急性膀胱炎、急性前列腺炎、膀胱结石或创伤等引起。有些药物如环磷酰胺、别嘌醇、肝素、双香豆素等也能引起血尿。血尿是否伴有排尿疼痛对区分良恶性泌尿系统疾病有重要意义。血尿伴排尿疼痛大多与膀胱炎或尿石症有关,而间歇性无痛血尿常提示泌尿系统肿瘤。

尿液呈红色并不都是血尿。有些药物如大黄、酚酞、利福平、酚红、嘌呤类药物等能使尿液呈红色、橙色或褐色。前尿道出血导致血液自尿道口滴出是尿道滴血,并非血尿。

3.脓尿、乳糜尿、晶体尿　脓尿是指离心尿沉渣每高倍镜视野白细胞超过5个,见于泌尿系统感染。乳糜尿是指尿中含有乳糜或淋巴液,呈乳白色,其内含有脂肪、蛋白质及凝血因子。若同时含有血液,尿呈红褐色,为乳糜血尿,常见于丝虫病。晶体尿是指尿液中盐类呈过饱和状态,其中有机或无机物质沉淀、结晶,排出时尿澄清,静置后有白色沉淀物。

(三)尿道分泌物异常

大量黄色、黏稠的脓性分泌物是淋菌性尿道炎的典型症状。少量无色或白色稀薄分泌物多为支原体、衣原体所致非淋菌性尿道炎的症状。慢性前列腺炎病人常在晨起排尿前或大便后尿道口出现少量白色黏稠分泌物。血性分泌物提示尿道癌。留置导尿管的病人由于导尿管刺激可使尿道腺分泌增加,表现为尿道外口、尿管周围有少量黏稠分泌物。

(四)疼痛

疼痛为常见的重要症状。泌尿系统的实质性器官炎症可使器官肿胀、包膜受牵张而出现疼痛,疼痛常位于该器官所在部位;空腔器官梗阻造成的平滑肌痉挛或肿瘤侵犯邻近神经常引起放射痛。

1.肾和输尿管痛　肾病变所致疼痛常位于肋脊角、腰部和上腹部,一般为持续性钝痛,亦可为锐痛。

肾盂输尿管连接处或输尿管急性梗阻、输尿管扩张时引起的疼痛为肾绞痛,特点是突发绞痛、剧烈难忍、辗转不安、大汗,伴恶心、呕吐;呈阵发性发作,持续几分钟至几十分钟,间歇期可无任何症状;疼痛可沿输尿管放射至下腹、膀胱区、外阴及大腿内侧。

2.膀胱痛 急性尿潴留导致膀胱过度扩张所致,疼痛常位于耻骨上区域。而慢性尿潴留可无疼痛,或略感不适。膀胱炎症常引起锐痛或烧灼痛,可放射至阴茎头部,而女性则放射至整个尿道。

3.前列腺痛 前列腺炎症可引起会阴、直肠、腰骶部疼痛,以及耻骨上区、腹股沟区、睾丸牵涉痛。

4.阴囊痛 由睾丸及附睾病变引起。睾丸扭转和急性附睾炎时,可引起阴囊剧烈疼痛;肾绞痛或前列腺炎症亦可放射引起睾丸痛;鞘膜积液、精索静脉曲张或睾丸肿瘤,常致阴囊不适、坠胀,多数疼痛不严重。

二、泌尿系统疾病的常用检查及护理

(一)实验室检查

1.尿液检查 尿液检查应收集新鲜中段尿液。男性包皮过长者,必须翻起包皮,清洁龟头。女性月经期间不应收集尿液送检。尿培养以清洁中段尿为佳,女性可以采用导尿的尿标本。由耻骨上膀胱穿刺而取的尿标本是无污染的膀胱尿标本,新生儿及婴幼儿尿液收集采用无菌塑料袋。

(1)尿常规:诊断泌尿系统疾病最基本的检查项目。正常尿液呈淡黄色、透明、弱酸性、中性或碱性。摄入大量蔬菜或感染时尿液 pH 升高,而大量蛋白质饮食时尿液 pH 降低。正常尿液尿糖阴性,含极微量蛋白。

(2)尿沉渣:新鲜尿离心后,尿沉渣每高倍镜视野红细胞数>3 个为镜下血尿,白细胞数>5 个为脓尿,同时还可检查尿中有无晶体、管型、细菌等。

(3)尿三杯试验:用于判断镜下血尿或脓尿的来源和病变部位。以排尿最初的 5~10 mL 为第一杯,排尿最后的 5~10 mL 为第三杯,中间部分为第二杯。若第一杯尿液异常,提示病变在尿道;第三杯尿液异常提示病变在后尿道、膀胱颈部或膀胱三角区;三杯尿液均异常,提示病变在膀胱或其以上部位。

(4)尿细胞学检查:用于初步筛选肿瘤或手术后随访,膀胱原位癌的阳性率高。应取新鲜尿液检查,冲洗后收集尿液可提高阳性率。

(5)尿细菌学检查:用于泌尿系统感染的诊断和临床用药指导。革兰染色尿沉渣涂片检查可初步判断细菌种类。尿沉渣抗酸染色涂片检查或结核菌培养有助于泌尿系统结核的诊断。清洁中段尿培养,若菌落数>10^5/mL,提示尿路感染;对于有尿路感染症状的病人,致病菌落数>10^2/mL 就有意义。

2.肾功能检查

(1)尿比重:反映肾浓缩功能和排泄废物的功能。正常尿比重 1.010~1.030,清晨时最高。肾功能受损时,肾浓缩功能进行性减弱,尿比重降低。尿比重固定或接近 1.010,提示肾浓缩功能严重受损。

(2)血肌酐和尿素氮:用于判断肾功能。二者均为蛋白质代谢产物,主要经肾小球滤过排出。当肾实质损害时,体内蛋白质产物潴留,血肌酐和血尿素氮增高,其增高的程度与肾损害程度成正比,故可用于判断病情和预后。

(3)内生肌酐清除率:在单位时间内,肾将若干毫升血浆中的内生肌酐全部清除出体外的比例,接近于用菊糖测定肾小球滤过率。测定公式:内生肌酐清除率=尿肌酐浓度/血肌酐浓度×每分钟尿量,正常值为 90~120 mL/min。

(4)酚红排泄试验:因为 94%的酚红由肾小管排泄,所以在特定的时间内,尿中酚红的排出量可反映肾小管的排泄功能。

(二)器械检查

1.常用器械检查

(1)导尿:目前常用带有气囊的 Foley 导尿管,规格以法制(F)为计量单位,21 F 表示其周径为

21 mm,直径约为 7 mm。成年人导尿检查,一般选 16 F 导尿管为宜。适应证:①收集尿标本。②诊断性检查,测定膀胱容量、压力或残余尿,注入造影剂确定有无膀胱损伤。③解除尿潴留,持续引流尿液,膀胱内药物灌注等。禁忌证为急性尿道炎。

(2)尿道探查:一般选用 18~20 F 尿道探条扩张狭窄的尿道。进入尿道时必须很小心,切忌暴力推进,以防后尿道破裂。有时还需要使用线形探条和跟随器导引经尿道进入膀胱。适用于探查尿道狭窄程度及尿道有无结石,治疗和预防尿道狭窄。禁忌证为急性尿道炎。

(3)膀胱尿道镜:适应证:①观察后尿道及膀胱病变。②取活体组织做病理检查。③输尿管插管以收集双侧肾盂尿标本或做逆行肾盂造影,亦可放置输尿管支架管做内引流或进行输尿管套石术。④早期肿瘤电灼、电切,膀胱碎石、取石、钳取异物。禁忌证:①尿道狭窄。②急性膀胱炎。③膀胱容量小于50 mL。

(4)输尿管镜和肾镜:适应证:①直接窥查输尿管、肾盂内有无病变。②诊断上尿路梗阻、输尿管喷血的病因。③取活体组织做病理学检查。④直视下取石、碎石,切除或电灼肿瘤。禁忌证:①全身出血性疾病。②前列腺增生。③病变以下输尿管梗阻。

(5)尿流动力学:借助流体动力学和电生理学方法,测定尿路输送、储存、排出尿液的功能。目前临床上主要用于诊断下尿路梗阻性疾病(如前列腺增生症)、神经源性排尿功能异常、尿失禁及遗尿症等。

(6)前列腺细针穿刺活检:可以判断前列腺结节或其他部位异常的良恶性病变。有经直肠或会阴部两种途径。

2. 注意事项与护理

(1)心理护理:器械检查属有创性操作,检查前应做好解释工作,消除病人的顾虑与恐惧,使之更好地配合检查。

(2)严格无菌操作:侵入性检查可能把细菌带入体内引起感染,检查前清洗病人会阴部,操作过程中严格遵守无菌原则,必要时遵医嘱预防性应用抗生素。

(3)膀胱准备:根据检查目的,嘱病人排空膀胱或憋尿。

(4)确认导管位置:进行导尿操作时,必须确认导尿管尖端已进入膀胱、有尿液导出,否则须立即调整,才能进行气囊充气或充水,避免后尿道损伤出血。残余尿测定应在病人排尽尿后立即插入导尿管进行,正常时无残余尿。

(5)鼓励饮水:单纯尿流率检查时,鼓励病人在检查前多饮水,以充盈膀胱。内镜检查和尿道探查后,病人大多有肉眼血尿,鼓励病人多饮水,以增加尿量,起到冲洗作用,2~3 日可自愈。

(6)并发症的观察与处理:密切观察生命体征,注意有无发热、血尿及尿潴留等。必要时留院观察、输液及应用抗生素,或留置导尿管及膀胱造瘘。

(三)影像学检查

1. X 线检查

(1)尿路平片(KUB):泌尿系统常用的初查方法。尿路平片术不仅能显示肾轮廓、位置、大小及腰大肌阴影,还能显示不透光阴影及骨骼系统改变如脊柱侧弯、脊柱裂、肿瘤骨转移、脱钙等。摄片前应做肠道准备,清除肠道内的气体和大便,确保平片质量。

(2)排泄性尿路造影:又称静脉尿路造影(IVU),静脉注射有机碘造影剂,注射后 5、15、30、45 min 分别摄片。IVU 能显示尿路形态,判断有无扩张、推移、受压和充盈缺损等,同时可了解双侧肾功能。注意事项及护理:①肠道准备:造影前日口服泻剂排空肠道,以免粪块或肠内积气影响显影效果。②禁食、禁水 6~12 h,使尿液浓缩,增加尿路造影剂浓度,使显影更加清晰。③做碘过敏试验,离子型造影剂过敏时,可用非离子型造影剂。

(3)逆行肾盂造影:经尿道、膀胱行输尿管插管,注入有机碘造影剂,能清晰显示肾盂和输尿管形态。注意事项及护理:造影前行肠道准备,操作中动作应轻柔,严格无菌操作,避免损伤。

(4)膀胱造影:经导尿管将有机碘造影剂 150~200 mL 注入膀胱,可显示膀胱形态及其病变如损伤、畸形、瘘管、神经源性膀胱,较大的膀胱肿瘤还可显示充盈缺损。

(5)血管造影:主要有经皮动脉穿刺插管、选择性肾动脉造影、静脉造影及数字减影血管造影(DSA)等方法。注意事项和护理:①造影前做碘过敏试验。②造影后穿刺点局部加压包扎,平卧24 h。③造影后注意观察足背动脉搏动、皮肤温度及颜色、感觉和运动情况。④造影后鼓励病人多饮水,必要时静脉输液500~1000 mL以促进造影剂排泄。

2.磁共振成像(MRI)　MRI能显示被检查器官的功能和结构,以及脏器的血流灌注信息,能提供较CT更为可靠的依据,用于泌尿系统、男性生殖系统肿瘤的诊断和分期,区别囊性和实质性改变,肾上腺肿瘤的诊断等。

3.B超　广泛应用于泌尿系统疾病的筛选、诊断、随访及介入治疗。B超检查方便、无创伤,不需要用造影剂,不影响肾功能,可用于肾衰竭病人,亦用于禁忌做排泄性尿路造影或不宜接受X线照射的病人。B超引导下行穿刺、引流及活检等更为准确。

4.放射性核素检查　放射性核素检查是通过体内器官对放射性示踪剂的吸收、分泌和排泄过程而显示其形态和功能。主要包括:①肾图。②肾显像。③肾上腺显像。④阴囊显像。⑤骨显像。

第二节　泌尿系统损伤病人的护理

学习目标

识记:

能列出泌尿系统损伤的病因。

理解:

1.能描述肾、膀胱、尿道损伤的病理特点。

2.能阐述肾、膀胱、尿道损伤的临床特点。

运用:

能运用护理程序为泌尿系统损伤病人提供整体护理。

泌尿系统包括上尿路和下尿路,上尿路包括肾和输尿管,下尿路包括膀胱和尿道。泌尿系统各器官受到周围组织和脏器的良好保护,通常不易受到损伤,多是胸、腹、腰部或骨盆严重损伤时的合并伤。泌尿系统损伤中以男性尿道损伤最为常见,肾、膀胱次之,输尿管损伤最少见。泌尿系统损伤主要表现为出血及尿外渗。大出血可引起休克,尿外渗可继发感染,严重时可导致脓毒症、肾周围脓肿或尿瘘。

一、肾损伤

(一)病因病理

1.开放性损伤　因枪弹、刀刃等锐器所致损伤,常伴有胸、腹部等其他器官的复合型损伤,病情较严重。

2.闭合性损伤　因直接暴力或间接暴力等所致的损伤。直接暴力时腹部或腰背部受到外力冲撞或挤压是肾损伤最常见的原因。根据损伤程度分为肾挫伤、肾部分裂伤、肾全层裂伤和肾蒂损伤(图16-1)。

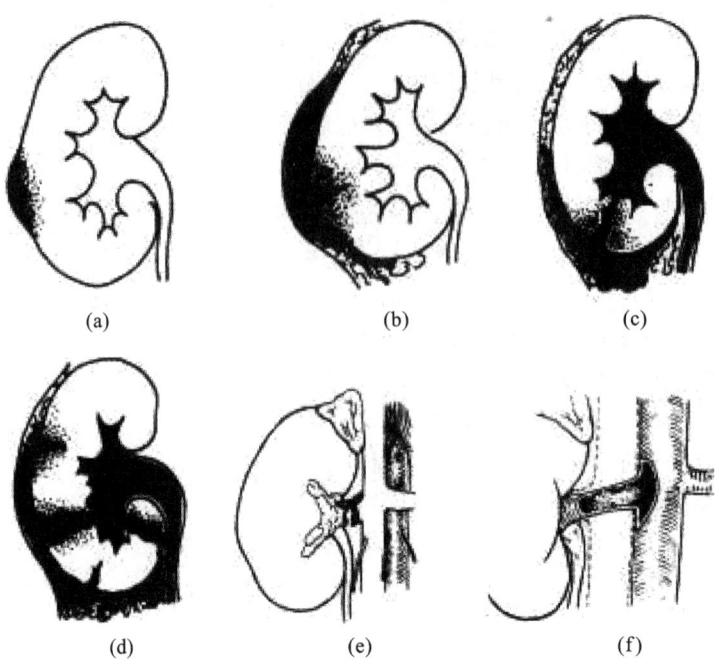

图 16-1　肾损伤的类型

(a)肾瘀斑及包膜下血肿；(b)表浅肾皮质裂伤及肾周围血肿；(c)肾实质全层裂伤、血肿及尿外渗；
(d)肾横断；(e)肾蒂血管断裂；(f)肾动脉内膜断裂及血栓形成

(二)临床表现

1. 血尿　肾损伤的常见症状,但血尿与损伤程度不一致。轻微肾损伤仅见镜下血尿,如肾挫伤;严重肾裂伤则呈大量肉眼血尿,血块可阻塞尿道;肾蒂血管断裂或输尿管断裂时,血尿可不明显,甚至无血尿。

2. 疼痛　由肾实质损伤及肾包膜张力增加所致。肾包膜下血肿、肾周围软组织损伤、出血或尿外渗等可引起患侧腰、腹部疼痛。血块通过输尿管时可发生肾绞痛。血液或尿液渗入腹腔或合并腹内脏器损伤时,出现全腹疼痛和腹膜刺激症状。

3. 腰、腹部肿块　肾周围血肿和尿外渗使局部形成肿块,出现明显触痛和肌强直。

4. 发热　尿外渗易继发感染并形成肾周脓肿,出现全身中毒症状。

5. 休克　单纯性肾挫伤,休克多不严重,可在数小时内恢复。肾有裂伤时,休克为进行性。肾蒂裂伤或合并其他脏器损伤时,因创伤和失血常发生休克,甚至危及生命。

(三)辅助检查

1. 实验室检查　血尿是诊断肾损伤的重要依据。尿常规检查可见大量红细胞,红细胞与血细胞比容持续性降低提示有活动性出血。肾组织损伤可释放大量乳酸脱氢酶,尿中含量可增高。

2. B超　可提示肾损伤的部位和程度,对肾周血肿、尿外渗有诊断意义。

3. 排泄性尿路造影　明确肾损伤的程度与范围,了解双肾功能及形态。

4. 动脉造影　若尿路造影未能充分了解肾情况,尤其是当伤侧肾不显影时,做腹主动脉造影,可显示肾动脉和肾实质损伤情况。若伤侧肾动脉完全梗阻,表示为外伤性血栓形成,宜紧急施行手术。有持久性血尿者亦应做动脉造影,以确定有无肾动脉瘘或创伤性肾动脉瘤。

5. CT　可清晰显示肾皮质裂伤,尿外渗和血肿范围,显示无活力的肾组织,并可了解肝、脾、胰腺及大血管等的情况,为首选检查。

(四)治疗原则

若无合并其他脏器损伤,多数肾挫裂伤可经非手术治疗而治愈,仅少数需要手术治疗。

1.紧急处理　伴休克者应迅速给予输血、复苏,并确定其有无合并其他脏器损伤,做好手术探查准备。

2.非手术治疗　通常损伤后 4~6 周,肾挫裂伤才趋于愈合,过早下地活动可能再度出血。要绝对卧床休息,一般休息 2~4 周。密切观察生命体征、血尿颜色和腰腹部肿块的变化,及时补充血容量和能量,应用广谱抗生素预防感染,使用止痛、镇静和止血药物。

3.手术治疗　包括肾修补、肾部分切除或肾切除术;血或尿外渗引起肾周脓肿时则行肾周引流术。

(五)护理问题

1.焦虑、恐惧　与出现血尿、担心肾损伤后肾切除有关。

2.组织灌注量改变　与肾损伤、出血有关。

3.疼痛　与肾损伤后肾周血肿、肾包膜紧张有关。

4.体温过高　与血肿或尿外渗造成继发感染有关。

5.知识缺乏　与缺乏肾损伤后治疗及康复的知识有关。

6.生活自理缺陷　与肾损伤后病人绝对卧床有关。

(六)护理措施

1.休息　绝对卧床休息 2~4 周,即使血尿消失,仍需继续卧床休息至预定时间。

2.严密监测　肾脏为实质性器官,结构比较脆弱,血流又很丰富。故开放性肾损伤,约有 85% 合并休克,闭合性肾损伤约有 40% 合并休克。故要严密监测血压、脉搏、呼吸、神志并注意病人全身症状。

3.病情观察

(1)血尿为肾损伤的常见症状,常与损伤的程度有密切关系。动态观察血尿颜色的变化,若血尿颜色逐渐加深,说明出血加重。

(2)准确测量并记录腰腹部肿块的大小,观察腹膜刺激征的严重程度,以判断渗血、渗尿情况。

(3)定时检测血红蛋白和血细胞比容,以了解出血情况及其变化。

(4)定时观察体温和血白细胞计数,以判断有无继发感染。

4.观察疼痛的部位及程度　患侧躯体或上腹部疼痛一般为钝痛,由于肾被膜张力增加或软组织损伤所致。尿液、血液渗入腹腔或同时有腹腔内脏损伤,可出现腹部疼痛及腹膜刺激症状。

5.维持水、电解质及血容量的平衡　及时输液,保持足够尿量,在病情允许下鼓励病人经口摄入;应用止血药物,减少或控制出血,根据病情及时补充血容量,预防休克发生。

6.手术前准备　有手术指征者,在抗休克的同时,积极进行各项手术前准备。危重病人尽量减少搬动,以免加重损伤和休克。

(七)健康教育

(1)大部分肾挫裂伤病人经非手术疗法可治愈,绝对卧床休息是因为肾组织比较脆弱,损伤后 4~6 周肾挫裂伤才趋于愈合,过早活动易使血管内凝血块脱落,发生继发性出血。恢复后 2~3 个月不宜从事重体力劳动,不宜做剧烈运动。

(2)多饮水,保持尿路通畅,减少尿液对损伤创面的刺激。

(3)经常注意尿液颜色、排尿通畅程度及伤侧肾局部有无胀痛感觉,发现异常及时复查。

(4)五年内定期复查,以便及时发现并发症。

(5)严重损伤致肾脏切除后,病人应注意保护对侧肾脏。

二、膀胱损伤

膀胱损伤是指膀胱壁在受到外力的作用时发生膀胱浆膜层、肌层、黏膜层的破裂,引起膀胱腔完整性破坏、血尿外渗(图 16-2)。

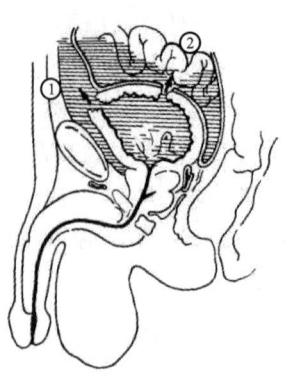

图 16-2 膀胱损伤(破裂)
①腹膜外型;②腹膜内型

(一)病因

1.闭合性腹部损伤 可由直接或间接暴力所致,可合并腹部其他器官损伤或尿道损伤。膀胱充盈时遭受外力打击,易导致膀胱破裂。大多数闭合性膀胱破裂是由于骨盆骨折所致。

2.开放性腹部损伤 大多数为火器、利刃损伤,多见于战时,且多并发其他器官损伤。

3.医源性损伤 常见的原因是分娩异常,盆腔肿瘤手术,经尿道膀胱肿瘤或前列腺电切术等误伤膀胱。

(二)临床表现

1.休克 骨盆骨折合并大出血,膀胱破裂致尿外渗或腹膜炎,常发生休克。

2.腹痛和腹膜刺激症状 腹膜内破裂时,尿液流入腹腔引起全腹压痛、反跳痛及肌紧张,并有移动性浊音。腹膜外破裂时,下腹部疼痛,压痛及肌紧张。膀胱壁轻度挫伤仅有下腹部疼痛和少量终末血尿。

3.血尿和排尿困难 有尿意,但不能排尿或仅排出少量血尿。其原因是尿液流入腹腔或膀胱周围。

4.尿瘘 膀胱破裂与体表、直肠或阴道相通时,引起伤口漏尿、膀胱直肠瘘或膀胱阴道瘘。

(三)辅助检查

1.膀胱造影 确诊膀胱破裂的主要手段,可显示膀胱周围造影剂外溢或造影剂进入腹腔,从而可确切地判断有无膀胱破裂。

2.X线检查 腹部平片还可显示骨盆的骨折。

3.导尿检查 怀疑膀胱破裂的病人可进行导尿,膀胱破裂时导尿管可顺利插入膀胱(尿道损伤不易插入),但仅流出少量血尿或无尿流出。疑有后尿道损伤时,在放置导尿管前应做逆行尿道造影,以免加重创伤。

4.膀胱注水试验 在无其他诊断条件下可以应用,但必须严格注意无菌操作。从导尿管注入灭菌生理盐水 200 mL,片刻后吸出。液体外漏时吸出量会减少,腹腔液体回流时吸出量会增多。若液体进出量差异很大,提示膀胱破裂。

(四)治疗原则

1.紧急处理 对严重损伤、出血导致休克者,积极抗休克治疗。膀胱破裂应尽早应用抗生素预防感染。

2.非手术治疗 膀胱挫伤或早期较小的膀胱破裂,膀胱造影时仅有少量尿外渗,留置导尿管持续引流尿液 7~10 日,破口可自愈。

3.手术治疗 较重的膀胱破裂,需尽早手术。

(五)护理问题

1.潜在并发症 休克。

2. 疼痛　与组织损伤、尿外渗后并发腹膜炎有关。

3. 有泌尿系统感染的危险　与留置导尿管有关。

4. 排尿异常　与膀胱损伤有关。

5. 恐惧、焦虑　与膀胱损伤后疼痛和出现血尿有关。

6. 知识缺乏　与缺乏有关膀胱损伤后康复的知识有关。

（六）护理措施

1. 生命体征的观察　密切观察病人体温、脉搏、呼吸和血压的变化。

2. 防止休克　任何原因引起的腹膜内膀胱破裂和开放性膀胱损伤应首先防止休克，根据损伤的部位、程度，积极准备手术治疗，如修补裂口，充分引流尿外渗，耻骨上膀胱造瘘口等。

3. 排尿情况的观察　有无排尿困难和血尿。

4. 疼痛的观察　观察疼痛的程度、部位。腹膜外破裂时疼痛限于下腹部，腹膜内破裂时疼痛可由下腹部扩散至全腹部。

5. 耻骨上膀胱造瘘的护理

（1）保持引流管通畅：注意有无血块堵塞、导管扭曲、受压、脱落等情况，以免影响尿液引流。正确固定造瘘管，防止过度牵拉造成病人的不适。

（2）冲洗导管：手术后如出血量多需冲洗，可采用连续滴入、间断开放法冲洗导管，冲洗速度每分钟60滴，每隔 30 min 开放导管 1 次，待血色变淡时，可改为间断冲洗或每日 2 次。每次冲洗量不宜超过 100 mL；膀胱部分切除术者每次冲洗量应少于 50 mL。

（3）选择冲洗液：可选用无菌生理盐水、0.02%呋喃西林；感染较重者可用 0.2%～0.5%新霉素溶液；铜绿假单胞菌感染者应用 2.2%苯氧乙醇或 0.25%～0.5%醋酸液交替冲洗。

（4）保护造瘘口周围皮肤：伤口敷料浸湿时应及时更换，清洁造瘘管周围的皮肤，外涂氧化锌软膏，避免尿液刺激。

（5）拔管时间：一般留置 12 日。拔管前先留置导尿管引流尿液，再拔除膀胱造瘘管，待膀胱造瘘口完全愈后，拔除导尿管。拔管后造口有少量漏尿为暂时现象。长期留置者应每隔 4～6 周，在无菌的条件下更换造瘘管。

（七）健康教育

（1）膀胱造瘘或留置导尿管在拔除之前要进行膀胱功能训练，如夹闭导尿管，使膀胱扩张到一定程度，以达到训练的目的。

（2）膀胱破裂合并骨盆骨折的病人，其中部分病人会有勃起障碍，在伤愈后应加强心理性勃起训练，或采取辅助治疗方法。

三、尿道损伤

尿道损伤多见于男性。男性尿道损伤以尿生殖膈为界，分为前、后两段。前尿道包括球部和阴茎体部，损伤以球部多见；后尿道包括前列腺和膜部，损伤以膜部多见。按尿道损伤程度分三种类型：尿道挫伤、尿道裂伤和尿道断裂。

（一）病因

1. 开放性损伤　因弹片、锐器伤所致。

2. 闭合性损伤　常因外来暴力所致，多为挫伤或撕裂伤。会阴部骑跨伤可引起尿道球部损伤，是最多见的尿道损伤。骨盆骨折引起尿道膜部撕裂或撕断，是后尿道损伤最常见的原因。经尿道器械操作不当可引起尿道球膜部交界处损伤。

（二）临床表现

尿道损伤主要的临床表现是尿道出血，排尿困难及尿潴留。常发生休克，特别是骨盆骨折后尿道损伤或合并其他内脏损伤者。休克的程度常与损伤严重程度一致,出血性休克常为早期死亡原因之一。

1.休克　骨盆骨折所致后尿道损伤,可引起损伤性或失血性休克。

2.疼痛　尿道球部损伤时会阴部肿胀、疼痛,排尿时加重。后尿道损伤表现为下腹部疼痛,局部肌紧张、压痛。合并骨盆骨折者,移动时疼痛加剧。

3.尿道出血　前尿道破裂时可见尿道外口流血,后尿道破裂时可无尿道口流血或仅少量血液流出。

4.排尿困难　尿道挫裂伤后因局部水肿或疼痛性括约肌痉挛,发生排尿困难。尿道断裂时,则可发生尿潴留。

5.血肿及尿外渗　尿道骑跨伤或后尿道损伤引起尿生殖膈撕裂时,会阴、阴囊部出现血肿及尿外渗,并发感染时则出现全身中毒症状(图16-3、图16-4)。

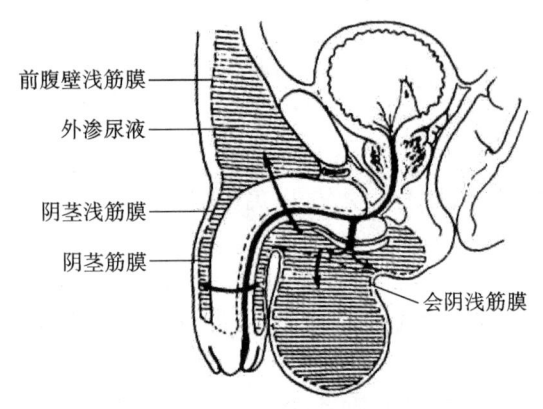

图16-3　尿道球部破裂的尿外渗范围

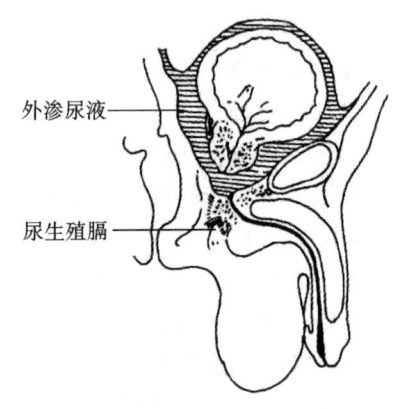

图16-4　后尿道损伤尿外渗范围

(三)辅助检查

1.导尿　导尿可以检查尿道是否连续、完整。在严格无菌操作下,如能顺利插入导尿管并有尿液流出,则说明尿道连续而完整。一旦插入导尿管,应留置导尿以引流尿液并支撑尿道。

2.逆行尿道造影　确定尿道损伤程度的主要方法,可确定尿道损伤的部位,尿道断裂时可有造影剂外渗,尿道损伤时则无外渗征象。

(四)治疗原则

1.紧急处理　合并休克者首先应进行抗休克治疗。骨盆骨折病人需平卧,勿随意搬动,以免加重损伤。尿潴留不宜导尿或未能立即手术者,可行耻骨上膀胱穿刺。

2.非手术治疗　闭合性损伤应首先在严格无菌条件下试插导尿管,如试插成功,应留置导尿管7~14日作为支架,以利于尿道的愈合。

3.手术治疗　试插导尿管不成功者考虑手术治疗。一般行经会阴尿道修补或断端吻合术。

4.处理尿外渗　在尿外渗区做多个皮肤切口,深达浅筋膜下,彻底引流外渗尿液。

(五)护理问题

1.疼痛　与局部受伤、尿液刺激损伤的尿道等有关。

2.有感染的危险　与尿道损伤、尿外渗有关。

3.排尿异常　与尿道损伤有关。

4.焦虑　与担心尿道损伤影响排尿及生育功能有关。

5.知识缺乏　缺乏有关尿道损伤后治疗及预后的有关知识。

(六)护理措施

(1)密切观察生命体征,防治休克。

(2)手术后常规留置导尿管2~3周,应做好引流管的护理,以预防泌尿系统感染。

（3）因病人卧床时间较长，为保持大便通畅，手术后第 3 日开始服用缓泻剂。

（4）合并骨盆骨折者，应执行骨盆骨折护理常规。

（5）尿道狭窄者需定期进行尿道扩张，做好健康教育，确保病人坚持治疗。

（七）健康教育

（1）前、后尿道损伤经手术治疗修复后，病人常出现尿道狭窄，需定期进行尿道扩张以避免尿道狭窄导致的排尿困难。

（2）继发性功能障碍的病人应训练心理性勃起加辅助治疗。

第三节 尿路结石病人的护理

学习目标

识记：
能列出尿路结石的病因。

理解：
1. 能解释尿路结石的病理特点。
2. 能阐述尿路结石的临床特点。

运用：
能运用护理程序为尿路结石病人提供整体护理。

尿路结石也称尿石症，是泌尿外科常见的疾病之一。尿路结石包括肾结石、输尿管结石、膀胱结石和尿道结石。尿路结石可引起泌尿系统的直接损伤、梗阻、感染和肾衰竭。

一、病因

尿路结石是一种不正常的结晶过程，尿液中形成结石的盐类呈过饱和的状态，尿中结晶抑制物的含量不足，以及核基质的存在构成了结石形成的三大主要因素。虽然尿路结石的形成原因尚未明确，但和下列因素有关。

1. 流行病学因素 年龄、性别、职业、饮食成分和结构、水分摄入量、气候、代谢和遗传等因素影响尿路结石的形成。

2. 尿液因素

（1）形成结石物质排出过多，尿液中钙、草酸或尿酸排出量增加。

（2）尿 pH 改变：磷酸钙及磷酸镁铵结石易在碱性尿中形成，尿酸结石和胱氨酸结石易在酸性尿中形成。上尿道结石大多为草酸钙结石，膀胱结石以磷酸镁铵结石为主。

（3）尿液浓缩及尿中抑制晶体形成物质不足。

3. 尿路局部因素 尿路梗阻、尿路感染及尿路异物。

二、临床表现

1. 肾和输尿管结石 主要表现是与活动有关的疼痛和血尿。其程度与结石的部位、大小、活动与否

及有无损伤、感染、梗阻等有关。极少数病人可长期无自觉症状,直到出现感染或积水时才发现。

(1)疼痛:肾结石可引起肾区疼痛伴肋脊角叩痛。肾盂内大结石及肾盏结石,可无明显症状。当结石在肾盂输尿管处嵌顿时,可出现肾绞痛,绞痛突然发生,并向肩部、输尿管、下腹部及会阴部放射,同时伴有恶心、呕吐。

(2)血尿:绞痛发作时或发作后,出现肉眼或镜下血尿。血尿为结石损伤黏膜所致,疼痛和血尿相继出现是肾和输尿管结石的特点,多为镜下血尿,损伤严重时有肉眼血尿。

(3)其他症状:结石引起严重的肾积水时,可触到增大的肾脏;继发急性肾盂肾炎或肾积脓时,可有发热、畏寒、脓尿、肾区压痛。双侧上尿路完全性梗阻时可导致无尿。

2.膀胱结石

(1)排尿突然中断:膀胱结石的典型症状,改变体位尿可继续排出。

(2)排尿困难和膀胱刺激征:结石堵塞尿道口,出现尿路不畅,结石损伤膀胱黏膜或合并感染,可出现血尿和尿频、尿痛和尿急的膀胱刺激症状。

三、辅助检查

(一)实验室检查

1.尿液检查　可有镜下血尿,合并感染时可见脓细胞。尿液生化检查可测定钙、磷、尿酸、草酸等,有助于结石原因分析。

2.血液生化检查　了解代谢情况。

3.结石成分分析　制订预防措施的依据。

(二)影像学检查

1.尿路 X 线平片　90%以上的结石能在正、侧位平片中发现。

2.排泄性尿路造影　可明确结石的位置。

3.B 超检查　可以发现平片不能显示的小结石和透 X 线结石,还能显示肾结构改变和肾积水等。

4.逆行肾盂造影　仅适用于其他方法不能确诊时。

5.肾图　可判断泌尿系统梗阻程度及双侧肾功能。

(三)输尿管肾镜检查

适用于其他方法不能确诊或同时进行治疗时。

四、治疗原则

1.非手术治疗　适用于结石小于 0.6 cm,光滑、无尿路梗阻或感染、肾功能正常者。包括自行排石和药物排石。

2.体外冲击波碎石(ESWL)　大多数上尿路结石、结石以下输尿管通畅、无狭窄适用此法,最适用于<2.5 cm 的结石。两次治疗间隔时间大于 7 日。

3.手术治疗

(1)非开放手术:输尿管肾镜取石或碎石术、经皮肾镜取石或碎石术。

(2)开放手术:仅少数病人,如结石远端存在梗阻、部分泌尿系统畸形、结石嵌顿紧密及非开放手术治疗失败、肾积水感染严重或病肾无功能等,需要开放手术治疗。

五、护理问题

1.疼痛　与梗阻存在或结石活动刺激有关。

2.有体液不足的危险　与肾肠反射引起恶心、呕吐、腹泻、血尿、手术后出血等引起失血过多有关。

3.尿潴留　与梗阻存在,致排尿不畅有关。

4.体温过高　与感染性结石有关。

5.知识缺乏　与对上尿路结石的致病因素和治疗过程知识的缺乏,以及对家庭治疗及预防复发知识的缺乏有关。

6.焦虑　与担心肾衰竭、结石复发有关。

六、护理措施

1.非手术治疗

(1)大量饮水,每日饮水量 3000 mL 以上,睡前应饮 250 mL,以增加尿量,保持每日尿量在 2000 mL 以上,降低尿中形成结石物质的浓度,减少晶体沉淀。在有感染时,尿量多可促进引流,有利于感染的控制。

(2)当结石合并感染时,应注意体温及全身情况的观察,遵医嘱应用抗生素。

(3)肾绞痛的病人,应嘱其卧床休息、深呼吸、肌肉放松以减轻疼痛。遵医嘱给予解痉止痛药物。

(4)调节尿液 pH,根据结石的成分碱化或酸化尿液,口服柠檬酸钾或氯化铵等。

(5)中西医结合疗法包括中西药、解痉、利尿、针刺等,可促进排石。

(6)在病情允许的情况下指导病人进行适当的跳跃活动,有助于结石排出。

(7)体外冲击波碎石治疗后应注意生命体征、排尿情况及尿液性状的观察,注意碎石排出情况,宜用过滤网过滤尿液。

(8)根据结石分析结果,指导病人合理饮食,影响代谢的药物别嘌呤醇可降低血和尿的尿酸含量。

(9)根据结石部位,指导体外冲击波碎石治疗后的排石体位。对于肾结石体外冲击波碎石治疗后嘱病人向患侧卧位 48～72 h,以后逐渐间断起立,以防碎石屑快速排出形成石结,造成输尿管梗阻,出现肾绞痛、发热、尿闭等症状。

2.手术治疗

(1)手术前护理:遵医嘱给予抗生素控制感染。了解疼痛部位、性质,观察血尿情况及有无结石排出。对于输尿管切开取石的病人,手术前 1 h 拍摄腹平片,进行结石定位。故拍摄后应保持定位时的体位。

(2)手术后护理:注意伤口及引流管的护理,肾盂造瘘者,不常规冲洗,以免引起感染。必须冲洗时,应严格无菌操作,低压冲洗,冲洗量不超过 10 mL,并在医生的指导下进行。肾实质切开取石及肾部分切除的病人,应绝对卧床 2 周,以减轻肾的损伤,防止再出血。输尿管狭窄的病人手术中放置输尿管支架管有利于术后引流,耻骨上膀胱切开取石术后应保持切口清洁干燥,敷料被浸湿时要及时更换。

七、健康教育

对于出院病人很重要的是预防结石复发,因此健康教育应教给病人预防的方法。

1.饮水防石　饮水起到利尿作用,饮水的多少决定尿量的多少,常规每日需饮水 3000 mL 以上,并且要平均分于全日,尤其是睡前及半夜饮水效果更好。为预防结石的复发,每日尿量应维持在 2000～3000mL,以稀释尿液,减少尿中晶体沉积。

2.饮食指导　根据结石成分调节饮食。动物蛋白和食糖的摄入要适量(除主食外,每日需补充蛋白质 25～30 g)。含钙结石者宜食用含纤维素丰富的食物,限制钙、草酸含量高的食物。浓茶、菠菜、番茄、土豆、芦笋等草酸含量高。奶制品、豆制品、巧克力、坚果钙含量高。尿酸结石者不宜服用嘌呤含量高的食物,如动物内脏。

3.药物预防　根据结石成分,血、尿钙磷,尿酸,胱氨酸和尿 pH,采用药物降低有害成分、碱化或酸化尿液,预防结石复发。出院前教会病人自测尿液 pH,因 pH 下降(4.5～5.5)易形成结石。

4.尿液过滤　体外冲击波碎石的病人,要注意过滤尿液中的结石。

5.预防骨脱钙　伴甲状旁腺功能亢进者,必须摘除腺瘤或增生组织。鼓励长期卧床者功能锻炼,防止骨脱钙,减少尿钙排出。

6. 按规定时间复诊 观察有无复发及残余结石情况,若出现腰痛、血尿等症状,及时就诊。放置输尿管、支架管的病人可根据病情于手术后 1~3 个月拔管。

第四节 良性前列腺增生病人的护理

良性前列腺增生简称前列腺增生,是老年慢性常见病。男性自 35 岁以后前列腺可出现不同程度的增生,50 岁以后出现临床表现。前列腺增生能引起尿路梗阻,最终可导致病人肾功能的损害。

一、病因

病因尚不明确。目前认为高龄及有功能的睾丸是前列腺增生的重要因素,其中男性激素、多种生长因子、类固醇激素受体等与前列腺增生有一定的关系。

二、临床表现

1. 尿频 前列腺增生病人最初出现的症状。早期仅表现为夜尿次数明显增多,随梗阻加重,白天也可出现尿频。

2. 进行性排尿困难 前列腺增生病人的典型表现症状。表现为排尿迟缓、断续、尿后滴沥。尿路梗阻严重时排尿费力、射程缩短,尿线细而无力,终呈滴沥状。

3. 尿潴留 梗阻严重者膀胱残余尿增多,长期可导致膀胱收缩无力,发生尿潴留,并可出现充溢性尿失禁。前列腺增生的任何阶段,可因受凉、劳累、饮酒等使前列腺突然充血、水肿,发生急性尿潴留。

4. 继发症状 合并感染时可出现膀胱刺激征;合并膀胱结石时表现为尿流中断;若长期排尿困难易导致肾积水、肾衰竭。长期腹压排尿还可合并疝、痔或脱肛。

三、辅助检查

1. 直肠指诊 应在膀胱排空后进行,可保证检查的准确性。

2. B 超检查 可测量前列腺体积,检查内部结构是否突入膀胱。目前常用超声法测残余尿,检查前嘱病人先自行排尿且尽量排空膀胱。

3. 尿流动力学检查 包括尿流率、膀胱压及尿道压测定,是判断逼尿肌功能及损害程度的检查方法。正常尿流率为 25 mL/s,若最大尿流率<15 mL/s 表明排尿不畅;若最大尿流率< 10 mL/s 则表明梗阻较为严重,常是手术指征之一。测定时尿量>150 mL 才有效。

4. 血清前列腺特异抗原(PSA)测定 前列腺体积较大、有结节或较硬时,应测定血清 PSA,以排除合并前列腺癌的可能性。

四、治疗原则

(1)前列腺增生无临床症状,无残余尿者需等待观察。

(2)药物治疗对症状较轻的病例有良好疗效。目前应用的各种药物通过药物作用达到抗雄激素、抗雌激素,缩小前列腺,缓解梗阻的目的。

(3)手术治疗方式有经尿道前列腺电切术(TURP)、耻骨上经膀胱前列腺切除术、耻骨后前列腺切除术。

(4)其他疗法:用于尿道梗阻较重而又不宜手术者。激光治疗、经尿道气囊高压扩张术、经尿道高温治疗、体外高强度聚焦超声,适用于前列腺增生体积较小者。前列腺尿道支架网适用于危重病人。

五、护理问题

1. 睡眠形态紊乱　与夜尿次数多有关。

2. 潜在并发症　感染、出血。

3. 疼痛　与手术后膀胱痉挛有关。

4. 生活自理缺陷　与手术后持续膀胱冲洗,不能下床活动有关。

5. 知识缺乏　与缺乏前列腺增生的治疗、护理及预防并发症的知识有关。

六、护理措施

1. 手术前护理

(1)每日询问病人的排尿情况,嘱病人食用粗纤维、易消化食物,以防便秘;忌饮酒及辛辣食物;鼓励病人多饮水,严禁憋尿,以免诱发急性尿潴留。如出现严重的排尿困难和急性尿潴留,应实行导尿或留置导尿管,必要时也可施行耻骨上膀胱造瘘术。

(2)引流尿液:残余尿量多或有尿潴留致肾功能不全者,应留置导尿管持续引流,改善膀胱逼尿肌和肾功能。

(3)心理护理:耐心向病人及其家属解释各种手术方法的特点。

2. 手术后护理

(1)严密观察病人意识状态及生命体征。病人多为高龄,多患有心血管疾病,由于麻醉和手术刺激可引起血压下降或诱发心、脑、肺并发症,因此应加强观察和护理。

(2)手术后利用三腔大气囊导尿管控制出血,将 30～50 mL 生理盐水注入气囊内,稍牵引导尿管并将导尿管固定在大腿内侧,将水囊放在前列腺窝处,需告知病人不可自行移开,直至解除牵引为止。

(3)手术后 6 h 病人无恶心、呕吐,可进流质饮食,鼓励多饮水,1～2 日无腹胀即可恢复正常饮食。

(4)维持膀胱通畅:施行 TURP 的病人手术后都有肉眼血尿,随着时间的延长血尿颜色逐渐变浅,因此,手术后常规用生理盐水持续膀胱冲洗 1～5 日,以防血块堵塞尿管。冲洗速度可根据尿色而定,色深则快、色浅则慢。若尿色深红或逐渐加深,说明有活动性出血,应及时通知医生处理。若引流不畅应及时施行高压冲洗,抽吸血块,以免造成膀胱充盈、膀胱痉挛而加重出血。膀胱冲洗期间应准确记录冲洗量和排出量,尿量＝排出量－冲洗量。

(5)膀胱痉挛的护理:手术后膀胱痉挛可引起阵发性剧痛,诱发出血。此时应嘱病人做深呼吸,以放松腹部肌肉张力。手术后留置硬脊膜外麻醉导管,按需定时注射小剂量吗啡有良好效果。严重者遵医嘱给予解痉药物。

(6)不同手术方式的护理。

①经尿道前列腺电切术(TURP):观察有无 TURP 综合征,手术中大量的冲洗液被吸收使血容量急剧增加,形成稀释性低钠血症,病人可在冲洗后的几小时内出现烦躁、恶心、呕吐、抽搐、昏迷,严重者出现肺水肿、脑水肿、心力衰竭等。此时应减慢输液速度,给予高渗盐水利尿剂、脱水剂,对症处理。TURP 术后 3～5 日尿液颜色清澈,即可拔除导尿管。

②开放手术:耻骨后引流管术后 3～4 日待引流量很少时拔出导尿管;耻骨上经膀胱前列腺切除术后 5～7 日、耻骨后前列腺切除术后 7～9 日拔出导尿管;手术后 10～14 日若膀胱造瘘口有漏尿可用凡士林油纱填塞造瘘口,随时换药处理,保持膀胱造瘘口干燥,先拔出膀胱造瘘管,1～2 日待膀胱造瘘口完全愈合,再拔出导尿管并注意排尿情况。

(7)预防感染:病人留置导尿管加之手术所致免疫力低下,易发生尿路感染和生殖道感染,手术后应观察体温及白细胞的变化,观察有无睾丸、附睾肿大及疼痛,观察有无畏寒、发热症状。早期应用抗生素,每日用消毒棉球擦拭尿道外口 2 次,以免引起泌尿系统逆行感染。

(8)并发症的预防及护理:前列腺手术后常见的并发症包括以下几种。

①出血:手术后最初几日通常会出现血尿,手术后第 1 日会有鲜血,以后逐渐清澈。出血也可能出现在手术后 6~10 日,此时出血的原因可能是组织坏死或是由用力排便及久坐所引起。TURP 术后 3 周因感冒、酗酒、用力排便及活动量增加可导致电凝痂皮脱落出血。

②血栓和栓塞:鼓励病人翻身和适当地施行腿部活动,应鼓励病人尽早下床活动,以预防血栓形成。

③膀胱痉挛:前列腺手术后,膀胱痉挛是经常出现的问题。膀胱痉挛可引起阵发性剧痛,诱发出血。此时应嘱病人做深呼吸,以放松腹部肌肉张力;确保冲洗及引流通畅;手术后留置硬脊膜外麻醉导管者按需定时注射小剂量吗啡有良好效果,严重者遵医嘱给予解痉药物。

七、健康教育

1. 生活指导　①前列腺增生采用药物或其他非手术疗法者,应避免因受凉、劳累、饮酒、便秘而引起急性尿潴留。②前列腺增生术后进易消化、含纤维素多的食物,预防便秘,必要时可服缓泻剂;手术后 1~2 个月避免剧烈活动,如提重物、跑步、骑自行车、性生活等,防止继发性出血。

2. 康复指导　①手术后前列腺窝的修复需 3~6 个月,因此手术后可能仍会有排尿异常现象,应多饮水,定期化验尿、复查尿流率及残余尿量。②如有尿失禁现象,应指导病人进行肛提肌锻炼,以尽快恢复尿道括约肌功能。其方法是吸气时缩肛,呼气时放松肛门括约肌。

3. 心理指导　前列腺切除术后常会出现逆行射精,不影响性交。原则上,经尿道前列腺电切术后 1 个月,耻骨上经膀胱前列腺切除术后 2 个月可恢复性生活,少数病人出现阳痿,可先采取心理治疗,同时查明原因,做针对性治疗。

（兰建江　兰庆新）

第十七章　周围血管疾病病人的护理

扫码看课件

学习目标

识记:

1.能复述下肢静脉曲张、血栓闭塞性脉管炎、间歇性跛行和静息痛的概念。

2.能列出下肢静脉曲张和血栓闭塞性脉管炎的病因、临床表现及护理措施。

理解:

1.能说明周围血管疾病病人手术后的体位要求。

2.能描述以下辅助检查:大隐静脉瓣膜功能试验、深静脉通畅试验、交通静脉瓣膜功能试验。

运用:

能运用护理程序为周围血管疾病病人制订护理计划,提供护理措施。

第一节　下肢静脉曲张病人的护理

下肢静脉曲张是指下肢浅静脉,以因血液回流障碍而引起的静脉扩张和迂曲为主要表现的一种疾病。下肢静脉曲张是外科的一种常见病,以大隐静脉曲张最为常见,晚期常并发小腿慢性溃疡。多见于从事长久站立工作、体力劳动强度大或久坐少动的人群。

一、解剖生理概要

1.下肢静脉　由浅静脉、深静脉、肌静脉和交通静脉组成。浅静脉位于皮下,深静脉位于肌间与同名动脉伴行,深、浅静脉通过交通静脉连接。肌静脉位于小腿后侧屈肌内,直接汇入深静脉。其中,浅静脉主要有大隐静脉和小隐静脉两条主干。①大隐静脉:起自足背静脉网内侧,自内踝前方沿小腿内侧上行,在腹股沟韧带下穿过卵圆窝注入股总静脉(图17-1)。②小隐静脉:起自足背静脉网的外侧,自外踝后方上行至小腿后,于窝处穿过深筋膜注入腘静脉。

2.下肢静脉瓣膜　下肢静脉内有许多向心单向开放的瓣膜,阻止静脉血逆流,保证下肢静脉血由下向上、由浅入深地单向回流。

3.静脉壁结构　静脉壁由外膜、中膜和内膜组成。外膜主要为结缔组织,内膜为内皮细胞,中膜为肌层;静脉壁的强弱与收缩功能相关。下肢远侧深静脉及小腿浅静脉分支的管壁较近侧薄,承受的静脉血柱压力比近侧静脉高,故易发生静脉曲张。静脉壁结构异常主要是胶原纤维减少、断裂、扭曲,使静脉壁失去应有强度而扩张。

4.下肢血流动力学　下肢静脉血流能对抗重力向心回流,主要依赖于:①静脉瓣膜向心单向开放功能,向心引导血流并防止逆流。②肌关节泵的动力功能。③胸腔内负压和心脏的搏动,对周围静脉血有向心吸引的作用。

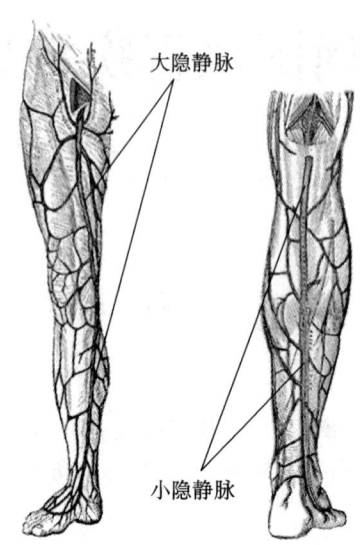

大隐静脉

小隐静脉

图 17-1　下肢浅静脉

二、病因

静脉壁软弱、静脉瓣膜缺陷以及浅静脉内压力持续升高是引起浅静脉曲张的主要原因。

1.先天因素　静脉瓣膜缺陷和静脉壁薄弱是全身支持组织薄弱的一种表现,与遗传因素有关。有些病人下肢静脉瓣膜稀少,有的甚至完全缺如,造成静脉血逆流。

2.后天因素　增加下肢血柱重力和循环血量超负荷是造成下肢静脉曲张的后天因素。

(1)职业因素:长期站立或重体力劳动者,由于重力的作用,静脉内的压力增高,静脉扩张,从而形成相对性的静脉瓣膜闭锁不全,终致静脉曲张。

(2)其他因素:如盆腔肿瘤、妊娠子宫、慢性咳嗽、习惯性便秘等,由于腹压增加,或直接压迫髂外静脉,可使下肢静脉血回流困难,亦能导致下肢静脉曲张。

三、病理生理

下肢静脉曲张的血流动力学改变主要表现为主干静脉和毛细血管压力增高。

浅静脉扩张主要由主干静脉压力增高引起,而毛细血管压力增高造成皮肤微循环障碍,引起毛细血管扩大、毛细血管周围炎及通透性增加,纤维蛋白原、红细胞等渗入组织间隙及毛细血管内形成微血栓。纤溶活性降低,渗出的纤维蛋白积聚、沉积于毛细血管周围,造成局部代谢障碍,导致皮肤色素沉着、纤维化、皮下脂质硬化甚至皮肤萎缩,最后形成静脉性溃疡。血清蛋白渗出和毛细血管周围纤维组织沉积,引起再吸收障碍、淋巴超负荷,导致下肢水肿。小腿下内侧区域的深静脉血柱重力最大,肌泵收缩时该区域所承受的反向压力也最高,因此,静脉性溃疡常出现在该区。

四、临床表现

以大隐静脉曲张多见,单独的小隐静脉曲张比较少见;左下肢多见,双下肢可先后发病。主要表现为下肢浅静脉曲张、蜿蜒扩张、迂曲。

1.早期　仅在长时间站立后患肢小腿感觉沉重、酸胀、乏力和疼痛,易疲劳。

2.后期　小腿部浅静脉明显隆起、扩张、弯曲,甚至蜷曲成团,病程较长时,小腿皮肤出现营养障碍,如干燥、毛发脱落、色素沉着,可出现踝部轻度肿胀和足靴区出现淤滞性皮炎等。轻微损伤即可造成经久不愈的慢性溃疡。也可继发曲张静脉的血栓性静脉炎,如曲张静脉破裂,则可引起较大量出血。

五、辅助检查

1.特殊检查　见图 17-2。

(1)大隐静脉瓣膜功能试验(Trendelenburg 试验):检查静脉瓣膜功能。嘱病人仰卧,抬高下肢使静脉排空,在大腿根部扎止血带以阻断大隐静脉;然后让病人站立,10s 内放开止血带,若出现自上而下的静脉逆向充盈,提示静脉瓣膜功能不全。若未放开止血带前,止血带下方的静脉在 30s 内已充盈,则表明交通静脉瓣膜关闭不全。根据同样的原理在腘窝部扎止血带,亦可检测小隐静脉瓣膜的功能。

(2)深静脉通畅试验(Perthes 试验):病人取站立位,于腹股沟下方扎止血带压迫大隐静脉,待静脉充盈后,嘱病人用力踢腿或下蹲 10 余次,如充盈的曲张静脉明显减轻或消失,则提示深静脉通畅;若在活动后浅静脉曲张更为明显、张力增高,甚至出现胀痛,提示深静脉不通畅。

(3)交通静脉瓣膜功能试验(Pratt 试验):病人仰卧,抬高下肢,在大腿根部扎止血带,先从足趾向上至腘窝缠第 1 根弹力绷带,再自止血带处向下缠第 2 根弹力绷带;让病人站立,在向下解开第 1 根弹力绷带的同时,向下缠第 2 根弹力绷带,如果在两根绷带之间的间隙内出现曲张静脉,提示该处有静脉瓣膜功能不全的交通静脉。

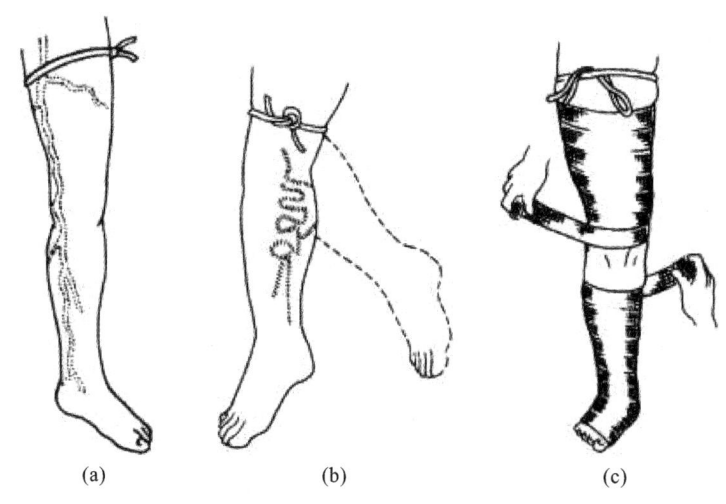

(a)　　　　　　　(b)　　　　　　　(c)

图 17-2　下肢静脉瓣膜功能试验

(a)Trendelenburg 试验;(b)Peithes 试验;(c)Pratt 试验

2.影像学检查　下肢静脉造影、血管超声检查等,可以判断病变性质、部位、范围和程度。

六、治疗原则

1.非手术治疗　只能改善症状,主要方法包括以下几种。

(1)促进静脉回流:避免久站、久坐,间歇性抬高患肢。患肢穿弹力袜或用弹力绷带。

(2)注射硬化剂和压迫疗法:适用于病变范围小且局限者,常用的硬化剂有鱼肝油酸钠、酚甘油液等。将硬化剂注入曲张的静脉后局部加压包扎,利用硬化剂造成的静脉炎症反应使其闭塞。

(3)处理并发症。

①血栓性浅静脉炎:给予抗菌药物及局部热敷治疗。

②湿疹和溃疡:抬高患肢并给予创面湿敷。

③曲张静脉破裂出血:局部加压包扎止血,必要时予以缝扎止血。

2.手术治疗　适用于深静脉通畅、无手术禁忌证者,是治疗下肢静脉曲张的根本方法。最适宜的方法是大隐静脉或小隐静脉高位结扎和曲张静脉剥脱术。

七、护理问题

1. 活动无耐力 与下肢静脉回流障碍有关。

2. 皮肤完整性受损 与皮肤营养障碍、慢性溃疡有关。

3. 潜在并发症 深静脉血栓形成、小腿曲张静脉破裂出血。

八、护理措施

1. 促进下肢静脉回流,改善活动能力

(1)穿弹力袜或使用弹力绷带:指导病人行走时穿弹力袜或使用弹力绷带,促进静脉回流。穿弹力袜时应抬高患肢,排空曲张静脉内的血液后再穿,注意弹力袜的薄厚、压力及长短应符合病人的腿部情况。弹力绷带应自下而上包扎,包扎后不应妨碍关节活动,并注意保持合适的松紧度,以能扪及足背动脉搏动和保持足部正常皮肤温度为宜。手术后弹力绷带一般需维持 2 周方可拆除。

(2)体位:采取良好坐姿,坐时双膝勿交叉过久,以免压迫腘窝,影响静脉回流;休息或卧床时抬高患肢 30°～40°,以利于静脉回流。

(3)避免引起腹内压及静脉压增高的因素:保持排便通畅,避免长时间站立,肥胖者宜有计划地减轻体重。

2. 预防或处理创面感染

(1)观察患肢情况:观察患肢远端皮肤的温度、颜色,是否有肿胀、渗出,局部有无红、肿、压痛等感染征象。

(2)加强下肢皮肤护理:预防下肢创面继发感染,做好皮肤湿疹和溃疡的治疗和换药,促进创面愈合。

3. 并发症的预防和护理

(1)手术后早期活动:病人卧床期间指导其做足部伸屈和旋转运动;应抬高患肢 30°;手术后 24 h 鼓励病人下地行走,促进下肢静脉回流,避免深静脉血栓形成。当下肢深静脉血栓形成,预防肺栓塞应注意:①非手术治疗者,从发病之日起应严格卧床 2 周。②严禁按摩患肢。③禁止施行对患肢有压迫的检查。④出现栓塞的 24 h 内,病人应限制自身活动;保持呼吸节律正常;通知医院,等待医治。

(2)保护患肢:活动时避免外伤引起曲张静脉破裂出血,如发现有局部出血、感染和血栓性静脉炎等并发症时,应及时报告医生妥善处理。

九、健康教育

(1)去除影响下肢静脉回流的因素,避免使用过紧的腰带和紧身衣物;避免肥胖;平时注意保持良好的坐姿,避免久站和久坐;坐时避免双膝交叉过久。

(2)休息与活动:休息时适当抬高患肢;指导病人进行适当体育锻炼,增强血管壁弹性。

(3)弹力治疗:非手术治疗病人应坚持长期穿弹力袜或使用弹力绷带;手术治疗病人一般手术后宜继续穿弹力袜或使用弹力绷带 1～3 个月。

 第二节 血栓闭塞性脉管炎

血栓闭塞性脉管炎又称 Buerger 病,是一种主要累及四肢远端中动脉、小动脉、静脉的慢性、节段性、周期性发作的血管炎性病变,好发于男性青壮年。

一、病因

病因尚未明确,与多种因素有关,基本可归纳为两方面:①外来因素:主要与吸烟、寒冷潮湿的生活环境、慢性损伤及感染有关;②内在因素:包括自身免疫功能紊乱、性激素和前列腺素失调及遗传因素。上述因素中,主动或被动吸烟是本病发生和发展的重要环节。

二、病理生理

病变主要累及四肢的中、小动脉和静脉,常起始于动脉,后累及静脉,由远端向近端发展,病变呈节段性,两段之间血管比较正常。活动期为受累动静脉管壁全层非化脓性炎症,有内皮细胞和成纤维细胞增生、淋巴细胞浸润、管腔狭窄和血栓形成。后期炎症消退,血栓机化,新生毛细血管形成,动脉周围有广泛纤维组织形成,常包埋静脉和神经组织,闭塞血管远端的组织可出现缺血性改变,甚至坏死。静脉受累时的病理改变与动脉病变相似,临床上表现为复发性游走性静脉炎。

三、临床表现

病程分为以下 3 期。

1. 局部缺血期 此期以血管痉挛为主,表现为患肢供血不足,出现肢端发凉、怕冷、小腿部酸痛,足趾有麻木感。尤其在行走一定距离后出现小腿肌肉抽痛,被迫停下,休息后疼痛可缓解,但再行走后又可发作,这种现象称为间歇性跛行。少部分病人可伴有游走性浅静脉炎,出现下肢浅小静脉条索状炎性栓塞,局部皮肤红肿、压痛,约经 2 周可逐渐消失,然后又在另一处发生。此期患肢足背、胫后动脉搏动明显减弱。

2. 营养障碍期 此期除血管痉挛继续加重外,还有明显的血管壁增厚及血栓形成。即使在休息时也不能满足局部组织的血液需求,故病人足趾部可出现持续性疼痛,夜间尤甚。剧痛常使其夜不能寐,迫使其屈膝抱足而坐,或将患肢垂于床沿,以增加血供缓解疼痛。这种现象称为静息痛(休息痛)。此时,足与小腿皮肤苍白、干冷、肌肉萎缩,趾甲增厚,足背及胫后动脉搏动消失。

3. 组织坏死期 患肢动脉完全闭塞,发生干性坏疽,先见于第一趾尖端,可延及其他各趾或更高平面。此后,坏死组织可自行脱落,在残端留下经久不愈的溃疡创面。当继发细菌感染时,可转为湿性坏疽,常伴有全身感染中毒症状。

四、辅助检查

1. 特殊检查

(1)测定跛行距离和跛行时间。

(2)测定皮肤温度:若双侧肢体对应部位皮肤温度相差 2℃ 以上,提示皮温降低侧肢体动脉血流量减少。

(3)检查患肢远端动脉搏动情况:若搏动减弱或不能扪及常提示血流量减少。

(4)肢体抬高试验(Buerger 试验):病人平卧,患肢抬高 70°~80°,持续 60s,若出现麻木、疼痛、苍白或蜡黄色者为阳性,提示动脉供血不足。再让病人下肢自然下垂于床缘以下,正常人皮肤色泽可在 10s 内恢复正常。若超过 45s 且皮肤色泽不均匀,进一步提示患肢存在动脉供血障碍。

2. 影像学检查

(1)肢体血流图:有助于了解肢体血流通畅情况。血流波形平坦或消失,表示血流量明显减少,动脉严重狭窄。

(2)超声多普勒检查:可显示动脉的形态、直径和流速、血流波形等;踝肱指数,即踝压(踝部胫前或胫后动脉收缩压)与同侧肱动脉压之比,正常值>1.0。若比值为 0.5~1,为缺血性疾病;若比值<0.5,为严重缺血。

(3)动脉造影:可以明确动脉阻塞的部位、程度、范围及侧支循环建立的情况。

五、治疗原则

防止病变进展,改善和促进下肢血液循环。

1. 非手术治疗

(1)一般治疗。

①严禁吸烟,以消除烟碱对血管的刺激而引起的血管收缩作用。

②防止受冷、受潮和外伤,但不应使用热疗,以免组织耗氧量增加而加重症状。

③患肢应进行锻炼,以促进侧支循环建立。

④止痛:疼痛是本病病人较为突出的症状,当患肢出现溃疡、坏疽或继发感染时,疼痛更为严重。一般镇痛药物常难以奏效,可适当使用吗啡或哌替啶类止痛剂。为预防药物成瘾,也可采用普鲁卡因股动脉内注射及腰交感神经封闭术等,以减少止痛药物的用量。若腰交感神经封闭术效果明显,应及时行腰交感神经节切除术。

(2)药物治疗:适用于早、中期病人。

①扩张血管和抑制血小板聚集:a.前列地尔注射液(凯时),具有扩张血管和抑制血小板聚集的作用,可以改善患肢血供,对缓解静息痛有一定效果。b.α-受体阻滞剂和β-受体兴奋剂,如妥拉唑啉等。c.硫酸镁溶液,有较好的扩张血管作用。d.低分子右旋糖酐,能降低血黏度,对抗血小板聚集。

②预防或控制感染:对并发感染者,根据细菌培养及药敏试验,选用有效抗菌药物。

③中医中药:辨证施治。常用的治疗方案包括:温经散寒;活血通络;活血化瘀;清热利湿;补气养血辅以活血化瘀等。

(3)高压氧疗法:通过高压氧治疗,提高血氧含量,促进肢体的血氧弥散,改善组织的缺氧程度。

(4)创面处理:对干性坏疽创面,应在消毒后包扎创面,预防继发感染。感染创面可给予湿敷和换药。

2. 手术治疗 目的是增加肢体血供和重建动脉血流管道,改善缺血引起的不良后果。

(1)动脉重建术:①旁路转流术:适用于主干动脉闭塞,但在闭塞的近侧和远侧仍有通畅的动脉通道者。②血栓内膜剥脱术:适用于短段的动脉阻塞者。

(2)分期动、静脉转流术:适用于动脉广泛闭塞并且无流出道者。在下肢建立人为的动-静脉瘘,通过静脉逆向灌注,向远端肢体提供动脉血,4～6个月再次手术结扎瘘近侧静脉。

(3)大网膜移植术:适用于动脉广泛闭塞者。

(4)腰交感神经切除术:适用于腘动脉远侧狭窄的病人。腰交感神经阻滞试验阳性(阻滞后皮肤温度提高1～2℃),提示血管痉挛因素的影响大于闭塞因素,可考虑施行腰交感神经切除术。

(5)截肢术:肢体远端坏死已有明确界限者,或严重感染引起毒血症者,需做截肢(趾、指)术。

六、护理问题

1. 疼痛 与患肢缺血、组织坏死有关。

2. 焦虑 与患肢剧烈疼痛、久治不愈、对治疗失去信心有关。

3. 组织完整性受损 与肢端坏疽、脱落有关。

4. 活动无耐力 与患肢远端供血不足有关。

5. 潜在并发症 手术后切口出血和栓塞。

七、护理措施

1. 控制或缓解疼痛

(1)绝对戒烟:告知病人吸烟的危害,消除烟碱对血管的收缩作用。

(2)肢体保暖:告知病人应注意肢体保暖,避免寒冷刺激,但应避免用热水袋或热水给患肢直接加温。寒冷可使血管收缩,而温度升高会使局部组织耗氧量增加,加重局部缺血、缺氧。

(3)有效镇痛:对早期轻症病人,可遵医嘱用血管扩张剂、中医中药缓解疼痛。对疼痛剧烈的中、晚病人常需使用麻醉性镇痛药。若疼痛难以缓解,可采用连续硬膜外阻滞方法镇痛。

2.减轻焦虑　由于患肢疼痛和趾端坏死使病人备受病痛折磨,甚至对治疗失去信心,医护人员应以极大的同情心关心、体贴病人,给病人心理支持,帮助其树立战胜疾病的信心,积极配合治疗和护理。

3.预防或控制感染

(1)保持足部清洁、干燥:每天用温水洗脚,告诉病人先用手试水温,勿用足趾试水温,以免烫伤。

(2)预防组织损伤:皮肤瘙痒时,可涂止痒药膏,避免用手抓痒,以免皮肤破溃而形成经久不愈的溃疡。

(3)预防继发感染:病人有皮肤溃疡或组织坏死时应卧床休息,减少损伤部位的耗氧量;保持溃疡部位的清洁、避免受压及刺激;加强创面换药,并遵医嘱应用抗菌药物。

(4)预防手术后切口感染:密切观察病人体温和切口情况,若发现伤口红肿、渗出和体温升高,应及早处理,并遵医嘱合理使用抗菌药物。

4.促进侧支循环,提高活动耐力

(1)步行:鼓励病人坚持每日多走路,行走时以出现疼痛时的行走时间和行走距离作为活动量的指标,以不出现疼痛为度。

(2)指导病人进行 Buerger 运动。

①平卧位:抬高患肢 45°以上,维持 2～3 min。

②坐位:双足自然下垂 2～5 min,做足背屈、跖屈和旋转运动。

③患肢平放休息 2 min;如此重复练习 5 次,每日数次。

若有以下情况不宜运动。

①腿部发生溃疡及坏死时,运动将增加组织耗氧量。

②动脉或静脉血栓形成时,运动可致血栓脱落造成栓塞。

5.并发症的预防和护理

(1)体位:血管造影术后病人应取平卧位,穿刺点加压包扎 24 h,患肢制动 6～8 h,患侧髋关节伸直、避免弯曲,以免降低加压包扎的效果。静脉手术后抬高患肢 30°,制动 1 周;动脉手术后患肢平放、制动 2 周。自体血管移植术后愈合较好者,卧床制动时间可适当缩短。病人卧床制动期间应做足部运动,促进局部血液循环。

(2)手术后严密观察。

①病人血压、脉率。

②切口、穿刺点渗血或血肿情况。

③肢体远端血运情况,双侧足背动脉搏动、皮肤温度、皮肤颜色及感觉,并做记录。若动脉搏动消失、皮肤温度降低、颜色苍白、感觉麻木,提示有动脉栓塞;若动脉重建术后出现肿胀、皮肤颜色发紫、皮肤温度降低,可能为重建部位的血管发生痉挛或继发性血栓形成,应紧急通知医生采取治疗措施。

6.其他　血管造影术后鼓励病人多喝水,促进造影剂的排泄,必要时可给予补液。记录 24 h 的尿量。

八、健康教育

(1)劝告病人坚持戒烟。

(2)体位:病人睡觉或休息时取头高脚低位,使血液容易灌流至下肢。告知病人避免长时间维持同一姿势(站或坐)不变,以免影响血液循环。坐时应避免将一腿搁在另一腿膝盖上,以防动、静脉受压和血液回流受阻。

(3)保护患肢:切勿赤足行走,避免外伤;注意患肢保暖,避免受寒;鞋子必须合适,不穿高跟鞋;穿棉袜子,勤换袜子,预防真菌感染。

(4)指导病人进行患肢功能锻炼,促进侧支循环建立,改善局部症状。

(5)合理使用止痛药物。

(班华琼　杨莹莹　文凤云)

第十八章 运动系统疾病病人的护理

第一节 骨折病人的护理

学习目标

识记:

1. 能列举骨折的病因、分类、病理生理、辅助检查。

2. 能复述骨折的定义、临床表现、急救方法、处理原则和护理措施。

3. 能复述常见四肢骨折、脊柱骨折、脊髓损伤和骨盆骨折的病因、分类和处理原则。

扫码看课件

理解:

能比较四肢骨折、脊柱骨折、脊髓损伤和骨盆骨折的临床特点和护理措施。

运用:

能运用护理程序为骨折病人提供整体护理。

一、骨折概述

骨的完整性或连续性发生部分或完全中断即为骨折。

(一)病因及分类

1. 病因

(1)直接暴力:外力作用如压轧、撞击、火器伤等引起的骨折(图 18-1)。

(2)间接暴力:着力点以外的部位发生骨折,外力通过传导、杠杆或旋转引起的骨折,如从高处坠下足部着地引起脊椎骨折;跌倒时以手掌撑地,由于上肢与地面的角度不同,暴力向上传导可致桡骨远端骨折或肱骨髁上骨折(图 18-2)。

(3)肌肉牵拉:肌肉突然猛烈收缩拉断其附着部位引起的骨折,如投掷手榴弹时用力不当引起肱骨结节撕脱骨折。

(4)疲劳性骨折:骨质持续受到轻度劳损引起的骨折,如长途行军导致第 2、3 跖骨骨折。

(5)病理性骨折:骨骼本身患有病变,当受到轻微外力即发生骨折,如骨肿瘤、骨结核、骨髓炎等发生的骨折。

2. 分类

(1)按骨折端与外界是否相通分为:①闭合性骨折:骨折处皮肤或黏膜完整,骨折端与外界不通。

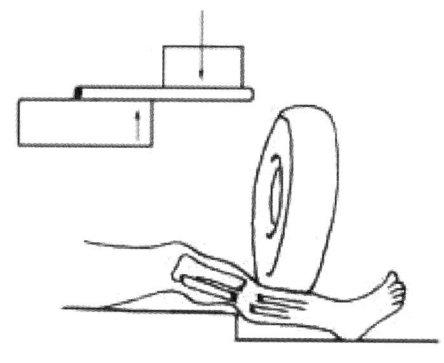

图 18-1　直接暴力引起骨折

图 18-2　间接暴力引起骨折

②开放性骨折:骨折处皮肤或黏膜破损,骨折端与外界相通,易引起感染。

(2)按骨折的程度及形态分类:①不完全骨折:骨骼连续性没有完全中断,依据骨折形态又分为青枝骨折、裂缝骨折等。②完全骨折:骨骼连续性完全中断,按骨折形态又分为横形骨折、斜形骨折、螺旋形骨折、T 形骨折、粉碎性骨折、嵌插骨折、压缩骨折等(图 18-3)。

(3)按骨折处的稳定性分为:①稳定性骨折:骨折端不易移位或复位后不易再移位的骨折,如不完全骨折及横形骨折、嵌插骨折等。②不稳定性骨折:骨折端易移位或复位后易再移位的骨折,如斜形骨折、螺旋形骨折、粉碎性骨折等。

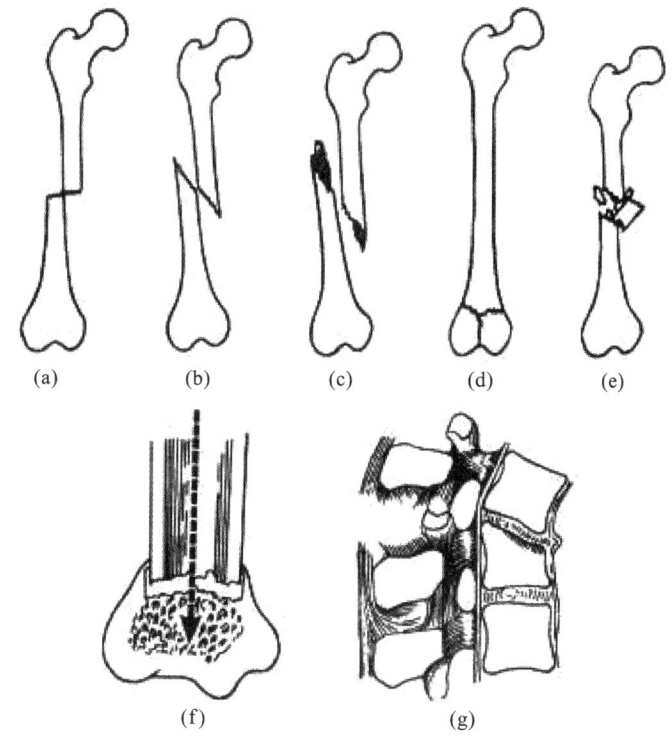

图 18-3　骨折的形态

(a)横形骨折;(b)斜形骨折;(c)螺旋形骨折;
(d)T 形骨折;(e)粉碎性骨折;(f)嵌插骨折;(g)压缩骨折

3.骨折移位　由于暴力作用、肌肉牵拉、骨折远侧端肢体重量的牵拉以及不恰当的搬运或治疗等,大多数骨折均有不同程度的移位。常见的移位有以下 5 种,常同时存在:①成角移位:两骨折段的纵轴线交叉成角,以其顶角的方向可分为向前、后、内或外成角。②侧方移位:以近侧骨折段为准,远侧骨折段向前、后、内、外的侧方移位。③缩短移位:两骨折段相互重叠或嵌插,使其缩短。④分离移位:两骨折段在纵轴上相互分离,形成间隙。⑤旋转移位:远侧骨折段围绕骨之纵轴旋转(图 18-4)。

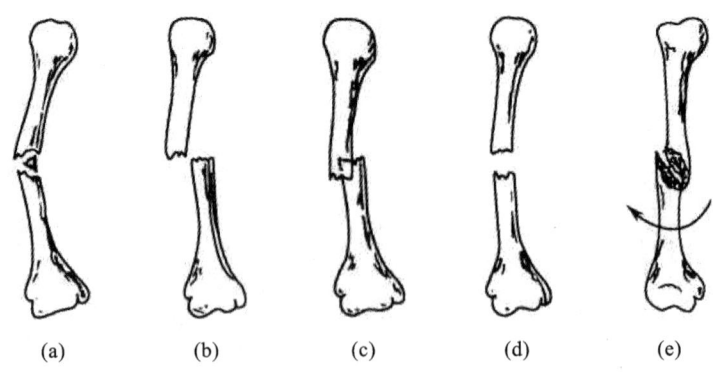

图 18-4 骨折的移位
(a)成角移位;(b)侧方移位;(c)缩短移位;(d)分离移位;(e)旋转移位

(二)临床表现

1.全身表现

(1)休克:较大的骨折或多发性骨折,可因大量出血和剧烈疼痛,引起失血性休克和神经性休克,如骨盆骨折及大腿骨折。

(2)发热:一般骨折没有发热,当骨折大量出血后可引起低热,开放性骨折可发生感染发热。

2.局部表现

(1)一般表现:疼痛和压痛、肿胀和瘀斑、功能障碍等。

(2)骨折专有体征:畸形、假关节活动(异常活动)、骨擦音或骨擦感。

(三)辅助检查

1.X 线检查 可明确诊断并确定骨折类型及移位情况,检查必须包括正、侧位及邻近关节,并加健侧以便对照。

2.CT、MRI 检查 可明确骨折类型和脊髓损伤的程度。

(四)骨折的并发症

1.早期并发症

(1)休克:股骨干骨折、骨盆骨折及多发性骨折出血量较大易引起失血性休克。

(2)血管损伤:骨折断端直接损伤血管,如肱骨髁上骨折可损伤肱动脉,股骨下 1/3 及胫骨上 1/3 骨折可损伤腘动脉。

(3)神经损伤:肱骨干骨折可损伤桡神经,肘关节周围骨折可损伤尺神经、正中神经,腓骨、胫骨骨折可损伤腓总神经,脊椎骨折可引起脊髓损伤。

(4)脏器损伤:颅骨骨折引起脑损伤,肋骨骨折可损伤肺、肝、脾,骨盆骨折可损伤膀胱、尿道和直肠等。

(5)骨筋膜室综合征:骨筋膜室内压力增高,使软组织血液循环障碍,肌肉、神经急性缺血而出现的一系列早期综合征,常见于前臂和小腿骨折,主要表现为肢体剧痛、肿胀、指(趾)呈屈曲状、活动受限、局部肤色苍白或发绀,常由骨折血肿、组织水肿或石膏管过紧引起。

(6)脂肪栓塞:骨折端血肿张力大,使骨髓腔内脂肪微粒进入破裂的静脉内,可引起肺、脑血管栓塞,病情危急甚至突然死亡。

(7)感染:开放性骨折易造成化脓性感染和厌氧菌感染,以化脓性骨髓炎多见。

2.晚期并发症

(1)关节僵硬:患肢长期固定,关节周围组织浆液纤维性渗出和纤维蛋白沉积,发生纤维性粘连,以及关节囊和周围肌肉挛缩所致。

(2)骨化性肌炎:关节附近骨折,骨膜剥离形成骨膜下血肿,由于处理不当血肿扩大、机化并在关节附近软组织内骨化,严重影响关节活动。

(3)愈合障碍:由于整复固定不当、局部血液供应不良引起延迟愈合或不愈合。

(4)畸形愈合:整复不好或固定不牢发生错位而愈合。

(5)创伤性关节炎:发生在关节内的骨折易引起创伤性关节炎。

(6)缺血性骨坏死:如股骨颈骨折时的股骨头坏死。

(7)缺血性肌挛缩:如发生在前臂掌侧即"爪形手"畸形。

(五)骨折愈合过程及影响骨折愈合的因素

1.骨折愈合过程　骨折愈合是一个连续的过程,根据其变化可分为三个阶段。

(1)血肿炎症机化期:骨折后,骨折端和周围软组织出血形成血肿,伤后 6～8 h 凝血系统被激活,凝成血块,几日后新生的毛细血管、成纤维细胞和吞噬细胞侵入血块,形成纤维组织,由纤维组织将骨折端连接在一起,故又称为纤维愈合期,此期需要 2～3 周。

(2)原始骨痂形成期:骨折断端的骨内、外膜增生,血管长入,骨折端形成的骨样组织骨化成新骨,称为膜内成骨,成为内、外骨痂。而骨折端之间和骨髓腔内的血肿机化形成的纤维组织转化为软骨,经过增生、钙化而骨化,形成环状骨痂和髓腔内骨痂,即为连接骨痂。内、外骨痂和连接骨痂三者融合,成为桥梁骨痂,即原始骨痂形成。此期能抵抗肌肉收缩及成角、剪力和旋转力,即达到临床愈合,故又称为临床愈合期。此期需要 4～8 周。

(3)骨痂改造塑形期:原始骨痂尚不牢固,不能适应生理需要,肢体的活动和负重使得在应力轴线的骨痂不断加强,而应力轴线以外的骨痂不断地被清除,最后使原始骨痂改造为永久骨痂,骨髓腔相通,骨折的痕迹已完全消失,达到骨性愈合,又称为骨性愈合期。此期需 8～12 周。

2.影响骨折愈合的因素　骨折愈合需要三个先决条件,即要有足够的接触面、牢固的固定、充分的血供。

(1)全身性因素:年老、体弱、营养不良、各种代谢障碍性疾病等使得愈合迟缓或不愈合。

(2)局部性因素:骨折的部位、类型、程度,治疗与护理不当,骨折断端血供不良,周围组织情况差,骨折局部有感染等均影响愈合。

(六)治疗原则

1.复位　复位是将移位的骨折断端恢复正常或接近正常的解剖关系,重建骨的支架作用。复位是骨折治疗的首要步骤。

(1)按复位程度分为:①解剖复位:两骨折端接触面(对位)和两骨折端在纵轴线上的关系(对线)完全良好,恢复了正常的解剖关系。②功能复位:两骨折端对位欠佳,但对线基本良好,愈合后肢体功能恢复正常。

(2)复位方法:①手法复位:最常用的复位方法。②切开复位:手术切开骨折部位,在直视下将骨折复位。③持续牵引复位:对骨折处行持续牵引复位,同时也有固定作用,包括骨牵引、皮牵引。

2.固定

(1)外固定:常用方法有小夹板固定或石膏绷带固定。①小夹板固定:主要适用于四肢长骨的较稳定骨折,固定范围不包括骨折处的上下关节,利于早期功能锻炼。但偶有固定不牢的可能,易使骨折移位、不愈合、畸形愈合,若捆扎过紧影响肢体血运可发生远端缺血。②石膏绷带固定:可按肢体形状塑形,干固后固定可靠,固定范围大,不易发生再移位,但不利于功能锻炼。

(2)持续牵引固定:皮牵引和骨牵引。骨牵引较直接且力量大,利于开放性伤口观察及换药,利于功能锻炼,但不能早期下床活动。皮牵引力量小,多应用于小儿及老年病人。

(3)内固定:复位准确且固定牢靠但具有创伤。内固定器材有多种,常用的有金属丝、接骨板、螺丝钉、髓内钉、加压铜板等。

3.功能锻炼　骨折病人功能恢复的重要保证,固定后即可开始功能锻炼,直至痊愈。功能锻炼要遵循动静结合,主动、被动结合,循序渐进的原则。

功能锻炼早期(伤后1~2周)主要进行患肢肌肉的收缩和舒张练习,中期(伤后3~6周)进行骨折部位上、下两个关节的活动,晚期(伤后6~8周)骨折已达临床愈合标准后进行患肢全面功能锻炼。

(七)护理问题

1. 有周围神经血管功能障碍的危险 与骨和软组织创伤、石膏固定不当有关。

2. 疼痛 与骨折、软组织损伤、肌肉痉挛和水肿有关。

3. 有感染的危险 与组织损伤、开放性骨折、牵引或外固定有关。

4. 潜在并发症 肌肉萎缩、关节僵硬及深静脉血栓形成。

5. 有皮肤完整性受损的危险 与骨折、软组织损伤或长期卧床有关。

(八)护理措施

1. 促进神经、循环功能的恢复

(1)预防和纠正休克:遵医嘱输液、输血;及时处理出血、保持血压在正常范围。

(2)保暖:注意室温和躯体保暖,以改善微循环。

(3)取合适体位,促进静脉回流:根据骨折的部位、程度、治疗方式和有无合并其他损伤等采取不同的体位。休克病人取平卧位;患肢肿胀时,遵医嘱用枕头或悬吊牵引抬高患肢,使之高于心脏水平,以促进静脉回流和减轻水肿。但若疑有骨筋膜室综合征发生时,则避免患肢高于心脏水平,以免局部血供受影响。患肢制动后,固定关节于功能位;股骨转子间骨折牵引治疗者,患肢需取外展内旋位,足踝保持于功能位,避免受压,造成足下垂畸形。

(4)加强观察:观察病人的意识状态、体温、脉搏、血压、呼吸、尿量和末梢循环,如毛细血管再充盈时间、患肢骨折远端脉搏情况、皮温和色泽、有无肿胀及感觉和运动障碍。

2. 减轻疼痛 根据疼痛原因、性质,采取相应的措施。

(1)药物镇痛:遵医嘱给予镇痛药物,并注意观察药物效果及有无不良反应发生。

(2)物理方法止痛:可用局部冷敷、抬高患肢等方法减轻患肢水肿,起到减轻疼痛的作用。热疗和按摩可减轻肌痉挛引起的疼痛。

3. 预防感染

(1)监测病人有无感染症状和体征:定时测量病人的体温和脉搏。体温和脉搏明显增高时,常提示有感染发生。若骨折处疼痛减轻后又进行性加重或呈搏动性疼痛,皮肤红、肿、热,伤口有脓液渗出或有异味时,应警惕是否继发感染,应及时报告医生。

(2)加强伤口护理:严格按无菌技术清洁伤口和更换敷料,保持敷料干燥。

(3)合理应用抗菌药物:遵医嘱及时和合理安排抗菌药物的应用时间和方式。

(4)体位:无禁忌证者可经常变更卧姿,预防压疮和坠积性肺炎的发生。

4. 牵引的护理

(1)心理护理:多和病人沟通,向病人解释牵引的必要性和安全性,解除其顾虑,安心接受治疗。

(2)观察病情:观察肢体血管神经功能,防止操作不当或牵引压迫引起血管神经损伤,注意肢体远端颜色、温度、感觉和运动功能。

(3)对抗牵引:一般床脚抬高15~30 cm以对抗牵引力量。

(4)保持有效牵引:随时观察牵引的有效性,注意牵引绳是否脱轨,滑轮是否灵活,牵引重锤是否拖地等,并及时纠正。

(5)并发症的护理。

①皮肤破溃、压疮:皮肤牵引之前涂安息香酊保护皮肤,出现水疱及时处理,必要时改骨牵引。预防压疮,保持床单位整洁,在骨突起处加保护垫,多按摩、擦浴。

②牵引针滑脱:主要是钻孔过浅,重量过大引起骨质撕脱。预防方法是选好钻孔部位和注意深度,重

量不要过大,颅骨牵引时每日检查并拧紧牵引弓螺母。

③牵引针孔感染:保持牵引针孔周围皮肤清洁,防止牵引针左右滑动,在针孔处滴75%乙醇,每日2次,无菌敷料覆盖。如针孔感染,应及时处理,必要时拔针换位牵引。

④定时测量:每日测量肢体长度,两侧对比,防止牵引力量不足或过度牵引。

⑤足下垂:牵引时足部保持功能位,卧位时足部不要压重物,盖棉被时要有护架。

⑥关节僵硬:骨折复位固定后,要遵循循序渐进的原则进行功能锻炼。

⑦坠积性肺炎:长期卧床、呼吸不畅、咳嗽无力等均可引起坠积性肺炎。鼓励病人深呼吸,有效咳嗽,协助翻身、拍背,给予雾化吸入等。

⑧泌尿系统感染和结石:鼓励病人多饮水,增加尿量,预防泌尿系统感染和结石。

5. 石膏的护理

(1)石膏干固前护理。

①禁止搬动和压迫:打好石膏后用软枕垫好,石膏在干固前易折断和变形,搬动时用手掌托起,严禁用手指捏和压迫,以防局部向内凹陷。

②加速干固:欲促使石膏加速干固可提高室温、加强通风、灯泡烘烤、红外线照射等。但要防止烫伤。

(2)保持石膏清洁、干燥:尤其会阴部易受大小便污染,在包扎石膏时开窗应大小适宜。在换药之前,用纱布将换药窗口围好,防止换药或冲洗伤口时污染石膏。石膏如轻微污染,可用湿布擦拭,但不要浸湿石膏。

(3)观察血液循环和神经:包好石膏后,患肢抬高,以利静脉回流,注意观察肢体远端颜色、温度、感觉和运动。如有疼痛、苍白、冰冷、发绀、麻木时,要警惕石膏过紧,应及时通知医生处理,防止发生骨筋膜室综合征。

(4)并发症的预防及护理。

①压疮:包扎石膏前,加好衬垫,尤其骨突处加较厚棉垫。包扎石膏时严禁指尖按压,要用手掌托扶。协助病人翻身,更换体位。如出现局部持续疼痛,要警惕压疮。嘱病人及其家属不可向石膏内塞垫,必要时更换石膏。

②失用性骨质疏松和关节僵硬:长期卧床,石膏制动,引起骨质脱钙、疏松。关节固定不动发生关节僵硬。预防办法是加强功能锻炼。

③化脓性皮炎:长期石膏固定,皮肤脱屑、出汗和石膏摩擦,都可使皮肤瘙痒、出现水疱,或用异物伸入石膏抓痒,使局部损伤感染。

④骨筋膜室综合征:两种原因可引起骨筋膜室综合征。一种是骨筋膜内肿胀、出血,压力增高,此种常见于前臂或小腿骨折。另一种是肢体包扎过紧,尤其是石膏包扎。预防方法是石膏包扎不要过紧,密切观察,及时发现,迅速减压。

⑤石膏综合征:大型石膏或包扎过紧,可导致病人呼吸费力,进食困难,胸部发憋,腹部膨胀。预防方法是包扎石膏时适当留有余地,食量不要过多,上腹开窗等。

6. 指导功能锻炼 早期功能锻炼可增加肢体运动功能和预防并发症,有助于损伤部位功能的恢复。

(九)健康教育

1. 安全指导 指导病人及其家属评估家庭环境的安全性,有无影响病人活动的障碍物如台阶、小块地毯、散放的家具等。

2. 长期坚持功能锻炼 告知病人出院后继续功能锻炼的方法和意义。向病人及其家属详细说明有关夹板、石膏或外固定器械的应用和护理知识,如夹板、石膏或外固定器械的保护、清洁、使用的方法及可能发生的问题。

3. 辅助工具的使用 指导病人使用轮椅、步行辅助器,提高病人自我照顾的能力。指导病人家属如何协助病人完成各项活动。

(1)拐杖的应用:拐杖是常用的步行辅助器。应指导病人使用拐杖的方法,如拐杖应加垫,以防滑和避免损伤腋部;当手握柄把时,屈肘不超过 30°。用拐杖者,要求上肢有足够的肌力、身体平衡和有协调能力。

(2)助行器的应用:助行器常用于老年人,以提供支持和保持平衡。

(3)手杖的应用:当患肢仅需轻微的支持时,可用手杖。直手杖提供的支持最小,四脚手杖因支撑面积大,支持力大。手杖用于患侧,顶部应与股骨大转子平行。

4.定期复查 告知病人如何识别并发症。若病人肢体肿胀或疼痛明显加重,骨折远端肢体感觉麻木、肢端发凉,夹板、石膏或外固定器械松动等,应立即到医院复查。

二、四肢骨折病人的护理

(一)肱骨干骨折

肱骨干骨折是指发生在肱骨外科颈下 1~2 cm 至肱骨髁上 2 cm 段的骨折。常见于青年和中年人。

1.病因 由直接或间接暴力引起。直接暴力常由外侧打击肱骨干中段导致横形或粉碎性骨折。间接暴力常由于手掌或肘部着地,暴力上传,加之身体倾倒产生的剪式应力,导致肱骨中下 1/3 段斜形或螺旋形骨折。

2.临床表现 患侧上臂疼痛、肿胀、畸形、皮下瘀斑及功能障碍。体检有假关节活动、骨擦感、患肢短缩等。主要并发症是桡神经损伤和肱动脉损伤。合并桡神经损伤时可出现垂腕、各手指掌指关节不能背伸、拇指不能伸、前臂旋后障碍;手背桡侧皮肤感觉减弱或消失等表现。

3.治疗原则与护理 一般采取手法复位,复位后可用石膏或小夹板固定。切开复位后用加压钢板螺钉或带锁髓内钉做内固定。手术后指导病人进行患肢的主动运动,包括手指、掌和腕关节活动,以减轻水肿,促进静脉回流;伤后 2~3 周,开始肩、肘关节的主动运动,防止肩关节僵硬或萎缩。

(二)肱骨髁上骨折

肱骨髁上骨折是发生在肱骨干与肱骨髁交界处的骨折。多见于 5~12 岁小儿,占小儿肘部骨折的 30%~40%。

1.病因与分类 根据暴力来源和移位方向,可分伸直型骨折和屈曲型骨折(图 18-5)。

(1)伸直型骨折较常见。多因间接暴力引起,如跌倒时肘关节呈半屈状、手掌着地,地面的反作用力经前臂传到肱骨下端,导致髁上部伸直型骨折。骨折近侧端常损伤肱前肌,压迫或损伤正中神经和肱动脉,造成前臂缺血性肌挛缩。骨折远侧端向侧方移位可挫伤桡神经或尺神经(图 18-6)。

(2)屈曲型骨折少见。跌倒时肘关节屈曲、肘后部着地,外力自下而上,尺骨鹰嘴直接撞击肱骨下端,导致髁上部屈曲型骨折。很少合并血管和神经损伤。

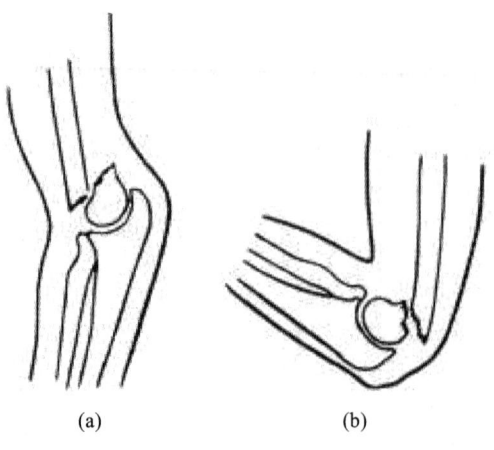

(a)   (b)

图 18-5 肱骨髁上骨折的典型移位

(a)伸直型;(b)屈曲型

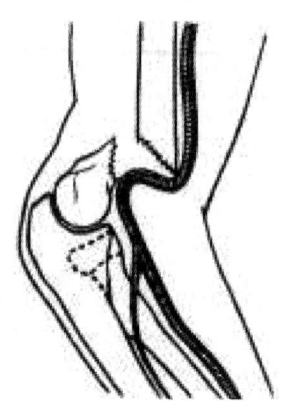

图 18-6 肱骨髁上骨折损伤肱神经

2.临床表现 肘关节明显肿胀、压痛,功能障碍;有时可出现皮下淤血或皮肤水疱。伸直型骨折时,鹰嘴与远侧骨折端向后方突出,近侧骨折端向前移,外形如肘关节脱位,但保持正常的肘后三角,可有骨擦音、反常活动等;可伴有正中、桡、尺神经损伤,表现为手的感觉、运动功能障碍。肱动脉挫伤或受压者因发生血管痉挛可致前臂缺血,出现剧痛、手部皮肤苍白、发凉、麻木,被动伸指疼痛,桡动脉搏动减弱或消失等表现。与肱骨髁上骨折相关的缺血性肌挛缩,可导致爪形手或后遗肘内翻畸形。

3.治疗原则与护理 肘部肿胀较轻、桡动脉搏动正常者,可行手法复位和后侧石膏托固定。伸直型骨折复位后固定肘关节于 $60°\sim90°$ 屈曲或半屈位。对受伤后时间较长、肘部肿胀严重并有水疱形成,但末梢血运良好者,可行尺骨鹰嘴牵引,牵引重量为 $1\sim2$ kg;待 $3\sim5$ 日肿胀消退,即可进行手法复位。手法复位失败者应行手术复位内固定术。伤后第 1 周,患侧肢体避免活动,1 周后逐渐开始握拳、伸指、腕关节屈伸及肩关节活动;$4\sim5$ 周去除外固定后,进行肘关节屈伸功能锻炼。

(三)桡骨远端伸直型骨折(Colles 骨折)

发生于桡骨远端约 3 cm 内的骨折,以老年人多见,由间接暴力所致,跌倒时前臂旋前,腕关节背伸,手掌着地。

1.临床表现 局部疼痛、肿胀、压痛、功能障碍,典型的畸形表现是侧面观"餐叉样"畸形,正面观"枪刺样"畸形。X 线正侧位片可显示骨折和移位情况(图 18-7)。

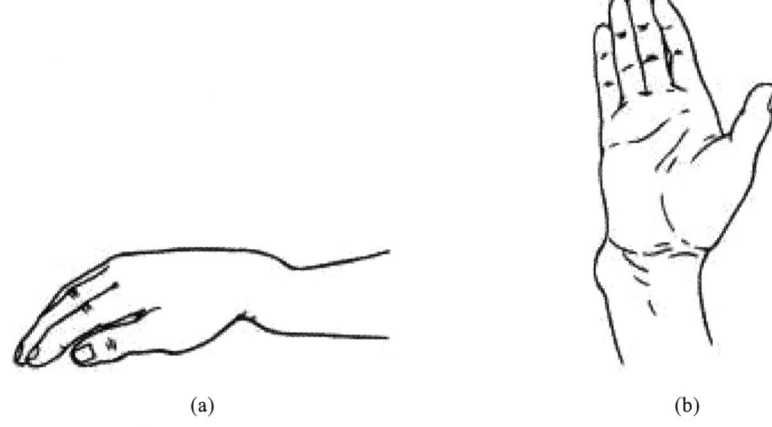

(a)   (b)

图 18-7 桡骨远端伸直型骨折后典型畸形

(a)"餐叉样"畸形;(b)"枪刺样"畸形

2.治疗原则与护理 主要采用手法复位,先用小夹板或石膏在屈腕、尺偏、旋前位固定 2 周,之后改用中立位固定 2 周。必要时应用手术复位。手术后指导病人早期进行拇指及其他手指的主动运动、用力握拳、充分屈伸五指的练习,以减轻水肿,增加静脉回流。同时进行肩、肘关节功能锻炼,防止关节僵硬或肌肉萎缩。伤后 2 周进行腕关节背伸和桡侧偏斜练习,同时进行前臂旋转运动。

(四)股骨颈骨折

股骨颈骨折多发生于老年人,以女性为多。常出现骨折不愈合(约 15%)和股骨头缺血性坏死(20%~30%)。

1.病因和分类 老年人,特别是女性,由于骨质疏松使股骨颈脆弱,加之髋周肌群退变,在平地滑倒、床上跌倒、下肢突然扭转甚至无明显外伤的情况下就可发生骨折。青壮年股骨颈骨折一般由于严重损伤,如车祸或高处坠落等所致。

(1)按骨折线部位分类:①头下骨折;②经颈骨折;③基底骨折。

头下骨折和经颈骨折属于关节囊内骨折,由于股骨头的血液循环大部分中断,因而骨折不易愈合和易造成股骨头缺血性坏死。基底骨折由于两骨折段的血液循环良好而较易愈合(图 18-8)。

(2)按骨折线角度(X 线片表现)分类:①内收型骨折:远端骨折线与两髂嵴连线的延长线所形成的角

度(Pauwels 角)大于 50°,属于不稳定性骨折。②外展型骨折:Pauwels 角小于 30°,属于稳定性骨折(图 18-9)。

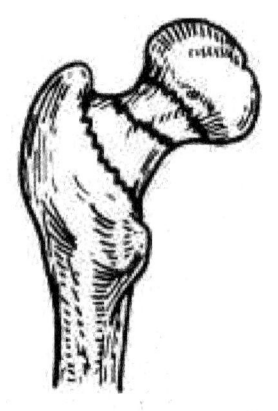

图 18-8 股骨颈骨折

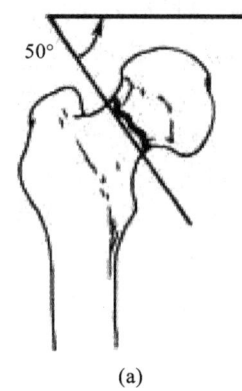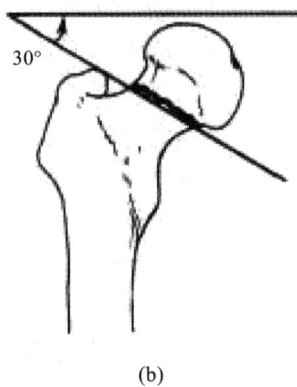

(a)　　　　　　　　　(b)

图 18-9 股骨颈骨折线与两髂嵴连线所形成的夹角(Pauwels 角)

(a)内收型骨折;(b)外展型骨折

(3)按骨折移位程度分类:①不完全骨折:骨的连续性仅部分中断,股骨颈的一部分出现裂纹。②完全骨折:骨折线贯穿股骨颈,骨结构完全被破坏。完全骨折又可分成:①无移位的完全骨折;②部分移位的完全骨折;③完全移位的完全骨折。

2. 临床表现 老年人跌倒后髋部疼痛,移动患肢时疼痛更明显,不敢站立或行走;患肢有短缩,呈 45°~60°外旋畸形;髋部有压痛,叩击足跟部或大粗隆部时髋部疼痛,大转子明显突出。嵌插骨折的病人,有时仍能行走或骑自行车,易造成漏诊,使无移位的稳定性骨折变成移位的不稳定性骨折。

3. 治疗原则

(1)非手术治疗:适用于无明显移位的骨折、外展型或嵌插型等稳定性骨折。此外,亦适用于年龄过大、全身情况较差或有其他脏器合并症者。

①牵引复位:可采用穿防旋鞋、持续皮牵引(如 Buck 牵引)、骨牵引或石膏固定方法,以达到复位和固定作用,卧硬板床 6~8 周。

②手法复位:先进行皮牵引或骨牵引,并尽早在 X 线透视下手法复位。

(2)手术治疗:适用于内收型骨折或有移位的骨折、难以牵引复位或手法复位者。在骨折复位后经皮或切开行加压螺纹钉固定术、髋关节置换术。

①闭合复位内固定:在 X 线透视下手法复位成功后,在股骨外侧进行内固定或钢板固定。

②切开复位内固定:用于手法复位失败、固定不可靠或陈旧骨折病人。

③人工股骨头或全髋关节置换术:适用于全身情况较好、有明显移位或旋转,且股骨头缺血坏死的高龄股骨头下骨折病人或已合并骨关节炎者。

4. 护理和健康教育

(1)保持适当的体位,防止骨折移位。

①患肢制动、矫正鞋固定:患肢制动,卧床时两腿之间放一枕头,使患肢呈外展中立位,可穿防旋鞋固定,防止髋关节外旋或脱位。通过下肢支架、皮牵引或沙袋固定保持患肢于合适位置。

②卧硬板床:卧硬板床休息,经医生允许后可取患侧卧位。更换体位时,应避免患肢内收、外旋或髋部屈曲,防止骨折移位。

③正确搬运病人:尽量避免搬运或移动病人,必须搬运移动时,注意将髋关节与患肢整体托起,防止关节脱位或骨折断端造成新的损伤。

(2)指导病人正确活动。

①练习股四头肌的等长舒缩:指导病人进行患肢股四头肌的等长舒缩、踝关节屈伸及足部活动。每日多次,每次 5~20 min,以防止下肢深静脉栓塞、肌肉萎缩和关节僵硬。锻炼前后注意评估患肢的感觉、

运动、温度、色泽及有无疼痛和水肿。

②指导病人进行双上肢及健侧下肢的全范围关节活动和功能锻炼。

③髋关节功能锻炼：行人工全髋关节置换术1周后，帮助病人坐在床边进行髋关节功能锻炼，动作应缓慢，活动范围由小到大，活动幅度和力量逐渐加大。指导病人借助吊架和床栏更换体位。

④转移和行走训练：评估病人是否需要辅助器械完成日常生活，指导病人坐起、移到轮椅上和行走的方法。非手术治疗的病人8周后可逐渐在床上坐起，坐起时双腿不能交叉盘腿，3个月后可逐渐使用拐杖，患肢在不负重情况下练习行走，6个月后弃拐行走。行人工全髋关节置换术的病人，2～3周允许下床后，指导病人在有人陪伴下正确使用助行器或拐杖行走。

（五）股骨干骨折

股骨干骨折是指股骨小转子与股骨髁之间的骨折，多见于青壮年。多由强大的直接或间接暴力所致。直接暴力可引起股骨横断或粉碎性骨折，间接暴力可引起股骨的斜形或螺旋形骨折。

1.临床表现　局部疼痛、肿胀、功能障碍、畸形，检查时局部有压痛、异常活动，可发现骨擦音。股骨骨折出血较多，病人可出现休克。中下1/3骨折易引起血管神经损伤，检查时注意肢体远端血运、感觉和运动功能。

2.治疗原则与护理　皮牵引适用于3岁以下小儿，采用垂直悬吊牵引，双下肢垂直向上悬吊，牵引重量以使小儿臀部刚好离开床面为宜。骨牵引适用于成年人各类型股骨骨折。手术治疗采用切开复位内固定，适用于非手术治疗失败、伴有血管神经损伤或多发性损伤的病人及不宜长期卧床的老年人。手术后指导病人练习患肢股四头肌的等长舒缩，同时练习膝关节及踝关节的屈伸活动，以促进静脉回流，减轻水肿，防止肌肉萎缩和关节僵硬。

（六）胫腓骨干骨折

胫腓骨干骨折是指发生在胫骨平台以下至踝以上部分的胫腓骨骨折，是长骨骨折中最多见的一种，多见于青壮年和小儿。多为直接暴力打击和压轧所致，骨折线在同一平面，呈横断、短斜或粉碎性骨折。间接暴力多由高处坠落、滑倒等所致。骨折线呈斜形或螺旋形，腓骨的骨折面高于胫骨的骨折面，软组织损伤小，骨折尖端穿破皮肤可造成开放性骨折。小儿胫腓骨干骨折多为青枝骨折。

1.临床表现　局部疼痛、肿胀、压痛、功能障碍，呈缩短或成角畸形，异常活动，可发现骨擦音或骨擦感。开放性骨折有骨端外露，如有胫前动脉损伤，足背动脉搏动消失，肢端苍白、冰凉。

2.治疗原则与护理　横形骨折和短斜形骨折可手法复位，使用石膏或夹板固定。螺旋形和轻度粉碎性骨折可行跟骨结节牵引治疗。对手法复位失败、严重的开放性或粉碎性骨折行手术治疗。伤后早期进行股四头肌的等长舒缩练习、髌骨的被动活动；同时练习足部及趾间关节活动。

三、骨盆骨折病人的护理

（一）病因

骨盆骨折多由直接暴力挤压骨盆所致，多伴有合并症和多发伤。年轻人骨盆骨折主要是由于交通事故和高处坠落引起。老年人骨盆骨折最常见的原因是摔倒。

（二）临床表现

局部肿胀、压痛、畸形、会阴部瘀斑，肢体长度不对称，若膀胱和尿道损伤可出现血尿，腹内器官损伤可出现急腹症症状和休克症状。严重的骨盆骨折伴大量出血时，常合并休克。

骨盆分离试验和骨盆挤压试验阳性。检查者双手交叉撑开病人的两盆嵴，使两骶髂关节的关节面更紧贴，而骨折的骨盆前环产生分离，如出现疼痛即为骨盆分离试验阳性。双手挤压病人的两髂嵴，伤处仍出现疼痛为骨盆挤压试验阳性。

（三）辅助检查

X线和CT检查能直接反映是否存在骨盆骨折及其类型。

（四）治疗原则

首先处理休克和各种危及生命的合并症,再处理骨折。

1. 非手术治疗

（1）卧床休息:骨盆边缘骨折、骶尾骨骨折应根据损伤程度卧硬板床休息 3～4 周,以保持骨盆的稳定。

（2）复位与固定:不稳定性骨折可用骨盆兜悬吊牵引、髋人字石膏、骨牵引等方法达到复位与固定的目的。

2. 手术治疗

（1）骨外固定架固定术:适用于骨盆环两处骨折病人。

（2）切开复位钢板内固定术:适用于骨盆环两处以上骨折病人,以保持骨盆的稳定。

（五）护理问题

1. 组织灌注量不足　与骨盆损伤、出血等有关。

2. 尿和大便形态异常　与膀胱、尿道、腹内脏器或直肠损伤有关。

3. 有皮肤完整性受损的危险　与骨盆骨折和活动障碍有关。

4. 躯体活动障碍　与骨盆骨折有关。

（六）护理措施

1. 补充血容量和维持正常的组织灌注

（1）观察生命体征:骨盆骨折常合并静脉丛及动脉出血,出现低血容量性休克。应注意观察病人的意识、脉搏、血压和尿量,及时发现和处理血容量不足。

（2）建立静脉通道:及时遵医嘱输血和补液,纠正血容量不足。

（3）及时止血和处理腹腔内脏器损伤:若经抗休克治疗和护理仍不能维持血压,应及时通知医生,并协助做好手术准备。

2. 维持排尿、排便通畅

（1）观察:注意病人尿量、色泽及有无排尿困难;有无腹胀和便秘。

（2）导尿护理:对于尿道损伤致排尿困难者,予以留置导尿管,并加强尿道口和导尿管的护理;保持导尿管通畅。

（3）饮食:鼓励病人多食富含膳食纤维的食物、新鲜水果和蔬菜,多饮水,以利排便通畅。

（4）通便:明显便秘的病人,可遵医嘱给予开塞露等通便。

3. 皮肤护理

（1）保持个人卫生清洁:注意卧床病人的皮肤护理,保持皮肤清洁、健康和床单平整干燥;按时按摩受压部位;防止发生压疮。

（2）体位:协助病人更换体位,骨折愈合后方可向患侧卧位。

（七）健康教育

指导病人合理活动,根据骨折的稳定性和治疗方案,与病人一起制订适宜的锻炼计划并指导其实施。部分病人在手术后几日内即可完全持重,行牵引的病人需 12 周以后才能持重。对于长时间卧床的病人,指导其练习深呼吸、进行肢体肌肉的等长舒缩,每日多次,每次 5～20 min。

四、脊柱骨折及脊髓损伤病人的护理

（一）脊柱骨折

脊柱骨折以胸、腰椎骨折多见,颈椎骨折常伴有脱位、脊髓损伤,易致残或危及生命。

1. 病因　主要原因是暴力,多数由间接暴力引起,少数因直接暴力所致。直接暴力所致的脊柱骨折,多见于战伤、爆炸伤、直接撞伤等。

2. 临床表现　局部疼痛、肿胀、脊柱活动受限,骨折处棘突有明显压痛和叩击痛;胸、腰椎骨折常有后突畸形;合并截瘫时,损伤脊髓平面感觉、运动、反射障碍,高位截瘫可出现呼吸困难,甚至呼吸停止。

3. 辅助检查

(1)X 线:可显示骨折部位、类型和程度,关节脱位,棘突间隙改变等。

(2)CT、MRI:可进一步显示骨骼、关节和椎管的变化。

4. 治疗原则　病人伴有多发性损伤,如颅脑损伤、胸部损伤、腹部损伤、严重的内外出血以及休克等危及生命的急症应优先处理。

(1)胸、腰椎骨折。

①单纯压缩骨折:椎体压缩不足 1/3 的病人或老年病人不能耐受复位和固定者,应卧硬板床,骨折部位加厚枕,使脊柱过伸,3 日后开始腰背肌锻炼,初起臀部不离床左右移动,以后背伸,使臀部离开床面,逐渐加大力度,伤后第 3 个月可以少许下床,3 个月后逐渐增加下床活动的时间。椎体压缩大于 1/3 的年轻病人,可用双踝悬吊法过伸复位,复位后石膏背心固定 3 个月,固定期间坚持每日背肌锻炼。

②爆破型骨折:有神经症状和有骨折片挤入椎管内者,需手术治疗。

(2)颈椎骨折。

①稳定型骨折:牵引复位,复位后石膏固定。

a.颌枕带牵引:轻度压缩骨折采用颌枕带卧位牵引复位,牵引重量为 3 kg,复位后头颈胸石膏固定 3 个月,石膏干固后可起床活动。

b.颅骨牵引:压缩明显或双侧椎间关节脱位采用持续颅骨牵引复位,牵引重量为 3～5 kg,复位后再牵引 2～3 周,头颈胸石膏固定 3 个月。

②爆破型骨折:原则上手术治疗,一般经前路手术,去除骨片、减压、植骨融合及内固定。该类损伤一般病情严重,若存在严重并发伤,待病情稳定后再行手术。

5. 护理问题

(1)有皮肤完整性受损的危险:与活动障碍和长期卧床有关。

(2)潜在并发症:脊髓损伤、失用性肌肉萎缩、关节僵硬等。

6. 护理措施

(1)急救搬运:脊柱骨折、脱位、搬运不当易引起脊髓损伤,正确的搬运方法是三人平托病人,同步行动,将病人放在脊柱板、木板或门板上;也可将病人保持平直体位,整体滚动到木板上。严禁弯腰、扭腰。如有颈椎骨折、脱位,需要另加一人牵引固定头部,并与身体保持一致,同步行动。

(2)保持皮肤的完整性,预防压疮发生。

①轴式翻身:损伤早期应每 2～3 h 翻身一次。分别采用仰卧和左、右侧卧位。侧卧时,两腿之间应垫软枕。每 2 h 检查一次皮肤。

②保持病床清洁干燥和舒适:有条件的可使用特制翻身床、小塑床、明胶床垫、电脑分区域充气床垫、波纹气垫等。注意保护骨突部位,使用气垫或棉圈等使骨突部位悬空,定时对受压的骨突部位进行按摩。保持个人清洁卫生和床单平整干燥。

③避免营养不良:保证足够的营养素摄入,提高机体抵抗力。

7. 健康教育

病人出院后须继续康复锻炼,预防失用性肌肉萎缩和关节僵硬的发生。

(二)脊髓损伤

1. 病因　脊髓损伤是脊柱骨折、脱位的严重并发症,移位的椎骨或突入椎管内的骨折片,可压迫或损伤脊髓或马尾神经,引起瘫痪。若损伤平面以下的感觉、运动、反射及括约肌功能部分丧失,为不完全瘫痪;若功能完全丧失,为完全瘫痪。胸腰椎骨折引起脊髓损伤而出现下肢瘫痪,称为截瘫;如颈髓损伤引起高位瘫痪,称为四肢瘫痪,简称四肢瘫。截瘫指数可反映瘫痪程度,分别用"0""1""2"表示,"0"代表没有或基本没有瘫痪；"1"代表功能部分丧失；"2"代表完全或接近完全瘫痪。一般记录肢体的自主运动、感觉及两便三项功能，最后数字相加即是该病人的截瘫指数。

2. 临床表现

（1）脊髓震荡：脊髓损伤后短暂的功能障碍，表现为弛缓性瘫痪，损伤平面以下的感觉、运动、反射及括约肌功能丧失，数分钟、数小时或稍长时间逐渐恢复，直至完全恢复，一般不留后遗症。

（2）脊髓挫伤和脊髓受压：损伤后出现损伤平面以下的感觉、运动、反射及括约肌功能部分或完全丧失，可以是单侧，也可以是双侧，双侧多在同一平面。其预后取决于脊髓损伤的程度、受压解除的时间。一般2～4周逐渐演变为痉挛性瘫痪，肌张力增高、腱反射亢进，出现病理性锥体束征。胸段脊髓损伤表现为截瘫，颈段脊髓损伤表现为四肢瘫，上颈段脊髓损伤表现为四肢痉挛性瘫痪，下颈段脊髓损伤表现为上肢弛缓性瘫痪，下肢为痉挛性瘫痪。

（3）脊髓半切征：损伤平面以下同侧肢体的运动和深感觉丧失，对侧肢体的痛觉和温度觉丧失。

（4）脊髓断裂：损伤平面以下的感觉、运动、反射和括约肌功能完全丧失。

（5）脊髓圆锥损伤：成年人脊髓终止于第1腰椎体的下缘，第1腰椎骨折可损伤脊髓圆锥，表现为会阴部皮肤鞍状感觉消失、括约肌功能及性功能障碍，而双下肢的感觉和运动功能保持正常。

3. 辅助检查

（1）X线：脊柱正、侧位摄片，观察骨折、脱位及移位情况。

（2）CT、MRI：可显示脊髓受压和椎管内软组织情况。

4. 常见并发症

（1）瘫痪：因脊髓损伤部位和程度不同，表现各异。高位颈髓损伤可导致死亡，低位颈髓损伤可出现高位截瘫，即四肢瘫。

（2）呼吸系统并发症：脊髓损伤瘫痪病人长期卧床，呼吸道内大量分泌物不能排出，引起坠积性肺炎。若为颈髓损伤，呼吸功能直接受到影响，呼吸道感染和呼吸衰竭是脊髓损伤的严重并发症。

（3）泌尿系统感染和结石：脊髓损伤后括约肌功能障碍、排尿异常、长期留置导尿管，导致尿路感染和结石。长期卧床又易发生骨质脱钙，尿中钙盐增加，促使泌尿系统结石的形成。

（4）压疮：脊髓损伤瘫痪病人长期卧床，皮肤感觉丧失，易发生局部神经营养障碍，供血不足，皮肤坏死形成压疮。

（5）其他。

①体温异常：颈髓损伤后体温调节中枢丧失调节功能，病人可出现体温过高或过低。

②腹胀、便秘：长期卧床胃肠功能受到抑制，引起腹胀和便秘。

5. 治疗原则　为防止脊髓进一步损伤，应及早采取合适的固定方式，尽早解除椎骨骨折、脱位以及血肿等因素对脊髓的压迫，以免发生不可恢复的损害，这是脊髓功能恢复的关键。同时应用激素、脱水利尿药物减轻脊髓水肿，如地塞米松、甲基泼尼松龙或甘露醇等。尽早应用高压氧治疗效果较好。

6. 护理问题

（1）气体交换受损：与脊髓损伤、呼吸肌麻痹、清理呼吸道无效有关。

（2）体温过高或过低：与脊髓损伤、自主神经系统功能紊乱有关。

（3）尿潴留：与脊髓损伤有关。

（4）便秘：与脊髓神经损伤导致病人长期卧床有关。

（5）自我形象紊乱：与躯体移动和感觉障碍有关。

（6）有皮肤完整性受损的危险：与长期卧床导致病人活动障碍有关。

7. 护理措施

（1）心理护理：脊柱骨折或伴有脊髓损伤病人的心理负担重，由于担心治疗效果、长期卧床、生活不能自理，病人往往焦躁不安，甚至产生轻生念头。因此加强心理支持，主动关心病人，增强治疗信心非常重要。

(2)生活护理:满足病人的生活需要,坚持做好基础、皮肤和口腔护理,加强大小便管理。指导外伤性截瘫病人 3 个月后练习床上坐起,逐渐使用拐杖或轮椅下地活动,逐步做到生活自理。

(3)饮食护理:提供富有营养的易消化食物,鼓励病人多吃水果蔬菜,多饮水。

(4)体温异常的护理。

①高热护理:采用乙醇擦浴、冰袋、冰帽等物理降温;药物降温;室内保持适宜的温、湿度;多饮水,提供易消化的食物。

②低温护理:注意保暖,提高室温,物理升温,给予易消化营养丰富的食物。

(5)截瘫并发症护理。

①呼吸道护理:疼痛、长期卧床、呼吸肌麻痹等因素均可导致呼吸不畅,发生坠积性肺炎,甚至导致呼吸衰竭。鼓励病人深呼吸、有效咳嗽、翻身拍背,同时给予雾化吸入抗生素、地塞米松或糜蛋白酶,以稀释分泌物利于排出,必要时吸痰。对于呼吸机辅助呼吸的病人,做好呼吸机的监管。有气管切开的病人,保持呼吸道通畅,加强气管切开的护理。

②泌尿系统护理:做好留置导尿管的护理。早期留置导尿管持续引流,2 周后定时开放,每 4~6 h 开放 1 次,以使膀胱充盈,防止膀胱萎缩及感染,并训练自律性膀胱功能。鼓励病人多饮水,预防尿路感染和结石的发生。

③皮肤护理:截瘫长期卧床的病人,骨突起部位的皮肤长时间受压,易发生压疮,预防的关键是间歇性解除压迫。防治方法是保持床褥平整、保持皮肤清洁、应用气垫或分区充气床垫、定时翻身,每 2~3 h 翻身 1 次,24 h 不间断。已发生压疮的,按压疮常规进行护理。

8.健康教育

(1)告知病人出院后需要继续康复锻炼,并预防并发症的发生。

(2)指导病人练习床上起坐,使用轮椅、助行器等上下床和行走。

(3)指导病人及其家属应用清洁导尿技术进行间歇性导尿,预防长期留置导尿管而引起尿路感染。

(4)告知病人需定期返院检查,进行理疗有助于刺激肌收缩和功能恢复。

第二节 关节脱位病人的护理

学 习 目 标

识记:

1.能复述关节脱位的概念、分类。

2.能陈述肩关节、肘关节、髋关节脱位的临床表现及处理原则。

理解:

能举例说明关节脱位的主要护理措施。

运用:

能运用护理程序为肩关节、肘关节、髋关节脱位病人进行护理。

一、概述

骨的关节面失去正常的对合关系,即关节脱位。

(一)病因

1.创伤性脱位　多发生于青壮年,主要由外来暴力间接作用于正常关节引起。

2.先天性脱位　由于胚胎发育异常,骨关节结构缺陷,出生后已发生的脱位。

3.病理性脱位　骨关节患某种疾病,如骨关节结核、骨肿瘤等,使得骨关节结构被破坏,关节失去稳定性,受到轻微外力而发生的脱位。

4.习惯性脱位　创伤性脱位破坏了关节囊、韧带,使关节松弛,当关节再次受到轻微外力即可引起脱位,习惯性脱位的引起与初次脱位治疗不当有关系。

(二)临床表现

1.一般表现　脱位的关节疼痛、肿胀、压痛、关节功能丧失。

2.特征表现　畸形、弹性固定、关节盂空虚。

(三)辅助检查

X线检查可确定有无脱位及脱位方向,并了解有无骨折。

(四)治疗原则

1.复位　以手法复位为主,早期进行效果好。伴有关节内骨折及软组织嵌入、陈旧性脱位手法复位失败的病人采用手术复位。

2.固定　复位后固定有利于关节囊、韧带及周围软组织得以修复,但时间不可过长,以免引起关节僵硬,一般固定2~3周。

3.功能锻炼　目的是防止肌肉萎缩、关节僵硬。固定后即开始功能锻炼,早期舒缩患部周围的肌肉及其他关节,去除固定后,逐渐活动患部关节,以主动活动为主,被动为辅,配合理疗。

(五)护理问题

1.疼痛　与关节损伤有关。

2.躯体移动障碍　与关节损伤及患肢固定有关。

3.有血管、神经受损的危险　与关节脱位有关。

4.有皮肤完整性受损的危险　与外固定有关。

5.知识缺乏　缺乏有关复位后继续治疗及正确功能锻炼的知识。

(六)护理措施

(1)做好解释与安慰,消除病人紧张的情绪或心理负担。

(2)受伤初期、复位与固定后或手术后注意观察伤肢远端皮肤的色泽、温度、感觉和指(趾)活动情况,触摸动脉搏动并与健侧相比较。如发现异常,及时与医生联系。

(3)缓解疼痛,遵医嘱给予镇痛药物,以促进病人的舒适与睡眠。

(4)抬高患肢并保持患肢处于关节的功能位,以利于静脉回流,减轻肿胀。受伤关节早期可冷敷,以减轻局部组织渗血和水肿。2日后可热敷,以促进积血和水肿吸收,加快损伤组织修复。

(5)维持受伤关节的功能位固定,执行外固定(石膏、牵引)的有关护理措施。

(6)向病人及其家属讲解关节脱位治疗和康复的知识,说明功能锻炼的重要性和必要性。

(七)健康教育

(1)告知病人要尽早就诊,及时检查,及时进行复位,避免发展成陈旧性脱位。

(2)告知病人及其家属充分认识患肢固定的要求及意义,预防习惯性脱位。

(3)伤肢固定期间指导病人进行脱位关节周围肌群的等长舒缩活动,并增强患肢其他正常关节的主动运动;解除固定后逐渐增加受伤关节的活动范围及力度,促进该关节功能的恢复。

二、常见的关节脱位

(一)肩关节脱位

1.病因和分类 多由间接暴力引起。当身体侧位跌倒时,手掌着地,外展、外旋的暴力撕破关节囊前部,肱骨头滑出肩胛盂而使肩关节脱位;也可发生在向后跌倒时,肱骨后侧被撞击,暴力使肩关节前脱位。肩关节脱位依暴力作用方向及受伤时的体位分为前脱位、后脱位、下脱位、盂上脱位四种类型,以前脱位多见。前脱位又分为喙突下脱位、锁骨下脱位和盂下脱位,以喙突下脱位多见。肩关节脱位可伴有肩锁关节脱位和肱骨大结节撕脱骨折。

2.临床表现 肩部疼痛、肿胀,不能活动,以健手托扶患侧前臂,头部倾斜于患侧。三角肌塌陷,呈"方肩"畸形,原关节盂处空虚。杜加(Dugas test)试验阳性,即肩关节脱位后,患侧手掌搭在健侧肩部时,肘部不能紧贴胸壁;或患侧肘部紧贴胸壁时,手掌不能搭在对侧肩上,提示肩关节脱位。

3.治疗原则

(1)复位:以手法复位为主。方法:病人取卧位的手牵足蹬法和病人取坐位的牵引回旋法。

(2)固定:复位后将肩关节固定于内收、内旋、屈肘90°,用三角巾悬吊于胸前,固定3周。

(3)功能锻炼:固定期间活动手和腕,解除固定后逐渐活动肩关节。

(二)肘关节脱位

1.病因病理 肘关节脱位较多见。多由间接暴力引起。跌倒时,上臂伸直,手掌着地,暴力传导至尺、桡骨上端,尺骨鹰嘴突产生杠杆作用,使尺、桡骨近端向后上移位,形成后脱位。肘后方受直接暴力打击,可发生尺骨鹰嘴骨折和肘关节前脱位,少见。严重的肘关节脱位可导致神经、血管损伤,甚至发生Volkmann前臂缺血性挛缩。

2.临床表现 肘部疼痛、肿胀、活动障碍,明显畸形,肘部弹性固定在半屈位,肘后空虚,可摸到凹陷,肘后三点关系失常。

3.治疗原则

(1)复位:尽早手法复位,少数病人手法复位失败时可采用手术切开复位。

(2)固定:复位后用长臂石膏托固定肘关节于屈肘90°,前臂三角巾悬吊于胸前,一般固定2~3周。

(3)功能锻炼:固定期间,可做伸掌、握拳、手指屈伸等活动,同时在外固定保护下做肩关节、腕关节、手指活动。去除固定后练习肘关节的屈伸、前臂旋转活动及锻炼肘关节周围肌力。

(三)髋关节脱位

1.病因和分类 髋关节脱位为间接外力所致,即当髋关节屈曲或伴有内收时,膝部受到强大的暴力作用,经股骨干传至股骨头向后冲出关节囊。也可于病人弯腰工作时,暴力作用于腰骶部,同样可使股骨头向后冲出关节囊,发生髋关节后脱位。髋关节脱位按脱位后股骨头的位置分为后脱位、前脱位、中心脱位三类,其中后脱位最多见,占85%~90%;前脱位和中心脱位少见,多发生于重大交通事故。中心脱位都伴有骨盆骨折,甚至盆腔内脏器损伤,一般都出现失血性休克。

2.临床表现 疼痛、功能障碍,患肢出现典型的屈曲、内收、内旋、短缩畸形,臀部可触及股骨头。

3.治疗原则

(1)复位:髋关节脱位后宜尽早复位,最好在24 h内,超过24 h后再复位十分困难。手法复位方法有提拉法和旋转法。

(2)固定:复位后置患肢于外展中立位,用持续皮牵引或穿丁字鞋固定患肢。一般固定2~3周,严禁屈曲、内收、内旋动作,避免再脱位。

(3)功能锻炼:固定期间作股四头肌等长收缩,3周后开始活动关节,4周后扶拐下地,3个月内患肢不能负重,以防止股骨头变形。

第三节　颈肩痛与腰腿痛病人的护理

颈肩痛和腰腿痛是临床常见的一组症状,其病因复杂,以慢性损伤和退行性病变引起者居多。颈肩痛是指颈、肩、肩胛等处疼痛,有时伴有上肢痛或颈脊髓损伤症状;较典型的是颈椎病。腰腿痛是指发生在下腰、腰骶、骶髂和臀部等处的疼痛,可伴有一侧或双侧下肢痛及马尾神经受压症状;较具代表性的是椎间盘突出症。

一、颈椎病

颈椎病是指颈椎间盘退行性病变及其继发椎间关节退行性病变,所致相邻神经、脊髓、椎动脉、食管等受累,产生了相应的临床症状和体征。好发部位依次在颈 5～6、颈 4～5、颈 6～7 节段。

（一）病因

1. 年龄因素　颈椎间盘一般从 20 岁左右开始发生退行性病变,出现颈椎病症状者以中、老年人居多。

2. 急、慢性损伤　病人常有过度劳累,长期的某种工作体位(如长期伏案、绘图工作,计算机操作人员等),或不良睡眠姿势(如高枕睡眠者等),可使颈部肌肉和颈椎处于慢性疲劳、损伤状态;部分病人有急性外伤史,如车祸、高处坠落事故等,使颈部受到暴力损伤。这些急、慢性颈椎损伤因素常能促进颈椎病发生。

3. 先天性因素　少数病人因先天性颈椎畸形或发育性颈椎管狭窄,而较早出现了颈椎病症状。

（二）临床表现

根据受累组织的不同,颈椎病有不同的表现。

1. 神经根型颈椎病　此型最常见,占 50%～60%。由于颈椎退行性病变,压迫、牵拉颈神经根,使之受累。临床表现为颈、肩部疼痛,可向上肢放射,颈部僵硬,上肢麻木。体征可见颈肌痉挛,颈、肩部有压痛,颈、肩关节活动受限,受累神经根支配区皮肤感觉减退、感觉过敏、相关肌肉肌力减弱。上肢牵拉试验阳性,压头试验也可为阳性。

2. 脊髓型颈椎病　此型占 10%～15%。由于颈椎退行性病变,压迫脊髓而致。此型症状最重。根据脊髓受压部位和程度不同,可产生不同的临床症状,如上肢表现为手部麻木,活动不灵,精细活动失调,握力减退;下肢表现为下肢麻木,步态不稳,有踩棉花样感觉,足尖拖地;躯干部可有束胸感;随着病情加重,出现排便排尿功能障碍。随病情加重可发生自下而上的上运动神经元性瘫痪体征。

3. 椎动脉型颈椎病　颈椎退行性病变的机械性压迫因素或因退行性病变所致颈椎节段不稳定,造成椎动脉受压迫或刺激,引起椎基底动脉供血不足。主要表现为颈源性眩晕,头痛,突然摔倒,视觉障碍,耳鸣,听力降低。眩晕的发作与颈部活动关系密切。当合并动脉硬化时易发生本病。

4. 交感神经型颈椎病　临床症状复杂,中年女性多发。由于颈椎结构退行性病变刺激颈交感神经,表现出一系列交感神经兴奋或抑制的症状。特点是临床症状多而客观体征少,呈神经症的表现。如表现为面部或躯干麻木,痛觉迟钝;易出汗或无汗;感觉心悸,心动过速或过慢,心律不齐;血压升高或降低;耳鸣,听力下降;视力下降或眼部胀痛、干涩或流泪;失眠,记忆力下降等症状。

临床上也有同时兼有两种或多种类型颈椎病表现的病人,被称为"复合型颈椎病",这类病人临床表现特点是以某种类型为主,伴有其他类型的部分表现。少数病人可因椎体前缘增生的较大骨赘压迫了前方的食管而引起吞咽不适或困难,称为"食管型颈椎病"。

（三）辅助检查

1. X线检查 颈椎六位X线平片正、侧位显示颈椎生理前凸变小或消失,椎间隙变窄,骨质增生,钩椎关节增生;左、右斜位见椎间孔变形、缩小;过伸、过屈位可见颈椎节段性不稳等征象。

2. CT、MRI检查 可见椎间盘突出、神经、脊髓受压情况等。

3. 椎动脉造影 可显示椎动脉局部受压、梗阻、血流不畅迹象。

（四）治疗原则

1. 非手术治疗 主要适用于神经根型、椎动脉型、交感神经型颈椎病。包括颌枕带颈椎牵引、围领或颈托制动、理疗、推拿按摩、药物对症治疗、改善不良工作体位与睡眠姿势等,椎动脉型颈椎病还可结合高压氧治疗。一般病人酌情选用2～3种方法,经过一段时间正规治疗后,其症状多能得到缓解或消失。

2. 手术治疗 适用于神经根型、椎动脉型、交感神经型颈椎病经非手术治疗半年以上无效者,或症状较重影响生活、工作者;脊髓型颈椎病症状进行性加重时,应及时采用手术治疗。手术方式常采用经前路椎间盘摘除植骨融合术、经后路椎管扩大成形术等,目的是解除压迫,获得颈椎稳定性。

前路手术后1～3日易发生呼吸困难,其原因:①切口内出血,颈部形成血肿压迫气管。②手术刺激及反复、持续牵拉气管,致喉头水肿。③手术中不慎损伤脊髓。④植骨块松动、脱落压迫气管。

（五）护理问题

1. 焦虑或恐惧 与颈椎病影响学习、工作、生活或担心手术预后有关。

2. 疼痛、肢体麻木、眩晕、耳鸣 与颈椎病发作有关。

3. 躯体移动障碍 与颈椎病所致神经根或脊髓损害有关。

4. 知识缺乏 缺乏疾病防治知识和手术后康复知识。

5. 潜在并发症 失用性肌肉萎缩,手术后呼吸困难,呼吸、泌尿系统感染等。

（六）护理措施

1. 非手术治疗病人的护理

（1）心理护理:同情病人,尊重病人;做好解释与安慰,消除病人的焦虑情绪;使病人以积极的心态配合治疗和护理。

（2）注意休息,避免劳累,即避免诱发症状发作。如果眩晕症状明显,应卧床休息、颈部制动,以减轻症状。

（3）纠正不良的工作体位和睡眠姿势,避免长时间头颈部固定在一种位置状态下工作,应定时活动颈部。睡觉时选用合适的枕头,要求平卧时颈椎尽量不前屈;侧卧时枕头高度最好为肩的宽高,以保持颈肌处于松弛状态。

（4）颌枕带牵引的护理:取坐位或卧位牵引均可。间断牵引时,每日数次,每次0.5～1 h,重量2～6 kg;采取持续牵引时,一般取卧位牵引,每日持续牵引6～8 h,2周为1疗程。对于有些不方便来医院治疗的病人,可教会病人及其家属在家牵引的方法及注意事项。

2. 手术前护理 做好骨科手术前常规准备;指导病人适应手术卧位的练习,如低枕平卧位或俯卧位;前路手术者,手术前2～3日练习推移气管训练;备好合适的颈围或颈托。

3. 手术后护理

（1）注意颈部伤口渗血及引流情况,保持引流通畅,当渗出液浸透伤口敷料时应及时更换。引流条一般在手术后2～3日拔出。

（2）观察病人呼吸变化,尤其是前路手术者,在手术后1～3日应严密观察其呼吸情况,当出现憋气、面色发绀,及时报告医生,必要时拆线清除血肿或做气管切开。手术后床头备气管切开包,以备急用。

（3）防治喉头水肿,手术后2～3日给予雾化吸入,每日1～2次。

（4）避免感冒,卧床期间鼓励病人深呼吸,多咳嗽、咳痰。定时翻身,翻身时保持头、颈、躯干处于中立

位,以预防发生并发症。

(5)防止植骨块脱落移位。手术后保持稳定的头颈部体位,颈部用颈围或颈托制动,头颈两侧垫枕或沙袋。避免头颈过多屈伸,控制旋转活动。在用力咳嗽、打喷嚏或排便时,用手轻按颈部切口处,以防植骨块脱落移位。当植骨块移位时,向前可压迫气管而致呼吸困难,甚至窒息,向后可压迫脊髓造成感觉、运动功能障碍。

(6)鼓励早期进行四肢功能锻炼,防止肌肉萎缩和静脉血栓形成。不能下床者在床上做主动练习,或由他人协助练习,定时按摩四肢肌肉。手术后症状缓解比较快,而疾病的恢复是较漫长的过程,所以鼓励并指导病人坚持肢体功能锻炼。

(7)手术后头颈胸石膏固定者,按石膏固定病人常规护理。截瘫者则按截瘫病人常规护理。

(七)健康教育

主要目的是避免颈椎急、慢性损伤,保持颈椎的相对稳定性。

(1)养成良好的坐、站、行走及工作姿势;睡觉时调整枕高;平时转头动作要轻而慢。

(2)一般在手术后2~3周协助病人下床活动,坚持四肢肌肉锻炼;一年内避免负重运动、便秘、受凉以及颈部的过度活动。

(3)由于疾病恢复期较长,要调整好心理状态,增强耐心和信心。遵医嘱定期来医院复查。

二、肩关节周围炎

肩关节周围炎是肩关节囊、滑囊、肌腱及肩周肌的慢性损伤性炎症,简称肩周炎,俗称冻结肩(凝肩)。多发于50岁左右人群,女性多于男性。

(一)病因

多为继发性。中老年人多由于软组织退行性病变及对外力承受力减弱引起。此外,肩部的急、慢性损伤或因上肢外伤、手术或其他原因长期固定肩关节亦是诱发因素。少数病人可无任何诱因而发生此病,称为原发性粘连性肩关节囊炎。

(二)临床表现

早期肩部疼痛,逐渐加重,可放射至颈部和上臂中部;夜间明显,影响睡眠。后期肩关节僵硬,逐渐发展,直至各个方向均不能活动。肩关节活动受限,以外展、外旋和后伸受限最明显。三角肌有轻度萎缩,斜方肌痉挛。

(三)辅助检查

X线摄片可见颈肩部骨质疏松征象;肩关节造影见关节囊体积明显缩小。

(四)治疗原则

以非手术治疗为主,急性期肩部制动,局部温热治疗。慢性期坚持锻炼并配合理疗、针灸、推拿等。疼痛明显者口服或外用非甾体抗炎药。指导病人做被动肩关节牵拉训练,以恢复关节活动。

(五)护理问题

1.躯体活动障碍   与肩关节损伤或粘连固定有关。

2.卫生、穿衣等自理缺陷   与肩关节疼痛和活动受限有关。

(六)护理措施

1.肩关节功能锻炼   坚持有效的肩关节功能锻炼。早期被动做肩关节牵拉训练,恢复关节活动度。后期坚持按计划自我锻炼。常用的方法包括爬墙外展、爬墙上举、弯腰垂臂旋转及滑车带臂上举等。

2.日常生活能力训练   随着肩关节活动范围的逐渐增加,指导病人进行日常生活能力训练,如穿衣、梳头、洗脸等。

三、腰椎间盘突出症

腰椎间盘突出症是指椎间盘变性后纤维环破裂和髓核组织突出,刺激、压迫神经根或马尾神经而引起的一种综合征。腰椎间盘突出症是腰腿痛常见的原因之一。

（一）病因

1.年龄因素 好发年龄为 20～50 岁,男性多于女性,临床表现多在腰 4～5 与腰 5～骶 1 间隙。

2.急、慢性损伤史 病人多数有弯腰猛力抬(抱)重物,或扭转腰部猛力投物等急性腰部损伤史;部分病人有慢性腰部损伤史,如司机、重体力劳动者和举重运动员等长期处于与职业有关的不当体位、动作或姿势。

3.其他因素 妊娠期间妇女,由于脊柱所受负荷和应力改变,腰部整个韧带松弛,易发生腰椎间盘膨出;个别病人有家族遗传史;腰骶椎先天异常,使下腰椎承受异常应力,也是造成腰椎间盘损伤的因素之一。

（二）临床表现

1.腰痛及坐骨神经痛 因髓核膨出或突出,压迫了纤维环外层、后纵韧带及神经根所致。早期病人表现仅有腰痛,可呈急性剧痛或慢性隐痛,以后逐渐发生坐骨神经痛;部分病人腰痛与坐骨神经痛表现同时出现。坐骨神经痛是沿坐骨神经走行方向的放射痛,从下腰部放射向臀部、大腿后方,甚至到小腿外侧、足背或足外侧,病情严重者有麻木感。咳嗽、排便或打喷嚏时,因腹压增高而使疼痛加剧。

2.体征 ①因疼痛致腰部活动受限,以前屈受限最为明显。由于疼痛引起腰背肌保护性痉挛,可出现腰部强直、生理前凸消失、腰椎侧弯。②在相应的病变椎间隙、棘突旁侧有深压痛、叩痛,并伴有下肢放射痛。③直腿抬高试验及加强试验阳性,即让病人仰卧,膝伸直,被动抬高患侧下肢至 20°～40° 时发生坐骨神经痛,为直腿抬高试验阳性;此时稍降低患肢高度至疼痛缓解,再将踝关节被动背屈,如又出现坐骨神经痛则为加强试验阳性。④感觉、腱反射异常,肌力下降。常见腰 5 神经根受损,小腿前外侧及足背内侧痛觉、触觉减退,足趾背伸力减弱。骶 1 神经根受损时,外踝附近及足外侧痛觉、触觉减退,踝反射减弱或消失。

3.马尾神经受压综合征 因中央型突出或巨大型突出的髓核组织压迫马尾神经所致。表现为会阴区感觉麻木,排便排尿功能障碍,双下肢疼痛、感觉、运动异常。

（三）辅助检查

1.X 线平片 可显示腰椎及椎间盘退化情况。

2.CT、MRI 可显示髓核突出、压迫神经根的部位和程度。

（四）治疗原则

1.非手术治疗 对于年轻、初次发作、症状较轻或病程较短的病人,以及休息后症状可自行缓解的病人,可采用非手术治疗,80%～90% 的病人能得到缓解或治愈。主要方法包括绝对卧床休息、持续骨盆水平牵引、硬膜外隙封闭、理疗及推拿按摩。中央型椎间盘突出者不宜推拿。

2.手术治疗 不适合非手术治疗或经严格的非手术治疗无效者、马尾神经受压者需进行手术治疗,行髓核摘除术、经皮穿刺髓核切吸术等。手术治疗效果优良率报告为 80%～98%。但手术治疗有可能发生椎间隙感染、神经根损伤或手术后粘连等并发症,故应引起高度重视。

（五）护理问题

1.疼痛 与椎间盘突出压迫神经根有关。

2.躯体移动障碍 与腰腿痛及限制躯体活动有关。

3.知识缺乏 缺乏疾病治疗和预防知识。

4.潜在并发症 下肢静脉血栓形成、肌肉萎缩、手术后神经根粘连等。

（六）护理措施

1. 非手术治疗病人的护理

（1）心理护理：了解病人的心理活动，给予解释和安慰，解除焦虑或顾虑。

（2）卧床休息：为减轻脊柱负荷，缓解或消除疼痛，急性期需绝对卧硬板床休息，要求病人吃饭、排便排尿均在卧床体位下进行。翻身时嘱病人张口哈气，并给予协助。须卧床4周或至疼痛症状缓解，然后佩戴腰围下床活动，3个月内不做弯腰持物活动。病情缓解，允许起床时，指导病人采取正确的起床方法。先将身体翻向一侧，抬高床头，将腿放于床的一侧，用上肢支撑上身起来。然后坐在床缘，双脚踩地，缓慢站起。以后可按相反的顺序回到床上。

（3）持续骨盆水平牵引的护理：骨盆水平牵引可使椎间隙略为增宽，减少椎间盘内压，扩大椎管容量，从而减轻对神经根的刺激或压迫。根据个体差异，牵引重量在7～15 kg，床的足端抬高15～30 cm以做反牵引，持续2周。亦可采用间断牵引法，每日2次，每次1～2 h。但后者不如前者治疗效果好。注意：孕妇、高血压、心脏病病人禁用骨盆牵引治疗。

（4）硬脊膜外隙封闭的护理：常用醋酸泼尼松龙加利多卡因行硬脊膜外隙封闭，以减轻神经根周围的炎症和粘连。指导病人配合治疗和护理。封闭结束后按硬脊膜外麻醉常规进行护理。

2. 手术病人的护理

（1）体位：手术后平卧硬板床，根据手术创伤情况，一般需卧床1～3周。

（2）伤口及引流的护理：注意观察伤口渗血、渗液情况，引流管是否通畅，引流液量、质，有无脑脊液漏出。一般手术24 h后拔出引流管。如渗出量多，或疼痛加剧，下肢感觉、运动障碍加重，应及时报告医生，并协助处理。

（3）功能活动：手术后要求病人坚持深呼吸练习。定时进行四肢，尤其是双下肢活动，给予小腿、大腿肌肉按摩，每日温水洗脚1次，预防静脉血栓形成及静脉炎的发生。手术后2～3日指导并督促、鼓励病人进行腰背肌锻炼，预防肌肉萎缩，增强脊柱稳定性；逐步练习直腿抬高动作，防止神经根粘连。制订活动计划，指导病人按时下床活动。坐起前，先抬高床头，再将病人两腿放到床边，使其上身竖直；行走时，有人在旁，直致病人无眩晕和感觉体力可承受后，方可独立行走并注意安全。

（七）健康教育

（1）保持良好的姿势，在平时生活中注意坐、站、行和劳动姿势。

（2）开展体育活动，加强腰背肌及腿部肌肉的锻炼，增加脊柱的稳定性。

（3）腰部用力强度大的职业人员可佩戴弹性腰围，以便用力时保护腰部。参加剧烈运动前进行准备活动。

（4）治疗后的病人应佩戴腰围，同时应加强背肌锻炼。

（5）定时到医院复诊。

四、腰椎管狭窄症

腰椎管狭窄症是指腰椎管因某种因素产生骨性或纤维性结构异常，发生一处或多处管腔狭窄，致马尾神经或神经根受压所引起的一种综合征。多见于40岁以上人群。

（一）病因和病理

腰椎管狭窄症分为先天性和后天性。在椎管发育不良的基础上发生退行性病变是腰椎管狭窄症最多见的原因。先天性腰椎管狭窄由于骨发育不良所致。后天性腰椎管狭窄常见于腰椎管的退行性病变。腰椎管发育不良及退行性病变使腰椎管容积减少，导致其内的神经、血管和组织受压或缺血，出现马尾神经或神经根受压症状。

（二）临床表现

1. 症状

（1）神经源性间歇性跛行：多数病人在行走数百米或更短的距离后，出现下肢疼痛、麻木和无力，需蹲下、弯腰或休息数分钟后,方可继续行走,但继续行走后又复现上述症状。

(2)腰腿痛:可有腰背痛、腰骶痛和(或)下肢痛。下肢痛为单侧或双侧,多在站立、过伸或行走过久时加重;前屈位、蹲位及骑自行车时疼痛减轻或消失。疼痛程度一般较腰椎间盘突出症轻,有慢性加重的趋势。

(3)马尾神经受压症状:表现为双侧大小腿、足跟后侧及会阴部感觉迟钝,大小便功能障碍。

2.体征　体征多轻于症状。

(1)腰部后伸受限及压痛:病人常取腰部前屈位。腰椎生理前凸减少或消失,下腰椎棘突旁有压痛。

(2)感觉、运动和反射改变:常为多条神经根轻微受压引起,故体征不典型,常轻于症状;少数病人无明显体征。

(三)辅助检查

1.X线检查　腰部X线摄片可显示椎体、椎间关节和椎板的退行性病变,亦可测量腰椎管的矢径和横径。

2.CT检查　可显示中央椎管和侧隐窝狭窄、黄韧带肥厚和腰椎间盘突出。

3.椎管造影　有较高的辅助诊断价值,但有一定的不良反应。

(四)治疗原则

1.非手术治疗　多数病人经非手术治疗(参见腰椎间盘突出症)能缓解症状。

2.手术治疗　主要目的是解除对硬膜及神经根的压迫。适应证有如下几种。

(1)症状严重、经非手术治疗无效者。

(2)神经功能障碍明显,特别是马尾神经功能障碍者。

(3)多数混合性腰椎管狭窄症的手术方法包括半椎板切除,上关节突、椎板切除,神经根管扩大及神经根粘连松解术等,必要时同期行脊柱融合内固定术。

(五)护理问题

1.疼痛　与腰椎管狭窄、神经根受压有关。

2.躯体活动障碍　与疼痛、腰椎管狭窄及神经根受压有关。

(六)护理措施

1.减轻疼痛　保持正确的体位,减少活动。活动时可佩戴腰围。必要时遵医嘱给予镇痛药物(参见腰椎间盘突出症)。

2.合理功能锻炼　指导病人进行各种日常生活自理能力训练,以提高生活自理能力(参见腰椎间盘突出症)。

第四节　骨与关节感染病人的护理

一、化脓性骨髓炎

化脓性骨髓炎是指骨膜、骨密质、骨松质及骨髓因化脓菌感染引起的炎症,是一种常见病。依据感染途径可分三类:第一类是血源性骨髓炎,是指病人身体其他部位化脓性感染病灶的细菌经血行扩散引起;第二类是创伤后骨髓炎,是指由开放伤或骨骼手术后引起的骨髓炎;第三类是外来性骨髓炎,是由周围软组织化脓性感染直接蔓延而来。化脓性骨髓炎又可按发病的急缓分为急性和慢性。临床上多见于小儿,以急性血源性骨髓炎多见。

（一）病因

最常见的致病菌是金黄色葡萄球菌，其次是乙型溶血性链球菌，其他的致病菌有流感嗜血杆菌、大肠埃希菌、产气荚膜杆菌，也可见肺炎球菌和白色葡萄球菌。

（二）临床表现

起病急，出现寒战、高热，达39℃以上。患儿可烦躁、惊厥，严重时发生休克或昏迷。患处持续性剧痛及深压痛，患肢活动受限。当骨膜下脓肿形成或已进入软组织中，患肢局部红、肿、热、痛或有波动感。脓肿可穿破皮肤形成窦道。合并化脓性关节炎时，出现关节红、肿、热、痛。

（三）辅助检查

1. 实验室检查　血白细胞及中性粒细胞明显增高，中性粒细胞一般在90％以上；红细胞沉降率加快；血细菌培养时，为获得培养阳性结果，要在寒战、高热时采血，最好在应用抗生素之前采血；局部脓肿穿刺脓液做细菌培养。血、脓细菌培养结果对临床抗生素应用有指导作用。

2. 影像学检查

（1）X线检查：早期X线检查无改变，晚期可出现病骨干骺区骨质破坏，骨密质破坏变薄，亦可见密度很高的死骨形成。

（2）CT检查：可见骨膜下脓肿，并可发现较小的骨脓肿及软组织内的深部脓肿。

（3）放射性核素骨显像：由于病变部位血管扩张和增多，早期脓液聚在干骺端，发病48 h可有阳性结果，但不能定性。

（四）治疗原则

1. 抗生素治疗　早期应用广谱、联合、大剂量有效抗生素，抗生素应用越早越好，细菌培养结果对使用抗生素有指导作用。为巩固疗效，退热后3周内不要停药。

2. 支持疗法　高热病人进行降温，注意保持水、电解质和酸碱平衡，给予营养丰富、易消化的食物，增强抗病能力，可少量多次输新鲜血液。

3. 局部制动　为减轻疼痛，防止发生肢体挛缩畸形和病理性骨折、脱位，应用局部持续皮牵引或石膏固定。

4. 手术治疗　早期经全身抗生素治疗48～72 h，若效果不佳，可予以手术治疗。手术的目的是引流脓液，控制病变发展。引流方法一是钻孔，二是开窗，于骨髓腔内置管，应用抗生素液持续冲洗引流。

（五）护理问题

1. 体温过高　与急性感染有关。

2. 疼痛　与急性感染有关。

3. 潜在并发症　化脓性关节炎、脓毒血症或感染性休克、肢体畸形、大剂量抗生素使用的副作用。

（六）护理措施

1. 一般护理　卧床休息、多饮水，给予营养丰富、易消化的饮食。抬高患肢，以利于淋巴和静脉回流，减轻肿胀。高热者给予乙醇擦浴或温水擦浴进行物理降温，多饮水，补液。对于患肢疼痛、肿胀等遵医嘱给予相应处理。

2. 抗感染治疗　应用抗生素，注意药物效果及反应。

3. 手术后护理

（1）切口观察及引流护理：保持引流通畅，防止阻塞和扭曲。滴入瓶高于床面60～70 cm，引流瓶低于床面50 cm，滴入速度为手术后第1日快速滴入，以后维持50～60滴/分。详细记录引流液的性质及引流液量。

(2)患肢护理:防止疼痛、挛缩、畸形和病理性骨折。患肢制动,但制动肢体可进行肌肉等长收缩,未制动部位进行功能锻炼,以免肌肉萎缩和关节僵硬。

（七）健康指导

(1)讲解疾病的原因、表现、转归及预后,宣讲治疗与护理计划有关措施的方法及意义。

(2)教育病人及其家属及时住院治疗,避免转化成慢性骨髓炎。

(3)适时指导肢体功能锻炼的方法与步骤。避免各种并发症或病理性骨折。

(4)告知出院后用药、功能活动、肢体保护、饮食营养、复诊时间等注意事项。

二、化脓性关节炎

化脓性关节炎是指发生在关节腔内的化脓性感染。好发于髋关节和膝关节。多见于小儿,尤以营养不良的小儿居多;男性多于女性。

（一）病因

多由身体其他部位或邻近关节部位的化脓性病灶内的细菌通过血液循环播散或直接蔓延至关节腔所致;其次,开放性关节损伤后继发感染也是致病因素之一。约85%的致病菌为金黄色葡萄球菌,其次分别为白色葡萄球菌、淋病双球菌、肺炎球菌及大肠埃希菌等。

（二）临床表现

1.症状 起病急骤,全身不适,乏力,食欲减退,寒战高热,体温可达39℃以上;可出现谵妄与昏迷,小儿多见惊厥。病变关节处疼痛剧烈。

2.体征 病变关节功能障碍。

(1)浅表关节病变者:可见关节红、肿、热,局部压痛明显;浮髌试验可为阳性。病人为缓解疼痛,关节多处于半屈曲位。

(2)深部关节病变者:如髋关节,因有皮下组织和周围肌覆盖,局部红、肿、热不明显。由于疼痛,关节常处于屈曲、外展、外旋位,病人为避免疼痛,常拒绝做相关关节的检查。

（三）辅助检查

1.实验室检查 血白细胞计数和中性粒细胞计数比例增高,红细胞沉降率增快。

2.影像学检查 早期X线片可见关节周围软组织肿胀、关节间隙增宽;后期关节间隙变窄或消失,关节面毛糙,可见骨质破坏或增生,甚至出现关节畸形或骨性强直。

3.关节腔穿刺 穿刺液呈浆液性、纤维蛋白性或脓性,镜下可见大量脓细胞,穿刺液细菌培养可明确致病菌。

（四）治疗原则

1.非手术治疗

(1)全身治疗。

①应用抗生素:早期、足量、全身性使用抗菌药物,可根据关节液细菌培养及药敏试验结果选择和调整敏感的抗生素。

②支持治疗:加强支持治疗,以提高全身抵抗力。

(2)局部治疗。

①关节腔内注射抗生素:关节穿刺抽出积液后注入抗生素,每日1次,至关节积液消失、体温正常。

②关节腔灌洗:适用于表浅大关节,如膝关节感染者。在关节部位取两个不同点进行穿刺,经穿刺套管置入灌注管和引流管。每日经灌注管滴入含抗生素的溶液2000～3000 mL,直至引流液清澈、细菌培养阴性后停止灌流;待引流数日至无引流液吸出、局部症状和体征消退即可拔管。

2.手术治疗

(1)关节切开引流:适用于难以行关节腔灌洗的较深大的关节化脓者。手术时彻底清除关节腔内的坏死组织、纤维素性沉积物并用生理盐水冲洗后,在关节腔内置入硅胶管,进行持续性灌洗。

(2)关节矫形术:适用于关节功能严重障碍者,常用手术方式为关节融合术或截骨术。

(五)护理问题

1.体温过高　与关节的化脓性感染有关。

2.疼痛　与关节感染有关。

3.有废用综合征的危险　与活动受限有关。

(六)护理措施

1.维持病人体温在正常范围

(1)降温:病人高热期间,采取有效的物理或药物等降温措施。

(2)控制感染:遵医嘱合理应用抗生素控制关节腔的感染。

(3)保持创面清洁和引流通畅:及时更换创面敷料,注意观察引流液的量、颜色、性质;避免因引流管阻塞致关节腔内脓液积聚,感染难以控制而引起的发热。

2.缓解疼痛

(1)休息和制动:急性期病人应适当休息、抬高患肢,促进局部血液回流和减轻肿胀,以减轻疼痛;保持患肢于功能位,以预防关节畸形及病理性脱位。

(2)止痛:采取非药物措施,如听音乐、聊天等;或药物止痛。

3.功能锻炼　为防止长期制动导致的肌肉萎缩或减轻关节粘连,急性期病人可做患肢骨骼肌的等长收缩运动;待炎症消退后,关节未明显破坏者可进行关节伸屈功能锻炼。

(七)健康教育

(1)遵医嘱继续服药,并坚持功能锻炼,防止关节僵硬及萎缩的发生。

(2)定期复查,患有关节软骨破坏、关节畸形者更应该注意长期复查,及时与医生联系,进行必要的治疗。

(兰庆新　班华琼　韦　栋)

第十九章 肿瘤病人的护理

第一节 概 述

学习目标

识记:

1.能复述肿瘤、良性肿瘤、恶性肿瘤、交界性肿瘤的概念。

2.能复述肿瘤的病因、分类。

3.能复述恶性肿瘤的处理原则。

扫码看课件

理解:

1.能描述恶性肿瘤的病理生理过程。

2.能举例说明恶性肿瘤病人的临床表现及三级预防措施。

运用:

1.能运用所学知识,为手术治疗、化疗、放疗病人提供护理措施。

2.能分析恶性肿瘤病人不同的心理反应,并提供护理措施。

肿瘤(tumor)是机体正常细胞在不同始动与促进因素长期作用下产生的增生与异常分化所形成的新生物。新生物一旦形成,不受正常机体生理调节,也不因病因消除而停止增生,而是破坏正常组织与器官。

一、分类与命名

根据肿瘤的形态及肿瘤对机体的影响,肿瘤可分为良性肿瘤、恶性肿瘤、介于良恶性肿瘤之间的交界性肿瘤。

良性肿瘤一般称为"瘤",如脂肪瘤、纤维瘤等。恶性肿瘤来自上皮组织者称为"癌",如肺癌、胃癌等;来自间叶组织者称为"肉瘤",如骨肉瘤。胚胎性肿瘤常称"母细胞瘤",如神经母细胞瘤、肾母细胞瘤等。某些恶性肿瘤仍沿用传统名称,称为"瘤"或"病",如恶性淋巴瘤、白血病等。良性肿瘤与恶性肿瘤的区别见表19-1。交界性肿瘤少数在形态上属良性,但常浸润性生长,切除后易复发,甚至可出现转移,在生物学行为上介于良性与恶性之间,故称为交界性肿瘤或临界性肿瘤,如包膜不完整的纤维瘤、黏膜乳头状瘤、唾液腺混合瘤等。有的肿瘤虽为良性,但由于生长部位与器官特性所致的恶性后果,而显示为恶性生物行为,如颅内良性肿瘤伴颅内高压、肾上腺髓质肿瘤伴恶性高血压及胰岛素瘤伴低血糖等。

表 19-1　良性肿瘤与恶性肿瘤的区别

项目	良性肿瘤	恶性肿瘤
组织分化程度	分化好,异型性小,与原有组织形态相似	分化程度低,异型性大,与原有组织形态差别大
核分裂	无或少见,不见病理性核分裂象	多见,常见病理性核分裂象
生长速度	缓慢	较快
生长方式	肿胀性或外生性生长,常有完整包膜,与周围组织边界清,活动度大	浸润性或外生性生长,无包膜,与周围组织边界不清,固定不活动
转移	无转移	常有转移
继发性改变	很少发生出血、坏死	常发生出血、坏死、囊性变、溃疡形成
复发	很少复发	容易复发
对机体影响	小,主要为局部压迫和阻塞作用	较大,除局部压迫和阻塞外,常破坏正常组织结构,引起出血合并感染

二、恶性肿瘤

恶性肿瘤是机体在各种致瘤因素长期作用下,某一正常组织细胞发生异常分化和无限增生的结果。恶性肿瘤一旦形成,具有向周围组织乃至全身侵袭和转移的特性,其生长变化快慢与机体免疫功能有关。恶性肿瘤对人类的威胁日益突出,目前已成为常见的死亡原因之一,男性患病率高于女性。全世界每年约 900 万人患恶性肿瘤。我国每年新发病例约 200 万人,死亡约 140 万人,其中 60% 以上为消化系统恶性肿瘤。城市常见的恶性肿瘤依次为肺癌、胃癌、肝癌、肠癌、乳腺癌。在农村为胃癌、肝癌、肺癌、食管癌、肠癌。

（一）病因

恶性肿瘤的病因迄今尚未完全明了。目前认为肿瘤是环境因素和基因相互作用引起的,是多因素协同作用的结果。

1. 环境因素

（1）物理因素:如电离辐射,X 线防护不当可致皮肤癌、白血病等;紫外线,可引起皮肤癌;石棉纤维可致肺癌等。

（2）化学因素:化学致癌物种类繁多,根据化学致癌物与人类肿瘤关系的强度将其分为 3 种类型:①肯定致癌物:主要有氮芥、联苯胺、多环芳香烃类化合物、氯乙烯、石棉、砷、铬和镍等。②可能致癌物:如亚硝胺类与食管癌、胃癌和肝癌的发生有关,黄曲霉素易导致肝癌、肾癌、胃癌与结肠腺癌等。③潜在致癌物:有机农药、硫芥等烷化剂可致肺癌与造血器官肿瘤等;氨基偶氮类染料易诱发膀胱癌、肝癌等。

（3）生物因素:主要为病毒,如 EB 病毒与鼻咽癌、伯基特(Burkitt)淋巴瘤有关。单纯疱疹病毒、乳头瘤病毒与子宫颈癌有关。乙型肝炎病毒与肝癌有关。C 型 RNA 病毒与白血病、霍奇金病有关。少数寄生虫和细菌也可引起肿瘤:如华支睾吸虫与肝癌有关,埃及血吸虫与膀胱癌有关,日本血吸虫与大肠癌有关,幽门螺杆菌与胃癌有关。

2. 机体因素

（1）遗传因素:肾母细胞瘤、视网膜母细胞瘤等已被证实为遗传性肿瘤。家族性结肠息肉病、乳腺癌、胃癌等表现出遗传易感性。如家族性结肠腺瘤病病人几乎全部会发展成结直肠癌;约有 10% Fanconi 贫血病人可发生白血病;着色性干皮病病人可发展为皮肤癌;毛细血管扩张共济失调病人易患淋巴系统恶性肿瘤。

（2）内分泌因素:某些激素与肿瘤发生有关,如雌激素和催乳素与乳腺癌有关,雌激素与子宫内膜癌有关,生长激素可以刺激癌的发展。

(3)免疫因素:具有先天或获得性免疫缺陷者易发生恶性肿瘤,如艾滋病病人易患恶性肿瘤;器官移植后长期使用免疫抑制剂者,肿瘤的发生率比正常人群高 50~100 倍。

(二)病理生理

1.恶性肿瘤的发生发展过程　可分为癌前期、原位癌及浸润癌三个阶段。癌前期表现为上皮增生明显,伴有不典型增生。原位癌通常指癌变细胞局限于上皮层、未突破基底膜的早期癌;浸润癌指原位癌突破基底膜向周围组织浸润、发展,破坏周围组织的正常结构。

2.细胞的分化　肿瘤细胞的分化程度不同,其恶性程度和预后亦不同。恶性肿瘤细胞可分为高分化、中分化和低分化(或未分化)三类。①高分化:细胞形态接近正常,恶性程度低。②未分化:细胞核分裂较多,高度恶性,预后不良。③中分化的恶性程度介于前二者之间。

3.生长方式　主要呈浸润性生长,肿瘤沿组织间隙、神经纤维间隙或毛细血管扩展,边界不清,实际扩展范围远较肉眼所见大,局部切除后极易复发。

4.生长速度　恶性肿瘤生长快、发展迅速、病程较短。良性肿瘤恶变时亦可逐渐增大,合并出血、感染时短期内增大明显。

5.转移方式　恶性肿瘤易发生转移,转移方式有 4 种。

(1)直接蔓延:肿瘤细胞向与原发病灶相连续的组织扩散生长,如直肠癌、子宫颈癌侵及骨盆壁。

(2)淋巴转移:多数先转移至邻近区域淋巴结,也可出现"跳跃式"越级转移。皮肤真皮层淋巴管的转移可出现皮肤水肿,如乳腺癌可呈橘皮样改变。毛细淋巴管内的癌栓致相邻毛细血管扩张充血,可呈炎症表现如炎性乳癌。皮肤淋巴管转移还可使局部有卫星结节。

(3)血行转移:肿瘤细胞侵入血管,随血流转移至远隔部位,如腹内肿瘤可经门静脉系统转移到肝;四肢肉瘤可经体循环静脉系统转移到肺。

(4)种植性转移:肿瘤细胞脱落后在体腔或空腔脏器内的转移,常见的是胃癌种植到盆腔。

6.肿瘤分期　国际抗癌联盟提出了 TNM 分期法,T 指原发肿瘤、N 为淋巴结、M 为远处转移。根据肿块大小、浸润深度在字母后标以 0 至 4 的数字,表示肿瘤发展程度。1 代表小,4 代表大,0 代表无;有远处转移为 M_1,无为 M_0。根据 TNM 的不同组合,诊断为 Ⅰ、Ⅱ、Ⅲ、Ⅳ期。临床无法判断肿瘤体积时则以 Tx 表示。各种肿瘤 TNM 分类的具体标准由各专业会议协定。

(三)临床表现

肿瘤的临床表现取决于肿瘤性质、发生组织、所在部位及发展程度。一般早期多无明显症状。不同类型肿瘤表现不一,但有其共同特点。

1.局部表现

(1)肿块:多是体表或浅在肿瘤的首要症状。因肿瘤性质不同而致硬度、移动度及边界均可不同。位于深部或内脏的肿块不易触及,但可出现脏器受压或空腔器官梗阻等症状。

(2)疼痛:肿块的膨胀性生长、破溃或感染等使末梢神经或神经干受到刺激或压迫,出现局部刺痛、跳痛、烧灼痛、隐痛或放射痛,常难以忍受,尤以夜间明显。空腔脏器肿瘤可致痉挛而产生绞痛。

(3)溃疡:体表或空腔器官的肿瘤若生长迅速,可因血液供应不足继发坏死,或因继发感染而发生溃烂,可有恶臭及血性分泌物。

(4)出血:体表及与体外相交通的肿瘤,发生破溃和血管破裂可致出血。发生在上消化道者可有呕血或黑便,发生在下消化道者可有血便或黏液血便。发生在胆道与泌尿道者,除血便和血尿外,常伴局部绞痛。肺癌可发生咯血或血痰,肝癌破裂可致腹腔内出血。

(5)梗阻:空腔器官或邻近器官的肿瘤,随之生长可致空腔器官堵塞或肿瘤直接压迫邻近器官导致梗阻,出现不同的临床表现。如胃癌可致幽门梗阻,肠肿瘤可致肠梗阻,胰头癌和胆管癌可致胆总管梗阻。

(6)浸润与转移症状:可出现区域淋巴结肿大、局部静脉曲张、肢体水肿。若发生骨转移可有疼痛、硬结或病理性骨折等表现。

2.全身表现 早期多无明显的全身症状,或仅有非特异性表现,如消瘦、乏力、体重下降、低热、贫血等。至肿瘤晚期,病人出现全身衰竭,呈现恶病质。不同部位肿瘤,恶病质出现迟早不一,消化道肿瘤病人出现较早。有些部位的肿瘤可呈现相应器官的功能亢进或低下,继发全身性改变,如颅内肿瘤引起颅内压增高和定位症状等。

(四)辅助检查

1.实验室检查

(1)常规检查:包括血、尿及大便常规检查,其阳性检查结果并非恶性肿瘤的特异性标志,但常可提供诊断线索。如恶性肿瘤病人常可伴血沉加快,白血病病人血常规明显改变,泌尿系统肿瘤可见血尿,胃肠道肿瘤病人可伴贫血及大便隐血等。

(2)血清学检查:常用的血清酶学检查有碱性磷酸酶(AKP)、酸性磷酸酶(ALP)、乳酸脱氢酶(LDH)。

(3)免疫学检查:常用的肿瘤免疫学标志物如甲胎蛋白(AFP)对肝癌、前列腺特异抗原(PSA)对前列腺癌、人绒毛膜促性腺激素(hCG)对滋养层肿瘤的诊断均有较高的特异性及敏感性,但也存在一定的假阳性。

(4)基因或基因产物检查:基因检测敏感而特异,常早于临床症状出现之前。由于其敏感特性,可对手术切缘组织进行检测,如阳性则易局部复发,从而估计预后。

2.影像学检查 X线、超声波、造影、放射性核素、电子计算机断层扫描(CT)、磁共振成像(MRI)和正电子发射断层成像(PET)等各种检查方法可明确有无肿块,肿块部位、形态、大小等性状,有助于肿瘤的诊断及其性质的判断。

3.内镜检查 常用的有食管镜、胃镜、纤维肠镜、直肠镜、乙状结肠镜、气管镜、腹腔镜、纵隔镜、膀胱镜、阴道镜、子宫镜等。

4.病理学检查 包括细胞学和组织学两部分,是目前确定肿瘤的直接而可靠的依据。

(1)临床细胞学检查:如体液自然脱落细胞,可取胸水、腹水、尿液沉渣、痰液等进行涂片。黏膜细胞:食管拉网、胃黏膜洗脱液、子宫颈刮片及内镜下肿瘤表面刷脱细胞。细针吸取(FNA)或B超引导下穿刺吸取涂片等。

(2)病理组织学检查:一般需行手术切除取活检或手术中快速冷冻切片送检。对于深部或体表较大而完整的肿瘤,可在超声或CT引导下穿刺活检。病理组织学检查理论上有可能使恶性肿瘤扩散,因此应在手术前短期内或手术中施行。

(五)处理原则

肿瘤治疗多以手术治疗为主,辅以其他治疗方法,包括化疗、放疗、生物治疗、中医中药及内分泌治疗等。根据肿瘤性质、发展程度和全身状态而选择。

1.手术治疗 目前手术切除实体肿瘤仍然是最有效的治疗方法。根据手术应用目的分为以下不同种类。

(1)预防性手术:用于治疗癌前病变,防止其发生恶变或发展为进展期癌。如家族性结肠息肉病、黏膜白斑病等。

(2)诊断性手术:经不同方式,如活检或探查术获取肿瘤组织标本并经病理学检查明确诊断后再进行相应的治疗。

(3)根治性手术:切除全部肿瘤组织及可能累及的周围组织和区域淋巴结,以求达到彻底治愈的目的。广义的根治性手术包括瘤切除术、广泛切除术、根治术及扩大根治术等。

(4)姑息性手术:属于解除或减轻症状的手术,适用于恶性肿瘤已超越根治性手术切除的范围,无法彻底清除体内全部病灶,如晚期大肠癌伴肠梗阻时行肠造口术以减轻病人痛苦、延长生命。

(5)减瘤手术:对于体积较大、单纯手术无法根治的恶性肿瘤,宜行大部切除,手术后继以化疗、放疗、生物治疗等以控制残余的肿瘤细胞。但减瘤手术仅适用于原发病灶大部切除后,残余肿瘤能用其他治疗方法有效控制者,如卵巢癌、Burkitt 淋巴瘤、睾丸癌等。减瘤手术后结合化疗等控制残余肿瘤的方法,与根治性手术后辅以针对体内可能存在的微小转移灶所使用的辅助化疗有本质的区别。经减瘤手术后,体内瘤负荷减小,有利于采用化疗或放疗杀伤残余的肿瘤细胞。

(6)复发或转移灶手术:复发肿瘤应根据具体情况及手术、化疗、放疗对其疗效而定,凡能手术者应考虑再行手术。如乳腺癌手术后局部复发可再行局部切除术。转移肿瘤的手术切除适合于原发病灶已能得到较好的控制,而转移病灶可切除者。软组织肉瘤和骨肉瘤肺转移病人手术后的 5 年生存率可达30%;25%的大肠癌肝转移病人在切除术后能长期生存。

(7)重建和康复手术:对恶性肿瘤病人来说,生活质量极其重要,外科手术在病人手术后的重建和康复方面起着独特而重要的作用。乳腺癌改良根治术后经腹直肌皮瓣转移乳房重建、头颈部肿瘤术后局部组织缺损的修复等均能提高肿瘤根治术后病人的生活质量。

2. 化学治疗　简称化疗,是一种应用特殊化学药物杀灭恶性肿瘤细胞或组织的治疗方法,往往是中晚期肿瘤病人综合治疗中的重要手段。某些肿瘤可因长期化疗缓解,如颗粒细胞白血病、部分霍奇金病、肾母细胞瘤、乳腺癌等。目前已能单独通过化疗治愈绒毛膜上皮癌、睾丸精原细胞瘤、Burkitt 淋巴瘤和急性淋巴细胞白血病等。化疗药物种类很多,应根据肿瘤特性、病理类型选用敏感的药物并制订联合化疗方案。

(1)药物分类:传统的抗癌药物根据药物的化学结构、来源及作用机制分为 7 类:①细胞毒素类药物,如氮芥、环磷酰胺、白消安等。②抗代谢类药物,如氨甲蝶呤、氟尿嘧啶、阿糖胞苷等。③抗生素类,如阿霉素、丝裂霉素、放线菌素 D 等。④生物碱类,常用的有长春新碱、羟喜树碱、紫杉醇等。⑤激素类,常用的有他莫昔芬(三苯氧胺)、己烯雌酚、黄体酮等。⑥分子靶向药物,在化学特性上可以是单克隆抗体(单抗)类和小分子化合物,单抗类常用的有曲妥珠单抗、利妥昔单抗、西妥昔单抗和贝伐单抗等;小分子化合物常用的有伊马替尼、吉非替尼等。⑦其他,如丙卡巴肼、羟基脲、铂类等。

(2)给药方式:①全身性用药,一般通过静脉、口服、肌内注射给药。大多数化疗药物在抑制或杀伤肿瘤细胞的同时,对机体正常组织,特别是代谢增殖旺盛的器官组织或细胞有不同程度的损害,并在出现疗效的同时,常伴有不同程度的毒性反应。②局部用药,为了提高药物在肿瘤局部的浓度,有些药物可通过肿瘤内注射、腔内注射、动脉内注入或者局部灌注等途径提供。③介入治疗,近年来应用较多的一种特殊化疗途径,可通过动脉插管行局部动脉化疗灌注栓塞,也可经皮动脉插管配合皮下切口植入导管药盒系统进行长期灌注、栓塞化疗,提高肿瘤局部的药物浓度并阻断肿瘤的营养、血液供应,减少全身毒性反应。可采用同时给药或序贯给药的方式,以提高疗效,减少毒副反应。

3. 放射治疗　简称放疗,是治疗恶性肿瘤的主要手段之一,目前约70%的恶性肿瘤病人在病程不同时期因不同的目的需要接受放疗。放射线可采用光子类的 X 线、γ 射线及粒子类的电子束、中子束等。放疗技术包括远距离治疗(外照射)、近距离治疗(腔内放疗)、立体定向放疗(X 或 γ 刀)和适形放疗等。立体定向放疗(X 或 γ 刀)属于外照射的特殊技术,其与适形放疗都是新的放疗技术。

各种肿瘤对放射线的敏感性不一,可归纳为 3 类:①高度敏感,分化程度低、代谢旺盛的癌细胞对放射线高度敏感,如淋巴造血系统肿瘤、性腺肿瘤、多发性骨髓瘤等。②中度敏感,放疗可作为此类肿瘤综合治疗的一部分,如基底细胞癌、鼻咽癌、乳腺癌、食管癌、肺癌等。③低度敏感,如胃肠道腺癌、软组织及骨肉瘤等对放疗效果不佳。

放疗禁忌证包括:①晚期肿瘤,伴严重贫血、恶病质者。②外周血白细胞计数低于 $3.0 \times 10^9/L$,血小板低于 $50 \times 10^9/L$,血红蛋白低于 90 g/L 者。③合并各种传染病,如活动性肝炎、活动性肺结核者。④有心、肺、肝、肾等功能严重不全者。⑤接受放疗的组织器官已有放射性损伤者。⑥对放射线中度敏感的肿瘤已有广泛远处转移或经足量放疗后近期内复发者。

4. 生物治疗　应用生物学技术改善个体对肿瘤的应答反应及直接效应的治疗,包括免疫治疗与基因治疗两类。

(1)免疫治疗:接种自身或异体瘤苗或肿瘤免疫核糖核酸等,以调动人体防御系统、提高免疫功能,达到抗肿瘤的效果。

(2)基因治疗:应用基因工程技术,干预存在于靶细胞的相关基因表达水平以达到治疗目的。肿瘤的基因治疗方法目前尚处于研究阶段。

5.内分泌治疗 某些肿瘤的发生和发展与体内激素水平密切相关,可进行内分泌治疗,如增添激素或内分泌去势治疗等。

6.中医中药治疗 应用中医扶正法、化瘀散结、清热解毒、通经活络等原理,以中药补益气血、调理脏腑,配合手术及放、化疗,促进肿瘤病人的康复。中医中药治疗的方法有贴敷、针灸等外治方法,也有喝中药、食疗等内治方法。

(六)预防

恶性肿瘤是环境、营养、饮食、遗传、病毒感染及生活方式等多种因素相互作用引起的,所以目前尚无可利用的单一预防措施。国际抗癌联盟认为1/3的恶性肿瘤是可以预防的,1/3的恶性肿瘤若能早期诊断是可以治愈的,1/3的恶性肿瘤可以减轻痛苦,延长寿命。并据此提出了恶性肿瘤的三级预防概念。

1.一级预防 病因预防,是指消除或减少可能致癌的因素,降低发病率。约80%以上的恶性肿瘤与环境因素有关,因此,实现一级预防的措施在于保护环境,控制大气、水源、土壤等污染。改变不良的饮食习惯、生活方式,如戒烟、酒,多食新鲜蔬菜水果,忌食高盐、霉变食物。减少暴露于致癌物中,如石棉、苯、甲醛等;接种疫苗等。

2.二级预防 早期发现、早期诊断、早期治疗,以提高生存率,降低死亡率,主要手段是对无症状的自然人群进行以早期发现恶性肿瘤为目的的筛查工作。一般以某种肿瘤的高发区及高危人群为对象进行选择性筛查,改善检出肿瘤病人的预后。

3.三级预防 治疗后的康复,包括提高生活质量、减轻痛苦、延长生命,重在对症治疗。

(七)护理问题

1.焦虑与恐惧 与担忧疾病预后和手术、化疗、放疗、在家庭和社会的地位及经济状况改变有关。

2.营养失调:低于机体需要量 与肿瘤所致高分解代谢状态及摄入减少、吸收障碍、化疗、放疗所致味觉改变、食欲下降、进食困难、恶心、呕吐等有关。

3.急性疼痛 与肿瘤生长侵及神经、肿瘤压迫及手术创伤有关。

4.潜在并发症 感染、出血、皮肤和黏膜受损、静脉炎、静脉栓塞及脏器功能障碍。

(八)护理措施

1.手术前护理

(1)减轻焦虑和恐惧:"谈癌色变"是不少人的反应。病人因各自的文化背景、心理特征、病情及对疾病的认知程度不同,会产生不同的心理反应。根据病人不同的心理反应有针对性地进行心理疏导,消除负性情绪的影响,增强战胜疾病的信心。肿瘤病人心理变化可分为以下5期。

①震惊否认期:病人初悉病情后,眼神呆滞,不言不语,知觉淡漠甚至晕厥,继之极力否认,怀疑诊断的可靠性,甚至辗转多家医院就诊、咨询;此系病人面对疾病应激产生的保护性心理反应,虽可缓解其恐惧和焦虑程度,但易延误治疗。对此期病人,应鼓励病人家属给予其情感上的支持和生活上的关心,使之有安全感。之后,因人而异地逐渐使病人了解病情真相。

②愤怒期:当病人接受疾病现实后,随之会产生恐慌、哭泣,继而愤怒、烦躁、不满,常迁怒于家属和医护人员,甚至百般挑剔、无理取闹,直至出现冲动性行为。此虽属适应性心理反应,但若长期存在,必将导致心理异常。对处于愤怒期病人,应通过交谈和沟通,尽量诱导病人表达自身的感受和想法,纠正其感知错误,请其他病友介绍成功治疗的经验,教育和引导病人正视现实。

③磋商期:病人开始步入"讨价还价"阶段,常心存幻想,遍访名医、寻求偏方,祈求延长生命。此时,幻想虽可产生负面影响,但在某种程度上可支持病人,使其重新树立与疾病抗争的信念。此期病人易接

受他人的劝慰,有良好的遵医行为。因此,应维护病人的自尊,尊重其隐私,兼顾身心需要,提供心理护理。

④抑郁期:当治疗效果不理想、病情恶化、肿瘤复发、疼痛难忍时,病人往往感到绝望无助,对治疗失去信心。表现为悲伤抑郁、沉默寡言、黯然泣下、不听劝告、不遵医嘱,甚至有自杀倾向。对抑郁期病人,应给予更多关爱和抚慰,诱导其发泄不满,鼓励其家属陪伴于身旁,满足其各种需求。

⑤接受期:病人经过激烈的内心挣扎,接受事实,心境变得平和,不再自暴自弃,并积极配合治疗和护理。晚期病人常处于消极被动的应付状态,不再关注自我的角色,专注于自身症状和体征,处于平静、无望的心理状态。加强与进入接受期病人的交流,尊重其意愿,满足其需求,尽可能提高其生活质量。

肿瘤病人在治疗过程中,心理反应复杂而强烈,既渴望手术,又惧怕手术,顾虑重重,情绪多变。且肿瘤手术范围较大,易影响某些部位的正常功能,如喉癌手术及结肠造瘘术会导致生活不便、功能障碍甚至形体残障等。有的放矢地进行心理护理,了解病人心理和情感的变化,深入浅出地解释,耐心细致地介绍手术的重要性、必要性和手术方式等。对需进行化疗或放疗的病人,耐心解释所需实施的化疗、放疗方案及常见的毒副反应及应对措施,使病人有效配合,取得最佳的治疗效果。

(2)纠正营养不良:手术前对病人的体质、全身营养状况和进食情况进行全面了解。肿瘤病人因疾病消耗所致营养不良者,予以纠正,提高对手术的耐受性,保证手术安全。鼓励病人增加蛋白质、糖类和维生素的摄入。伴疼痛或恶心不适者餐前可适当用药物控制症状。对口服摄入不足者,通过肠内、肠外营养支持改善营养状况。

(3)缓解疼痛:手术前疼痛是肿瘤浸润神经或压迫邻近内脏器官所致。除观察疼痛的部位、性质、持续时间外,还应为病人创造安静舒适的环境,鼓励其适当参与娱乐活动以分散注意力,并与病人共同探索控制疼痛的不同途径,如松弛疗法、音乐疗法等,同时鼓励病人家属参与实施止痛计划。

2. 手术后护理

(1)饮食和支持:手术后鼓励能经口进食者尽早进食。给予易消化且富有营养的饮食。手术后病人消化道功能尚未恢复之前,可经肠外途径供给所需能量和营养素,以利创伤修复;也可经管饲提供肠内营养,促进胃肠功能恢复。康复期病人少量多餐、循序渐进恢复饮食。

(2)镇痛:护理手术后麻醉作用消失,切口疼痛会影响病人的身心康复,应遵医嘱及时予以镇痛治疗。当病人担心镇痛药物成瘾时,应向其解释正确用药的可靠效果;晚期肿瘤疼痛难以控制者,可按世界卫生组织(WHO)三级阶梯镇痛方案处理。①一级镇痛法:疼痛较轻者,可用阿司匹林等非阿片类解热消炎镇痛药。②二级镇痛法:适用于中度持续性疼痛者,用可待因等弱阿片类药物。③三级镇痛法:疼痛进一步加剧,改用强阿片类药物,如吗啡、哌替啶等。

癌性疼痛的给药要点:口服、按时(非按需)、按阶梯、个体化给药。镇痛药物剂量根据病人的疼痛程度和需要由小到大直至病人疼痛消失为止,不应对药物限制过严导致用药不足。

(3)并发症的预防和护理:根治性手术范围广、创伤大,且多数肿瘤病人年龄较大,全身营养状况较差,故手术耐受性差、风险大,病人手术后易并发呼吸道、泌尿系统、切口或腹腔内感染等。为促进病人的康复、减少并发症的发生,采取以下护理措施:①对病人进行有效的手术前指导,如指导病人在手术前练习床上使用便器;胸、腹部手术者,手术前应指导其进行深呼吸、咳痰练习及肢体活动。②手术后严密观察生命体征的变化。③加强引流管护理。④观察伤口渗血、渗液情况,保持伤口敷料干燥;观察切口的颜色、温度,尤其是皮瓣移植术后,如发现颜色苍白或发绀、局部变冷应及时处理。⑤加强皮肤和口腔护理。⑥鼓励病人多翻身、深呼吸、有效咳嗽、咳痰。⑦早期下床活动可促进肠蠕动、减轻腹胀、预防肠粘连,并可增进食欲、促进血液循环及切口愈合,但应注意保暖和安全。

3. 化疗病人的护理

(1)营养支持:对化疗病人应给予正确的饮食指导,提高饮食的营养价值,保证营养供给。鼓励病人摄入高蛋白质、低脂肪、易消化的清淡食物,多饮水,多吃水果。少量多餐,注意调整食物的色香味。忌辛辣、油腻等刺激性食物,忌烟酒。保持口腔清洁,增进食欲。遵医嘱应用止吐剂。严重呕吐、腹泻者,予以静脉补液,防止缺水,必要时给予肠内、肠外营养支持。

(2)保护皮肤黏膜:指导病人保持皮肤清洁、干燥,不用刺激性物质如肥皂等。治疗时要重视病人对疼痛的主诉,鉴别疼痛的原因,若怀疑药物外渗即停止输液,并针对外渗药液的性质给予相应的处理。

(3)并发症的观察与护理。

①静脉炎、静脉栓塞:选择合适的给药途径和方法,最常见的为静脉给药。根据药性选用适宜的溶媒稀释。合理安排给药顺序,掌握正确的给药方法,减少对血管壁的刺激。有计划地由远端开始选择静脉并注意保护,妥善固定针头以防滑脱、药液外漏。对刺激性强、作用时间长的药物,若病人的外周血管条件差,可行深静脉置管化疗。

②脏器功能障碍:了解化疗方案,熟悉化疗药物剂量、作用途径、给药方法及毒副作用,做到按时、准确用药。化疗药物现配现用,不可久置。推注过程中注意控制速度,并严密观察病人的反应。化疗过程中密切观察病情变化、监测肝肾功能、了解病人不适、准确记录液体出入量,鼓励病人多饮水、采用水化疗法、碱化尿液等,以减少或减轻化疗所致的毒副作用。

③感染:每周查 1 次血常规,白细胞计数低于 $3.5×10^9/L$ 者应遵医嘱停药或减量。血小板计数低于 $80×10^9/L$、白细胞计数低于 $1.0×10^9/L$ 时,做好保护性隔离,预防交叉感染。给予必要的支持治疗,如中药调理、输成分血、必要时遵医嘱应用升白细胞类药。加强病室空气消毒,减少探视,预防医源性感染。对大剂量强化化疗者实施严密保护性隔离或置于层流室。

④出血:观察病人血常规变化,骨髓严重抑制者,注意有无皮肤瘀斑、齿龈出血、血尿、血便等全身出血倾向;监测血小板计数,低于 $50×10^9/L$ 绝对避免外出,低于 $20×10^9/L$ 时绝对卧床休息,限制活动。协助做好生活护理,注意安全、避免受伤,尽量避免肌内注射及用硬毛牙刷刷牙。

(4)其他:注意休息,协助病人逐渐增加日常活动。保持病室整洁,创造舒适的休养环境,减少不良刺激。协助脱发病人选购合适的发套,避免因外观改变所致的负性情绪。

4.放疗病人的护理

(1)防止皮肤、黏膜损伤:病人放疗期间应注意:①照射野皮肤忌摩擦、理化刺激,忌搔抓。保持清洁干燥,禁用肥皂洗澡、粗毛巾搓擦,局部用软毛巾吸干。②穿着柔软的棉质衣服,及时更换。③局部皮肤出现红斑瘙痒时禁搔抓,禁用乙醇、碘酒等涂擦。④照射野皮肤有脱皮时,禁撕脱,应让其自然脱落,一旦撕破难以愈合。⑤外出时戴帽,避免阳光直接暴晒,减少阳光对照射野皮肤的刺激。

(2)感染的预防:①监测病人有无感染症状和体征,每周查 1 次血常规。②严格执行无菌操作,防止交叉感染。③指导并督促病人注意个人卫生,如口腔清洁等。④外出时注意保暖,防止感冒诱发肺部感染。⑤鼓励病人多进食,增加营养,提高免疫力。

(3)照射器官功能障碍的预防和护理:肿瘤所在器官或照射野内的正常组织受射线影响可发生一系列反应,如膀胱照射后可出现血尿,胸部照射后形成放射性肺纤维变,胃肠道受损后出现出血、溃疡和形成放射性肠炎等。放疗期间加强对照射器官功能状态的观察,对症护理,有严重不良反应时报告医生,暂停放疗。

(九)健康教育

1.保持心情舒畅 各种精神刺激、情绪波动可促进肿瘤的发生和发展。肿瘤病人应保持良好的心态,避免情绪刺激和波动。

2.动员社会支持系统的力量 家庭支持是社会支持系统最基本的形式。鼓励病人家属给予病人更多的关心和照顾,增强病人自尊感和被爱感,提高其生活质量。

3.加强营养 手术后、放疗、化疗及康复期病人应均衡饮食,摄入高热量、高蛋白质、富含膳食纤维的各类营养素,多食新鲜水果,饮食宜清淡,易消化。

4.运动与功能锻炼 适量、适时的运动可改善病人的精神面貌,有利于调整机体内在功能,增强抗病能力,减少各类并发症。对于因手术后器官、肢体残缺而引起生活不便的病人,应早期协助和鼓励其进行功能锻炼,如截肢术后的义肢锻炼、全喉切除术后的食管发音训练等,使其具备基本的自理能力和必要的劳动能力,减少对他人的依赖。

5.继续治疗　肿瘤治疗以手术为主,辅以放疗、化疗等综合手段。鼓励病人积极配合治疗,勇敢面对现实,克服化疗带来的身体不适,坚持接受化疗。根据病人及其家属的理解能力,有针对性地提供化疗、放疗等方面的信息资料,提高其对各种治疗反应的识别和自我照顾能力。督促病人按时用药和接受各项后续治疗,以缓解临床症状、减少并发症、降低复发率。

6.加强随访　肿瘤病人应终身随访,在手术治疗后最初 3 年内至少每 3 个月随访 1 次,继之每半年复查 1 次,5 年后每年复查 1 次。随访可早期发现复发或转移征象。各类肿瘤的恶性程度不一,通常用 3 年、5 年、10 年的生存率表示治疗效果。

三、常见体表肿瘤

体表肿瘤指来源于皮肤、皮肤附件、皮下组织等浅表软组织的肿瘤,需与非真性肿瘤的瘤样肿块相鉴别。

1.皮肤乳头状瘤　表皮乳头样结构的上皮增生所致,同时向表皮下乳头状延伸,有蒂,单发或多发,表面常角化,伴溃疡,好发于躯干、四肢及会阴,易恶变为皮肤癌。手术切除为首选治疗方法。

2.黑痣　为良性色素斑块,分为皮内痣、交界痣和混合痣 3 种。皮内痣位于皮下和真皮层内,可高出皮肤,表面光滑,可有汗毛(称为毛痣),没有活跃的痣细胞,较稳定,很少恶变。交界痣位于表皮真皮交界处,呈扁平状,色素较深,多位于手、足,有活跃的痣细胞,易在局部刺激或外伤后发生恶变,称为黑色素瘤。混合痣为皮内痣与交界痣同时存在,痣细胞位于表皮基底细胞层和真皮层,当色素加深、变大,或有瘙痒、疼痛时,可能为恶变,应及时完整切除,切忌不完全切除或化学烧灼。

3.脂肪瘤　为脂肪样组织的瘤状物。女性多见,好发于四肢、躯干。多数单发,也可多发。质地软、边界清,呈分叶状,可有假囊性感,无痛、生长缓慢。位于深部者可恶变,应及时切除。多发者瘤体常较小,呈对称性,有家族史,可伴疼痛。

4.纤维瘤　位于皮肤及皮下的纤维组织肿瘤。呈单个结节状,瘤体不大,质硬,边界清,活动度大,生长缓慢,极少恶变。可手术切除。

5.神经纤维瘤　来源于神经鞘膜的纤维组织及鞘细胞。常位于四肢屈侧较大的神经干上,多发、对称,大多无症状,也可伴明显疼痛或感觉过敏。手术切除时应注意避免伤及神经干。

6.血管瘤　多为先天性,生长缓慢,按结构可分为 3 类。

(1)毛细血管瘤:好发于颜面、肩、头皮和颈部,女性多见。出生时或出生后早期见皮肤红点或小红斑,逐渐增大、红色加深并可隆起。若增大速度快于婴儿发育,则为真性肿瘤。瘤体边界分明,压之可稍有褪色,松手后恢复红色。多数为错构瘤,1 年内可停止生长或消退。早期瘤体较小时,手术切除或液氮冷冻治疗效果均良好。

(2)海绵状血管瘤:由小静脉和脂肪组织构成。多位于皮下组织、肌内,少数在骨或内脏。皮肤色泽正常或呈青紫色。肿块质地软、边界不太清,可有钙化结节和触痛,应及早手术切除,以免增大而影响局部组织功能且增加治疗困难。

(3)蔓状血管瘤:由较粗的迂曲血管构成,范围较大。大多来自静脉,也可来自动脉或动静脉瘘。除发生于皮下和肌组织外,还常侵入骨组织。外观常见蜿蜒的血管,有明显的压缩性和膨胀性,或可闻及血管杂音或触及硬结。应争取手术切除。手术前做血管造影检查,了解病变范围,充分做好手术准备,包括手术中控制出血及输血等。

7.囊性肿瘤及囊肿

(1)皮样囊肿:为囊性畸胎瘤。浅表者好发于眉梢或颅骨骨缝处,呈圆珠状,质地硬,可与颅内交通呈哑铃状。手术切除前应做充分估计和准备。

(2)皮脂囊肿:非真性肿瘤,为皮脂腺排泄受阻所形成的囊肿,以头面部及背部多见。囊内为油脂样"豆渣物",易继发感染而伴奇臭,控制感染后手术切除治疗。

（3）表皮样囊肿：由外伤所致表皮移位于皮下而生成的囊肿，常见于臀、肘等易受外伤或磨损部位。手术切除治疗。

（4）腱鞘或滑液囊肿：非真性肿瘤，由浅表滑囊经慢性劳损而发生黏液样变。常位于手腕、足背肌腱或关节附近，屈曲关节时有坚硬感。可加压挤破或抽出囊液，但易复发，手术治疗较为彻底。

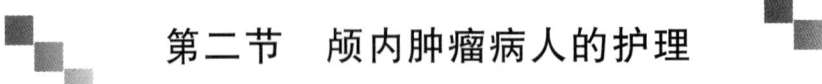

第二节　颅内肿瘤病人的护理

识记：
1.能陈述颅内肿瘤病因病理、辅助检查、治疗原则、健康教育。
2.能简述颅内肿瘤的分类。
3.能简述颅内肿瘤的护理诊断。
理解：
1.能叙述颅内肿瘤的临床表现。
2.能阐明颅内肿瘤的护理措施。
运用：
能运用护理程序为颅内肿瘤病人制订护理计划。

颅内肿瘤又称脑瘤，包括来源于脑组织、脑膜、脑血管、脑垂体、脑神经及残余胚胎组织的原发性肿瘤，以及来自颅外其他部位恶性肿瘤转移到颅内的继发性肿瘤。原发性肿瘤以神经胶质瘤最为常见，其次为脑膜瘤、垂体腺瘤、听神经瘤等。转移性肿瘤多来自肺、乳腺、甲状腺、消化道等部位的恶性肿瘤，多位于幕上脑组织内，可单发或多发，男性多于女性。有时脑部症状出现在前，原发病灶反而难以发现。

一、病因病理

至今尚不明确。近年来分子生物学研究表明，细胞染色体上存在癌基因加上各种后天诱因可使肿瘤发生。可能诱发脑瘤的因素有遗传因素、理化因素及生物因素等。少数由先天发育过程中胚胎性残余组织演变而成。颅内肿瘤约半数为恶性肿瘤，发病部位以大脑半球最多，其次是鞍区、小脑脑桥角、小脑等部位。一般不向颅外转移，但可在颅内直接向邻近正常脑组织浸润扩散，也可随脑脊液的循环通道转移。脑瘤的预后与病理类型、病期及生长部位有密切关系。良性肿瘤单纯外科治疗有可能治愈。交界性肿瘤单纯外科治疗后易复发。恶性肿瘤一旦确诊，需要外科治疗辅以放疗和（或）化疗。无论是良性还是恶性肿瘤，随着肿瘤增大可破坏或压迫脑组织，颅内压增高而造成脑疝危及病人生命。

二、临床表现

因肿瘤病理类型和所在部位不同，有不同的临床表现，颅内压增高和局灶症状是其共同的表现。
1.颅内压增高　90%以上的病人出现颅内压增高的症状和体征，通常呈慢性、进行性加重过程。随着肿瘤增大，若未得到及时治疗，轻者引起视神经萎缩，病人视力减退，重者可引起脑疝。
2.局灶症状与体征　不同部位的肿瘤对脑组织浸润破坏、直接刺激和压迫不同而引起的症状也不同,如一侧肢体运动和感觉障碍、精神异常、视觉障碍、共济失调等。鞍区肿瘤会引起视力改变和内分泌功能障碍。临床上可根据局灶症状判断病变部位。位于脑干等重要部位的肿瘤早期即出现局部症状,而颅内压增高症状出现较晚。

三、辅助检查

1. 影像学检查 包括头颅 X 线摄片、脑血管造影、脑室造影以及超声波、CT 和 MRI 检查。CT 和 MRI 是目前常用的辅助检查,对确定肿瘤部位和大小、脑室受压和脑组织移位、瘤周脑水肿范围有重要意义。

2. 血清内分泌激素检查 垂体腺瘤临床上出现内分泌功能障碍的表现,血清内分泌激素检查有助于确诊。

四、治疗原则

1. 降低颅内压 常用治疗方法有脱水、激素治疗、冬眠低温和脑脊液外引流等,以缓解症状,为手术治疗争取时间。

2. 手术治疗 手术切除肿瘤是主要的治疗方法,辅以化疗和放疗。神经导航、微创外科技术在神经外科的应用,拓宽了手术适应证和范围。晚期病人亦可采用姑息性手术治疗,如脑室引流、去骨瓣减压术等以缓解颅内高压。

3. 化疗 对于手术后残余的肿瘤组织或部分肿瘤对放疗不敏感的病例,化疗起到了进一步杀灭残余的肿瘤组织,防止肿瘤复发的重要作用。

4. 放疗 肿瘤位于重要功能区或部位深者不宜手术,对放射线敏感的恶性肿瘤可选用放疗。采用立体定向放疗如 γ 刀,提高了放疗的效果。立体定向放疗具有定位精确、剂量精确、安全快速、疗效可靠的特点。

五、护理问题

1. 自理缺陷 与肿瘤压迫导致肢体瘫痪或开颅手术有关。

2. 潜在并发症 脑疝、颅内出血、癫痫、尿崩症。

六、护理措施

(一)手术前护理

1. 颅内压增高的护理 严格卧床休息,采取床头抬高 15°～30°的斜坡卧位,利于颅内静脉回流,降低颅内压。避免剧烈咳嗽和用力排便,防止颅内压骤然升高导致脑疝的发生。便秘时可使用缓泻剂,禁止灌肠。

2. 预防意外损伤 评估病人生活自理的能力以及颅内压增高与癫痫发作的危险因素,采取相应的预防措施,防止跌倒及撞伤。

3. 皮肤准备 按头颅手术要求准备,病人手术前每日清洁头发,手术前一天检查病人头部皮肤是否有破损或毛囊炎,手术前 2 h 剃光头发后,需要消毒头皮并戴上手术帽。

(二)手术后护理

1. 体位 全麻未清醒的病人,取平卧位头转向一侧或侧卧位,手术侧向上以避免切口受压。对于意识不清或躁动病人需要加床挡保护。生命体征平稳后抬高床头 15°～30°,以利于颅内静脉回流,手术后体位要避免压迫减压窗,引起颅内压增高。为病人翻身时,应有人扶持头部,使头颈躯干成一直线,防止头颈部过度扭曲或震动。幕下开颅时取去枕侧卧位或侧俯卧位。脑神经受损、吞咽功能障碍者取侧卧位,以免造成误吸。巨大占位性病变清除后,因颅腔留有较大空隙,24 h 内手术区保持高位,以免突然翻动时发生脑和脑干移位。

2. 严密观察病情 观察生命体征、意识、瞳孔、肢体活动状况等,并按 Glasgow 昏迷计分法进行评分和记录。注意切口敷料及引流情况,观察有无脑脊液漏,一旦发现有脑脊液漏,应及时通知医生,病人取半坐卧位,抬高头部以减少漏液。为防止颅内感染,头部包扎使用无菌绷带,枕上垫无菌治疗巾并经常更换,定时观察有无渗血和渗液。严密观察并及时发现手术后颅内出血、感染、癫痫以及应激性溃疡等并发症。

3.保持呼吸道通畅 颅后窝手术或听神经瘤手术易发生吞咽、迷走神经功能障碍,病人咳嗽及吞咽反射减弱或消失,气管内分泌物不能及时排出,极易并发肺部感染。因此应积极采取保持呼吸道通畅的措施,如翻身、拍背、雾化吸入、吸痰,必要时做好气管切开的准备。

4.营养和补液 病人意识清醒,吞咽、咳嗽反射恢复时可进流质饮食,以后逐渐过渡到普通饮食。昏迷病人需要鼻饲解决营养问题,鼻饲后勿立即搬动病人,以免引发呕吐和误吸。

5.创腔引流的护理 在肿瘤切除后的创腔内放置引流管,达到引流手术残腔内血性渗液和气体,使残腔逐步闭合的目的。

手术后创腔引流瓶(袋)放置于头旁枕上或枕边,高度与头部创腔保持一致,以保证创腔内一定的液体压力,可避免脑组织移位。手术 48 h 后,可将引流瓶(袋)略放低,以期较快引流出腔内残留的液体,使脑组织膨出,以减少残腔,避免局部积液造成颅内压增高。引流管放置 3～4 日,一旦血性脑脊液转澄清,即可拔出引流管,以免形成脑脊液漏。

6.手术后并发症的观察和护理

(1)颅内出血:多发生在手术后 24～48 h。病人表现为意识清楚后又逐渐嗜睡,甚至昏迷或意识障碍进行性加重,并有颅内压增高和脑疝症状。一旦发现病人有颅内出血征象,应及时报告医生,并做好再次手术止血的准备。

(2)癫痫:手术后因脑损伤、脑缺氧、脑水肿等因素而诱发癫痫,癫痫发作时采取保护性措施,立即松解病人衣领,头部偏向一侧,保持呼吸道通畅,使用牙垫防止舌咬伤,保障病人安全。保持病室安静,减少外界刺激,禁止在口腔测量体温,应按时服用抗癫痫药,控制症状发作。

(3)尿崩症:垂体腺瘤等手术累及下丘脑影响抗利尿激素分泌,病人出现多尿、多饮、口渴,每日尿量大于 4000 mL,尿比重低于 1.005。在给予垂体后叶素治疗时,应准确记录液体出入量,根据尿量的增减和血清电解质含量调节用药剂量。

七、健康教育

颅内肿瘤病人一般均需接受化疗和放疗,向病人及其家属介绍后续治疗的必要性和方法。手术后有功能障碍者,应与病人及其家属制订康复计划。出院后定期复查。

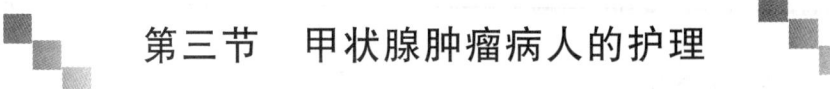

第三节 甲状腺肿瘤病人的护理

学习目标

识记:
能陈述甲状腺腺瘤和甲状腺癌的临床表现和处理原则。

理解:
能说明甲状腺腺瘤和甲状腺癌的护理措施。

运用:

能为甲状腺腺瘤和甲状腺癌病人提供健康教育。

甲状腺肿瘤分良性和恶性两类。良性肿瘤多为腺瘤,恶性肿瘤以癌为主,肉瘤少见。

一、甲状腺腺瘤

甲状腺腺瘤是最常见的甲状腺良性肿瘤,多见于 40 岁以下的女性。病理上可分为滤泡状和乳头状囊性腺瘤两种。前者多见,周围有完整的包膜。后者少见,且不易与乳头状腺癌区分。

1. 临床表现　　多数病人无不适症状,颈部出现圆形或椭圆形结节,多为单发,表面光滑,稍硬,无压痛,边界清楚,随吞咽上下移动。腺瘤生长缓慢。若乳头状囊性腺瘤因囊壁血管破裂而发生囊内出血时,肿瘤可在短期内迅速增大,局部出现胀痛。

2. 辅助检查

(1)B 超检查:可发现甲状腺肿块,伴囊内出血时,提示囊性变。

(2)^{131}I 或 ^{99m}Tc 扫描:多呈温结节,伴囊内出血时可为冷结节或凉结节,边缘一般较清晰。

3. 处理原则　　甲状腺腺瘤有诱发甲亢(约 20%)和恶变(约 10%)的可能,原则上应早期行包括腺瘤的患侧甲状腺大部或部分(腺瘤小)切除。切除标本必须立即行病理学检查,以判定肿块病变性质。

护理问题与护理措施参见甲亢病人的护理。

二、甲状腺癌

甲状腺癌是最常见的甲状腺恶性肿瘤,约占全身恶性肿瘤的 1%。除髓样癌外,大多数甲状腺癌起源于滤泡上皮细胞。

(一)病理

1. 乳头状癌　　约占成年人甲状腺癌的 70% 和小儿甲状腺癌的全部。多见于 21～40 岁女性,恶性程度低,生长较缓慢,较早出现颈部淋巴结转移,预后较好。

2. 滤泡状癌　　约占甲状腺癌的 15%。常见于 50 岁左右的女性,恶性程度中等,发展较快,有侵犯血管倾向,33% 可经血运转移至肺、肝、骨及中枢神经系统,预后不如乳头状癌。

3. 未分化癌　　占甲状腺癌的 5%～10%。多见于 70 岁左右的老年人,恶性程度高,发展迅速,约50% 早期便有颈淋巴结转移,或侵犯喉返神经、气管或食管,常经血运转移至肺、骨等处,预后很差。

4. 髓样癌　　仅占甲状腺癌的 7%,常有家族史。来源于滤泡旁细胞(C 细胞),分泌大量降钙素。恶性程度中等,较早出现淋巴结转移和血运转移,预后不如乳头状癌及滤泡状癌,但较未分化癌好。

(二)临床表现

乳头状癌和滤泡状癌初期多无明显症状。随着病程进展,肿块逐渐增大、质硬、表面高低不平、吞咽时肿块移动度减小。未分化癌上述症状发展迅速,并侵犯周围组织。晚期癌肿常因压迫喉返神经、气管或食管而出现声音嘶哑、呼吸困难或吞咽困难等。若压迫颈交感神经节,可产生霍纳综合征。若颈丛浅支受侵,可有耳、枕、肩等部位的疼痛。可有颈淋巴结转移及远处脏器转移。颈部淋巴结转移在未分化癌发生较早,有的病人甲状腺肿块不明显,先发现转移灶,就医时应想到甲状腺癌的可能。远处转移多见于扁骨(颅骨、椎骨、胸骨、盆骨等)和肺。

因髓样癌组织可产生激素样活性物质(5-羟色胺和降钙素等),病人可出现腹泻、心悸、颜面潮红和血钙降低等症状,并伴有其他内分泌腺体的增生。

(三)辅助检查

1. 影像学检查　　①B 超:可区分结节的实体性或囊肿性,结节若为实体性并呈不规则反射,则恶性的可能大。②X 线:胸部及骨骼摄片可了解有无肺及骨转移;颈部摄片可了解有无气管移位、狭窄、肿块钙化及上纵隔增宽。若甲状腺部位出现细小的絮状钙化影,可能为癌。

2.放射性核素扫描 甲状腺癌的^{131}I或^{99m}Tc扫描多提示为冷结节,边缘一般较模糊。

3.细针穿刺细胞学检查 将细针自2～3个不同方向穿刺结节并抽吸、涂片。据此诊断的正确率可高达80%以上。

4.血清降钙素测定 有助于诊断髓样癌。

(四)处理原则

手术切除是各型甲状腺癌(除未分化癌)的基本治疗方法。根据病人情况再辅以内分泌及放射外照射等疗法。

1.手术治疗 包括甲状腺本身的切除及颈淋巴结的清扫。甲状腺手术切除范围目前仍有分歧,范围最小的为腺叶加峡部切除,最大至甲状腺全部切除。疗效与肿瘤的病理类型有关,并根据病情及病理类型决定是否加行颈部淋巴结清扫术或^{131}I治疗等。

2.内分泌治疗 甲状腺癌做次全或全切除者需终身服用甲状腺片,以预防甲状腺功能减退及抑制TSH。剂量以保持TSH低水平但不引起甲亢为原则。

3.放射性核素治疗 手术后^{131}I治疗适用于45岁以上乳头状腺癌、滤泡状腺癌、多发性病灶、局部浸润性肿瘤及存在远处转移者。

4.放射外照射治疗 主要适用于未分化型甲状腺癌。

(五)护理问题

1.恐惧 与颈部肿块性质不明、担心手术及预后有关。

2.清理呼吸道无效 与咽喉部及气管受刺激、分泌物增多及切口疼痛有关。

3.潜在并发症 呼吸困难和窒息、吞咽困难、喉返神经损伤、喉上神经损伤或手足抽搐等。

(六)护理措施

1.手术前护理

(1)心理护理:加强沟通,告知病人甲状腺癌的有关知识,说明手术的必要性、手术的方法、手术后恢复过程及预后情况,消除其顾虑和恐惧。

(2)手术前准备:配合医生完成手术前检查及准备。指导病人练习手术时体位,即将软枕垫于肩部,保持头低、颈过伸位。必要时,剃除其耳后毛发,以便行颈淋巴结清扫术。手术前一晚遵医嘱予以镇静安眠类药物,使其身心处于接受手术的最佳状态。

2.手术后护理

(1)体位:回病室后,取平卧位,待麻醉清醒、血压平稳后,改半坐卧位,以利于呼吸和引流。若有颈部引流管,予以正确连接引流装置。

(2)保持呼吸道通畅,预防肺部并发症。

(3)病情观察:严密监测生命体征,注意有无并发症发生。了解病人的呼吸、发音和吞咽情况,判断有无呼吸困难、声音嘶哑、音调降低、误咽、呛咳等。及时发现创面渗血情况,估计渗血量,予以更换敷料。

(4)饮食:病情平稳或麻醉清醒后,给予少量饮水。若无不适,鼓励进食或经吸管吸入便于吞咽的流质饮食,克服吞咽不适的困难,逐步过渡为半流质饮食及软食。禁忌过热饮食。

(5)遵医嘱补充水、电解质。

(七)健康教育

1.功能锻炼 卧床期间鼓励病人床上活动,促进血液循环和切口愈合。头颈部在制动一段时间后,可开始逐步练习活动,促进颈部功能恢复。颈淋巴结清扫术者,斜方肌不同程度受损,故切口愈合后应开始肩关节和颈部的功能锻炼,随时注意保持患肢高于健侧,以防肩下垂。功能锻炼应至少持续至出院后3个月。

2.心理调适 不同病理类型的甲状腺癌预后有明显差异,指导病人调整心态,积极配合后续治疗。

3. 后续治疗 指导甲状腺全切除者遵医嘱坚持服用甲状腺素制剂,预防肿瘤复发。手术后遵医嘱按时进行放疗等。

4. 定期复诊 教会病人自行检查颈部的方法。出院后定期复诊,检查颈部、肺部及甲状腺功能等。若发现结节、肿块及时就诊。

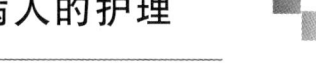

第四节 乳房肿瘤病人的护理

识记:

1. 能简述乳腺纤维腺瘤和乳管内乳头状瘤的临床特点、处理原则和护理措施。

2. 能复述乳腺癌的病因、病理生理特点、临床表现、辅助检查、处理原则及护理措施。

理解:

能比较常见乳房肿瘤的临床特点。

运用:

能运用护理程序为乳房肿瘤病人制订护理计划。

女性乳房肿瘤的发病率甚高,良性肿瘤中以纤维腺瘤最多,约占良性肿瘤的 3/4,其次为乳管内乳头状瘤,约占良性肿瘤的 1/5。恶性肿瘤的绝大多数(98%)是乳腺癌,肉瘤很少见(2%)。男性患乳房肿瘤者极少,乳腺癌发病率约为女性的 1%。

一、乳腺纤维腺瘤

乳腺纤维腺瘤是女性常见的乳房良性肿瘤,好发年龄为 20~25 岁。

1. 病因 本病的原因是小叶内纤维细胞对雌激素的敏感性异常增高,可能与纤维细胞所含雌激素受体的量或质出现异常有关。

2. 临床表现 主要为乳房肿块,好发于乳房外上象限,约 75% 为单发,少数为多发。呈圆形或椭圆形,表面光滑,质似硬橡皮球,有弹性感,不与邻近组织粘连,易于推动。不伴有腋窝淋巴结肿大,肿块增大缓慢,月经周期对肿块的大小无影响。病人常无明显自觉症状,多为偶然扪及。在妊娠期、哺乳期可因雌激素水平增高,刺激其迅速生长。

3. 处理原则 乳腺纤维腺瘤发生癌变的可能性很小,但有肉瘤变可能;手术切除是唯一有效的方法。由于妊娠可使乳腺纤维腺瘤增大,所以在妊娠前或妊娠后发现的乳腺纤维腺瘤一般都应手术切除,肿块常规做病理检查。

4. 护理问题 缺乏乳腺纤维腺瘤诊治的相关知识。

5. 护理措施

(1)告知病人乳腺纤维腺瘤的病因和治疗方法。

(2)暂不手术者应密切观察肿块变化,明显增大者应及时到医院诊治。

(3)行肿瘤切除术后,保持切口敷料清洁、干燥。

二、乳管内乳头状瘤

乳管内乳头状瘤多见于经产妇,40~50岁多见。75％发生在大乳管近乳头的壶腹部,瘤体很小,带蒂且有绒毛,且有很多壁薄的血管,故易出血。

1.临床表现 一般无自觉症状,乳头溢液为主要表现。溢液多为血性,也可为暗棕色或黄色液体。因肿瘤小,常不能触及。大乳管内乳头状瘤可在乳晕区扪及圆形、质软、可推动的小肿块,轻压此肿块常可从乳头溢出血性液体。

2.辅助检查 乳腺导管造影可明确乳管内肿瘤的大小和部位。也可行乳管内镜检查,即将1根内径小于1 mm的光导管自乳头的溢液管口插入,通过内镜成像技术观察乳腺导管内的情况。

3.处理原则 本病恶变率为6％~8％,因此诊断明确者以手术治疗为主。单发的乳管内乳头状瘤病人应切除病变的乳管系统,常规行病理检查;如有恶变应施行乳腺癌根治术;若病人年龄较大、乳管上皮增生活跃或恶变者,可行单纯乳房切除术。

4.护理问题 焦虑,与乳头溢液、缺乏乳管内乳头状瘤诊治的相关知识有关。

5.护理措施

(1)告诉病人乳头溢液的病因、手术治疗的必要性,解除病人思想顾虑。

(2)手术后保持切口敷料清洁干燥,按时换药。

(3)嘱病人定期复查。

三、乳腺癌

乳腺癌是女性常见的恶性肿瘤之一,其发病率仅次于子宫颈癌,部分城市居女性恶性肿瘤之首位。

(一)病因病理

1.病因 尚不清楚。大多数发生在40~60岁绝经期前后的妇女,其发病原因多数认为与性激素紊乱有关。乳腺是雌激素、孕激素及泌乳素等内分泌激素的靶器官,其中雌酮及雌二醇与乳腺癌的发病有直接的关系。

乳腺癌发生的易感因素:①乳腺癌家族史:一级亲属中有乳腺癌病史者,发病危险性是普通人群的2~3倍。②内分泌因素:月经初潮早于12岁、绝经期迟于50岁、40岁以上未孕或初次足月产迟于35岁与乳腺癌发病均有关。③乳腺小叶有上皮高度增生或不典型增生者可能与乳腺癌发病有关。④营养过剩、肥胖、高脂饮食可加强或延长雌激素对乳腺上皮细胞的刺激,从而增加发病机会。⑤环境因素和生活方式。

多数乳腺癌起源于乳管上皮,少数起源于腺泡。病理分型可分为以下几种。

(1)非浸润性癌:此型属早期,预后较好。①导管内癌:癌细胞未突破导管壁基底膜。②小叶原位癌:癌细胞未突破末梢乳管或腺泡基底膜。③乳头湿疹样乳腺癌,伴发浸润性者除外。

(2)早期浸润性癌:此型仍属早期,预后较好。①早期浸润性导管癌:癌细胞突破管壁基底膜,开始向间质浸润。②早期浸润性小叶癌:癌细胞突破末梢乳管或腺泡基底膜,开始向间质浸润,但仍局限于小叶内。

(3)浸润性特殊癌:此型一般分化较高,预后尚好。包括乳头状癌、髓样癌(伴大量淋巴细胞浸润)、小管癌(高分化腺癌)、腺样囊性癌、黏液腺癌、大汗腺样癌、鳞状细胞癌等。

(4)浸润性非特殊癌:约占乳腺癌类型的80％。此型一般分化低,预后较上述类型差,尚需结合疾病分期等因素判断预后。包括浸润性小叶癌、浸润性导管癌、硬癌、髓样癌(无大量淋巴细胞浸润)、单纯癌、腺癌等。

(5)其他罕见癌:如炎性乳腺癌。

2.转移途径

(1)局部浸润:癌细胞沿导管或筋膜间隙蔓延,继而侵及Cooper韧带和皮肤。

(2)淋巴转移:①癌细胞经胸大肌外侧淋巴管—同侧腋窝淋巴结—锁骨下淋巴结—锁骨上淋巴结—胸导管(左)或右淋巴管—静脉—远处转移。②癌细胞沿内侧淋巴管—胸骨旁淋巴结—锁骨上淋巴结—静脉—远处转移。以前一条途径更为多见,腋窝淋巴结转移最多。

(3)血行转移:癌细胞可经淋巴途径进入静脉,也可直接侵入血液循环而致远处转移。最常见的远处转移顺序依次为肺、骨、肝。有些早期乳腺癌已有血行转移。

(二)临床表现

1.乳房肿块　早期表现是患侧乳房出现无痛、单发的小肿块,病人多在无意中发现而就医。肿块常发生在乳房的外上象限,其次在乳晕区和内上象限。肿块质硬,表面不光滑,边缘不整齐,与周围组织分界不清。早期尚可被推动,乳腺癌晚期可侵犯胸肌和胸壁,使肿块固定不易推动。癌细胞侵犯大片乳房皮肤时,可出现多个坚硬小结节或条索,呈卫星样围绕原发病灶;若结节彼此融合,弥漫成片,可延伸至背部和对侧胸壁,致胸壁紧缩呈铠甲状,病人呼吸受限。若乳房较小,而肿块较大时,乳房局部隆起。乳腺癌晚期皮肤破溃形成菜花样溃疡,其表面易出血,且有恶臭的分泌物。

几种常见乳房肿块的鉴别见表19-2。

表 19-2　几种常见乳房肿块的鉴别

项目	乳腺纤维腺瘤	囊性增生病	乳管内乳头状瘤	乳腺癌
年龄	20~25 岁	25~40 岁	40~50 岁	40~60 岁
病程	缓慢	缓慢	缓慢	快
疼痛	无	周期性乳房胀痛	无	早期无
肿块数目	常为单个	大小不等结节状	常为单个	常为单个
肿块边界	清楚	不清	清楚	不清
乳头溢液	无	有	有	有
移动度	不受限	不受限	不受限	受限
转移病灶	无	无	无	淋巴结或血行转移

2.乳房外形改变　肿块体积增大,侵及周围组织后可引起乳房外形改变:①酒窝征:若肿块侵犯连接腺体与皮肤的 Cooper 韧带,使之收缩,导致皮肤表面凹陷,称为"酒窝征"。②乳头内陷:邻近乳头或乳晕的肿块因侵入乳管使之缩短,可将乳头牵向肿块一侧,进而可使乳头扁平、回缩、凹陷。③橘皮征:肿块继续增大,与皮肤广泛粘连,当皮内或皮下淋巴管被癌细胞堵塞时,导致淋巴回流障碍,可出现皮肤淋巴水肿,在毛囊处形成许多点状凹陷,使皮肤呈"橘皮样"改变。

3.转移征象　乳腺癌淋巴结转移见于同侧腋窝,开始为少数散在的淋巴结肿大,质硬,无压痛,尚可推动。随后肿大的淋巴结增多,并融合成团,甚至与皮肤和深部组织粘连,不易推动。如果堵塞腋窝主淋巴管时,则发生上肢淋巴水肿。晚期可有锁骨上淋巴结转移及肺、肝、骨等远处转移症状。

(三)临床分期

分期方法很多,目前多采用美国癌症联合委员会建议的 TNM 分期法。

T_x:原发性肿瘤无法评估。

T_0:原发癌瘤未查出。

Tis:原位癌(导管原位癌、小叶原位癌及未查到肿块的乳头湿疹样乳腺癌)。

T_1:癌瘤长径≤2 cm。

T_2:癌瘤长径>2 cm,≤5 cm。

T_3:癌瘤长径>5 cm。

T_4：癌瘤大小不计，但侵及皮肤或胸壁（肋骨、肋间肌、前锯肌），炎性乳腺癌也属此类。

N_0：同侧腋窝无肿大淋巴结。

N_1：同侧腋窝有肿大淋巴结，尚可推动。

N_2：同侧腋窝肿大淋巴结彼此融合，或与周围组织粘连。

N_3：有同侧胸骨旁淋巴结转移，同侧锁骨上淋巴结转移。

M_0：无远处转移。

M_1：有远处转移。

根据上述情况组合，可把乳腺癌分为 5 期。

0 期：$TisN_0M_0$；

Ⅰ 期：$T_1N_0M_0$；

Ⅱ 期：$T_{0\sim1}N_1M_0$，$T_2N_{0\sim1}M_0$，$T_3N_0M_0$；

Ⅲ 期：$T_{0\sim2}N_2M_0$，$T_3N_{1\sim2}M_0$，T_4 任何 NM_0，任何 TN_3M_0；

Ⅳ 期：包括 M_1 的任何 TN。

（四）辅助检查

1. 影像学检查 X 线钼靶摄片和干板照相检查，对区别乳房肿块性质有一定的价值，可用于乳腺癌的普查；超声显像能发现直径在 1 cm 以上的肿瘤，属无损伤性检查，主要用于鉴别囊性肿块与实质性肿块。磁共振对软组织分辨率高，敏感性高于 X 线检查，能三维立体观察病变，不仅能够提供病灶形态学特征，而且运用动态增强还能提供病灶的血流动力学情况。

2. 病理学检查 可用细针穿刺肿块吸取组织细胞做细胞学检查。对疑为乳腺癌者，最好是在做好乳腺癌根治术的准备后，将肿块连同周围乳腺组织一并完整切除，手术中做快速冰冻病理学检查。如确诊为乳腺癌，根据切缘有无肿块残留等情况选择手术方式。

（五）治疗原则

以手术治疗为主，辅以化疗、内分泌治疗、放疗和生物治疗等综合治疗方法。

1. 手术治疗 手术方式的选择应根据病理分型、临床分期及辅助治疗的条件而定。

（1）乳腺癌根治术：切除整个乳房、胸大肌、胸小肌、腋窝及锁骨下淋巴结。

（2）乳腺癌扩大根治术：在乳腺癌根治术基础上行胸廓内动、静脉及其周围淋巴结（即胸骨旁淋巴结）清除术。

（3）乳腺癌改良根治术：有 2 种式式。一是保留胸大肌，切除胸小肌。二是保留胸大、小肌。该术式保留了胸肌，手术后外观效果较好，适用于 Ⅰ、Ⅱ 期乳腺癌病人，与乳腺癌根治术的手术后生存率无明显差异，目前已成为常用的手术方式。

（4）全乳房切除术：切除整个乳腺，包括腋尾部及胸大肌筋膜。适用于原位癌、微小癌及年迈休弱不宜做根治术者。

（5）保留乳房的乳腺癌切除术：完整切除肿块及其周围 1 cm 的组织，并行腋窝淋巴结清扫。适用于 Ⅰ期、Ⅱ 期病人，且乳房有适当体积，手术后能保持外观效果者。手术后必须辅以放疗、化疗等。

2. 化疗 乳腺癌是实体瘤中应用化疗较有效的肿瘤之一。常用的药物有环磷酰胺（C）、氨甲蝶呤（M）、氟尿嘧啶（F）、阿霉素（A）、表柔比星（E）、紫杉醇（T）。可采用 CMF 或 CEF 方案，一般用 2～3 个疗程。治疗期以 6 个月左右为宜，能达到杀灭亚临床型转移灶的目的。

3. 内分泌治疗 肿瘤细胞中雌激素受体（ER）含量高者，称激素依赖性肿瘤，此类病例对内分泌治疗有效。ER 含量低者，称激素非依赖性肿瘤，对内分泌治疗效果差。ER 阳性者优先应用内分泌治疗，阴性者优先应用化疗。

常用的药物有他莫昔芬和芳香化酶抑制剂（如来曲唑等）。

4. 放疗 在保留乳房的乳腺癌切除术后，进行放疗非常重要，应在肿块局部广泛切除后给予较高剂量放疗。

5. 生物治疗 近年临床上已推广使用的曲妥珠单抗注射液,是通过转基因技术制备的,对人类表皮生长因子受体 2(HER_2)过度表达的乳腺癌病人有一定效果。

(六)护理问题

1. 焦虑或恐惧 与对癌症的预后及乳房缺失有关。

2. 躯体移动障碍 与切口瘢痕牵拉有关。

3. 潜在并发症 手术后伤口皮瓣坏死。

(七)护理措施

1. 手术治疗的护理

(1)手术前护理。

①心理护理:护士要关心和尊重病人,耐心倾听病人的诉说。介绍手术的必要性,让治疗成功的病人现身说教,以解除其顾虑。有要求修复胸壁外形的病人,可建议做隆胸手术或乳房再造手术,可以弥补乳房切除后体形外观的改变,以提高病人的生活质量。

②妊娠期或哺乳期的乳腺癌病人,前者应立即终止妊娠,后者应断乳,以免因体内激素水平活跃而加快癌肿发展。

③手术前常规准备:应按手术范围准备皮肤,如需植皮者,要做好供皮区的皮肤准备。对高龄病人应做心肺功能检查,如有异常应及时处理,以减少手术中、手术后心肺功能失代偿的并发症。

(2)手术后护理。

①卧位:待血压平稳后取半坐卧位,以利于引流和改善呼吸功能。

②观察病情:监测生命体征,若由于胸壁加压包扎导致呼吸有压迫感时,应做好解释工作;如有胸闷、呼吸窘迫,应判断是否因手术中损伤胸膜而发生了气胸。注意观察患侧肢体远端的血液供应情况、伤口敷料有无渗血,以及引流液的量和性质。

③预防患侧上肢水肿:因腋窝淋巴结切除后,上肢淋巴回流受阻,或因组织粘连压迫静脉等原因,可出现患侧上肢水肿。手术后患侧上肢用软枕垫高,并进行上肢远端的按摩,以促进静脉和淋巴的回流。绝对禁止在手术侧手臂测血压、注射或抽血,以免加重循环障碍。

④伤口护理:保持引流通畅,皮瓣下引流管作持续负压吸引,使皮瓣下的潜在间隙始终保持负压状态,有利于创面渗液的排出,也使皮瓣均匀地附着于胸壁,便于皮瓣建立新的血液循环。负压维持在 3～6 kPa 为宜,并保持引流通畅,负压吸引器充盈 1/3～1/2 时应及时清除。更换敷料时发现皮瓣下积液,应在无菌操作下穿刺抽吸,然后再加压包扎;若发现皮瓣边缘发黑坏死时,应及时报告医生并协助将其剪除,待创面自行愈合,或待肉芽组织生长良好后再植皮;防止皮瓣移动,手术后伤口覆盖多层敷料并用胸带(或绷带)包扎,使胸壁与皮瓣紧密贴合。包扎松紧度要适当,包扎过紧会影响皮瓣血液循环,若患侧上肢脉搏摸不清、肢端发绀、皮温降低,提示腋部血管受压,应调整绷带松紧度。

2. 化疗或放疗的护理 参见本章第一节。

3. 内分泌治疗的护理 绝经前妇女主要采用手术切除卵巢或用放射线照射卵巢的方法,以消除体内雌激素的来源,称为去势治疗,以达到抑制乳腺癌及其转移灶生长的目的。使用雄激素对绝经前病人也有同样作用,但用雄激素治疗会出现多毛症、嗓音变粗等男性化现象,应事先做好解释工作,取得病人的合作。

现在手术切除的乳腺癌标本除了需进行病理检查外,还需检测雌激素受体(ER),ER 阳性者对内分泌治疗有效。现多应用抗雌激素制剂三苯氧胺,其结构与雌激素相似,在靶器官内与雌激素争夺 ER,三苯氧胺与 ER 复合物能影响 DNA 基因转录,从而抑制肿瘤细胞生长,达到降低乳腺癌复发和转移的目的,特别是对 ER 阳性的绝经后妇女的疗效更为明显。三苯氧胺的用量为每日 20 mg,至少服用 3 年,该药的副作用有潮热、恶心、呕吐、静脉血栓形成、阴道干燥或分泌物增多;长期应用后个别病例可能发生子宫内膜癌,应注意观察。

有资料证明新近发展的芳香化酶抑制剂如来曲唑的效果优于三苯氧胺。

（八）健康教育

1. 患侧上肢功能锻炼　早期功能锻炼是减少瘢痕牵拉,恢复患侧上肢功能的重要环节。手术后 24 h 内患侧肩部制动,以免腋窝皮瓣移动而影响愈合,病人可做伸指、握拳、屈腕活动。手术后 1～3 日,进行上肢肌肉等长收缩,开始做肘关节伸屈活动。手术后第 4 日病人应开始做肩关节小范围活动,病人开始练习患侧手扪对侧肩部及同侧耳朵的动作,伤口愈合拆线后,病人应循序渐进地增加肩部功能锻炼。

2. 出院病人的指导　指导病人自我心理调节,保持豁达开朗的心境和稳定的情绪。介绍出院后化疗、放疗的方案及复查日期。手术后 5 年内应避免妊娠,因为妊娠可促使乳腺癌复发。

3. 知识普及　普及妇女自查乳房肿瘤的知识。

第五节　原发性支气管肺癌病人的护理

学习目标

识记:

1. 能复述肺癌的概念。

2. 能简述肺癌的临床表现、辅助检查和处理原则。

理解:

1. 能解释肺癌的常见病因。

2. 能解释肺癌的病理生理,描述肺癌的病理分类。

运用:

能运用护理程序为肺癌病人制订护理计划。

肺癌多数起源于支气管黏膜上皮,因此也称为支气管肺癌。发病大多在 40 岁以上,以男性多见,男女之比为(3～5)∶1。

一、病因与分类

（一）病因

尚不完全明确,认为与下列因素有关。

1. 长期大量吸烟　资料表明,多年每日吸烟达 40 支以上者,肺鳞癌和小细胞癌的发病率比不吸烟者高 4～10 倍。

2. 化学和放射性物质的致癌作用　某些工业部门和矿区职工,肺癌的发病率较高,可能与长期接触石棉、铬、镍、铜、锡、砷、放射性物质等有关。

3. 体内因素　如免疫状态、代谢活动、遗传因素、肺部慢性感染等,也对肺癌的发生产生影响。

4. 生物学方面　近年来的研究表明,p53 基因、转化生长因子 β_1 基因、mm23-H$_1$ 基因表达的变化及基因突变与肺癌的发病有密切的联系。

（二）分类

肺癌按细胞类型分为下列四种类型。

1. 鳞状细胞癌（鳞癌）　约占 50%。50 岁以上的男性占大多数。

2. 小细胞癌（未分化小细胞癌）　发病率比鳞癌低，发病年龄较轻，多见于男性，恶性程度高，生长快，较早出现淋巴和血行转移，对放疗和化疗虽较敏感，但在各型肺癌中预后最差。

3. 腺癌　发病年龄较小，女性相对多见。

4. 大细胞癌　较少见，多为中心型。

（三）转移途径

转移途径包括直接扩散、淋巴转移（常见的扩散途径）、血行转移。

二、临床表现

临床表现与肺癌的部位、大小，是否压迫、侵犯邻近器官以及有无转移等密切相关。

1. 早期　特别是周围型肺癌多无症状。癌肿增大后，常出现刺激性咳嗽，痰中带血点、血丝或断续地少量咯血，大量咯血则很少见。少数肺癌病人由于肿瘤造成较大的支气管不同程度的阻塞，可出现胸闷、哮鸣、气促、发热和胸痛等症状。

2. 晚期　除发热、体重减轻、食欲减退、倦怠及乏力等全身症状外，肺癌压迫、侵犯邻近器官、组织或发生远处转移时，可发生与受累组织相关的征象：①压迫或侵犯膈神经：同侧膈肌麻痹。②压迫或侵犯喉返神经：声带麻痹、声音嘶哑。③压迫上腔静脉：面部、颈部、上肢和上胸部静脉怒张，皮下组织水肿，上肢静脉压升高。④侵犯胸膜：胸膜腔积液，常为血性；大量积液可引起气促。⑤癌肿侵犯胸膜及胸壁：有时可引起持续性剧烈胸痛。⑥侵入纵隔，压迫食管，引起吞咽困难。⑦上叶顶部肺癌，亦称 Pancoast 肿瘤：可以侵入纵隔和压迫位于胸廓上口的器官或组织，如第 1 肋间、锁骨下动静脉、臂丛神经、颈交感神经等而产生剧烈的胸肩痛、上肢静脉怒张、上肢水肿、臂痛和运动障碍，同侧上眼睑下垂、瞳孔缩小、眼球内陷、面部无汗等颈交感神经综合征（霍纳综合征）。

3. 非转移性的全身症状　如骨关节综合征（杵状指、骨关节痛、骨膜增生等）、库欣综合征、重症肌无力、男性乳腺增大、多发性肌肉神经痛等。

三、辅助检查

1. 胸部 X 线检查　在肺部可见块状阴影，边缘不清或呈分叶状，周围有毛刺。若有支气管梗阻，可见肺不张；若肿瘤坏死液化，可见空洞。

2. 痰细胞学检查　起源于较大支气管的中央型肺癌，表面脱落的癌细胞随痰咳出，若痰中找到癌细胞即可明确诊断。

3. 支气管镜检查　诊断中心型肺癌的阳性率较高，可在支气管腔内直接看到肿瘤大小、部位及范围，并可取或穿刺组织做病理学检查，亦可经支气管镜取肿瘤表面组织或支气管内分泌物进行细胞学检查。

4. 其他　纵隔镜检查、放射性核素扫描、经胸壁穿刺活组织检查、转移病灶活组织检查、胸水检查等。

四、治疗原则

综合治疗，以手术治疗为主，结合放疗、化疗、中医中药治疗以及免疫治疗等。

1. 手术治疗　目的是彻底切除肺部原发癌肿病灶和局部及纵隔淋巴结。肺切除术的范围取决于病变的部位和大小。周围型肺癌，一般施行肺叶切除术；中央型肺癌，多施行肺叶或一侧全肺切除术。

2. 放疗　从局部消除肺癌病灶的一种手段。小细胞癌对放疗的敏感性较高，鳞癌次之，腺癌和大细胞癌最低。

3. 化疗　对有些分化程度低的肺癌，特别是小细胞癌，疗效较好。亦可单独用于晚期肺癌，以缓解症状,或与手术、放疗综合应用,以防止癌肿转移复发,提高治愈率。

4.中医中药治疗 按病人临床症状、脉象、舌苔等辨证论治,部分病人的症状可得到改善并延长生存期。

5.免疫治疗 ①特异性免疫疗法:用经过处理的自体肿瘤细胞或加用佐剂后,做皮下接种治疗;②非特异性免疫疗法:用卡介苗、短小棒状杆菌、转移因子、干扰素、胸腺素等生物制品,或左旋咪唑等药物激发和增强人体免疫功能。

五、护理问题

1.气体交换受损 与肺组织病变、手术、麻醉等因素有关。

2.低效性呼吸形态 与肿瘤阻塞支气管、肺膨胀不全、呼吸道分泌物潴留、肺换气功能障碍等有关。

3.焦虑/恐惧 与担心手术、疼痛、疾病的预后等因素有关。

4.疼痛 与手术所致组织损伤有关。

5.潜在并发症 出血、感染、肺不张、心律失常、哮喘发作、支气管胸膜瘘、肺水肿、急性呼吸窘迫综合征。

六、护理措施

(一)手术前护理

1.减轻焦虑 认真耐心地回答病人所提出的任何问题,以减轻其焦虑不安或害怕的程度。向病人及其家属详细说明手术方案及手术后可能出现的问题,各种治疗护理的意义、方法、大致过程、配合要点与注意事项,让病人有充分的心理准备。

2.纠正营养和水分的不足 建立令人愉快的进食环境,提供色香味齐全的均衡饮食,注意口腔清洁,以促进食欲。伴营养不良者,经肠内或肠外途径补充营养。

3.改善肺泡的通气与换气功能、预防手术后感染

(1)戒烟:吸烟会刺激肺、气管及支气管,使气管、支气管分泌物增加,妨碍纤毛的活动和清洁功能,以致肺部感染。应指导并劝告病人停止吸烟。

(2)保持呼吸道通畅:若有大量支气管分泌物,应先行体位引流。若痰液黏稠不易咳出,可行超声雾化,必要时经支气管镜吸出分泌物。注意观察痰液的量、颜色、黏稠度及气味。遵医嘱给予支气管扩张剂、祛痰剂等药物,以改善呼吸状况。

(3)口腔护理:注意口腔卫生,若有龋齿或上呼吸道感染应先治疗,以免手术后并发肺部感染等并发症。

(4)预防感染:遵医嘱给予抗生素。

4.手术前指导

(1)指导病人练习腹式深呼吸、有效咳嗽和翻身,可促进肺扩张,并利于手术后配合。

(2)指导病人练习使用深呼吸训练器,以有效配合手术后康复,预防肺部并发症的发生。

(3)指导病人在床上进行腿部运动,以避免腓肠肌血栓的形成。

(4)手术侧手臂及肩膀震动练习,可维持关节全范围运动及正常姿势。

(5)介绍胸腔引流的设备,并告诉病人在手术后安放引流管(或胸管)的目的及注意事项。

(二)手术后护理

1.维持呼吸道通畅

(1)鼓励病人深呼吸,有效咳嗽、咳痰,必要时进行吸痰。

(2)观察病人呼吸频率、幅度及节律,以及双肺呼吸音;病人有无气促、发绀等缺氧征象,若有异常及时报告医生予以处理。

(3)氧气吸入。

(4)稀释痰液:若病人呼吸道分泌物黏稠,可用糜蛋白酶、地塞米松、氨茶碱、抗生素等药物行超声雾化,以达到稀释痰液、消炎、解痉、抗感染的目的。

2. 维持生命体征平稳　手术后 2～3 h,每 15 min 测生命体征一次;脉搏和血压稳定后,改为 30 min 至 1 h 测量一次;注意有无呼吸窒迫的现象。若有异常,立即报告医生。

3. 体位

(1)病人意识未恢复时取平卧位,头偏向一侧,以免呕吐物、分泌物吸入而致窒息或并发吸入性肺炎。

(2)血压稳定后,采用半坐卧位。

(3)肺叶切除者,可采用平卧或左右侧卧位。

(4)肺段切除术或楔形切除术者,应避免手术侧卧位,最好选择健侧卧位,以促进患侧组织扩张。

(5)全肺切除术者,应避免过度侧卧,可采取 1/4 侧卧位,以预防纵隔移位和压迫健侧肺而导致呼吸循环功能障碍。

(6)若有血痰或支气管瘘管,应取患侧卧位并通知医生。

(7)避免采用垂头仰卧式,以防因横膈上升而妨碍通气。若有休克现象,可抬高下肢或穿弹力袜,以促进下肢静脉血液回流。

4. 减轻疼痛,增进舒适

(1)适当给予止痛剂。同时观察病人呼吸频率,是否有呼吸受抑制的征象。

(2)安排舒适的体位,半坐卧位时可在病人的头、颈下置枕头,以促进舒适,勿将枕头置于肩下或背部。

(3)根据病人的需要及病情允许,协助并指导病人翻身,以增加病人的舒适度,并有助于预防并发症的发生。

5. 维持液体平衡和补充营养

(1)严格掌握输液的量和速度,防止前负荷过重而导致肺水肿。全肺切除术后病人应控制钠盐摄入量,一般而言,24 h 补液量宜控制在 2000 mL 内,速度以 20～30 滴/分为宜。

(2)记录液体出入量,维持体液平衡。

(3)当病人意识恢复且无恶心现象,拔出气管插管后即可开始饮水。

(4)肠蠕动恢复后,即可开始进食清淡流质、半流质饮食;若病人进食后无任何不适可改为普食,宜选择高蛋白质、高热量、丰富维生素、易消化的食物,以保证营养,提高机体抵抗力,促进伤口愈合。

6. 活动与休息

(1)鼓励病人早期下床活动:目的是预防肺不张,改善呼吸循环功能,增进食欲,振奋精神。手术后第 1 日,生命体征平稳,应鼓励及协助病人下床或在床旁站立移步。带有引流管者要妥善保护。严密观察病人病情变化,出现头晕、气促、心动过速、心悸和出汗等症状时,应立即停止活动。手术后第 2 日起,可扶持病人围绕病床在室内行走 3～5 min,以后根据病人情况逐渐增加活动量。

(2)四肢活动:促进手臂和肩膀的运动,预防手术侧肩关节强直及失用性萎缩。病人麻醉清醒后,护士可协助病人进行臂部、躯干和四肢的轻度活动,每 4 h 1 次;手术后第 1 日开始做肩臂的主动运动。全肺切除术后的病人,鼓励其取直立的功能位,以恢复正常姿势。

7. 伤口护理　检查敷料是否干燥,有无渗血,发现异常及时报告医生。

8. 维持胸腔引流通畅

(1)按胸腔闭式引流常规进行护理。

(2)密切观察引流液的量、颜色、性状,当引流出大量血液(每小时 100～200 mL)时,应考虑有活动性出血,需立即通知医生。

(3)全肺切除术后所置的胸腔引流管一般呈钳闭状态,以保证术后患侧胸腔内有一定的渗液,纵隔位于中间位置。每次放液量不宜超过 100 mL,速度宜慢,避免快速大量放液引起的纵隔突然移位,导致心搏骤停。

七、健康教育

（1）告诉病人出院返家后的数周内仍应进行呼吸运动及有效的咳嗽。

（2）注意保持良好的口腔卫生，避免出入公共场所或与上呼吸道感染者接近，避免居住或工作于布满灰尘、烟雾及化学性刺激物品的环境，戒烟。

（3）保持良好的营养状况，每日有充足的休息与活动。

（4）若有伤口疼痛、剧烈咳嗽及咯血等症状，或有进行性倦怠情形，应返院追踪治疗。

（5）化疗药物可抑制骨髓造血功能和胃肠道反应，治疗过程中应注意血常规的变化，定期到医院复查血常规和肝功能等。

第六节 食管癌病人的护理

学习目标

识记：

1.能陈述食管癌的病因及分型。

2.能描述食管癌的转移途径。

理解：

能简述食管癌病人的临床表现及处理原则。

运用：

1.能运用所学知识指导食管癌病人进行手术前准备。

2.能分析不同食管癌病人手术后病情，并制订有针对性的护理措施。

食管癌是常见的消化道恶性肿瘤，我国是世界上食管癌高发区之一，发病年龄多在 40 岁以上，男性多于女性。

一、病因病理

1.病因 食管癌的病因至今尚不完全清楚。在体内、外形成的亚硝胺类化合物，有较强的致癌作用，某些真菌能促进或合成亚硝胺。正常人饮食中缺乏动物性蛋白质、微量元素（钼、铁、锌、氟、硒）、维生素 A 或维生素 B 与食管癌有关。长期饮烈性酒、吸烟、饮食粗硬、过热或进食过快，可造成食管慢性刺激和损伤，增加了食管对致癌物的易感性。另外，龋齿、口腔不洁、食管慢性炎症等慢性刺激，与食管癌的发生也有关系。

2.病理 食管癌以中胸段多见，其次为下胸段及上胸段。绝大多数为鳞状上皮癌，其次是腺癌。按病理形态分为髓质型、蕈伞型、溃疡型和缩窄型，其中以髓质型最为多见，恶性程度高。食管癌的主要转移途径是淋巴转移，常转移至锁骨上淋巴结及颈淋巴结，血行转移较晚。

二、临床表现

早期症状多不明显，偶有咽下食物哽噎感、停滞感或异物感；胸骨后闷胀不适或疼痛，疼痛多为隐痛、刺痛或烧灼样痛。间歇期可无症状,易被病人忽略。中、晚期的典型症状为进行性吞咽困难,初为吞干食困难,继而半流质食物,最后流质食物也难以咽下。如食管梗阻严重,可将刚进入的食物及唾液呕出,病人逐渐消瘦、脱水。随着病情发展,肿瘤侵及邻近器官并出现相应症状,如声音嘶哑、持续性胸背部痛;如形成气管食管瘘时,可出现进食呛咳和肺部感染。肿瘤发生淋巴转移时,可出现锁骨上淋巴结肿大。晚期病人可有不同程度脱水、消瘦、贫血和低蛋白血症等恶病质,以及出现肝大触及肿块、胸水、腹水等。

三、辅助检查

1. 细胞学检查　带网气囊食管脱落细胞学检查是一种简便易行的普查筛选诊断方法。

2. X 线食管吞钡造影检查　早期食管癌可见局限性食管黏膜皱襞增粗和中断,小的充盈缺损或龛影;中晚期食管癌可显示病变部位管腔不规则充盈缺损、管腔狭窄,病变段管壁僵硬等典型征象。

3. 内镜检查　食管纤维内镜能在直视下观察病变形态,并可钳取活组织做病理学检查。

4. CT 和 MRI　显示食管癌向腔外扩展的范围,以及淋巴结转移情况。

四、治疗原则

食管癌以手术治疗为主,配合放疗和化疗等综合治疗。早期病例首选根治性切除手术,手术切除病变食管并重建食管,常采用胃或结肠经食管床上提至胸腔内与食管残端吻合。晚期肿瘤不能切除的病例,宜做姑息性减状手术,如食管腔内置管术或胃造瘘术等,以解决病人的进食困难。

五、护理问题

1. 营养失调:低于机体需要量　与吞咽困难、手术后禁食有关。

2. 焦虑　与病人对癌症的恐惧及担心疾病预后有关。

3. 潜在并发症　吻合口瘘、肺部感染、乳糜胸。

六、护理措施

（一）营养支持

向能进食者提供高蛋白质、高热量、富含维生素的流质或半流质饮食。不能进食者,需要提供肠内、肠外营养,并做好血生化监测,必要时输全血、血浆或清蛋白,以纠正低蛋白血症和贫血。

（二）心理护理

应加强与病人及其家属的沟通,讲解治疗的新进展及配合治疗的注意事项。实施耐心的心理疏导。为病人营造安静舒适的环境,以促进睡眠,必要时使用镇静类药物。争取病人家属在心理和经济方面的积极支持和配合,解除病人的后顾之忧。

（三）放疗、化疗的护理

放疗 2～3 周时易出现放射性食管炎,表现为进食烧灼痛,此时病人应避免摄入干、硬食物,以免发生食管穿孔。放疗期间因病变部位水肿使进食困难加重,应预先向病人做好解释工作。化疗病人常出现恶心、呕吐、脱发、骨髓抑制等反应,要采取降低副作用的措施。

（四）手术病人的护理

1. 手术前护理

(1)一般护理:做好手术前常规护理,吸烟者手术前 2 周戒烟。训练病人深呼吸、有效咳嗽排痰的动作;积极治疗口腔慢性病灶。

(2)消化道准备:手术前 3 日给予流质饮食,在餐后饮温开水漱口,以冲洗食管,并且每餐后或睡前口服新霉素及甲硝唑溶液,以达到食管黏膜消炎的作用。对食管梗阻和炎症的病人,手术前 1 周口服抗生素溶液可起到局部抗感染作用。对进食后有滞留或反流者,手术前 1 日晚上给予生理盐水 100 mL 加抗生素经鼻胃管冲洗食管及胃,以减轻局部组织水肿、减少手术中污染,从而降低手术后感染及吻合口瘘的发生。

行结肠代食管者应做好肠道准备,手术前 3～5 日口服肠道抗生素,如甲硝唑或新霉素等;手术前 2 日进食无渣流质食物,手术前 1 晚行清洁灌肠或全肠道灌洗后禁饮禁食。

手术当日清晨放置胃管及十二指肠营养管,通过梗阻部位时不能强行插入,以免穿破食管。通过有困难者,胃管置于梗阻部位上端,手术中由医生在直视下将其插入胃内。

2. 手术后护理

(1)一般护理:待病人麻醉清醒,生命体征平稳后取半坐卧位。手术后每 15～30 min 测量生命体征一次,记录 24 h 液体出入量,观察伤口敷料有无脱落及渗血渗液等。

(2)做好胸腔闭式引流管护理:维持胸腔闭式引流通畅,观察引流液量、性状并记录。若手术后 3 h 内胸腔闭式引流量为每小时 100 mL,呈鲜红色并有较多血凝块,病人出现烦躁不安、血压下降、脉搏增快、尿少等血容量不足的表现,应考虑有活动性出血;若引流液量多,由清亮渐转浑浊,则提示有乳糜胸,应及时报告医生,协助处理。

(3)胃肠减压护理:食管癌切除行胃代食管术后,易发生胃内气体及液体潴留,膨胀的胃造成吻合口张力增加,并在胸内直接压迫心肺,干扰呼吸循环功能。胃肠减压应保持胃管通畅,若引流不畅时,可用少量生理盐水低压冲洗。如胃管脱出后不应再盲目插入,避免戳穿吻合口。结肠代食管手术后,如从管内吸出大量血性液体,或呕出大量咖啡样液伴全身中毒症状,应考虑代食管的结肠有坏死的可能,需立即通知医生并协助处理。

(4)饮食的护理:手术后 3～5 日严格禁饮禁食,禁食期间持续胃肠减压,经静脉补充液体和营养。手术后禁食时间应适当延长,待肛门排气后即可停止胃肠减压。留置十二指肠营养管的病人,先滴入少量温盐水,次日开始滴入 35～37℃的营养液,每次 200～300 mL,如无不适可逐渐增加至 2000～2500 mL/d。手术后第 10 日拔出十二指肠营养管,开始经口进流食,一般手术后 2 周改半流食。未留置十二指肠营养管者,经禁食 5～6 日可给予全清流食,每 2 h 给予 100 mL,每日 6 次。流食 1 周后改为半流食,半流食 1 周后可进普食。

(5)并发症的观察与处理。

①吻合口瘘:食管癌手术后最严重的并发症,多发生在手术后 5～7 日。消化道内容物的漏出,导致胸膜腔感染,表现为持续高热、呼吸困难、胸痛、患侧胸膜腔积气积液,全身中毒症状明显,重者可发生感染性休克。处理应立即禁食禁饮、胃肠减压、胸腔闭式引流、抗感染治疗和营养支持等。

②乳糜胸:多因伤及胸导管所致。乳糜胸多发生在手术后 2～10 日,少数病例可在 2～3 周出现。手术后早期由于禁食,乳糜液含脂肪甚少,胸腔闭式引流可为淡血性或淡黄色液。恢复进食后,乳糜液漏出增多,大量积聚在胸腔内,可压迫肺及纵隔并向健侧移位。病人表现为胸闷、气急、心悸,甚至血压下降。如未及时治疗,可在短时期内造成全身消耗、衰竭死亡。一旦发生乳糜胸,及时置入胸腔闭式引流管,及时排出胸腔内乳糜液,促使肺膨胀。负压持续吸引,有利于胸膜形成粘连,同时采用胃肠外营养支持治疗。

③肺不张、肺部感染:由于疼痛限制病人呼吸、咳嗽,或胃上拉至胸腔内使肺受压等因素,手术后易发生肺不张、肺部感染。患有慢性肺部疾病者,手术前戒烟、控制肺内感染;手术后加强呼吸道管理,叩背协助病人有效咳痰。

3. 胃造瘘病人护理　食管癌晚期手术无法切除癌肿时,常采用胃造瘘作为姑息性减状手术,其方法是在胃前壁做一小口,向胃腔内置入一根橡皮管,此管从前腹壁戳创引出,手术 72 h 后,胃与腹壁的腹膜粘连形成一个瘘管。通过导管灌注食物或手术后行胃肠减压。

(1)灌食前准备:①选择合适的食物,如牛奶、果汁、米汤、肉沫汤、鸡汤等流质食物。通常一日需要 2000～2500 mL 流质食物,每 3～4 h 灌一次,每次 300～500 mL。灌注的食物用过滤器过滤,避免食物残渣堵塞造瘘管,食物最好用现配;②灌食用物包括:灌食器、温水、导管、纱布和橡皮筋。

（2）灌食方法：病人取半坐卧位，将导管一端连接在造口管上，另一端连接灌食器；将食物放入灌食器，灌食器保持适当的高度，借助重力作用使食物均匀缓慢流入胃内。灌食速度勿过快，每次勿灌食过多。灌完后用 20～30 mL 温水冲洗导管以免残留食物凝固阻塞，并能保持管内清洁，减少细菌滋生。取下灌食器，将造口管折曲，纱布包裹，用橡皮筋绑紧，再适当固定在腹壁上。

（3）造瘘管护理：胃造瘘管每周更换一次，一个月后可以拔出造瘘管，在灌食前插入导管即可。保持造瘘口周围皮肤清洁，每次灌食后用温水拭净皮肤，并在瘘口周围涂氧化锌软膏，或贴保护膜防止皮肤发生糜烂。

七、健康教育

（1）指导手术后病人建立饮食习惯，饮食应少食多餐，细嚼慢咽，以高热能、高蛋白质、易消化的软食为宜。若病人进食后出现胸闷和呼吸困难症状，多因胸腔内胃膨胀压迫心肺所致，预防方法是餐后 2 h 不能平卧。食物反流症状较重者，睡眠时应把枕头垫高，防止胃液反流至食道引起恶心和呕吐症状，并服用抑制胃酸分泌的药物。要戒烟、酒，避免过烫及辛辣等刺激性食物。禁止摄入带骨、刺等的硬质食物，防止发生晚期吻合口瘘，质硬的药片或药丸，也应研碎后再服。对于长期胃造瘘者，应教会病人自我护理的方法。

（2）结肠代食管术后，因结肠逆蠕动，病人口腔常嗅到粪臭气味，应向病人耐心解释，一般经半年后症状会逐步减轻，并指导其注意口腔卫生。

（3）手术后循序渐进地进行肩关节功能锻炼，避免长期制动造成肩关节僵硬和上肢肌肉萎缩。

（4）定期复查，坚持放疗、化疗。

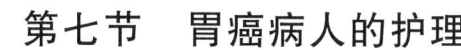

第七节　胃癌病人的护理

识记：
能复述胃癌的病因和病理生理特点。

理解：
能说明胃癌的临床特点。

运用：
1. 能为胃癌病人提供护理。
2. 能为胃癌手术病人实施并发症的预防、观察和护理。

胃癌是消化道常见的恶性肿瘤，占我国消化道恶性肿瘤第二位，胃癌死亡率占我国恶性肿瘤死亡率的第三位。发病多在 40～60 岁，多见于胃窦部，约占 50%。

一、病因及分类

1.病因　尚未完全清楚，目前认为与下列因素有关。
（1）胃的癌前疾病及病变：目前认为与胃溃疡、萎缩性胃炎、胃息肉恶变有关。

(2)胃幽门螺杆菌(HP)感染:重要因素之一,我国胃癌高发区人群 HP 感染率在 60% 以上,低发区人群 HP 感染率为 13%～30%。

(3)其他:与环境、饮食及遗传因素有关。如长期摄入腌制、熏、烤食品者胃癌的发病率高,可能与上述食品中亚硝酸盐、真菌毒素、多环芳烃化合物等致癌物或前致癌物的含量高有关。食物中缺乏新鲜蔬菜、水果也与发病有一定关系。吸烟可增加胃癌的发病率。

2.分类

(1)胃癌大体分为早期胃癌和进展期胃癌。早期胃癌是指癌组织浸润仅限于黏膜或黏膜下层,不论其有无淋巴结转移。进展期胃癌是指癌组织已浸润肌层、浆膜层或浆膜层外组织。进展期胃癌按 Bomnann 分类分为 4 型:Ⅰ型即结节型,Ⅱ型指无浸润的溃疡型,Ⅲ型指有浸润的溃疡型,Ⅳ型即弥漫浸润型。

(2)胃癌的组织类型:按 WHO 的分类法分为:①乳头状腺癌。②管状腺癌。③低分化腺癌。④黏液腺癌。⑤印戒细胞癌。⑥未分化癌。⑦特殊类型癌,包括类癌、腺鳞癌、鳞状细胞癌、小细胞癌。

3.胃癌的转移途径 直接浸润、淋巴转移、血行转移及腹腔种植转移。淋巴转移是胃癌的主要转移途径,发生较早,晚期最常见的是肝转移,也有肺、脑、肾、骨转移。

二、临床表现

1.症状 早期无明显症状,部分病人可有嗳气、反酸、食欲减退等消化道症状,无特异性。半数病人较早出现上腹隐痛,一般服药后可暂时缓解。幽门梗阻时可有恶心、呕吐宿食,贲门部癌可有进食梗阻感。少量出血时大便隐血试验阳性。晚期病人出现恶病质。

2.体征 体检早期可仅有上腹部深压痛;晚期病人可扪及上腹部肿块。若出现肝脏等远处转移时,可有肝大、腹水、锁骨上淋巴结肿大。发生直肠前凹种植性转移时,直肠指诊可摸到肿块。

三、辅助检查

1.内镜检查 纤维胃镜是诊断早期胃癌的有效方法,可直接观察病变部位,并做活检确定诊断。超声胃镜能观察到胃黏膜以下各层次和胃周围邻近脏器的图像。

2.影像学检查

(1)X 线钡餐检查:X 线气钡双重对比检查可发现较小而表浅的病变。

(2)腹部超声:主要用于观察胃的邻近脏器受浸润及淋巴结转移的情况。

(3)螺旋 CT:有助于胃癌的诊断和术前临床分期。

3.实验室检查 大便隐血试验常呈持续阳性。

四、治疗原则

早期发现、早期诊断和早期治疗是提高胃癌疗效的关键。手术是首选的方法,辅以化疗、放疗及免疫治疗等以提高疗效。

1.手术治疗

(1)根治性手术:整块切除胃的全部或大部、大、小网膜和区域淋巴结,并重建消化道。

(2)微创手术:包括胃镜下的胃黏膜病灶切除和腹腔镜下的胃楔形切除、胃部分切除,甚至是全胃切除。晚期癌肿浸润并广泛转移者,行姑息性切除术、胃空肠吻合术可以解除梗阻症状。

(3)姑息性切除术。

(4)短路手术。

2.化疗 最主要的辅助治疗方法。

3.其他治疗 包括放疗、热疗、免疫治疗、中医中药治疗等。

五、护理问题

1. 焦虑或恐惧　与胃癌确诊、手术危险性、并发症的发生有关。

2. 营养失调:低于机体需要量　与摄入食物不足、消化吸收不良、消化道对化疗的反应、禁饮食、呕吐等有关。

3. 舒适的改变　与顽固性呃逆、伤口疼痛有关。

4. 潜在并发症　胃穿孔、出血、幽门梗阻、化疗副作用及手术后有关并发症。

六、护理措施

1. 缓解病人的焦虑与恐惧　护士要主动与病人交谈,向病人解释胃癌手术治疗的必要性,鼓励病人表达自身感受和学会自我放松的方法;并根据病人的个体情况进行有针对性的心理护理,以增强病人对手术治疗的信心。此外,护士还应鼓励病人家属和朋友给予病人关心和支持,使其能积极配合治疗和护理。

2. 改善病人的营养状况

(1)手术前营养支持:护士应根据病人的饮食和生活习惯,合理制订饮食计划。给予高蛋白质、高热量、高维生素、低脂肪、易消化和少渣的食物。对不能进食者,应遵医嘱给予静脉输液,补充足够的热量,必要时输血浆或全血,以改善病人的营养状况,提高其对手术的耐受性。

(2)手术后营养支持的护理。

①肠外营养支持:手术后需及时补充病人所需的水、电解质和营养素,必要时输血清蛋白或全血,以改善病人的营养状况,促进伤口的愈合。同时应详细记录 24 h 液体出入量,为合理输液提供依据。

②早期肠内营养支持:手术后早期经喂养管输注实施肠内营养支持,对改善病人的全身营养状况、维护肠道屏障结构和功能、促进肠功能早日恢复、增加机体的免疫功能、促进伤口和肠吻合口的愈合等都有益处。应根据病人的个体情况,合理制订营养支持方案。护理应注意:a. 喂养管的护理:妥善固定喂养管,防止滑脱、移动、扭曲和受压;保持喂养管的通畅,防止营养液沉积堵塞导管,每次输注营养液前后用生理盐水或温开水 20～30 mL 冲管,输液过程中每 4 h 冲管一次。b. 控制输入营养液的温度、浓度和速度:以 37℃ 左右为宜,温度偏低会刺激肠道引起肠痉挛,导致腹痛、腹泻。温度过高则可能灼伤肠道黏膜,甚至可引起溃疡或出血。营养液浓度过高易诱发倾倒综合征。c. 并发症的观察:观察有无恶心、呕吐、腹痛、腹胀、腹泻和水、电解质紊乱等并发症的发生。

③饮食护理:肠蠕动恢复后可拔出胃管,拔出胃管后当日可少量饮水或米汤。第 2 日进半量流质食物,每次 50～80 mL。第 3 日进全量流食,每次 100～150 mL,以蛋汤、菜汤、藕粉为宜。若进食后无腹痛、腹胀等不适,第 4 日可进半流质食物,如稀饭。第 10～14 日可进软食。少食产气食物,忌生、冷、硬和刺激性食物。注意少量多次,开始时每日 5～6 餐,以后逐渐减少进餐次数并增加每次进餐量,逐步恢复正常饮食。全胃切除术后,肠管代胃容量较小,开始全流质饮食时宜少量、清淡;每次进食后需观察病人有无腹部不适。

3. 采用有效措施,促进舒适感

(1)体位:全麻清醒前取去枕平卧位,头偏向一侧。麻醉清醒后,若血压稳定取头低半坐卧位,有利于呼吸和循环,减少伤口缝合处张力,减轻疼痛不适。

(2)保持有效的胃肠减压:减少胃内积气、积液。

(3)镇痛:对伤口疼痛所致的不适,可遵医嘱给予镇痛药物。

(4)休息:为病人创造良好的休息环境,保证病人的休息和睡眠。

4. 并发症的观察、预防和护理

(1)手术后出血:包括胃和腹腔内出血。

①病情观察:严密观察病人的生命体征,包括血压、脉搏、心率、呼吸、神志和体温的变化。

②禁食和胃肠减压:胃肠减压的负压要适当,避免负压过大损伤胃黏膜。观察胃肠减压引流液的量和颜色。手术后 24 h 内可有少量暗红色或咖啡色液体从胃管引出,一般不超过 100 mL,以后胃液逐渐转清。若手术后短期内从胃管引流出大量鲜红色血液,应警惕有手术后出血,需及时报告医生处理。

③加强对腹腔引流的观察:观察和记录腹腔引流液的量、颜色和性质;若手术后持续从腹腔引流管引出大量新鲜血性液体,应怀疑有腹腔内出血,需及时通知医生处理。

④止血和输血:若病人手术后发生胃出血,应遵医嘱应用止血药物和输新鲜血等,或用冰生理盐水洗胃。若经非手术疗法不能有效止血或出血量大于 500 mL/h,应积极完善手术前准备,并做好相应的手术后护理。

(2)感染。

①完善手术前准备:手术前良好的胃肠道和呼吸道准备,利于有效预防手术后并发症。手术前戒烟、进行有效咳嗽和深呼吸的训练。

②体位:全身麻醉清醒前取去枕平卧位,头偏向一侧,以免呕吐时发生误吸。清醒后若血压稳定取头低半坐卧位,有利于腹腔渗出液积聚于盆腔,一旦感染,便于引流。

③口腔护理:减少细菌的繁殖。

④保持腹腔引流通畅:放置引流管的目的是及时引流腹腔内的渗血、渗液,避免腹腔内液体积聚继发感染和脓肿形成。护理时应注意:妥善固定引流管;保持引流通畅;观察和记录引流液的量、颜色和性质;严格无菌操作,每日更换引流袋。

⑤手术后早期活动。

(3)吻合口瘘和残端破裂。

①手术前准备。

②维持有效的胃肠减压,可防止胃肠道内积液、积气,减轻胃肠内压力。妥善固定和防止滑脱;保持通畅;观察和记录引流液的量、颜色和性质。若胃管引流通畅,而引流胃液量逐渐减少,则是胃肠蠕动恢复的标志。

③加强观察和记录:注意观察病人的生命体征和腹腔引流情况。

④保护瘘口周围皮肤。

⑤支持治疗的护理:遵医嘱补液,维持水、电解质和酸碱平衡。

⑥合理使用抗菌药物:遵医嘱合理使用抗菌药物。

(4)消化道梗阻:若病人出现恶心、呕吐、腹胀甚至腹痛和停止肛门排便排气,应警惕消化道梗阻和残胃蠕动无力所致的胃排空障碍。

①禁食、胃肠减压,记录液体出入量。

②维持水、电解质和酸碱平衡,给予肠外营养支持,纠正低蛋白血症。

③应用促胃动力药物,如多潘立酮等。

④加强心理护理,减轻焦虑或抑郁。

⑤非手术治疗无效时,做好手术前准备。

(5)倾倒综合征。

①早期倾倒综合征:主要指导病人通过饮食加以调整,包括少量多餐,避免摄入过甜、过咸、过浓的流质食物;宜进低碳水化合物、高蛋白质的食物。进餐时限制饮水喝汤。进餐后平卧 10~20 min。多数病人可缓解。

②晚期倾倒综合征:出现症状时少进饮食,尤其是糖类即可缓解。饮食中减少碳水化合物含量,增加蛋白质比例,少量多餐可防止其发生。

③碱性反流性胃炎:对轻者,遵医嘱口服胃黏膜保护剂、胃动力药;对重者,准备手术。同时做好相应的心理护理。

④营养相关问题:加强饮食调节,食用高蛋白质、低脂食物,补充铁剂与足量维生素。

七、健康教育

(1)向病人及其家属讲解胃癌相关的防治知识,以增强病人及其家属治疗疾病的信心。

(2)对手术治疗的病人,讲解合理的饮食调理计划及注意的事项。讲解手术后并发症的表现及预防。

(3)对化疗的病人,解释化疗的必要性、药物的副作用及预防,以及治疗期的注意事项。

(4)嘱病人出院后定期复查,并接受医护人员的康复指导。注意休息和适当的体育活动。

第八节 肝癌病人的护理

识记:

1.能复述原发性肝癌、继发性肝癌的概念。

2.能复述原发性肝癌的临床表现、辅助检查和处理原则。

3.能阐述原发性肝癌的病理类型和转移途径。

理解:

能说明原发性肝癌护理评估的内容。

运用:

1.能运用护理程序为原发性肝癌病人制订护理计划。

2.能运用护理知识,对原发性肝癌常见并发症进行预防和护理。

肝恶性肿瘤可分为原发性和继发性两类。原发性肝恶性肿瘤源于上皮组织者称为原发性肝癌,最多见。源于间叶组织者称为原发性肝肉瘤,如血管内皮瘤、恶性淋巴瘤、纤维肉瘤等,较少见。继发性肝癌系肝外器官的原发癌或肉瘤转移到肝所致,较原发性肝癌多见。

一、原发性肝癌

原发性肝癌是指发生于肝细胞和肝内胆管上皮细胞的癌,是我国常见的恶性肿瘤之一。肝癌流行于我国东南沿海地区,好发于 40~50 岁,男性比女性多见。近年来发病率有增高趋势,年死亡率位居我国恶性肿瘤的第二位。

(一)病因及分型

1.病因 原发性肝癌的病因和发病机制迄今未明,目前认为可能与以下因素有关。

(1)病毒性肝炎:临床注意到肝癌病人常有急性肝炎—慢性肝炎—肝硬化—肝癌的病史。

(2)肝硬化:肝癌合并肝硬化的比例很高,我国占 53.9%~90%,日本约 70%,非洲占 60% 以上,欧美占 10%~20%。肝癌中以肝细胞癌合并肝硬化最多,占 64.1%~94%,而胆管细胞癌很少合并肝硬化。

(3)黄曲霉菌:主要是黄曲霉毒素Ⅰ,来源于霉变的玉米和花生等,黄曲霉毒素能诱发动物肝癌已被证实。

(4)其他:与亚硝胺类致癌物、水土因素、烟酒、肥胖等密切相关。肝癌还有明显的家族聚集性。

2.分型 原发性肝癌大体可分为结节型、巨块型和弥漫型三类。以结节型多见,多伴有肝硬化。按组织学类型可分为肝细胞型、胆管细胞型和混合型三类;我国以肝细胞型为主。

3.转移途径 原发性肝癌预后远较其他癌差,早期转移是其重要原因之一。通常先有肝内播散,然后再出现肝外转移(约占1/3)。其主要的转移途径如下:①门静脉系统转移:最常见的转移途径,癌栓经门静脉系统导致肝内播散。②肝外血行转移:其部位最多见于肺,其次为骨、脑等。③淋巴转移:以肝癌转移至肝门淋巴结为最多,其次为胰周、腹膜后、主动脉旁和左锁骨上淋巴结。④直接浸润转移:肝癌向横膈及附近器官直接蔓延浸润也不少见。⑤腹腔种植性转移:癌细胞脱落植入腹腔引起腹膜转移和血性腹水。

(二)临床表现

早期缺乏特异性表现,晚期可有局部和全身症状。

1.症状

(1)肝区疼痛:最常见和最主要的症状,约半数以上病人以此为首发症状,多呈间歇性或持续性钝痛或刺痛。

(2)消化道和全身症状:表现为食欲减退、腹胀、恶心、呕吐或腹泻等,易被忽视。可有不明原因的持续性低热或不规则发热,抗菌药物治疗无效。早期,病人消瘦、乏力不明显。晚期,体重呈进行性下降,可伴有贫血、出血、水肿等恶病质表现。

2.体征 肝大,为中、晚期肝癌的主要临床体征。晚期病人可出现黄疸和腹水。

3.其他 可有癌旁综合征的表现,如低血糖、红细胞增多症、高胆固醇血症及高钙血症;如发生肺、骨、脑等肝外转移,还可呈现相应部位的临床症状。此外,病人还可出现肝性脑病、上消化道出血、癌肿破裂出血及继发性感染等并发症。

(三)辅助检查

1.实验室检查 甲胎蛋白(AFP)测定:对诊断肝细胞癌有相对专一性,阳性率约为70%,是目前诊断原发性肝癌最常用、最重要的方法。

2.影像学检查 ①B超检查:能发现直径为2~3 cm或更小的病变,诊断正确率可达90%,是目前肝癌定位检查中首选的一种方法。②CT和MRI检查:可检出直径1.0 cm左右的小肝癌,诊断符合率达90%以上。

3.肝穿刺活检 多在B超引导下行细针穿刺活检,具有确诊的意义。肝血管瘤禁止采用该项检查。

(四)处理原则

1.手术治疗 肝切除术是目前治疗肝癌最有效的方法。主要术式有肝叶切除术、半肝切除术、肝三叶切除术或局部肝切除术等。

2.手术不能切除的肝癌 可视病情单独或联合应用肝动脉结扎、肝动脉插管化疗、冷冻、激光、微波、射频等方法,有一定疗效。

3.其他治疗 包括放疗、免疫治疗、靶向治疗、基因治疗等。

(五)护理问题

1.预感性悲哀 与担忧疾病预后和生存期限有关。

2.疼痛 与肿瘤迅速生长导致肝包膜张力增加或手术、放疗、化疗后的不适有关。

3.营养失调:低于机体需要量 与厌食、化学药物治疗的胃肠道不良反应及肿瘤消耗有关。

4.潜在并发症 出血、肝性脑病、膈下积液或脓肿等。

(六)护理措施

1.加强心理支持 鼓励病人及其家属说出有关对癌症诊断预后的感觉。解释各种治疗、护理知识。告知病人手术切除可使早期肝癌病人获得根治的机会。肝癌的综合治疗有可能使以前不能切除的大肝癌转变为可以手术治疗肝癌,使不治之症转变为可治之症,病人有望获得较长的生存时间。通过各种心理护理措施,促进病人的适应性反应。

2. 减轻或有效缓解疼痛 对肝叶和肝局部切除术后疼痛剧烈者,应给予积极有效的镇痛,若病人有止痛泵则教会病人使用,并观察药物效果及不良反应。指导病人控制疼痛和分散注意力的方法。手术后48 h,若病情允许,可取半坐卧位,以降低切口张力。

3. 改善营养状况

(1)手术前:原发性肝癌病人宜采用高蛋白质、高热量、高维生素饮食。选择病人喜爱的食物种类,安排舒适的环境,少量多餐。此外,还可给予营养支持、输血等,以纠正低蛋白血症,提高手术耐受力。

(2)手术后:手术后禁食、胃肠减压,待肠蠕动恢复后逐步给予流质、半流质食物,直至正常饮食。病人手术后肝功能受影响,易发生低血糖,禁食期间应从静脉输入葡萄糖溶液或进行营养支持。手术后两周内适量补充血清蛋白和血浆,以提高机体抵抗力。

4. 并发症的预防和护理

(1)出血。

①手术前:a. 改善凝血功能:手术前3日给予维生素 K,肌内注射,以改善凝血功能,预防手术中、手术后出血。b. 癌肿破裂出血:原发性肝癌常见的并发症。告诫病人尽量避免致肿瘤破裂的诱因,如剧烈咳嗽、用力排便等致腹内压骤升的动作。加强腹部体征的观察,若病人突然主诉腹痛,伴腹膜刺激征,应高度怀疑肿瘤破裂出血,应及时通知医生,积极配合抢救。少数出血可自行停止。

②手术后:手术后出血是肝切除术常见的并发症之一,因此手术后应注意预防和控制出血。a. 严密观察病情变化。b. 体位与活动:手术后病人若血压平稳,可给予半坐卧位,为防止手术后肝断面出血,一般不鼓励病人早期活动。手术后24 h内卧床休息,避免剧烈咳嗽,以免引起手术后出血。c. 引流液的观察:手术后当日可从肝旁引流管引流出血性液体100～300 mL,若血性液体增多,应警惕腹腔内出血。应做好再次手术止血的准备。

(2)肝性脑病:病情观察;吸氧;避免肝性脑病的诱因;禁用肥皂水灌肠,便秘者可口服乳果糖,促使肠道内氨的排出。

(3)膈下积液及脓肿:肝切除术后的一种严重并发症。手术后引流不畅或引流管拔出过早,使残肝旁积液、积血,或肝断面坏死组织及渗漏胆汁积聚造成膈下积液,如果继发感染则形成膈下脓肿。护理应注意以下几点。

①保持引流通畅,对经胸手术放置胸腔引流管的病人,应按闭式胸腔引流的护理要求进行护理。

②加强观察:膈下积液及脓肿多发生在手术后1周左右,若病人手术后体温正常后再度升高,或手术后体温持续不降,应疑有膈下积液或膈下脓肿。

③脓肿引流的护理:若已形成膈下脓肿,应穿刺抽脓,对穿刺后置入引流管者,加强冲洗和吸引护理。

④加强支持治疗和抗菌药物的应用护理。

5. 其他

(1)维持体液平衡的护理:对肝功能不良伴腹水者,积极保肝治疗,严格控制水和钠盐的摄入量,准确记录24 h液体出入量,每日观察、记录体重及腹围变化。

(2)介入治疗的护理:密切观察生命体征和腹部体征,若因胃、胆、胰、脾动脉栓塞而出现上消化道出血及胆囊坏死等并发症时,及时通知医生并协助处理。肝动脉栓塞化疗可造成肝细胞坏死,加重肝功能损害,应注意观察病人的意识状态、黄疸程度,注意补充高糖、高热量营养素,积极给予保肝治疗,防止肝衰竭。

(七)健康教育

(1)注意防治肝炎,不吃霉变食物。有肝炎、肝硬化病史者和肝癌高发区人群应定期进行体格检查,做 AFP 测定、B 超检查,以期早期发现,及时诊断。

(2)坚持后续治疗,应树立战胜疾病的信心,遵医嘱坚持化疗或其他治疗。

(3)注意营养,多吃含能量、蛋白质和维生素丰富的食物和新鲜蔬菜、水果。食物以清淡、易消化为宜。

(4)保持排便通畅,防止便秘,可适当应用缓泻剂,预防血氨升高。

(5)病人应注意休息,如体力许可,可做适当活动或参加部分工作。

(6)自我观察和定期复查。嘱病人及其家属注意有无水肿、体重减轻、出血倾向、黄疸和疲倦等症状,必要时及时就诊,定期随访。

(7)给予晚期肝癌病人精神上的支持,鼓励病人及其家属共同面对疾病。

二、继发性肝癌

继发性肝癌是人体其他部位恶性肿瘤转移至肝在肝内继续生长、发展的肿瘤,其组织学特征与原发性肝癌相同,也称转移性肝癌。肝是最常见的血行转移器官,许多器官的癌都可转移到肝,尤其多见于消化道癌,如胃癌、结肠癌、胰腺癌、胆囊癌等,其次是造血系统恶性肿瘤、肺癌、卵巢癌、乳腺癌、肾癌、鼻咽癌等。癌转移到肝的主要途径为经门静脉、肝动脉、淋巴回流和直接蔓延 4 种。继发性肝癌可以是单个或多个结节,弥漫性更多见。继发性肝癌很少伴有肝硬化,而肝硬化也较少发生转移。

(一)临床表现

常以原发癌所引起的症状和体征为主要表现,并有肝区痛。转移性肝癌较小时无症状,往往在影像学检查或剖腹探查时发现。少数诊断为转移性肝癌病人找不到肝外原发病灶。若原发癌切除后出现肝区间歇性不适或疼痛,应考虑有肝转移。随病情发展,病人可有乏力、食欲减退、体重减轻。部分病人有肝大及质地坚硬有触痛的癌结节;晚期病人可出现贫血、黄疸和腹水等。

(二)辅助检查

AFP 检测常为阴性,肝功能检查多正常。CEA、CA19-9、CA125 等对胃肠道癌、胰腺癌、胆囊癌等的肝转移有诊断价值。B 超、CT、MRI、PET-CT、肝动脉造影等影像学检查有重要的诊断价值,并能判断病变部位、数目、大小。CT 典型的转移瘤影像,可见"牛眼征"。

(三)处理原则

肝切除是治疗继发性肝癌最有效的办法,同时应根据病人情况及原发性肿瘤病理性质,进行综合治疗。

1.手术治疗　继发性肝癌的治疗方法与原发性肝癌相似,能接受手术切除者比例仅 20％～30％。①如转移癌病灶为孤立性,或虽为多发但局限于肝的一叶或一段,而原发病灶已被切除,病人全身情况允许,又无其他部位转移者,应首选肝叶(段)切除术。②如肝原发性和继发性肿瘤同时发现又均可切除,且符合肝切除条件者,可根据病人耐受能力,与原发性肝癌同期或分期手术治疗。

2.化疗　全身或局部化疗(TACE)可以控制肿瘤生长,缓解病人症状,应根据原发性癌细胞的生物学特性,以及对化疗药物的敏感性选用相应药物治疗。

3.其他　无水乙醇注射、射频消融、冷冻等局部治疗可与手术切除相互补充。

第九节　胰腺癌病人的护理

学习目标

识记:
　　能复述胰腺癌的概念。

理解：

1. 能概括胰腺癌的病因。

2. 能描述胰腺癌病人的临床表现。

3. 能阐述胰腺癌病人的处理原则。

4. 能比较胰腺癌及壶腹部癌临床表现的异同点。

运用：

能运用护理程序为胰腺癌病人提供护理。

胰腺癌是恶性程度很高的消化系统肿瘤,在我国发病率有上升的趋势,40 岁以上好发,男性多于女性。90％的病人在诊断后 1 年内死亡。胰腺癌好发于胰头部,常浸润累及胰周围器官或组织,早期即可发生淋巴转移。壶腹部癌包括胆总管末端、壶腹部和十二指肠乳头附近的肿瘤,胰头癌与壶腹部癌临床表现相似,治疗和护理也相同。

一、病因

病因尚不清楚。吸烟被认为是胰腺癌的主要危险因素,香烟烟雾中的亚硝胺有致癌作用。高蛋白质和高脂肪饮食可增加胰腺对致癌物质的敏感性。此外,糖尿病、慢性胰腺炎病人发生胰腺癌的危险性高于一般人群。

二、临床表现

本病无特异症状。常见的有腹痛、黄疸和消瘦。

1. 上腹痛和上腹饱胀不适　最常见的首发症状。早期由于胰胆管梗阻,管腔内压增高,呈上腹钝痛、胀痛,可放射至后腰部。少数病人呈剧痛。胰体部癌则以腹痛为主要症状,夜间较白天明显。晚期癌浸润神经丛,使腹痛加重,日夜腹痛不止,常取膝肘位缓解疼痛。

2. 黄疸　胰头癌最主要的症状和体征。黄疸一般是进行性加重,可伴有瘙痒症。大便呈陶土色。

3. 消化道症状　如食欲减退、腹胀、消化不良、腹泻或便秘。部分病人可有恶心、呕吐。晚期癌瘤侵及十二指肠或胃,可出现上消化道梗阻或出血。

4. 乏力和消瘦　患病初期即有乏力、消瘦、体重下降。这是由于饮食减少、消化不良、休息、睡眠不足和癌瘤增加消耗等因素所致。

三、辅助检查

1. 实验室检查　可有血淀粉酶、空腹血糖增高。血清碱性磷酸酶(AKP)增高。血清胆红素进行性增高,以直接胆红素升高为主,常提示胆道有部分梗阻,需进一步检查肿瘤存在的可能性。

2. 影像学检查

(1)B 超:胰腺及壶腹部有增大肿块,胆管、胰管扩张,胆囊肿大等,可检出直径在 2 cm 以上的癌肿。内镜超声检查(EUS)能发现直径在 1 cm 以下的癌肿。

(2)CT:检查胰腺疾病可靠的方法,能较清晰地显示胰腺的形态、肿瘤的位置、肿瘤与邻近血管的关系及后腹膜淋巴结转移情况,以判断肿瘤切除的可能性。增强 CT 扫描帮助意义更大,能发现直径在 2 cm 左右的胰腺癌。

(3)磁共振胆胰管成像(MRCP):能显示胰、胆管梗阻的部位和胰胆管扩张的程度,且具有无创性、多维成像、定位准确的特点,也是可靠的诊断手段。

(4)经内镜逆行胆胰管成像(ERCP):可了解十二指肠乳头部及胰管和胆管情况,了解阻塞受压部位和性质。

四、治疗原则

早期发现、早期诊断和早期手术治疗。手术切除是胰头癌治疗的有效方法。

1.手术治疗　胰腺癌未有远处转移者,应争取手术切除。手术术式是胰头十二指肠切除术(Whipple术),即切除远端胃、胆囊、胆总管、十二指肠、胰头和空肠上段。切除后再将胆、胰、胃与空肠重建,重建有不同方式。对肿瘤侵及门静脉、肠系膜上静脉者,可将其一段血管连同肿瘤切除,再行血管移植吻合,此种手术称扩大切除术。为防止手术后残胰复发癌,可行全胰切除术。为达到根治目的,手术同时要将所属淋巴结清除。

2.辅助治疗　化疗、免疫疗法、放疗、中医中药治疗等。

五、护理问题

1.焦虑或恐惧　与担心预后等因素有关。

2.疼痛　与癌症浸润、扩散有关。

3.营养失调:低于机体需要量　与食欲下降、肿瘤消耗等有关。

4.手术后潜在并发症　手术后出血、胰瘘、胆瘘、继发性糖尿病、切口或腹腔感染等。

六、护理措施

(一)手术前护理

1.改善营养状况　供给高蛋白质、高糖饮食,应大量补充维生素。口服胰酶制剂和胆盐。必要时采取鼻饲营养支持或肠外营养支持。临床发现病人体重每减少 5 kg 左右,手术并发症会成倍增加,手术死亡率升高。

2.经皮肝穿刺胆道引流(PTCD)的护理　PTCD 能有效缓解黄疸程度,改善手术前肝功能情况。要妥善固定引流管,始终保持通畅引流。一般置管 2 周为宜,对有胆道感染者可适当延长引流时间,待炎症控制后考虑手术安排。

3.积极采取保肝措施　至少在手术前 1 周执行保肝措施,手术前要使得凝血酶原时间正常。维生素 K_1、K_2 为脂溶性维生素,口服不易吸收,经肌内注射补充;维生素 K_3、K_4 是水溶性维生素,不需胆盐溶解即能被肠道吸收,故可口服补充,但维生素 K_3 与维生素 K_4 作用较弱。

4.控制糖尿病　据统计,34%的胰腺癌病人手术前合并糖尿病。遵医嘱用胰岛素控制血糖。

5.预防感染　遵医嘱手术前 1 日开始使用抗生素。有 PTCD 者,手术前 2～3 日即可用药。必要时手术前 3 日口服肠道抗生素,手术前 1 日清洁灌肠。

6.皮肤护理　对于黄疸致皮肤瘙痒者,指导其涂抹止痒药物,避免用指甲抓伤皮肤。疼痛者给予有效的止痛护理。

7.手术前准备　手术前安置胃管。

8.心理护理　做好病人及其家属的心理工作。

(二)手术后护理

1.密切观察　手术后监测体温、呼吸、脉搏、血压 2～3 日。监测尿量、血常规、肝肾功能情况,注意意识和黄疸的变化。据观察,切除胰腺的 70%,胰腺的内分泌功能就会明显下降,故对全胰切除或胰大部分切除者,需监测血糖、尿糖和酮体变化。

2.补液治疗　静脉输液,维持水、电解质和酸碱平衡。继续保肝和营养支持,充分补给热量、氨基酸、维生素等营养素。根据需要适时补给全血、血浆或清蛋白等。

3.预防感染　遵医嘱继续使用抗生素。

4.引流护理　了解各种引流管的引流部位和作用,如胃肠减压管、胆道引流管、胰引流管等。观察与记录每日引流量和引流液的颜色、性质,警惕胰瘘或胆瘘的发生。腹腔引流一般需放置 5～7 日,胃肠减压一般留至胃肠蠕动恢复。胆管引流需 2 周左右。胰管引流时 2～3 周可拔出。

5.预防并发症　手术后可能有各种并发症发生,如消化道出血(吻合口出血、应激性溃疡)、腹腔内出血、切口感染或裂开、腹腔感染、胰瘘或胆瘘、脂肪痢、继发性糖尿病等,应根据具体情况,配合治疗工作,拟定相应护理计划。

七、健康教育

(1)40 岁以上,近期出现持续性上腹痛、闷胀、食欲减退、消瘦者,应及时去医院就诊。

(2)病人出院后如出现消化功能不良、腹泻等,多是由于胰腺切除后剩余胰腺功能不足,适当应用胰酶可减轻症状。

(3)鼓励病人吃高蛋白质、高糖、低脂及富含脂溶性维生素的饮食。

(4)嘱病人定期检测血糖、尿糖,出现异常时及时进行药物治疗。

(5)每 3～6 个月复查 1 次,如出现发热、进行性消瘦、乏力、贫血等应及时诊断与处理。

(6)避免暴饮暴食,戒烟酒。

第十节　大肠癌病人的护理

识记:

能复述大肠癌的概念。

理解:

能概括结肠癌、直肠癌的临床表现、治疗原则。

运用:

能运用护理程序对大肠癌病人实施整体护理。

大肠癌包括结肠癌和直肠癌,是胃肠道常见的恶性肿瘤,发病率仅次于胃癌。好发于 40～60 岁。在我国以直肠癌最为多见,乙状结肠癌次之。大肠癌转移途径:①直接浸润;②淋巴转移:大肠癌主要的转移途径;③血行转移;④种植转移。

一、病因

大肠癌的确切发病原因目前尚不清楚。根据流行病学调查和临床观察结果认为,大肠癌的发生与个人生活史、既往疾病史及家族遗传史等因素有关。

1.个人饮食及生活习惯　长期摄入高脂、高动物性蛋白质食物能使大便中的甲基胆蒽增多,甲基胆蒽可诱发大肠癌。少纤维食品使大便通过肠道速度减慢,使致癌物质与肠黏膜接触时间延长,增加致癌作用。缺少适度体力活动者也易患大肠癌。

2.癌前病变　大肠慢性炎症性疾病史,如溃疡性结肠炎、结肠克罗恩病等,已被列为癌前疾病。慢性炎症使肠黏膜处于反复破坏和修复状态而癌变。结肠血吸虫病肉芽肿亦使肠黏膜反复破坏与修复。癌

前疾病史——家族性肠息肉病发生癌变的概率是正常人的 5 倍;大肠腺瘤尤其是绒毛状腺瘤发生癌变的概率较高。

3.遗传因素　　流行病学调查发现,有为数不少的大肠癌家族,说明大肠癌与遗传因素关系密切,此类人群抑癌基因突变和遗传不稳定性使其成为大肠癌的易感人群。

二、临床表现

大肠癌病人早期多无症状或症状轻微,易被忽视。随着病程的发展与病灶的增大,可产生一系列症状。

1.结肠癌　　由于癌肿病理类型和部位的不同,临床表现也有区别,一般右侧结肠癌因右半结肠肠腔较大,癌肿多呈肿块型,突出于肠腔,大便稀薄,病人往往腹泻、便秘交替出现,便血与大便混合;以全身中毒症状、贫血、消瘦、乏力、腹部肿块为主要表现,肠梗阻症状不明显。左侧结肠癌则因左半结肠肠腔相对较小,癌肿多倾向于浸润型生长引起环状缩窄,且肠腔中水分已经基本吸收,大便成形,故临床以慢性肠梗阻、便秘、腹泻、血便等症状为显著。

(1)排便习惯和大便性状改变:最早出现的症状,多表现为排便次数增多、大便不成形或稀便;当病情发展出现部分肠梗阻时,可出现腹泻与便秘交替现象。由于癌肿表面易发生溃疡、出血及感染,故常表现为血性、脓性或黏液性大便。

(2)腹痛:腹痛也是早期症状之一,常为定位不确切的持续性隐痛或仅为腹部不适或腹胀感,晚期合并肠梗阻时则表现为腹痛加重或出现阵发性绞痛。

(3)腹部肿块:腹部可扪及肿块,质地坚硬,呈结节状。肿块固定,且有明显的压痛。应注意,有时触及的肿块是梗阻近侧肠腔内的积便。

(4)肠梗阻:晚期可发生慢性低位不全性结肠梗阻。左侧结肠癌有时以急性完全性结肠梗阻为最初表现。

(5)全身症状:由于癌肿溃烂、慢性失血、感染、毒素吸收等原因,病人可出现贫血、消瘦、乏力、低热等,晚期可出现肝大、黄疸、水肿、腹水、直肠前凹肿块、锁骨上淋巴结肿大及恶病质等。

2.直肠癌　　早期仅有少量便血或排便习惯改变,易被忽视。当病程发展并伴感染时,才出现显著症状。

(1)直肠刺激症状:癌肿溃烂或感染时,病人可出现直肠刺激症状等表现,如便意频繁及排便习惯改变,肛门坠胀、里急后重、排便不尽感,大便表面带血及黏液,甚至脓血便等。晚期有下腹痛。

(2)黏液血便:癌肿侵犯肠管致狭窄时,可出现大便变形、变细。当造成肠腔部分梗阻后,有腹痛、腹胀、肠鸣音亢进等不全性肠梗阻的表现。

(3)相关症状:癌肿侵犯前列腺、膀胱,可出现尿频、尿痛、血尿等;侵犯骶前神经可出现骶尾部剧烈持续性疼痛;晚期病人出现肝转移时,可有腹水、肝大、黄疸、贫血、消瘦、水肿、恶病质等表现。

三、辅助检查

1.直肠指检　　直肠癌的首选检查方法。在我国 75% 以上的直肠癌病人经直肠指检可触及肿瘤,直肠指检可了解癌肿的部位、大小、范围、距肛缘的距离、固定程度以及与周围组织的关系等。

2.实验室检查

(1)大便隐血试验:可作为大规模普查或高危人群大肠癌的初筛手段,阳性者再做进一步检查。

(2)血液检查:癌胚抗原测定对大肠癌的诊断有一定价值。

3.影像学检查

(1)钡剂灌肠 X 线检查:结肠癌的重要检查方法,能判断结肠癌的位置,并能了解有无多发性癌及结直肠息肉病等。

(2)B 超检查:普通 B 超检查能显示腹部肿块、淋巴转移或肝转移等情况,大肠癌病人应常规进行 B

超检查。

（3）CT 检查：可了解直肠癌盆腔内扩散情况，有无侵犯膀胱、子宫及盆壁，是手术前常用的检查方法。腹部 CT 扫描可帮助判断有无肝转移等。

4.内镜检查 可通过直肠镜、乙状结肠镜或纤维结肠镜检查，观察病灶的部位、大小、形态、肠腔狭窄的程度等，并可取活组织做病理检查，是诊断大肠癌最有效、可靠的方法。

四、治疗原则

大肠癌的治疗是以手术切除为主的综合治疗。

1.手术治疗

（1）结肠癌根治性手术：切除范围包括癌肿所在的肠祥及其系膜和区域淋巴结。

①右半结肠切除术：适用于盲肠、升结肠、结肠肝曲的癌肿。

②横结肠切除术：适用于横结肠癌。

③左半结肠切除术：适用于横结肠脾曲、降结肠癌。

④乙状结肠癌的根治切除术：适用于乙状结肠癌。

（2）直肠癌根治术：切除的范围应包括癌肿、足够的两端肠段、已侵犯的邻近器官的部分或全部、四周可能被浸润的组织及全直肠系膜和淋巴结。

①局部切除：适用于早期瘤体小、局限于黏膜或黏膜下层、分化程度高的直肠癌。

②腹会阴部联合直肠癌根治术（Miles 手术）：主要适用于腹膜返折以下的直肠癌。不保留肛门。

③经腹直肠癌切除术（直肠前切除术，Dixon 手术）：目前应用最多的直肠癌根治术，适用于距肛缘 5 cm 以上的直肠癌。保留正常肛门。

④经腹直肠癌切除、近端造口、远端封闭手术（Hartmann 手术）：适用于全身一般情况很差，不能耐受 Miles 手术，或急性梗阻不宜行 Dixon 手术的直肠癌病人。

⑤姑息性手术：晚期直肠癌病人发生排便困难或肠梗阻时，可行乙状结肠双腔造口。

⑥其他手术：直肠癌侵犯子宫时，可一并切除子宫，称为后盆腔脏器清扫；直肠癌侵犯膀胱，行直肠和膀胱（男性）或直肠、子宫和膀胱切除时称全盆腔清扫。

2.化疗 可作为大肠癌根治性手术的辅助治疗，可提高 5 年生存率。

3.放疗 放疗可作为直肠癌手术切除的辅助疗法，有提高疗效的作用，手术前放疗可以提高手术切除率、降低病人的手术后复发率；手术后放疗仅适用于直肠癌晚期病人、手术未达到根治或手术后局部复发的病人。

4.其他 治疗可用电灼、液氮冷冻和激光凝固、烧灼等局部治疗或放置金属支架，以改善症状；中医中药治疗可配合化疗、放疗或手术后治疗，以减轻毒副作用；基因治疗、导向治疗、免疫治疗等的疗效尚待评价。

五、护理问题

1.焦虑或恐惧 与畏惧癌症、对手术及预后的担忧有关。

2.营养失调：低于机体需要量 与癌症的消耗及手术创伤、饮食控制等因素有关。

3.有皮肤完整性受损的危险 与大便刺激造瘘口周围皮肤有关。

4.知识缺乏 缺乏有关手术前肠道准备及结肠造口的护理知识等。

5.自我形象紊乱 与结肠造口、排便方式改变有关。

6.社交障碍 与排便方式改变、存在异味及担心家属朋友产生反感有关。

7.潜在并发症 腹腔、盆腔或切口感染，尿潴留及泌尿系统感染，肠吻合口瘘，造瘘口出血、坏死、狭窄、脱出或回缩，排便失禁等。

六、护理措施

(一)手术前护理

1.心理护理 关心病人,根据病情做好安慰、解释工作。与病人及其家属讨论他们关心的问题,给予心理支持。指导病人家属对病人应多关心、多鼓励。对需做结肠造口的病人,要让病人了解手术后对消化功能并无影响,并解释造口的部位,以及有关护理知识。说明结肠造口虽然会给生活带来不便,但自我处理得当,仍能正常生活,必要时可安排同类疾病手术成功的病人与其交谈。寻求可能的社会支持,以帮助病人增强治疗疾病的信心。争取在手术前短期内使病人从身体上和心理上做好适应社会交往或公共场所活动的心理准备。

2.加强营养支持 给予病人高蛋白质、高热量、富含维生素及易消化的少渣饮食。必要时可少量多次输血,以纠正贫血和低蛋白血症。出现肠梗阻的病人有明显脱水时,应及时纠正水、电解质及酸碱平衡紊乱,提高机体对手术的耐受力。

3.肠道准备 手术前清洁肠道,使结肠排空,尽量减少肠腔内细菌数量。此项工作是为了减少手术中污染,防止手术后腹胀和切口感染,有利于吻合口愈合,是大肠癌手术前护理的重点。一般通过控制饮食、口服肠道抗菌药物及泻剂、多次灌肠等方法来完成。

(1)传统肠道准备法:手术前3日进少渣半流质饮食,手术前2日起进流质饮食,以减少大便的产生,有利于肠道清洁。手术前3日口服肠道抗菌药物,如庆大霉素及甲硝唑等,抑制肠道细菌。由于控制饮食及服用肠道抗菌药物,使维生素K的合成及吸收减少,故应于手术前3日开始口服或肌内注射维生素K。手术前1日10时左右口服1次缓泻剂,如液状石蜡或蓖麻油20~30 mL,或硫酸镁15~20 g,以排出肠道内积存的大便。手术前2日晚用1%~2%肥皂水灌肠1次,手术前1日晚及手术当日清晨清洁灌肠,灌肠时,宜选用粗细合适的橡胶肛管,轻柔插入,禁用高压灌肠,以防刺激肿瘤导致癌细胞扩散。若病人有慢性肠梗阻症状,应适当延长肠道准备的时间。目前有人主张直肠癌手术前不灌肠而只服泻剂。

(2)全肠道灌洗法:为免除灌肠造成癌细胞扩散的可能,可选用全肠道灌洗法。于手术前12~14 h开始口服37℃左右等渗平衡电解质溶液(用氯化钠、碳酸氢钠、氯化钾配制,也可加入抗菌药物),引起容量性腹泻,以达到彻底清洗肠道的目的。一般灌洗全过程需3~4 h,灌洗液量不少于6000 mL。对年老体弱、心肾等重要器官功能障碍和肠梗阻的病人不宜选用。

(3)口服甘露醇肠道准备法:该法较简便,病人于手术前1日午餐后0.5~2 h口服5%~10%的甘露醇1500 mL左右,因甘露醇为高渗性溶液,口服后可保留肠腔水分不被吸收,并能促进肠蠕动,产生有效腹泻,达到清洁肠道的效果。本法不需服用泻剂和灌肠,也基本不改变病人饮食,对病人影响较小。但因甘露醇在肠道内可被细菌酵解,产生易爆气体,手术中使用电刀时应予以注意。对年老体弱、心肾功能不全者禁用。

4.坐浴及阴道冲洗 直肠癌病人手术前2日每晚用1:5000高锰酸钾溶液坐浴;女性直肠癌病人遵医嘱于手术前3日每晚冲洗阴道,以备手术中切除子宫及阴道。

5.手术当日清晨准备 放置胃管和留置导尿管。手术前常规放置胃管,有肠梗阻症状的病人应及早放置胃管,减轻腹胀;留置导尿管可排空膀胱,预防手术时损伤膀胱,并可预防手术后尿潴留。直肠癌根治术后导尿管留置时间较长,应放置气囊导尿管以防滑出。

6.其他 协助医生做好手术前各项检查;常规准备手术中使用的抗肿瘤药物。

(二)手术后护理

1.严密观察病情 每半小时观察病人的意识并测量血压、脉搏、呼吸1次,做好记录。病情稳定后,酌情延长间隔时间。

2.体位 病情平稳时,宜改为半坐卧位,以利于引流。

3.饮食 禁饮食,持续胃肠减压,通过静脉补充水、电解质及营养素。准确记录 24 h 液体出入量,防止体液失衡。手术后 2～3 日肠蠕动恢复、肛门或人工肛门排气后可拔出胃管,停止胃肠减压,进流质饮食。给流质饮食后无不良反应,可逐步改为半流质饮食,手术后 2 周左右可进普食。食物以高蛋白质、高热量、富含维生素及易消化的少渣食物为主。

4.引流管及局部伤口护理 大肠癌根治术后常放置腹腔引流管,直肠癌根治术后常规放置骶前引流管,并给予负压吸引。要保持腹腔及骶前引流管通畅,避免受压、扭曲、堵塞,防止渗血、渗液潴留于残腔;密切观察并记录引流液的颜色、性质、量等,一般骶前引流管放置 5～7 日,当引流管引流液量少、色清时,方可拔出。密切观察引流管刺口处伤口情况,注意有无红肿、压痛等感染现象,保持敷料干燥、清洁,如敷料湿透,应及时更换。

5.留置导尿管护理 直肠癌根治术后,导尿管一般放置 1～2 周,必须保持其通畅,防止扭曲、受压,观察尿液情况,并详细记录。做好导尿管护理,每日冲洗膀胱 1 次,尿道口护理 2 次,防止泌尿系统感染。拔管前先试行夹管,每 4～6 h 或病人有尿意时开放,以训练膀胱舒缩功能,防止排尿功能障碍。

6.排便护理 大肠癌手术后尤其是 Dixon 手术后病人,可出现排便次数增多或排便失禁,应指导病人调整饮食,进行肛门括约肌舒缩练习,便后清洁肛门,并在肛周皮肤涂抹氧化锌软膏以保护肛周皮肤。

7.结肠造瘘口护理 造瘘口护理是手术后护理的重点。

(1)造瘘口局部护理:用凡士林或 0.9% 氯化钠溶液纱布外敷结肠造瘘口,外层敷料渗湿后应及时更换,防止感染。注意造瘘口肠管有无因张力过大、缝合不严、血运障碍等因素造成回缩、出血、坏死。手术后 1 周或造瘘口处伤口愈合后,每日扩张造瘘口 1 次,防止造瘘口狭窄。注意病人有无恶心、呕吐、腹痛、腹胀、停止排气排便等肠梗阻症状,若病人进食后 3～4 日未排便,可用液体石蜡或肥皂水经结肠造瘘口进行低压灌肠,注意橡胶肛管插入造瘘口不超过 10 cm,压力不能过大,以防肠道穿孔。

(2)保护腹壁切口:手术后 2～3 日肠功能恢复后,结肠造瘘口排出粪样物增多。一般宜取造瘘口侧的侧卧位,并用塑料薄膜将腹壁切口与造瘘口隔开,以防流出的稀薄大便污染腹壁切口而引起感染;及时清除流出的粪液,造瘘口周围皮肤涂氧化锌软膏,以防粪液刺激造成皮肤炎症及糜烂。

(3)正确使用造瘘口袋(肛袋):病人起床活动时,协助病人佩戴造瘘口袋。应选择袋口合适的造瘘口袋,袋口对准造瘘口并与皮肤贴紧,袋囊朝下,用有弹性的腰带固定造瘘口袋;当造瘘口袋的三分之一容量被排泄物充满时,须及时更换,每次更换新袋前先用中性皂液或 0.5% 氯己定(洗必泰)溶液清洁造瘘口周围皮肤,再涂上氧化锌软膏,同时注意造瘘口周围皮肤有无红、肿、破溃等现象。病人可备 3～4 个造瘘口袋用于更换,使用过的造瘘口袋可用中性洗涤剂和清水洗净,用 0.1% 氯己定溶液浸泡 30 min,擦干、晾干备用,也可使用一次性造瘘口袋。

(4)饮食指导:注意饮食卫生,避免食物中毒等原因引起腹泻;避免食用产气性食物、有刺激性食物或易引起便秘的食物,鼓励病人多吃新鲜蔬菜、水果。

(5)结肠造瘘口术后的心理护理:首先应注意病人是否出现否认、抑郁或愤怒的情绪反应,鼓励病人及其家属说出对造瘘口的感觉和接受程度,针对不同原因采取相应的教育措施,使病人能正视并接受造瘘口的存在。鼓励病人家属参与病人对造瘘口的护理,与病人及其家属共同讨论有关造瘘口自我护理的注意事项,指导处理步骤,协助病人逐步获得独立护理造瘘口的能力。当病人达到预定目标时,应给予适当的鼓励。鼓励病人逐渐适应造瘘口并恢复正常生活,参加适量的运动和社交活动。

8.并发症的防治 要注意手术后各种并发症的发生。

(1)切口感染及裂开:观察病人体温变化及局部切口情况,保持切口清洁、干燥,及时更换敷料。加强支持,促进伤口愈合。Miles 手术后病人,下肢外展适当限制,以免造成会阴部切口裂开。会阴部可于骶前引流管拔出后用温热的 1:5000 高锰酸钾溶液坐浴,每日 2 次;手术后常规使用抗生素预防感染。

(2)吻合口瘘:结肠癌切除术后或直肠癌 Dixon 手术后可能发生吻合口瘘。多因手术前肠道准备不充分、低蛋白血症及手术造成局部血供差等所致。常发生于手术后 1 周左右。应注意观察病人有无腹膜炎的表现,有无腹腔内或盆腔内脓肿的表现,有无从切口渗出或引流管引流出稀粪样肠内容物等。对有大肠吻合口瘘的手术后病人,手术后 7～10 日严禁灌肠,以免影响吻合口瘘的愈合。若发生瘘,应保持充

分、有效的引流,若引流不畅,必要时可手术重新安置引流管;使用有效抗生素控制感染;给予 TPN 以加强营养支持。若瘘口大、渗漏粪液较多,伴有腹膜炎或盆腔脓肿者,则必须再次手术,做瘘口近侧结肠造瘘口或将瘘口肠段外置,以转流大便,同时手术中做腹腔清理,清除残留大便以加速愈合。

七、健康教育

(一)防癌教育

告知病人合理搭配膳食营养,避免高脂肪、高动物性蛋白饮食,多食新鲜蔬菜与水果。积极预防和治疗血吸虫病及大肠癌的癌前期疾病,如大肠息肉、腺瘤、溃疡性结肠炎、结肠克罗恩病等。积极参加防癌普查工作,40 岁以上成年人每年应做一次直肠指检。对近期内出现腹泻、便秘或腹泻与便秘交替、大便带脓血或黏液,持续性腹部隐痛或腹胀不适,原因不明的贫血、乏力或体重减轻以及腹部扪及肿块等,应及时到医院进行有关检查。对有家族史及癌前疾病者,应进行筛选性及诊断性检查,如大便隐血检查、钡剂灌肠 X 线检查、CEA 或内镜检查等;由于大肠癌常被误诊为慢性痢疾、痔、慢性结肠炎等,故对这些疾病应保持高度的警惕性。

(二)手术前教育

手术前应向病人说明肠道准备的目的,解释肠道准备的方法,以取得病人的配合;对手术前留置导尿管、胃管及其他诊疗和护理措施的重要性亦应向病人及其家属解释清楚,以取得合作。

(三)手术后教育

1. 教会病人人工肛口的护理 介绍结肠造瘘口的护理方法和护理用品,目前自然排便法采用的造瘘口袋可分为一件式和两件式。指导病人用适量温水(500～1000 mL)经导管灌入造瘘口内,定时结肠造瘘口灌洗以训练有规律的肠道蠕动,从而养成类似于正常人的排便习惯。当病人的大便成形或养成排便规律后,可不戴造瘘口袋,用清洁敷料覆盖结肠造瘘口即可。

2. 出院后造瘘口护理 每1～2周扩张造瘘口 1 次,持续 2～3 个月。若发现造瘘口狭窄、排便困难时,应及时到医院检查处理。

3. 饮食护理 合理安排饮食,应摄入产气少、易消化的少渣食物,忌生冷、辛辣等刺激性食物,避免饮用碳酸饮料;饮食必须清洁卫生,积极预防腹泻或便秘。腹泻时可用收敛性药物,便秘时可自行扩肛或灌肠。

4. 社交护理 参加适量活动,保持心情舒畅。平时可融入正常人的生活和社交。可建议造瘘口病人出院后组织或参与造瘘口病人协会,相互学习,交流彼此的经验和体会,学习新的控制排便的方法,获得自信。

5. 出院随访 定期随访,一般在手术后每 3～6 个月复查 1 次。继续化疗的病人要定期检查血常规,尤其是白细胞和血小板计数。

第十一节　肾癌病人的护理

识记:
能列出肾癌的病因。

理解:
能概括肾癌的临床特点。

运用：

能运用护理程序为肾癌病人实施护理。

肾癌通常是指起源于肾实质泌尿小管上皮系统的恶性肿瘤,也称为肾细胞癌,是最常见的肾实质恶性肿瘤,占原发性肾肿瘤的85%。高发年龄为50～60岁,男女之比为2:1。

一、病因病理

肾癌的病因不清。目前认为与环境接触、职业暴露、染色体畸形、抑癌细胞基因缺失等有关。目前研究显示,吸烟是唯一的危险因素。此外,接触石棉、皮革制品也与肾癌的发病有关。遗传在肾癌发病中也有重要作用。

肾癌常累及一侧肾,多单发,双侧发病者仅占2%左右。瘤体多数为类圆形的实性肿瘤,外有假包膜。

肾癌转移途径是穿透假包膜后直接侵犯肾筋膜和邻近器官组织,向内侵及肾盂肾盏,也可以通过肾静脉、下腔静脉形成癌栓,经血液和淋巴途径转移。最常见的转移部位是肺,其次为肝、骨骼、脑、肾上腺等。淋巴转移最先到肾门淋巴结。

二、临床表现

1. 血尿　肾癌最早出现的症状,因表现为无痛间歇性肉眼血尿或有的只是镜下血尿,故不易引起病人及其家属的重视,易延误治疗或漏诊。肾癌出血堵塞输尿管可产生肾绞痛。

2. 肿块　肿瘤较大时可在腹部或腰部发现肿块,质坚硬。

3. 腰痛　多为钝痛或隐痛。肿瘤侵犯周围脏器和腰大肌时疼痛较重且为持续性。

4. 肾外表现　低热、高血压、红细胞沉降率较正常人快、贫血、精索静脉曲张且平卧位不消失。

三、辅助检查

1. B超检查　简单易行,能鉴别肾实质性肿块与囊性病变。有些无症状的肾癌,往往在常规体格检查时被超声扫描发现。

2. X线检查　平片可见肾外形增大、不规则,偶有钙化影。造影可见肾盏、肾盂因受肿瘤挤压而有不规则变形、狭窄、拉长或充盈缺损。

3. CT、MRI、肾动脉造影　有助于早期诊断和鉴别肾实质内肿瘤的性质、肾囊肿等。

四、治疗原则

以手术为主,手术方法包括部分肾切除术、根治性肾切除术。肾癌直径小于3cm,可以行保留肾组织的局部切除术。如瘤体较大,可在手术前1日先行肾动脉栓塞治疗,使瘤体缩小,减少手术中出血,提高肿瘤的切除率和手术的安全性。

五、护理问题

1. 疼痛　与肾癌的生长刺激或压迫有关。

2. 营养失调:低于机体需要量　与营养物质摄入不足有关。

3. 焦虑　与担心血尿导致失血过多、疾病的预后有关。

4. 躯体移动障碍　与手术后卧床、输液和留置引流管有关。

六、护理措施

1. 手术前护理

(1)心理护理:消除紧张悲观情绪,树立治疗信心。

（2）注意引起低热的原因的鉴别与观察。

（3）注意病人尿液颜色的变化。

（4）注意病人疼痛性质的观察，有无突然肾绞痛及腰部持续疼痛的发生。

（5）如肿瘤过大，协助做好肾动脉栓塞术及肾动脉插管化疗的护理。

（6）对于贫血病人，保证营养的摄入，遵医嘱给予输血等支持治疗。

2. 手术后护理

（1）观察生命体征：较大肾肿瘤行根治性肾切除术后，由于手术切除了肾脏、肾上腺、肾周围脂肪及肾门淋巴结，故手术创面大，渗血可能较多。因此应严密观察生命体征、出血倾向，保证输血、输液通畅。

（2）做好伤口引流管的观察和护理。

（3）根治性肾切除术病人手术后麻醉期已过、血压平稳，可取半坐卧位。肾部分切除的病人应卧床1～2周，以防出血。

（4）监测肾功能，准确记录24 h尿量。

（5）注意观察病人有无憋气、呼吸困难等症状，以及早发现有无胸膜破裂的症状，发现异常及时通知医生。

（6）手术后禁食，待肠功能恢复后可进食，需加强营养，增强机体抵抗力。

（7）适当应用镇静剂，减轻疼痛，以利于活动及有效咳嗽和排痰。

七、健康教育

（1）注意尿液颜色的变化，如有血尿出现，及早到医院就诊。

（2）嘱病人慎用对肾功能有损害的药物，保护健侧肾功能。

（3）告知病人复查的意义，遵医嘱定期复查。定期复查胸部X线，可及早发现肺部转移灶。

（4）指导病人定时进行生物治疗及免疫治疗。

第十二节　膀胱癌病人的护理

识记：

能列出膀胱癌的病因。

理解：

能解释膀胱癌的病因病理与临床特点。

运用：

能运用护理程序为膀胱癌病人实施护理。

膀胱癌是最常见的泌尿系统肿瘤，好发于50～70岁，男性多于女性。大多数病人的肿瘤仅局限于膀胱，只有15%～20%的病人有区域淋巴结转移或远处转移。

一、病因病理

研究发现，在染料、橡胶、塑料、油漆等工厂或生活中长期接触苯胺类化学物质，容易诱发膀胱癌。膀胱白斑、腺性膀胱炎、尿结石、色氨酸和菸酸代谢异常也可能是膀胱癌的诱因。吸烟也是膀胱癌重要的致癌因素。

膀胱癌95%以上为上皮性肿瘤,其中绝大多数为移行细胞乳头状癌,鳞癌和腺癌各占2%～3%。近1/3的膀胱癌为多发性肿瘤。按生长方式可分为原位癌、乳头状癌和浸润性癌。①原位癌局限在黏膜内,无乳头亦无浸润基底膜现象。②移行细胞癌多为乳头状,低分化者常有浸润。③鳞癌和腺癌为浸润性癌。不同生长方式可单独或同时存在。

肿瘤主要向膀胱壁内浸润,直至累及膀胱外组织及邻近器官。淋巴转移是最主要的转移途径,主要转移到盆腔淋巴结,血行转移多发生在晚期,主要转移至肝、肺、骨和皮肤等处。

二、临床表现

1.血尿　膀胱癌最常见和最早出现的症状,多数为全程无痛肉眼血尿,偶见终末或镜下血尿,血尿间歇出现,量多少不一。出血可自行停止,容易造成“治愈”或“好转”的错觉。

2.尿频、尿痛　属晚期症状。

3.排尿困难和尿潴留　发生于肿瘤较大或堵塞膀胱出口时。

4.其他　肿瘤浸润输尿管口可引起肾积水。晚期有贫血、水肿、腹部肿块等表现。

三、辅助检查

1.影像学检查

(1)B超检查:可发现直径0.5 cm以上的肿瘤。

(2)X线检查:排泄性尿路造影可了解肾盂、输尿管有无肿瘤,膀胱造影可见充盈缺损。

(3)CT、MRI检查:可了解肿瘤浸润深度及局部转移病灶。

2.实验室检查　尿脱落细胞检查可找到肿瘤细胞,但分化良好者不易检出。

3.内镜检查　膀胱镜检查是最重要的检查手段,能直接观察肿瘤位置、大小、数目、形态、浸润范围等,并可取活组织进行检查。

四、治疗原则

以手术治疗为主的综合治疗。

1.手术治疗　原则上单发、表浅、较小的肿瘤可采取保留膀胱的手术。较大、多发、反复复发及三角区肿瘤,应行膀胱全切术。

2.化疗　有全身化疗及膀胱灌注化疗等方式。全身化疗多用于有转移的晚期病人。对保留膀胱的病人,手术后可采用膀胱内灌注化疗药物,以预防或推迟肿瘤复发。

五、护理问题

1.焦虑/恐惧　与担心手术后排尿方式改变有关。

2.排尿异常　与手术后膀胱造瘘(留置引流管)有关。

3.知识缺乏　与缺乏膀胱癌的治疗、护理方面的知识有关。

4.疼痛　与手术所致的组织损伤有关。

5.自我形象紊乱　与膀胱癌手术后所致尿流改道有关。

六、护理措施

1.手术前护理

(1)心理护理:病人可表现为对癌症的否认,对预后的恐惧及不接受尿流改道,应根据病人的具体情况,耐心地做心理疏导,以消除其恐惧、焦虑、绝望的心理。

（2）观察血尿程度：血尿程度与肿瘤程度并不一定成正比，应每日观察尿的颜色、性状，病程长、体质差、晚期肿瘤出现明显血尿者，应卧床休息，做好记录。

（3）观察有无膀胱刺激症状：出现时说明膀胱肿瘤瘤体较大或为数较多，或肿瘤侵入较深。

（4）饮食：嘱病人食用高蛋白质、易消化、营养丰富的食品，以纠正贫血，改善全身营养状况。多饮水可稀释尿液，以免血块引起尿路堵塞。

（5）膀胱全切肠道代膀胱术的术前准备参照肠切除术。

2. 手术后护理

（1）观察生命体征：膀胱全切术后，由于手术创面大，渗血可能较多。因此应严密观察生命体征，保证输血、输液通畅。早期发现休克的症状和体征，及时进行治疗和护理。

（2）膀胱肿瘤电切术后常规冲洗1～3日，应密切观察膀胱冲洗引流液的颜色，根据引流液颜色的变化，及时调整冲洗速度，防止血块堵塞导尿管，确保导尿管通畅，防止气囊破裂。停止膀胱冲洗后应指导病人多饮水，起到自体冲洗的作用。

（3）膀胱肿瘤电切术后6 h，病人即可进食，以营养丰富、粗纤维饮食为主，忌辛辣刺激性食物，防止便秘。

（4）膀胱全切术后应持续胃肠减压，密切观察胃液的性质、颜色、量，并做好记录。待胃肠功能恢复后拔出胃管开始进食，从糖水、米汤开始，逐渐过渡到流食、半流食，直至普食。密切观察病人进食后有无恶心、呕吐、腹泻、腹胀、腹痛、肠梗阻症状。

（5）回肠膀胱术后，应密切观察造瘘口的大小、形状、颜色，刚手术后正常造瘘口肿胀、鲜红、潮湿，如果灰暗且发绀，则可能是血液供应受阻所致，需立即通知医生。保持伤口、造瘘口部位敷料清洁干燥。通常在造瘘口肿胀消退后，约手术后第7日即可测量造瘘口的大小，但在6～8周造瘘口仍会持续收缩。尿液颜色由血性逐渐变清澈，伴有黏性分泌物，这是尿液刺激肠黏膜所引起的正常现象。

（6）预防感染：定时测体温及血白细胞，观察有无感染发生。保持造瘘口周围皮肤清洁干燥，定时翻身、叩背、咳痰，若痰液黏稠，给予雾化吸入，适当活动等措施可预防感染发生。

（7）引流管的护理。

①各种引流管，应贴标签分别记录引流情况，保持引流通畅。回肠膀胱或可控膀胱因肠黏膜分泌黏液，易堵塞引流管，注意及时挤压将黏液排出，有储尿囊者可用生理盐水每4 h冲洗1次。

②拔管时间：回肠膀胱术后10～12日拔出输尿管引流管和回肠膀胱引流管，改为佩戴皮肤造瘘口袋；可控膀胱术后8～10日拔出肾盂输尿管引流管，12～14日拔出储尿囊引流管，2～3周拔出输出道引流管，训练自行排尿。

七、健康教育

（1）手术后适当锻炼，加强营养，增强体质。

（2）禁止吸烟，对密切接触致癌物质者加强劳动保护，可能会防止或减少膀胱癌的发生。

（3）用药指导。若病情允许，手术后半个月行放疗和化疗。膀胱保留术后能憋尿者，即行膀胱灌注化疗，这是预防或推迟肿瘤复发的措施。每周灌注1次，共8次，以后每月灌注1次，持续2年。灌注时插导尿管，排空膀胱中的尿液，将用蒸馏水或等渗盐水稀释的药液灌入膀胱后嘱病人分别取平、俯、左、右侧卧位，每15～30 min轮换体位1次，共2 h。灌注后嘱病人多饮水，每日饮水2500～3000 mL，起到生理性膀胱冲洗的作用，减少化疗药物对尿道黏膜的刺激。

（4）定期复查。

①浸润性膀胱癌术后定期复查肝、肾、肺等脏器功能，及早发现转移病灶。

②放疗、化疗期间，定期查血、尿常规，一旦出现骨髓抑制，应暂停治疗。

③任何保留膀胱的手术后病人都应有严密的随访，须定期复查膀胱镜，手术后第一年应每3个月做膀胱镜一次，1年无复发者酌情延长复查时间。应反复强调复查的重要性，并说服病人主动配合。

（5）自我护理：尿流改道术后腹部佩戴集尿袋者，应指导病人正确地使用集尿袋，学会自我护理，避免集尿袋的边缘压迫造瘘口，保持清洁，定时更换尿袋。可控膀胱术后，开始每 2～3 h 导尿 1 次，逐渐延长间隔时间至每 3～4 h 导尿 1 次，导尿时要注意保持清洁，定期用生理盐水或开水冲洗储尿囊，清除黏液及沉淀物，若无残余尿，很少发生上行感染。

第十三节　骨肿瘤病人的护理

学习目标

识记：
1.能复述骨肿瘤的概念和发病特点。
2.能描述骨肿瘤的临床表现和处理原则。
3.能叙述骨肉瘤的发病特点和临床表现。

理解：
1.能阐述骨肿瘤的分期。
2.能比较骨软骨瘤、骨巨细胞瘤的发病特点、症状和体征。
3.能区分 Codman 三角和日光射线现象。
4.能阐述骨肉瘤的处理原则。

运用：
能运用护理程序为骨肉瘤病人提供手术前后护理。

发生在骨内或起源于各种骨组织成分的肿瘤，以及由其他脏器恶性肿瘤转移到骨骼的肿瘤统称为骨肿瘤。骨肿瘤分原发性和继发性两类，前者来自骨及其附属组织，后者是由其他部位的恶性肿瘤通过血液或淋巴转移而来。原发性骨肿瘤占全身肿瘤的 2%～3%，以良性肿瘤多见。良性肿瘤中骨软骨瘤发病率最高，恶性肿瘤中骨肉瘤发病率最高。骨肿瘤男性发病率稍高于女性，病因尚不完全明确，但骨肿瘤的发生具有年龄和部位特点，如骨肉瘤多见于小儿和青少年，骨巨细胞瘤多见于成年人，而骨髓瘤多见于老年人。解剖部位对肿瘤的发生也有意义，许多肿瘤生长于长骨的干骺端，如股骨远端、胫骨近端和肱骨近端，而骨骺则很少发生。

一、骨软骨瘤

骨软骨瘤是指骨表面被覆软骨帽的骨性突起物，来源于软骨，是常见的良性骨肿瘤。好发于长骨的干骺端，当骨骺线闭合后，骨软骨瘤的生长也停止。多见于 10～20 岁青少年，男性多于女性。骨软骨瘤有单发性及多发性两种。以单发性多见，又名外生骨疣，约有 1% 的单发性骨软骨瘤可恶变。多发性较少见，常合并骨骼发育异常，并有遗传性，故又称遗传性多发性骨软骨瘤。多发性骨软骨瘤恶变的概率较单发性骨软骨瘤高。

（一）临床表现

绝大多数无自觉症状，常因无意中发现骨性肿块而就诊。肿块常见于股骨远端、胫骨近端或肱骨近端，肩胛骨、髂骨和脊柱也可发生。骨性包块生长缓慢，增大到一定程度可压迫周围组织，如肌腱、神经、血管等,出现相应压迫症状,或发生继发性滑囊炎和病理性骨折等。多发性骨软骨瘤可妨碍正常骨的生长发育,以致患肢有短缩、弯曲畸形。若病人出现疼痛加重,肿块突然增大,应考虑恶变为继发性骨软骨肉瘤的可能。

(二)辅助检查

X 线检查,表现为干骺端有骨性突起,可单发或多发,基底部可窄小成蒂或宽扁无蒂,其皮质和松质与正常骨相连,彼此骨髓腔相通。软骨帽和滑囊一般不显影,或呈不规则钙化影。X 线影像一般小于临床所见。

(三)处理原则

无症状者,一般无须治疗,但应密切观察随访。若肿瘤过大、生长较快、出现压迫症状影响功能或可疑恶变者应手术切除。切除范围从肿瘤基底四周正常骨组织开始,包括纤维膜或滑囊、软骨帽等,以防复发。

(四)护理问题

1.焦虑/恐惧 与肢体功能障碍及担心疾病预后有关。

2.躯体活动障碍 与疼痛及肢体功能受损有关。

3.潜在并发症 病理性骨折、恶变。

(五)护理措施

1.减轻焦虑和恐惧 主动与病人沟通,了解其产生焦虑、恐惧的具体原因。若病人担心疾病预后,可向病人解释骨软骨瘤属良性骨肿瘤,无症状者,无须治疗。有症状者,可手术切除。向病人介绍治疗方法及预后,减轻焦虑和恐惧程度。

2.缓解疼痛 为病人提供安全舒适的环境,并与其讨论疼痛的原因和缓解方法。指导病人应用非药物方法缓解疼痛,如放松训练、催眠、暗示、想象等。若疼痛不能控制,可遵医嘱应用镇痛药物,观察镇痛药物的效果,注意其副作用。

3.预防病理性骨折 提供无障碍环境,教会病人正确使用拐杖、轮椅等助行器,避免肢体负重,预防病理性骨折。

(六)健康教育

提供手术后康复的相关知识。手术后抬高患肢,预防肿胀。观察伤口敷料有无渗血,肢体远端有无感觉和运动异常。若发现异常,应立即配合医生处理并采取相应护理措施。骨软骨瘤手术一般对关节功能的影响较小,手术后伤口愈合后,即可进行功能锻炼。

二、骨巨细胞瘤

骨巨细胞瘤是较常见的原发性骨肿瘤,以往认为骨巨细胞瘤是介于良、恶性之间的溶骨性肿瘤,后来发现其复发率较高且有低转移率,故认为本病属于潜在恶性或低度恶性肿瘤。发病年龄多在 20~40 岁,女性多于男性,好发部位为股骨远端和胫骨近端,其次为肱骨近端和桡骨远端。

(一)临床表现

主要表现为疼痛和肿胀,瘤内出血或病理性骨折时疼痛加重。病变局部可有轻压痛,皮温增高,可触及局部肿物,病变邻近关节活动受限。

(二)辅助检查

1.X 线检查 长骨骨骺处偏心性溶骨性破坏,骨皮质膨胀变薄,边界较清晰,周围无骨膜反应。

病变常累及邻近干骺端,有时甚至侵犯到关节。溶骨性破坏可呈"肥皂泡"样改变。合并病理性骨折者可见骨折影像。

2.血管造影 显示肿瘤血管丰富,并有动静脉瘘形成。

（三）处理原则

以手术治疗为主。常用手术方式有以下几种。

1. 刮除植骨术 肿瘤较小者，可采用病灶彻底刮除加灭活处理，再用松质骨和骨水泥填充，但手术后易复发。

2. 瘤段切除术 对于手术后复发、肿瘤较大或伴病理性骨折者，行肿瘤节段截除、假体植入术。

3. 截肢术 对于恶性无转移者，可行广泛、根治性切除或截肢术。

对手术清除肿瘤困难者，可试行放疗。放疗也可作为手术后辅助治疗方法，但照射后易发生肉瘤变，应慎用。本病对化疗不敏感。

（四）护理问题

1. 焦虑、恐惧 与肢体功能丧失或对预后的担心有关。

2. 疼痛 与肿瘤压迫周围组织有关。

3. 躯体移动障碍 与疼痛及肢体功能受损有关。

4. 潜在并发症 病理性骨折。

（五）护理措施

1. 手术前护理

（1）减轻焦虑与恐惧：骨巨细胞瘤为潜在恶性肿瘤，病人担心手术和预后。与病人沟通，了解病人的问题所在，有针对性地予以指导，保持病人情绪稳定，能接受并配合治疗。

（2）缓解疼痛：与病人讨论疼痛的原因和缓解疼痛的方法。疼痛较轻者可采用放松疗法、理疗等。对疼痛严重者，可遵医嘱应用芬太尼、哌替啶等镇痛药物，以减轻疼痛。尽量减少护理操作中的疼痛，避免不必要的搬动。

（3）预防病理性骨折：对骨破坏严重者，应用小夹板或石膏托固定患肢；对股骨近端骨质破坏严重者，除固定外，还应同时牵引，以免关节畸形。对卧床病人，变动体位时，动作要轻。一旦发生骨折，应按骨折病人进行护理。

2. 手术后护理

（1）促进关节功能恢复。

①体位：根据手术性质、部位决定手术后体位。人工髋关节置换术后应保持患肢处于外展中立位，膝关节置换术后保持膝关节屈曲10°，两侧可放置沙袋以保持中立位。

②手术后病情观察：注意观察伤口有无出血、水肿，局部皮肤温度和肢体末梢血运有无异常。抬高患肢，保持引流管通畅，记录引流液颜色、性质和量。

③功能锻炼：鼓励病人进行功能锻炼，预防肌肉萎缩和关节僵硬。手术后病情平稳即可开始患肢肌的等长收缩和足趾活动。手术后1周逐渐开始关节活动。人工髋关节置换者练习外展运动，手术后2周扶拐下地，训练站立负重。人工膝关节置换者练习伸屈运动。异体骨与关节移植者，根据愈合程度，逐渐增加活动量，以防异体骨发生骨折。

（2）放疗并发症的预防和护理。

①心理护理：向病人解释放疗的必要性，放疗中和放疗后可能出现的反应。

②放射性皮炎：放疗期间，注意保护照射部位皮肤，避免物理、化学因素的刺激，防止日光直接照射。若皮肤破溃，应使用无刺激性药物治疗直至愈合。

③骨髓抑制：放疗病人常有白细胞和血小板减少，应每周检查白细胞和血小板。注意预防感染，给予保护性隔离，必要时遵医嘱输血或血制品增强抵抗力。若白细胞过低，应暂停放疗。

三、骨肉瘤

骨肉瘤是最常见的原发性恶性骨肿瘤。恶性程度高，预后差。发病年龄以10～20岁青少年多见。

好发于长管状骨干骺端,股骨远端、胫骨和肱骨近端是常见发病部位。其组织学特点是瘤细胞直接形成骨样组织或未成熟骨,故又称成骨肉瘤。近年来,由于早期诊断和化疗的发展,使骨肉瘤的 5 年存活率大大提高。

(一)临床表现

主要表现为疼痛和局部肿胀。早期症状为疼痛,可发生在肿瘤出现以前,起初为间断性疼痛,渐转为持续性剧烈疼痛,尤以夜间为甚。骨端近关节处可见肿块,触之硬度不一,有压痛,局部皮温高,静脉怒张,肿块增大时可累及邻近关节,出现关节活动受限。可伴有病理性骨折,多见于以溶骨性病变为主的骨肉瘤。肺转移发生率较高。

(二)辅助检查

X 线检查　骨质表现为成骨性、溶骨性或混合性破坏,病变多起于长骨干骺端,因肿瘤生长及骨膜反应可见三角状新骨,称 Codman 三角,若恶性肿瘤生长迅速,超出骨皮质范围,同时血管随之长入,肿瘤骨与反应骨沿放射状血管方向沉积,表现为"日光射线"形态,称日光射线现象。

(三)治疗原则

骨肉瘤采用综合治疗。手术前大剂量化疗,然后做根治性瘤段切除、灭活再植或置入假体的保肢手术。无保肢条件者行截肢术,截肢平面应超过病骨的近侧关节。手术后仍需做大剂量化疗。

(四)护理问题

1. 恐惧　与担心肢体功能丧失和预后不良有关。

2. 躯体活动障碍　与疼痛、关节功能受限及制动有关。

3. 疼痛　与肿瘤浸润压迫周围组织、病理性骨折、手术创伤、手术后幻肢痛有关。

4. 活动无耐力　与恶病质、长期卧床及化疗等有关。

5. 自我形象紊乱　与截肢和化疗引起的副作用有关。

6. 潜在并发症　病理性骨折。

(五)护理措施

1. 心理护理　与病人及其家属沟通,了解疾病对病人本身和家庭带来的影响,理解病人的情绪反应。向病人及其家属介绍手术治疗和化疗等的重要性,鼓励病人积极配合治疗。介绍治疗成功病人与其交流,以树立战胜疾病的信心。骨肿瘤术前各种检查项目较多,充分做好解释工作,促使病人配合手术前的准备工作。对于拟行截肢术的病人,给予精神上的支持,与病人一起讨论手术后可能出现的问题,并提出可能的解决方案,使病人在心理上对截肢术有一定的准备。

2. 缓解疼痛,促进肌肉、关节功能恢复

(1)非药物止痛:指导病人避免诱发或加重疼痛。协助病人采取适当体位,如肿瘤局部固定制动,以减轻疼痛;进行护理操作时避免触碰肿瘤部位,尽量减少诱发或加重疼痛的护理操作。与病人讨论缓解疼痛的有效措施,如缓慢地翻身和改变体位、转移注意力等。

(2)药物止痛:WHO 推荐癌性疼痛三阶梯疗法。

3. 增强耐力,加强化疗护理

(1)改善营养状况:鼓励病人增加经口饮食,摄入蛋白质、能量和维生素丰富的食物。对经口摄入不足者,应遵医嘱提供肠内或肠外营养支持,并实施相应的护理措施。

(2)化疗病人的护理:手术前后实施大剂量化疗,有利于骨肉瘤的根治。化疗药物的主要不良反应包括胃肠道反应、骨髓抑制、肝功能受损、心肌受损、感染、溃疡等。因此,在病人接受大剂量化疗过程中,应加强护理。

①化疗期间的护理:化疗药物一般经静脉给药,药物的剂量应严格根据体重进行计算。药物应现配现用,避免搁置过久,降低疗效。联合使用多种药物时,每种药物之间应用等渗溶液间隔。化疗药物对血

管的刺激性较大,要注意保护血管,防止药液外渗。一旦外渗,应立即停止静脉滴注,局部用50%硫酸镁湿敷,防止皮下组织坏死。

②化疗后的观察和护理:a.胃肠道反应:最常见,可在化疗前半小时给予止吐药物,以预防恶心、呕吐。b.骨髓抑制:定期检查血常规,一般用药后7～10日,即可有白细胞和血小板的下降。若白细胞降至$3×10^9$/L,血小板降至$80×10^9$/L,应停止用药,给予病人支持治疗。c.皮肤及附件受损:化疗病人均有脱发,可在头部放置冰袋降温,减少毛囊部血运,降低头部皮下组织的血药浓度,预防脱发。d.心、肝、肾功能:定期检查肝、肾功能以及心电图。鼓励病人多饮水,尿量保持在每日3000 mL以上,预防泌尿系统感染。

4.促进病人对自我形象的认可　向病人解释脱发是暂时现象,停药后头发可再生,建议病人戴假发或帽子修饰。对于面部的色素沉着,可化淡妆掩饰,一般停药后可消退。对于截肢者,可向其介绍各类助行器或义肢。介绍有类似经历的病人现身说法,消除病人的心理顾虑或障碍。加强心理护理,促使病人逐渐接受和坦然面对自身形象。

5.截肢术后的护理

(1)体位:手术后24～48 h应抬高患肢,预防肿胀。下肢截肢者,每3～4 h俯卧20～30 min,并用枕头支撑残肢;仰卧位时,不可抬高患肢,以免造成膝关节的屈曲挛缩。

(2)观察和预防手术后出血:注意观察截肢术后肢体残端的渗血情况,创口引流液的性质和引流量。对于渗血较多者,可用棉垫加弹性绷带加压包扎;若出血量较大,应立即扎止血带止血,并告知医生,配合处理。故截肢术后病人床旁应常规放置止血带,以备急用。

(3)幻肢痛:绝大多数截肢病人在手术后相当长的一段时间内感到已切除的肢体仍然有疼痛或其他异常感觉,称为幻肢痛。疼痛多为持续性,尤以夜间为甚,属精神因素性疼痛。引导病人注视残肢,接受截肢的现实。应用放松疗法等心理治疗手段逐渐消除幻肢感。对于持续时间长的病人,可轻叩残端,或用理疗、封闭、神经阻断的方法消除幻肢痛。

(4)残肢功能锻炼:一般手术后2周,伤口愈合后开始功能锻炼。方法是用弹性绷带每日反复包扎,均匀压迫残端,促进软组织收缩;残端按摩、拍打及蹬踩,增加残端的负重能力。制作临时义肢,鼓励病人拆线后尽早使用,可消除水肿,促进残端成熟,为安装义肢做准备。

(六)健康教育

(1)保持平稳心态,树立战胜疾病的信心。

(2)恶性肿瘤病人应坚持按计划接受综合治疗。

(3)指导病人正确使用各种助行器,如拐杖、轮椅等,尽快适应新的行走方式。

(4)制订康复锻炼计划,指导病人按计划锻炼,调节肢体的适应能力,以最大限度恢复病人的生活自理能力。

(5)定期复诊。

(陈朝亮　兰庆新　班华琼　卢　娜)

［1］ 李乐之,路潜. 外科护理学[M]. 6 版. 北京:人民卫生出版社,2017.

［2］ 陈孝平,汪建平,赵继宗. 外科学[M]. 9 版. 北京:人民卫生出版社,2018.

［3］ 李勇,俞宝明. 外科护理[M]. 3 版. 北京:人民卫生出版社,2015.

［4］ 万学红,卢雪峰. 诊断学[M]. 9 版. 北京:人民卫生出版社,2018.

［5］ 徐晨,谢冰. 外科护理学[M]. 2 版. 北京:人民卫生出版社,2017.

［6］ 李永,何兰平. 外科护理学[M]. 镇江:江苏大学出版社,2015.

［7］ 闵晓松,阴俊. 外科护理[M]. 2 版. 北京:科学出版社,2016.

［8］ 王俊杰,陆海英. 外科护理学[M]. 3 版. 北京:人民卫生出版社,2021.